엣지 AI

Korean edition copyright ⓒ 2025 by aCORN Publishing Co. All rights reserved.

Authorized Korean translation of the English edition of
AI at the Edge ISBN 9781098120207
ⓒ 2023 Daniel Situnayake, Jenny Plunkett

This translation is published and sold by permission of O'Reilly Media, Inc.,
which owns or controls all rights to publish and sell the same.

이 책은 O'Reilly Media, Inc.와 에이콘출판(주)가 정식 계약하여 번역한 책이므로
이 책의 일부나 전체 내용을 무단으로 복사, 복제, 전재하는 것은 저작권법에 저촉됩니다.

엣지 AI
임베디드 시스템으로 현실 문제를 해결하는

다니엘 시투나야케 · 제니 플런켓 지음
김기주 옮김

에이콘출판의 기틀을 마련하신 故 정완재 선생님(1935~2004)

제니(Jenny)는 현재 공학 학위를 취득하려고 하거나 취득에 관심이 있는 모든 여성에게 이 책을 바치려고 한다. 여러분은 마음만 먹으면 무엇이든 할 수 있다.

댄(Dan)은 이 책을 시투나야크(Situnayake) 가족에게 바치려고 한다. 힘든 몇 년이었지만, 우리는 항상 한 팀으로 해낸다.

이 책에 쏟아진 찬사

새롭고 빠르게 성장하는 엣지 AI 분야를 실용적이고 따라 하기 쉬운 방법으로 소개하는 책이다. 전문 용어를 설명하고, 엣지 AI 애플리케이션을 만들 때 직면할 수 있는 실제 문제를 강조한다. 개념에서 배포까지의 필수 가이드를 제공하므로, 현장에서 업무를 시작하기 전에 반드시 읽어야 할 책이다.

— 위브케 후티리 Wiebke Hutiri / 델프트공과대학교

나는 복잡한 기술을 접근하기 쉽고 이해하기 쉽도록 도와주는 글쓰기 스타일을 정말 좋아한다. 이 책이 그런 참고서로 사용되는 것을 상상할 수 있으며, 몇 번이고 다시 볼 책이라고 생각한다. 확실히 그렇게 될 것이다!

— 프랜 베이커 Fran Baker / 지속 가능성과 사회적 영향 담당 이사, Arm

엣지 AI라는 신흥 분야에 대한 접근성이 뛰어난 책이다. 핵심 개념에서 최신 하드웨어와 소프트웨어 도구에 이르기까지 매우 광범위한 주제를 다루고, 실행 가능한 조언으로 가득 차 있으며, 처음부터 끝까지 이해하게 도와주는 예제가 포함되어 있다. 이 흥미진진한 새로운 분야에 참여하는 사람은 누구나 이 책이 제공하는 깊은 통찰과 명료한 사고를 통해 도움을 받을 것이다.

— 오렐리앙 게론 Aurélien Geron /
전 유튜브 자동 동영상 분류 팀 책임자이자 베스트셀러 작가

이 책은 더 스마트한 장치를 만들기 위한 안내서다. 최신 AI 기술과 임베디드 시스템을 결합하는 방법을 훌륭하게 소개하고 있다.

— 엘레시아 화이트^{Elecia White} /
『Making Embedded Systems, 2nd Edition』(O'Reilly, 2024)의 저자이자
'Embedded' 팟캐스트 진행자

추천의 글

2022년에 깃허브의 CEO인 토마스 돔케Thomas Dohmke는 "클라우드로의 전환이 매우 빠른 속도로 일어날 것이라고 생각했다. 불과 몇 년 안에 로컬 컴퓨터에 더 이상 코드가 없을 것이라고 예상한다."라고 말했다. 엣지 ML Machine Learning이라는 신흥 분야에 있는 나를 포함한 여러 사람은 토마스가 완전히 틀렸다고 생각하는데, 이 책은 그 이유를 잘 설명하고 있다.

고품질 음성 인식, 산불 예방, 스마트 홈 제어 같은 실용적인 여러 애플리케이션이 출현하기 시작했다. 이들 애플리케이션은 이제 로컬 장치가 고급 머신러닝 알고리즘을 실행할 수 있기 때문에 가능해졌다. 제니와 댄은 엣지 애플리케이션에 지능을 추가하는 것이 중요한 문제를 해결하는 데 있어 필요한 이유를 설명할 뿐만 아니라, 이런 종류의 애플리케이션을 설계, 구현, 테스트하는 데 필요한 단계를 독자에게 자세하게 소개하는 멋진 책을 만들었다.

엣지에서의 머신러닝 프로젝트를 처음 보기 시작하면, 꽤 위협적으로 느껴질 수 있다. 이 분야는 많은 전문 용어를 포함하고 빠르게 변화하고 있으며, 전통적으로 잘 통합되지 않은 임베디드 시스템과 인공지능 같은 영역의 지식이 필요하기 때문이다. 하지만 저자는 애플리케이션을 효과적으로 시작하기 위해 알아야 할 모든 것에 대해 부드럽지만 철저하게 소개했다. 또한 실제 세계의 예를 강조하고 복잡한 주제를 설명하기 위해 수학이나 코드 대신 평이한 영어를 사용해 광범위한 독자가 접근할 수 있도록 노력했다. 따라서 이 책은 엔지니어뿐만 아니라 제품 관리자, 경영진, 디자이너에게 쉽게 추천할 수 있다.

저자는 경험을 통해 힘들게 얻은 많은 지식을 가져와 이런 종류의 애플리케이션에서 작업하는 모든 팀이 유리한 출발을 할 수 있는 교훈으로 요약하려고 애썼다.

또한 엣지 ML 애플리케이션을 만드는 방법에 대한 실질적인 문제를 넘어서 탐구하고, 작업에 해를 끼치지 않는 방법을 이해하는 데 도움을 주고자 노력했다. AI에 대한 윤리적 우려는 엄청나 보일 수 있지만 저자는 이를 프로젝트 계획과 테스트 프로세스의 일부로서 간단하게 적용할 수 있는 질문으로 세분화하려고 애썼다. 이는 프로젝트의 모든 이해관계자가 협력하는 데 도움이 될 것이며, 우리 삶에 대한 더 많은 의사결정 권한을 컴퓨터에게 부여하는 것과 관련된 많은 잠재적 위험을 피할 수 있기를 바란다.

나는 처음에는 신생 기업에서, 그다음에는 구글에서 기술 책임자로, 그리고 지금은 다른 신생 기업의 창립자로 10년 넘게 엣지 ML 애플리케이션 작업을 해왔다. 코더, 디자이너, 관리자 또는 단순히 우리 세계에서 떠오르고 있는 이 새로운 기술에 관심이 있는 사람이라면 누구에게든지 이 책을 추천하고 싶다. 이 책을 읽으면 흥미로운 아이디어를 많이 얻을 수 있고, 차세대 스마트 장치를 만드는 데 도움이 될 것이라고 장담한다.

— 피트 워든 Pete Warden /
Useful Sensors Inc.의 CEO이자 마이크로컨트롤러용 텐서플로 라이트 제작자

지은이 소개

다니엘 시투나야케 Daniel Situnayake

임베디드 머신러닝 연구와 개발을 이끄는 엣지 임펄스의 머신러닝 책임자다. 오라일리에서 출판한 임베디드 머신러닝의 표준 교과서인 『초소형 머신러닝 TinyML』(한빛미디어, 2020)의 공동 저자이며, 하버드, UC 버클리, UNIFEI에서 초청 강연을 진행한 바 있다. 이전에 구글에서 텐서플로 라이트 TensorFlow Lite를 개발했으며, 미국 최초로 자동화를 통해 산업 규모로 곤충 단백질을 생산하는 회사인 타이니 팜스 Tiny Farms를 공동 설립했다. 버밍엄시티대학교에서 자동 식별과 데이터 캡처를 강의하는 것으로 경력을 시작했다.

제니 플런켓 Jenny Plunkett

엣지 임펄스의 선임 개발자 관계 엔지니어로, 기술 강연자, 개발자 에반젤리스트, 기술 콘텐츠 제작자로 활동하고 있다. 엣지 임펄스 문서를 유지 관리할 뿐만 아니라 Arm Mbed OS와 펠리언 Pelion IoT를 위한 개발자용 리소스도 만들었다. 그레이스 호퍼 셀러브레이션 Grace Hopper Celebration, 엣지 AI 서밋 Edge AI Summit, 임베디드 비전 서밋 Embedded Vision Summit 등 주요 기술 콘퍼런스에서 워크숍과 기술 강연을 진행했다. 이전에는 Arm Mbed와 펠리언에서 소프트웨어 엔지니어 및 IoT 컨설턴트로 근무했다. 텍사스대학교 오스틴 캠퍼스에서 전기 공학 학사 학위를 받았다.

감사의 글

많은 사람의 노력과 지원이 없었다면 이 책은 세상에 나오지 못했을 것이다.

세상에 하나뿐인 피트 워든(https://petewarden.com)에게서 '추천의 글'을 받는 영예를 얻었다. 그는 이 분야를 시작한 데 있어 많은 공로를 인정받을 자격이 있는 선구적인 기술자일 뿐만 아니라, 훌륭한 인간이자 좋은 친구다. 피트의 지원에 감사한다!

책임감 있는 AI 콘텐츠를 형성하고 알리는 데 큰 도움을 준 위브케 투생 후티리Wiebke Toussaint Hutiri(https://wiebketoussaint.com)에게 깊은 감사를 표한다. 그는 86페이지의 '책임감 있는 설계와 AI 윤리' 절을 비롯해, 이 책 중 책임감 있는 AI에 관한 내용을 준비하고 알리는 데 진정으로 뛰어났다. 당신은 그 분야의 스타다.

우리는 이 책에 엄청난 영향을 미친, 지혜와 통찰력을 지닌 놀라운 기술 감수자 패널과 자문위원들에게 빚을 졌다. 그들의 이름은 알렉스 엘리움Alex Elium, 오렐리앙 게론, 카를로스 로베르토 라세르다Carlos Roberto Lacerda, 데이비드 J. 그룸David J. Groom, 엘레시아 화이트, 프랜 베이커, 젠 폭스Jen Fox, 레오나르도 카바니스Leonardo Cavagnis, 맷 켈시Mat Kelcey, 피트 워든, 비제이 야나파 레디Vijay Janapa Reddi, 위브케 투생 후티리다. 인공 코 프로젝트를 소개할 수 있게 해준 벤자민 카베Benjamin Cabé에게도 크게 감사한다. 모든 부정확성은 전적으로 필자의 책임이다.

또한 오라일리의 놀라운 팀, 특히 극도의 이해와 관심으로 글쓰기 과정을 통해 우리를 인도한 안젤라 루피노Angela Rufino에게 감사하고 싶다. 엘리자베스 팸Elizabeth Faerm, 크리스틴 브라운Kristen Brown, 마이크 루키데스Mike Loukides, 니콜 타셰Nicole Taché, 레베카 노박Rebecca Novack에게 큰 감사를 드린다.

이 책은 절대적인 영웅 역할을 맡은 올스타 출연진인 엣지 임펄스 팀의 지원 없이는 존재하지 않았을 것이다. 우리의 비전을 믿고, 실현할 수 있도록 지원하고, 아이디어가 꽃 피울 수 있는 공간을 만들어 준 설립자 잭 셸비Zach Shelby와 얀 종붐Jan Jongboom에게 특히 감사하다. 팀 전체에게 많은 사랑을 보낸다. 책을 쓸 당시 팀원인 아담 벤지온Adam Benzion, 알레산드로 그란데Alessandro Grande, 알렉스 엘리움Alex Elium, 아미르 셔먼Amir Sherman, 아르잔 캄퓌스Arjan Kamphuis, 아티 비비스Artie Beavis, 아룬 라자세카란Arun Rajasekaran, 아쉬빈 로하리아Ashvin Roharia, 오렐리안 르쿼티에Aurelien Lequertier, 칼 워드Carl Ward, 클린턴 오두어Clinton Oduor, 데이비드 슈워츠David Schwarz, 데이비드 티슐러David Tischler, 디미 토모프Dimi Tomov, 드미트리 마슬로프Dmitry Maslov, 에밀 보쉬Emile Bosch, 에오인 조던Eoin Jordan, 에반 러스트Evan Rust, 페르난도 히메네즈 모레노Fernando Jiménez Moreno, 프란체스코 바라니Francesco Varani, 제드 후앙Jed Huang, 짐 에드슨Jim Edson, 짐 반 데르 보르트Jim van der Voort, 조디 레인Jodie Lane, 존 푸라John Pura, 호르헤 실바Jorge Silva, 조슈아 벅Joshua Buck, 줄리엣 오켈Juliette Okel, 킬린 머피Keelin Murphy, 키르타나 모디Kirtana Moorthy, 루이스 모로Louis Moreau, 루이스 폴Louise Paul, 마기 양Maggi Yang, 맷 켈시Mat Kelcey, 마테우스 마이쉐키Mateusz Majchrzycki, 마티스 바이엔스Mathijs Baaijens, 미하일로 랄직Mihajlo Raljic, 마이크 세네세Mike Senese, 마이키 비비스Mikey Beavis, MJ 리MJ Lee, 나빌 코로글리Nabil Koroghli, 닉 파미게티Nick Famighetti, 오마르 쉬릿Omar Shrit, 오스만 메하네네Othman Mekhannene, 페이지 홀빅Paige Holvik, 라울 제임스Raul James, 라울 베르가라Raul Vergara, RJ 비서스RJ Vissers, 로스 로우Ross Lowe, 샐리 앳킨슨Sally Atkinson, 사니에아 아크타르Saniea Akhtar, 사라 올슨Sara Olsson, 세르지 만실라Sergi Mansilla, 샴스 만수르Shams Mansoor, 숀 핸스컴Shawn Hanscom, 숀 하이멜Shawn Hymel, 시나 파텔Sheena Patel, 타일러 호일Tyler Hoyle, 보이슬라프 밀리보예비치Vojislav Milivojevic, 윌리엄 델리William DeLey, 얀 리Yan Li, 야나 바이브Yana Vibe, 진 캬우Zin Kyaw. 여러분은 마법을 일으킨다.

제니Jenny는 수년 동안 큰 도움을 준 텍사스 가족과 친구들, 최고의 동료가 된 그녀의 고양이 블루 진Blue Gene과 베아트리스Beatrice에게 감사를 전한다. 특히 그녀가 오스틴 소재 텍사스대학교에서 전기 공학을 공부하도록 격려하고 신기술에 대한 그녀의 평생의 호기심을 불러일으킨 아빠 마이클 플런켓Michael Plunkett에게 감사를 표한다.

댄Dan은 모든 큰 모험을 지원해 준 가족과 친구들에게 감사한다. 우리의 모든 여정 동안 보여준 로렌 워드Lauren Ward의 사랑과 파트너십에 깊은 감사를 표한다. 그리고 사진을 사용할 수 있도록 허락해 준 차분한 고양이 미니캣Minicat에게도 감사를 표한다.

표지 그림 설명

이 책의 표지에 등장하는 동물은 시베리아아이벡스$^{Siberian\ ibex}$(학명: 카프라 시비리카$^{Capra\ sibirica}$)다. 중국, 몽골, 파키스탄, 카자흐스탄 등 아시아 전역에서 볼 수 있다. 시베리아아이벡스는 기본적으로 큰 종의 야생 염소다. 털 색깔은 짙은 갈색에서 밝은 황갈색까지 다양하며 간혹 붉은 색조를 띠기도 한다. 수컷은 크고 검은색 고리 모양의 뿔이 있고, 암컷은 작은 회색 뿔이 있다. 암수 모두 수염이 있다. 겨울에는 털 색깔이 밝아지고 여름에는 어두워진다. 5~30마리의 암수 한 쌍으로 무리를 지어 여행하는 경향이 있다.

시베리아아이벡스의 이상적인 서식지는 가파른 경사면과 바위틈의 수목선 위쪽이다. 반건조 사막의 2,300피트 아래에서도 볼 수 있다. 먹이는 주로 관목 지대와 초원에서 볼 수 있는 풀과 허브다.

자연 서식지에서 풍부하게 발견되기 때문에, 개체 수가 감소하고 있지만 최소관심종으로 분류되어 있다. 가장 큰 위협은 먹이를 찾기 위한 사냥과 스포츠를 위한 밀렵이다. 오라일리 표지에 등장하는 많은 동물은 멸종 위기에 처해 있으며, 모두 이 세계에서 중요한 존재다.

표지 일러스트는 카렌 몽고메리$^{Karen\ Montgomery}$가 『The Natural History of Animals』의 흑백 판화를 바탕으로 그렸다.

옮긴이 소개

김기주(kiju98@gmail.com)

포스텍 컴퓨터공학과와 동 대학원을 졸업한 뒤 지금은 elastic.co에서 Principal Education Architect로 전 세계에 일래스틱서치와 키바나를 알리고 있다. 공저로 『Security PLUS for UNIX』(영진닷컴, 2000), 역서로 에이콘출판사의 『임베디드 프로그래밍 입문』(2006), 『실시간 UML』(2008), 『리눅스 API의 모든 것』(2012), 『리눅스 실전 가이드』(2014), 『한눈에 빠져드는 셸 스크립트 2/e』(2018), 『페도라로 실습하는 리눅스 시스템 관리』(2022), 『임베디드 리눅스 프로그래밍 완전정복 3/e』(2024) 등이 있다.

옮긴이의 말

1956년 인공지능이라는 용어가 처음 언급된 이후 인공지능은 몇 번의 부흥기와 침체기를 맞으며 발전해 왔다. 현대 머신러닝의 뿌리라고 할 수 있는 퍼셉트론도 1958년에 고안됐으나 1969년 XOR을 해결할 수 없음이 수학적으로 증명되면서 한동안 잊혔다. 1980년대에는 입력된 규칙을 기반으로 판단을 내리는 전문가 시스템이 등장하여 충분한 데이터만 있으면 분야별 전문가를 대체할 수도 있겠다는 기대를 모으기도 했으나, 방대한 지식을 일일이 규칙으로 저장하는 데는 한계가 있어 다시 한번 인공지능의 겨울이 오기도 했다.

그러던 중 1986년 다층 퍼셉트론 이론과 역전파 알고리즘을 적용하여 머신러닝의 불씨를 다시 되살리고, 2016년 지금도 잊을 수 없는 이세돌과 알파고의 대국을 기점으로 인공지능에 대한 기대가 다시 급성장했다. 2022년 챗GPT의 등장은 인공지능을 거스를 수 없는 대세로 만들었고, 인간의 최후의 보루로 여겨졌던 창의적인 작업조차 인공지능으로 대체될 수 있다는 위기감이 휘몰아쳤다.

진정 인공지능이 인간의 일자리를 모두 빼앗아 버릴지, 아니면 고도로 발전된 펜과 종이로서 여전히 인간을 돕게 될지는 앞으로 인간이 어떻게 대응할지에 달려 있겠지만, 현재로서는 대세에 역행하려고 부질없이 애쓰기보다는 기술을 어떻게 활용할지를 생각할 단계인 것 같다.

이 책은 날로 강력해지는 엣지 장치, 즉 인터넷 말단에 장착된 임베디드 시스템의 CPU 파워를 활용하여, 멀리 있는 클라우드 서버에 덜 의존하고 현장에서 즉각적인 판단을 내릴 수 있는 엣지 AI 시스템을 설계하는 방법을 다룬다. 클라우드 AI와 엣지 AI 각각의 장단점을, 실제 사례를 기반으로 네트워크, 경제성, 신뢰성, 윤리적 측면에서 살펴보고, 둘 사이에서 균형점을 찾을 수 있도록 도와준다. 특히 학습 데이터 준비와 프라이버시 측면은 엣지 AI에만 국한되지 않고 일반적인 AI 시스템을 만드는 사람이라면 누구든지 고려해야 할 사항을 실제 사례와 함께 자세하게 소개하고 있다.

마지막으로 엣지 임펄스에서 개발한 도구를 기반으로 엣지 AI 장치를 설계, 구현하는 실습 예제를 보여주고, 엣지 AI에 입문하는 사람들이 직접 과정을 따라가면서 쉽게 배울 수 있는 기회를 제공한다.

책을 소개해 주신 에이콘출판사 여러분께 감사드린다. 이 책을 읽어보고, 직접 번역해서 많은 분들이 읽어보실 수 있도록 하고 싶다는 욕심이 들었다. 제가 빠뜨린 부분을 세세하게 피드백해 주신 에이콘출판사 여러분께 다시 한번 감사드리고, 좋은 책을 써주고, 번역하는 동안 궁금한 사항에 성심껏 대답해 주신 저자들께도 감사한다. 마지막으로 번역하는 동안 격려해 준 가족들에게 감사를 전하며, 모든 이의 건강을 빈다.

차례

이 책에 쏟아진 찬사 6
추천의 글 8
지은이 소개 11
감사의 글 12
표지 그림 설명 14
옮긴이 소개 15
옮긴이의 말 16
들어가며 28

제1장   엣지 AI에 대한 간략한 소개   37

   핵심 용어 정의 37
      임베디드 37
      엣지(와 사물 인터넷) 39
      인공지능 42
      머신러닝 45
      엣지 AI 47
      임베디드 머신러닝과 TinyML 49
      디지털 신호 처리 50
   엣지 AI가 필요한 이유는 무엇인가? 51
      엣지 AI의 이점을 이해하려면 BLERP만 있으면 된다 52
      좋은 일을 위한 엣지 AI 57
      엣지 AI와 일반 AI의 주요 차이점 59
   요약 64

제2장　현실 세계에서의 엣지 AI　　65

엣지 AI의 일반적인 사용 사례　　65
- 그린필드와 브라운필드 프로젝트　　67
- 실제 제품　　68

애플리케이션 유형　　73
- 사물 위치 추적　　74
- 시스템 이해와 제어　　76
- 사람과 생명체 이해　　79
- 신호 변환　　82

책임감 있게 애플리케이션 만들기　　85
- 책임감 있는 설계와 AI 윤리　　86
- 블랙박스와 편향성　　90
- 도움이 아니라 해를 끼치는 기술　　94

요약　　99

제3장　엣지 AI의 하드웨어　　101

센서, 신호, 데이터 소스　　101
- 센서와 신호의 종류　　105
- 음향과 진동　　106
- 시각과 장면　　107
- 동작과 위치　　110
- 힘과 촉각　　111
- 광학, 전자기, 방사선　　112
- 환경, 생물, 화학　　114
- 기타 신호　　115

엣지 AI용 프로세서　　117
- 엣지 AI 하드웨어 아키텍처　　117
- 마이크로컨트롤러와 디지털 신호 프로세서　　120
- 시스템 온 칩　　126
- 딥러닝 가속기　　128
- FPGA와 ASIC　　129
- 엣지 서버　　133
- 다중 장치 아키텍처　　133
- 장치와 워크로드　　136

요약　　136

제4장 엣지 AI용 알고리듬   137

피처 엔지니어링 137
- 데이터 스트림 작업 138
- 디지털 신호 처리 알고리듬 140
- 피처와 센서 결합하기 146

인공지능 알고리듬 149
- 기능별 알고리듬 유형 149
- 구현별 알고리듬 유형 155
- 엣지 장치를 위한 최적화 173
- 온디바이스 학습 178

요약 180

제5장 도구와 전문지식   181

엣지 AI를 위한 팀 구축 181
- 도메인 전문지식 183
- 다양성 184
- 이해관계자 187
- 역할과 책임 188
- 엣지 AI 채용 192
- 엣지 AI 기술 배우기 194

비장의 무기 197
- 소프트웨어 공학 198
- 데이터 작업 203
- 알고리듬 개발 205
- 장치에서 알고리듬 실행하기 218
- 임베디드 소프트웨어 공학과 전자 공학 223
- 엣지 AI를 위한 엔드투엔드 플랫폼 229

요약 235

제6장 문제를 이해하고 표현하기   237

엣지 AI 워크플로 237
- 엣지 AI 워크플로에 내재된 책임감 있는 AI 239

엣지 AI가 필요할까? ... 240
    문제 설명하기 ... 241
    엣지에 배포해야 하는가? ... 242
    머신러닝이 필요할까? ... 248
    실전 연습 ... 256
실현 가능성 결정하기 ... 257
    도덕적 타당성 ... 259
    사업 타당성 ... 261
    데이터 세트 타당성 ... 264
    기술 타당성 ... 265
    최종 결정 내리기 ... 270
    엣지 AI 프로젝트 계획하기 ... 271
요약 ... 273

제7장   어떻게 데이터 세트를 만들 것인가   275

데이터 세트는 어떻게 생겼나? ... 275
이상적인 데이터 세트 ... 277
데이터 세트와 도메인 전문지식 ... 280
데이터, 윤리, 책임감 있는 AI ... 281
    모르는 것을 최소화하기 ... 283
    도메인 전문성 확보하기 ... 284
데이터 중심 머신러닝 ... 285
데이터 요구사항 추정하기 ... 287
    데이터 요구사항 추정을 위한 실용적인 워크플로 ... 289
데이터 활용하기 ... 292
    엣지에서 데이터를 캡처할 때의 고유한 과제 ... 295
데이터를 저장하고 가져오기 ... 297
    데이터 저장소로 데이터 가져오기 ... 300
    메타데이터 수집하기 ... 301
데이터 품질 보장하기 ... 304
    대표 데이터 세트 확보하기 ... 304
    샘플링을 통한 데이터 검토 ... 307
    레이블 노이즈 ... 309

	일반적인 데이터 오류	312
	드리프트와 시프트	314
	고르지 않은 오류 분포	315
데이터 준비		317
	레이블링	317
	포맷 지정	330
	데이터 클리닝	333
	피처 엔지니어링	341
	데이터 분할	342
	데이터 증강	348
	데이터 파이프라인	351
시간에 따른 데이터 세트 구축		353
요약		355

제8장 엣지 AI 애플리케이션 설계하기 — 357

제품과 경험 설계		358
	설계 원칙	360
	솔루션 범위 설정	362
	설계 목표 설정	365
아키텍처 설계		371
	하드웨어, 소프트웨어, 서비스	371
	기본 애플리케이션 아키텍처	372
	복잡한 애플리케이션 아키텍처와 설계 패턴	380
	설계 패턴으로 작업하기	386
설계 선택에 대한 설명		387
	설계 결과물	391
요약		392

제9장 엣지 AI 애플리케이션 개발하기 — 393

엣지 AI 개발을 위한 반복적 워크플로		393
	탐색	395
	목표 설정	397

	부트스트랩	398
	테스트와 반복	404
	배포	412
	지원	414
요약		414

제10장 엣지 AI 애플리케이션 평가, 배포, 지원하기   415

엣지 AI 시스템 평가		415
	시스템 평가 방법	417
	유용한 지표	422
	평가 기법	435
	평가와 책임감 있는 AI	440
엣지 AI 애플리케이션 배포		441
	배포 전 작업	441
	배포 중 작업	444
	배포 후 작업	445
엣지 AI 애플리케이션 지원		446
	배포 후 모니터링	447
	라이브 애플리케이션 개선하기	455
	윤리와 장기 지원	459
다음 단계		463

제11장 사용 사례: 야생동물 모니터링   465

문제 탐색		467
솔루션 탐색		467
목표 설정		468
솔루션 설계		468
	어떤 솔루션이 이미 존재하는가?	469
	솔루션 설계 접근 방식	470
	설계 고려사항	472
	환경 영향	474
	부트스트랩	476

머신러닝 클래스 정의	477
데이터 세트 수집	477
엣지 임펄스	478
하드웨어와 센서 선택	479
데이터 수집	481
iNaturalist	483
데이터 세트의 한계	487
데이터 세트 라이선스와 법적 의무	487
데이터 세트 클리닝	488
엣지 임펄스에 데이터 업로드	489
DSP와 머신러닝 워크플로	491
디지털 신호 처리 블록	492
머신러닝 블록	493
모델 테스트	505
실시간 분류	505
모델 테스트	506
로컬에서 모델 테스트하기	508
배포	508
라이브러리 생성	509
휴대폰과 컴퓨터	510
사전 빌드된 바이너리 플래싱	513
임펄스 러너	514
깃허브 소스 코드	514
반복과 피드백 루프	515
공익을 위한 AI	517
관련 연구	517
데이터 세트	517
연구	518

제12장 사용 사례: 식품 품질 보증   521

문제 탐색	521
솔루션 탐색	522
목표 설정	523
솔루션 설계	524

어떤 솔루션이 이미 존재하는가? 524
　　　솔루션 설계 접근 방식 525
　　　설계 고려사항 527
　　　환경과 사회적 영향 529
　　　부트스트랩 530
　　　머신러닝 클래스 정의 530
　데이터 세트 수집 531
　　　엣지 임펄스 531
　　　하드웨어와 센서 선택 531
　　　데이터 수집 533
　　　데이터 수집 펌웨어 533
　　　엣지 임펄스에 데이터 업로드 535
　　　데이터 세트 클리닝 538
　　　데이터 세트 라이선스와 법적 의무 540
　DSP와 머신러닝 워크플로 540
　　　디지털 신호 처리 블록 542
　　　머신러닝 블록 544
　모델 테스트 548
　　　실시간 분류 548
　　　모델 테스트 550
　배포 551
　　　사전 빌드된 바이너리 플래싱 552
　　　깃허브 소스 코드 557
　반복과 피드백 루프 557
　관련 연구 559
　　　연구 559
　　　뉴스와 기타 기사 560

제13장　사용 사례: 소비자 제품　　　　　　　　　　　　　　　563

　문제 탐색 564
　목표 설정 564
　솔루션 설계 565
　　　어떤 솔루션이 이미 존재하는가? 565
　　　솔루션 설계 접근법 565

설계 고려사항 568
　　　환경과 사회적 영향 569
　　　부트스트랩 570
　　　머신러닝 클래스 정의 570
　데이터 세트 수집 571
　　　엣지 임펄스 572
　　　하드웨어와 센서 선택 573
　　　데이터 수집 574
　　　데이터 수집 펌웨어 574
　　　데이터 세트 클리닝 577
　　　데이터 세트 라이선스와 법적 의무 578
　DSP와 머신러닝 워크플로 578
　　　디지털 신호 처리 블록 580
　　　머신러닝 블록 584
　모델 테스트 588
　　　실시간 분류 588
　　　모델 테스트 590
　배포 591
　　　사전 빌드된 바이너리 플래싱 592
　　　깃허브 소스 코드 592
　반복과 피드백 루프 592
　관련 연구 593
　　　연구 593
　　　뉴스와 기타 기사 595

찾아보기 597

들어가며

지난 몇 년 동안 엔지니어와 연구원으로 구성된 커뮤니티는 성장을 거듭했고, 컴퓨터가 물리적 세계와 상호 작용하는 방식에 대한 규칙을 조용히 다시 작성했다. 그 결과로 만들어진, '엣지 인공지능$^{edge\ artificial\ intelligence}$'으로 알려진 기술은 컴퓨터 역사의 한 세기를 뒤집고 모든 인간의 삶에 영향을 미칠 것이라고 기대된다.

작은 소프트웨어 업데이트를 통해, 엣지 AI 기술은 (이미 식기세척기에서 온도 조절 장치에 이르기까지 모든 것의 내부에 있는) 저렴하고 에너지 효율적인 프로세서에 세상을 인식하고 이해할 수 있는 능력을 부여할 수 있다. 더 이상 데이터에 굶주린 중앙 집중식 서버에 의존하지 않고, 자체 지능으로 일상적인 개체에 자율권을 줄 수 있다. 그리고 차세대 도구를 사용하면 고등학생부터 보존 연구원에 이르는 모든 사람이 이 마법을 사용할 수 있다.

세상에는 이미 많은 엣지 AI 제품이 있다. 이 책에서 만날 몇 가지는 다음과 같다.

- 전기 철탑에 장착하여 고장 발생 시점을 예측해 전력 송전으로 인한 산불 예방에 도움을 주는 스마트 장치
- 소방관이 열사병과 과로 위험에 처했을 때 경고하여 소방관을 안전하게 지켜주는 웨어러블 밴드
- 핸즈프리 제어 기술을 제공하는 음성 사용자 인터페이스(인터넷 연결 필요 없음)
- 야생 코끼리의 움직임을 모니터링하여 연구원이 코끼리의 행동을 이해하고 갈등을 일으키지 않도록 보호할 수 있도록 도와주는 스마트 목걸이
- 특정 동물 종을 식별하고 과학자들이 그들의 행동을 이해하는 데 도움이 되는 야생 카메라

엣지 AI 기술은 여전히 신선하고 새로우며, 이러한 기존 애플리케이션은 살짝 가능성을 엿보게 해줄 뿐이다. 더 많은 사람이 엣지 AI로 작업하는 방법을 배우면서 인간 활동의 모든 영역에서 문제를 해결하는 애플리케이션을 만들 것이다.

이 책의 목표는 당신이 그들 중 하나가 될 수 있도록 힘을 실어주는 것이다. 각자의 관점을 바탕으로 성공적인 엣지 AI 제품을 만들 수 있도록 돕고자 한다.

이 책에 대하여

이 책은 이런 혁명을 주도할 엔지니어, 과학자, 제품 관리자, 의사결정권자를 위해 고안됐다. 엣지 AI를 사용해 실제 문제를 해결하기 위한 워크플로와 프레임워크 전반에 대한 높은 수준의 안내서다.

특히 여러분에게 다음 사항을 가르쳐 주려고 한다.

- 다양한 엣지 AI 기술에 내재된 기회, 한계, 위험
- AI와 임베디드 머신러닝을 활용한 문제 분석과 솔루션 설계를 위한 프레임워크
- 엣지 AI 애플리케이션을 성공적으로 개발하기 위한 전반적이고 실용적인 워크플로

이 책의 첫 번째 부분에서 처음 몇 개 장에서는 핵심 개념을 소개하고 논의하여 형세를 이해하는 데 도움을 준다. 다음 몇 개 장은 자신의 애플리케이션을 설계하고 구현하는 데 도움이 되는 실제 프로세스를 안내한다.

11장에서 시작하는 이 책의 두 번째 부분에서는 세 가지 사례를 단계별로 차근차근 설명하여 과학, 산업, 소비자 프로젝트에서 실제 문제를 해결하기 위한 지식을 적용하는 방법을 보여줄 것이다.

이 책을 다 읽고 나면 엣지 AI라는 렌즈를 통해 세상을 보는 데 자신감을 갖게 될 것이며, 효과적인 솔루션을 구축하는 데 사용할 수 있는 견고한 도구들을 얻게 될 것이다.

 이 책은 많은 주제를 다루고 있다! 포함된 모든 내용에 대한 개요를 보려면 목차를 빠르게 살펴보기 바란다.

이 책에서 제공하는 내용

이 책은 특정 도구에 대한 프로그래밍 책이나 튜토리얼이 아니므로 특정 소프트웨어 사용에 대한 수많은 줄별 코드 설명이나 단계별 안내를 기대하지 말기 바란다. 대신 무엇이든 작업에 가장 적합한 도구를 사용하고 일반적인 프레임워크를 적용하여 문제를 해결하는 방법을 배운다.

즉, 이는 탐색, 커스터마이즈, 그 위에 쌓아 올릴 수 있는 실재하는 대화형 예제에서 큰 이점을 얻을 수 있는 주제다. 책을 읽는 동안 깃 리포지터리에서 무료 온라인 데이터 세트와 예제 학습 파이프라인에 이르기까지 탐색할 수 있는 모든 종류의 아티팩트를 제공한다.

이들 중 다수는 엣지 AI 애플리케이션을 구축하기 위한 엔지니어링 도구인 엣지 임펄스 Edge Impulse (https://edgeimpulse.com)에서 호스팅한다.[1] 오픈소스 기술과 표준 모범 사례를 기반으로 구축됐으므로 다른 플랫폼에서 자체 작업을 수행하더라도 원칙을 이해할 수 있다. 이 책의 저자는 둘 다 엣지 임펄스의 열렬한 팬이지만, 스스로가 엣지 임펄스를 만든 팀의 일원이기 때문에 편견이 있을 수 있다!

 이식성을 보장하기 위해 데이터 세트, 머신러닝 모델, C++로 구현된 모든 신호 처리 코드를 포함하여 머신러닝 파이프라인의 모든 아티팩트를 개방형 형식으로 엣지 임펄스에서 익스포트(export)할 수 있다.

---

1 엣지 임펄스는 학술 논문 「Edge Impulse: An MLOps Platform for Tiny Machine Learning」(S. Hymel et al., 2022, https://oreil.ly/Dyd-Z)에 소개됐다.

여러분이 이미 알고 있어야 하는 것들

이 책은 엣지 장치에서 실행되는 소프트웨어 작성에 관한 것이므로 임베디드 개발의 고급 개념에 어느 정도 익숙하면 도움이 될 것이다. 이는 마이크로컨트롤러나 DSP$^{Digital\ Signal\ Processor}$처럼 리소스가 제한된 장치나 임베디드 리눅스 컴퓨터 같은 범용 장치에 대한 것일 수 있다.

즉, 임베디드 소프트웨어를 이제 막 시작했다면 따라가는 데 문제가 없을 것이다! 우리는 일을 단순하게 하고 새로운 주제가 나올 때마다 소개할 것이다.

그 외에는 특별한 지식이 없다고 가정한다. 이 책의 목표는 전체 엔지니어링 분야에 대한 실용적인 로드맵을 제공하는 것이므로 많은 주제를 높은 수준에서 다룰 것이다. 여러분이 머신러닝의 기초부터 머신러닝 애플리케이션 설계의 필수 요소에 이르기까지 이 책에서 언급한 모든 것을 더 깊이 파고들고 싶다면, 우리가 학습할 때 유용했다고 판단한 많은 리소스를 제공할 것이다.

책임감 있고 윤리적이며 효과적인 AI

모든 종류의 애플리케이션을 만들 때 가장 중요한 부분은 실제 환경에서 올바르게 작동하는지 확인하는 것이다. 불행하게도 AI 애플리케이션은 실제로는 종종 매우 해로운 방식으로 실패하면서도 제대로 작동하는 것처럼 보이게 한다는 문제에 특히 취약하다.

이런 종류의 문제를 피하는 것이 이 책의 핵심 주제가 될 것이다. 최신 AI 개발은 반복적인 프로세스이기 때문에 시스템이 작동하는지 확인하기 위해 워크플로 마지막에 시스템을 테스트하는 것만으로는 충분치 않다. 대신 모든 단계에서 잠재적인 함정에 대해 생각해야 한다. 위험이 어디에 있는지 이해하고, 중간 결과를 비판적으로 검토하고, 이해관계자의 요구를 고려하여 정보에 입각한 결정을 내려야 한다.

이 책을 통해 우리는 AI 애플리케이션을 만들 때 잘못될 수 있는 것에 대한 인식을 바탕으로 성능을 이해하고, 추론하고, 측정하고, 결정을 내리는 데 도움이 되는 강력한 프레임워크를 소개할 것이다. 이는 전체 개발 프로세스의 기반이 될 것이며 애플리케이션을 설계하는 방식을 구체화할 것이다.

이 프로세스는 프로젝트 초기부터 시작된다. 효과적인 애플리케이션을 만들려면 인공지능에 대한 현재의 접근 방식이 정말로 적합하지 않은 특정 사용 사례가 있음을 이해하는 것이 중요하다. 많은 상황에서 물리적, 재정적, 사회적 피해를 유발할 위험이 AI 배포의 잠재적 이점보다 크다. 이 책은 이러한 위험을 식별하고 프로젝트의 타당성을 탐색할 때 이를 고려하는 방법을 알려준다.

도메인 전문가로서 우리는 우리가 만든 기술이 적절하게 사용되도록 할 책임이 있다. 다른 누구도 이 작업을 수행할 수 있는 더 나은 위치에 있지 않으므로 이 작업을 잘 수행하는 것은 우리에게 달려 있다. 이 책은 여러분이 올바른 결정을 내리고, 성능이 우수하고 피해를 방지하며 더 넓은 세상에 도움이 되는 애플리케이션을 만드는 데 도움이 될 것이다.

추가 자료

저수준 구현에서 고수준 디자인 패턴에 이르기까지 임베디드 AI를 모두 다룬 책이 있다면 책장 전체 크기일 것이다! 여러분이 읽고 있는 책은 모든 것을 한 권으로 짜내려고 하는 대신, 전체 공간에 대한 상세하지만 높은 수준의 로드맵을 제공할 것이다.

특정 프로젝트와 관련된 세부 사항을 자세히 살펴보려면 194페이지의 '엣지 AI 기술 배우기' 절에 있는 추가 자료를 권장한다.

연락처

저자들은 여러분의 의견을 듣기 바란다. hello@edgeaibook.com으로 연락주기 바란다.

편집 규약

이 책에서 사용된 편집 규약은 다음과 같다.

고딕체
메뉴나 대화상자처럼 컴퓨터 화면에 표시되는 단어나 새로운 용어를 나타낸다.

고정폭 글꼴
변수나 함수 이름, 데이터베이스, 데이터 타입, 환경 변수, 명령문, 키워드 같은 프로그램 요소를 나타내기 위해 문단 내에서뿐만 아니라 프로그램 명세에도 사용된다.

고정폭 굵은 글꼴
사용자가 문자 그대로 입력해야 하는 명령이나 기타 텍스트를 나타낸다.

고정폭 이탤릭체
사용자가 제공하는 값이나 맥락에 따라 결정된 값으로 대체되어야 하는 텍스트를 나타낸다.

이 요소는 팁이나 제안을 나타낸다.

이 요소는 일반적인 참고사항을 나타낸다.

이 요소는 경고나 주의사항을 알려준다.

예제 코드 활용

보조 자료(코드 예제, 연습문제 등)는 https://github.com/ai-at-the-edge에서 다운로드할 수 있다. 에이콘출판사의 도서정보 페이지 http://www.acornpub.co.kr/book/aiedge에서도 예제 코드를 내려받을 수 있다.

예제 코드를 사용하면서 기술적인 질문이나 문제가 발생하면 bookquestions@oreilly.com으로 메일을 보내주기 바란다.

이 책의 목적은 독자의 업무 처리를 돕는 데 있다. 일반적으로 예제 코드가 책과 함께 제공되는 경우, 자신의 프로그램과 문서에서 사용할 수 있다. 코드의 상당 부분을 복제하지 않는 한 허가를 위해 당사에 연락할 필요가 없다. 예를 들어, 이 책에 있는 몇몇 코드 덩어리를 사용하는 프로그램을 작성하는 데는 허가가 필요 없다. 오라일리 책의 예제를 판매하거나 배포하려면 허가가 필요하다. 이 책을 인용하고 예제 코드를 인용하여 질문에 답하는 것은 허가가 필요하지 않다. 이 책에 있는 상당량의 예제 코드를 제품 설명서에 통합하려면 허가가 필요하다.

감사하지만 일반적으로 저작자 표시를 요구하지는 않는다. 저작자 표시에는 일반적으로 제목, 저자, 출판사, ISBN이 포함된다(예: *AI at the Edge* by Daniel Situnayake and Jenny Plunkett (O'Reilly). Copyright 2023 Daniel Situnayake and Jenny Plunkett, 978-1-098-12020-7).

코드 예제의 사용이 공정한 사용이나 위에 주어진 허가에 위배된다고 생각되면 언제든지 permissions@oreilly.com으로 문의하기 바란다.

오라일리 온라인 학습

40년 이상 오라일리 미디어는 기술과 비즈니스 교육, 지식, 통찰력을 제공해 기업의 성공을 돕고 있다.

오라일리의 특별한 전문가와 혁신가 네트워크는 책과 기사, 온라인 학습 플랫폼을 통해 지식과 전문성을 공유한다. 온라인 학습 플랫폼은 라이브 교육 과정, 심층 학습 경로, 대화형 코딩 환경, 오라일리를 비롯한 200개 이상의 다른 게시자가 제공하는 방대한 텍스트와 비디오 컬렉션에 대한 접근을 제공한다. 자세한 내용은 http://oreilly.com을 방문하기 바란다.

문의사항

이 책에 관한 의견 및 질문은 다음 방법으로 출판사에 보내주기 바란다.

O'Reilly Media, Inc.
1005 Gravenstein Highway North
Sebastopol, CA 95472
800-998-9938(미국이나 캐나다)
707-829-0515(국제전화나 미국 내 전화)
707-829-0104(팩스)

책의 정오표, 예제, 추가 정보는 https://oreil.ly/ai-at-the-edge를 참고하라. 한국어판의 정오표는 에이콘출판사의 도서정보 페이지 http://www.acornpub.co.kr/book/ai-edge에서 확인할 수 있다.

책에 대한 의견이나 기술적인 질문은 bookquestions@oreilly.com으로 연락주기 바란다. 한국어판에 관해 질문이 있다면 에이콘출판사 편집 팀(editor@acornpub.co.kr)이나 옮긴이의 이메일로 연락주길 바란다.

책과 강좌에 대한 소식은 https://oreilly.com을 확인한다.

링크드인: https://linkedin.com/company/oreilly-media

트위터: https://twitter.com/oreillymedia

유튜브: https://youtube.com/oreillymedia

제1장
엣지 AI에 대한 간략한 소개

환영한다! 1장에서는 엣지 AI 세계를 포괄적으로 둘러볼 것이다. 핵심 용어를 정의하고 '엣지 AI'가 다른 AI와 다른 점을 알아보고 가장 중요한 사용 사례를 살펴보려고 한다. 1장의 목표는 다음 두 가지 중요한 질문에 답하는 것이다.

- 엣지 AI란 무엇인가?
- 엣지 AI가 왜 필요할까?

핵심 용어 정의

기술의 각 영역에는 고유한 용어 분류가 있으며 엣지 AI도 다르지 않다. 실제로 **엣지 AI**edge AI라는 용어는 2개의 전문 용어가 결합되어 하나의 강력한 용어로 결합된 것이다. 엣지 AI라는 용어는 형제 기술인 **임베디드 머신러닝**이나 TinyML과 함께 자주 쓰인다.

계속 진행하기 전에 이 용어들을 정의하고 의미를 이해하는 데 시간을 할애하는 것이 좋다. 복합 용어를 다루고 있기 때문에 가장 기본적인 부분부터 먼저 다루겠다.

임베디드

'임베디드embedded'란 무엇인가? 여러분의 배경에 따라 이것은 우리가 설명하려는 모든 용어 중 가장 친숙할 수도 있다. **임베디드 시스템**embedded system은 블루투스 헤드폰에서

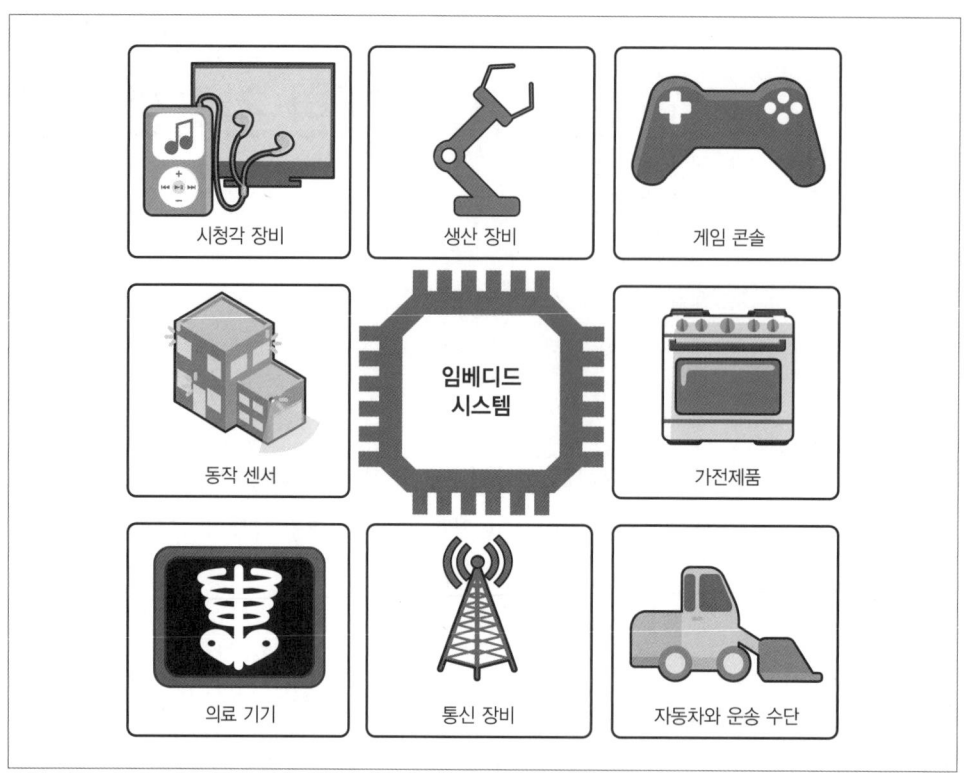

그림 1-1 임베디드 시스템은 가정과 직장을 포함하여 우리 세계의 모든 부분에 존재한다.

최신 자동차의 엔진 제어 장치에 이르기까지 모든 종류의 물리적 장치의 전자 장치를 제어하는 컴퓨터다. **임베디드 소프트웨어**embedded software는 그 위에서 실행되는 소프트웨어다. 그림 1-1은 임베디드 시스템을 찾을 수 있는 몇 가지 장소를 보여준다.

임베디드 시스템은 디지털 시계를 제어하는 마이크로컨트롤러처럼 작고 단순할 수도 있고, 스마트 TV 내부의 임베디드 리눅스 컴퓨터처럼 크고 정교할 수도 있다. 노트북이나 스마트폰 같은 범용 컴퓨터와 달리 임베디드 시스템은 일반적으로 하나의 특정 작업을 수행하기 위한 것이다.

임베디드 시스템은 현대 기술의 많은 부분을 구동하기 때문에 매우 널리 퍼져 있다. 실제로 2020년에 280억 개가 넘는 마이크로컨트롤러가 출하됐으며 이는 임베디드 프로세서의 한 유형에 불과하다.[1] 임베디드 시스템은 우리 집, 차량, 공장, 도시 거리에 있다. 여러분은 임베디드 시스템에서 몇 피트 이상 떨어져 있지 않을 가능성이 높다.

임베디드 시스템이 배포되는 환경의 제약 조건을 반영하는 것이 일반적이다. 예를 들어, 많은 임베디드 시스템이 배터리 전원으로 실행해야 하므로 에너지 효율성을 염두에 두고 설계된다. 메모리가 제한되거나 클록 속도가 매우 느릴 수도 있다.

임베디드 시스템 프로그래밍은 제한된 리소스를 최대한 활용하면서 필요한 작업을 수행하는 소프트웨어를 작성하여 이러한 제약 조건 속에서 길을 찾는 기술이다. 이는 매우 어려울 수 있다. 임베디드 시스템 엔지니어는 현대 세계의 숨은 영웅이다. 만약 당신이 그중 한 명이라면, 당신의 노고에 감사드린다!

엣지(와 사물 인터넷)

컴퓨터 네트워크의 역사는 거대한 줄다리기였다. 태초의 시스템(방 크기의 개별 컴퓨터)에서 계산은 본질적으로 중앙 집중화됐다. 한 대의 기계가 있었고 그 한 대의 기계가 모든 작업을 수행했다.

그러나 결국 컴퓨터는 일부 책임을 대신하는 터미널(그림 1-2 참고)에 연결됐다. 대부분의 계산은 중앙 메인프레임에서 이뤄졌지만 음극선관 화면에 글자를 렌더링하는 방법을 알아내는 것 같은 일부 간단한 작업은 터미널의 전자 장치에서 수행됐다.

시간이 지남에 따라 터미널은 점점 더 정교해졌으며 이전에는 중앙 컴퓨터의 작업이었던 기능을 점점 더 많이 넘겨받았다. 줄다리기가 시삭됐다! 개인용 컴퓨터가 발명되자 소형 컴퓨터는 심지어 다른 기계에 연결하지 않고도 유용한 작업을 수행할 수 있었다. 줄은 네트워크의 중심에서 **가장자리**^{edge}까지 반대쪽 끝으로 당겨졌다.

웹 애플리케이션, 웹 서비스와 함께 인터넷의 성장으로, 스트리밍 비디오에서 소셜 네트워킹에 이르기까지 정말 멋진 일을 할 수 있게 됐다. 이 모든 것은 컴퓨터가 서버에 연결되어야 가능했고, 서버는 점점 더 많은 작업을 점차적으로 인계받았다. 지난 10년 동

---

1 비즈니스 와이어(Business Wire) 기사(https://oreil.ly/xa0o-)에 따름

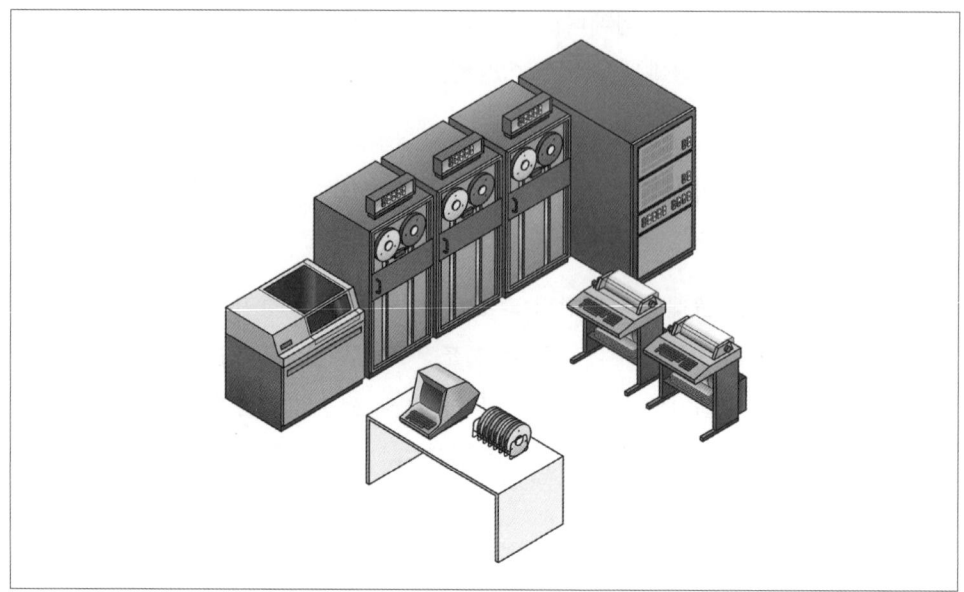

그림 1-2 메인프레임 컴퓨터가 대부분의 계산을 수행하는 반면, 간단한 터미널은 입력 처리, 출력물 인쇄, 기본 그래픽 렌더링을 처리했다.

안 대부분의 컴퓨팅은 (이번에는 '클라우드'로) 다시 중앙 집중화됐다. 인터넷이 다운되면, 최신 컴퓨터도 별로 쓸모가 없다!

그러나 우리가 업무와 여가를 위해 사용하는 컴퓨터만 연결된 것이 아니다. 실제로 2021년에는 122억 개의 다양한 아이템이 인터넷에 연결되어 데이터를 생성하고 소비하는 것으로 추정된다.[2] 사물 인터넷$^{IoT,\ Internet\ of\ Things}$이라는 이 광대한 사물 네트워크에는 산업용 센서, 스마트 냉장고, 인터넷에 연결된 보안 카메라, 개인용 자동차, 선적 컨테이너, 피트니스 트래커, 커피 머신 등 생각할 수 있는 모든 것이 포함된다.

 최초의 IoT 장치는 1982년에 만들어졌다. 카네기멜런대학교의 학생들은 콜라 자판기를 인터넷의 초기 선구자인 ARPANET(https://www.ibm.com/blog/little-known-story-first-iot-device/)에 연결하여, 연구실을 떠나지 않고도 자판기가 비어 있는지 확인할 수 있었다.

---

2 IoT Analytics에 따르면, 2025년까지 270억 개로 증가할 것으로 예상된다(https://oreil.ly/yMRAF).

이 장치들은 모두 임베디드 소프트웨어 엔지니어가 작성한 소프트웨어를 실행하는 마이크로프로세서를 포함하는 임베디드 시스템이다. 그것들은 네트워크의 가장자리(엣지)에 있기 때문에 **엣지 장치**edge device라고 부르기도 한다. 엣지 장치에서 계산을 수행하는 것을 **엣지 컴퓨팅**edge computing이라고 한다.

엣지는 한 곳이 아니며, 더 넓은 영역에 가깝다. 네트워크 엣지에 있는 장치는 서로 통신할 수 있으며 원격 서버와도 통신할 수 있다. 네트워크 엣지에 있는 서버도 있다. 그림 1-3은 이것이 어떻게 보이는지 보여준다.

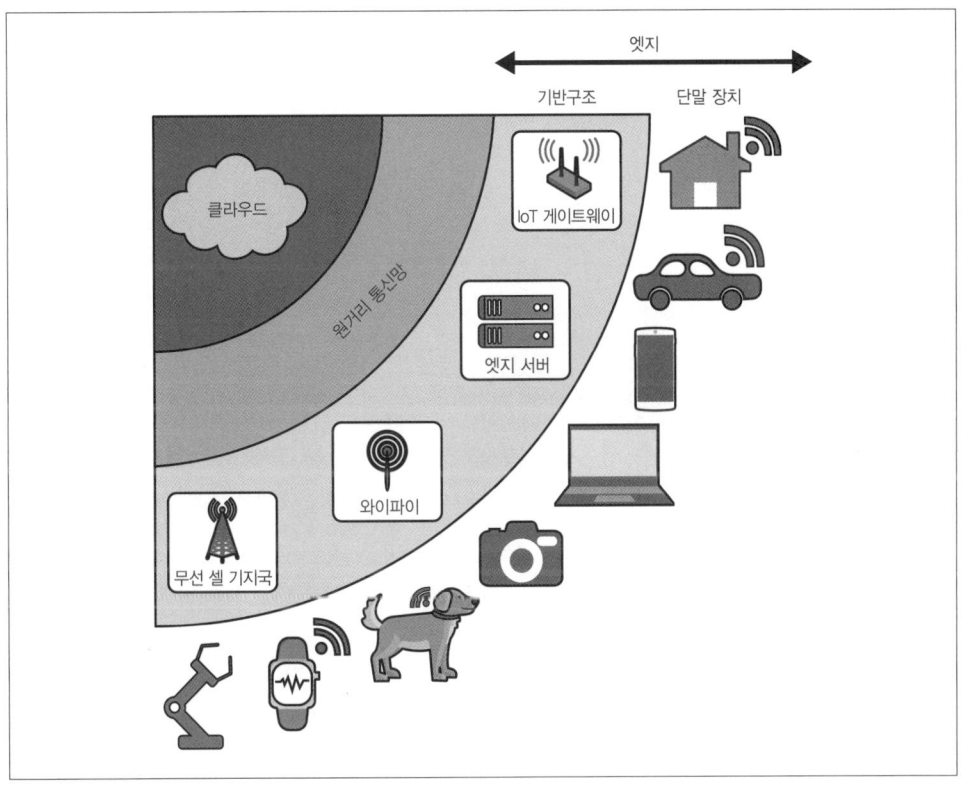

그림 1-3 네트워크 엣지에 있는 장치는 클라우드, 엣지 기반구조, 서로와 통신할 수 있다. 엣지 애플리케이션은 일반적으로 이 지도 내의 여러 위치에 걸쳐 있다(예를 들어, 데이터는 처리를 위해 센서가 장착된 IoT 장치에서 로컬 엣지 서버로 전송될 수 있다).

네트워크의 엣지에 있으면 몇 가지 주요 이점이 있다. 하나는 그곳이 모든 데이터의 출처라는 점이다! 엣지 장치는 인터넷과 실제 세계를 연결하는 연결고리다. 그들은 센서를 사용해 주자의 심박수나 차가운 음료의 온도와 같이 주변에서 일어나는 일을 기반으로 데이터를 수집할 수 있다. 로컬에서 해당 데이터에 대한 결정을 내리고 다른 위치로 보낼 수 있다. 엣지 장치는 다른 누구도 접근할 수 없는 데이터에 접근할 수 있다.

휴대폰과 태블릿은 엣지 장치인가?

네트워크의 엣지에 있는 휴대용 컴퓨터로서 휴대폰, 태블릿, 심지어 개인용 컴퓨터도 모두 엣지 장치다. 휴대폰은 엣지 AI를 특징으로 하는 최초의 플랫폼 중 하나였다. 최신 휴대폰은 음성 구동(voice activation)에서 스마트 사진에 이르기까지 다양한 용도로 엣지 AI를 사용한다.[3]

엣지 장치는 나중에 다시 다루겠다(이 책의 초점이기 때문에). 그때까지 계속해서 몇 가지 용어를 더 정의해 보자.

인공지능

휴! 이것은 큰 것이다. 인공지능$^{AI, Artificial Intelligence}$은 매우 큰 아이디어이고 정의하기가 매우 어렵다. 태초부터 인간은 생존을 위한 투쟁에서 우리를 도울 수 있는 지적 존재를 창조하는 꿈을 꾸었다. 현대 세계에서 우리는 우리의 모험을 돕는 로봇 조수를 꿈꾼다. 즉, 우리의 모든 문제를 해결할 초지능, 합성 정신, 비즈니스 프로세스를 최적화하고 빠른 승진을 보장할 기적적인 엔터프라이즈 제품이다.

그러나 AI를 정의하려면 지능을 정의해야 한다. 이는 특히 어려운 것으로 밝혀졌다. 지능적이라는 것은 무엇을 의미하는가? 그것은 우리가 말할 수 있거나 생각할 수 있다는 것을 의미하는가? 그렇지 않다. 미로를 풀 수 있는, 중추 신경계가 없는 단순한 유기체인 점균류(그림 1-4 참고)에게 물어보라.

---

3 임베디드 엔지니어링과 모바일 개발은 일반적으로 별개의 분야다. 모바일 장치 내에서도 임베디드 펌웨어와 운영체제는 모바일 애플리케이션과 구별된다. 이 책은 임베디드 엔지니어링에 중점을 두므로 모바일 앱 구축에 대해 많이 다루지는 않겠지만 두 경우 모두에 관련된 기술을 다룰 것이다.

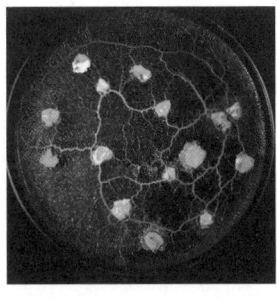

그림 1-4 점균류는 생물학적 계산 과정을 통해 음식을 찾기 위해 미로를 풀 수 있는 것으로 기록된 단세포 유기체다. '점균류는 화학 유인 물질의 변화도를 통해 한 번에 미로를 해결한다'(앤드류 아다마츠키(Andrew Adamatzky), arXiv, 2011, https://oreil.ly/Ecrq9) 참고

이 책은 철학 책이 아니기 때문에 지능이라는 주제를 완전히 탐구할 시간이 없다. 대신, 우리는 빠르고 간편한 정의를 제안하고 싶다.

> 지능이란 올바른 시기에 해야 할 올바른 일을 안다는 뜻이다.

이것으로 아마도 학문적 논쟁에 맞설 수는 없겠지만 우리에게는 괜찮다. 주제를 탐색할 수 있는 도구를 제공한다. 정의에 따라 지능이 필요한 몇 가지 작업은 다음과 같다.

- 프레임 안에 동물이 있을 때 사진 찍기
- 운전자가 충돌하려 할 때 브레이크 밟기
- 기계가 고장 난 소리가 나면 작업자에게 알리기
- 관련 정보로 질문에 답하기
- 음악 공연에 맞춘 반주 만들기
- 누군가가 손을 씻고 싶을 때 수도꼭지를 틀기

이들 문제 각각은 행동(수도꼭지 틀기)과 전제 조건(누군가가 손을 씻기를 원할 때)을 모두 포함한다. 각각의 맥락에서 이러한 문제의 대부분은 상대적으로 간단하게 들리지만 공항 화장실을 사용해 본 사람이라면 누구나 알고 있듯이 해결하기가 항상 간단한 것은 아니다.

대부분의 인간에게 이들 대부분의 작업을 수행하는 것은 매우 쉽다. 우리는 '일반적인' 지능을 가진 매우 유능한 생물이다. 그러나 더 '좁은' 지능을 가진 더 작은 시스템도 작업을 수행할 수 있다. 우리의 점균류를 예로 들어보자. 점균류는 미로를 푸는 이유는 이해하지 못할 수도 있지만, 확실히 해낼 수 있다.

즉, 점균류는 미로는 풀 수 있지만 수도꼭지를 틀 적절한 순간은 알지 못할 가능성이 높다. 일반적으로 말하면, 완전히 다른 다양한 작업 세트를 수행할 수 있는 것보다 범위가 좁은 단일 작업(예: 수도꼭지 켜기)을 수행하는 것이 훨씬 쉽다.

인간과 동등한 '일반적인' 인공지능을 만드는 것은 수십 년 동안 실패한 시도가 보여주듯이 매우 어려울 것이다. 그러나 점균류 수준에서 작동하는 것을 만드는 것은 훨씬 쉬울 수 있다. 예를 들어 운전자의 충돌을 방지하는 것은 이론적으로 매우 간단한 작업이다. 현재 속도와 벽과의 거리에 모두 접근할 수 있는 경우 간단한 조건 논리로 이를 수행할 수 있다.

```
current_speed = 10 # 초속 미터
distance_from_wall = 50 # 미터
seconds_to_stop = 3 # 차를 멈추는 데 필요한 최소 시간(초)
safety_buffer = 1 # 브레이크를 밟기 전의 안전 마진(초)

# 벽에 부딪히기까지 남은 시간을 계산한다.
seconds_until_crash = distance_from_wall / current_speed

# 곧 충돌할 것 같으면 브레이크를 밟도록 한다.
if seconds_until_crash < seconds_to_stop + safety_buffer:
  applyBrakes()
```

분명히 이 단순화된 예는 많은 요소를 설명하지 않는다. 그러나 조금만 복잡도를 더하면, 이 조건부 논리를 기반으로 하는 운전자 지원 시스템을 갖춘 최신 자동차는 틀림없이 AI로 판매될 수 있다.[4]

---

[4] 수년 동안 엔지니어가 손으로 조정한 복잡한 조건부 논리를 통해 일반적인 인공지능을 달성할 수 있기를 바라왔다. 이는 그보다 훨씬 더 복잡한 것으로 판명됐다!

여기서 우리가 말하려고 하는 두 가지 요점이 있다. 첫 번째는 지능을 정의하기가 매우 어렵고, 다소 간단한 문제를 해결하려면 어느 정도의 지능이 필요하다는 것이다. 두 번째는 이 지능을 구현하는 프로그램이 반드시 특별히 복잡할 필요는 없다는 것이다. 때로는 점균류도 할 수 있다.

그렇다면 AI란 무엇인가? 간단히 말해서 일종의 입력을 기반으로 지능적인 결정을 내리는 인공 시스템이다. AI를 만드는 한 가지 방법은 머신러닝이다.

머신러닝

머신러닝ML, Machine Learning의 핵심은 매우 단순한 개념이다. 알고리듬을 통해 데이터를 실행하여 세상이 작동하는 방식에서 패턴을 자동으로 발견하는 방법이다.

우리는 종종 AI와 머신러닝이 같은 것인 양 혼용된다는 말을 듣는다. 하지만 그렇지 않다. AI가 항상 머신러닝을 수반하는 것은 아니며, 머신러닝이 항상 AI를 수반하는 것도 아니다. 그렇긴 하지만, 그들은 매우 잘 어울린다!

머신러닝을 도입하는 가장 좋은 방법은 예제를 통한 것이다. 운동선수가 착용할 수 있는 작은 손목 밴드인 피트니스 트래커fitness tracker를 만들고 있다고 상상해 보자. 여기에는 그림 1-5와 같이 주어진 순간에 각 축(x, y, z)에서 얼마나 많은 가속이 발생하는지 알려주는 가속도계가 포함되어 있다.

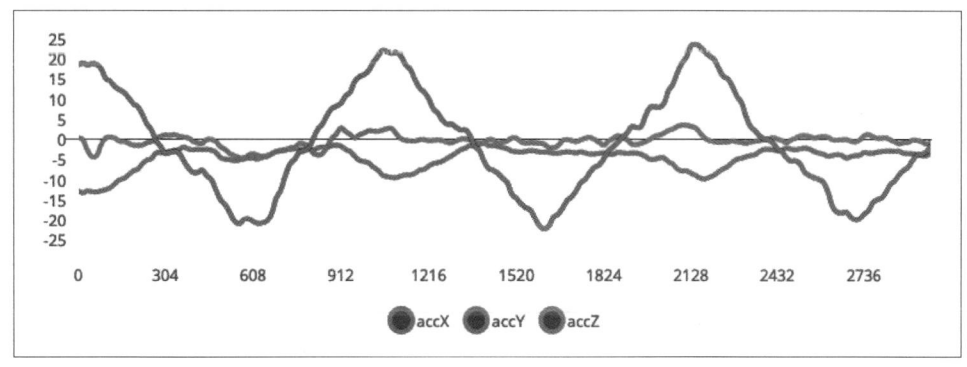

그림 1-5 6.25Hz로 샘플링된 3축 가속도계의 출력

운동선수를 돕기 위해, 운동선수가 하고 있는 활동을 자동으로 기록하려고 한다. 예를 들어, 운동선수가 월요일에는 한 시간을 달리고 화요일에는 수영을 한 시간 한다고 하자.

수영하는 동안의 움직임은 달리는 동안의 움직임과 상당히 다르기 때문에 손목 밴드의 가속도계 출력에 따라 이러한 활동을 구분할 수 있다는 이론을 세운다. 일부 데이터를 수집하기 위해 12명의 운동선수에게 프로토타입 손목 밴드를 제공하고 손목 밴드가 데이터를 기록하는 동안 특정 활동(수영이나 달리기, 아무것도 하지 않기)을 수행하도록 한다(그림 1-6 참고).

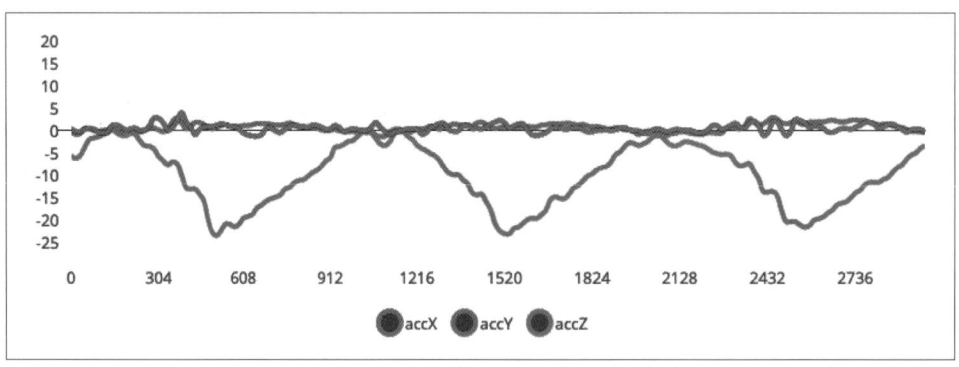

그림 1-6 그림 1-5와 다른 활동을 보여주는 3축 가속도계의 출력. 각 활동은 시간 경과에 따른 각 축의 가속도 변화 패턴으로 특징지을 수 있다.

이제 데이터 세트가 있으므로 특정 운동선수가 수영을 하는지, 달리고 있는지 또는 그냥 쉬고 있는지 이해하는 데 도움이 되는 몇 가지 규칙을 결정하려고 한다. 이를 수행하는 한 가지 방법은 손으로 데이터를 분석하고 검사하여 눈에 띄는 것이 있는지 확인하는 것이다. 아마도 당신은 달리기가 수영보다 특정 축에서 더 빠른 가속을 포함한다는 사실을 알아차렸을 것이다. 이 정보를 사용해 해당 축의 판독값을 기반으로 활동을 결정하는 일부 조건 논리를 작성할 수 있다.

손으로 데이터를 분석하는 것은 까다로울 수 있으며 일반적으로 도메인에 대한 전문지식(예: 스포츠 중 인간의 움직임)이 필요하다. 수동 분석의 대안으로 머신러닝을 사용할 수 있다.

ML 접근 방식을 사용할 경우, 운동선수의 모든 데이터를 훈련 알고리듬에 입력한다. 가속도계 데이터와 운동선수가 현재 수행 중인 활동에 대한 정보가 모두 제공되면 알고리듬은 둘 사이의 매핑을 학습하기 위해 최선을 다한다. 이 매핑을 **모델**model이라고 한다.

학습이 성공적이면, 새로운 머신러닝 모델이 이전에 본 적이 없는 완전히 새로운 입력(특정 기간의 가속도계 데이터 샘플)을 받아 운동선수가 어떤 활동을 수행하고 있는지 알려줄 수 있기를 바란다. 이 프로세스를 **추론**inference이라고 한다.

'새로운' 입력을 이해하는 이런 능력을 **일반화**generalization라고 한다. 훈련 중에 모델은 달리기와 수영을 구분하는 특성을 학습했다. 그런 다음 이전에 언급한 조건 논리를 사용하는 것과 같은 방식으로 피트니스 트래커의 모델을 사용해 최신 데이터를 이해할 수 있다.

다양한 머신러닝 알고리듬이 있으며, 각각 고유한 장점과 단점이 있고, ML이 항상 작업에 가장 적합한 도구인 것은 아니다. 1장의 뒷부분에서 머신러닝이 가장 유용한 시나리오에 대해 논의할 것이다. 그러나 경험에 따르면, 데이터가 아주 복잡할 때 머신러닝이 정말 빛난다.

엣지 AI

축하한다. 우리가 첫 번째 복합 용어를 만들었다! 엣지 AI는 당연히 엣지 장치와 인공지능의 조합이다.

앞에서 설명한 것처럼 엣지 장치는 디지털 세계와 물리적 세계를 연결하는 임베디드 시스템이다. 일반적으로 주변 환경에 대한 정보를 제공하는 센서가 있다. 이를 통해 빈도가 높은 데이터의 소방 호스(은유적 표현)에 접근할 수 있다.

우리는 종종 데이터가 현대 경제의 생명줄이며 인프라 전체에 흐르고 조직이 기능할 수 있도록 한다는 말을 듣는다. 이는 확실히 사실이다. 하지만 모든 데이터가 동일하게 생성되는 것은 아니다. 센서에서 얻은 데이터는 양이 매우 많지만 정보 콘텐츠는 상대적으로 적은 경향이 있다.

이전 절에서 설명한 가속도계 기반 손목 밴드 센서를 상상해 보자. 가속도계는 초당 수백 번 판독할 수 있다. 각각의 수치는 현재 진행 중인 활동에 대해 거의 알려주지 않는다. 수천 개 이상의 수치를 종합하면 무슨 일이 일어나고 있는지 이해할 수 있다.

일반적으로 IoT 장치는 센서에서 데이터를 수집한 다음 처리를 위해 중앙 위치로 전송하는 단순한 노드로 간주됐다. 이 접근 방식의 문제는 가치가 낮은 정보를 대량으로 전송하는 데 엄청난 비용이 든다는 점이다. 연결 비용이 높을 뿐만 아니라 데이터를 전송하는 데 엄청난 에너지가 사용된다. 이는 배터리로 구동되는 IoT 장치에게는 큰 문제다.

이 문제로 인해 IoT 센서가 수집한 데이터의 대부분은 폐기됐다. 수많은 센서 데이터를 수집하고 있지만 이를 이용해서 아무것도 할 수 없다.

엣지 AI는 이 문제에 대한 해결책이다. 처리를 위해 데이터를 멀리 떨어진 위치로 보내는 대신 데이터가 생성되는 장치에서 직접 수행하면 어떻게 될까? 이제 중앙 서버에 의존하는 대신 로컬에서 결정을 내릴 수 있다. 연결이 필요치 않다.

그리고 정보를 다시 업스트림 서버나 클라우드에 보고하려는 경우 모든 단일 센서 판독값을 보내는 대신 중요한 정보만 전송하면 된다. 그렇게 하면 많은 비용과 에너지를 절약할 수 있다.

엣지에 지능을 배포하는 방법에는 여러 가지가 있다. 그림 1-7은 클라우드 AI에서 완전한 장치 지능 on-device intelligence 까지의 연속체를 보여준다. 이 책의 뒷부분에서 살펴보겠지만 엣지 AI는 일부 노드는 엣지에, 나머지는 로컬 게이트웨이나 클라우드에 있는 식으로, 전체 분산 컴퓨팅 아키텍처에 분산될 수 있다.

지금까지 살펴본 것처럼 인공지능은 다양한 의미를 가질 수 있다. 엄청나게 간단할 수도 있다. 약간의 간단한 조건 논리로 인코딩된 인간의 통찰력이다. 또한 최신 개발된 딥러닝을 기반으로 매우 정교할 수도 있다.

엣지 AI도 똑같다. 가장 기본적인 엣지 AI는 데이터가 생성되는 위치와 가까운 네트워크 엣지에서 몇 가지 결정을 내리는 것이다. 하지만 정말 멋진 기능을 활용할 수도 있다. 그리고 이는 다음 절로 멋지게 연결된다!

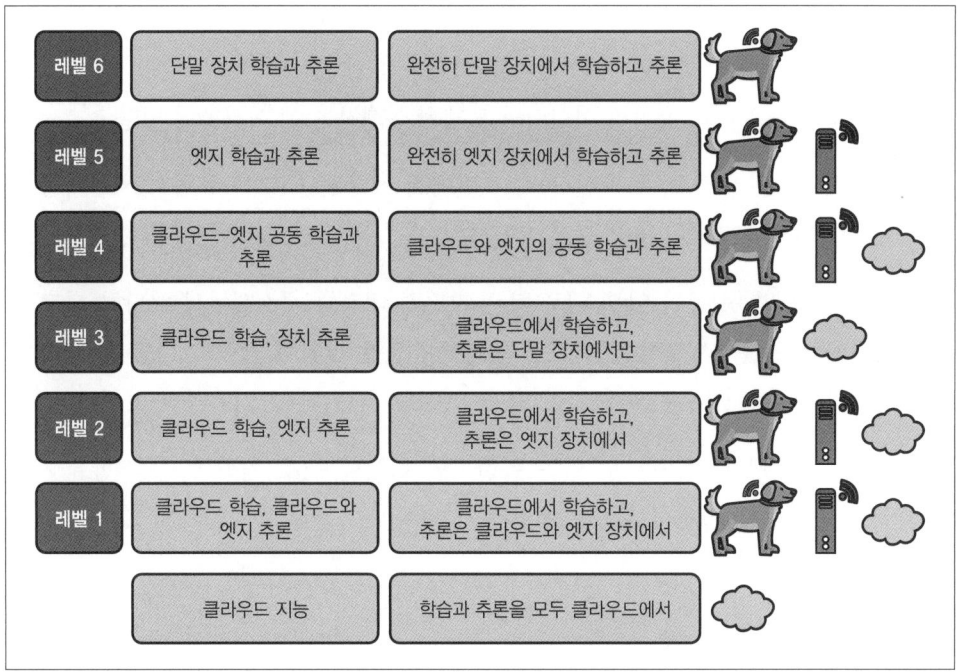

그림 1-7 클라우드 지능과 완전 장치 지능 사이의 연속체. 이 6가지 수준은 'Edge Intelligence: Paving the Last Mile of Artificial Intelligence with Edge Computing'(Zhou et. al., *Proceedings of the IEEE*, 2019, https://oreil.ly/8uWK-)에 설명되어 있다.

임베디드 머신러닝과 TinyML

임베디드 머신러닝은 임베디드 시스템에서 머신러닝 모델을 실행하는 예술이자 과학이다. TinyML$^{Tiny\ Machine\ Learning}$5은 마이크로컨트롤러, 디지털 신호 프로세서, FPGA$^{Field\ Programmable\ Gate\ Array}$ 같이, 사용 가능한 가장 제한적인 임베디드 하드웨어에서 이를 수행하는 개념이다.

임베디드 ML에 대해 이야기할 때는 일반적으로 입력을 받고 예측을 내놓는 과정(가속도계 데이터를 기반으로 신체 활동을 추측하는 것과 같은), 즉 머신러닝 추론을 말한다. 학습 부분은 흔히 여전히 일반적인 컴퓨터에서 이뤄진다.

---

5   TinyML이라는 용어는 TinyML 재단의 등록 상표다.

임베디드 시스템은 메모리가 제한된 경우가 많다. 이로 인해 모델 저장을 위한 ROM[Read-Only Memory]과 추론 중에 생성된 중간 결과를 처리하기 위한 RAM[Random-Access Memory]에 대한 요구사항이 높은 여러 유형의 머신러닝 모델을 실행하는 데 어려움이 있다.

임베디드 시스템은 또한 종종 계산 능력 측면에서 제한된다. 많은 유형의 머신러닝 모델이 계산 집약적이므로 이 또한 문제가 될 수 있다.

운 좋게도 지난 몇 년 동안 일부 매우 작은 저전력 내장형 시스템에서 상당히 크고 정교한 머신러닝 모델을 실행할 수 있도록 최적화에 많은 발전이 있었다. 다음 몇 개 장에 걸쳐 이러한 기술 중 일부를 배울 것이다!

임베디드 머신러닝은 신뢰할 수 있는 동반자인 디지털 신호 처리와 종종 함께 사용된다. 계속 진행하기 전에 이 용어도 정의해 보겠다.

디지털 신호 처리

임베디드 세계에서는 종종 신호의 디지털 표현으로 작업한다. 예를 들어 가속도계는 세 축의 가속도에 해당하는 디지털 값의 스트림을 제공하고, 디지털 마이크는 특정 순간의 사운드 레벨에 해당하는 값의 스트림을 제공한다.

디지털 신호 처리[DSP, Digital Signal Processing]는 알고리듬을 사용해 이러한 데이터 스트림을 조작하는 방법이다. 임베디드 머신러닝과 함께 사용할 때, 신호를 머신러닝 모델에 공급하기 전에 DSP를 사용해 수정하는 경우가 많다. 이 작업을 수행하는 몇 가지 이유가 있다.

- 노이즈 신호 정리
- 하드웨어 문제로 인해 발생할 수 있는 급등[spike]이나 이상값[outlying value] 제거
- 신호에서 가장 중요한 정보 추출
- 시간 영역에서 주파수 영역으로 데이터 변환[6]

---

6   이에 대해서는 144페이지의 '스펙트럼 분석' 절에서 설명한다.

DSP가 임베디드 시스템에 매우 자주 쓰이기 때문에, 임베디드 칩은 종종, 필요한 경우를 대비하여 일반적인 DSP 알고리듬의 초고속 하드웨어 구현을 담고 있다.

이제 우리는 이 책에서 가장 중요한 용어들에 대한 확고한 이해를 공유하고 있다. 그림 1-8은 그 용어들이 문맥에서 어떻게 함께 들어맞는지를 보여준다.

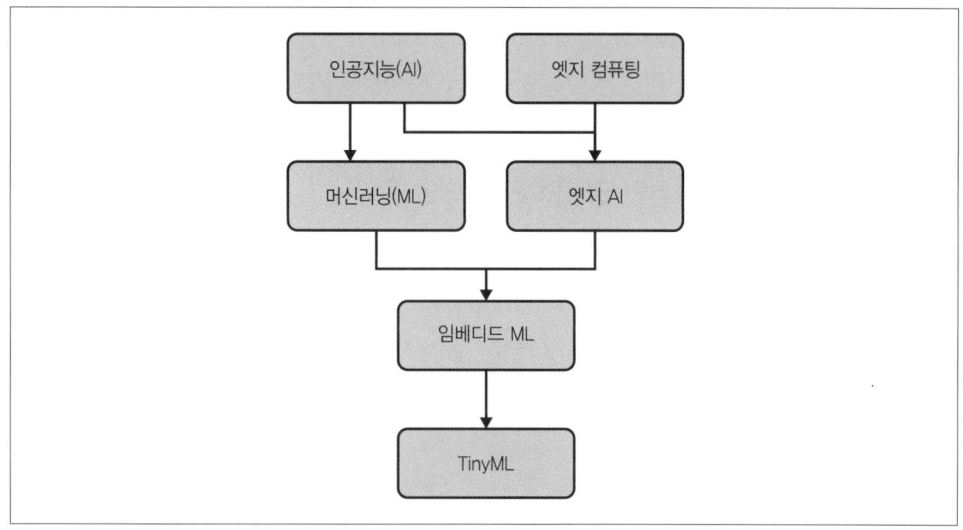

그림 1-8 이 그림은 엣지 AI의 가장 중요한 개념 중 일부를 가장 일반적인 상단부터 가장 구체적인 하단까지 서로의 맥락에서 보여준다.

다음 절에서는 엣지 AI에 대해 자세히 알아보고 이를 중요한 기술이게 하는 요소를 분석하기 시작한다.

엣지 AI가 필요한 이유는 무엇인가?

오늘 아침 당신이 남부 캘리포니아 사막의 광활한 황야인 조슈아 트리 국립공원을 통과하는 트레일을 달렸다고 상상해 보자. 끊김 없는 셀룰러 연결을 통해 휴대폰으로 스트리밍하면서 내내 음악을 들었다. 깊은 산 속 특히 아름다운 곳에서 사진을 찍어 파트너에게 보냈다. 몇 분 뒤 답변을 받았다.

가장 먼 곳에서도 어떤 형태로든 데이터 연결이 가능한 세상에서 엣지 AI가 필요한 이유는 무엇인가? 인터넷의 강력한 서버가 바로 연결되는 세상에서 스스로 결정을 내릴 수 있는 작은 장치가 무슨 소용이 있는가? 모든 복잡함이 추가되면서, 우리는 그저 삶을 더 어렵게 만들고 있지 않은가?

짐작했겠지만 대답은 '그렇지 않다'이다! 엣지 AI는 기술이 인간을 위해 더 잘 작동하도록 하는 데 방해가 되는 매우 실제적인 문제들을 해결한다. 엣지 AI의 이점을 설명하기 위해 가장 좋아하는 프레임워크는 무례하게 들리는 약어인 BLERP다.

엣지 AI의 이점을 이해하려면 BLERP만 있으면 된다

BLERP? 엣지 AI와 비전 연합 Edge AI and Vision Alliance의 창립자인 제프 비어 Jeff Bier 는 엣지 AI의 장점을 표현하기 위해 이 훌륭한 도구(https://oreil.ly/UY-DG)를 만들었다. 그것은 아래의 다섯 단어로 구성되어 있다.

- 대역폭 bandwidth
- 지연 시간 latency
- 경제성 economics
- 신뢰성 reliability
- 개인 정보 보호 privacy

BLERP로 무장하면 누구나 엣지 AI의 장점을 쉽게 기억하고 설명할 수 있다. 엣지 AI가 특정 애플리케이션에 적합한지 여부를 결정하는 데 도움이 되는 필터로도 유용하다.

하나씩 살펴보자.

대역폭

IoT 장치는 종종 전송할 대역폭보다 더 많은 데이터를 캡처한다. 즉, 캡처한 센서 데이터의 대부분이 사용되지 않고 그냥 버려진다! 산업용 기계의 진동을 모니터링하여 제대로 작동하는지 확인하는 스마트 센서를 상상해 보자. 간단한 임곗값 알고리듬을 사용해 기계가 너무 많이 또는 덜 진동하는 경우를 파악한 다음 저대역폭 무선 연결을 통해 이 정보를 전달할 수 있다.

이는 이미 유용해 보인다. 하지만 데이터에서 기계가 곧 고장 날 것이라는 단서를 제공하는 패턴을 식별할 수 있다면 어떨까? 대역폭이 크면, 센서 데이터를 클라우드로 보내고 어떤 종류의 분석을 수행하여 장애가 임박했는지 알 수 있다.

그러나 많은 경우에 데이터의 지속적인 스트림을 클라우드로 보내는 데 사용할 수 있는 대역폭이나 에너지 예산이 충분치 않다. 즉, 유용한 신호가 포함되어 있어도 대부분의 센서 데이터를 폐기해야 한다.

대역폭 제한은 매우 흔하다. 가용한 연결뿐만 아니라 전원도 관련된다. 네트워크 통신은 임베디드 시스템이 수행할 수 있는 가장 에너지 집약적인 작업인 경우가 많다. 즉, 배터리 수명이 기능을 제한하는 경우가 많다. 일부 머신러닝 모델은 컴퓨팅 집약적일 수 있지만 여전히 신호를 전송하는 것보다 적은 에너지를 사용하는 경향이 있다.

여기에서 엣지 AI가 등장한다. 데이터를 업로드하지 않고도 IoT 장치 자체에서 데이터 분석을 실행할 수 있다면 어떨까? 이 경우, 분석 결과 기계가 곧 고장 날 것으로 나타나면, 제한된 대역폭을 사용해 알림을 보낼 수 있다. 이는 모든 데이터를 스트리밍하는 것보다 훨씬 더 실현 가능하다.

물론 장치가 네트워크에 전혀 연결되어 있지 않은 경우도 매우 흔하다! 이 경우 엣지 AI는 이전에는 불가능했던 엄청나게 많은 상황을 가능케 한다. 이에 대해서는 나중에 더 얘기하겠다.

지연 시간

데이터 전송에는 시간이 걸린다. 사용 가능한 대역폭이 많더라도 장치에서 인터넷 서버로 왕복하는 데 수십 또는 수백 밀리초가 걸릴 수 있다. 경우에 따라 대기 시간은 위성 통신이나 저장 전달 메시징store-and-forward messaging의 경우처럼 분이나 시간, 일 단위로 측정될 수 있다.

일부 애플리케이션은 더 빠른 응답을 요구한다. 예를 들어, 움직이는 차량을 원격 서버에서 제어하는 것은 비실용적일 수 있다. 어떤 환경에서 운행하는 차량을 제어하려면 조향 조정과 차량 위치 간에 지속적인 피드백이 필요하다. 대기 시간이 길면 조종이 아주 어려워진다!

엣지 AI는 왕복 시간을 완전히 제거하여 이 문제를 해결한다. 그 대표적인 예가 자율주행차다. 자동차의 AI 시스템은 온보드 컴퓨터에서 실행된다. 이를 통해 전방 운전자가 급브레이크를 밟는 등의 변화하는 조건에 거의 즉각적으로 반응할 수 있다.

대기 시간과 싸우는 엣지 AI의 가장 강력한 예 중 하나는 로봇 우주 탐사다. 화성은 지구에서 너무 멀기 때문에 무선 전송이 빛의 속도로 도달하는 데 몇 분이 걸린다. 설상가상으로 행성의 배열로 인해 직접 통신이 불가능한 경우가 많다. 이로 인해 화성 로버를 제어하기란 매우 어렵다. 나사^{NASA}는 엣지 AI를 사용해 이 문제를 해결했다. 로버는 정교한 인공지능 시스템(https://oreil.ly/iQr8t)을 사용해 작업을 계획하고 환경을 탐색하며 다른 세계 표면에서 생명체를 찾는다. 여유 시간이 있다면 알고리듬을 개선하기 위해 데이터에 레이블을 지정하여 미래의 화성 탐사선이 탐색하도록 도울 수도 있다(https://oreil.ly/RATTg)!

경제성

연결에는 많은 비용이 든다. 연결된 제품은 사용 비용이 더 많이 들고, 의존하는 인프라로 인해 제조업체 비용이 발생한다. 더 큰 대역폭이 필요할수록, 비용이 더 많이 든다. 위성을 통한 장거리 연결이 필요한 원격지에 설치된 장치의 경우 상황이 특히 나쁘다.

장치에서 데이터를 처리함으로써 엣지 AI 시스템은 네트워크를 통해 데이터를 전송하고 클라우드에서 처리하는 비용을 줄이거나 피한다. 이를 통해 이전에는 도달할 수 없었던 많은 사용 사례에 접근할 수 있다.

경우에 따라, 성공적인 유일한 '연결성'은 수동 작업을 수행하도록 사람을 보내는 것이다. 예를 들어, 보호 연구원은 카메라 트랩을 사용해 원격 위치의 야생 동물을 모니터링하는 것이 일반적이다. 이 장치는 움직임을 감지하면 사진을 찍어 SD 카드에 저장한다. 위성 인터넷을 통해 모든 사진을 업로드하는 것은 비용이 너무 많이 들기 때문에 연구원들은 이미지를 수집하고 저장소를 비우기 위해 카메라 트랩으로 이동해야 한다.

기존의 카메라 트랩은 동작으로 활성화되기 때문에 불필요한 사진을 많이 찍는다. 바람에 흔들리는 나뭇가지, 지나가는 등산객, 연구원이 관심을 갖지 않는 생물에 의해 트리거될 수 있다. 그러나 일부 팀은 현재 엣지 AI를 사용해 관심 있는 동물만 식별하고 다른 이미지는 버릴 수 있다. 즉, SD 카드를 자주 교체하기 위해 멀리 날아갈 필요가 없다.

다른 경우에는 연결 비용이 문제가 되지 않을 수도 있다. 그러나 서버 측 AI에 의존하는 제품의 경우, 서버 측 인프라 유지 비용으로 인해 비즈니스 모델이 복잡해질 수도 있다. 결정을 내리기 위해 '집에 전화를 걸어야'[7] 하는 일련의 장치를 지원해야 하는 경우, 구독 모델이 필수적일 수 있다. 또한 플러그를 뽑기로 결정하면 고객이 '벽돌' 장치[8]를 사용하게 될 위험이 있기 때문에, 오랜 기간 동안 서버를 유지 관리해야 한다.[9]

경제의 영향을 과소평가하지 말기 바란다. 엣지 AI를 통해 장기 지원 비용을 줄임으로써 다른 방법으로는 불가능했을 수많은 사용 사례가 가능해진다.

신뢰성

온디바이스$^{\text{on-device}}$ AI로 제어되는 시스템은 클라우드 연결에 의존하는 시스템보다 잠재적으로 더 안정적이다. 장치에 무선 연결을 추가하면 링크 계층 통신 기술에서, 여러분의 애플리케이션을 실행하는 인터넷 서버에 이르기까지, 방대하고 압도적으로 복잡한 의존성이 추가된다.

이 퍼즐의 많은 부분을 통제할 수 없기 때문에, 모든 면에서 올바른 결정을 내리더라도 여러분의 분산 컴퓨팅 스택을 구성하는 기술과 관련된 안정성 위험에 여전히 노출될 것이다.

일부 애플리케이션의 경우 이는 허용될 수 있다. 음성 명령에 응답하는 스마트 스피커

---

7   원격 서버에 연결해야 - 옮긴이
8   벽돌처럼 아무 동작도 하지 않는 고장 난 장치 - 옮긴이
9   장치를 모니터링하고 알고리듬 업데이트를 전송해야 하는 경우가 많기 때문에 모든 엣지 AI 애플리케이션이 이 문제로부터 자유로운 것은 아니다. 그렇긴 하지만 엣지 AI가 유지보수 부담을 줄여주는 경우가 확실히 많다.

를 구축하는 경우, 사용자는 홈 인터넷 연결이 끊어졌을 때 명령 인식이 중지되더라도 이해할 수 있다. 하지만 여전히 실망스러운 경험이 될 수 있다!

그러나 다른 경우에는 안전이 가장 중요하다. 산업용 기계를 모니터링하여 안전한 한도 내에서 작동하는지 확인하는 AI 기반 시스템을 상상해 보자. 인터넷이 다운되었을 때 작동을 멈추면 인간의 생명을 위협할 수 있다. AI가 전적으로 온디바이스 기반이라면 연결 문제가 발생한 경우에도 여전히 작동할 것이므로 훨씬 더 안전하다.

신뢰성은 종종 타협이며 필요한 신뢰성 수준은 사용 사례에 따라 다르다. 엣지 AI는 제품의 신뢰성을 높이는 강력한 도구가 될 수 있다. AI는 본질적으로 복잡하지만 글로벌 연결성과는 다른 유형의 복잡성을 나타내며 많은 상황에서 위험을 관리하기가 더 쉽다.

개인 정보 보호

지난 몇 년 동안 많은 사람이 마지못해 편의성과 개인 정보 보호 사이의 절충안을 선택했다. 기술 제품이 더 똑똑하고 유용해지려면 우리의 데이터를 넘겨줘야 한다는 이론이다. 스마트 제품은 전통적으로 원격 서버에서 결정을 내리기 때문에 센서 데이터 스트림을 클라우드로 보내는 경우가 많다.

예를 들어, 우리는 IoT 온도 조절 장치가 온도 데이터를 원격 서버에 보고하는 것을 걱정하지 않을 수도 있다.[10] 그러나 다른 애플리케이션의 경우 개인 정보 보호가 큰 관심사다. 예를 들어, 많은 사람은 집 안에 인터넷에 연결된 보안 카메라를 설치하는 것을 주저할 것이다. 이는 안심할 수 있는 보안을 제공할 수 있지만 가장 사적인 공간의 라이브 비디오와 오디오 피드가 인터넷에 방송된다는 교환 조건은 그만한 가치가 없는 것 같다. 카메라 제조업체를 전적으로 신뢰할 만하더라도, 보안 취약점을 통해 데이터가 노출될 가능성은 항상 존재한다.[11]

엣지 AI는 대안을 제공한다. 라이브 비디오와 오디오를 원격 서버로 스트리밍하는 대신,

---

10 이 무해해 보이는 예에서도 온도 조절기 데이터에 접근하는 악의적인 사람이 이를 사용해 휴가 중임을 인식하고 집에 침입할 수 있다.

11 이 정확한 시나리오는 2022년에 링(Ring) 홈 보안 시스템에서 공격에 취약한 것으로 밝혀졌다("Amazon's Ring Quietly Fixed Security Flaw That Put Users' Camera Recordings at Risk of Exposure"(테크크런치(TechCrunch), 2022, https://oreil.ly/Mf2LH).

보안 카메라는 일부 온보드 지능을 사용해 소유자가 직장에 없을 때 침입자가 있는지 식별할 수 있다. 그런 다음 적절한 방식으로 소유자에게 경고할 수 있다. 데이터가 임베디드 시스템에서 처리되고 클라우드로 전송되지 않으면, 사용자 개인 정보가 보호되고 남용 가능성이 줄어든다.

개인의 정보를 보호해 주는 엣지 AI의 능력은 수많은 흥미로운 사용 사례를 열어준다. 개인 정보 보호는 보안, 산업, 보육, 교육, 의료 분야 애플리케이션에서 특히 중요한 요소다. 실제로 이러한 분야 중 일부는 데이터 보안에 대한 엄격한 규제(또는 고객 기대치)가 관련되어 있는데, 최상의 개인 정보 보호를 제공하는 제품은 데이터 수집을 완전히 피하는 제품이다.

BLERP 사용하기

2장에서 살펴보겠지만, BLERP는 특정 문제가 엣지 AI에 적합한지 이해하는 데 편리한 도구가 될 수 있다. 약어의 모든 단어에 대해 강력한 논거가 있을 필요는 없다. 한두 가지 기준만 충족하더라도 충분히 설득력이 있다면 사용 사례에 장점이 될 수 있다.

좋은 일을 위한 엣지 AI

엣지 AI의 고유한 이점은 세계에서 가장 큰 문제에 적용할 수 있는 새로운 도구 세트를 제공하는 것이다. 보존, 의료, 교육 같은 분야의 기술자들은 이미 엣지 AI를 사용해 큰 영향을 주고 있다. 다음은 우리가 개인적으로 기대하는 몇 가지 예다.

- 스마트 파크스 Smart Parks(https://www.smartparks.org)는 전 세계 야생 동물 공원의 코끼리 행동을 더 잘 이해하기 위해, 머신러닝 모델(https://oreil.ly/nyVIm)을 실행하는 목걸이를 사용하고 있다.
- 이조일렉트로 Izoelektro의 RAM-1(https://oreil.ly/hR-US)은 임베디드 머신러닝을 사용해 다가오는 결함을 감지함으로써 송전 장비로 인한 산불을 예방하는 데 도움이 된다.
- 사우디아라비아 킹칼리드대학교의 무하마드 주바이르 샤밈 박사 Dr. Mohammed Zubair

- ^{Shamim} 같은 연구원은 저렴한 장치를 사용해 구강암(https://oreil.ly/ktZq_)처럼 생명을 위협하는 의학적 상태의 환자를 선별할 수 있는 모델을 학습시키고 있다.
- 전 세계의 학생들이 지역 산업을 위한 솔루션을 개발하고 있다. 브라질 UNIFEI의 후앙 비토르 유키오 보르딘 야마시타^{João Vitor Yukio Bordin Yamashita}는 임베디드 하드웨어를 사용해 커피 나무에 영향을 미치는 질병을 식별하는 시스템(https://oreil.ly/gSv-J)을 만들었다.

엣지 AI의 속성은 특히 글로벌 문제에 적용하기에 적합하다. 안정적인 연결은 비용이 많이 들고 보편적으로 사용할 수 없기 때문에, 현재 세대의 많은 스마트 기술은 산업화되고 부유하며 잘 연결된 지역에 거주하는 사람들에게만 도움이 된다. 안정적인 인터넷 연결에 대한 필요성을 제거함으로써, 엣지 AI는 사람과 지구에 도움이 될 수 있는 기술에 대한 접근성을 높인다.

머신러닝이 포함되어 있을 경우, 엣지 AI는 일반적으로 학습시키기에 빠르고 저렴한 소형 모델을 수반한다. 값비싼 백엔드 서버 인프라를 유지할 필요도 없기 때문에, 엣지 AI를 이용하면 리소스가 제한된 개발자가 누구보다 잘 아는 현지 시장을 위한 최첨단 솔루션을 구축할 수 있다. 이런 기회에 대해 자세히 알아보려면 TinyML 케냐 모임에서 피트 워든^{Pete Warden}이 발표한 훌륭한 강연 'TinyML and the Developing World'(https://oreil.ly/csz6p)를 시청하기를 추천한다.

56페이지의 '개인 정보 보호' 절에서 본 것처럼, 엣지 AI는 사용자의 정보를 보호할 수 있는 기회도 창출한다. 네트워크로 연결된 세상에서, 많은 회사는 사용자 데이터를 추출하고 채굴해야 할 귀중한 리소스로 취급한다. 소비자와 사업자는 AI 제품을 사용하기 위해 자신의 개인 정보를 물물 교환해야 하는 경우가 많으며, 자신의 데이터를 알 수 없는 제3자의 손에 맡긴다.

엣지 AI를 사용하면 데이터가 장치를 떠날 필요가 없다. 이를 통해 사용자와 제품 간의 신뢰 관계가 더욱 강화되고, 사용자가 자신의 데이터에 대한 소유권을 갖게 된다. 이는 자신의 데이터를 수집하는 것처럼 보이는 서비스에 대해 회의적일 수 있는 취약한 사람들에게 서비스를 제공하도록 설계된 제품에 특히 중요하다.

> **개발도상국을 위한 TinyML**
>
> 엣지 AI의 전 세계적인 혜택에 관심이 있다면, 개발도상국을 위한 TinyML(TinyML4D(TinyML for Developing Countries), https://oreil.ly/Bd2np) 이니셔티브가 엣지 AI를 사용해 개발도상국 문제를 해결하는 데 주력하는 연구원과 실무자 네트워크를 구축하고 있음을 참고하기 바란다.

이후의 절에서 살펴보겠지만 윤리적인 AI 시스템을 구축하기 위해 탐색해야 할 잠재적 함정이 많이 있다. 즉, 이 기술은 세상을 더 나은 곳으로 만들 수 있는 엄청난 기회를 제공한다.

 엣지 AI를 사용해 지역 사회의 문제를 해결하는 것에 대해 생각하고 있다면 여러분의 의견을 듣고 싶다. 필자는 여러 가지 영향력 있는 프로젝트를 지원했으며 더 많은 것을 확인하고 싶다. hello@edgeaibook.com으로 이메일을 보내주기 바란다.

엣지 AI와 일반 AI의 주요 차이점

엣지 AI는 일반 AI의 하위 집합이므로 많은 동일한 원칙이 적용된다. 즉, 엣지 장치의 인공지능에 대해 생각할 때 고려해야 할 특별한 사항들이 있다. 우리가 가장 중요하게 생각하는 것들은 다음과 같다.

엣지에서 학습하는 경우는 드물다

많은 AI 애플리케이션이 머신러닝으로 구동된다. 대부분의 경우, 머신러닝에는 레이블이 지정된 데이터 세트를 기반으로 예측을 수행하도록 모델을 **학습**하는 작업이 수반된다. 모델이 학습되면, 이전에 본 적이 없는 데이터에 대해 새로운 예측을 하는 **추론**inference에 사용할 수 있다.

엣지 AI와 머신러닝에 대해 이야기할 때는 일반적으로 **추론**에 대해 이야기한다. 모델 학습에는 추론보다 훨씬 더 많은 계산과 메모리가 필요하며, 레이블이 지정된 데이터 세트가 필요한 경우가 많다. 이들 모두 장치의 리소스가 제한되고 데이터가 날 것raw인 데다가 필터링되지 않은 엣지에서는 얻기 어렵다.

이런 이유로, 엣지 AI에 사용되는 모델은 장치에 배포되기 전에, 비교적 강력한 컴퓨팅과 정리되고 레이블이 지정된 데이터 세트를 사용하여 종종 수동으로 학습된다. 엣지 장치 자체에서 머신러닝 모델을 학습시키기는 기술적으로 가능은 하지만, 학습과 평가에 필요한, 레이블이 지정된 데이터가 부족하기 때문에 매우 드물다.

좀 더 널리 퍼진 온디바이스 학습에는 두 가지 하위 유형이 있다. 이 중 하나는 특정 사용자에게 일련의 생체 인식을 매핑하기 위해 휴대 전화의 얼굴이나 지문 확인 같은 작업에서 일반적으로 사용된다. 두 번째는 상태가 비정상이 되면 작동할 수 있도록 온디바이스 알고리듬이 기계의 '정상' 상태를 학습하는 예방 유지 관리$^{predictive\ maintenance}$에 사용된다. 온디바이스 학습에 대해서는 178페이지의 '온디바이스 학습' 절에서 더 자세히 다룰 것이다.

엣지 AI의 초점은 센서 데이터에 있다

엣지 장치의 흥미로운 점은 데이터가 만들어지는 곳 가까이에 있다는 것이다. 엣지 장치에는 흔히 환경에 대한 즉각적인 연결을 제공하는 센서가 장착되어 있다. 엣지 AI의 목표는 이 데이터를 이해하고, 패턴을 식별하고, 이를 사용하여 결정을 내리는 것이다.

본질적으로 센서 데이터는 크고, 잡음이 많고, 관리하기 어려운 경향이 있다. 센서 데이터는 매우 높은 빈도로(잠재적으로 초당 수천 번) 발생한다. 엣지 AI 애플리케이션을 실행하는 임베디드 장치는 이 데이터를 수집하고, 처리하고, 일종의 AI 알고리듬에 입력하고, 결과에 따라 조치를 취할 시간이 제한되어 있다. 이는 특히 대부분의 임베디드 장치가 리소스가 제한되어 있고, 많은 양의 데이터를 저장할 RAM이 없다는 점을 고려할 때 심각한 문제다.

원시 센서 데이터를 길들여야 하므로, 디지털 신호 처리는 대부분의 엣지 AI에서 중요한 부분이다. 효율적이고 효과적인 구현을 위해, 신호 처리와 AI 구성 요소는 단일 시스템으로 함께 설계되어 성능과 정확도 간의 균형을 유지해야 한다.

전통적인 머신러닝과 데이터 과학 도구는 대부분 회사 재무나 소비자 제품 리뷰 같은 표 형식 데이터에 중점을 둔다. 대조적으로, 엣지 AI 도구는 센서 데이터의 지속적인 스트림을 처리하도록 만들어졌다. 즉, 엣지 AI 애플리케이션을 구축하려면 완전히 다른 기술과 기법이 필요하다.

ML 모델이 매우 작아질 수 있다

엣지 장치는 종종 비용과 전력 소비를 제한하도록 설계된다. 이는 일반적으로 개인용 컴퓨터나 웹 서버보다 프로세서가 훨씬 느리고 메모리양이 적다는 뜻이다.

대상 장치의 제약으로 인해, 머신러닝을 사용해 엣지 AI를 구현할 때는 머신러닝 모델이 매우 작아야 한다. 중간급 마이크로컨트롤러의 경우 모델을 저장하는 데 사용할 수 있는 ROM이 100KB 정도에 불과할 수 있으며, 일부 장치는 용량이 이보다 훨씬 적을 수 있다. 모델이 클수록 실행하는 데 더 많은 시간이 걸리기 때문에, 장치의 느린 프로세서로 인해 개발자가 더 작은 모델을 배포해야 할 수도 있다.

모델을 더 작게 만드는 데는 몇 가지 장단점이 있다. 우선, 모델이 클수록 학습할 수 있는 용량이 더 커진다. 모델을 더 작게 만들면 학습 데이터 세트를 표현하는 기능이 일부 손실되기 시작하고 정확도가 떨어질 수 있다. 따라서 임베디드 머신러닝 애플리케이션을 만드는 개발자는 모델 크기와 필요한 정확도 간의 균형을 맞춰야 한다.

모델을 압축하고 크기를 줄여 더 작은 하드웨어에 맞추고 계산 시간을 단축하는 다양한 기술이 존재한다. 이런 압축 기술은 매우 유용할 수 있지만, 때로는 미묘하지만 위험한 방식으로 모델의 정확도에 영향을 미치기도 한다. 175페이지의 '압축과 최적화' 절에서 이러한 기술을 자세히 설명한다.

그렇다고 모든 애플리케이션에 크고 복잡한 모델이 필요한 것은 아니다. 그런 모델은 이미지 처리와 같은 분야에 주로 사용된다. 시각적 정보를 해석하는 데는 많은 뉘앙스가 포함되기 때문이다. 단순한 데이터의 경우 몇 킬로바이트(또는 그 이하)의 모델만 있으면 되는 경우가 많다.

피드백을 통한 학습은 제한적이다

나중에 살펴보겠지만, AI 애플리케이션은 일련의 반복적인 피드백 루프를 통해 만들어진다. 몇 가지 작업을 수행하고, 성능을 측정한 다음, 개선하기 위해 무엇이 필요한지 파악한다.

예를 들어, 온보드 센서에서 수집한 데이터를 기반으로 10K 달리기 시간을 예측할 수 있는 피트니스 모니터를 만든다고 가정하자. 이 기능이 제대로 작동하는지 테스트하기 위해, 사용자가 실제 10K를 달릴 때까지 기다린 뒤 예측이 정확한지 확인할 수 있다. 정확하지 않은 경우, 사용자의 데이터를 학습 데이터 세트에 추가하여 더 나은 모델을 학습할 수 있다.

인터넷 연결이 안정적이라면, 이는 그리 어렵지 않다. 데이터를 서버에 업로드하기만 하면 된다. 하지만 엣지 AI의 마법 중 하나는 연결이 제한적인 장치에도 지능을 부여할 수 있다는 점이다. 이 경우 새로운 학습 데이터를 업로드할 대역폭이 없을 수도 있다. 많은 경우, 아무것도 업로드하지 못할 수도 있다.

이는 애플리케이션 개발 워크플로에서 큰 도전 과제다. 시스템에 대한 접근이 제한되어 있는 상황에서 시스템이 실제 환경에서 잘 작동하는지 어떻게 확인할 수 있을까? 그리고 더 많은 데이터를 수집하기 어려운 상황에서 어떻게 시스템을 개선할 수 있을까? 이는 엣지 AI 개발의 핵심 주제이며 이 책에서 집중적으로 다룰 내용이다.

컴퓨팅은 다양하고 이질적이다

대부분의 서버 측 AI 애플리케이션은 일반적이고 오래된 x86 프로세서에서 실행되며, 딥러닝 추론을 돕기 위해 일부 그래픽 처리 장치[GPU, Graphics Processing Unit]가 추가되기도 한다. Arm의 최신 서버 CPU와 구글의 텐서 처리 장치[TPU, Tensor Processing Unit] 같은 이색적인 딥러닝 가속기 덕분에 약간의 다양성이 있지만, 대부분의 워크로드는 상당히 일반적인 하드웨어에서 실행된다.

이와는 대조적으로 임베디드 세계에는 어지러울 정도로 다양한 유형의 장치가 존재한다.

- 초소형 8비트 칩과 고급 32비트 프로세서 등의 마이크로컨트롤러
- 임베디드 리눅스를 실행하는 SoC[System-on-Chip] 장치

- GPU 기술 기반의 범용 가속기
- FPGA^{Field Programmable Gate Array}
- 단일 모델 아키텍처를 초고속으로 실행하는 고정 아키텍처 가속기

각 범주에는 다양한 제조업체의 수많은 장치가 포함되며, 장치별로 고유한 빌드 도구, 프로그래밍 환경, 인터페이스 옵션이 있다. 그 다양성은 감당하기 어려울 수 있다.

하드웨어가 다양하다는 것은 주어진 사용 사례에 적합한 시스템이 여러 개 있을 가능성이 높다는 뜻이다. 어려운 점은 하나를 선택하는 것이다! 이 책 전반에 걸쳐 이 문제를 다룰 예정이다.

'충분히 좋은'이 목표인 경우가 많다

기존 AI의 목표는 비용에 상관없이 가능한 최고의 성능을 얻는 것이었다. 서버 측 애플리케이션에 사용되는 프로덕션 딥러닝 모델은 크기가 기가바이트에 달할 수 있으며, 적시에 실행하기 위해 강력한 GPU 컴퓨팅에 의존한다. 컴퓨팅이 장애물이 아닌 경우, 가장 정확한 모델이 최선의 선택인 경우가 많다.

엣지 AI의 장점에는 심각한 제약이 따른다. 엣지 장치는 컴퓨팅 성능이 떨어지며, 장치 성능과 정확도 사이에서 균형을 잡아야 하는 까다로운 선택이 수반되는 경우가 많다.

이는 분명 도전 과제이지만 장벽이 될 수는 없다. 엣지에서 AI를 실행하면 엄청난 이점이 있으며, 수많은 사용 사례에서 약간의 정확도 저하로 인한 불이익보다 훨씬 더 큰 이점을 얻을 수 있다. 소량의 온디바이스 인텔리전스도 전혀 없는 것보다 훨씬 더 나은 결과를 가져올 수 있다.

목표는 이 '충분히 좋은' 성능을 최대한 활용하는 애플리케이션을 구축하는 것이다. 이 접근 방식은 알라스데어 앨런^{Alasdair Allan}이 'Capable Computing'(https://oreil.ly/W4gDl)이라고 우아하게 설명한 바 있다. 이를 성공적으로 수행하기 위한 핵심은 성능 저하를 고려한 후 실제 환경에서 애플리케이션의 성능을 이해하는 데 도움이 되는 도구를 사용하는 것이다. 이 주제는 앞으로 자세히 다룰 예정이다.

도구와 모범 사례가 여전히 진화 중이다

이제 막 대중적으로 채택되기 시작한 새로운 기술인 엣지 AI는 여전히 대규모 서버 측 AI를 위해 개발된 도구와 접근 방식에 의존하고 있다. 실제로 대부분의 AI 연구는 여전히 대규모 데이터 세트에 기반을 둔 대규모 모델을 구축하는 데 초점을 맞추고 있다. 여기에는 몇 가지 시사점이 있다.

첫째, 5장에서 살펴보겠지만, 데이터 과학과 머신러닝 분야의 기존 개발 도구를 사용하는 경우가 많다. 긍정적인 측면에서는 잘 작동하는 것으로 입증된 풍부한 라이브러리와 프레임워크 생태계를 활용할 수 있다는 뜻이다. 하지만 기존 도구 중 작은 모델 크기, 계산 효율성, 소량의 데이터로 학습할 수 있는 기능 등 엣지에서 중요한 요소에 우선순위를 두는 도구는 거의 없다. 이러한 요소에 초점을 맞추기 위해서는 추가 작업을 수행해야 하는 경우가 많다.

둘째, 엣지 AI 연구는 상당히 새로운 분야이기 때문에 매우 빠르게 발전할 가능성이 높다. 이 분야가 성장하고 더 많은 연구자와 엔지니어가 이 분야에 집중하게 되면서, 효율성을 개선하기 위한 새로운 접근 방식과 효과적인 애플리케이션을 구축하기 위한 모범 사례와 기술이 등장하고 있다. 이런 빠른 변화의 가능성으로 인해 엣지 AI가 매우 흥미로운 분야가 됐다.

요약

1장에서는 엣지 AI를 정의하는 용어를 살펴보고, 엣지 AI의 이점을 추론하는 데 유용한 도구를 배웠으며, 컴퓨팅을 엣지로 이동함으로써 기술에 대한 접근성을 높일 수 있는 방법을 살펴보고, 엣지 AI를 기존 AI와 차별화하는 요소를 간략하게 설명했다.

2장부터는 좀 더 구체적인 내용을 다루겠다. 오늘날 엣지 AI를 뒷받침하는 사용 사례, 장치, 알고리듬에 대해 알아보자.

제2장
현실 세계에서의 엣지 AI

이제 엣지 AI의 의미와 이론적으로 유용한 기술들이 무엇인지에 대해 기본적으로 이해했다. 2장에서는 이러한 이론이 실제 세계와 만나면 어떤 모습인지 살펴보겠다. 먼저 오늘날 현장에 출시된 실제 제품들을 살펴보겠다. 그런 다음 엣지 AI 제품의 주요 응용 분야를 살펴보겠다. 마지막으로, 제품을 성공으로 이끄는 데 필요한 윤리적 고려사항에 대해 자세히 알아보겠다.

엣지 AI의 일반적인 사용 사례

1장에서 살펴본 것처럼, 엣지 AI는 센서 데이터는 풍부하지만 컴퓨팅이나 연결성이 부족한 장치에 특히 유용하다. 다행히도 이런 조건은 거의 모든 곳에서 찾아볼 수 있다.

현대 도시에서는 전원 소켓이니 무선 액세스 포인트에서 그리 멀리 떨어져 있지 않은 것처럼 느껴질 수 있다. 그러나 고대역폭 네트워크 연결과 안정적인 전원이 있는 경우에도, 장치의 통신과 전력 소비를 제한하면 큰 이점이 있다. 52페이지의 '엣지 AI의 이점을 이해하려면 BLERP만 있으면 된다' 절에서 살펴본 것처럼, 휴대성, 안정성, 개인 정보 보호, 비용 같은 바람직한 기능을 추구하면 연결과 에너지 사용량을 최소화하도록 설계와 제품 개발을 유도할 수 있다.

전 세계가 인터넷에 연결되어 있는 것처럼 보이지만, 지구상에는 연결이나 전력이 제한되어 있는 곳이 많다. 이 글을 쓰는 시점에, 지구의 50%는 인간의 개발이 상대적으로 미치지 않은 곳이다(https://oreil.ly/ASced). 지구 표면의 극히 일부만 셀룰러나 무선 통신이 가능하며, 수십억 명의 사람들이 안정적인 전력 공급을 받지 못하고 있다(https://oreil.ly/kly86).

그러나 명백하게 외딴 지역 외에, 가장 번화한 지역에도 이 범주에 속하는 숨겨진 구석이 많이 있다. 현대의 산업 공급망에는 임베디드 장치에 유선 DC 전원을 공급하는 것이 비실용적인 곳이 많기 때문에 효율적인 배터리 구동 장치가 적합하다(그림 2-1 참고).

그림 2-1 지구상에는 배터리 전원이 필요한 곳이 많다.

동시에 센서는 점점 더 저렴하고, 정교해지며, 전력 소모도 줄어들고 있다. 간단한 임베디드 장치조차도, 원격 처리를 위해 시스템에서 데이터를 가져오는 데 어려움이 있어 제대로 활용되지 않는 고기능 센서를 함께 제공하는 경우가 많다. 예를 들어, 가속도계를 사용해 걸음 수를 계산하는 기본적인 피트니스 웨어러블을 상상해 보자. 이 간단한 장치에도 매우 높은 샘플 속도를 가진 민감한 다축 가속도계가 장착되어 있어 아주 미세한 움직임도 기록할 수 있다. 이 데이터를 해석할 수 있는 소프트웨어가 기기에 장착되어 있지 않으면, 원시 데이터를 다른 기기로 전송하여 처리하기에는 너무 많은 에너지가 소모되므로 대부분 버려진다.

그린필드와 브라운필드 프로젝트

앞에서 설명한 것과 같은 조건은 엣지 AI를 배포할 수 있는 거의 무한한 기회를 창출한다. 실용적인 측면에서, 이런 기회를 **그린필드**greenfield와 **브라운필드**brownfield라는 두 가지 범주로 분류하면 도움이 될 수 있다. 이러한 용어는 도시 계획에서 차용한 것이다. 그린필드 프로젝트는 아직 개발되지 않은 풀밭인 부지에서 진행되는 프로젝트다. 브라운필드 프로젝트는 이미 개발이 완료된 부지에서 진행되며 기존 인프라가 일부 남아 있을 수 있다.

엣지 AI 세계에서 그린필드 프로젝트는 하드웨어와 소프트웨어가 처음부터 함께 설계되는 프로젝트다. 기존 하드웨어가 없기 때문에 그린필드 프로젝트에서는 컴퓨팅과 센싱 분야의 최신 혁신 기술을 활용할 수 있고, 이에 대해서는 2장의 뒷부분에서 자세히 알아보겠다. 개발자는 목표하는 사용 사례에 맞는 이상적인 솔루션을 더 자유롭게 설계할 수 있다. 예를 들어, 최신 휴대폰은 전용 저전력 디지털 신호 처리 하드웨어를 포함하도록 설계되어 배터리를 소모하지 않고도 깨우기 단어wake word(예: '오케이, 구글'이나 '헤이, 시리')를 지속적으로 들을 수 있다. 이 하드웨어는 특정한 깨우기 단어 감지 알고리듬을 염두에 두고 선택된다.

반면, 브라운필드 엣지 AI 프로젝트는 원래 다른 용도로 설계된 기존 하드웨어에서 시작한다. 개발자는 기존 하드웨어의 제약 조건 내에서 AI 기능을 제품에 적용해야 한다. 따라서 개발자의 자유도는 줄어들지만 새로운 하드웨어 설계와 관련된 막대한 비용과 위험은 피할 수 있다. 예를 들어 개발자는 장치에 이미 있는 임베디드 프로세서의 여유 사이클을 활용하여, 이미 시중에 출시된 블루투스 오디오 헤드셋에 깨우기 단어 감지 기능을 추가할 수 있다. 이 새로운 기능은 펌웨어 업데이트를 통해 기존 장치에 추가할 수도 있다.

그린필드 프로젝트는 최신 엣지 AI 하드웨어와 알고리듬을 결합하여 가능성의 한계를 뛰어넘을 수 있다는 점에서 흥미롭다. 반면에 브라운필드 프로젝트에서는 기존 하드웨어에 새로운 기능을 추가하여 고객을 만족시키고, 기존 설계를 최대한 활용할 수 있다.

실제 제품

기술을 이해하는 가장 좋은 방법은 실제 환경에서 어떻게 적용되는지 보는 것이다. 엣지 AI는 아직 초기 단계에 있지만 이미 다양한 애플리케이션과 산업 분야에서 사용되고 있다. 다음은 엣지 AI를 사용해 개발된 실제 시스템 세 가지에 대한 간략한 개요다. 어쩌면 여러분의 작업도 이 책의 다음 판에 소개될 수 있다!

전력선 결함 감지를 이용한 산불 예방

송전선은 유럽의 고대 숲을 포함한 광활한 황야를 가로질러 전기를 전송한다. 장비 고장은 잠재적으로 초목에 불을 붙이고 산불을 일으킬 수 있다. 수천 마일에 달하는 송전탑과 송전선이 매우 외딴 지역에 있는 경우가 많기 때문에 전기 장비를 모니터링하기가 어려울 수 있다.

이조일렉트로^{Izoelektro}의 RAM-1(https://www.ram-center.com) 장치는 엣지 AI를 사용해 이 문제를 해결한다(그림 2-2). 센서 패키지가 온도, 경향, 전압 등 각 전기 철탑의 상태를 모니터링하고, 딥러닝 분류 모델(4장)을 사용해 고장이 발생할 수 있는 시기를 식별한다. 기술자는 화재 위험이 발생하기 전에 철탑을 방문하여 수리할 수 있다. 이 장치는 수년 동안 극한의 기상 조건을 견딜 수 있도록 견고한 구조로 설계됐다.

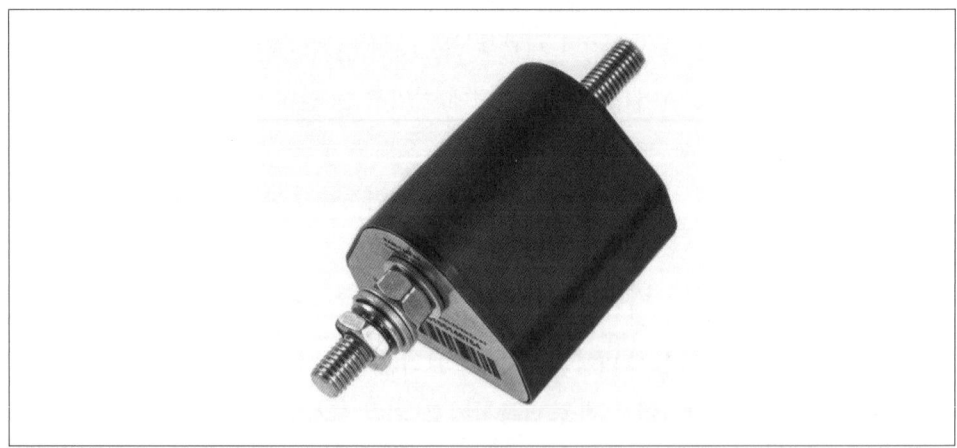

그림 2-2 이조일렉트로의 RAM-1 장치(출처: 이조일렉트로(https://www.ram-center.com))

엣지 AI를 위한 완벽한 애플리케이션으로 만드는 두 가지 주요 요인이 있다. 첫 번째는 오지에는 연결성이 부족하다는 점이다. 원격지에 있는 수천 개의 철탑에서 가공되지 않은 센서 데이터를 실시간으로 전송하는 데는 엄청난 비용이 소요된다. 대신, 소스에서 센서 데이터를 해석하여 고장이 예측될 때만 전송하는 우아한 솔루션이 있는데, 이는 한 달에 최대 약 250킬로바이트다. 이 장치는 어떤 데이터가 즉각적인 조치가 필요할 만큼 중요한지 파악하여, 덜 중요한 정보는 주기적으로 일괄 전송할 수 있다.

이 선택적 통신은 약간 직관적이지 않은 두 번째 요소에 도움이 된다. RAM-1은 전기 철탑에 장착되어 있지만 실제로는 배터리 전원을 사용한다. 따라서 전력선에 고장이 발생하더라도 계속 작동할 수 있으며 설치 비용과 복잡성을 줄일 수 있다. 무선 전송에는 많은 에너지가 사용되므로, 불필요한 전송을 피할 수 있는 RAM-1의 기능은 배터리 수명을 보존하는 데 도움이 된다. 실제로 엣지 AI의 도움으로 배터리는 20년 동안 지속될 수 있다.

RAM-1이 BLERP 모델에 적합한 이유는 다음과 같다.

대역폭

RAM-1이 배포된 원격 곳에는 연결이 제한된다.

지연 시간

주기적인 데이터 전송을 기다리는 대신 장애가 발생하는 즉시 이를 파악하는 것이 중요하다.

경제성

불필요한 통신을 피하면 비용이 절감되고 배터리 전원으로 장치를 실행할 수 있으므로, 설치 비용이 절감된다.

신뢰성

배터리 전원으로 작동할 수 있어 신뢰성이 향상된다.

개인 정보 보호

이 사용 사례에서는 크게 고려할 사항이 아니다.

지능형 웨어러블로 응급 구조대원 보호

소방관은 업무 특성상 고온에 자주 노출되며, 극심한 더위는 장기적인 건강에 큰 영향을 미칠 수 있다. 실제로 미국 연방재난관리청 FEMA에 따르면 소방관 업무 중 사망의 주요 원인은 갑작스러운 심장 질환이다(https://www.usfa.fema.gov/blog/heart-health-monitoring-for-firefighters/).

슬레이트세이프티 SlateSafety의 바이오트랙 밴드 BioTrac Band(https://oreil.ly/mAWs1)는 소방관처럼 극한 환경에 노출되는 작업자를 위해 설계된 웨어러블 기기다(그림 2-3). 이 장치는 열 피로와 과로를 유발할 수 있는 상황을 개인과 팀에게 경고하는 조기 경보 시스템을 제공한다. 바이오트랙 밴드는 휴리스틱 알고리듬[1]과 함께 임베디드 머신러닝 모델을 사용해 착용자의 신체 신호를 비롯한 여러 센서의 데이터를 분석하고 부상이 발생하기 직전의 시점을 예측한다. 이런 인텔리전스 덕분에 이 장치는 「타임 Time」지가 선정한 2021년 최고의 발명품 100개 중 하나로 선정됐다(https://oreil.ly/cUy-b).

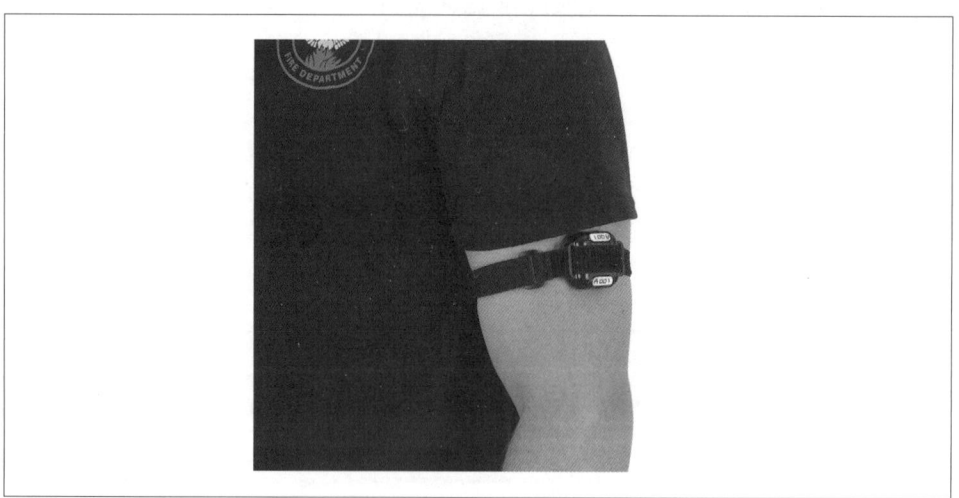

그림 2-3 슬레이트세이프티의 바이오트랙 밴드(출처: 슬레이트세이프티(https://slatesafety.com))

바이오트랙 밴드가 배포되는 극한 환경은 엣지 AI의 환상적인 사용 사례다. 장치 내 데이터를 분석하여 응급 상황에서 연결이 제한되거나 사용할 수 없게 되더라도 밴드는 계

---

1 이에 대해서는 155페이지의 '조건문과 휴리스틱' 절에서 곧 자세히 알아보겠다.

속 작동하고 착용자에게 경고할 수 있다. 또한 장치 내에서 데이터를 해석할 수 있기 때문에 불필요한 데이터 전송을 피할 수 있어, 에너지를 절약하고 배터리 수명을 개선하는 동시에, 장치의 크기와 무게를 최소화할 수 있다. 또한 비용도 절감되므로 장치가 더 널리 채택될 수 있다.

바이오트랙 밴드가 BLERP 모델에 적합한 이유는 다음과 같다.

대역폭

소방관이 근무하는 극한 환경에서는 연결성이 제한된다.

지연 시간

건강 문제는 시간이 매우 중요하며 즉시 파악해야 한다.

경제성

센서에서 가공되지 않은 데이터를 스트리밍하려면 고가의 고대역폭 연결이 필요하다.

신뢰성

연결이 끊어지더라도 소방관에게 잠재적 위험을 계속 경고할 수 있으며, 작은 배터리로도 장시간 작동할 수 있다.

개인 정보 보호

원시 생체 신호 데이터는 장치에 보관하고, 중요한 정보만 전송할 수 있다.

스마트 목걸이로 코끼리 행동 이해하기

자연 서식지에 대한 압력이 증가함에 따라 야생 코끼리가 인간과 접촉하는 경우가 점점 더 많아지고 있다. 이러한 상호 작용은 종종 밀렵이나 농부, 다른 사람들과의 충돌로 인해 부상과 사망으로 이어지는 등 동물에게 좋지 않은 결과를 초래한다. 이런 사건의 가능성을 줄이기 위해 환경 보호 활동가와 과학자들은 코끼리의 행동과 위험한 만남을 유발하는 조건에 대해 더 많이 알아보고자 노력하고 있다.

ElephantEdge(https://oreil.ly/Hehxr)는 연구자들이 코끼리 행동을 이해하는 데 도움

이 되도록 설계된 추적 목걸이(https://oreil.ly/OHig1)를 만드는 오픈소스 프로젝트다(그림 2-4). 코끼리의 목에 착용하는 이 목걸이는 내장된 센서와 머신러닝 모델을 조합하여 동물의 위치, 건강, 활동에 대한 통찰을 제공할 수 있다. 이 데이터는 과학적 연구에 사용될 수 있으며, 인간에게 동물의 존재를 알려 충돌을 피할 수 있도록 경고하는 데도 사용할 수 있다.

그림 2-4 진정제를 맞은 코끼리에게 장착되는 오픈칼라 엣지(OpenCollar Edge) 추적 목걸이(출처: IRNAS, https://www.irnas.eu)

장치가 야생 코끼리에 부착되어 있기 때문에 배터리 교체는 어려운 작업이다! 엣지 AI 기술은 기기가 소비하는 에너지의 양을 최소화하므로 도움이 된다. 머신러닝이 탑재된 목걸이는 대량의 원시 센서 데이터를 전송하는 대신, 코끼리가 걷고 있는지, 먹고 있는지, 마시고 있는지, 다른 행동을 하는지 등 동물의 활동에 대한 높은 수준의 정보를 전송할 수 있다. 이를 가능하게 하는 모델은 공개 데이터 세트로 작업하는 시민 과학자 커뮤니티에 의해 프로토타입으로 제작됐다.

이런 낮은 대역폭 요구사항은 이 목걸이가 LoRa라는 초저전력 무선 통신 기술을 활용할 수 있음을 뜻한다.[2] 이 목걸이는 하루에 한 번 통과하는 LoRa 탑재 위성과 통신하여

---

2 LoRa는 'long range(장거리)'라는 문구에서 파생된 상표다. 장거리 저전력 통신을 위해 설계됐기 때문이다.

마지막 전송 이후 동물의 활동 요약을 전송할 수 있다. 따라서 기존 방식의 연결이 불가능한 곳에서도 안정적으로 작동할 수 있으며, 배터리는 약 5년 동안 지속될 수 있다.

오픈칼라 엣지가 BLERP 모델에 적합한 이유는 다음과 같다.

대역폭

코끼리 서식지에서는 연결이 제한적이지만, 온디바이스 분석을 통해 저전력 무선 기술을 사용할 수 있다.

지연 시간

장치는 하루에 한 번만 전송하지만, 수동으로 다운로드해야 하는 기존 추적 목걸이에 비해서는 매우 빈번한 전송이다.

경제성

이 장치는 노동 집약적인 기존 코끼리 모니터링 방법을 대체하여 비용을 절감한다.

신뢰성

빈번하지 않은 전송은 배터리가 수년간 지속될 수 있음을 의미하며, 위성 기술을 경제적으로 실행 가능하게 만들고, 범위를 늘린다.

개인 정보 보호

코끼리를 직접 추적하는 것은 동물 활동을 모니터링하기 위해 카메라를 설치하는 것보다 지역 주민들에게 방해가 덜 된다.

이 세 가지 사용 사례는 가능한 활용 사례의 극히 일부에 불과하다. 다음 절에서는 몇 가지 일반적인 상위 범주의 애플리케이션을 살펴보겠다.

애플리케이션 유형

중공업부터 의료, 농업, 예술에 이르기까지 현대 사회의 모든 분야에 엣지 AI를 배포할 수 있는 기회가 있다. 가능성은 거의 무한하다! 논의하기 쉽도록, 이러한 애플리케이션 내에서 엣지 AI 기술이 수행하는 역할을 몇 가지 큰 범주로 분류할 수 있다.

- 사물 위치 추적
- 시스템 이해와 제어
- 사람과 생명체 이해
- 신호 생성과 변환

각 범주를 살펴보고 엣지 AI가 어디에 적합한지 이해해 보겠다.

사물 위치 추적

거대한 컨테이너선부터 쌀 한 톨까지, 우리 문명은 한 장소에서 다른 장소로 물건을 이동하는 데 의존하고 있다. 이는 물품이 보관에서 배송까지 조심스럽게 이동하는 창고의 통제된 조건에서 발생할 수 있다. 또한 지구를 가로지르는 기상 시스템의 움직임과 같은 가장 극한 조건에서도 발생할 수 있다.

인공과 자연 물체의 상태를 추적하고 해석하는 것은 엣지 AI의 핵심 응용 분야다. 지능형 센서는 물리적 세계의 상태를 컴퓨터가 이해할 수 있는 형태로 인코딩하여 우리의 활동을 더 잘 조정할 수 있도록 도와준다.

표 2-1은 사물 위치 추적 관련 엣지 AI 사용 사례에 대해 설명한다.

표 2-1 사물 위치 추적을 위한 엣지 AI 사용 사례

사용 사례	주요 센서
스마트 패키징을 사용해 운송 중 손상을 감지하는 배송 모니터링	가속도계, 진동, GPS, 온도, 습도
내장형 카메라를 사용해 매장 진열대의 제품 수를 계산하여 상품이 소진되기 전에 재입고 가능	비전
바다에 버려진 플라스틱 쓰레기의 움직임을 분석하여 청소할 수 있도록 지원	비전
해상에서 장애물을 식별하고 추적하여 선박이 충돌을 피할 수 있도록 지원	레이더
지구물리 센서를 사용해 매장된 천연 자원 위치 파악	전자기, 음향

심층 분석: 스마트 패키징을 사용한 배송 모니터링

제조된 제품이 고객에게 전달되기까지 수천 마일을 이동하는 것은 흔한 일이며, 항상 온전한 상태로 도착하는 것은 아니다. 배송 중 파손은 기업에게 많은 비용을 초래하지만, 긴 항해 끝에 배송물이 손상된 채로 도착하면 무슨 일이 일어났는지 파악하기가 쉽지 않다.

물류 회사는 엣지 AI를 통해 고가의 물품이 손상될 위험이 있을 때 이를 인식할 수 있는 장치를 고가 항목에 부착할 수 있다. 예를 들어 가속도계가 장착된 경우 이 장치는 머신러닝 모델을 사용해 정상적인 충격과, 손상을 초래할 수 있는 특정 유형의 거친 취급을 구분할 수 있다. 모든 거친 취급 이벤트는 타임스탬프, GPS 위치와 함께 기록될 수 있다.

로그는 장치가 무선 연결이 가능할 때마다 주기적으로 업로드될 수 있다. 도착 후 손상이 있으면, 회사는 로그를 분석하여 손상이 발생한 시간과 장소를 파악하여 문제의 원인을 찾아 해결할 수 있다.

이것이 엣지 AI의 좋은 사용 사례인 이유는 무엇일까? BLERP의 관점에서 생각해 보자.

대역폭
갑작스러운 충돌을 감지하려면 가속도계 데이터의 빈도가 상당히 높아야 한다. 따라서 일반적으로 대역폭이 낮은 저전력 무선 라디오로는 전송하기 어렵다. 장치에서 데이터를 처리하면 대역폭 요구 사항을 크게 낮출 수 있다.

지연 시간
이 사용 사례에서는 크게 고려할 사항이 아니다.

경제성
장치가 전 세계 어디에나 있을 수 있기 때문에 무선으로 데이터를 전송하는 데는 비용이 많이 든다. 엣지 AI를 사용하면 데이터를 절약하고 비용을 절감할 수 있다.

신뢰성
운송 중인 배송물은 연결이 안정적이지 않을 가능성이 높기 때문에 범위 밖에 있을 때에도 장치가 계속 로깅할 수 있어야 한나. 원시 네이터를 서장할 필요가 없나면 적은 앙의 메모리에 모든 흥미로운 이벤트를 기록할 수 있다.

개인 정보 보호
이 사용 사례에서 개인 정보 보호는 크게 고려하지 않는다.

사물 위치 추적의 주요 이점

사물 위치 추적에는 엣지 AI의 연결성과 비용 관련 이점을 활용할 수 있다. 세상에는 수많은 사물이 존재하며, 사물이 항상 추적하기에 편리한 위치에 있는 것은 아니다. 무선 연결을 계속 이용한다면, 경우에 따라 모니터링 비용이 너무 많이 들 수 있다. 가끔씩 기회를 보아 연결을 시도하는 저렴한 엣지 AI 센서를 활용하면, 비용을 절약하면서도 공급망을 빈틈없이 모니터링할 수 있다.

물론 엣지 AI를 배포할 때 얻을 수 있는 정확한 이점은 프로젝트마다 다르다. 예를 들어, 매장 진열대의 재고를 모니터링하기 위해 카메라를 사용하는 시스템에서는 개인 정보 보호를 위해 엣지 AI를 사용할 수 있다. 인터넷에 연결된 카메라를 사용해 매장 진열대를 모니터링하는 경우, 직원들은 본사의 지속적인 감시를 받는다고 느낄 수 있다. 하지만 오로지 매장 팀의 이익을 위해 오프라인으로 작동하는 재고 추적 시스템은 환영할 만한 도움이 될 수 있다.

시스템 이해와 제어

현대 사회는 생산 라인부터 교통 네트워크, 실내 온도 조절, 스마트 가전제품에 이르기까지 수백만 개의 복잡하고 상호 연결된 시스템을 기반으로 구축되어 있다. 우리 경제의 안녕은 이러한 시스템과 밀접하게 연결되어 있다. 생산 중단은 막대한 시간과 비용을 초래할 수 있으며, 효율성을 개선하면 비용, 인건비, 배출량을 크게 절감할 수 있다.

복잡한 시스템의 모니터링, 제어, 유지 관리는 엣지 AI에게 엄청난 기회다. 엣지에서 신속하고 신뢰할 수 있는 의사결정을 내릴 수 있으면 시스템의 응답성과 복원력을 개선할 수 있으며, 시스템 상태에 대한 세분화된 통찰을 통해 미래에 대한 계획을 더 잘 수립할 수 있다.

시스템 이해, 제어와 관련된 엣지 AI 사용 사례를 표 2-2에서 확인할 수 있다.

표 2-2 시스템 이해와 제어를 위한 엣지 AI 사용 사례

사용 사례	주요 센서
유지보수가 필요한 징후가 있는지 석유 굴착 장치를 모니터링하여, 가동 중지 시간을 방지하고 누출과 유출을 줄임	가속도계, 진동, 하중, 온도, 오디오, 비전 등
콤바인 수확기를 자율주행하여, 농부가 농작물을 빠르게 수확할 수 있도록 지원	비전, GPS
가변 속도 제한을 사용해, 혼잡한 고속도로에서 교통 흐름을 이해하고 준비하여 차량이 계속 이동하게 함	비전, 자력계
센서 피드백을 사용해 기계 공구의 방향 제어	가속도계, 진동, 하중
컴퓨터 비전을 사용한 생산 라인에서의 불량품 식별, 품질 관리 개선, 신속한 문제 인식	비전
로봇 청소기를 사용한 카펫 청소, 집주인의 시간 절약	비전, 근접, 터치, 전류[a]
로봇을 사용해 창고에서 물품 가져오기, 인건비와 작업장 건강 위험 감소	비전, 근접, 터치, 조명
트래픽 분석을 사용해 컴퓨터 네트워크의 침입을 탐지하고, 보안 위협에 자동으로 대응	네트워크 로그[b]
주행 중 진동에 기반을 둔 차량 타이어 마모 예측	가속도계

[a] 모터 전류 분석을 통해 로봇의 바퀴나 청소 도구가 고착된 시점을 파악할 수 있다.
[b] 엣지 AI에 항상 센서 데이터가 필요한 것은 아니며, 로컬에서 사용 가능한 모든 데이터 스트림을 알고리듬의 입력으로 사용할 수 있다.

자율주행 차량, 산업용 로봇, 스마트 팩토리 등 우리가 '미래'라는 비전과 연관 짓는 많은 것을 포함하여 애플리케이션의 범주는 정말 방대하다. 이러한 애플리케이션의 공통점은 복잡한 시스템의 상태를 모니터링하고 변경이 필요할 때 피드백과 제어를 제공하기 위해 엣지 AI를 사용한다는 점이다.

시스템 이해와 제어의 주요 이점

자동화된 시스템 모니터링과 제어의 범주는 광범위하며 엣지 AI의 장점을 대부분 활용한다. 경제성과 안정성은 많은 비즈니스 사용 사례에서 특히 중요하며, 저대역폭, 저지연 솔루션의 장점은 서버 측 시스템을 사용할 경우에 비해 추가적인 정당성을 제공한다.

심층 분석: 석유 굴착 시설의 예측 유지보수

산업 장비가 갑자기 고장 나면, 가동 중단과 공정 중단으로 인해 막대한 비용이 발생할 수 있다. 경우에 따라서는 사람과 환경의 건강에도 위협이 될 수 있다. 예측 유지보수는 시스템이 고장 나기 시작하는 시점을 파악하여, 고장 나기 전에 조치를 취할 수 있도록 하는 기술이다.

유정은 극한의 조건에서 작동하는 믿을 수 없을 정도로 복잡한 기계 장치다. 바다 한가운데에 위치한 유정은 불안정한 위치 때문에, 고장이 발생하면 가동 중단으로 인한 비용 손실뿐만 아니라 유정 작업자의 목숨이 위태로워지고, 기름 유출로 인해 해양 환경이 오염될 수 있다.

엣지 AI를 사용하면 센서가 장착된 장치를 배포하여 진동, 온도, 소음 같은 요인을 측정하여 석유 굴착 설비의 주요 구성 요소를 모니터링할 수 있다. 이를 통해 시스템 각 부분의 '정상' 상태를 학습하여 정상 작동 모델을 구축할 수 있다. 상태가 비정상적으로 변하기 시작하면 유지보수 팀에 경고를 보내 추가 조사를 요청할 수 있다. 특히 정교한 예측 유지보수 시스템은 장비를 어느 정도 제어하여 위험한 상황이 감지되면 자동으로 작동을 중단할 수도 있다.

이것이 엣지 AI에 적합한 이유를 이해하기 위해, BLERP 모델을 사용할 수 있다.

대역폭
대부분의 석유 굴착 장비는 연결에 인공위성을 사용하기 때문에, 수천 개의 장비 구성 요소에서 클라우드로 대량의 센서 데이터를 스트리밍하는 것이 어렵다. 또한 시추 작업 중에는 연결이 매우 제한적인 곳도 있다(예: 시추 비트가 해저 몇 마일 아래에 있을 수 있다). 온디바이스 예측 유지보수를 사용하면 방대한 양의 잡음 데이터 스트림을, 전송하기 쉬운 가벼운 이벤트 시퀀스로 변환할 수 있다.

지연 시간
전문 인력을 고용하여 석유 굴착 시설을 방문하여 장비를 검사하는 데는 많은 비용이 든다. 즉, 점검은 주기적으로 이뤄지기 때문에 문제를 신속하게 파악하는 데 한계가 있다. 엣지 AI 시스템에서 지속적으로 모니터링하면, 문제가 발생하는 즉시 문제를 식별하고 해결할 수 있다.

경제성
예측 유지보수를 통해 다운타임으로 인해 손실될 수 있는 막대한 비용을 절감할 수 있다. 또한 AI가 장착된 스마트 센서를 통한 모니터링은 중장비를 검사하는 위험한 작업을 수행하기 위해 사람에게 비용을 지불하는 것보다 훨씬 저렴하다.

신뢰성
극한의 해양 환경에서는 항상 안정적인 운송이나 통신에 의존할 수 없다. 엣지 AI를 사용하면, 일상적인 운영이 중단된 경우에도 장비 상태에 대한 통찰을 계속 확보할 수 있다.

개인 정보 보호
이 사용 사례에서는 개인 정보 보호가 주요 고려사항이 아니다.

사람과 생명체 이해

생물학적 세계는 복잡하고 지저분하며 빠르게 변화할 수 있다. 이를 실시간으로 이해하고 대응할 수 있다는 것은 큰 가치가 있다. 이 범주에는 피트니스 트래킹 시계, 교육용 장난감 같은 인간 중심의 기술뿐만 아니라 자연, 농업, 미시 세계를 모니터링하는 시스템도 포함된다.

이러한 애플리케이션은 생물학과 기술 간의 간극을 좁히고, 딱딱한 컴퓨터 시스템이 역동적이고 유연한 지구 생명체 세계와 상호 작용할 수 있도록 도와준다. 생물학에 대한 이해가 향상됨에 따라 이 분야는 계속 성장할 것이다.

표 2-3은 사람과 컴퓨터가 서로를 이해하는 데 도움이 되는 엣지 AI 사용 사례의 예를 보여준다.

표 2-3 사람과 관련된 엣지 AI 사용 사례

사용 사례	주요 센서
위험한 환경에서 작업자가 보호 장비를 착용하지 않은 경우 경고	비전
사람의 제스처를 이해하여 비디오 게임 제어	비전, 가속도계, 레이더
중환자실 환자의 건강이 악화되는 시점을 파악하여 의료진에게 알림	생체 신호, 의료 장비
도둑이 집에 침입했을 때 이를 인식하고 당국에 알림	비전, 오디오, 가속도계, 자기 센서
스마트 워치의 센서를 사용해 신체 활동 분류	가속도계, GPS, 심박수
사용자의 음성 명령을 인식하고 기기를 제어	오디오
버스 정류장에서 대기 중인 사람 수 세기	비전
운전자가 자동차 운전석에서 졸고 있을 때 운전자에게 경고하기	비전

우리의 세상은 식물, 동물, 기타 생명체로 가득하다. 표 2-4는 이들을 이해하는 데 도움이 되는 엣지 AI 사용 사례의 예를 보여준다.

표 2-4 생물과 관련된 엣지 AI 사용 사례

사용 사례	주요 센서
원격 트레일 카메라로 관심 있는 야생동물을 발견하면 연구자에게 알리기	비전, 오디오
휴대폰이 터지지 않는 외딴 시골 지역에서 농작물 질병 진단	비전, 휘발성 유기화합물
해양 포유류가 내는 소리를 인식하여 움직임을 추적하고 행동 이해	음향
코끼리의 접근을 마을 주민에게 경고하여 인간과 동물의 충돌을 피할 수 있도록 지원	열화상, 비전
스마트 목걸이를 사용해 농장 동물의 행동을 분류하여 건강 상태 파악	가속도계
센서가 장착된 주방 기기를 모니터링하고 제어하여 음식을 완벽하게 조리	비전, 온도, 휘발성 유기화합물[a]

[a] 휘발성 유기화합물(VOC, Volatile Organic Compound) 센서는 다양한 유형의 가스를 감지할 수 있다.

사람과 생명체 이해의 주요 이점

또 다른 큰 영역인 사람 및 생명체와 관련된 애플리케이션은 BLERP 모델의 모든 측면을 활용한다. 즉, 이 분야는 개인 정보 보호가 특히 중요할 수 있는 범주다. 서버 측 AI를 사용하면 기술적으로 실현 가능하지만, 장치에서 수행될 때만 사회적으로 허용되는 애플리케이션이 많이 있다.

가장 널리 사용되는 예는 애플의 시리[Siri]나 구글의 구글 어시스턴트[Google Assistant] 같은 디지털 개인 비서다. 앞서 설명한 것처럼 개인 비서는 온디바이스 모델을 사용해 깨우기 단어를 지속적으로 청취하는 방식으로 작동한다. 깨우기 단어가 감지된 후에만 모든 오디오가 클라우드로 스트리밍된다. 온디바이스 구성 요소가 없으면 어시스턴트가 서비스 제공업체에 지속적으로 오디오를 스트리밍해야 한다. 이는 개인 정보 보호에 대한 대부분의 사람들의 기대에 부합하지 않는다.

기능을 장치로 옮기고 데이터 전송을 피함으로써, 특히 최근까지 클라우드에서만 실행할 수 있는 대규모 모델이 필요했던 비전 분야에서 엄청난 가능성을 열었다.

심층 분석: 트레일 카메라로 희귀 야생동물 발견하기

트레일 카메라 또는 카메라 트랩은 야생동물을 모니터링하기 위해 설계된 특수한 유형의 카메라다. 견고하고 비바람에 잘 견디는 하우징, 대용량 배터리, 모션 센서가 장착되어 있다. 트레일을 볼 수 있는 곳에 설치하면 움직임이 감지될 때마다 자동으로 사진을 촬영한다.

특정 종을 모니터링하는 연구자들은 카메라 트랩을 외딴 곳에 설치하여 한 번에 몇 달 동안 방치한다. 돌아와서 카메라에 담긴 사진을 다운로드하여 대상 종을 더 잘 이해하는 데 사용한다. 예를 들어, 개체 수를 추정하는 데 사용할 수 있다.

많은 시간과 비용이 드는 카메라 트랩에는 몇 가지 심각한 문제가 있다.

- 촬영된 대부분의 사진에는 대상 동물이 등장하지 않는다. 대신, 대상이 아닌 종이나 시야에 있는 임의의 움직임에 의해 캡처가 트리거된다.
- 오탐이 많기 때문에 네트워크 연결을 통해 캡처 알림을 보내는 것은 도움이 되지 않는다. 대신 연구자가 원격 위치로 이동하여 저장된 사진을 수집해야 한다. 이 방법은 비용이 매우 많이 들고, 메모리 카드가 가득 차면 데이터가 누락되거나, 흥미로운 사진이 없는 경우 불필요한 이동을 초래할 수 있다.
- 연구자들은 수천 장의 쓸모없는 사진을 샅샅이 뒤져서 중요한 몇 장의 사진을 찾아야 한다.

엣지 AI를 사용하면, 대상 종을 식별하고 해당 종을 포함하지 않는 이미지를 거부하도록 학습된 딥러닝 비전 모델을 카메라 트랩에 장착할 수 있다. 따라서 연구자들은 더 이상 쓸모없는 이미지로 메모리 카드를 가득 채울 염려를 하지 않아도 된다. 더 나아가 어쩌면 카메라에 저전력이나 셀룰러 무선 송신기를 장착하여 사람이 직접 현장을 방문하지 않고도 동물 목격 사실을 보고할 수 있다. 이를 통해 연구 비용을 크게 절감하고 수행할 수 있는 과학적 작업의 양을 늘릴 수 있다.

BLERP 모델은 이것이 엣지 AI에 적합한 애플리케이션인 이유를 정확히 알려준다.

대역폭

카메라 트랩은 연결성이 낮은 외딴 지역에 배포되는 경우가 많으며, 고가의 저대역폭 위성이 유일한 방법일 수도 있다. 엣지 AI를 사용하면 촬영한 사진의 수를 충분히 줄여 모든 사진을 전송할 수 있다.

지연 시간

엣지 AI가 없다면, 카메라 트랩에서 사진을 수집하기 위해 연구원을 파견하는 데 걸리는 지연 시간은 몇 달이 될 수 있다! 엣지 AI와 저전력 무선 연결을 사용하면, 기다릴 필요 없이 즉시 사진을 분석하고 유용한 정보를 얻을 수 있다.

경제성
현장 출장을 피하면 많은 비용을 절약할 수 있으며, 고가의 위성 무전기를 불필요하게 사용하지 않아도 된다.

신뢰성
쓸모없는 사진을 버릴 수 있으면, 메모리 카드를 채우는 데 시간이 더 오래 걸린다.

개인 정보 보호
엣지 AI 카메라는 오솔길에 있는 사람의 사진을 삭제하여 다른 오솔길 사용자(예: 지역 주민이나 등산객)의 개인 정보를 보호할 수 있다.

신호 변환

컴퓨터에게 이 세상은 신호들, 즉 상황이나 환경의 작은 조각을 설명하는 센서 판독값의 시계열로 구성되어 있다. 이전 범주의 애플리케이션은 대부분 이런 신호를 해석하고 그에 따라 응답하는 데 중점을 둔다. 하나 이상의 센서에서 수집된 데이터를 통합하여 사람이 쉽게 해석하거나, 자동화된 시스템의 제어 신호로 사용할 수 있는 간단한 출력을 구성한다.

이 마지막 범주는 조금 다르다. 원시 신호를 즉각적인 결정으로 변환하는 대신 단순히 한 신호를 다른 신호로 변환하고자 할 때가 있다(표 2-5). 50페이지의 '디지털 신호 처리' 절에서 설명한 대로 디지털 신호 처리는 임베디드 애플리케이션에서 중요한 부분이다. 기존 DSP 파이프라인을 훨씬 넘어서는 이러한 사용 사례에서는 이것이 부수적인 효과가 아니라 최종 목표다.

표 2-5 신호 변환을 위한 엣지 AI 사용 사례

사용 사례	주요 센서
휴대폰에서 통화 품질 향상을 위한 배경 소음 필터링	오디오
스마트폰 카메라로 촬영한 사진에서 노이즈 제거하기	비전
연습 중 음악가의 반주를 위한 음악 생성	오디오
원격 작업 회의 중 비디오 스트림의 배경 흐리게 처리하기	비전

(계속)

사용 사례	주요 센서
텍스트에서 사실적인 사람의 음성 생성하기	오디오
스마트폰 카메라를 사용해 한 문자를 다른 언어로 번역하기	비전, 텍스트
사람의 귀에 더 잘 들리도록 저해상도 오디오 업샘플링하기	오디오
저대역폭 연결을 통해 전송할 수 있도록 딥러닝을 사용해 비디오 압축하기	비디오
시각 장애인을 위한 시각적 장면의 음성 표현 만들기	오디오
음성 대화를 텍스트로 변환하여 메모 작성의 편의성 제공하기	오디오
저렴한 센서의 데이터를 사용해 비싼 센서의 출력 시뮬레이션하기	시계열

신호 변환의 주요 이점

디지털 신호는 시간에 걸친 값으로 표현되기 때문에, 이 영역의 애플리케이션은 엣지 AI의 지연 시간 측면에서의 이점을 활용하는 경향이 있다. 대역폭도 특히 중요하다. 원본 신호에 대한 접근이 필요하기 때문이다. 그리고 변환된 신호를 전송할 때 (더 많지는 않더라도) 동일한 양의 대역폭이 필요한 경우가 자주 있다.

심층 분석: 원격 작업 회의 중 배경 흐리게 처리하기

원격 근무와 화상 회의가 증가함에 따라 직원들은 이전에는 사적인 공간이었던 자택이 동료들에게 중계되는 일에 익숙해져야 했다. 이제 많은 화상 회의 도구가 개인 정보 보호를 위해, 비디오 스트림의 배경을 흐리게 처리하면서 비디오의 피사체는 그대로 유지하는 기능을 지원한다.

이러한 도구는 딥러닝 모델을 사용해 비디오 스트림에서 한 범주나 다른 범주에 속하는 픽셀을 식별하는 **세그먼테이션**(segmentation)이라는 기술을 사용한다. 이 경우 모델은 사람과 배경 풍경을 구분하도록 학습된다. 입력은 카메라의 원시 비디오 스트림이다. 출력은 해상도는 동일하지만 배경 픽셀이 함께 흐릿하게 처리되어, 무엇이 있는지 알아보기 어려운 비디오 스트림이다.

개인 정보 보호를 위해, 이 기술은 엣지 AI를 사용하는 것이 중요하다. 그렇지 않으면, 블러 처리되지 않은 영상이 사용자의 집 외부로 전송될 수 있기 때문이다. 대신에, 데이터가 전송되기 전에 장치 내에서 세그먼테이션과 블러링이 수행된다.

이 사용 사례가 BLERP 모델에 매핑되는 방식은 다음과 같다.

대역폭

    변환은 시각적 아티팩트가 포함될 수 있는 압축된 저해상도 버전이 아닌 고해상도 원본 비디오 스

> 트림에서 수행하는 것이 가장 효과적이다. 고해상도 비디오를 전송할 수 없는 경우가 많으므로, 변환은 장치에서 수행해야 한다.
>
> **지연 시간**
> 원격 서버에서 변환을 수행하면 비디오 스트림을 피어에 직접 전송하는 것보다 지연 시간이 추가될 수 있다. 장치 내에서 변환을 수행하면 이러한 잠재적인 추가 단계를 제거할 수 있다.
>
> **경제성**
> 서비스 제공업체가 비용을 지불해야 하는 클라우드가 아닌 비디오를 전송하는 장치에서 필요한 연산을 수행하는 것이 더 저렴하다.
>
> **신뢰성**
> 클라우드 서버를 중개자로 사용하면 비디오 스트리밍 파이프라인이 더 복잡해지고 중단될 확률이 높아진다. 장치에서 처리하면 파이프라인이 더 간단하고 장애가 발생할 가능성이 적다.
>
> **개인 정보 보호**
> 데이터가 장치 내에서 변환되면 사용자는 누구도 원본 동영상을 볼 수 없다는 사실을 보장받을 수 있다.

데이터를 변환하는 또 다른 흥미로운 애플리케이션은 **가상 센서**^{virtual sensor}라는 개념이다. 어떤 상황에서는 엔지니어링이나 비용 제약으로 인해 원하는 모든 센서를 장치에 장착하지 못할 수도 있다. 예를 들어, 아주 정확한 센서가 있으면 여러분의 설계에 도움이 되겠지만, 그 센서는 생산용으로 사용하기에는 너무 비쌀 수 있다.

이 문제를 해결하기 위해 실제와 거의 동일한 신호를 제공하는 인공 데이터 스트림인 가상 센서를 만들 수 있다. 이를 위해, 엣지 AI 알고리듬은 다른 신호들을 처리하고(예를 들어, 저렴한 여러 센서의 판독값을 결합할 수 있음), 포함된 정보를 기반으로 원하는 센서의 신호를 재구성하려고 시도할 수 있다.

예를 들어, 단안 깊이 추정(https://oreil.ly/LMBbU)에서는 간단한 이미지 센서에서 물체의 거리를 추정하도록 모델을 학습시킨다. 이 작업에는 일반적으로 입체 카메라나 레이저 기반 거리 센서 같은 더 비싼 솔루션이 필요하다.

지금까지 대부분의 엣지 AI 애플리케이션을 크게 네 가지로 분류할 수 있는 범주에 대해 살펴봤다. 엣지 AI 기술이 계속 발전함에 따라 더 많은 잠재적 사용 사례가 등장할 것이다. 하지만 기술적 실현 가능성이 높다고 해서 자동으로 좋은 아이디어가 되는 것은 아니다. 다음 절에서는 책임감 있는 설계의 중요성에 대해 이야기하고, 엣지 AI 애플리케이션이 득보다 실을 더 많이 초래할 수 있는 함정에 대해 알아볼 것이다.

책임감 있게 애플리케이션 만들기

2장의 첫 번째 부분에서는 엣지 AI의 가장 흥미로운 잠재적 애플리케이션 몇 가지를 다뤘으며, 3장에서는 문제를 분류하고 엣지 AI가 해결하기에 적합한지 여부를 결정하기 위한 프레임워크를 제공할 것이다.

하지만 31페이지의 '책임감 있고 윤리적이며 효과적인 AI' 절에서 살펴본 바와 같이, 모든 프로젝트는 그 설계와 사용이 책임감 있게 이뤄지도록 모든 단계에서 분석하는 것이 중요하다. 이는 몇 가지 항목에 체크 표시를 한 후 스스로를 칭찬하고 작업을 계속하는 따뜻하고 모호한 프로세스가 아니다. 잘못 설계된 기술 제품은 제품의 최종 사용자, 제품을 판매하는 기업, 제품을 만드는 개발자의 삶을 파괴하고 경력을 끝장내는 재앙이 될 수 있다.

그 예로 우버Uber의 자율주행차 사업부(https://oreil.ly/UMkXa)를 들 수 있다. 이 차량 공유 회사는 자율주행차 개발을 공격적으로 추진하기 시작하여, 업계 유명 인사들을 고용하고 수십억 달러를 투자했다. 실제 도로에서 시스템을 테스트하기 위해 서두르는 과정에서, 이 회사의 결함이 있는 안전 절차와 비효율적인 소프트웨어로 인해 보행자가 비극적인 사망 사고를 당했다. 이 참사로 인해 우버는 자율주행 프로그램을 중단하고, 수백 명의 직원을 해고했으며, 자율주행차 사업부를 다른 기업에 매각했다.[3]

자율주행 자동차를 잘 개발하면 도로를 더 안전하게 만들고 배기가스 배출을 줄일 수 있다. 고귀한 사명처럼 보인다. 하지만 엣지 AI의 복잡한 환경은 탐색하기 어려운 잠재적 함정으로 이어질 수 있다. 이런 위험을 고려하면 선의의 기술 프로젝트가 치명적인 지뢰밭이 될 수 있다.

---

3   이 부서의 책임자인 앤서니 레반도프스키(Anthony Levandowski)는 나중에 지적 재산 절도죄로 18개월의 징역형을 선고받았는데, 이는 윤리적 문제가 조직적인 문제임을 시사한다.

우버의 자율주행차는 머신러닝 시스템에서 매우 흔하게 발생하는 오류 유형인, 학습 데이터 세트에 나타나지 않은 상황을 이해하지 못하는 문제를 겪었다. 미국 교통안전위원회에 따르면 우버의 자율주행차는 "횡단보도 근처에 있는 물체가 아니면 보행자로 분류할 수 있는 기능이 부족했다"고 한다(https://oreil.ly/A-URg).

이와 같은 치명적인 실패에는 여러 가지 요인이 있다. 개발자의 입장에서는 가장 일반적인 작동 조건조차도 처리할 수 있는 능력을 테스트하지 않은 상태에서 공공 도로에서 자율주행차를 운전하는 것은 무능력과 태만을 보여준다. 우버의 경우, 이는 한 사람의 사망과 회사 부서의 실패로 직결됐다. 우리는 우버의 자율주행 소프트웨어 개발 팀이 업계 최고 수준의 인재를 영입한 지능적이고 유능한 사람들이었다고 생각할 수 있다. 그렇다면 유능한 사람들이 기술을 구축하고 배포할 때 어떻게 당연한 것을 놓칠 수 있을까?

안타깝게도 기술을 잘 구축하는 것은 어렵고, 본질적으로 부분적인 고려사항만 반영할 수 있는 기술로 복잡한 문제를 해결하기는 어렵다는 것이 진실이다. 근본적인 기술 문제 외에도 기술의 한계를 알고, 프로세스를 면밀히 검토하고, 작업을 냉정하게 평가하고, 올바른 방향으로 진행되지 않는 것 같으면 기꺼이 프로젝트를 중단하는 것이 전문가로서 여러분의 책임이다. 의도치 않게 사람들에게 해를 끼치는 제품은 아무리 뛰어난 팀이 설계했더라도 나쁜 제품이다.

비즈니스 환경에서는 물건이 안전한지 확인하는 것보다 출시에 더 신경을 쓰는 조직의 관성에 맞서 싸우고 있을 수 있다. 하지만 하루가 끝날 때, 자신의 직업적 책임을 소홀히 하면 생계, 평판, 자유가 위태로워진다는 사실을 항상 기억해야 한다. 더 나쁜 경우에는 다른 사람의 삶을 망치는 제품을 만들어 평생 후회할 수도 있다.

책임감 있는 설계와 AI 윤리

책임감 있는 설계는 효과적인 제품을 만드는 데 매우 중요하다. 이에 대한 소개를 위해, 필자는 델프트공과대학교 사이버 물리 지능 연구소의 박사 연구원 위브케 (투생) 후티리(Wiebke (Toussaint) Hutiri, https://wiebketoussaint.com)에게 이번 절을 작성해 달라고 요청했다. 위브케는 사물 인터넷을 위한 신뢰할 수 있는 머신러닝 시스템 설계에 중점을 두고, 응용 머신러닝과 엣지 컴퓨팅의 교차점에서 학제 간 연구를 수행하고 있다.

이 장의 앞부분에서 설명한 바와 같이, AI의 유해한 실패로 인해 AI 윤리는 AI를 제품에 통합하는 대부분의 기업에서 중요한 고려사항이 되었다. 개발자에게 윤리는 중요하지만, 윤리가 무엇이고 어떻게 실천해야 하는지 알기는 매우 어려운 경우가 많다. 제품 개발 프로세스의 근간이 되는 가치를 면밀히 검토하는 것(이어지는 박스 참고)은 윤리를 엣지 AI 개발과 실용적인 방식으로 연결하는 한 가지 방법이다. 가치를 기초로 삼은 상태에서, 다음 단계는 책임감 있는 설계를 실천하는 것이다.

설계 속의 가치

제품은 그것이 사용되는 맥락과 분리될 수 없다. 즉, 제품이 설계된 작업을 수행하는 데 유용할 때만 좋은 제품이라는 뜻이다. 물론 제품의 용도가 변경되어 처음 의도한 설계에서 벗어나 예상치 못한 다른 용도로 사용될 수도 있다. 하지만 개발자의 입장에서, 좋은 엔지니어링을 하는 대신 예측할 수 없는 용도 변경을 기대하는 것은 매우 위험한 일이다.

실제로 제품이 유용하기만 한 경우는 거의 없다. 유용성은 사용자가 제품에서 기대하는 것의 가장 낮은 기준을 제시할 뿐이다. 상황에 따라 제품은 사용하기에 안전해야 하고, 수명이 길어야 하며, 제조와 운영 비용이 낮아야 하고, 생산, 사용, 수명 종료 시까지 유해한 폐기물을 발생시키지 않아야 한다. 이는 기술적 성능만큼이나 제품 성공에 중요한 **비기능적** 요구사항(즉, 기술적 성능에 기여하지 않는 요구사항) 중 일부에 불과하다.

개발자의 작업은, 여러 가지 요구사항을 동시에 충족할 수 없고 절충점을 찾아야 하는 경우가 많기 때문에 어렵다. 이런 절충점을 탐색하고 우선순위를 정하는 것은 엔지니어링 설계의 핵심적인 측면이다. 일반적으로 사람들은 자신의 가치관에 따라 절충점을 찾는다. 지속 가능성, 민주주의, 안전, 개인 정보 보호, 평등 같은 가치는 무의식적으로 생활 속에서 결정을 내릴 때 적용하는 원칙이다(예: 개인 정보 보호가 핵심 가치 중 하나라면 개인 데이터가 제3자와 공유되는 것을 원하지 않기 때문에 엣지 AI에 대해 배우고자 하는 동기가 강할 수 있다).

개발자가 엣지 AI 설계 프로세스에 자신의 가치를 반영하는 것은 당연한 일이다. 하지만 여기에는 큰 주의가 필요하다. 가치는 개인적이며 사람과 문화에 따라 다르다. 따라서 다양한 사용자의 요구를 충족하는 성공적인 제품을 만들기 위해서는 자신의 의사결정 휴리스틱이나 모두 같은 관점을 가진 개발자 팀의 의사결정 휴리스틱에만 의존해서는 안 된다. 설계 결정을 내릴 때 어떤 가치를 기준으로 어떻게

> 합의를 도출할 것인지에 대한 프로세스를 마련하는 것이 중요하며, 이는 개발 프로세스의 일부가 되어야 한다.
>
> 이 글은 예고편일 뿐이며, 가치를 위한 설계에 대한 자세한 내용은 델프트공과대학교의 '가치를 위한 설계 — 소개(https://www.delftdesignforvalues.nl/what/)'에서 확인할 수 있다.

책임감 있게 설계하려면, 개발자는 '건설' 재료의 한계를 파악하고 도구에 숙달해야 한다. 또한 제품이 달성하고자 하는 일련의 기능적, 비기능적 요구사항을 충족하는지 측정하고 평가해야 한다. 바로 이 점에서 머신러닝은 이전에 개발했던 하드웨어나 소프트웨어 애플리케이션과는 전혀 다르다. 머신러닝에서 데이터는 '벽돌'이자 동시에 '온도계'다. 이는 엣지 AI에 독특한 결과를 가져온다.

데이터는 여러분의 '벽돌'이다. 엣지 AI 애플리케이션의 머신러닝 모델에서 학습 데이터는 빌딩 블록이다. 데이터의 품질은 제품의 품질에 영향을 미친다. 간단히 말해, 학습 데이터에 없는 데이터는 예측할 수 없다. 학습 데이터에 과소 대표되면, 신뢰할 수 있는 예측을 할 수 없다. 학습 데이터에 과대 대표되는 경우, 다른 것보다는 주로 해당 항목을 예측하게 된다. 대표성을 살펴볼 때는, 하위 그룹 대표성뿐만 아니라 대상 레이블 전반의 하위 그룹 분포를 고려하는 것이 중요하다. 레이블이 잘못 지정된 학습 샘플은 모델의 품질에 영향을 미치므로, 하위 그룹 전체에 걸친 대상 레이블들의 품질을 살펴보는 것도 중요하다.

데이터는 여러분의 '온도계'다. 학습 데이터가 벽돌이라면 평가 데이터는 모델을 측정하는 '온도계'다. 애플리케이션 시나리오를 나타내지 않는 평가 데이터 세트를 사용하는 것은 보정되지 않은 온도계를 사용해 온도를 측정하는 것과 같다. 고품질의 평가 데이터를 확보하는 것이 중요하다. 통계학에서 표본 크기가 작으면 특별한 처리가 필요하다. ML 모델을 평가하는 데 사용되는 일반적인 메트릭은 충분한 샘플 대표성을 가정한다. 평가 데이터의 경우, 모든 범주가 여러 레이블에 걸쳐 충분히 대표되어야 통계적으로 의미 있는 평가가 이뤄질 수 있다. 범주가 모든 대상 레이블에서 평가되지 않으면, 모델의 한계를 알 수 없다.

데이터를 사용해 모델을 구축하고 평가하는 데는 여러 가지 의미가 있다. 예를 들어 데이터는 역사적이며, 미래가 아니라 과거를 나타낸다. 세상은 변화하고 있지만, 데이터는 한 시점의 스냅샷일 뿐이다. 데이터는 수집된 위치와 측정된 엔티티에 따라 다르다. 이 모든 것은 데이터가 샘플일 뿐 결코 완전하지 않다는 뜻이다. 불완전한 데이터는 AI의 편향과 차별의 주요 원인으로, 사람들에게 해를 끼치고 스캔들을 일으켰다.

7장에서는 이러한 모든 개념을 처음부터 다시 설명하면서, 데이터 세트에 대해 자세히 살펴보겠다.

책임감 있는 설계의 중요 개념

다음은 책임감 있는 설계와 깊은 관련이 있는 머신러닝 공정성에서 사용되는 몇 가지 주요 용어다.

편향
가장 일반적인 의미에서 편향은 기울어지거나 왜곡된 관점을 뜻한다. AI와 같은 알고리즘 시스템에서의 편향성 또한 일부에 유리하고 다른 그룹이나 범주에 대해 편견이 있는 출력을 체계적으로 생성하는 시스템을 말한다. 편견은 사람에 대한 것만이 아닐 수도 있다. 애플리케이션이 특정 그룹이나 범주를 대상으로 하지 않는 한, 편향성은 일반적으로 좋은 것이 아니다.

차별
차별이란 보호되거나 민감한 속성에 따라 개인이나 집단을 다르게 대우하는 의사결정 과정의 결과를 말한다. 법은 어떤 속성이 어떤 애플리케이션에서 보호되는지에 대한 공식적인 정의를 제공한다. 민감한 속성은 커뮤니티나 사회가 평등을 보장하기 위해 보호할 가치가 있다고 간주하는 것을 기반으로, 비공식적으로 정의되기도 한다.

공정성
공정성은 가장 정의하기 어려운 개념이다. 공정성에 대한 보편적인 정의가 존재하지 않기 때문이다. 대신 공정성은 전후 사정에 따라 크게 달라지며, 애플리케이션 종류와 전후 사정, 실패로 인해 발생할 수 있는 위험과 피해, 이해관계자의 가치관에 영향을 받는다. 사람들은 종종 공정성을 형평성, 평등성, 포용성 등의 다른 가치와 함께 중요하게 생각한다. 편향은 불공정을 초래할 수 있으며, 많은 사람이 차별을 불공정한 것으로 간주한다.

편향을 완화하고, 차별을 피하며, 잠재적인 불공정성을 평가하려면, 설계가 사용될 맥락을 이해해야 한다.

- 누가 내 설계를 사용할 것이며, 어떻게 사용할 것인가?

- 설계가 어떤 격차를 메울 수 있는가?

- 설계가 작동할 환경 조건은 무엇인가?

- 제품의 작동을 방해하려는 적이 있는가?

- 설계가 의도한 대로 작동하지 않을 경우 어떤 문제가 발생할 수 있는가?

은유적으로 말하자면, 1년에 200일 동안 비가 내리는 마을에서 구워지지 않은 점토 벽돌로 엣지 AI를 만들고 있는가, 아니면 상황을 신중하게 고려하고 환경에 적합한 구조를 구축할 수 있는 학습 데이터를 수집하고 있는가? 평가 데이터는 고장 난 장비 조각인가, 아니면 세심하게 보정된 온도계인가?

책임감 있는 설계와 AI 윤리에 대한 간략한 소개를 마무리하자면, 책임감 있는 개발자는 **프로젝트에 영향을 받는 모든 사람이 합의한 가치에 따라 이해관계자가 원하는 형태로 자료를 제작하는 데 숙련된** 사람이라고 생각할 수 있다.

책임감 있는 설계는 쉽게 시작할 수 있다. 데이터의 한계를 파악하라. 모델의 한계를 파악하라. 제품을 사용할 사람들과 대화하라. 이 절에서 단 한 가지만 알아둬야 할 것이 있다면 바로 이것이다. "책임감 있는 엣지 AI를 개발하는 사람들에게 KUDO$^{\text{Know Ur Data,}}_{\text{Obviously}}$4를!"

— 위브케 (투생) 후티리 / 델프트공과대학교

블랙박스와 편향성

엣지 AI에는 실제로 예상치 못한 피해를 입히기 쉬운 두 가지 측면이 있는데, 바로 **블랙박스**와 **편향성**이다.

블랙박스black box라는 말은 분석과 이해가 불투명한 시스템을 비유하는 말이다. 데이터가 들어가고 의사결정이 내려지지만, 그 의사결정에 이르는 내부 프로세스는 이해할 수 없다. 이는 현대 AI, 특히 해독하기 어렵기로 유명한 딥러닝 모델에 대한 일반적인 비판

---

4 원래 뜻은 명성, 영예, 칭찬 – 옮긴이

이다. 랜덤 포레스트$^{\text{random forests}}$ 같은 일부 알고리듬은 모델에 접근할 수 있다면 내부를 읽어 특정한 결정을 내리는 이유를 이해할 수 있을 정도로 해석이 쉽다. 하지만 장치에서는 상황이 매우 다르다.

엣지 장치는 설계상 눈에 보이지 않는 경우가 많다. 엣지 장치는 건물, 제품, 차량, 장난감 등에 내장되어 주변 환경의 배경에 녹아들도록 설계되어 있다. 말 그대로 블랙박스에 해당하며, 내용물은 눈에 보이지 않고 보안 계층으로 보호되어 세부적인 검사를 피할 수 있는 경우가 많다.

아무리 간단한 AI 알고리듬이라도 엣지 장치에 배포되면, 이를 사용하는 모든 사람에게 블랙박스가 된다. 또한 원래 개발자가 예상한 것과 다른 실제 환경에 장치가 배포되면 개발자들조차도 장치가 왜 그렇게 작동하는지 알 수가 없다.

이는 여러 사람에게 각각의 측면에서 위험할 수 있다. 장치의 사용자, 즉 장치를 구입하고 설치한 사람들은 이제 완전히 이해하지 못하는 시스템에 의존하게 된다. 장치가 올바른 결정을 내릴 것이라고 믿을 수는 있지만, 이러한 신뢰가 보장된다는 보장은 없다.

우버의 자율주행차 예시에서는 테스트 운전자가 위험한 상황에 개입할 수 있도록 되어 있었다. 그러나 궁극적으로 인간 운전자가 아무리 훈련을 받았다고 해도 결함이 있는 자동화 시스템을 안정적으로 보완하는 것은 불가능하다. 비극을 피하기 위해 사람의 개입에 의존한 이 실험은 무책임한 설계 결정이었다.

우연히 길을 건너던 무고한 행인이었던 보행자 역시 이 모델의 블랙박스 성격으로 인한 피해자였다. 나아오는 차량이 신뢰할 수 없는 사율주행 프로토타입이라는 경고를 받았더라면 길을 건너지 않았을지도 모른다. 하지만 평범해 보이는 차량 내부에 숨겨져 있는 엣지 AI 시스템은 아무런 경고도 제공하지 않았다. 보행자가 이 자동차가 사람이 운전하는 자동차처럼 행동하지 않을 것이라고 가정할 이유가 없었다.

마지막으로 엣지 AI의 블랙박스 특성은 개발자에게 위험을 초래한다. 예를 들어, 침입 동물의 개체 수를 모니터링하는 데 엣지 AI 카메라 트랩을 사용한다고 가정하자. 지나가는 침입 동물 세 마리 중 한 마리를 카메라가 인식하지 못하는 오탐률이 발생할 수 있다. 카메라 트랩이 외딴 곳에 설치되어 있는 경우, 카메라의 결과물을 실제와 비교하여 검증하지 못할 수도 있다. 연구자들은 동물의 개체 수를 과소평가하게 되지만, 원시 데이터가 더 이상 존재하지 않을 수 있기 때문에 알 수 있는 방법이 없다.

설치한 뒤, 처리하는 원시 데이터를 참고하면서 모니터링할 수 있는 서버 측 AI와 달리, 엣지 AI는 특히 원시 데이터를 캡처할 수 없는 상황에서 배포되는 경우가 많다. 즉, 개발자가 엣지 AI 애플리케이션이 현장에 배포된 후 제대로 작동하는지 여부를 직접 측정할 수 있는 방법이 없는 경우가 많은 것이다.

실제로 자연 보호 연구자들은 시스템에 대한 신뢰가 쌓일 때까지 촬영한 모든 사진을 저장하고 메모리 카드를 수거할 때 수작업으로 검토하는 방식으로 이 딜레마를 해결하지만, 여기에는 시간과 비용이 많이 든다. 애플리케이션을 모니터링할 수 있는 동등한 메커니즘이 없거나, 사용 가능한 예산 내에서 구현할 수 없는 경우, 애플리케이션을 책임감 있게 설치하지 못할 수도 있다.

블랙박스와 설명 가능성

블랙박스 시스템과 반대되는 개념이 **설명 가능한**(explainable) 시스템이다. 158페이지의 '고전적인 머신러닝' 절에서 배우겠지만, 일부 AI 알고리듬은 다른 알고리듬보다 설명이 더 쉽다. 상대적으로 불투명한 알고리듬을 사용하는 시스템도 설명이 가능하도록 설계할 수 있지만, 성능 저하나 복잡성 증가라는 대가가 따를 수 있다. 적절한 절충점은 각 애플리케이션에 고유하다.

특정 프로젝트의 경우, 설명 가능성이 법적으로 요구되는 경우가 점점 더 많아지고 있다.[5] 여러분의 규제 환경에 해당되는지 살펴볼 필요가 있다.

블랙박스의 위험은 편향의 위험으로 인해 더욱 커진다. 엣지 AI 시스템에서 편향성은 실제 세계를 대표하지 않는 애플리케이션 영역의 모델이 시스템에 장착되는 결과를 낳는다. 잘 알려진 편향의 원인에 개발자가 주의를 기울이지 않으면 시스템에 편향이 발생할 가능성이 매우 높다. 가장 일반적인 편향의 원인은 다음과 같다.

---

5 「Impact of Legal Requirements on Explainability in Machine Learning」(Adrien Bibal et al., arXiv, 2020, https://oreil.ly/jNZ6m) 참고

인간 편향성

모든 인간은 자신의 경험에 바탕을 둔 특정 세계관에 편향되어 있다(예: 보행자가 교통 규칙을 무시할 수 있다는 사실을 인식하지 못하는 경우[6]).

데이터 편향성

데이터 세트는 현실이 아닌 데이터 수집 과정을 반영한다(예: 데이터 세트에는 횡단보도에서 길을 건너는 사람들의 예만 포함될 수 있음).

알고리듬 편향성

모든 AI 알고리듬에는 태생적인 한계가 있으며,[7] 알고리듬을 선택하고 조정하는 과정에서 편향이 발생할 수 있다(예: 선택한 알고리듬이 야간에 멀리 있는 보행자처럼 작고 희미한 물체에 대해서는 제대로 작동하지 않을 수 있음).

테스트 편향성

실제 테스트는 어렵고 비용이 많이 들므로 일반적인 경우만 다루기 때문에 테스트 범위가 편향되는 경우가 많다(예: 인공 테스트 코스에서 철저한 테스트를 수행하는 데 비용이 많이 들고 개발자가 비용을 절감하기 위해 중요한 시나리오를 테스트하지 않은 경우).

AI 시스템에서 편향은 피하기 어려울 수 있다. 우리는 이 용어를 고의적이고 의도적인 형태의 차별(예: 채용 과정에서의 고의적인 성차별)과 연관 짓는 경향이 있지만, 기술 프로젝트에서는 애플리케이션 컨텍스트에 대한 이해 부족으로 인해 발생하는 경우가 가장 흔하며, 이는 리소스의 한계로 인해 더욱 증폭된다.

편향성을 완화하기 위해, 개발 팀은 관련 도메인 전문가, 신중하게 수집한 데이터 세트(실제 세계의 정확한 조건을 반영할 수 없더라도), 작업에 적합한 알고리듬, 실제 테스트를 위한 충분한 예산이 필요하다. 실제로 많은 개발 팀이 편향성으로 인해 비용이 많이 드는 실패를 경험한 후에야 이러한 요소에 주의를 기울인다.

---

6   우버 실험이 실시된 미국의 많은 지역에서, 횡단보도가 아닌 곳에서 길을 건너는 것은 불법이다.

7   머신러닝 모델에는 귀납적 편향(https://oreil.ly/TiRok)이라는 속성이 있는데, 이는 세계가 어떻게 작동하는지에 대한 내부 가정을 반영한다. 이러한 귀납적 편향은 모델이 작동하기 위해 필요하므로 적절한 모델을 선택하는 것이 매우 중요하다.

블랙박스 엣지 AI 제품과 결합하면 편향이 위험한 상황을 초래할 수 있다. 앞서 설명한 것처럼, 사용자는 시스템이 작동한다고 가정할 가능성이 높다. 그들은 제품의 정확하고 안전하며 합리적인 작동을 신뢰할 것이다. 작동 메커니즘을 검사할 방법이 없기 때문에, 이런 가정을 직접 테스트할 수 없다. 사용자의 기대치를 충족하고 관리할 책임은 전적으로 개발자에게 있다.

성공적인 AI 프로젝트는 그 자체의 한계를 인식하고 잠재적인 실패로부터 사용자와 대중을 보호하는 데 필요한 구조를 제공해야 한다. 제품 개발 팀은 제품이 작동할 매개변수를 정의하고 사용자가 이러한 매개변수를 인지할 수 있도록 하는 것이 중요하다.

이 책에서는 이러한 인식을 보장하고 배포하기에 안전하지 않은 프로젝트에 제동을 걸 수 있는 프레임워크를 배운다. 이는 지속적인 프로세스이며, 개념화 단계부터 프로젝트가 종료될 때까지 계속 진행되어야 한다. 많은 프로젝트가 실제 효과가 드러나면서 윤리적 수렁에 빠지게 되지만, 일부 프로젝트는 처음부터 잘못된 프로젝트다.

도움이 아니라 해를 끼치는 기술

감시 시스템은 현대 사회에 널리 퍼져 있으며, 대중은 동의 없이 감시 시스템에 적응해야 한다. 감시 분야에 AI를 적용하는 것은 복잡한 주제다. 엣지 AI는 잠재적으로 개인 정보를 보호하는 데 쓰일 수 있지만, 인권을 침해하는 데도 쓰일 수 있다.

2019년 11월, 영상 감시 카메라의 주요 공급업체인 하이크비전[Hikvision]이 중국 정부의 악랄한 탄압을 받고 있는 중국 소수민족 위구르족을 포함하여, 개인의 인종을 분류하도록 설계된 감시 카메라를 판매(https://oreil.ly/06M6r)하고 있는 것으로 밝혀졌다. 「뉴욕타임스」는 중국 정부 당국이 첨단 AI 기술을 사용해 위구르족을 외모로 식별하고 "검색과 검토를 위해 그들의 출입 기록을 보관"하려고 시도하고 있다고 보도했다(https://oreil.ly/u2vfr).

우버의 자율주행 실험은 잘못된 엔지니어링으로 인해 비극을 초래했지만, 개인의 자유와 모두를 위한 평등을 증진하는 민주사회를 믿는 필자가 보기에 하이크비전의 인종 프로파일링 기술은 근본적으로 잘못된 것이다.

시스템이 완벽하게 작동할 때, 이 시스템은 특정 하위 그룹에 대한 사회적 편견을 강제하도록 설계되어 있다. 시스템의 편향성을 제한할 수 있는 방법은 없으며, 사실 편향성은 설계의 일부로 존재한다. 도덕성은 주관적이고 사회마다 가치관이 다르다고 주장할 수 있지만, 이 시스템에 의해 추적되는 수백만 명의 위구르족은 이 문제에 대해 선택의 여지가 없었으며, 만약 묻는다면 거부할 가능성이 높다는 것이 사실이다.

이처럼 도덕적 기대치를 명백히 위반하는 행위는 명백해 보일 수 있지만, 순진함, 오만함, 탐욕 같은 인간의 심리 때문에 지적인 집단은 자신이 초래할 수 있는 피해를 고려하지 않고 도덕적 경계를 쉽게 넘나들 수 있다. 한 가지 예로 HireVue 서비스를 들 수 있다. 구직자 면접 비용을 줄이기 위해 고안된 이 서비스는 지원자가 특정 질문에 답하는 녹화된 동영상을 분석하는 데 사용된다. 이 회사는 AI 알고리듬을 사용해 지원자가 주어진 역할에서 성공할 가능성을 평가한다고 주장한다.

순진하게도 HireVue의 개발자들은 인간, 데이터, 알고리듬, 테스트 편향이 업무에 미치는 영향을 고려하지 않았다. 시청각 정보를 채용 결정에 활용하기 위해 개발된 이 제품은 채용 결정을 내릴 때 후보자의 목소리, 억양, 외모를 반영할 수밖에 없었다. 이로 인한 명백한 차별 위험으로 인해 소송과 대중의 반발이 이어졌고, 결국 HireVue는 제품의 기능을 폐기하고 알고리듬에 대한 제3자 감사를 실시해야 했다(https://oreil.ly/R7Dy3).

고려해야 할 또 다른 측면은 고객이 엣지 AI 기술을 설계 목적이 아닌 다른 용도로 사용할 수 있으며, 이러한 용도는 비윤리적일 수 있다는 점이다. 예를 들어, 멸종 위기에 처한 종을 발견하기 위해 설계된 엣지 AI 카메라 트랩을 생각해 보자. 이 카메라 트랩은 과학적 연구를 위한 것이지만, 밀렵꾼이 포획하여 암시장에 판매하려는 동물을 찾기 위한 도구로 쉽게 용도가 변경될 수 있다. 이런 잠재적인 '오프 라벨off-label' 용도[8]는 제품의 잠재적 이점을 능가할 정도로 위험성이 높을 수 있으므로, 애플리케이션을 설계할 때 이를 고려하는 것이 중요하다.

---

8 정식으로 허가받지 않은 용도 – 옮긴이

부주의의 대가

인공지능을 사용하는 기술은 종종 우리 세계에 깊숙이 통합되어 가정, 직장, 기업, 정부, 그리고 서로 간의 일상적인 상호 작용을 형성하도록 설계된다. 이는 이런 시스템의 장애가 사람들에게 큰 영향을 미칠 수 있음을 뜻한다.

이런 일이 발생할 수 있는 무수한 방법을 모두 설명하기에는 이 책의 지면이 부족하지만, 몇 가지 예를 들어보겠다.

과실로 인한 위반

의료용 하드웨어는 환자를 오진하여 치료에 영향을 미칠 수 있다.

감시 장비는 특정 집단에 대한 법 집행을 다른 집단보다 강화하여 불공평한 정의를 초래할 수 있다.

교육용 장난감은 일부 어린이에게 더 나은 성능을 발휘하여, 학습 기회에 대한 접근성을 떨어뜨릴 수 있다.

다양한 사용자 그룹에 대한 테스트가 부족하여, 안전 장치가 고장 나 신체적 상해를 초래할 수 있다.

보안이 보장되지 않은 장치는 범죄자에 의해 손상되어 범죄를 조장할 수 있다.

고의적인 윤리 위반

AI 기반 감시가 널리 퍼지면 개인의 프라이버시에 영향을 미칠 수 있다.

밀렵꾼이 스마트 센서를 사용해 멸종 위기에 처한 야생동물을 표적으로 삼을 수 있다.

엣지 AI로 증강된 무기는 분쟁으로 인한 사망자를 증가시키고 글로벌 힘의 균형을 무너뜨릴 수 있다.

사회적 피해 완화

이 책 전체에 걸쳐 제공되는 프레임워크는 (개발 프로세스 중 시간을 내어) 여러분이 만들고 있는 것이 사회에 미치는 영향을 이해하고 그 결과를 바탕으로 진행/중단 결정을 내리도록 권장한다. 책임감 있는 설계는 상황에 따라 매우 다르며, 올바른 방향으로 나아가기 위해서는 사회적 피해를 완화하는 작업이 체계적이고 지속적으로 이뤄져야 한다.

책임감 있는 AI 애플리케이션을 구축하기 위한 모범 사례는 기술 전문지식과 실제 경험 모두에서 다양한 관점을 가진 제품 팀을 구성하는 것이다. 인간의 편견은 기술적 편향을 증폭시키며, 다양한 팀일수록 집단적 세계관에 사각지대가 생길 가능성이 적다. 소규모 팀이라면 다양성을 위해 시간과 비용을 투자하고, 더 넓은 커뮤니티에 연락하여 아이디어를 평가하고 피드백을 제공할 수 있는 사람들을 찾아 그들의 관점을 팀에 추가하는 것이 중요하다.

> **심리적 안전과 윤리적 AI**
>
> 팀의 통찰력은 잠재적인 위험을 식별하는 데 매우 중요하므로, 개발 프로세스 전반에 걸쳐 직원들이 자신의 의견을 말하고 목소리를 낼 수 있다고 느끼는 것이 중요하다. 아무리 좋은 근무 환경이라 할지라도, 직원들은 자신의 피드백이 자신에게 불이익을 줄 수 있다고 생각하면 목소리를 내는 것이 위험하다고 느낄 수 있다.
>
> 예를 들어, 잠재적인 위험을 발견했지만 중요한 프로젝트에 차질이 생길까 봐 주저하여 언급하지 못하는 직원을 상상해 보자. 실제로 이 직원은 중요한 문제를 지적함으로써 회사의 시간, 비용, 평판을 절약할 수 있다. 그러나 직원이 자신의 경력이나 평판, 팀의 사기에 부정적인 영향을 미칠까 봐 두려워한다면, 너무 늦을 때까지 아무 말도 하지 않을 수 있다.
>
> 심리적 안전이란 부정적인 결과에 대한 두려움 없이 문제를 말하고 토론할 수 있다는 느낌을 말한다. 이는 AI에서 윤리의 중요성을 강조하는 문화와 함께 성공적인 AI 프로젝트를 구축하기 위한 필수 조건이나. 이 수제에 대한 유봉한 리소스는 184페이지의 '다양성' 절에서 다룬다.

시스템의 '윤리성'을 벤치마킹할 수 있는 방법은 없다.[9] 대신, 우리는 그 가치가 무엇인지, 누구에게 속하는지, 어떤 맥락에서 적용하려는 것인지 등 시스템 생성의 근간이 되는 가치를 이해해야 한다. 이런 인식을 통해 우리는 우리의 작업이, 해가 아닌 혜택을 가져다주는 유용한 제품을 만들도록 할 수 있다.

---

9 「Metaethical Perspectives on 'Benchmarking' AI Ethics」(Travis LaCroix & Alexandra Sasha Luccioni, arXiv, 2022, https://oreil.ly/RS4p1)

팀이 책임감 있게 AI를 개발하는 과정을 안내하거나 기존 애플리케이션의 잠재적 위험성을 감사하는 데 도움을 주는 다양한 회사와 서비스가 존재한다. 작업물의 유해한 '오프 라벨' 사용이 우려되는 경우, 몇 가지 법적 도구를 이용할 수도 있다. 책임감 있는 AI 라이선스RAIL, Responsible AI Licenses(https://www.licenses.ai)는 개발자가 유해한 애플리케이션에 인공지능 제품이 합법적으로 사용되는 것을 제한할 수 있도록 설계된 기술 라이선스다.

개발자는 제품에 RAIL을 부착함으로써 특정 애플리케이션 목록에서의 오용을 방지할 수 있는 법적 근거를 만들 수 있으며, 개발자가 포함하고자 하는 모든 범주를 포함하도록 확장할 수 있다. 기본적으로 금지된 옵션에는 감시, 범죄 예측, 가짜 사진 생성 등이 있다. 물론 이는 법적 계약의 구속을 받는다고 생각하는 단체의 비윤리적 사용을 방지하는 데만 도움이 된다.

마지막으로, 윤리적이고 책임감 있는 AI에 대해 자세히 알아보고 수행 중인 작업을 평가하는 데 사용할 수 있는 고품질의 무료 온라인 리소스가 많이 있다. 아래는 시작할 때 살펴볼 만한 자료들이다.

- 버클리 하스Berkeley Haas의 가이드, 인공지능의 편향 완화하기(https://oreil.ly/8uXGZ)
- 구글의 책임감 있는 AI를 위한 권장 사례(https://oreil.ly/SBP-3)
- 마이크로소프트의 책임감 있는 AI 리소스(https://oreil.ly/ZOvEm)
- 프라이스워터하우스쿠퍼스PwC의 책임감 있는 AI 툴킷(https://oreil.ly/zZl1N)
- 구글 브레인Google Brain의 PAIRPeople + AI Research(https://oreil.ly/bco24)

AI의 원칙에 대한 현재 접근 방식에 대한 자세한 개요를 보려면 'Principled Artificial Intelligence: Mapping Consensus in Ethical and Rights-Based Approaches to Principles for AI'(J. Fjeld et al., Berkman Klein Center Research Publication, 2020, https://oreil.ly/8BM54)를 참고하기 바란다.

요약

2장에서는 엣지 AI가 우리 세계에 어떻게 적용되는지 확실하게 이해했다. 주요 사용 사례와 주요 이점, 그리고 적용해야 할 중요한 윤리적 고려사항에 대해 알아봤다.

이제 기술적 세부 사항을 살펴볼 준비가 되었다. 3장에서는 엣지 AI를 작동하게 하는 기술에 대해 알아보겠다.

제3장
엣지 AI의 하드웨어

이제 엣지 AI 애플리케이션을 구동하는 장치, 알고리듬, 최적화 기술에 대해 알아볼 차례다. 3장은 이 분야의 가장 중요한 기술 요소에 대한 전반적인 개요를 제공하기 위해 작성됐다. 3장이 끝나면 엣지 AI 제품을 만들기 위한 높은 수준의 계획을 시작하는 데 필요한 빌딩 블록을 갖추게 된다.

센서, 신호, 데이터 소스

센서는 장치가 환경을 측정하고 사람의 입력을 감지할 수 있는 힘을 제공하는 전자 부품이다. 센서는 매우 단순한 것(신뢰할 수 있는 오래된 스위치와 가변 저항기)부터 놀랍도록 정교한 것(LIDAR^{Light Detection And Ranging}, 열화상 카메라)에 이르기까지 다양하다. 센서는 엣지 AI 장치가 의사결정을 내리는 데 사용하는 데이터 스트림을 제공한다.

센서 외에도 장치에서 활용할 수 있는 데이터 소스에는 여러 가지가 있다. 여기에는 디지털 장치 로그, 네트워크 패킷, 무선 전송 등이 포함된다. 기원은 다르지만 이러한 2차 데이터 스트림은 AI 알고리듬을 위한 정보 소스만큼이나 흥미로울 수 있다.

센서마다 다른 형식의 데이터를 제공한다. 엣지 AI 애플리케이션에서 흔히 접할 수 있는 데이터 형식을 요약하면 다음과 같다.

시계열

시계열time series 데이터는 시간에 따른 하나 이상의 값의 변화를 나타낸다. 시계열에는 동일한 물리적 센서의 여러 값이 포함될 수 있다. 예를 들어, 단일 센서 구성 요소가 온도와 습도 모두에 대한 판독값을 제공할 수 있다. 시계열 데이터는 종종 신호를 생성하기 위해 초당 특정 횟수 등 특정 속도로 센서를 폴링하여 수집한다. 폴링 속도를 샘플링 속도sampling rate나 주파수frequency라고 한다. 개별 판독값(샘플이라고 함)은 일정한 기간 내에 수집되는 것이 일반적이므로 두 샘플 사이의 시간 간격은 항상 같다.

다른 시계열은 비주기적일 수 있으며, 이는 샘플이 일정한 속도로 수집되지 않는다는 뜻이다. 특정 이벤트를 감지하는 센서(예: 특정 거리 내에 무언가가 들어오면 핀을 토글하는 근접 센서)의 경우, 이런 현상이 발생할 수 있다. 이 경우 센서 값 자체와 함께 이벤트가 발생한 정확한 시간을 캡처하는 것이 일반적이다.

시계열은 요약 정보로 나타낼 수 있다. 예를 들어, 시계열은 마지막 값 이후 특정 간격 동안 어떤 일이 발생한 횟수로 구성될 수 있다.

시계열 데이터는 엣지 AI를 위한 가장 일반적인 형태의 센서 데이터다. 특히 흥미로운 점은 신호에 (센서 값 외에) 값의 타이밍에 대한 정보도 포함되어 있다는 것이다. 이는 상황이 어떻게 변화하고 있는지 이해하려고 할 때 유용한 정보를 제공한다. 타이밍 정보가 유용할 뿐만 아니라, 시계열 데이터는 동일한 센서를 여러 번 읽어 그 값들을 보관하므로, 순간적인 비정상적인 판독값의 영향을 줄일 수 있다는 점에서 가치가 있다.

시계열에는 일반적인 빈도가 없으며, 하루에 하나의 샘플부터 초당 수백만 개의 샘플에 이르기까지 다양하다.

오디오

시계열 데이터의 특별한 경우인 오디오 신호는 음파가 공기를 통과할 때 발생하는 진동을 나타낸다. 일반적으로 초당 수천 번이라는 매우 높은 주파수에서 수집된다. 청각은 인간의 감각이기 때문에 엣지 장치에서 오디오 데이터로 더 쉽게 작업할 수 있도록 하는 혁신에 엄청난 양의 연구와 개발이 이뤄졌다.

이런 기술에는 일반적으로 매우 높은 주파수로 수집되는 원시 형태의 오디오 데이터를 쉽게 처리할 수 있는 특수 신호 처리 알고리듬이 포함된다. 나중에 살펴보겠지만, 오디오 신호 처리는 매우 일반적이어서 많은 임베디드 하드웨어에 이를 효율적으로 수행할 수 있는 기능이 내장되어 있다.

엣지 AI 오디오 처리가 가장 널리 사용되는 분야 중 하나는 음성 감지와 분류 분야다. 하지만 오디오가 사람의 청각 스펙트럼에 속할 필요는 없다. 엣지 AI 장치에 사용되는 센서는 잠재적으로 초음파(사람의 청각보다 높은 음역대)와 초저주파 불가청음(사람의 청각보다 낮은 음역대) 데이터를 수집할 수 있다.

이미지

이미지는 단일 지점이 아닌 전체 장면을 캡처하는 센서가 촬영한 측정값을 나타내는 데이터다. 카메라처럼 여러 개의 작은 요소 배열을 사용해 전체 장면의 데이터를 한 번에 수집하는 센서도 있고, 라이다^{LIDAR}처럼 일정 시간 동안 장면 전체에 걸쳐 단일 센서 요소를 기계적으로 스윕^{sweep}하여 이미지를 만드는 센서도 있다.

이미지에는 2개 이상의 차원이 있다. 일반적인 형태에서는 '픽셀^{pixel}'의 격자로 생각할 수 있으며, 각 픽셀의 값은 공간의 해당 지점에 있는 장면의 일부 속성을 나타낸다. 그림 3-1의 왼쪽에 이에 대한 기본적인 예가 나와 있다. 그리드의 크기(예: 96 ×96픽셀)를 이미지의 **해상도**^{resolution}라고 한다.

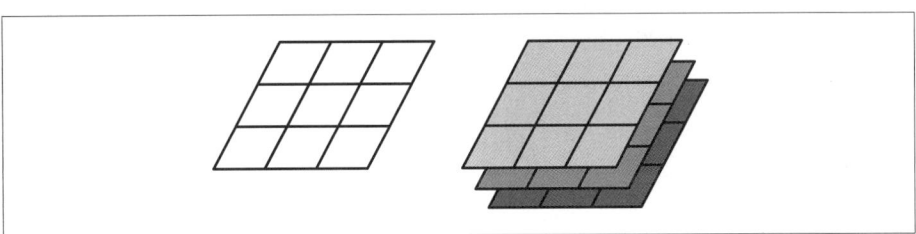

그림 3-1 왼쪽 그림은 단일 채널 이미지의 픽셀을 나타내고, 오른쪽 그림은 RGB 사진 같은 3채널 이미지의 구조를 나타낸다.

픽셀에는 여러 개의 값이나 채널이 있을 수 있다. 예를 들어, 흑백 이미지에는 픽셀당 하나의 값만 있어 픽셀이 얼마나 밝거나 어두운지를 나타내는 반면, 컬러 이미지에는 픽셀당 3개의 값(RGB 모델의 경우)이 있어 가시 스펙트럼의 다른 색을 나타내기 위해 혼합할 수 있는 세 가지 색상(빨강, 파랑, 녹색)을 나타낼 수 있다. 이 구조는 그림 3-1의 오른쪽에 나와 있다.

이미지의 일반적인 표현인 n차원 그리드는 장면의 여러 측면이 장면 사이에 서로 얼마나 근접해 있는지에 대한 공간 정보를 포함하고 있음을 뜻한다. 이 정보는 장면에 포함된 내용을 이해하는 데 매우 유용하다. 이 정보를 활용하는 **이미지 처리**image processing와 **컴퓨터 비전**computer vision 알고리듬을 다루는 별도의 수업이 있다.

이미지는 가시광선이나 심지어 빛을 전혀 표현할 필요가 없다. 적외선(장면 일부의 온도를 측정하는 데 자주 사용됨), 비행 시간(장면의 각 부분에서 빛이 반사되는 데 걸리는 시간을 측정하는 라이다의 경우), 심지어 전파(전파 망원경이나 레이더 화면에서 수집한 데이터를 생각해 보자)를 나타낼 수도 있다.

비디오

기술적으로 시계열 데이터의 또 다른 특수한 경우인 비디오는 그 고유한 유용성으로 인해 고유한 범주로 분류할 만하다. 비디오는 이미지의 시퀀스이며, 각 이미지는 특정 시점의 장면 스냅샷을 나타낸다. 시계열로서 비디오에는 샘플링 속도가 있지만, 비디오의 경우 시퀀스의 각 개별 이미지를 프레임이라고 하기 때문에 일반적으로 프레임 속도frame rate라고 한다.

비디오는 공간 정보(각 프레임 내)와 시간 정보(각 프레임 사이)를 모두 포함하는 매우 풍부한 형식이다. 이런 풍부한 정보로 인해 메모리를 많이 차지하기 때문에 더 높은 성능의 컴퓨팅 장치가 필요한 경향이 있다.

> ### 값은 어떻게 표시되는가?
>
> 앞의 모든 범주는 단일 숫잣값을 사용해 개별 센서 판독값을 나타낸다. 예를 들어 시계열은 개별 판독값의 시퀀스이며 이미지는 개별 판독값으로 구성된 그리드다.
>
> 각 판독값은 숫자이며 컴퓨터에서 다양한 방식으로 표현할 수 있다. 예를 들어, C++에서 센서 데이터를 표현하는 데 사용되는 일반적인 숫자 타입은 다음과 같다.
>
> - 불린(Boolean, 1비트): 가능한 값이 두 가지인 숫자
> - 8비트 정수: 256가지 가능한 값을 가진 소수점 없는 숫자
> - 16비트 정수: 65,536가지 가능한 값을 가진 소수점 없는 숫자
> - 32비트 부동소수점[1]: 소수점 7째 자리까지, 최대 3.4028235×10^{38}까지 다양한 숫자를 나타낼 수 있다.
>
> 개발자는 값을 표현하는 데 사용되는 숫자 타입을 변경하여 메모리 사용량과 계산 복잡성을 줄이는 대신 수치 정밀도를 높일 수 있다.

센서와 신호의 종류

시중에는 수천 가지 센서가 있다. 센서를 분류하는 좋은 방법은 **모달리티**^{modality}에 따라 분류하는 것이다. 카네기멜론대학교에 따르면, 모달리티란 어떤 일이 발생하거나 경험되는 방식을 말한다(https://oreil.ly/WaiBM). 인간의 관점에서 볼 때 시각, 청각, 촉각은 모두 다른 모달리티를 갖고 있다.

센서 모달리티에 대해 엄격하게 정의된 목록은 없으며, 이를 설명하는 가장 좋은 방법은 산업과 애플리케이션에 따라 다를 수 있다. 다음 절에서는 광범위한 엣지 AI 관점에서 의미 있는 몇 가지 그룹을 살펴보겠다.

- 음향과 진동
- 시각과 장면

---

1 IEEE 754(https://oreil.ly/oGnUz) 표준에 따르면

- 동작과 위치
- 힘과 촉각
- 광학, 전자기, 방사선
- 환경, 생물, 화학

엣지 장치에서 사용할 수 있는 비센서 데이터 소스도 많으므로 이에 대해서도 살펴보겠다.

음향과 진동

진동을 '감지'하는 기능을 통해, 엣지 AI 장치는 원거리에서 움직임, 진동, 인간과 동물의 의사소통의 영향을 감지할 수 있다. 이는 음향 센서를 통해 이뤄지며, 음향 센서는 공기(그림 3-2와 같은 마이크)에서부터 물(하이드로폰^{hydrophone}), 심지어 땅(지오폰^{geophone}과 지진계)에 이르기까지 다양한 매체를 통해 이동하는 진동의 영향을 측정한다. 일부 진동 센서는 중공업 기계와 함께 사용하도록 특별히 설계됐다.

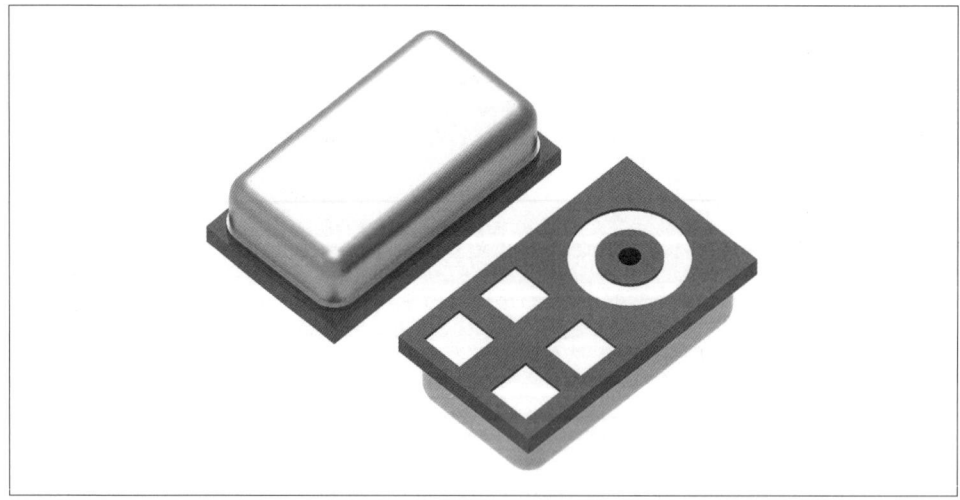

그림 3-2 많은 최신 제품에서 볼 수 있는 표면 실장 MEMS(microelectromechanical systems) 마이크의 3D 렌더링

음향 센서는 흔히 매체의 압력 변화를 나타내는 시계열을 제공한다. 음향 신호에는 다양한 주파수(예: 노래하는 목소리의 고음과 저음)에 걸친 정보가 포함된다. 음향 센서는 일반적으로 특정 주파수 범위에서 작동하며, 심지어 해당 범위 내 주파수에 대해 선형 응답을 갖지 않을 수도 있다.

음향 센서의 비선형 주파수 응답 외에도 고주파를 캡처하는 기능은 샘플 속도에 따라 달라진다. 고주파 신호를 정확하게 수집하려면 음향 센서의 샘플 속도가 충분히 높아야 한다. 음향용 엣지 AI 애플리케이션을 구축할 때는 측정하려는 신호의 속성을 이해하고, 이에 적합한 센서 하드웨어를 선택해야 한다.

시각과 장면

엣지 AI 애플리케이션은 손을 뻗어 만지지 않고 수동적인 방식으로 주변의 풍경을 이해해야 하는 경우가 많다. 이 작업에 사용되는 가장 일반적인 센서는 초소형 저전력 카메라(그림 3-3 참고)부터 초고화질 멀티메가픽셀 센서에 이르기까지 다양한 이미지 센서다. 앞서 설명한 것처럼 이미지 센서에서 얻은 이미지는 픽셀 값의 배열로 표현된다.

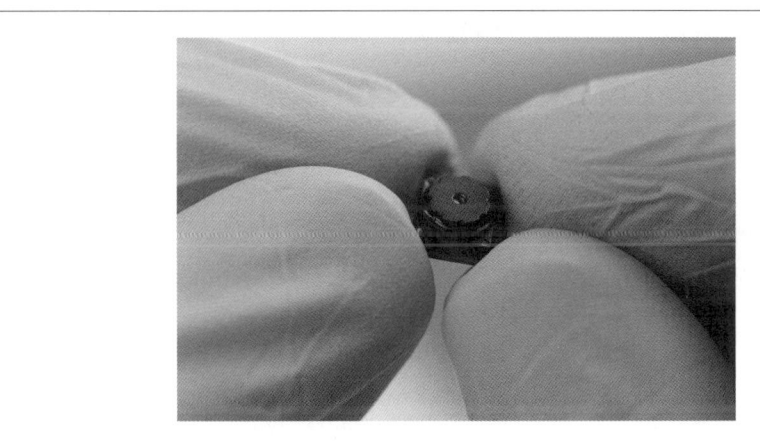

그림 3-3 임베디드 장치에 사용될 수 있는 폼 팩터(form factor)의 소형 이미지 센서

이미지 센서는 센서 요소로 이뤄진 격자를 사용해 빛을 포착한다. 카메라에서 장면의 빛은 렌즈를 통해 센서에 초점이 맞춰진다. 카메라가 이미지화할 수 있는 영역을 시야라고 하며, 시야는 렌즈와 이미지 센서의 크기에 따라 달라진다.

이미지 센서에는 다음과 같이 몇 가지 일반적인 차이가 있다.

컬러 채널

시각적 조명의 경우, 센서는 일반적으로 흑백이나 컬러(빨강, 녹색, 파랑, 즉 RGB)로 데이터를 수집할 수 있다.

스펙트럼 응답

이미지 센서가 민감하게 반응하는 빛의 파장으로, 사람의 시각 범위를 초과할 수 있다. 여기에는 적외선이 포함될 수 있으며, 열상 카메라로 알려진 센서는 열을 '감지'할 수 있다.

픽셀 크기

센서가 클수록 픽셀당 더 많은 빛을 포착할 수 있어 감도가 높아진다.

센서 해상도

센서의 요소 수가 많을수록 더 세밀한 디테일을 캡처할 수 있다.

프레임 속도

센서가 이미지를 캡처할 수 있는 빈도로, 일반적으로 초당 프레임 수다.

장면에 조명이 필요한 경우가 있기 때문에, 이미지 센서와 가시광선과 비가시광선 스펙트럼 범위의 발광체를 함께 사용하는 것이 일반적이다. 예를 들어, 적외선 LED를 적외선 감광 카메라와 함께 사용하면 가시광선으로 사람이나 동물을 방해하지 않으면서 어두운 장면을 밝힐 수 있다.

더 크고 해상도가 높은 센서는 일반적으로 더 많은 에너지가 필요하다. 고해상도 센서는 대량의 데이터를 생성하므로, 소형 엣지 AI 장치에서는 처리하기 어려울 수 있다.

이벤트 카메라로 알려진 비교적 새로운 이미지 센서들은 약간 다르게 작동한다. 특정한 프레임 속도로 전체 시야를 캡처하는 대신, 카메라의 각 픽셀이 밝기 변화에 개별적으로 반응하고, 아무 일도 일어나지 않으면 침묵을 유지한다. 그 결과 대규모 풀 프레임 시퀀스보다, 엣지 AI 장치가 더 쉽게 처리할 수 있는 개별 픽셀 변화로 이뤄진 시계열이 생성된다.

또 다른 흥미로운 유형의 이미지 센서는 범위 이미징 센서로 알려져 있다. 이 센서는 빛을 방출하고 반사되는 데 걸리는 시간을 측정하는 '비행 시간$^{time\ of\ flight}$'이라는 기술을 통해 주변 환경을 3차원으로 이미지화할 수 있다. 일반적인 비행 시간 센서 기술은 라이다로 알려져 있다. 라이다 센서는 레이저 빔으로 주변을 스캔하여, 센서로 반사되는 빛의 양을 측정하는 방식으로 작동한다. 이를 통해 그림 3-4에 표시된 것처럼 영역을 3차원으로 시각화할 수 있다.

그림 3-4 판다셋(PandaSet, https://pandaset.org) 오픈소스 라이다 데이터 세트의 이 이미지는 3D 시각화의 각 점이 레이저로 측정한 거리를 나타내는 일반적인 라이다 '포인트 클라우드'를 보여준다. 오른쪽 상단에 삽입된 사진은 이미지 센서의 관점에서 동일한 장면을 보여준다.

라이다와 기타 비행 시간 센서는 일반적으로 표준 이미지 센서보다 훨씬 크고, 복잡하며, 비싸고, 에너지 집약적이다. 생성되는 대량의 데이터는 엣지 장치에서 처리하고 저장하기 어려울 수 있으며, 이로 인해 활용도도 제한된다. 라이다는 일반적으로 자율주행 차량이 주변 환경을 탐색하는 데 도움을 주는 등 환경 매핑에 사용된다.

레이더^{RADAR, RAdio Detection And Ranging}는 엣지 장치에서 주변 물체의 위치를 3차원으로, 잠재적으로 장거리에서 파악하기 위해 사용되기도 한다. 라이다와 마찬가지로 복잡하고 에너지 요구사항이 높지만, 사용 사례에 필요한 경우 사용할 수 있다.

동작과 위치

엣지 AI 장치가 현재 위치와 향하는 방향을 모두 파악하면 유용할 수 있다. 다행히도 도움이 될 수 있는 다양한 유형의 센서가 있다. 가장 간단한 것(기계식 틸트 스위치)부터 가장 복잡한 것(위성 지원 GPS^{Global Positioning System})에 이르기까지 광범위한 범주에 속한다. 대체로 이런 센서가 있으면, 장치가 세계 내에서 자신의 위치와 움직임을 파악할 수 있다.

엣지 AI 애플리케이션에 사용되는 일반적인 동작과 위치 센서는 다음과 같다.

틸트 센서

방향에 따라 켜지거나 꺼지는 기계식 스위치다. 매우 저렴하고 사용하기 쉽다.

가속도계

하나 이상의 축에서 물체의 가속도(시간에 따른 속도 변화)를 측정하며, 종종 높은 빈도로 측정한다. 가속도계는 스포츠 활동의 특징적인 동작의 인식(스마트 워치)부터 산업 장비의 진동 감지(예측 유지보수)에 이르기까지 모든 용도로 사용되는, 모션 감지의 스위스 군용 칼이다. 또한 중력의 힘 덕분에 어느 방향이 아래로 향하고 있는지 항상 파악할 수 있다.

자이로스코프

물체의 회전 속도를 측정한다. 종종 가속도계와 함께 사용되어 3D 공간에서 물체의 움직임을 파악한다.

회전식 인코더나 선형 인코더

샤프트/축(회전식)이나 선형 메커니즘(예: 잉크젯 프린터 헤드의 위치)의 정확한 위치를 측정한다. 로봇 공학에서 로봇의 바퀴, 팔다리, 기타 부속 장치의 위치를 측정하는 데 자주 사용된다.

비행 시간

전자기 방출(빛이나 무선)을 사용해 센서에서 가시선 내에 있는 물체까지의 거리를 측정하는 센서다.

실시간 위치 추적 시스템RTLS, Real-Time Locating Systems

건물이나 현장 주변의 고정된 위치에 여러 개의 트랜시버transceiver를 사용해 창고에 있는 화물 운반대 같은 개별 물체의 위치를 추적하는 시스템이다.

관성 측정 장치IMU, Inertial Measurement Unit

여러 센서를 사용해 내부 기준 프레임에서 측정된 동작을 기반으로 장치의 현재 위치의 근삿값을 계산하는 시스템이다(GPS 같은 외부 신호 사용과 반대).

GPSGlobal Positioning System

위성의 무선 신호를 사용해 장치의 위치를 몇 미터 단위까지 파악하는 수동passive 시스템이다. 장치에서 여러 위성에 대한 가시선이 필요하다.

동작과 위치는 일반적으로 센서 판독값의 시계열로 표시된다. 이 범주에 속하는 센서 유형이 다양하기 때문에, 비용과 에너지 예산에 맞는 옵션이 있다. 일반적으로 절대 위치에 대한 신뢰도가 높을수록, 비용과 복잡성이 커진다.

힘과 촉각

스위치부터 로드셀까지, 힘과 촉각 센서는 엣지 AI 장치가 주변 환경의 물리적 특성을 측성하는 데 도움이 된다. 이 센서는 사용자 상호 작용을 촉진하거나, 액체와 기체의 흐름을 이해하거나, 물체의 기계적 변형을 측정하는 데 유용할 수 있다.

일반적인 힘과 촉각 센서 중 몇 가지를 나열하면 다음과 같다.

버튼과 스위치

기존의 스위치는 사람과 상호 작용하기 위한 간단한 버튼으로 사용되지만, 장치가 무언가와 충돌할 때를 나타내는 이진 신호를 제공하는 센서 역할도 한다.

정전식 터치 센서

사람의 손가락과 같은 전도성 물체가 표면을 터치하는 양을 측정한다. 이것이 최신 터치스크린이 작동하는 방식이다.

스트레인 게이지와 플렉스 센서

물체가 변형되는 정도를 측정하여 물체의 손상을 감지하고 촉각적인 휴먼 인터페이스 장치를 제작하는 데 유용하다.

로드셀

가해지는 물리적 하중의 정확한 양을 측정한다. 로드셀load cell은 작은 물체의 무게를 측정하는 데 유용한 소형부터 교량과 고층 빌딩의 변형을 측정하는 대형까지 다양한 크기로 제공된다.

유량 센서

파이프의 물 같은 액체와 가스의 유량을 측정하도록 설계됐다.

압력 센서

환경(예: 대기압)이나 시스템 내부(예: 자동차 타이어 내부)에서 기체나 액체의 압력을 측정하는 데 사용된다.

힘 센서와 촉각 센서는 일반적으로 간단하고 에너지 소모가 적으며 작동하기 쉽다. 측정값을 시계열로 표현하기 쉽다. 촉각 사용자 인터페이스를 구축하거나 로봇(또는 움직일 수 있는 기타 장치)이 무언가에 부딪혔는지 감지할 때 특히 유용하다.

광학, 전자기, 방사선

이 범주에는 전류, 전압 같은 기본적인 전기적 특성 외에도 전자기 복사, 자기장, 고에너지 입자를 측정하도록 설계된 센서가 포함된다. 다소 생소하게 들릴 수 있지만 빛의 색을 측정하는 것처럼 익숙한 것들도 포함된다.

대표적인 광학, 전자기, 방사선 센서는 다음과 같다.

광센서

사람의 눈에 보이거나 보이지 않는 다양한 파장의 빛을 감지하는 센서의 한 종류다. 주변 조도 측정부터 광선이 깨졌을 때 감지하는 것까지 다양한 용도로 사용할 수 있다.

컬러 센서

포토센서photosensor를 사용해 표면의 정확한 색상을 측정하여 다양한 유형의 물체를 인식하는 데 유용할 수 있다.

분광 센서

광센서를 사용해 다양한 파장의 빛이 물질에 흡수되고 반사되는 방식을 측정하여 엣지 AI 시스템에 물질의 구성에 대한 통찰을 제공한다.

자력계

자기장의 세기와 방향을 측정한다. 자력계의 하위 유형은 디지털 나침반으로, 북쪽 방향을 나타낼 수 있다.

유도 근접 센서

전자기장을 사용해 주변의 금속을 감지한다. 일반적으로 교통 모니터링을 위해 차량을 감지하는 데 쓰인다.

전자기장EMF, Electromagnetic Rield 측정기

전자기장의 세기를 측정한다. 여기에는 산업 장비에서 우발적으로 방출되는 전자기장이나 무선 송신기에서 의도적으로 방출되는 전자기장이 포함된다.

전류 센서

도체를 통한 전류의 흐름을 측정한다. 전류의 변동은 장비의 기능에 대한 정보를 제공할 수 있으므로 산업용 장비를 모니터링하는 데 유용할 수 있다.

전압 센서

물체에 흐르는 전압의 양을 측정한다.

반도체 검출기

일반적으로 방사성 물질의 붕괴에 의해 생성되는 매우 빠르게 움직이는 입자로 구성된 이온화 방사선을 측정한다.

다른 많은 센서와 마찬가지로 이 범주는 일반적으로 시계열 측정값을 제공한다. 여기에 설명된 센서는 주변 조건을 측정하는 데 유용하지만, 장치에서 의도적으로 생성되는 방출을 감지하는 경우에도 유용할 수 있다. 예를 들어, 광센서를 복도 반대편에 있는 발광체와 페어링하여 누군가가 지나가는 것을 감지할 수 있다.

환경, 생물, 화학

환경, 생물학적, 화학적 센서는 다양한 유형의 센서를 포함하는 느슨한 범주로, 엣지 AI 장치가 주변 환경의 구성을 감지할 수 있게 해준다. 일반적인 센서 유형은 다음과 같다.

온도 센서

장치 자체나 멀리 떨어진 적외선 방출원의 온도를 측정한다.

가스 센서

다양한 가스의 농도를 측정하는 다양한 센서가 존재한다. 습도 센서(수증기 측정), 휘발성 유기화합물$^{VOC, Volatile Organic Compound}$ 센서(특정 휘발성 유기화합물 측정), 이산화탄소 센서 등이 있다.

입자상 물질 센서

공기 샘플에서 작은 입자의 농도를 측정하며 일반적으로 오염 수준을 모니터링하는 데 사용된다.

생체 신호 센서

사람의 심장(심전도)과 뇌(뇌파)의 전기 활동 측정 등 생물의 신체에 존재하는 광범위한 신호를 측정한다.

화학 센서

특정 화학물질의 존재 여부나 농도를 측정하도록 설계된 다양한 센서를 사용할 수 있다.

이 범주의 센서는 일반적으로 시계열 판독값을 제공한다. 환경 센서의 경우 환경과 화학적, 물리적으로 상호 작용해야 하기 때문에 작업하기가 어려울 수 있다. 예를 들어, 알려진 양의 화학물질에 대한 보정이 필요한 경우가 많으며, 센서가 신뢰할 수 있는 판독값을 얻기 전에 예열 기간이 필요한 경우도 있다. 환경 센서는 시간이 지남에 따라 성능이 저하되어 교체가 필요한 경우가 흔하다.

기타 신호

많은 엣지 AI 장치는 물리적 세계에서 신호를 수집하는 것 외에도 풍부한 가상 데이터 피드에 접근할 수 있다. 이러한 데이터는 크게 장치 자체의 상태에 대한 내향적 데이터와 장치가 연결된 시스템과 네트워크에 대한 외향적 데이터의 두 가지 그룹으로 나눌 수 있다.

장치에 따라 다양한 유형의 내부 상태 데이터가 있을 수 있는데, 그 예는 다음과 같다.

장치 로그

전원이 켜진 이후 장치의 수명 주기를 추적한다. 여기에는 구성 변경, 작동 주기, 인터럽트, 오류, 사용자가 로깅하기로 선택한 기타 모든 항목 등 다양한 정보가 포함될 수 있다.

내부 리소스 사용률

여기에는 사용 가능한 메모리, 전력 소비, 클록 속도, 운영체제 리소스, 주변 장치 사용량이 포함될 수 있다.

통신

장치는 물리적 연결, 무선 통신, 네트워킹 구성과 활동, 그에 따른 에너지 사용량을 추적할 수 있다.

내부 센서

일부 장치에는 내부 센서가 있다. 예를 들어, 많은 SoC 장치에는 CPU를 모니터링하는 온도 센서가 포함되어 있다.

내향적 데이터의 흥미로운 활용 사례 중 하나는 배터리 수명 보존이다. 리튬 충전식 배터리는 전원을 연결한 상태에서 계속 100% 충전 상태로 유지하면 용량이 줄어들 수 있다. 애플의 아이폰은 이런 문제를 방지하기 위해 배터리 충전 최적화(https://oreil.ly/rWJbA)라는 엣지 AI 기능을 사용한다. 이 기능은 온디바이스 머신러닝 모델을 사용해 사용자의 충전 루틴을 학습한 다음 이 모델을 사용해 배터리가 완전히 충전되는 시간을 최소화하는 동시에 사용자가 필요할 때 배터리가 계속 충전되도록 한다.

장치 외부에서 들어오는 외부 데이터 스트림은 정보가 매우 풍부할 수 있다. 다음은 몇 가지 가능한 소스다.

연결된 시스템으로부터 전달되는 데이터

엣지 AI 장치는 네트워크상에 설치되는 것이 일반적이며, 인접한 장치에서 전달되는 데이터를 AI 알고리듬의 입력으로 사용할 수 있다. 예를 들어, IoT 게이트웨이는 엣지 AI를 사용해 노드에서 수집한 데이터를 기반으로 처리하고 의사결정을 내릴 수 있다.

원격 명령

엣지 AI 장치는 다른 시스템이나 사용자로부터 제어 명령을 받을 수 있다. 예를 들어, 드론 사용자가 3D 공간에서 특정 좌표로 이동하도록 요청할 수 있다.

API의 데이터

엣지 AI 장치는 원격 서버에 데이터를 요청하여 알고리듬에 입력할 수 있다. 예를 들어, 엣지 AI가 탑재된 가정용 난방 시스템은 온라인 API에서 일기 예보 데이터를 요청하고 이 정보를 사용해 난방을 켜야 할 시기를 결정할 수 있다.

네트워크 데이터

여기에는 네트워크 구조, 라우팅 정보, 네트워크 활동, 심지어 데이터 패킷의 내용까지 포함될 수 있다.

가장 흥미로운 엣지 AI 시스템 중 일부는 이러한 모든 데이터 스트림을 함께 활용한다. 농부가 농작물을 관리하는 데 도움이 되는 농업 기술 시스템을 상상해 보자. 여기에는 밭에 있는 원격 센서, 중요한 온라인 데이터 소스(일기 예보 또는 비료 가격 등)에 대한 연결, 농부가 사용하는 제어 인터페이스가 포함될 수 있다. 엣지 AI 시스템은 인터넷 연결 없이도 작동할 수 있지만, 인터넷이 연결되어 있다면 귀중한 정보를 활용할 수 있다.

좀 더 복잡한 시스템 아키텍처에서 엣지 AI는 서버 측 AI와도 잘 어울리므로, 3장의 뒷부분에서 이에 대해 자세히 알아보겠다.

엣지 AI용 프로세서

엣지 AI의 가장 흥미로운 부분 중 하나는 애플리케이션이 활용할 수 있는 하드웨어가 방대하고 계속 늘어나고 있다는 점이다. 이 절에서는 하드웨어의 상위 범주를 살펴보고 각 하드웨어가 특정 틈새 시장에 적합한 이유를 알아보겠다.

현재 엣지 AI 하드웨어가 캄브리아기 대폭발 중이므로, 이 책이 출간된 이후에는 여기에 소개된 것보다 훨씬 더 많은 옵션이 있을 것이다. 저렴한 저전력 마이크로컨트롤러(소위 'thin edge' 장치)부터 초고속 GPU 기반 가속기와 엣지 서버(소위 'thick edge')에 이르는 다양한 스펙트럼을 통해 개발자는 거의 모든 애플리케이션에 완벽하게 맞는 하드웨어를 찾을 수 있다.

엣지 AI 하드웨어 아키텍처

하드웨어 시스템의 아키텍처는 구성 요소가 서로 연결되는 방식이다. 그림 3-5는 엣지 장치의 일반적인 하드웨어 아키텍처를 보여준다.

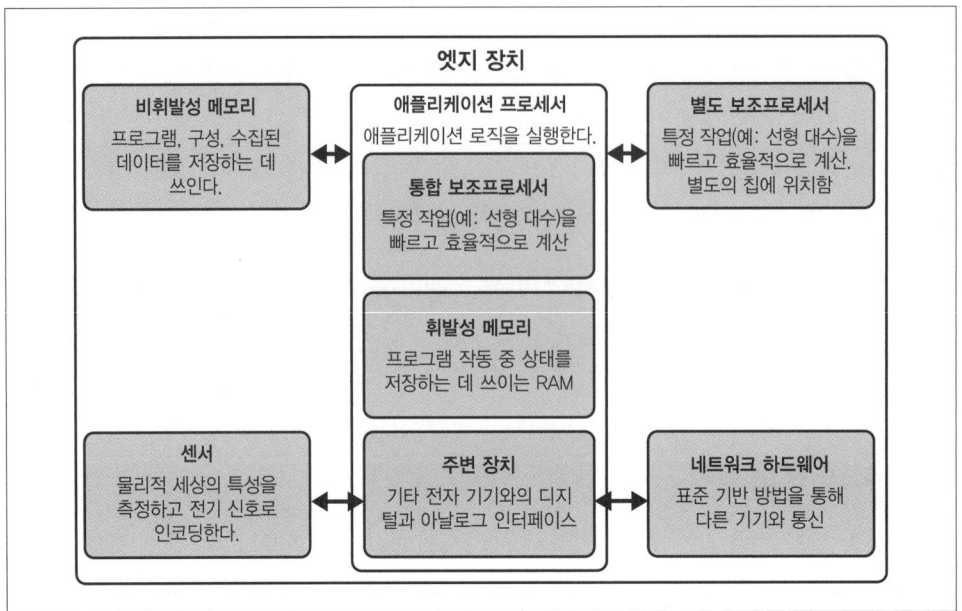

그림 3-5 엣지 장치의 아키텍처

장치의 핵심은 **애플리케이션 프로세서**application processor다. 애플리케이션의 동작을 조정하는 범용 프로세서로, 디폴트로 프로그램을 구성하는 모든 알고리듬과 로직을 실행한다.

대부분의 경우 애플리케이션 프로세서에는 특정 계산을 매우 효율적으로 수행하는 추가 하드웨어가 내장된 **통합 보조프로세서**integrated coprocessor가 있다. 예를 들어, 많은 프로세서에는 부동소수점 연산을 빠르게 수행하도록 설계된 내장 FPU Floating-Point Unit가 있다. 미디움과 하이엔드 MCU에는 디지털 신호 처리와 선형 대수 등 엣지 AI와 관련된 기능을 가속화할 수 있는 통합 하드웨어가 점점 더 많이 탑재되고 있다.

또한 애플리케이션 프로세서는 프로그램 실행 중에 작업 메모리로 사용되는 **휘발성 메모리**volatile memory(예: RAM)를 통합한다. 그렇긴 해도, 프로세서 외부에 있는 별도의 칩에 추가 RAM이 있는 것도 일반적이다.

> ### 온다이 대 오프다이
>
> 컴퓨터 시스템은 일반적으로 인쇄 회로 기판(PCB, Printed Circuit Board)에 부착된 실리콘 칩으로 만든 집적 회로(IC, Integrated Circuit)로 구성된다. 예를 들어 애플리케이션 프로세서는 IC다. 실리콘 칩은 말 그대로 실리콘 조각으로 구성되며, 그 위에 프로세서를 구성하는 일련의 복잡한 패턴이 새겨져 있다. 이 실리콘 조각을 **다이**(die)라고 한다.
>
> 프로세서와 프로세서에 통합된 다른 구성 요소를 언급할 때 **온다이**(on die)와 **오프다이**(off die)라는 용어를 흔히 듣게 된다. 온다이 구성 요소는 프로세서 자체와 동일한 실리콘 조각에 위치하는 반면, 오프다이 구성 요소는 동일한 PCB에 부착된 별도의 IC에 위치한다.
>
> 온다이 구성 요소는 물리적으로 메인 프로세서에 더 가깝기 때문에 일반적으로 더 빠르고 에너지 효율이 높으며, 데이터를 주고받는 데 걸리는 시간과 에너지가 더 적다. 그러나 동일한 다이에 더 많은 항목이 위치할수록 다이의 크기가 커져야 하며, 대형 다이의 경우 비용이 많이 들고 전력을 많이 소모하는 경향이 있다.
>
> 모든 임베디드 하드웨어 설계는 온다이와 오프다이에 포함된 기능 간의 균형을 맞춰야 한다. 예를 들어, 효율성이 최우선이라면 온다이 기능을 갖춘 프로세서를 선택하는 것이 합리적일 수 있다. 비용이 더 중요하다면 오프다이가 적합할 수 있다.
>
> 많은 설계에서 온다이와 오프다이 구성 요소를 모두 사용한다. 예를 들어, 시스템에는 프로그램 실행을 위한 소량의 온다이 RAM과, 처리를 기다리는 원시 센서 데이터를 버퍼링하는 데 사용되는 대량의 오프다이 RAM이 함께 있을 수 있다.

RAM은 매우 빠른 메모리이지만 많은 에너지를 사용하며, 장치가 종료되면 RAM의 콘텐츠가 손실된다. 상당히 비싸고 물리적 공간을 많이 차지하므로, 매우 제한된 리소스인 경우가 많다.

애플리케이션 프로세서는 일반적으로 ROM이나 플래시로 알려진 **비휘발성 메모리**nonvolatile memory에 연결되며,[2] 마찬가지로 온다이나 오프다이에 위치할 수 있다(그림 3-5에서는 오프다이로 표시됨). 비휘발성 메모리는 자주 변경되지 않고 시스템을 종료할 때 보존해야 하는 항목을 저장하는 데 사용된다. 여기에는 소프트웨어 프로그램, 사용자 구성, 머신러닝 모델 등이 포함될 수 있다. 읽기 속도가 느리고 쓰기 속도가 매우 느리다.

---

2   플래시 메모리는 다시 프로그래밍할 수 있지만 임베디드 환경에서는 여전히 ROM이라고 한다.

많은 설계에는 **별도 보조프로세서**discrete coprocessor가 있다. 통합 보조프로세서와 마찬가지로 특정 목적을 위해 빠르고 효율적인 계산을 수행하기 위해 존재한다. 통합 보조프로세서와 달리 다이 외부에 위치한다. 애플리케이션 프로세서보다 훨씬 더 강력하고 전력 소모가 많을 수 있다(예: 저전력 SoC와 강력한 GPU를 결합).

프로세서의 **주변 장치**peripherals는 다양한 표준을 통해 외부 세계와 인터페이스를 제공한다.[3] 주변 장치를 연결하는 데 가장 일반적으로 사용되는 것은 **센서**sensor와 **네트워크 하드웨어**network hardware다.

마이크로컨트롤러와 디지털 신호 프로세서

마이크로컨트롤러는 현대 세계의 근간이라고 해도 과언이 아니다. 마이크로컨트롤러는 자동차 엔진부터 스마트 가전제품에 이르기까지 모든 것을 움직이는 작고 저렴한 컴퓨터다. 마이크로컨트롤러는 놀랍도록 많은 양이 제조되고 있으며, 2022년에는 268억 9천만 개가 출하될 것으로 예상된다(https://oreil.ly/d4KPy). 지구상의 모든 사람이 3.5개씩 갖고 있는 셈이다.

MCU
마이크로컨트롤러는 마이크로컨트롤러 유닛(microcontroller unit)의 약자인 MCU라고도 한다.

마이크로컨트롤러는 일반적으로 기계 제어와 같은 단일 목적 애플리케이션에 사용된다. 즉, 일반적으로 운영체제를 사용하지 않는 등, 여러 프로그램을 실행해야 하는 다른 유형의 컴퓨터보다 훨씬 단순할 수 있다.

대신 소프트웨어(**펌웨어**firmware라고 함)가 하드웨어에서 직접 실행되며 주변 장치를 구동하는 데 필요한 저수준 명령어를 사용한다.[4] 이 때문에 마이크로컨트롤러의 소프트웨어 엔지니어링이 상당히 까다로울 수 있지만, 프로그램이 실행될 때 발생하는 상황을 개

---

[3] GPIO, I2C, SPI, UART 같은 주변 장치 인터페이스는 하드웨어를 설계할 때 중요하지만 이 책에서 다루는 범위를 벗어난다. 대부분의 최신 임베디드 프로세서는 적절한 주변 장치를 지원한다.
[4] 펌웨어의 또 다른 특징은 운영체제와 달리 펌웨어는 일반적으로 최종 사용자가 수정할 수 없다는 점이다.

발자가 훨씬 더 정확하게 제어할 수 있다.

마이크로컨트롤러의 특징 중 하나는 대부분의 구성 요소가 단일 실리콘 조각에 구현되어 있다는 점이며, 이는 마이크로컨트롤러의 비용이 상대적으로 저렴한 이유의 핵심이다. 마이크로컨트롤러에는 일반적으로 프로세서 외에도 플래시 메모리(프로그램과 기타 유용한 데이터 저장용), RAM(프로그램 실행 중 상태 저장용), 디지털이나 아날로그 신호를 사용해 다른 장치(예: 센서)와 통신하기 위한 다양한 기술이 탑재되어 있다.

마이크로컨트롤러의 세계는 매우 다양하다. 마이크로컨트롤러가 매우 가치 있는 이유 중 하나는 상상할 수 있는 모든 상황에 맞는 다양한 변형이 가능하다는 점이다. 이 책에서는 마이크로컨트롤러를 로우엔드low-end, 하이엔드high-end, 디지털 신호 프로세서의 세 가지 주요 범주로 나누겠다.

로우엔드 MCU

많은 MCU는 저렴한 비용, 작은 크기, 에너지 효율을 위해 특별히 설계됐다. 대신 연산 리소스와 기능이 제한적이라는 단점이 있다. 일반적인 사양 중 몇 가지를 나열하면 다음과 같다.

- 4비트 ~ 16비트 아키텍처
- 100MHz 이하의 클록 속도
- 2KB ~ 64KB의 플래시 메모리
- 64바이트 ~ 2KB RAM
- 디지털 입력/출력
- 소비 전류: 작동 시 약 1.5 ~ 5볼트에서 한 자릿수 ~ 수십 밀리암페어, 입력을 기다리는 동안 절전 모드일 때 마이크로암페어
- 비용: 대량 구매 시 개당 1달러나 2달러

> **전력에 대한 참고사항**
>
> 마이크로컨트롤러가 소비하는 에너지의 양은 여러 요인에 따라 달라지며, 대부분은 개발자가 제어할 수 있다. 무엇보다도, 프로세서를 저속으로 실행하고, 사용하지 않을 때는 기능을 끄고, 현재 데이터를 처리하지 않을 때는 전체 마이크로컨트롤러를 유휴 모드로 전환하여 전력 소비를 줄일 수 있다.
>
> 이런 유연성과 마이크로컨트롤러 시장의 일반적인 다양성 때문에, 전력 소비에 대한 정확한 수치를 제시하기는 어렵다. 전력 제약 조건에 맞춰 설계해야 하는 경우, 직접 하드웨어를 평가하고 에너지 사용량을 측정해야 한다.

오늘날 사용되는 많은 저가형 MCU는 1980년대부터 사용되어온 설계에 기반을 두고 있다.[5] 기술이 계속 발전하고 있지만, 단순하고 저렴한 저전력 하드웨어에 대한 수요는 항상 존재하기 때문에 이 칩은 계속 사용될 것이다. 이러한 칩은 여러 산업 분야에서 매우 보편적으로 사용되고 있다.

로우엔드 MCU는 엣지 AI와 관련하여 중요한 단점이 있다. 메모리와 연산 능력이 부족하기 때문에 많은 양의 데이터나 복잡한 신호 처리를 처리하는 데 적합하지 않다. 일반적으로 부동소수점 연산을 하드웨어로 구현하지 않기 때문에 유리수와 관련된 계산이 매우 느릴 수 있다. 이런 특성으로 인해 실행할 수 있는 엣지 AI 알고리듬의 유형이 제한된다.

로우엔드 MCU의 일반적인 애플리케이션은 고신뢰성 자동차와 의료 기기, 저비용 가전제품, 장치gadget, 인프라 등 로우엔드 MCU의 장점을 잘 활용한다. 인기 있는 로우엔드 MCU 중 하나는 Atmel 8비트 AVR 플랫폼(https://oreil.ly/Buwcj)이다. 이 플랫폼은 MCU 세계에서 중요한 부분을 차지하지만, 계산상의 한계로 인해 로우엔드 MCU를 엣지 AI 애플리케이션의 첫 번째 대상으로 선택해서는 안 될 수도 있다.

하지만 이 책의 앞부분에서 언급했듯이 엣지 AI 프로그램이 항상 계산적으로 도전적일 필요는 없다. 로우엔드 MCU는 복잡한 조건부 로직을 완벽하게 실행할 수 있으므로 필요한 작업을 수행하는 데 충분할 수 있다. 또한 엣지 AI를 활용하는 커넥티드 장치 네트

---

5   인텔 8051(https://oreil.ly/5DV2e)은 1980년에 처음 개발되어 현재까지도 사용되고 있다.

워크의 일부를 구성할 수도 있다. 예를 들어, 로우엔드 MCU는 센서 데이터를 캡처하여 의사결정을 위해 더 정교한 장치로 전달할 수 있다.

하이엔드 MCU

MCU 스펙트럼의 다른 쪽 끝에 있는, 오늘날 가장 강력한 마이크로컨트롤러는 90년대 빈티지 개인용 컴퓨터를 능가하는 충분한 컴퓨팅 성능을 갖추고 있다. 대부분의 경우 여전히 에너지 효율이 높다. 일반적인 사양 중 몇 가지를 나열하면 다음과 같다.

- 32비트 아키텍처
- 1000MHz 이하의 클록 속도
- 16KB ~ 2MB 플래시 메모리
- 2KB ~ 1MB RAM
- 더 빠른 수학을 위한 하드웨어 지원 옵션
- 부동소수점 처리 장치 FPU, Floating-Point Unit
- 단일 명령어, 다중 데이터 SIMD, Single Instruction, Multiple Data 명령어
- 다중 프로세서 코어(옵션)
- 디지털/아날로그 입력/출력
- 소비 전류: 약 1.5 ~ 5볼트에서 낮은 한 자릿수 ~ 높은 수십 밀리암페어, 절전 중 마이크로암페어
- 비용: 개당 한 자릿수 ~ 수십 달러 미만

하이엔드 MCU는 더 빠른 클록 속도와 32비트 아키텍처 덕분에 크게 향상된 성능을 제공한다.[6] 또한 많은 MCU 모델이 계산 속도를 향상하는 멋진 트릭을 하드웨어로 지원한다. 그중 하나인 SIMD는 프로세서가 여러 계산을 병렬로 실행할 수 있게 해주며, 이

---

6   32비트 프로세서는 16비트 프로세서보다 한 번에 두 배의 데이터를 처리할 수 있다. 즉, 데이터를 더 빠르게 처리할 수 있다. 또한 더 많은 양의 RAM을 지원한다.

는 많은 계산이 필요한 신호 처리와 머신러닝 애플리케이션을 실행할 때 매우 유용할 수 있다.

점점 더 많은 하이엔드 MCU가 엣지 AI 애플리케이션을 염두에 두고 설계되고 있다. 공급업체는 엣지 AI 코드가 장치에서 효율적으로 실행되도록 최적화하는 데 도움이 되는 소프트웨어와 라이브러리를 제공하는 것이 일반적이다. 또 다른 큰 이점은 데이터를 조작하고 대규모 머신러닝 모델을 저장하는 데 매우 유용한 더 많은 양의 플래시와 RAM을 제공하는 추세라는 점이다.

하이엔드 MCU는 센서와 IoT로부터 디지털 장치, 스마트 장치, 웨어러블에 이르기까지 광범위한 사용 사례에 사용된다. 현재로서는 임베디드 머신러닝을 위한 비용, 에너지 사용량, 연산 능력 면에서 가장 적합한 제품이라고 할 수 있다. 시각 정보를 처리할 수 있는 딥러닝 모델을 포함하여 유능한 딥러닝 모델을 실행할 수 있는 충분한 성능을 갖추고 있으면서도 다양한 애플리케이션에 매우 저렴하게 내장할 수 있을 정도로 단순하다.

Arm의 Cortex-M 코어(https://oreil.ly/nuhBH)에 기반을 둔 마이크로컨트롤러(예: Nordic nRF52840(https://oreil.ly/uZfax), STMicroelectronics STM32H743VI(https://oreil.ly/SGkdC))가 매우 인기가 있다. Expressif ESP32(https://oreil.ly/OzsLd) 같은 RISC-V(https://oreil.ly/YpH2r) 아키텍처 기반의 인기 있는 옵션도 있다.

엣지 AI의 중요성이 커짐에 따라 범용 하이엔드 마이크로컨트롤러와 딥러닝 워크로드를 가속화하도록 설계된 특수 보조프로세서를 함께 사용하는 것이 점점 더 일반화되고 있다. 이에 대해서는 128페이지의 '딥러닝 가속기' 절에서 자세히 살펴보겠다.

성능 특성

평균적인 하이엔드 마이크로컨트롤러는 딥러닝을 사용해 오디오는 거의 실시간으로, 저해상도 비디오는 프레임당 1초 내외의 속도로 처리할 수 있다.

DSP

흥미로운 하위 범주인 DSP^{Digital Signal Processor}는 디지털 신호를 매우 효율적으로 변환하도록 설계된 특수 마이크로컨트롤러다. 범용 연산 대신 4장에서 살펴볼 곱셈-누산과 푸리에 변환$^{Fourier\ transform}$ 같은 특정 알고리듬과 수학적 연산을 최대한 빠르게 실행하도록 설계된 아키텍처다.

운 좋게도, 이러한 수학적 연산 중 상당수는 엣지 AI에서 데이터 처리와 머신러닝 모델 실행 모두에 매우 유용하다. 따라서 DSP는 유용한 도구가 될 수 있다. DSP의 단점은 범용 컴퓨팅용으로 설계되지 않았기 때문에 애플리케이션의 비(非)엣지 AI 부분을 실행하는 데 적합하지 않을 수 있다는 점이다.

오늘날의 하이엔드 MCU에는 신호 처리 작업의 처리량을 높이는 데 도움이 되는 SIMD 명령어 등 DSP의 일부 기능이 포함되어 있는 경우가 많으며, 이러한 기능을 강조하기 위해 '디지털 신호 컨트롤러'라고 부르기도 한다. 하지만 전용 DSP도 여전히 유용할 수 있다. 예를 들어, 음성 어시스턴트(예: 구글 어시스턴트$^{Google\ Assistant}$)가 포함된 많은 스마트폰에는 배터리 수명을 손상시키지 않으면서 상시 키워드 발견$^{keyword\text{-}spotting}$ 모델을 실행하기 위해 DSP 칩이 포함되어 있다.

이기종 컴퓨팅

하드웨어 설계자는 특정 애플리케이션에 대해 단일 마이크로컨트롤러만을 선택하지 않는다. 실제로 하나의 제품에 여러 개의 마이크로프로세서를 결합하는 것은 매우 일반적이다. 예를 들어, 엣지 AI 장치에는 기본 작업을 실행하기 위한 소형 저전력 MCU와, 가끔씩의 신호 처리와 머신러닝 워크로드에 사용되는 크고 강력한 MCU가 함께 포함될 수 있다.

이런 유형의 설정을 이기종 컴퓨팅이라고 하며, 한 번에 2개 이상의 작업을 수행할 수 있는 진정한 동시성을 구현할 수 있기 때문에 엣지 AI에서 점점 더 중요해지고 있다. 이기종 컴퓨팅의 가장 큰 과제 중 하나는 효율성을 극대화하기 위해 두 프로세서 간에 계산 워크로드를 분할하는 방법을 결정하는 것이다. 이를 올바르게 수행할 수 있다면 큰 보상이 있다.

캐스케이딩 모델을 사용하는 아키텍처(377페이지의 '계단식 흐름' 절 참고) 등, 엣지 AI 애플리케이션을 위한 일부 아키텍처는 이기종 컴퓨팅에 특히 적합하다. 딥러닝 가속기(128페이지의 '딥러닝 가속기' 절 참고)의 등장으로 이 개념이 점점 더 중요해지고 있다.

시스템 온 칩

마이크로컨트롤러 다음으로 가장 일반적인 엣지 컴퓨팅 유형은 시스템 온 칩[SoC, System-on-Chip] 장치다. 마이크로컨트롤러는 불필요한 부분을 모두 제거한 최적화된 버전의 컴퓨터인 반면, SoC 장치는 기존 컴퓨터 시스템 전체의 모든 기능을 하나의 칩에 집약하려는 시도다.

소프트웨어가 하드웨어와 직접 상호 작용하는 마이크로컨트롤러와 달리 SoC 장치는 개발자가 애플리케이션 코드에만 집중할 수 있도록 하드웨어의 많은 부분을 추상화하는 기존 운영체제를 실행한다. 개발자는 서버와 데스크톱 애플리케이션을 작성할 때 사용하는 것과 동일한 도구와 환경을 사용할 수 있으며, 파이썬 같은 고급 언어(최신 마이크로컨트롤러는 일반적으로 C나 C++로 프로그래밍됨)도 사용할 수 있다.

이런 사용 편의성에는 효율성과 복잡성이라는 두 가지 비용이 따른다. SoC는 일반적으로 마이크로컨트롤러보다 에너지 효율이 훨씬 낮기 때문에 적용 분야가 제한된다. 별도의 주변 장치가 있는 기존 컴퓨터 시스템보다는 훨씬 효율적이지만, 에너지 사용량을 최소화하는 데는 마이크로컨트롤러에 미치지 못한다. 또한 추가 에너지 사용으로 인해 열 관리 문제가 발생할 수도 있다.

운영체제로 대표되는 추가적인 복잡성은 SoC 장치에 또 다른 부담이다. 개발자의 애플리케이션과 함께 방대한 양의 OS 코드가 실행되기 때문에 현장에서 안정성을 보장하기가 더 어렵다.

SoC는 마이크로컨트롤러보다 훨씬 더 강력한 경향이 있으며, 훨씬 더 많은 기능을 갖추고 있다. 일반적인 통계 중 몇 가지를 나열하면 다음과 같다.

- 64비트 아키텍처
- 1GHz 이상의 클록 속도
- 다중 프로세서 코어
- 외부 RAM과 플래시(일반적으로 수 기가바이트)

- 2D나 3D 그래픽 처리 장치
- 무선 네트워킹
- 고성능 디지털 입력과 출력
- 소비 전류: 약 5볼트에서 수백 밀리암페어
- 비용: 대당 수십 달러

성능 특성

평균적인 SoC는 딥러닝을 사용해 오디오와 고해상도 비디오를 거의 실시간으로 처리할 수 있다.

마이크로컨트롤러에 비해 효율성은 훨씬 떨어지지만 SoC는 혁신적인 기술이다. 강력한 범용 컴퓨터의 성능을 매우 작은 폼 팩터에 구현할 수 있기 때문이다. 현대 사회에서 SoC는 휴대폰, 텔레비전, 자동차 엔터테인먼트 시스템, 산업용 하드웨어, 보안 시스템, IoT 게이트웨이 등 작은 패키지에 유연한 연산 능력이 필요한 거의 모든 제품에 탑재되어 있다.

강력한 성능, 유연성, 사용 편의성 덕분에 SoC는 엣지 AI에 특히 유용하다. 개발자는 익숙한 도구를 사용해 SoC에서 실행되는 애플리케이션을 개발할 수 있으며, 비교적 큰 딥러닝 모델처럼 복잡한 알고리듬을 실행하기에 충분한 메모리와 처리 능력을 갖추고 있다. SoC에서 실행되지 않는 엣지 AI 알고리듬 유형은 거의 없다. 사용 편의성 덕분에 최종 목표가 더 저렴하거나 효율적인 하드웨어로 전환하는 것이더라도 SoC는 엣지 AI 애플리케이션 프로토타이핑에 적합한 선택이다.

잘 알려진 SoC 제품으로는 퀄컴 스냅드래곤^{Qualcomm Snapdragon}(https://oreil.ly/b0Va-)과 라즈베리 파이 개발 보드에 사용되는 브로드컴^{Broadcom} BCM58712(https://oreil.ly/ZbqES)가 있다(130페이지의 '보드와 장치' 박스에 언급되어 있음). 많은 인기 있는 SoC가 Arm Cortex-A(https://oreil.ly/GyNNz) 프로세서 코어에 기반을 두고 있다.

임베디드 리눅스

리눅스는 SoC 장치용 운영체제로 매우 보편적인 선택이 되었다. 오픈소스이기 때문에 무료로 사용할 수 있고 커뮤니티 지원도 많다. 익숙한 유닉스 개발 도구를 사용할 수 있기 때문에 유닉스 경험이 있는 사람이라면 임베디드 리눅스 시스템으로 쉽게 작업할 수 있다.

딥러닝 가속기

마이크로컨트롤러와 SoC는 일반적으로 범용 컴퓨터로, 가능한 한 유연하게 설계된다. 하지만 유연성을 어느 정도 희생할 의향이 있다면 특정 작업을 매우 빠르게 실행하는 집적 회로를 설계할 수 있다.

임베디드 장치에 딥러닝(162페이지의 '딥러닝' 절 참고)이 등장하면서 반도체 회사들은 딥러닝 모델을 더 빠르고 효율적으로 실행할 수 있도록 마이크로컨트롤러, SoC와 결합할 수 있는 가속기를 생산하기 시작했다. 딥러닝의 수학은 선형 대수를 기반으로 하므로 **신경 처리 장치**(NPU, Neural Processing Unit)라고도 하는 딥러닝 가속기는 선형 대수를 효율적으로 수행하도록 설계됐다.

딥러닝 가속기에는 에너지 사용과 유연성 사이에서 나름의 절충점을 가진 다양한 유형이 있다. 한쪽 끝에는 신티언트(Syntiant)의 NDP10x 시리즈(https://oreil.ly/XDxoQ)처럼 특정 딥러닝 모델 아키텍처를 하드웨어로 구현하여(이에 대해서는 나중에 자세히 알아보겠다) 매우 낮은 에너지로 빠르게 실행할 수 있는 장치가 있다. 알고리듬 자체가 실리콘에 내장되어 있기 때문에 이런 장치는 유연성이 뛰어나지는 않지만 매우 효율적이다.

반면, 엔비디아(Nvidia)의 Jetson(https://oreil.ly/MVga8)이나 구글의 Coral(https://coral.ai/products) 같은 그래픽 처리 장치(GPU, Graphics Processing Unit) 기술 기반 장치는 엄청난 유연성을 제공하며 기본적으로 모든 유형의 딥러닝 모델을 실행할 수 있다. 이런 유연성 대신 에너지 효율성이 떨어진다는 단점이 있다.

스펙트럼의 양쪽 끝에는 신티언트의 NDP120(https://oreil.ly/Y9ZeL)이나 Arm의 Ethos-U55(https://oreil.ly/KS_Dv) 설계처럼 다양한 수준의 유연성과 효율성을 갖춘 다

양한 유형의 장치가 있다.

일부 유형의 가속기는 전통적인 딥러닝 수학 대신 다른 방식을 사용한다. 예를 들어, 뉴로모픽neuromorphic 프로세서로 설명되는 브레인칩BrainChip의 Akida(https://oreil.ly/JgaIv)는 스파이크 신경망(175페이지의 '압축과 최적화' 절 참고)을 사용해 에너지 효율성 향상 등 고유한 절충점을 제공한다.

성능 특성

딥러닝 가속기는 매우 빠른 경향이 있으므로 오디오와 비디오를 실시간으로 처리할 수 있는 충분한 연산 능력을 기대할 수 있다. 일부 장치는 여러 스트림을 병렬로 처리할 수도 있다.

일반적으로 딥러닝 가속기는 마이크로컨트롤러나 SoC와 결합된다. 기존 프로세서는 애플리케이션 로직을 실행하고 가속기는 딥러닝 워크로드를 실행한다. 많은 설계는 마이크로프로세서와 가속기를 단일 패키지에 결합하고 개발자가 이들 사이에 프로세싱을 나눌 수 있는 특수 도구를 제공한다.

초기 딥러닝 가속기는 지원되는 딥러닝 모델 유형에 대한 선택의 자유가 거의 없었지만, 이 분야가 성숙해짐에 따라 장치가 더욱 유연해지고 있다. 아직은 초기 단계이므로 시간이 지남에 따라 큰 발전과 효율성 향상을 기대할 수 있다. 장기적으로는 적은 전력 예산으로 실시간 비디오 처리나 언어 트랜스크립션 같이 작은 배터리로 수년 동안 작동할 수 있는 엄청난 성능의 장치가 등장할 것으로 예상된다.

FPGA와 ASIC

궁극적인 성능과 효율성의 이점을 얻으려면 자체 프로세서 회로를 설계할 수도 있다. 어렵고 시간이 많이 걸리며 비용이 많이 들기 때문에 가볍게 생각하면 안 되지만, 특정 애플리케이션의 경우 이 방법이 적합할 수 있다.

필드 프로그래머블 게이트 어레이FPGA, Field Programmable Gate Array는 필요에 따라 재프로그래밍하여 맞춤형 하드웨어 설계를 구현할 수 있는 실리콘 집적 회로다. 엔지니어는 이를 통해 특정 알고리듬을 최대한 효율적으로 구현하는 맞춤형 프로세서 설계를 생성한 다음 장치에 로드하여 배포할 수 있다. 이런 설계는 하드웨어 설명 언어^{HDL, Hardware Description Language}라는 특수 프로그래밍 언어를 사용해 만들어진다.

애플리케이션별 집적 회로^{ASIC, Application-Specific Integrated Circuit}는 특정 애플리케이션에 맞게 맞춤화된 집적 회로다. FPGA와 달리 재프로그래밍이 불가능하며 로직이 실리콘에 영구적으로 기록된다. 하이맥스^{Himax}의 WE-I Plus(https://oreil.ly/oI4bv)처럼 특정 용도에 맞게 설계된 사전 설계된 ASIC을 구입하거나 직접 설계할 수 있다.

FPGA를 사용한 개발은 ASIC보다 훨씬 저렴하지만, 전력 소비량과 마찬가지로 장치당 비용이 더 높다. 기업에서는 프로토타입이나 소량 생산에는 FPGA를 사용하고 대량 생산에는 ASIC을 사용하는 것이 일반적이다. ASIC을 제작하는 데 드는 엔지니어링 비용 때문에 대부분의 기업에서는 ASIC을 사용할 수 없다.

FPGA 개발자 도구는 점점 더 사용하기 쉬워지고 접근성이 높아지고 있지만, 엣지 AI에서는 여전히 상대적으로 틈새 옵션에 속한다. 연구원들은 딥러닝 모델을 효율적인 FPGA 구현으로 자동 변환할 수 있는 도구를 개발 중이므로, 시간이 지남에 따라 엣지 AI에서 FPGA의 역할이 점점 더 커질 것으로 보인다. 이 글을 쓰는 당시 이 분야에서 흥미로운 프로젝트 몇 가지를 소개한다.

- 개발자가 FPGA를 사용해 딥러닝 가속기를 만들 수 있도록 지원하는 구글의 CFU 플레이그라운드^{Playground}(https://oreil.ly/Fhf-9)
- 머신러닝 모델 컴파일러와 FPGA용 하드웨어 생성기인 Tensil.ai(https://www.tensil.ai)

보드와 장치

프로세서는 그 자체로는 그다지 유용하지 않으며, 전원 공급 장치, 센서와 주변 장치, 커넥터 등 전체 장치를 구성하는 다른 구성 요소와 함께 보드에 실장되어야 한다. 대부분의 대량 생산 엣지 AI 제품은 특정 애플리케이션에 맞게 설계된 맞춤형 인쇄 회로 기판을 사용한다.

이런 맞춤형 보드는 설계와 생산에 시간이 걸리기 때문에 초기 엔지니어링 작업의 대부분은 **개발 보드**(development board, 'dev board'라고도 한다)를 사용해 수행된다. 개발 보드는 하드웨어 제조업체에서 판매하는 즉시 사용 가능한 장치로, 특정 프로세서와 함께 해당 프로세서에 연결하고 소프트웨어를 개발하는 데 필요한 모든 것을 갖추고 있다(그림 3-6 참고).

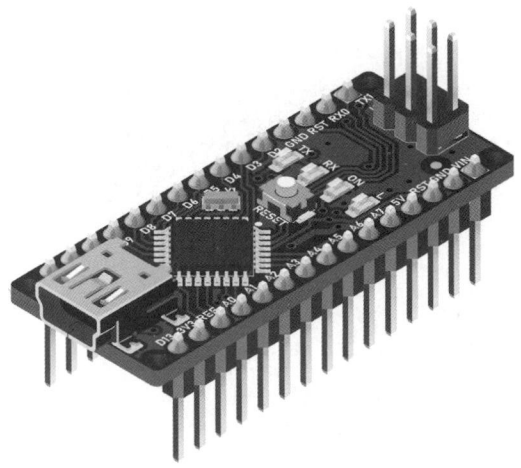

그림 3-6 전형적인 개발 보드에는 프로세서, 전원 공급 장치, 입출력 핀, 커넥터, 프로세서에 연결해 바로 사용할 수 있는 센서가 포함되어 있기도 하다.

임베디드 엔지니어는 이를 통해 특정 사용 사례에 맞는 다양한 프로세서를 평가하고 프로토타입을 신속하게 제작할 수 있다.

엣지 AI 알고리듬의 계산 요구사항은 하드웨어와 알고리듬 선택 간의 상호 작용을 요구하므로 개발 보드의 가치가 매우 높다. 개발자는 몇 가지 개발 보드에 접근하여 실제 프로세서에서 알고리듬을 빠르게 테스트하고 성능, 에너지 사용량, 비용 간의 이상적인 균형을 찾을 수 있다.

전통적으로 개발 보드는 초기 프로토타입 제작에만 사용됐지만, 일부 제조업체는 생산용으로 개발 보드의 잠재적인 이점을 깨닫고 있다. 하드웨어를 소량으로 제작하는 경우, 대량으로 생산할 때만 경제성이 있는 맞춤형 인쇄 회로 기판을 설계하는 데 추가 비용과 시간을 투자할 가치가 없을 수 있다. 대신 다른 시스템에 쉽게 통합할 수 있는 유연한 입출력과 MCU를 갖춘 아두이노 포르텐타(Arduino Portenta, https://oreil.ly/_ezK6) 같은 사전 설계된 플랫폼을 사용할 수 있다.

이런 유형의 장치는 SoC와 가속기도 사용할 수 있다. 예를 들어 라즈베리 파이(Raspberry Pi, https://www.raspberrypi.com)는 강력한 SoC를 기반으로 다양한 완전 통합형 단일 보드 컴퓨터

(SBC, Single Board Computer)를 생산하며(그림 3-7 참고), 엔비디아의 Jetson 가속기(https://developer.nvidia.com/deep-learning-accelerator)를 통해 개발자는 가속기 하드웨어에서 코드를 빠르게 실행할 수 있다. 이런 플랫폼 중 다수는 다양한 호환 장치를 제공하므로 단일 보드 컴퓨터를 사용해 프로토타이핑한 다음 코드 변경 없이 자체 하드웨어에 통합되도록 설계된 시스템 온 모듈(SOM, System On Module)에 배포할 수 있다.

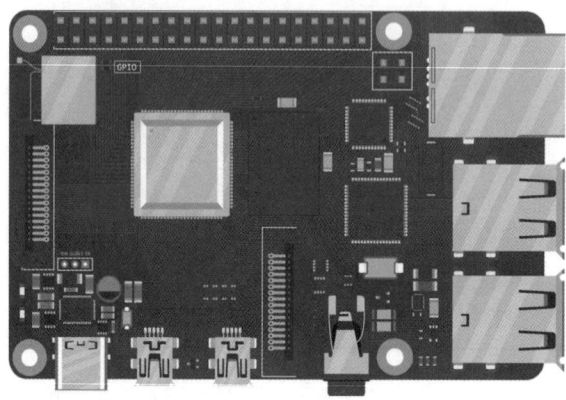

그림 3-7 단일 보드 컴퓨터에는 프로세서, 메모리, 전원 공급 장치, 입출력 커넥터, 네트워크 인터페이스와 플러그 앤 플레이 사용에 필요한 다른 모든 것이 포함되어 있다.

개발 보드는 일반적으로 케이스가 없는, 노출된 회로 기판이기 때문에 최소한의 설계 작업 없이는 현장에서 사용할 수 없다. 완성된 장치를 선호하는 경우 산업용 IoT 게이트웨이는 표준 I/O 포트, 네트워킹 하드웨어, 전원 공급 장치를 갖춘 견고한 케이스 안에 SoC를 배치한다. 가격이 상당히 비쌀 수 있지만 전체 하드웨어를 설계하고 제조하는 것에 비해 시간과 비용을 절약할 수 있다.

가장 일반적인 유형의 사전 빌드 엣지 AI 장치는 단연 스마트폰이다. 스마트폰 앱에 AI를 통합하는 방법에 대해서는 로렌스 모로니(Laurence Moroney)의 『온디바이스 AI』(한빛미디어, 2022) 같은 책이 있으므로 여기서는 이 주제를 다루지 않겠다. 여기서는 특정 키워드가 발견되면 깨어나는 디지털 어시스턴트 같은 특정 스마트폰 기능을 구동하기 위해 MCU와 DSP를 사용하는 것이 더 큰 범위 내에 있다.

스마트폰은 통합 엣지 AI 외에도 애플리케이션 프로토타입을 제작하는 엣지 AI 개발자에게 편리한 도구가 될 수 있다. 스마트폰은 배터리로 구동되고 연결성이 뛰어나기 때문에 실현 가능성을 입증하는 것이 가장 중요한 개발 초기 단계에서 초기 데이터를 수집하거나 머신러닝 모델의 초기 버전을 테스트하는 데 유용할 수 있다.

엣지 서버

커스텀 실리콘과 반대되는 개념으로, 데이터 센터에 구축된 것과 같은 기존 서버 하드웨어를 네트워크의 엣지에서 실행할 수 있다. 이런 강력한 컴퓨터는 풀스케일 서버 운영체제(일반적으로 리눅스나 윈도우)를 실행하며 다른 클라우드 서버와 동일한 방식으로 취급할 수 있다. AI 전용 가속에 접근할 수 있는 경우 GPU 형태일 가능성이 높다. 일부 엣지 서버는 데이터 센터 주거용 서버보다 산업 환경(예: 공장 현장)에 더 적합한 견고한 폼 팩터로 판매된다.

엣지 서버의 강력한 성능은 데이터를 온사이트에 보관할 때 제공되는 보안, 개인 정보 보호, 편의성을 유지하면서 클라우드 컴퓨팅의 많은 이점을 제공할 수 있다는 뜻이다. 일부 애플리케이션의 경우 고성능 하드웨어, 짧은 지연 시간, 데이터 유출 위험 감소, 대역폭의 경제적인 사용이라는 두 가지 장점을 모두 제공할 수 있다.

엣지 서버의 또 다른 장점은 본질적으로 표준 IT 인프라의 또 다른 부분으로 취급할 수 있다는 것이다. 즉, 기존 IT 부서의 절차와 기술에 깔끔하게 맞출 수 있다. 사실 얼마 전까지만 해도 모든 상용 컴퓨팅은 온프레미스 서버로 수행됐다. 엣지 컴퓨팅은 모든 비즈니스의 표준이었다.

엣지 서버는 엄청난 양의 에너지를 사용한다는 점과 매우 크다는 두 가지 주요 단점이 있다. 현장에서 편리하게 사용할 수 있는 방대한 양의 컴퓨팅이 필요한 경우 이러한 단점을 감수할 만한 가치가 있다. 하지만 일반적으로 여유 공간이 있고 안정적인 전원 공급이 가능한 건물이나 공장 같은 고정된 위치로 제한된다.

풀사이즈 엣지 서버가 애플리케이션에 비해 과하다고 느껴진다면(실제로 그럴 수도 있다) 리눅스 SoC는 훌륭한 타협점을 제공한다. 표준 리눅스 박스로서 IT 부서는 이들을 다른 서버와 마찬가지로 취급할 수 있지만, 이들은 작고 전력 효율적인 형태로 제공된다.

다중 장치 아키텍처

엣지 AI 애플리케이션이 항상 실제 센서를 호스팅하는 장치에 직접 구현되는 것은 아니다. 때로는 다중 장치 아키텍처를 사용하는 것이 합리적일 수 있다. 예를 들어, 배송 화물 운반대의 센서는 저전력 라디오를 사용해 트럭에 장착된 게이트웨이 장치에 데이터를 보고할 수 있다. 에너지 사용에 대한 제약이 적고 여러 화물 운반대의 데이터에 대한 통찰력을 갖춘 게이트웨이는 데이터로 의사결정을 내리는 정교한 엣지 AI 로직을 실행할 수 있다. 그림 3-8은 이런 상황을 보여준다.

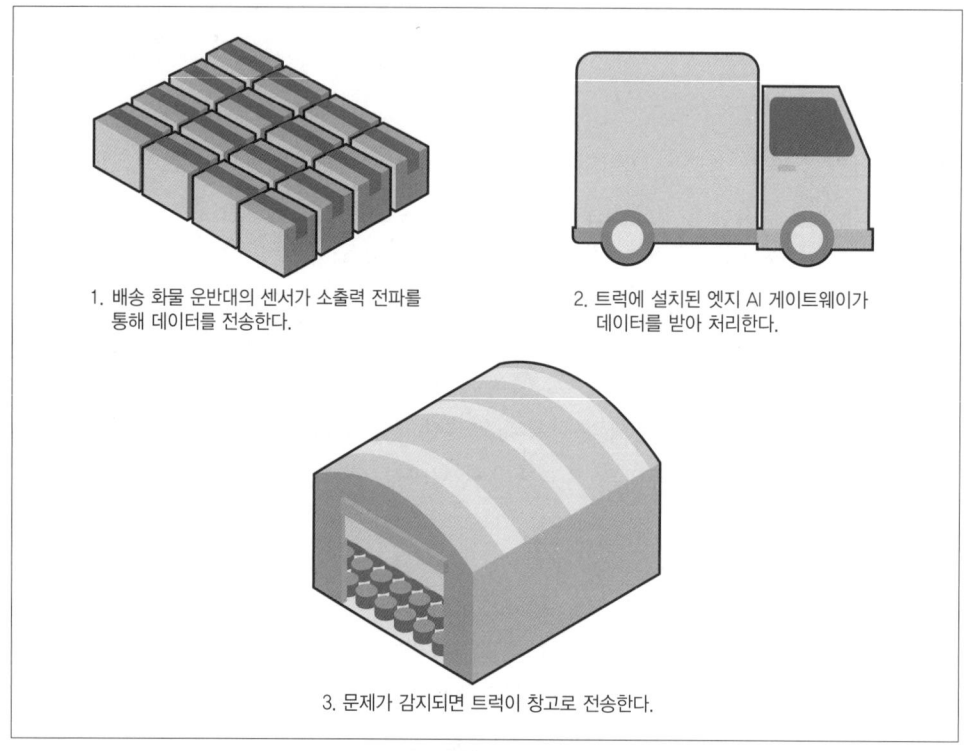

1. 배송 화물 운반대의 센서가 소출력 전파를 통해 데이터를 전송한다.
2. 트럭에 설치된 엣지 AI 게이트웨이가 데이터를 받아 처리한다.
3. 문제가 감지되면 트럭이 창고로 전송한다.

그림 3-8 여러 장치를 포함하는 아키텍처는 흔히 볼 수 있다.

이기종 컴퓨팅(125페이지의 '이기종 컴퓨팅' 박스 참고)을 혼합하면 상황이 훨씬 더 재미있어질 수 있다. 예를 들어, 단일 장치에 애플리케이션 코드 실행용 프로세서와 ML 알고리듬 실행용 프로세서 등 여러 유형의 프로세서가 포함될 수 있다. 전체 시스템은 여러 개의 프로세서가 있는 여러 장치로 구성될 수 있으며, 필요한 BLERP 혜택에 따라 여러 지점에서 데이터를 수집하고 처리한다. 이런 유형의 솔루션에는 클라우드 컴퓨팅이 포함될 수도 있다.

이런 아키텍처 유형의 좋은 예는 음성 어시스턴트가 있는 스마트 스피커다. 일반적으로 최소 2개의 프로세서가 있다. 첫 번째 프로세서는 저전력 상시 작동 칩으로, DSP와 머신러닝 모델을 실행하여 에너지를 많이 사용하지 않고도 깨우기 단어를 들을 수 있다.

두 번째는 깨우기 단어가 감지되면 항상 켜져 있는 칩에 의해 깨어나는 애플리케이션 프로세서다. 애플리케이션 프로세서는 더 정교한 모델을 실행하여, 항상 켜져 있는 칩을 통과한 오탐지를 잡아낼 수 있다. 이 두 프로세서를 함께 사용하면 사적인 대화를 클라우드로 스트리밍하여 사용자 개인 정보를 침해하지 않으면서 깨우기 단어를 식별할 수 있다.

깨우기 단어가 확인되면 애플리케이션 프로세서가 오디오를 클라우드 서버로 스트리밍하고, 클라우드 서버는 음성 인식과 자연어 처리를 수행하여 적절한 응답을 제시한다. 일반적인 흐름은 그림 3-9에 나와 있다.

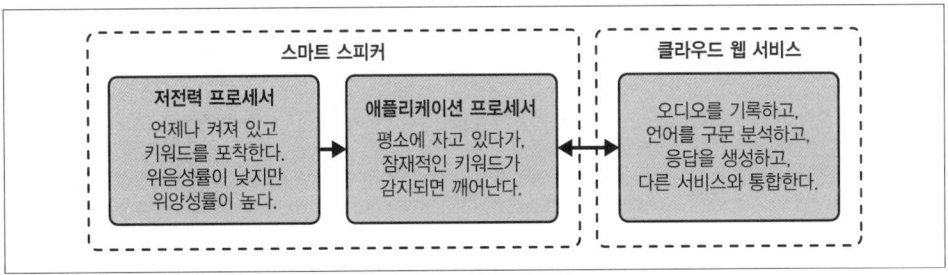

그림 3-9 저전력 프로세서는 가능한 한 많은 잠재적 키워드를 포착하는 것을 목표로 하며, 애플리케이션 프로세서는 가능한 일치 항목을 평가하기 위해 깨어나고, 일치 항목이 확인되면 클라우드 웹 서비스를 호출한다.

시스템을 설계할 때 다양한 장치 종류에 따른 장단점을 해결하기 위해 여러 장치 사용을 고려하는 것을 두려워하지 말기 바란다. 여러 개의 장치를 사용하면 도움이 될 수 있는 일반적인 상황은 다음과 같다.

- 많은 수의 개별 엔티티 모니터링: 모든 엔티티에 고급 AI 지원 하드웨어를 사용할 경우 비용이 많이 들 수 있다.
- 에너지 사용량 감소: 센서는 배터리로 작동하며 수명이 길어야 한다.

- 개인 정보 보호: 데이터를 대형 장치나 클라우드 서버로 직접 전송하면 개인 정보 보호 규정을 위반할 수 있다.

- 레거시 장비와의 통합: 기존 센서나 게이트웨이를 교체하지 않고 엣지 AI 장치로 보완할 수 있다.

장치와 워크로드

장치 유형별로 무엇을 할 수 있는지 이해하는 것이 중요하다. 표 3-1은 어떤 종류의 장치가 어떤 종류의 데이터를 처리할 수 있는지 분류할 때 빠르게 참고할 수 있는 정보를 제공한다. 특정 장치가 각 데이터 종류를 지원하는 수준(완전, 제한적, 불가)을 보여준다.

표 3-1 데이터 종류와 장치

장치 종류	빈도가 낮은 시계열	빈도가 높은 시계열	오디오	저해상도 이미지	고해상도 이미지	비디오
로우엔드 MCU	제한적	제한적	불가	불가	불가	불가
하이엔드 MCU	완전	완전	완전	완전	제한적	제한적
가속기가 포함된 하이엔드 MCU	완전	완전	완전	완전	완전	제한적
DSP	완전	완전	완전	완전	제한적	제한적
SoC	완전	완전	완전	완전	완전	완전
가속기가 포함된 SoC	완전	완전	완전	완전	완전	완전
FPGA/ASIC	완전	완전	완전	완전	완전	완전
엣지 서버	완전	완전	완전	완전	완전	완전
클라우드	완전	완전	완전	완전	완전	완전

요약

3장에서는 엣지에서 인공지능을 호스팅하는 주요 하드웨어와 인공지능에 데이터를 계속 공급하는 센서를 소개했다. 4장에서는 이를 작동시키는 알고리듬에 대해 알아보겠다.

제4장
엣지 AI용 알고리듬

엣지 AI에서 중요한 알고리듬에는 두 가지 주요 범주(피처 엔지니어링feature engineering과 인공지능)가 있다. 두 가지 범주 모두 수많은 하위 범주가 있으며, 4장에서는 이들의 개요를 살펴보겠다.

목표는 엔지니어링 관점에서 각 알고리듬 유형의 개요를 제공하고, 일반적인 사용법, 강점, 약점, 엣지 하드웨어에 설치하기 적합한지를 살펴보는 것이다. 이를 통해 실제 프로젝트를 계획할 때 시작점을 잡을 수 있으며, 실제 프로젝트에 대해서는 이후의 장에서 자세히 살펴볼 것이다.

피처 엔지니어링

데이터 과학에서 피처 엔지니어링은 원시 데이터를, 상황과 프로세스를 기술하고 모델링하는 데 사용하는 통계 도구에서 사용할 수 있는 입력으로 변환하는 프로세스다. 피처 엔지니어링은 도메인 전문지식을 사용해 원시 데이터의 어느 부분에 관련 정보가 포함되어 있는지 파악한 다음, 신호를 둘러싸고 있는 노이즈로부터 해당 신호를 추출하는 작업을 수반한다.

엣지 AI 관점에서 피처 엔지니어링은 원시 센서 데이터를 사용 가능한 정보로 변환하는 작업이다. 피처 엔지니어링이 우수할수록 데이터를 해석하는 AI 알고리듬이 이를 더 쉽게 사용할 수 있다. 센서 데이터로 작업할 때 피처 엔지니어링은 당연히 디지털 신호 처리 알고리듬을 사용한다. 또한 데이터를 관리하기 쉬운 덩어리로 잘게 쪼개는 작업도 포함될 수 있다.

데이터 스트림 작업

앞서 살펴본 것처럼 대부분의 센서는 시계열 데이터를 생성한다. 엣지 AI 애플리케이션의 목표는 이런 시계열 데이터 스트림을 가져와서 이해하는 것이다.

스트림을 관리하는 가장 일반적인 방법은 시계열을 윈도^{window}라는 덩어리^{chunk}로 잘게 쪼개서 한 번에 하나씩 분석하는 것이다.[1] 이는 무슨 일이 일어나고 있는지 이해하기 위해 해석할 수 있는, 결과의 시계열을 생성한다. 그림 4-1은 데이터 스트림에서 윈도를 가져오는 방법을 보여준다.

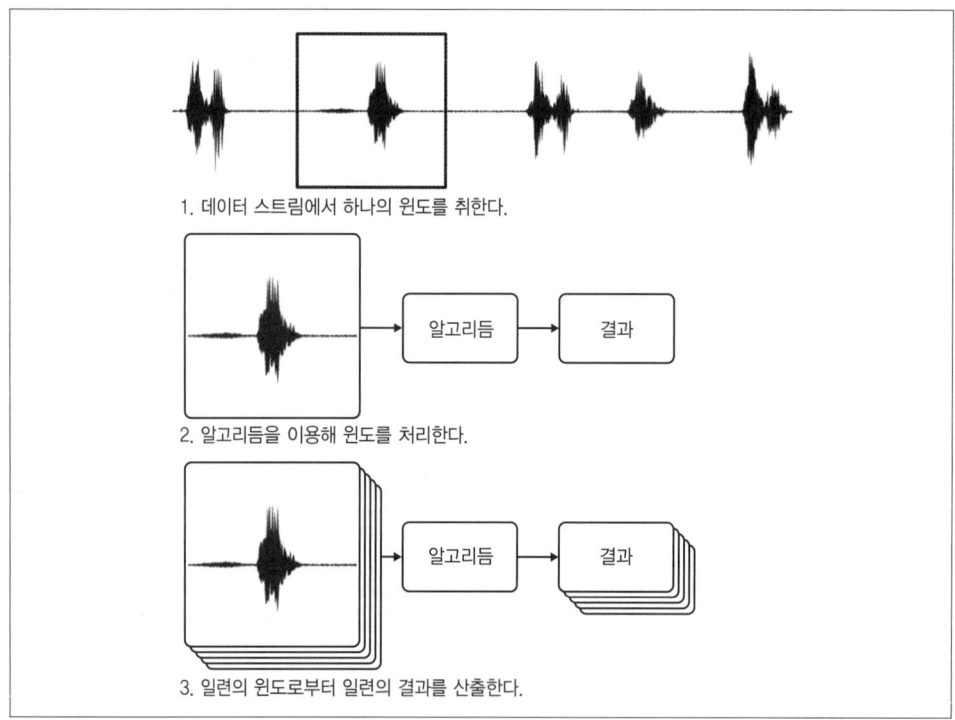

그림 4-1 시계열은 한 번에 하나씩 분석되는 윈도라는 덩어리로 분할되는 경우가 많다.

---

1 덩어리는 개별적이거나 겹칠 수 있으며, 심지어 덩어리 사이에 간격이 있을 수도 있다.

하나의 데이터 덩어리를 처리하는 데는 일정한 시간이 걸리며, 이를 시스템의 **지연 시간**latency이라고 부를 수 있다. 이는 데이터 윈도를 가져와서 처리할 수 있는 속도를 제한한다. 데이터를 수집하고 처리할 수 있는 속도를 시스템의 **프레임 속도**frame rate라고 하며, 종종 초당 처리할 수 있는 윈도의 수로 나타낸다. 프레임은 그림 4-2와 같이 순차적일 수도 있고 겹칠 수도 있다.

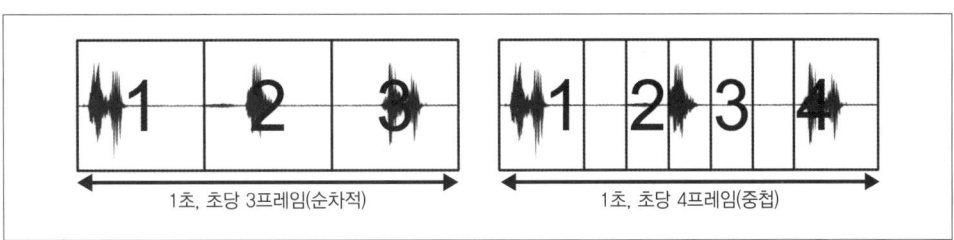

그림 4-2 프레임 속도에 따라 윈도가 겹칠 수 있는데, 이벤트가 포함된 데이터의 경우 윈도가 겹치면 전체 이벤트가 짧게 잘리지 않고 윈도 안에 포함될 가능성이 높아진다는 장점이 있다.

지연 시간이 짧을수록 주어진 기간 동안 더 많은 데이터 윈도를 분석할 수 있다. 분석을 더 많이 할 수 있을수록 결과의 신뢰도가 높아진다. 예를 들어, 머신러닝 모델을 사용해 명령을 인식한다고 가정해 보자. 윈도가 너무 멀리 떨어져 있으면 음성 명령의 중요한 부분을 놓쳐서 인식하지 못할 수 있다(그림 4-3 참고).

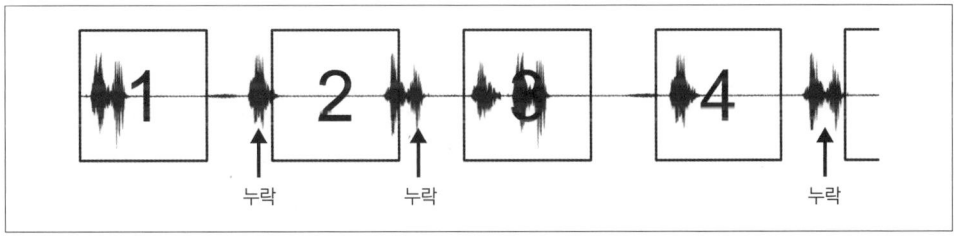

그림 4-3 프레임 속도가 너무 낮으면 신호의 일부가 처리되지 않으며, 수명이 짧은 이벤트를 감지하려는 경우 일부 이벤트가 누락될 수 있다.

윈도 크기를 선택하는 것은 매우 중요하다. 윈도가 클수록 그 안에 있는 데이터를 처리하는 데 시간이 오래 걸린다. 그러나 윈도가 클수록 신호에 대한 정보가 더 많이 포함되어 신호 처리와 AI 알고리듬을 더 쉽게 사용할 수 있다. 윈도 크기와 프레임 속도 사이의 균형은 시스템을 개발할 때 고려해야 할 중요한 사항이다.

나중에 살펴보겠지만, 다양한 AI 알고리듬이 있으며, 그중 일부는 다른 알고리듬보다 윈도 크기에 더 민감하다. 일부 알고리듬(대체로 신호에서 발생하는 내용을 내부 메모리에 유지하는 알고리듬)은 매우 작은 윈도 크기에서도 잘 작동하는 반면, 다른 알고리듬은 신호를 제대로 분석하기 위해 큰 윈도 크기가 필요하다. 알고리듬 선택은 지연 시간에도 영향을 미치며, 이 또한 윈도 크기를 제한한다. 알고리듬 선택은 윈도 크기, 지연 시간, 알고리듬 선택 간 트레이드오프의 복잡한 시스템이다.

윈도는 비디오 스트림에도 적용된다. 이 경우 비디오의 각 '윈도'는 특정 수의 정지 이미지(일반적으로 단일 이미지)이지만, 일부 AI 알고리듬은 여러 이미지를 동시에 분석할 수도 있다.

데이터 스트림을 처리하는 좀 더 정교한 기술은 디지털 신호 처리의 범주에 속한다. 이런 기술을 윈도와 결합하여 AI 알고리듬에 공급하는 데이터를 생성할 수 있다.

디지털 신호 처리 알고리듬

센서에서 생성된 신호를 처리하는 데 도움이 되는 수백 가지의 신호 처리 알고리듬이 있다. 이 절에서는 엣지 AI에 가장 중요한 몇 가지 DSP 알고리듬에 대해 설명한다.

리샘플링

모든 시계열 신호에는 샘플 속도(빈도라고도 함)가 있으며, 종종 초당 데이터 샘플 수(Hz)로 나타낸다. 신호의 샘플 속도를 변경해야 하는 경우가 종종 있다. 예를 들어, 처리할 수 있는 속도보다 빠르게 데이터를 생성하는 경우 신호의 속도를 낮추고 싶을 수 있다(**다운샘플링**downsampling이라고 함). 반면에 더 높은 빈도의 다른 신호와 함께 편리하게 분석할 수 있도록 신호의 속도를 높이고 싶을 수 있다(**업샘플링**upsampling).

다운샘플링은 목표 주파수를 달성하기 위해 일부 샘플을 '버리는' 방식으로 작동한다. 예를 들어, 10Hz(초당 10개의 샘플) 신호의 짝수 번째 프레임을 버리면 5Hz 신호가 된다. 그러나 에일리어싱aliasing이라는 현상으로 인해, 이런 방식으로 빈도를 줄이면 출력에 왜곡이 발생할 수 있다. 이를 방지하기 위해 신호를 다운샘플링하기 전에 일부 고주파$^{high-frequency}$ 정보를 제거해야 한다. 이는 다음 절에서 설명하는 저역 통과 필터$^{low-pass\ filter}$를 사용해 수행된다.

업샘플링은 신호의 주파수를 높이기 위해 새로운 샘플을 생성하고 삽입하는 반대 방식으로 작동한다. 예를 들어, 10Hz 신호의 모든 샘플 뒤에 추가 샘플을 삽입하면 20Hz 신호가 된다. 어려운 부분은 무엇을 삽입할지 아는 것이다! 두 샘플 사이의 시간 동안 실제로 어떤 일이 일어났을지 알 수 있는 방법은 없지만 **보간**^{interpolation}이라는 기술을 사용해 근사치로 빈칸을 채울 수 있다.

시계열 외에 이미지도 업샘플링과 다운샘플링을 할 수 있다. 이 경우 공간 해상도(이미지당 픽셀 수)를 높이거나 낮출 수 있다. 시계열 리샘플링과 마찬가지로 이미지의 크기를 조정할 때도 안티에일리어싱$^{anti-aliasing}$이나 보간 기술이 필요하다.

업샘플링과 다운샘플링이 모두 중요하지만 다운샘플링은 엣지 AI에서 더 일반적으로 발생한다. 일반적으로 센서는 설정된 빈도로 출력을 생성하므로, 개발자가 다운샘플링하여 나머지 신호 처리 파이프라인에 가장 적합한 빈도를 얻을 수 있다.

엣지 AI 애플리케이션의 경우, 업샘플링은 주파수가 다른 두 신호를 단일 시계열로 결합하려는 경우에 가장 유용하다. 그러나 이는 더 높은 빈도의 신호를 다운샘플링하여 달성할 수도 있고, 이 편이 계산적으로 더 저렴할 수 있다.

> **이미지 크기 조정과 자르기**
>
> 다양한 모델의 이미지 센서는 다양한 크기와 모양의 이미지를 출력하며, 엣지 AI 알고리듬(예: 딥러닝 비전 모델)에는 매우 특정한 크기의 이미지가 필요한 경우가 많다. 자르기와 크기 조정은 일반적으로 이미지를 모델과 호환되도록 하는 데 사용되며, 다운샘플링과 업샘플링은 물론 이미지 덩어리를 버릴 수도 있다.
>
> 그림 4-4는 필요한 입력 셰이프에 맞게 이미지 크기를 조정하고 자르는 일반적인 방법을 보여준다.

가장 짧은 축을 맞춘다(자르기).

가장 긴 축을 맞춘다.

찌부러뜨려서 맞춘다.

원래의 이미지

그림 4-4 직사각형 이미지를 정사각형 입력 모양에 맞추는 세 가지 방법

필터링

디지털 필터는 (시계열 신호에 적용되어) 신호를 특정 방식으로 변환하는 함수다. 다양한 유형의 필터가 존재하며, 엣지 AI 알고리듬을 위한 데이터를 준비하는 데 매우 유용할 수 있다.

저역 통과 필터는 신호의 저주파 요소는 통과하고, 고주파 요소는 제거하도록 설계됐다. 필터의 **차단 주파수**cutoff frequency는 어느 주파수 이상의 신호가 영향을 받을지를 나타내고, **주파수 응답**frequency response은 해당 신호가 영향을 받는 정도를 나타낸다.

고역 통과 필터는 반대로 차단 주파수 이상의 주파수는 통과시키고, 그 이하의 주파수는 감쇠(감소)시키는 것과 같은 원리다. 대역 통과 필터band-pass filter는 이 두 가지를 결합하여 특정 대역 내의 주파수는 허용하지만 그 밖의 주파수는 감쇠시킨다.

엣지 AI에서 필터링의 목적은 신호에서 유용한 부분을 분리하여 문제 해결에 기여하지 않는 부분을 제거하는 것이다. 예를 들어, 음성 인식 애플리케이션은 대역 통과 필터를 사용해 사람의 정상적인 음성 범위(125Hz~8kHz)의 주파수는 허용하고 다른 주파수의 정보는 거부할 수 있다. 이렇게 하면 머신러닝 모델이 신호의 다른 정보에 방해받지 않고 음성을 더 쉽게 해석할 수 있다.

> **노이즈 필터링**
>
> 센서의 모든 신호에는 약간의 부정확한 측정으로 인해 발생하는 데이터의 무작위 변동인 노이즈가 어느 정도 포함되어 있다. 오디오 녹음의 윙윙거리는 배경소리나, 야간에 촬영한 디지털 카메라 사진의 반점이 노이즈의 대표적인 예다.
>
> 노이즈가 특정 주파수에 존재하는 경우(이런 경우는 매우 흔하다), 노이즈를 제거하는 데 필터가 매우 유용할 수 있다. 이렇게 하면 일부 AI 알고리듬이 신호를 더 쉽게 해석할 수 있다. 그러나 딥러닝 모델 류의 알고리듬은 노이즈에 자연스럽게 대처할 수 있으므로, 항상 필터링할 필요는 없다.

필터는 모든 유형의 데이터에 적용할 수 있다. 예를 들어, 이미지에 저역 통과 필터를 적용하면 흐릿하게 하거나 부드럽게 하는 효과가 있다. 같은 이미지에 고역 통과 필터를 적용하면 디테일을 '선명하게' 처리한다.

이동 평균 필터moving average filter는 저역 통과 필터의 일종이다. 이동 평균 필터는 (시계열이 주어지면) 특정 윈도 내의 값의 이동 평균을 계산한다. 데이터를 평활화하는 것 외에도, 단일 값이 광범위한 시간의 정보를 나타내도록 하는 효과가 있다.

여러 이동 평균이 각각 다른 윈도 길이로 계산되고 함께 쌓이면, 신호의 순간 스냅샷(여러 이동 평균이 포함된)에는 일정 시간 윈도 안의 신호 변화와 여러 다른 빈도에 걸친 정보가 포함된다. 이는 AI 알고리듬이 상대적으로 적은 수의 데이터 포인트를 사용해 광범위한 시간대를 관찰할 수 있다는 것을 의미하므로, 피처 엔지니어링에 유용한 기술이 될 수 있다.

필터링은 극히 일반적인 신호 처리 작업이다. 많은 임베디드 프로세서는 일부 유형의 필터링에 대한 하드웨어 지원을 제공하여, 지연 시간과 에너지 사용량을 줄여준다.

스펙트럼 분석

시계열 신호는 **시간 영역**time domain에 있다고 할 수 있으며, 이는 시간 경과에 따라 변수들이 어떻게 변하는지를 나타낸다. 몇 가지 일반적인 수학적 도구를 사용하면 시계열 신호를 **주파수 영역**frequency domain으로 변환할 수 있다. 변환을 통해 얻은 값은 신호가 여러 주파수 대역에 걸쳐 얼마나 많은 주파수 범위, 즉 스펙트럼에 속해 있는지를 나타낸다.

그림 4-5와 같이, 신호를 여러 개의 얇은 윈도로 분할한 다음 각 윈도를 주파수 도메인으로 변환하면, 시간에 따라 신호의 주파수가 어떻게 변하는지에 대한 맵을 만들 수 있다. 스펙트로그램spectrogram이라는 이 맵은 머신러닝 모델에 매우 효과적인 입력으로 사용된다.

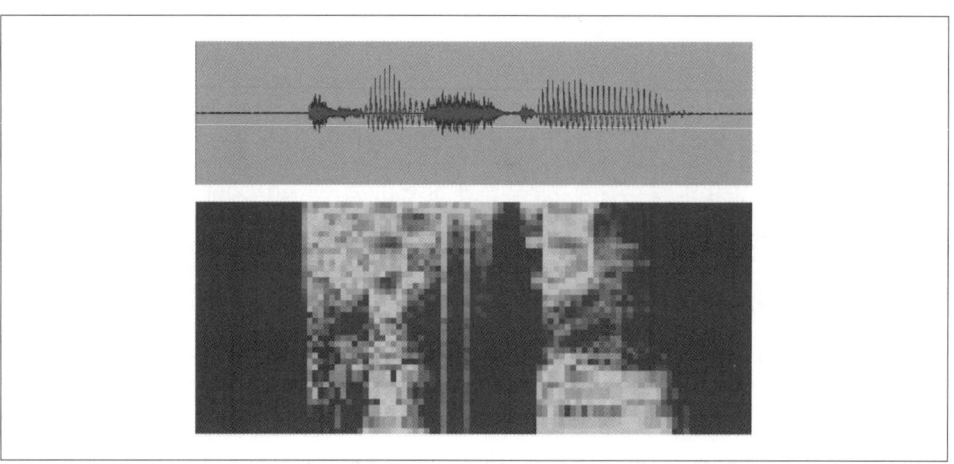

그림 4-5 동일한 오디오 클립을 시간 영역의 파형(위)과 주파수 영역의 스펙트로그램(아래)으로 표현한 예

스펙트로그램은 실제 애플리케이션, 특히 오디오 관련 애플리케이션에서 일반적으로 사용된다. 데이터를 주파수 대역의 윈도로 분리하면 비교적 작고 간단한 모델로 데이터를 해석할 수 있다.[2] 또한 스펙트로그램을 보면서 한 단어와 다른 단어를 시각적으로 구별할 수 있으며, 일부 사람들은 스펙트로그램을 읽는 법을 배우기도 한다.

---

2 그 이유 중 하나는 그림 4-5의 원시 오디오는 44,100개의 샘플로 구성되어 있는 반면, 이에 해당하는 스펙트로그램에는 3,960개의 요소만 있기 때문이다. 입력이 작을수록 모델도 작아진다.

신호를 시간에서 주파수 영역으로 변환할 수 있는 알고리듬은 여러 가지가 있지만, 가장 일반적인 것은 푸리에 변환이다. 푸리에 변환은 매우 일반적인 연산이며, 임베디드 장치에서 푸리에 변환을 수행하기 위한 하드웨어 지원(또는 최소한 최적화된 구현)이 제공되는 경우가 많다.

디지털 신호 처리와 시계열 분석을 위한 수많은 알고리듬과 기법이 있으며, 이에 대해 많은 공학적, 학문적 연구가 이뤄지고 있다. 해당 주제에 대해 다음과 같은 훌륭한 자료가 있다.

- 『The Scientist and Engineer's Guide to Digital Signal Processing』(Steven W. Smith, California Technical, 1997, https://oreil.ly/jo0UJ)
- 『Practical Time Series Analysis』(Aileen Nielsen, O'Reilly, 2019)

이미지 피처 감지

신호 처리 알고리듬의 전체 하위 집합은 이미지에서 유용한 피처를 추출하는 것과 관련이 있다.[3] 이러한 알고리듬은 전통적으로 **컴퓨터 비전 알고리듬**computer vision algorithm이라고 불려왔다. 일반적인 예를 나열하면 다음과 같다.

가장자리 감지

이미지에서 경계를 식별하는 데 사용된다(그림 4-6 참고).

코너 감지

이미지에서 흥미로운 2차원 구조를 가진 점을 찾는 데 사용된다.

블롭 감지

이미지에서 공통점이 있는 영역을 식별하는 데 사용된다.

능선 감지

이미지 내에서 곡선을 식별하는 데 사용된다.

---

3   이미지 처리에서 피처(feature)는 특정한 시각적 구조의 위치 등 이미지에 대한 특정 정보다. 'Feature(computer vision)'(https://oreil.ly/-EC-T)이라는 제목의 위키피디아 페이지에는 일반적인 이미지 피처들이 여럿 나열되어 있다.

그림 4-6 가장자리 감지 알고리듬은 색상이나 강도가 다른, 영역 사이의 경계를 찾는다.

이미지 피처 감지는 크고 지저분한 이미지를 그 안에 존재하는 시각적 구조로 축소^{reduce}한다. 이를 통해 다운스트림에서 작동하는 모든 AI 알고리듬을 더 쉽게 만들 수 있다.

이미지 작업 시 피처 감지가 항상 필요한 것은 아니다. 일반적으로 딥러닝 모델은 자체적으로 피처를 추출하는 방법을 학습할 수 있으므로 전처리의 유용성이 줄어든다. 그러나 다른 유형의 엣지 AI 알고리듬을 사용해 이미지 데이터를 해석할 때는 여전히 피처 감지를 수행하는 것이 일반적이다.

OpenCV 프로젝트(https://opencv.org)는 대부분의 SoC 장치에서 실행할 수 있는 피처 감지(그리고 기타 이미지 처리 작업)를 위한 라이브러리들을 제공한다. 마이크로컨트롤러의 경우, OpenMV(https://openmv.io)는 이를 실행하도록 설계된 하드웨어와 함께, 피처 감지 알고리듬을 구현한 오픈소스 라이브러리를 제공한다.

피처와 센서 결합하기

AI 알고리듬의 입력으로 여러 가지 피처와 신호를 결합하는 데는 아무런 제약이 없다. 예를 들어, 여러 기간에 걸친 시계열의 여러 이동 평균을 계산하여 모두 함께 머신러닝 모델에 전달할 수 있다. 융통성 없는 규칙은 없으므로 데이터를 잘게 쪼개는 방식에 대해 자유롭게 실험하고 창의력을 발휘하기 바란다. 이후의 장에서 실험을 위한 프레임워크를 제공할 것이다.

센서 융합sensor fusion은 동일한 신호의 피처들을 결합하는 것을 넘어 여러 센서의 데이터를 함께 통합하는 개념이다. 예를 들어, 엣지 AI 피트니스 트래커는 가속도계, 자이로스코프, 심박수 센서의 정보를 결합하여 착용자가 어떤 스포츠를 하고 있는지 감지할 수 있다.

더 복잡한 엣지 AI 시나리오에서는 센서를 동일한 장치에 통합할 필요도 없다. 건물 전체에 분산된 온도 및 재실 센서를 사용해 에어컨 사용을 최적화하는 스마트 기후 제어 시스템을 상상할 수 있다.

센서 융합에는 세 가지 범주가 있다.

상호 보완
　가상의 피트니스 트래커에 탑재된 다양한 센서처럼 여러 센서를 결합하면 단일 센서로 파악할 수 있는 것보다 상황을 더 완벽하게 파악할 수 있다.

경쟁
　여러 센서가 동일한 것을 정확하게 측정하여 잘못된 측정의 가능성을 줄이는 경우 (예: 중요한 장비의 온도를 모니터링하는 여러 개의 중복 센서)

협력
　여러 센서의 정보를 결합하여 다른 방법으로는 얻을 수 없었던 신호를 생성하는 경우(예: 두 대의 카메라가 깊이 정보를 제공하는 스테레오 이미지를 생성하는 경우)

센서 융합에 내재된 과제는 서로 다른 속도로 발생할 수 있는 여러 신호를 어떻게 결합하느냐다. 다음 사항을 고려해야 한다.

1. 신호를 시간에 맞춰 정렬한다. 많은 알고리듬에서 융합하려는 모든 신호가 동일한 주파수에서 샘플링되고 그 값이 동시 측정값을 반영하는 것이 중요하다. 이는 리샘플링을 통해 달성할 수 있는데, 예를 들어 저주파 신호를 업샘플링하여 융합하려는 고주파 신호와 동일한 속도를 갖도록 하는 것이다.

2. 신호를 스케일링한다. 일반적으로 큰 값을 가진 신호가 일반적으로 작은 값을 가진 신호를 압도하지 않도록 신호의 값을 동일한 스케일로 조정하는 것이 중요하다.

3. 신호를 수치적으로 결합한다. 이 작업은 간단한 수학 연산(더하기나 곱하기, 평균)을 사용하거나 칼만^{Kalman} 필터(나중에 다룸)와 같은 좀 더 정교한 알고리듬을 사용하거나 단순히 데이터를 연결하여 단일 행렬로 알고리듬에 전달함으로써 수행할 수 있다.

피처 엔지니어링의 다른 단계 전이나 후에 센서 융합을 수행할 수 있다. 임의의 예를 들어 두 시계열을 융합하려는 경우, 먼저 시계열 중 하나에 대해 로우 패스 필터를 통과시킨 다음 동일한 척도로 스케일을 조정하고 평균을 통해 두 시계열을 결합한 다음, 결합된 값을 주파수 영역으로 변환할 수 있다. 실험을 두려워하지 마라!

피처 스케일링

센서의 데이터 스트림에는 다양한 범위의 값이 포함될 수 있다. 예를 들어 센서가 측정값을 부호 없는 16비트 정수로 반환하는 경우, 그 값은 0에서 65,535까지 다양할 수 있다.

이렇게 큰 범위는 일부 AI 알고리듬을 적용하기에 까다로울 수 있다. 예를 들어, 딥러닝 모델은 입력값의 크기가 클 경우 학습하는 데 어려움을 겪을 수 있다.

또한 규모가 크게 다른 피처를 전달할 때 머신러닝 모델에서 좋은 결과를 얻기가 어려울 수 있다. 큰 값이 작은 값보다 더 큰 영향을 주기 때문에 여러 개의 입력 피처를 사용하는 이점이 줄어든다. 이는 센서 융합에서도 문제가 된다.

이 문제를 해결하려면 입력을 결합하거나 AI 알고리듬으로 보내기 전에 스케일을 조정하는 것이 좋다. 이를 위한 일반적인 방법을 **정규화**(normalization)라고 한다. 정규화에는 다양한 종류가 있다. **리스케일링**(rescaling)이라고 하는 가장 간단한 방법은 입력 데이터의 대표 샘플에서 특정 기능의 최댓값과 최솟값을 결정하는 것이다(머신러닝 모델로 작업하는 경우 일반적으로 학습 데이터를 사용). 그런 다음 공식을 사용해 정규화된 값을 계산할 수 있다.

```
normalized_value = (raw_value - minimum) / (maximum - minimum)
```

이렇게 하면 0과 1 사이의 값이 제공되어 동일한 척도의 다른 정규화된 값과 편리하게 비교하고 결합할 수 있다.

> 다른 일반적인 스케일링 방법으로는 **평균 정규화**(mean normalization)와 **표준화**(standardization)가 있다. 위키피디아 문서 '피처 스케일링'(https://oreil.ly/hhzyc)에서 일반적인 개요를 확인할 수 있다.
>
> 한 가지 주의할 점은 실제 세계에서 접하는 값은 학습 데이터의 값과 다른 범위를 가질 수 있다는 것이다. 문제를 방지하려면 예상 범위를 벗어난 값은 모두 잘라내야 한다.

이제 데이터 처리를 위한 몇 가지 중요한 도구가 생겼다. 다음 절에서는 데이터를 이해하는 데 도움이 되는 AI 알고리듬에 대해 살펴보겠다.

인공지능 알고리듬

인공지능 알고리듬을 생각하는 방법에는 두 가지가 있다. 하나는 기능에 기반한 것(무엇을 하도록 설계됐는가?)이고, 다른 하나는 구현에 기반한 것(어떻게 작동하는가?)이다. 두 가지 측면 모두 중요하다. 기능은 구축하려는 애플리케이션에 매우 중요하며, 구현은 제약 조건(일반적으로 데이터와 배포할 장치)을 고려할 때 중요하다.

기능별 알고리듬 유형

먼저 기능적 관점에서 가장 중요한 알고리듬 유형을 살펴보자. 해결하려는 문제를 이러한 알고리듬 유형에 매핑하는 것을 **프레이밍**framing이라고 하며, 6장에서 프레이밍에 대해 자세히 살펴볼 것이다.

분류

분류 알고리듬은 사물의 다양한 **유형**type, 즉 **클래스**class를 구분하는 문제를 해결하려고 한다. 예를 들면 다음과 같다.

- 걷기와 달리기를 분류하는, 가속도계가 있는 피트니스 모니터
- 빈 방과 사람이 있는 방을 분류하는, 이미지 센서가 있는 보안 시스템
- 네 가지 동물 종을 분류하는 야생동물 카메라

그림 4-7은 가속도계로 수집한 데이터를 기반으로 지게차가 정차 중이거나 이동 중인지를 판단하는 데 사용되는 분류기를 보여준다.

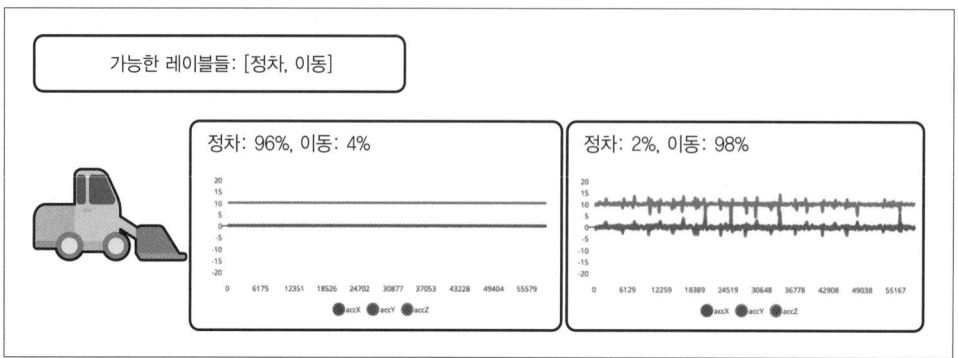

그림 4-7 분류기(classifier)는 일반적으로 가능한 각 클래스를 포함하는 확률 분포를 출력한다.

분류는 작업에 따라 몇 가지 방식으로 분류할 수 있다.

이진 분류

    입력이 두 클래스 중 하나에 속한다.

다중 클래스 분류

    입력이 2개 이상의 클래스 중 하나에 속한다.

다중 레이블 분류

    입력이 여러 클래스 중 0개 이상에 속한다.

가장 일반적인 형태의 분류는 이진과 다중 클래스다. 이러한 형태의 분류를 사용하려면 항상 2개 이상의 클래스가 필요하다. 관심 있는 것이 하나뿐이더라도(예: 방에 있는 사람), 관심 없는 모든 것(예: 사람이 없는 방)을 나타내는 클래스도 필요하다. 다중 레이블 분류는 비교적 드물다.

회귀

회귀regression 알고리듬은 숫자를 도출하려고 한다. 예를 들면 다음과 같다.

- 한 시간 후의 온도를 예측하는 스마트 온도 조절기
- 카메라를 사용해 식품의 무게를 추정하는 가상 저울
- 모터의 소리를 기반으로 모터의 회전 속도를 추정하는 가상 센서

후자의 두 가지 예 같은 가상 센서는 특히 흥미로운 회귀 사례다. 실제로 센서가 존재하지 않아도 사용 가능한 센서 데이터를 사용해 다양한 유형의 센서에서 측정값을 예측할 수 있다.

객체 감지와 세그먼테이션

객체 감지^{object detection} 알고리듬은 이미지나 비디오를 촬영하고 그 주위에 **경계 상자**^{bounding box}를 그려서 그 안에 있는 특정 객체의 위치를 식별한다. 그림 4-8에서 볼 수 있듯이, 분류와 회귀를 결합하여 특정 유형의 객체를 식별하고 해당 객체의 숫자 좌표를 예측한다.

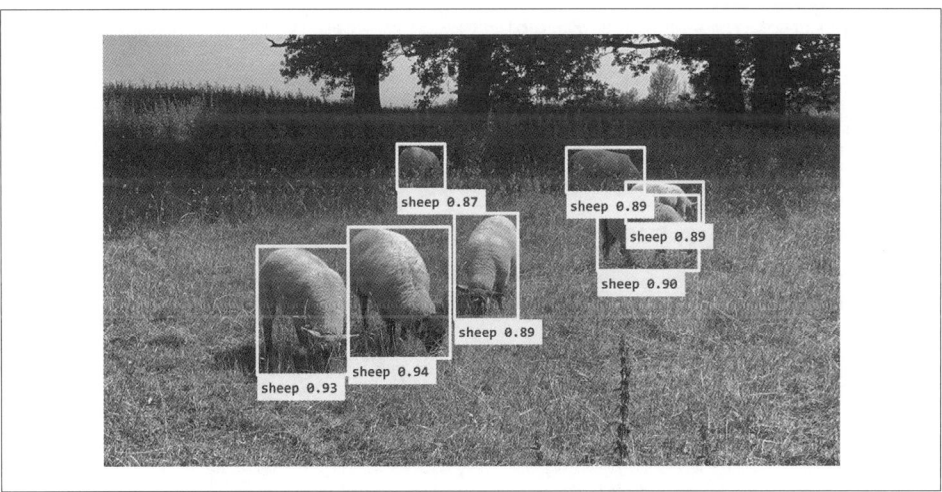

그림 4-8 객체 감지 모델의 일반적인 출력은 감지된 객체 주위에 그려진 경계 상자로 구성되며, 각 경계 상자에는 개별 신뢰도 점수가 있다.

특정 유형의 객체에 특화된 객체 감지 알고리듬이 존재한다. 예를 들어, 그림 4-9에 표

시된 것처럼 포즈 추정 모델은 인체 부위를 인식하고 이미지 내에서 해당 위치를 식별하도록 설계됐다.

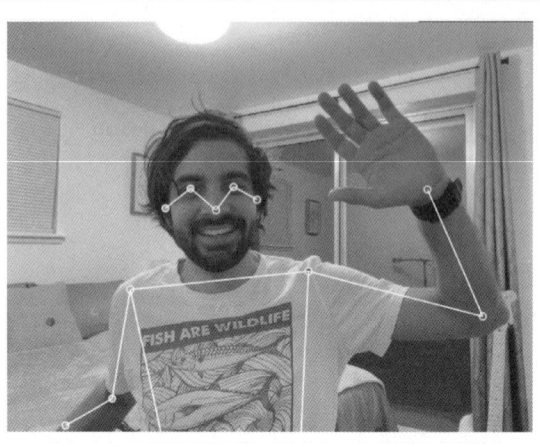

그림 4-9 포즈 추정 기능은 인체의 주요 지점을 식별하며, 각각의 위치는 다른 프로세스의 입력으로 사용될 수 있다.

세그먼테이션 알고리듬은 객체 감지 알고리듬과 유사하지만 픽셀 수준에서 이미지를 분류한다. 그 결과 그림 4-10에서 볼 수 있듯이 입력 영역에 해당 콘텐츠의 레이블을 지정하는 **세그먼테이션 맵**segmentation map이 생성된다.

그림 4-10 이 거리 장면은 세그먼테이션 맵을 이용해 레이블이 지정됐다. 사람이나 도로 표면 같은 서로 다른 영역은 서로 다른 음영으로 표시된다. 세그먼테이션 알고리듬은 어떤 픽셀이 어떤 유형의 객체에 속하는지 예측하는 것을 목표로 한다.

다음은 물체 감지와 세그먼테이션의 사용 사례다.

- 카메라를 사용해 들판의 동물 수를 세는 농장 모니터
- 운동 중 자세에 대한 피드백을 제공하는 홈 피트니스 시스템
- 컨테이너에 제품이 얼마나 채워져 있는지 측정하는 산업용 카메라

이상 탐지

이상 탐지anomaly detection 알고리듬은 신호가 정상 동작에서 벗어났을 때 이를 인식한다. 많은 애플리케이션에서 유용하게 사용된다.

- 전류 소모량으로 모터가 고장 나기 시작한 시점을 인식할 수 있는 산업용 예측 유지보수 시스템
- 가속도계를 사용해 비정상적인 표면에서 주행 중일 때를 식별할 수 있는 로봇 진공 청소기
- 미지의 동물이 언제 지나갔는지 알 수 있는 트레일 카메라

이상 탐지 알고리듬은 예측 유지보수에 매우 유용하다. 또한 머신러닝 모델과 함께 사용하면 매우 유용하다. 많은 머신러닝 모델은 학습 세트에 없는 입력이 주어지면 임의의 가짜 결과를 생성한다.

이를 방지하기 위해 머신러닝 모델을 이상 탐지 알고리듬과 함께 사용하면 비정상적인 결과가 나올 때 이를 알려주어 가짜 결과를 버릴 수 있다. 일부 유형의 모델은 모델이 불확실한 경우를 인식할 수 있도록, 해석할 수 있는 실제 확률 분포를 나타내도록 **보정**할 수도 있다.

클러스터링

클러스터링clustering 알고리듬은 유사도에 따라 입력을 그룹화하려고 시도하며, 입력이 이전에 본 것과 유사하지 않은 경우 이를 인식할 수 있다. 이상 징후 감지 애플리케이션을 비롯하여 엣지 AI 장치가 환경을 학습해야 할 때 자주 사용된다. 예를 들어

- 각 사용자의 음성을 학습하는 음성 어시스턴트
- '정상' 작동 상태를 학습하고 이로부터의 편차를 감지할 수 있는 예측 유지보수 애플리케이션
- 사용자의 이전 선택에 따라 음료를 추천할 수 있는 자판기

클러스터링 알고리듬은 배포 후 즉시 클러스터를 학습하거나 미리 클러스터를 구성할 수 있다.

차원 축소

차원 축소$^{dimensionality\ reduction}$ 알고리듬은 신호를 받아 동일한 정보를 포함하지만 훨씬 적은 공간을 차지하는 표현을 생성한다. 그러면 두 신호의 표현을 서로 쉽게 비교할 수 있다. 응용 사례는 다음과 같다.

- 원격 장치에서 소리를 더 저렴하게 전송하기 위한 오디오 압축
- 지문 인식, 지문이 장치 소유자와 일치하는지 확인
- 얼굴 인식, 비디오 피드에서 개별 얼굴 인식

차원 축소는 단독으로 사용되기보다는 다른 AI 알고리듬과 함께 사용되는 경향이 있다. 예를 들어, 오디오와 비디오 같은 복잡한 데이터 유형에서 유사한 신호를 식별하기 위해 클러스터링 알고리듬과 함께 사용할 수 있다.

변환

변환^{transformation} 알고리듬은 하나의 신호를 받아 다른 신호를 출력한다. 몇 가지 예는 다음과 같다.

- 신호에서 특정 소음을 식별하고 제거하는 노이즈 캔슬링 헤드폰
- 어둡거나 비가 오는 조건에서 이미지를 향상하는 자동차 후진 카메라
- 오디오 신호를 받아 필사본을 출력하는 음성 인식 장치

변환 알고리듬의 입력과 출력은 매우 다를 수 있다. 전사^{transcription}의 경우 입력은 오디오 데이터 스트림이고 출력은 단어 시퀀스다.

알고리듬 결합

동일한 애플리케이션에서 서로 다른 유형의 알고리듬을 혼합하지 못할 이유는 없다. 이번 절의 뒷부분에서 알고리듬을 결합하는 기술을 살펴보겠다(170페이지의 '알고리듬 결합' 절 참고).

구현별 알고리듬 유형

알고리듬을 기능별로 살펴보면 알고리듬의 용도를 이해하는 데 도움이 되지만, 엔지니어링 관점에서 이러한 기능을 구현할 수 있는 다양한 방법을 이해하는 것도 중요하다. 예를 들어, 분류 알고리듬을 구축하는 방법에는 수십 년에 걸친 컴퓨터 과학 연구의 결과물인 수백 가지의 다양한 방법이 있다. 각 방법에는 고유한 장단점이 있으며, 이러한 장단점은 엣지 AI 하드웨어의 제약 조건으로 인해 더욱 증폭된다.

다음 절에서는 엣지 AI 알고리듬이 구현되는 가장 중요한 방법을 살펴보겠다. 이 목록은 완전한 목록이 아니다. 엣지 AI에 초점을 맞추고 있기 때문에 장치에서 잘 작동하는 기술에 중점을 두고 있다.

조건문과 휴리스틱

가장 간단한 유형의 AI 알고리듬은 조건부 논리, 즉 간단한 if 문을 기반으로 하여 의사결정을 내리는 것이다. 42페이지의 '인공지능' 절에서 살펴본 코드 조각을 다시 살펴보자.

```
current_speed = 10 # 초속 미터
distance_from_wall = 50 # 미터
seconds_to_stop = 3 # 차량을 정지하는 데 필요한 최소 시간(초)
safety_buffer = 1 # 브레이크를 밟기 전 몇 초 동안의 안전 마진

# 벽에 부딪히기 전까지 남은 시간 계산하기
seconds_until_crash = distance_from_wall / current_speed
```

```
# 곧 충돌할 것 같으면 브레이크를 밟는다.
if seconds_until_crash < seconds_to_stop + safety_buffer:
    applyBrakes()
```

이 간단한 알고리듬은 사람이 정의한 몇 가지 값(seconds_to_stop 등)을 사용해 기본적인 계산을 수행하고 자동차의 브레이크 적용 여부를 결정한다. 이것도 인공지능으로 볼 수 있을까? 논쟁을 불러일으킬 수 있는 질문이지만 대답은 단호하게 '그렇다'이다.[4]

인공지능에 대한 일반적인 이해는 인간처럼 생각할 수 있는 기계를 만들기 위한 노력이라는 것이다. 공학적 정의는 훨씬 더 현실적이다. 인공지능은 일반적으로 인간의 지능이 필요한 작업을 컴퓨터가 수행할 수 있게 해준다. 예를 들어, 충돌을 피하기 위해 자동차의 브레이크를 제어하는 것은 일반적으로 인간의 지능이 필요한 작업이다. 20년 전만 해도 매우 인상적인 기능으로 여겨졌을 자동 제동 기능은 현대 자동차에서 흔히 볼 수 있는 기능이다.

 if 문이 인공지능이 될 수 있다는 생각을 비웃기 전에, 머신러닝 알고리듬의 가장 인기 있고 효과적인 범주 중 하나인 의사결정 트리(decision tree)가 if 문을 속에 감춘 것일 뿐이라는 점을 생각해 보자. 요즘에는 딥러닝 모델도, 근본적으로 조건부 논리인 바이너리 신경망으로 구현할 수 있다. 지능은 구현이 아니라 애플리케이션에서 나온다!

자동차 제동 알고리듬의 조건부 로직은 실제로 분류를 구현한 것이다. 입력(자동차의 속도와 벽과의 거리)이 주어지면 알고리듬은 상황을 안전 운전이나 충돌 임박의 두 가지 유형 중 하나로 분류한다. 조건부 논리는 출력이 범주형이기 때문에 분류에 자연스럽게 사용되며, if 문은 둘 중 한 가지 출력을 제공한다.

조건부 논리는 **휴리스틱**heuristics이라는 개념과 연결된다. 휴리스틱은 상황을 이해하거나 대응하는 데 도움을 주기 위해 상황에 적용할 수 있는, 수작업으로 만든 규칙이다. 예를 들어, 자동차 제동 알고리듬은 벽에 부딪히기까지 4초 미만이면 브레이크를 밟아야 한다는 휴리스틱을 사용한다.

---

4   AI 연구자들이 컴퓨터가 어떤 작업을 수행하는 방법을 알아내는 순간 비평가들은 더 이상 그 작업을 지능의 사례로 간주하지 않는 'AI 효과'(https://oreil.ly/hcR8Q)라는 잘 알려진 현상이 있다.

휴리스틱은 인간이 도메인 지식을 사용해 설계한 것이다. 이러한 도메인 지식은 실제 상황에 대해 수집된 데이터를 기반으로 구축될 수 있다. 그런 점에서 단순해 보이는 자동차 제동 알고리듬은 실제로는 현실 세계에 대한 깊이 있고 잘 연구된 이해를 나타낼 수 있다. 수백만 달러에 달하는 충돌 테스트 끝에 도달한 초당 정지 시간(seconds_to_stop) 값은 아마도 이상적인 상숫값일 것이다. 이런 점을 염두에 두면, if 문 하나에도 인간의 지능과 지식이 상당량 담겨 있으며, 이를 간단하고 우아한 코드로 압축하여 표현할 수 있음을 쉽게 알 수 있다.

자동차 제동의 예는 매우 간단하지만, 조건부 로직을 신호 처리와 결합하면 상당히 정교한 결정을 내릴 수 있다. 예를 들어, 산업 기계에서 나는 소리를 기반으로 작업자에게 기계의 상태를 알려주는 예측 유지보수 시스템을 구축한다고 가정해 보자. 기계가 고장 나기 직전에 특유의 고음으로 우는 소리를 낼 수 있다. 오디오를 캡처하고 푸리에 변환을 사용해 주파수 영역으로 변환하면, 간단한 if 문을 사용해 우는 소리가 발생하는 시점을 파악하고 작업자에게 알릴 수 있다.

if 문 외에도 더 복잡한 논리를 사용해 알려진 규칙에 따라 상황을 해석할 수 있다. 예를 들어 산업용 기계는 내부 온도와 압력 측정값에 따라 속도를 변경함으로써, 손상을 방지하기 위해 핸드코딩된 알고리듬을 사용할 수 있다. 이 알고리듬은 온도와 압력을 가져와 코드에 캡처된 사람의 통찰력을 사용해 RPM을 직접 계산할 수 있다.

상황에 맞는 조건부 로직과 기타 핸드코딩 알고리듬은 놀라운 성능을 발휘할 수 있다. 이해하기 쉽고, 디버깅하기 쉽고, 테스트하기 쉽다. 지정되지 않은 동작의 위험이 없다. 코드가 한 방향으로 분기되거나 다른 방향으로 분기되며, 자동화된 테스트를 통해 모든 경로를 실행할 수 있다. 매우 빠르게 실행되며 상상할 수 있는 모든 장치에서 작동한다.

휴리스틱에는 두 가지 주요 단점이 있다. 첫째, 휴리스틱을 개발하려면 상당한 도메인 지식과 프로그래밍 전문지식이 필요할 수 있다. 예를 들어, 소규모 회사에서는 시스템의 수학적 기본 규칙을 이해하는 데 필요한 값비싼 연구를 수행할 리소스가 없을 수 있다. 또한 도메인 지식이 있다고 해도 모든 사람이 효율적인 코드로 휴리스틱 알고리듬을 설계하고 구현하는 데 필요한 전문지식을 갖추고 있는 것은 아니다.

두 번째 큰 단점은 **조합 폭발**combinatorial explosion이라는 개념이다. 상황에 존재하는 변수가 많을수록 기존의 컴퓨터 알고리듬으로는 모델링하기가 더 어려워진다. 체스를 예로 들 수 있다. 체스 게임에는 말이 너무 많고 가능한 움직임이 너무 많아서 다음에 무엇을 할 것인지 결정하려면 엄청난 양의 계산이 필요하다. 조건부 논리를 사용해 구축된 가장 진보된 체스 컴퓨터조차도 숙련된 인간 플레이어에게 쉽게 패배할 수 있다.

일부 엣지 AI 문제는 체스 게임보다 훨씬 더 복잡하다. 예를 들어, 카메라 이미지가 오렌지를 보여주는지 바나나를 보여주는지 판단할 수 있는 조건부 논리를 손으로 직접 작성한다고 상상해 보자. 몇 가지 트릭('노란색은 바나나, 주황색은 오렌지')을 사용하면 일부 이미지 범주에서는 성공할 수 있지만, 가장 단순한 장면을 넘어 일반화하기는 불가능할 것이다.

핸드코딩 로직에 대한 좋은 경험 법칙은 처리해야 하는 데이터 값이 많을수록 만족스러운 솔루션을 얻기가 더 어려워진다는 것이다. 다행히도 핸드코딩 접근 방식이 실패할 때 개입할 수 있는 알고리듬이 많이 있다.

고전적인 머신러닝

머신러닝은 알고리듬을 만드는 특별한 접근 방식이다. 휴리스틱 알고리듬은 알려진 규칙을 기반으로 로직을 직접 코딩하여 생성하는 반면, 머신러닝 알고리듬은 대량의 데이터를 탐색하여 자체적인 규칙을 발견한다.

다음 설명은 『초소형 머신러닝 TinyML』이라는 책에서 발췌한 것으로, 머신러닝의 기본 아이디어를 소개한다.

> 머신러닝 프로그램을 만들기 위해 프로그래머는 특별한 종류의 알고리듬에 데이터를 입력하고 알고리듬이 규칙을 발견하도록 한다. 즉, 프로그래머는 모든 복잡성을 직접 이해하지 않고도 복잡한 데이터를 기반으로 예측하는 프로그램을 만들 수 있다. 머신러닝 알고리듬은 우리가 제공한 데이터를 기반으로 **학습**이라는 프로세스를 통해 시스템의 **모델**을 구축하며, 이 모델은 일종의 컴퓨터 프로그램이다. 이 모델을 통해 데이터를 실행하여 **추론**이라는 프로세스를 통해 예측을 수행한다.
>
> – 『초소형 머신러닝 TinyML』(한빛미디어, 2020)

머신러닝 알고리듬은 분류에서 변환에 이르기까지 4장의 앞부분에서 설명한 모든 기능적 작업을 수행할 수 있다. 머신러닝을 사용하기 위한 핵심 요건은 **데이터 세트**dataset가 있어야 한다는 것이다. 데이터 세트는 일반적으로 실제 조건에서 수집된 대규모 데이터 저장소로, 모델을 학습시키는 데 사용된다.

일반적으로 머신러닝 모델을 학습시키는 데 필요한 데이터는 개발 프로세스 중에 수집되며, 가능한 한 많은 소스에서 집계된다. 이후의 장에서 살펴보겠지만, 대규모의 다양한 데이터 세트는 엣지 AI, 특히 머신러닝 작업에 매우 중요하다.

머신러닝은 대규모 데이터 세트에 의존하고 머신러닝 모델 **학습**은 계산 비용이 많이 들기 때문에, 일반적으로 학습 부분은 배포 전에 이뤄지고 **추론**은 엣지에서 이뤄진다. 물론 장치에서 머신러닝 모델을 학습할 수도 있지만, 데이터 부족과 적은 컴퓨팅 용량으로 인해 쉽지 않은 일이다.

엣지 AI에서는 머신러닝 데이터 세트로 작업하는 두 가지 주요 방법이 있다.

지도 학습supervised learning

머신러닝 알고리듬의 이해를 돕기 위해 전문가가 데이터 세트에 레이블을 지정한 경우

비지도 학습unsupervised learning

사람의 도움 없이 알고리듬이 데이터의 구조를 식별하는 경우

머신러닝에는 데이터 세트와 관련된 주요 단점이 있다. 머신러닝 알고리듬은 입력에 반응하는 방법을 알기 위해 전적으로 학습 데이터에 의존한다. 학습 데이터와 유사한 입력을 받는다면 잘 작동할 것이다. 그러나 학습 데이터와 크게 다른 입력(**분포 외**out-of-distribution 입력이라고 함)을 받으면 전혀 쓸모없는 출력을 생성하게 된다.

까다로운 부분은 출력에서 입력이 분포에서 벗어났다는 것을 알 수 있는 명백한 방법이 없다는 점이다. 즉, 모델이 쓸모없는 예측을 제공할 위험이 항상 존재한다는 뜻이다. 이런 문제를 피하는 것이 머신러닝 작업의 핵심 관심사다.

머신러닝 알고리듬에는 여러 가지 유형이 있다. **클래식** 머신러닝은, 다음 절에서 살펴볼

딥러닝을 제외하고, 실제로 사용되는 대부분의 머신러닝을 포괄한다.

해석 가능성과 설명 가능성

머신러닝 모델이 어떤 예측을 할 때, (다른 예측이 아닌) 특정 예측을 한 **이유**도 이해할 수 있다면 좋다. 사람이 이해할 수 있는 결정을 내리는 속성을 **해석 가능성**(interpretability)이나 **설명 가능성**(explainability)이라고 한다.

일부 머신러닝 알고리듬은 다른 알고리듬보다 해석 가능성이 더 높다. 이것이 중요한지 아닌지는 사용 사례에 따라 다르다. 예를 들어 의료 진단을 지원하는 데 머신러닝 모델을 사용하는 경우, 예측을 설명할 수 없다면 의사가 머신러닝 모델을 신뢰하지 않을 수 있다.

해석 가능한 알고리듬은 디버깅이 간단하기 때문에 작업하기가 더 쉽다. 잘못된 출력을 생성하는 경우 그 이유를 직접 파악하여 해결할 수 있다.

다음은 엣지 AI에 가장 유용한 고전적인 ML 알고리듬의 유형이다. 괄호 안에 지도 알고리듬인지 비지도 알고리듬인지 표시되어 있다.

회귀 분석(지도)

입력과 출력 간의 수학적 관계를 학습하여 연속적인 값을 예측한다. 학습하기 쉽고 실행 속도가 빠르며 데이터 요구사항이 적고 해석 가능성이 높지만, 간단한 시스템만 학습할 수 있다.

로지스틱 회귀(지도)

분류 지향적인 회귀 분석 유형인 로지스틱 회귀는 입력값과 출력 범주 간의 관계를 학습하며, 비교적 간단한 시스템에서 사용할 수 있다.

서포트 벡터 머신(지도)

고급 수학을 사용해 기본 회귀 분석보다 훨씬 더 복잡한 관계를 학습한다. 데이터 요구량이 적고 실행 속도가 빠르며 복잡한 시스템을 학습할 수 있지만, 학습이 어렵고 해석 가능성이 낮다.

의사결정 트리와 랜덤 포레스트(지도)

반복 프로세스를 사용해 출력 범주 또는 값을 예측하는 일련의 `if` 문을 구성한다. 학습하기 쉽고 실행 속도가 빠르며 해석 가능성이 높고 복잡한 시스템을 학습할 수 있지만, 많은 학습 데이터가 필요할 수 있다.

칼만 필터(지도)

측정 기록이 주어지면 다음 데이터 포인트를 예측한다. 여러 변수를 고려하여 정확도를 향상할 수 있다. 온디바이스로 학습되는 경우가 많고 데이터 요구사항이 적으며 실행 속도가 빠르고 해석이 쉽지만, 비교적 간단한 시스템만 모델링할 수 있다.

가장 가까운 이웃(비지도)

알려진 데이터 포인트와 얼마나 유사한지에 따라 데이터를 분류한다. 종종 온디바이스로 학습되고 데이터 요구사항이 적으며 해석하기 쉽지만, 비교적 단순한 시스템만 모델링할 수 있으며 데이터 포인트가 많을 경우 속도가 느릴 수 있다.

클러스터링(비지도)

유사성을 기준으로 입력을 그룹화하는 방법을 학습하지만 레이블이 필요치 않다. 온디바이스로 학습하는 경우가 많고 데이터 요구사항이 적으며 실행 속도가 빠르고 해석이 쉽지만, 비교적 간단한 시스템만 모델링할 수 있다.

고전적인 ML 알고리듬은 피처 엔지니어링 파이프라인의 결과를 해석하고 데이터로 의사결정을 내리기 위한 놀라운 도구다. 매우 효율적인 것부터 매우 유연한 것까지 다양한 스펙트럼을 포괄하며, 다양한 기능적 작업을 수행할 수 있다. 또 다른 주요 이점은 설명하기 쉬운 경향이 있어 의사결정 과정을 쉽게 이해할 수 있다는 것이다. 또한 알고리듬에 따라 데이터 요구사항이 상당히 낮을 수 있다(딥러닝에는 일반적으로 매우 큰 데이터 세트가 필요함).

말 그대로 수백 가지에 달하는 다양한 고전적 ML 알고리듬 풀^{pool}은 엣지 AI에 있어 축복이자 저주다. 한편으로는 다양한 상황에 적합한 알고리듬이 존재하므로 이론적으로 특정 사용 사례에 가장 이상적인 알고리듬을 찾을 수 있다. 반면에 알고리듬이 너무 많기 때문에 탐색하기가 어려울 수 있다.

scikit-learn(https://oreil.ly/EI2MV) 같은 라이브러리를 사용하면 다양한 알고리듬을 쉽게 시험해 볼 수 있지만, 최적의 성능을 발휘하도록 각 알고리듬을 조정하고 그 결과를 해석하는 데는 예술과 과학이 필요하다. 또한 마이크로컨트롤러에 배포하려면 알고리듬의 효율적인 구현을 직접 작성해야 할 수도 있는데, 아직 오픈소스 버전이 많지 않다.

기존 ML 알고리듬의 가장 큰 단점은 모델링할 수 있는 시스템의 복잡성 측면에서 상대적으로 금방 한계에 부딪힌다는 점이다. 즉, 최상의 결과를 얻으려면 설계가 복잡하고 계산 비용이 많이 드는 무거운 피처 엔지니어링과 함께 사용해야 하는 경우가 많다. 피처 엔지니어링을 사용하더라도 이미지 데이터 분류와 같이 기존 ML 알고리듬이 제대로 작동하지 않는 일부 작업이 있다.

즉, 고전적인 ML 알고리듬은 장치 내 의사결정을 내리기 위한 환상적인 도구다. 하지만 한계에 부딪힌다면 딥러닝이 도움이 될 수 있다.

딥러닝

딥러닝은 신경망에 초점을 맞춘 머신러닝의 한 유형이다. 딥러닝은 매우 효과적인 도구로 입증되어 다양한 유형의 애플리케이션에 심층 신경망$^{\text{deep neural network}}$이 적용되면서 거대한 분야로 성장했다.

이 책은 엔지니어링 관점에서 딥러닝 알고리듬의 중요한 속성에 초점을 맞춘다. 딥러닝의 기본 메커니즘은 흥미롭지만, 엣지 AI 제품을 구축하는 데 필수적인 지식은 아니다. 최신 도구를 사용하면 모든 엔지니어가 머신러닝에 대한 공식적인 배경지식 없이도 딥러닝 모델을 배포할 수 있다. 나중에 튜토리얼 장에서 이를 위한 몇 가지 도구를 공유하겠다.

딥러닝은 고전적인 머신러닝과 동일한 원리를 공유한다. 데이터 세트는 모델을 학습시키는 데 사용되며, 모델은 장치에 구현되어 추론을 수행할 수 있다. 모델에는 마법이 있는 것이 아니다. 모델은 그저 원하는 출력을 생성하기 위한, 알고리듬과 모델 안에 들어 있는 숫자의 묶음, 모델의 입력의 조합일 뿐이다.

모델의 숫자를 **가중치**^{weight}, 즉 **매개변수**^{parameter}라고 하며, 학습 과정에서 생성된다. **신경망**$^{\text{neural network}}$이라는 용어는 모델이 입력과 매개변수를 결합하는 방식을 말하며, 동물의 뇌에 있는 뉴런이 서로 연결되는 방식에서 영감을 얻었다.

지난 10년 동안 우리가 목격했던 AI 엔지니어링의 가장 놀라운 업적 중 상당수는 딥러닝 모델을 활용했다. 가장 인기 있고 흥미로운 몇 가지는 다음과 같다.

- 알파고^{AlphaGo}(https://oreil.ly/ynHNq): 딥러닝을 사용해, 컴퓨터가 마스터하기 불가능하다고 여겨졌던 고대 게임인 바둑(https://oreil.ly/LZOWt)에서 최고의 선수들을 이긴 컴퓨터 프로그램
- GPT-3(https://oreil.ly/fADs3): 사람의 글과 구별할 수 없는 문서를 생성할 수 있는 모델
- 핵융합로 제어(https://oreil.ly/7r9_5): 딥러닝을 사용해 핵융합로 내의 플라즈마 모양을 제어한다.
- DALL·E(https://oreil.ly/Gw5gq): 텍스트 프롬프트를 기반으로 사실적인 이미지와 추상 미술을 생성할 수 있는 모델
- 깃허브 코파일럿^{GitHub Copilot}(https://copilot.github.com): 코드를 자동으로 작성하여 소프트웨어 엔지니어를 지원하는 소프트웨어

딥러닝은 화려한 기능 외에도 알고리듬 유형의 하위 섹션(149페이지의 '기능별 알고리듬 유형' 절 참고)에 있는 모든 작업에 탁월한 성능을 발휘한다. 딥러닝은 유연하고 적응력이 뛰어나며 컴퓨터가 세상을 이해하고 영향력을 행사하는 데 매우 유용한 도구임이 입증됐다.

딥러닝 모델은 **범용 함수 근사치**^{universal function approximator}로 자동하기 때문에 효과적이다. 무언가를 연속 함수로 설명할 수 있다면 딥러닝 네트워크가 이를 모델링할 수 있다는 사실이 수학적으로 입증됐다(https://oreil.ly/4xX1m).

이는 기본적으로 다양한 입력과 원하는 출력을 보여주는 모든 데이터 세트에 대해 입력을 출력으로 변환할 수 있는 딥러닝 모델이 존재한다는 뜻이다.

이 능력의 정말 흥미로운 결과는 학습 중에 딥러닝 모델이 자체적으로 피처 엔지니어링을 수행하는 방법을 알아낼 수 있다는 것이다. 데이터 해석을 돕기 위해 특별한 변환이

필요한 경우, 딥러닝 모델은 잠재적으로 그 방법을 학습할 수 있다. 그렇다고 해서 피처 엔지니어링이 쓸모없어지는 것은 아니지만, 개발자가 작업을 정확하게 수행해야 하는 부담을 확실히 줄여준다.

딥러닝 모델이 함수를 근사화하는 데 탁월한 이유는 매우 많은 수의 매개변수를 가질 수 있기 때문이다. 각 매개변수가 추가될 때마다 모델은 조금씩 더 유연해져서 좀 더 복잡한 함수를 설명할 수 있다.

이런 특성은 딥러닝 모델의 두 가지 주요 단점으로 이어진다. 첫째, 모든 매개변수에 대해 이상적인 값을 찾는 것은 어려운 과정이다. 이로 인해 많은 데이터로 모델을 학습시켜야 한다. 데이터는 희귀하고 귀중한 리소스인 경우가 많으며, 구하기 어렵고 비용이 많이 들기 때문에 이것이 큰 장애물이 될 수 있다. 다행히도 제한된 데이터를 최대한 활용하는 데 도움이 되는 많은 기법이 있으며, 이 책의 뒷부분에서 다룰 것이다.

두 번째 주요 단점은 **과적합**overfitting의 위험이다. 과적합이란 머신러닝 모델이 데이터 세트를 '너무' 잘 학습하는 것을 말한다. 데이터 세트의 출력에서 입력으로 이어지는 일반적인 규칙을 모델링하는 대신 데이터 세트를 완전히 암기한다. 즉, 이전에 본 적이 없는 데이터에 대해서는 제대로 작동하지 않는다.

과적합은 모든 머신러닝 모델에서 발생할 수 있는 위험이지만, 특히 딥러닝 모델의 경우 매개변수가 너무 많기 때문에 더 큰 문제다. 매개변수가 추가될 때마다 모델이 데이터 세트를 기억하는 능력이 조금씩 더 향상된다.

딥러닝 모델에는 다양한 유형이 있다. 다음은 엣지 AI에 가장 중요한 몇 가지 유형이다.

완전 연결 모델fully connected model

가장 단순한 유형의 딥러닝 모델인 완전 연결 모델은 **뉴런 층**을 쌓아 올린 구조로 구성된다. 완전 연결 모델의 입력은 일련의 긴 숫자로 직접 입력된다. 완전 연결 모델은 모든 함수를 학습할 수 있지만, 입력의 공간적 관계(예: 입력의 어떤 값이 서로 옆에 있는지)는 거의 알지 못한다.

임베디드 컨텍스트에서 이는 불연속형 값(예: 입력 기능이 시계열에 대한 통계 집합인 경우)에는 잘 작동하지만 원시 시계열이나 이미지 데이터에는 적합하지 않다는 뜻이다.

완전 연결 모델은 임베디드 장치에서 매우 잘 지원되며, 하드웨어와 소프트웨어 최적화가 흔히 제공된다.

컨볼루션 모델 convolutional model

컨볼루션 모델은 입력에 포함된 공간 정보를 활용하도록 설계됐다. 예를 들어, 이미지의 모양이나 시계열 센서 데이터 내의 신호 구조를 인식하는 방법을 학습할 수 있다. 우리가 처리하는 많은 신호에서 공간 정보가 중요하기 때문에 임베디드 애플리케이션에서 매우 유용하다.

완전 연결 모델과 마찬가지로, 컨볼루션 모델은 임베디드 장치에서 매우 잘 지원된다.

시퀀스 모델 sequence model

시퀀스 모델은 원래 시계열 신호나 문자 언어 같은 데이터 시퀀스에 사용하도록 설계됐다. 시계열의 장기적인 패턴을 인식하는 데 도움이 되도록 내부 '메모리'를 포함하는 경우가 많다.

시퀀스 모델은 매우 유연하며, 공간 정보가 중요한 모든 신호에 매우 효과적일 수 있다는 증거가 점점 더 많아지고 있다. 많은 사람이 시퀀스 모델이 결국 컨볼루션 모델을 대체할 것이라고 믿고 있다.

시퀀스 모델은 현재 임베디드 장치에서 컨볼루션 모델이나 완전 연결 모델에 비해 지원이 부족하고, 최적화된 구현을 제공하는 오픈소스 라이브러리도 거의 없다. 이는 기술적 한계보다는 관성 때문이므로, 향후 몇 년 동안 상황이 바뀔 가능성이 높다.

임베딩 모델 embedding model

임베딩 모델은 차원 축소를 위해 설계된 사전 학습된 딥러닝 모델로, 크고 복잡한 입력을 받아 특정 컨텍스트 내에서 이를 설명하는 더 작은 숫자 집합으로 표현한다. 임베딩 모델은 신호 처리 알고리듬과 동일한 방식으로 사용되며, 다른 ML 모델에서 해석할 수 있는 피처를 생성한다.

임베딩 모델은 이미지 처리(크고 지저분한 이미지를 내용에 대한 숫자 설명으로 변환)부터 음성 인식(원시 오디오를 그 안의 보컬 사운드에 대한 숫자 설명으로 변환)에 이르기까지 다양한 작업에 사용할 수 있다.

임베딩 모델의 가장 일반적인 쓰임은 모델을 학습시키는 데 필요한 데이터의 양을 줄이는 방법인 **전이 학습**transfer learning이다. 이에 대해서는 나중에 자세히 알아보겠다.

임베딩 모델은 완전 연결이나, 컨볼루션, 시퀀스 모델일 수 있으므로, 임베디드 장치에서 지원되는 모델은 다양하지만 컨볼루션 임베딩 모델이 가장 일반적이다.

모델 아키텍처

딥러닝 모델은 유연하고 모듈식이며, 무한한 방식으로 쌓고 결합할 수 있는 **계층**(layer)과 **연산**(operation, ops라고도 함)으로 구성된다.

다양한 배열을 **아키텍처**(architecture)라고 하며, 다양한 작업에 최적화된 많은 아키텍처가 설계됐다. 온라인 기사나 과학 문헌에서 딥러닝 모델 아키텍처에 대한 언급을 자주 볼 수 있다.

엣지 AI를 위한 주목할 만한 아키텍처는 다음과 같다.

- MobileNet과 EfficientNet: 모바일 장치에서 효율적으로 실행되도록 설계된 아키텍처
- YOLO: 객체 감지를 수행하도록 설계된 아키텍처
- 트랜스포머(transformer): 데이터 시퀀스 간 변환을 위해 설계된 아키텍처

딥러닝 모델이 엣지 AI 하드웨어에 도입된 것은 최근 몇 년 사이에 불과하다. 대개 규모가 크고 실행에 상당한 연산이 필요하기 때문에, 상대적으로 강력한 프로세서와 대량의 ROM과 RAM을 갖춘 하이엔드 MCU와 SoC가 등장하면서 비약적인 발전을 이룰 수 있었다.

몇 킬로바이트의 메모리만 사용해 소규모 딥러닝 모델을 실행할 수도 있지만, 오디오 분류에서 객체 감지에 이르기까지 좀 더 복잡한 작업을 수행하는 모델의 경우 최소 수십 또는 수백 킬로바이트가 필요한 것이 일반적이다.

기존 서버 측 머신러닝 모델의 크기가 수십 메가바이트에서 수 테라바이트에 달할 수

있다는 점을 고려하면 이는 이미 놀라운 수준이다. 영리한 최적화를 사용하고 범위를 제한하면 임베디드 모델을 훨씬 더 작게 만들 수 있으며, 이러한 기술 중 일부를 곧 소개하겠다.

임베디드 장치에서 딥러닝 모델을 실행하는 방법에는 여러 가지가 있다. 간단히 요약하면 다음과 같다.

인터프리터

마이크로컨트롤러용 텐서플로 라이트^{TensorFlow Lite}(https://oreil.ly/4Q7xN) 같은 딥러닝 인터프리터^{interpreter}는 파일로 저장된 모델을 실행하기 위해 인터프리터를 사용한다. 유연하고 작업하기 쉽지만 약간의 계산과 메모리 오버헤드가 발생하며 모든 유형의 모델을 지원하지는 않는다.

코드 생성

EON(https://oreil.ly/SmT-s) 같은 코드 생성^{code generation} 도구는 학습된 딥러닝 모델을 가져와 최적화된 임베디드 소스 코드로 변환한다. 이는 인터프리터 기반 접근 방식보다 효율적이며 사람이 읽을 수 있는 코드이므로 디버깅이 가능하지만, 가능한 모든 모델 유형을 지원하지는 않는다.

컴파일러

microTVM(https://oreil.ly/0JTaR) 같은 딥러닝 컴파일러^{compiler}는 학습된 모델을 가져와 임베디드 애플리케이션에 포함할 수 있는 최적화된 바이트코드를 생성한다. 이러한 컴파일러가 생성하는 구현은 매우 효율적일 수 있지만 실제 소스 코드만큼 디버깅과 유지 관리가 쉽지는 않다. 인터프리터와 코드 생성에서 명시적으로 지원하지 않는 모델 유형을 지원할 수 있다. 임베디드 하드웨어 공급업체는 하드웨어에서 딥러닝 모델을 실행하는 데 도움이 되는 맞춤형 인터프리터나 컴파일러를 제공하는 것이 일반적이다.

핸드코딩

학습된 모델의 매개변숫값을 통합하여 직접 코드를 작성하여 딥러닝 네트워크를 구현할 수 있다. 이 과정은 어렵고 시간이 많이 걸리지만, 최적화를 완벽하게 제어할 수 있고 모든 모델 유형을 지원할 수 있다.

딥러닝 모델을 배포하는 환경은 SoC와 마이크로컨트롤러 간에 매우 다르다. SoC는 완전한 최신 운영체제를 실행하기 때문에 서버에서 딥러닝 모델을 실행하는 데 사용되는 대부분의 도구도 지원한다. 즉, 거의 모든 유형의 모델이 리눅스 SoC에서 실행될 수 있다. 단, 모델의 지연 시간은 모델의 아키텍처와 SoC의 프로세서에 따라 달라질 수 있다.

또한 SoC 장치용으로 특별히 설계된 인터프리터도 있다. 예를 들어, 텐서플로 라이트 (https://oreil.ly/pNs5W)는 스마트폰에 주로 사용되는 SoC에서 딥러닝 모델을 좀 더 효율적으로 실행할 수 있는 도구를 제공한다. 여기에는 GPU 등 일부 SoC에서 사용할 수 있는 기능을 활용하는 딥러닝 작업의 최적화된 구현이 포함되어 있다.

딥러닝 가속기가 통합된 SoC는 특별한 경우다. 일반적으로 하드웨어 공급업체는 모델이 하드웨어 가속을 활용할 수 있도록 특수 컴파일러 또는 인터프리터를 제공한다. 가속기는 일반적으로 특정 연산만 가속하므로 속도 향상 정도는 모델의 아키텍처에 따라 달라진다.

마이크로컨트롤러는 완전한 운영체제를 실행하지 않기 때문에 딥러닝 모델을 실행하기 위한 표준 도구를 사용할 수 없다. 대신, 마이크로컨트롤러용 텐서플로 라이트 같은 프레임워크가 기본적인 모델 지원 기준을 제공한다. 이러한 프레임워크는 운영자 지원 측면에서 표준 도구보다 약간 뒤처지는 경향이 있으며, 이는 일부 모델 아키텍처를 실행하지 못한다는 뜻이다.

연산자와 커널

엣지 머신러닝에서 **연산자**(operator), 즉 **커널**(kernel)은 딥러닝 모델을 실행하는 데 사용되는 특정한 수학적 연산의 구현이다. 이는 딥러닝의 다른 분야를 포함하여 다른 분야에서는 다른 의미가 부여된 용어다.

일반적인 하이엔드 마이크로컨트롤러에는 딥러닝 모델의 성능을 크게 향상하는 SIMD 명령어 등의 하드웨어 기능이 있다. 마이크로컨트롤러용 텐서플로 라이트에는 여러 공급업체에서 이들 명령어를 활용하여 최적화한 연산자 구현이 포함되어 있다. SoC와 마찬가지로 마이크로컨트롤러 기반 하드웨어 가속기 공급업체는 하드웨어에서 모델을 실행할 수 있는 맞춤형 컴파일러나 인터프리터를 제공하는 경우가 많다.

딥러닝의 핵심 장점은 유연성, 피처 엔지니어링에 대한 요구사항 감소 그리고 모델의 파라미터 수가 많기 때문에 대량의 데이터를 활용할 수 있다는 점이다. 딥러닝은 단순한 예측을 넘어 복잡한 시스템을 근사화하여 예술 작품을 생성하고 이미지 속 물체를 정확하게 인식하는 등의 작업을 수행할 수 있는 능력으로 주목받고 있다. 딥러닝은 많은 자유를 제공하며, 연구자들은 이제 막 그 잠재력을 탐구하기 시작했다.

딥러닝의 핵심 단점은 높은 데이터 요구사항, 과적합 성향, 딥러닝 모델의 상대적으로 큰 크기와 계산 복잡성, 학습 과정의 복잡성이다. 또한 딥러닝 모델은 해석하기 어려울 수 있으며, 왜 한 예측이 다른 예측보다 더 정확한지 설명하기 어려울 수 있다. 하지만 이러한 단점 대부분을 완화하는 데 도움이 되는 도구와 기법이 있다.

왜 항상 딥러닝을 사용하지 않을까?

딥러닝의 성능이 워낙 뛰어나기 때문에 다른 머신러닝 알고리듬을 사용하는 이유가 궁금할 수 있다. 딥러닝은 입력 변수와 출력 변수 사이의 거의 모든 관계를 모델링할 수 있는 강력한 범용 도구다. 하지만 모델링이 가능하다고 해서 항상 최고라는 의미는 아니다. 상황에 따라 다음과 같은 측면에서 기존 ML 알고리듬이 딥러닝보다 더 나은 성능을 발휘할 수 있다.

설명 가능성
　사용 사례에서 허용하는 경우, 의사결정 트리의 해석 가능성을 능가하는 것은 없다.

효율성
　기존 ML 알고리듬은 일반적으로 딥러닝 모델보다 계산하기가 훨씬 쉽다.

이식성
　기존 ML 알고리듬은 더 간단하기 때문에 가장 기본적인 장치(예: 로우엔드 MCU)에도 배포할 수 있다.

효과
　일부 고전적인 알고리듬은 특정 상황, 특히 사용 가능한 데이터가 많지 않을 때 딥러닝보다 더 잘 작동한다.

> **온디바이스 학습**
>
> 딥러닝 학습은 장치 내에서 수행하기 어려운 반면, 일부 고전적인 알고리듬은 현장에서 쉽게 학습할 수 있다.
>
> 모든 것은 개별 사용 사례에 따라 달라진다. 그렇긴 하지만, 엣지 AI 알고리듬 개발을 위해 한 가지 기술만 심층적으로 다룰 생각이라면, 딥러닝을 선택하는 것이 좋을 것이다.

알고리듬 결합

단일 엣지 AI 애플리케이션은 여러 가지 유형의 알고리듬을 사용할 수 있다. 알고리듬을 결합하는 일반적인 방법은 다음과 같다.

앙상블 ensemble

앙상블은 동일한 입력이 제공되는 머신러닝 모델의 모음이다. 이 모델들의 출력은 결정을 내리기 위해 수학적으로 결합된다. 모든 머신러닝 모델에는 고유한 장단점이 있기 때문에 모델 앙상블은 개별 모델보다 더 정확한 경우가 많다. 앙상블의 단점은 여러 모델을 저장하고 실행하는 데 필요한 추가 복잡성, 메모리, 컴퓨팅이 필요하다는 것이다.

캐스케이드 cascade

캐스케이드란 순서대로 실행되는 ML 모델의 집합을 말한다. 예를 들어, 디지털 비서가 내장된 휴대폰에서는 작고 가벼운 모델이 지속적으로 실행되어 사람의 말소리를 감지한다. 음성이 감지되면 더 크고 계산 비용이 많이 드는 모델이 깨어나서 말한 내용을 파악한다.

캐스케이드는 불필요한 연산을 피할 수 있기 때문에 에너지를 절약할 수 있는 좋은 방법이다. 여러 유형의 프로세서를 사용할 수 있는 이기종 컴퓨팅 환경에서는 캐스케이드의 개별 구성 요소를 서로 다른 프로세서에서 실행할 수도 있다.

피처 추출기 feature extractor

앞서 학습했듯이 임베딩 모델은 이미지와 같은 고차원의 입력을 받아 그 내용을 설명하는 일련의 숫자로 추출한다. 임베딩 모델의 출력은 임베딩 모델이 원래 입력에 대해 설명하는 내용을 기반으로 예측을 수행하도록 설계된 다른 모델에 공급될 수 있다. 이 경우 임베딩 모델은 **피처 추출기**로 사용된다.

사전 학습된 임베딩 모델을 사용하면 **전이 학습**으로 알려진 이 기술을 통해 모델 학습에 필요한 데이터의 양을 크게 줄일 수 있다.

모델은 원래의 고차원 입력을 해석하는 방법을 학습하는 대신 피처 추출기가 반환한 간단한 출력을 해석하는 방법만 학습하면 된다.

예를 들어, 사진에서 여러 종의 새를 식별하는 모델을 학습시키고 싶다고 가정해 보자. 전체 모델을 처음부터 학습시키는 대신 미리 학습된 피처 추출기의 출력을 모델의 입력으로 사용할 수 있다. 이렇게 하면 좋은 결과를 얻기 위해 필요한 데이터의 양과 학습 시간을 줄일 수 있다.

많은 사전 학습된 딥러닝 피처 추출기가 오픈소스 라이선스로 제공된다. 대규모 공개 이미지 데이터 세트를 사전 학습에 사용할 수 있기 때문에 이미지 관련 작업에 주로 사용된다.

멀티모달 모델 multimodal model

멀티모달 모델은 여러 유형의 데이터를 동시에 입력받는 단일 모델이다. 예를 들어, 멀티모달 모델은 오디오와 가속도계 데이터를 함께 받아들일 수 있다. 이 기술은 단일 모델을 사용해 서로 다른 데이터 유형을 결합하는 센서 융합 메커니즘으로 사용할 수 있다.

후처리 알고리듬

엣지 AI 장치에서는 일반적으로 데이터 스트림(예: 오디오 데이터의 연속 시계열)을 처리한다. 데이터 스트림에 엣지 AI 알고리듬을 적용하면, 시간에 따른 알고리듬의 출력을 나타내는 두 번째 시계열이 생성된다.

여기에는 문제가 있다. 이 두 번째 시계열을 어떻게 해석해야 할까? 예를 들어, 제품에서 특정 기능을 트리거하기 위해 누군가가 키워드를 말하는 시점을 감지하기 위해 오디오를 분석한다고 가정해 보자. 우리가 정말로 알고 싶은 것은 언제 그 키워드를 들었느

나는 것이다.

안타깝게도 추론 결과의 시계열은 이런 목적에 적합하지 않다. 첫째, 탐지된 키워드를 나타내지 않는 이벤트가 많이 포함되어 있다. 이를 정리하기 위해 키워드가 발견됐다는 신뢰도가 특정 임곗값 이하인 이벤트는 모두 무시할 수 있다.

둘째, 키워드가 실제로 발화되지 않았는데도 모델이 키워드를 감지하는 경우가 가끔 있다. 이런 오류를 걸러내어 출력을 정리해야 한다. 이는 시계열에서 저역 통과 필터를 실행하는 것과 같다.

마지막으로, 원시 시계열은 키워드가 발화될 때마다 알려주는 대신 키워드가 '현재' 발화되고 있는지 여부를 설정된 비율로 알려준다. 즉, 실제로 원하는 정보를 얻기 위해 몇 가지 출력 게이팅을 수행해야 한다.

원시 출력을 정리하고 나면 이제 키워드가 실제로 언제 발견됐는지 알려주는 신호가 생긴다. 이 신호는 애플리케이션 로직에서 장치를 제어하는 데 사용할 수 있다.

이런 종류의 후처리는 엣지 AI 애플리케이션에서 매우 일반적이다. 사용되는 정확한 후처리 알고리듬과 특정 매개변수(예: 일치로 간주하는 임곗값)는 사례별로 결정할 수 있다. 개발자는 엣지 임펄스Edge Impulse의 성능 보정Performance Calibration(439페이지의 '성능 보정' 박스에서 다룸) 같은 도구를 사용해 애플리케이션에 가장 적합한 후처리 알고리듬을 자동으로 검색할 수 있다.

장애로부터 안전한 설계

엣지 AI 애플리케이션에는 여러 가지 문제가 발생할 수 있으므로 예기치 않은 문제로부터 보호할 수 있는 안전장치를 항상 마련하는 것이 중요하다.

예를 들어, 딥러닝 모델을 사용해 관심 있는 동물이 촬영된 시점을 식별하고 위성 연결을 통해 동물의 이미지를 업로드하는 야생동물 카메라를 상상해 보자. 정상 작동 시에는 하루에 몇 장의 사진을 전송할 수 있으며 데이터 요금은 그리 많이 들지 않는다.

하지만 현장에서는 카메라 하드웨어에 먼지나 렌즈에 반사된 빛과 같은 물리적 문제가 발생하면 원래 학습 데이터 세트의 이미지와 매우 다른 이미지가 촬영될 수 있다. 이런 비정상적인 이미지는 딥러닝 모델에서 지정되지 않은 동작으로 이어질 수 있으며, 이는 모델이 관심 동물이 존재한다고 지속적으로 보고하기 시작한다는 뜻일 수 있다.

분포 범위를 벗어난 입력으로 인해 이러한 오탐지가 발생하면, 위성 연결을 통해 수백 개의 이미지가 업로드될 수 있다. 카메라가 무용지물이 될 뿐만 아니라, 데이터 전송 수수료로 막대한 비용이 발생할 수 있다.

실제 애플리케이션에서는 센서 손상이나 알고리듬의 예기치 않은 동작을 피할 수 있는 방법이 없다. 대신 애플리케이션을 장애에 안전하도록 설계하는 것이 중요하다. 즉, 시스템의 일부에 장애가 발생하더라도 애플리케이션이 피해를 최소화할 수 있도록 설계해야 한다.

이를 위한 최선의 방법은 상황에 따라 다르다. 야생동물 카메라의 경우, 불합리한 수의 사진이 업로드되는 경우 속도 제한을 설정하는 것이 현명할 수 있다. 다른 애플리케이션의 경우, 피해를 감수하고 시스템을 완전히 종료할 수도 있다.

장애로부터 안전한 애플리케이션을 만드는 것은 책임감 있는 AI(그리고 일반적으로 좋은 엔지니어링)의 중요한 부분이다. 모든 프로젝트의 시작 단계부터 고려해야 할 사항이다.

엣지 장치를 위한 최적화

머신러닝 모델, 특히 딥러닝 모델의 경우 모델이 작업을 얼마나 잘 수행하는지와 모델에 필요한 메모리와 컴퓨팅의 양 사이에는 송송 절충점이 존재한다.

이런 절충점은 엣지 AI에 매우 중요하다. 엣지 장치는 일반적으로 계산 능력에 제약이 있다. 엣지 장치는 컴퓨팅 성능을 극대화하는 것이 아니라 비용과 에너지 사용을 최소화하도록 설계됐다. 동시에 실시간 센서 데이터를 처리해야 하며, 종종 높은 주파수로 처리해야 하고 데이터 스트림의 이벤트에 실시간으로 반응해야 한다.

머신러닝 모델이 클수록 용량이 커서 입력과 출력 간의 복잡한 관계를 학습하는 데 도움이 되므로 복잡한 작업을 더 잘 처리하는 경향이 있다. 용량이 크다는 것은 더 많은 ROM과 RAM이 필요할 수 있으며, 계산하는 데 시간이 더 오래 걸린다는 뜻이기도 하다. 434페이지의 '듀티 사이클' 절에서 살펴보겠지만 추가 계산 시간은 더 높은 전력 소비를 초래한다.

작업 성능과 **계산 성능** 사이의 올바른 균형을 찾는 것은 모든 애플리케이션에서 필수적이다. 이는 제약 조건을 저글링하는 문제다. 한편으로는 주어진 작업의 성능에 대한 최소 기준이 있다. 반면에 하드웨어 선택에 따라 사용 가능한 메모리, 지연 시간, 에너지에 엄격한 제한이 생긴다.

이런 절충점을 관리하는 것은 엣지 AI 개발에서 어렵지만 흥미로운 부분 중 하나다. 이는 이 분야를 독특하게 흥미롭게 만드는 이유 중 하나이며, 214페이지의 'AutoML' 절에서 살펴볼 AutoML 같은 도구를 엣지 AI용으로 재설계해야 하는 이유이기도 하다.

다음은 컴퓨팅 요구사항을 최소화하면서 작업 성능을 극대화하는 데 도움이 될 수 있는 요소들이다.

알고리듬 선택

모든 엣지 AI 알고리듬은 메모리 사용량과 계산 복잡성에 대해 조금씩 다른 프로파일을 갖고 있다. 대상 하드웨어의 제약 조건에 따라 알고리듬을 선택해야 한다. 일반적으로 고전적인 머신러닝 알고리듬은 딥러닝 알고리듬보다 더 작고 효율적이다.

하지만 일반적으로 피처 엔지니어링 알고리듬은 딥러닝 알고리듬보다 훨씬 더 많은 컴퓨팅을 사용하므로 고전적인 ML과 딥러닝 중 어느 쪽을 선택해야 하는지는 중요치 않다. 이 규칙의 예외는 이미지 데이터 분석으로, 일반적으로 피처 엔지니어링은 거의 필요하지 않지만 상대적으로 큰 딥러닝 모델이 필요하다.

선택한 알고리듬에 필요한 지연 시간과 메모리를 줄일 수 있는 일반적인 방법은 다음과 같다.

- 피처 엔지니어링의 복잡성을 줄인다. 수식이 많을수록 지연 시간이 길어진다.
- AI 알고리듬에 도달하는 데이터의 양을 줄인다.

- 딥러닝 대신 고전적인 ML을 사용한다.
- 피처 엔지니어링과 머신러닝 모델 중 어느 것이 장치에서 더 효율적으로 실행되는지에 따라 복잡성을 조정할 수 있다.
- 딥러닝 모델의 크기(가중치와 계층 수)를 줄인다.
- 원하는 장치에서 가속기를 지원하는 모델 유형을 선택한다.

압축과 최적화

주어진 알고리듬에 필요한 데이터와 계산의 양을 줄이기 위해 고안된 많은 최적화 기술이 있다. 가장 중요한 몇 가지 유형은 다음과 같다.

양자화quantization

알고리듬이나 모델에 필요한 메모리와 계산의 양을 줄이는 한 가지 방법은 숫자 표현의 정밀도를 낮추는 것이다. 105페이지의 '값은 어떻게 표시되는가?' 박스에서 언급했듯이 계산에서 숫자를 표현하는 방법에는 여러 가지가 있으며, 그중 일부는 다른 것보다 더 정밀하다.

양자화는 값 집합을 가져와서 그 값에 포함된 중요한 정보를 보존하면서 정밀도를 낮추는 프로세스다. 신호 처리 알고리듬과 ML 모델 모두에 적용할 수 있다. 특히 기본적으로 32비트 부동소수점 가중치를 사용하는 딥러닝 모델에 유용하다. 가중치를 8비트 정수로 줄이면 일반적으로 정확도를 크게 떨어뜨리지 않고도 모델 크기를 1/4로 줄일 수 있다.

양자화의 또 다른 장점은 정수 연산을 수행하는 코드가 부동소수점 연산을 수행하는 코드보다 더 빠르고 이식성이 뛰어나다는 것이다. 즉, 양자화는 많은 장치에서 상당한 속도 향상을 가져오고, 양자화된 알고리듬은 부동소수점 유닛이 없는 장치에서도 실행될 수 있다.

양자화는 손실이 있는 최적화lossy optimization이므로 일반적으로 알고리듬의 작업 성능이 저하된다. ML 모델에서는 낮은 정밀도로 학습하여 모델이 보정 학습을 하도록 함으로써 이 문제를 완화할 수 있다.

연산자 융합 operator fusion

연산자 융합에서는 연산 인식 알고리듬을 사용해 딥러닝 모델이 실행될 때 사용되는 연산자를 검사한다. 특정 연산자 그룹이 함께 사용되는 경우, 연산 효율성을 극대화하도록 작성된 단일 융합 구현으로 대체할 수 있다.

연산자 융합은 무손실 lossless 기법으로, 작업 성능 저하 없이 계산 성능을 향상한다. 단점은 융합된 구현은 특정 연산자 조합에만 사용할 수 있으므로, 모델의 아키텍처에 따라 그 영향이 크게 달라진다는 것이다.

가지치기 pruning

가지치기는 딥러닝 모델을 학습하는 동안 적용되는 손실 있는 lossy 기법이다. 이 기법은 모델의 많은 가중치가 0을 갖도록 하여 **스파스 모델** sparse model 로 알려진 것을 만든다. 이론상으로는 가중치가 0인 곱셈은 항상 0이 되기 때문에 계산 속도가 빨라질 수 있다.

그러나 현재로서는 스파스 가중치를 활용하도록 설계된 엣지 AI 하드웨어와 소프트웨어가 거의 없다. 이는 향후 몇 년 동안 변화할 것이지만, 현재로서는 동일한 값의 큰 블록으로 인해 스파스 모델을 압축하기가 더 쉽다는 것이 가지치기의 주요 이점이다. 이는 모델을 무선으로 전송해야 할 때 유용하다.

지식 증류 knowledge distillation

지식 증류는 큰 '교사' 모델이 작은 '학생' 모델을 학습시켜 그 기능을 재현할 수 있도록 하는 또 다른 손실 있는 딥러닝 학습 기법이다. 이 기법은 일반적으로 딥러닝 모델의 가중치에 많은 중복성이 있다는 사실을 활용하여 더 작지만 거의 동일한 성능을 발휘하는 동등한 모델을 찾을 수 있음을 뜻한다.

지식 증류는 다소 까다롭기 때문에 아직 일반적인 기법은 아니지만, 향후 몇 년 내에 모범 사례가 될 가능성이 높다.

바이너리 신경망 BNN, Binary Neural Network

BNN은 모든 가중치가 단일 이진수인 딥러닝 모델이다. 이진 연산은 컴퓨터에서 매우 빠르기 때문에 이진 신경망은 매우 효율적으로 실행할 수 있다. 하지만 비교적 새로운 기술이며, 이를 통해 추론을 훈련하고 실행하기 위한 도구는 아직 널리 사용되지 않는다.

바이너리화는 양자화와 유사하므로 손실이 있는 기술이다.

스파이킹 신경망 SNN, Spiking Neural Network

스파이킹 신경망은 네트워크를 통해 전송되는 신호에 시간 요소가 있는 인공 신경망이다. '뉴로모픽' 시스템으로, 생물학적 뉴런이 작동하는 방식과 더 유사하게 설계됐다. 기존 딥러닝 모델과 비교했을 때 장단점이 다르며 일부 작업에서 향상된 성능과 효율성을 제공한다. 하지만 이점을 누리려면 가속기 형태의 특수 하드웨어가 필요하다.

SNN은 직접 학습하거나 기존 딥러닝 모델에서 변환 프로세스를 통해 생성할 수 있다. 이 과정에서 손실이 발생할 수 있다.

모델 압축에는 두 가지 주요 단점이 있다. 첫 번째는 압축 모델을 실행하려면 특정 소프트웨어, 하드웨어 또는 이 둘의 조합이 필요한 경우가 많다는 것이다. 이로 인해 압축 모델을 배포할 수 있는 장치가 제한될 수 있다.

두 번째 단점은 더 위험하다. 압축의 손실 특성으로 인해 모델의 예측 성능이 미묘하게 저하되는 경우가 많으며, 이는 발견하기 어려울 수 있다. 정밀도가 감소하면 일반적인 경우에서는 잘 작동하지만 빈도가 낮은 입력의 '롱테일 long tail'에서는 성능이 저하되도록 모델이 편향될 수 있다.

이 문제는 데이터 세트와 알고리듬에 내재된 편향을 증폭시킬 수 있다. 예를 들어 ML 기반 건강 웨어러블을 학습시키기 위해 수집한 데이터 세트에 소수 집단에 속하는 사람들의 사례가 적은 경우, 모델 압축으로 인해 해당 집단에 속하는 사람들의 성능이 저하될 수 있다. 이들은 소수에 속하기 때문에 모델의 전반적인 정확도에 미치는 영향을 파악하기 어려울 수 있다. 따라서 데이터 세트 내의 모든 하위 그룹에 대한 시스템 성능을 평가하는 것이 매우 중요하다(301페이지의 '메타데이터 수집하기' 절 참고).

이 주제에 대해 사라 후커$^{Sara\ Hooker}$ 등이 쓴 두 가지 훌륭한 과학 논문이 있는데, 「What Do Compressed Deep Neural Networks Forget?」(https://oreil.ly/v3Bvl)과 「Characterising Bias in Compressed Models」(https://oreil.ly/V_cTk)이다.

온디바이스 학습

대부분의 경우 엣지 AI에 사용되는 머신러닝 모델은 장치에 배포되기 전에 학습을 거친다. 학습에는 일반적으로 레이블로 주석이 달린 대량의 데이터가 필요하며, 데이터 포인트당 수백 또는 수천 개의 추론에 해당하는 상당한 계산이 수반된다. 엣지 AI 애플리케이션은 본질적으로 메모리, 컴퓨팅, 에너지, 연결성에서 심각한 제약을 받기 때문에 온디바이스 학습의 유용성이 제한된다.

하지만 온디바이스 학습이 적합한 시나리오가 있는데, 개략적으로 살펴보면 다음과 같다.

예측 유지보수$^{predictive\ maintenance}$

온디바이스 학습의 일반적인 예로, 기계가 정상적으로 작동하는지 확인하기 위해 모니터링하는 예측 유지보수가 있다. 소규모 온디바이스 모델은 '정상' 상태를 나타내는 데이터로 학습할 수 있다. 기계의 신호가 이 기준선에서 벗어나기 시작하면 애플리케이션이 이를 감지하고 조치를 취할 수 있다.

이 사용 사례는 비정상적인 신호가 드물고 특정 순간에 기계가 정상적으로 작동할 가능성이 높다고 가정할 수 있을 때만 가능하다. 이를 통해 장치는 수집되는 데이터를 암시적인 '정상' 레이블이 있는 것으로 취급할 수 있다. 비정상적인 상태가 흔하다면 특정 시점의 상태에 대한 가정을 하는 것이 불가능할 것이다.

개인화^{personalization}

온디바이스 학습이 적합한 또 다른 예는 사용자가 의도적으로 레이블을 제공하도록 요청받는 경우다. 예를 들어, 일부 스마트폰은 보안 방법으로 얼굴 인식을 사용한다. 사용자가 장치를 설정할 때, 얼굴 이미지들을 등록하라는 메시지가 표시된다. 이 얼굴 이미지들의 숫자 표현이 저장된다.

이런 유형의 애플리케이션은 원시 데이터를 콘텐츠의 간결한 숫자 표현으로 변환하는 신중하게 설계된 임베딩 모델을 사용하는 경향이 있다. 임베딩은 두 임베딩 사이의 유클리드 거리[5]가 두 임베딩 사이의 유사성에 해당하는 방식으로 설계된다. 얼굴 인식 예제에서는 새 얼굴과 등록된 얼굴 사이의 거리를 계산하여 충분히 가까우면 두 얼굴이 동일한 것으로 간주하여 새 얼굴이 설정 중에 저장된 표현과 일치하는지 여부를 쉽게 판단할 수 있다.

일반적으로 임베딩 유사성을 결정하는 데 사용되는 알고리듬은 거리 계산이나 가장 가까운 이웃nearest neighbor 알고리듬과 같이 매우 간단할 수 있기 때문에 이러한 형태의 개인화가 잘 작동한다. 임베딩 모델이 모든 어려운 작업을 수행한다.

암묵적 연관implicit association

온디바이스 학습의 또 다른 예는 연관성을 통해 레이블을 사용할 수 있는 경우로, 예를 들어 애플의 배터리 충전 최적화(https://oreil.ly/OzgdM) 같은 배터리 관리 기능은 사용자가 장치를 사용할 가능성이 높은 시간을 예측하기 위해 장치 내에서 모델을 학습시킨다. 이를 수행하는 한 가지 방법은 지난 몇 시간 동안의 사용 로그를 바탕으로 특정 시간에 사용할 확률을 출력하도록 예측 모델을 학습시키는 것이다.

이 경우 단일 장치에서 학습 데이터를 수집하고 레이블을 지정하는 것이 쉽다. 사용 로그는 백그라운드에서 수집되며, 일부 지표(예: 화면 활성화 여부)에 따라 레이블이 적용된다. 시간과 로그 내용 사이의 암묵적 연관성을 통해 데이터에 레이블을 지정할 수 있다. 그런 다음 간단한 모델을 학습시킬 수 있다.

연합 학습federated learning

온디바이스 학습의 장애물 중 하나는 학습 데이터가 부족하다는 것이다. 또한 온디바이스 데이터는 비공개인 경우가 많아 사용자가 데이터 전송을 불편해한다. 연합 학습은 개인 정보를 보호하면서 여러 장치에 걸쳐 분산된 방식으로 모델을 학습하는 방법이다. 원시 데이터가 전송되는 대신 부분적으로 학습된 모델이 장치 간에(또는

---

5 임베딩은 다차원 공간의 좌표로 생각할 수 있다. 두 임베딩 사이의 유클리드 거리는 두 좌표 사이의 거리다.

각 장치와 중앙 서버 간에) 전달된다. 부분적으로 학습된 모델은 준비가 되면 다시 결합하여 여러 장치에 배포할 수 있다.

연합 학습은 모델이 현장에 있는 동안 학습하고 개선할 수 있는 방법을 제공하기 때문에 종종 매력적으로 보인다. 하지만 여기에는 심각한 한계가 있다. 계산 비용이 많이 들고 대량의 데이터 전송이 필요한데, 이는 엣지 AI의 핵심 이점에 반하는 것이다. 학습 프로세스는 매우 복잡하고 온디바이스와 서버 측 구성 요소가 모두 필요하므로 프로젝트 위험이 증가한다.

데이터가 전역적으로 저장되지 않기 때문에 학습된 모델이 전체 배포에서 제대로 작동하는지 검증할 방법이 없다. 모델이 로컬 장치에서 업로드된다는 사실은 보안 공격의 벡터가 될 수 있다. 마지막으로, 가장 중요한 것은 레이블 문제를 해결하지 못한다는 점이다. 레이블이 지정된 데이터를 사용할 수 없는 경우 연합 학습은 무용지물이다.

무선 업데이트 over-the-air update

실제로 장치 내 훈련 기법은 아니지만 현장에서 모델을 업데이트하는 가장 일반적인 방법은 무선 업데이트를 사용하는 것이다. 현장에서 수집한 데이터를 사용해 실험실에서 새로운 모델을 학습시키고 펌웨어 업데이트를 통해 장치에 배포할 수 있다.

이 방법은 네트워크 통신에 의존하며, 레이블이 지정된 데이터를 얻는 문제를 해결하지는 못하지만, 시간이 지남에 따라 모델을 최신 상태로 유지하는 가장 일반적인 방법이다.

요약

지금까지 엣지 AI를 가능케 하는 주요 AI 알고리듬과 이를 실행하는 하드웨어에 대해 알아봤다. 5장에서는 모든 것을 통합하는 데 필요한 도구와 기술을 살펴보겠다.

제5장
도구와 전문지식

엣지 AI 개발 워크플로에는 고도로 기술적인 작업이 많이 포함되며, 대부분의 프로젝트에는 전문가 팀이 뒷받침하는 기술과 전문지식이 필요하다.

5장의 첫 번째 절에서는 아이디어를 현실로 만들어 줄 팀을 구성하기 위한 가이드를 제공한다. 아직 초기 단계에 있더라도 중요한 기술 유형과 직면할 수 있는 과제를 이해하면 도움이 된다. AI는 인간의 통찰을 자동화하는 것이 핵심이므로 팀에 올바른 통찰을 제공하는 것이 중요하다.

197페이지 '비장의 무기' 절로 시작하는 5장의 두 번째 부분은 엣지 AI로 작업하기 위한 주요 기술 도구를 이해하는 데 도움이 되도록 설계됐다. 아직 제품 개발 여정의 초기 단계라면 몇 가지 세부 사항을 훑어보고 구체적인 아이디어가 떠오르고 시작할 준비가 되었을 때 5장을 참조하는 것이 좋다.

엣지 AI를 위한 팀 구축

엣지 AI는 정말 완벽한 기술이다. 반도체 전자 장치의 물리적 특성부터 장치와 클라우드를 아우르는 높은 수준의 아키텍처 엔지니어링에 이르기까지 모든 분야의 지식을 활용한다. 인공지능과 머신러닝에 대한 최첨단 접근 방식과 베어메탈^{bare metal} 임베디드 소프트웨어 공학의 가장 유서 깊은 기술에 대한 전문지식이 요구된다. 이는 컴퓨터 과학과 전기 공학의 전체 역사를 처음부터 끝까지 활용한다.

전 세계 어느 누구도 엣지 AI의 모든 하위 분야에 대한 심층적인 전문지식을 보유하고 있지 않다. 대신, 이 분야의 중심부에서 일하는 사람들은 퍼즐의 다른 조각에 대한 통찰을 얻을 수 있는 전문가 네트워크를 구축할 필요가 있다. 엣지 AI 제품을 구축하는 경우, 여러분 스스로도 동일한 작업을 수행해야 할 수 있다.

엣지 AI에 가장 적합한 팀은 여러 분야에 걸친 폭넓은 지식, 문제 영역에 대한 직접적인 작업 경험, 반복적인 개발 프로세스에 익숙함을 갖춘 팀이다. 지금까지 가장 잘 실행된 제품은 해결하려는 문제를 직접 경험한 팀에서 나온 것으로, 이들은 기존 지식을 활용하여 엣지 AI 제품에 정보를 제공했다.

한 팀이 모든 엣지 AI 하위 분야의 전문가를 보유할 필요는 없다. 최소한의 역할은 두 가지 정도일 것이다.

- 해결해야 할 문제에 대한 깊은 통찰력을 갖춘 도메인 전문가
- 타깃과 유사한 장치 개발 경험이 있는 임베디드 엔지니어

이 두 가지 역할을 한 사람이 수행하지 못할 이유는 없다. 하지만 머신러닝이나 기타 AI 알고리듬을 사용해 본 경험이 없는 엔지니어는 알고리듬 생성 과정을 비전문가에게 안내하도록 설계된 엔드투엔드$^{\text{end-to-end}}$ 플랫폼에 크게 의존해야 한다.

임베디드 개발 경험이 없는 1인 개발자라면 대상 하드웨어에서 몇 가지 비 AI 프로젝트를 빌드하여 기술 수준을 높일 수 있다. 임베디드 리눅스 개발이 베어메탈보다 훨씬 쉽기 때문에, SoC 수준의 하드웨어를 사용하는 것이 더 쉬울 수 있다. 엔드투엔드 엣지 AI 플랫폼을 사용하는 경우, 모델을 배포하기가 비교적 쉬울 것이다.

결단력과 약간의 즉흥적인 기술이 있으면 큰 도움이 될 수 있다. 많은 과학 연구자들이 비교적 간단한 임베디드 기술을 사용해 자체 AI 기반 하드웨어를 구축하는 것을 보았다.

많은 문제는 최소한의 팀으로 해결할 수 있지만, 가장 복잡한 문제는 더 많은 노력이 필요하다. 5장의 나머지 부분에서는 잠재적으로 중요할 수 있는 역할과 책임에 대해 설명하며, 이를 통해 자신의 팀에 필요한 것이 무엇인지 파악할 수 있을 것이다. 또한 엣지 AI 채용의 어려움에 대해서도 설명한다.

도메인 전문지식

280페이지의 '데이터 세트와 도메인 전문지식' 절에서 자세히 살펴보겠지만, 도메인 전문지식은 팀에 가장 필수적인 요소다. 도메인 전문지식과 예산만 있으면 개발자를 고용하여 제품을 구축할 수 있다. 하지만 팀원 중 해결하려는 문제를 깊이 이해하고 있는 사람이 아무도 없다면 문제를 해결하지 못할 가능성이 매우 높다. 오히려 엉뚱한 문제를 해결하려고 하거나 아무도 필요로 하지 않는 솔루션을 만들 가능성이 높다.

도메인 전문지식 없이는 어떤 종류의 고품질 제품도 구축하기 어렵지만, AI를 사용하는 것은 거의 불가능하다. 엣지 AI의 목표는 전문지식을 소프트웨어로 추출하여 프로세스를 자동화하는 데 사용하는 것이다. 이 책의 앞부분에서 배운 것처럼 지능은 올바른 때에 해야 할 올바른 일을 안다는 뜻이다. 하지만 우리가 직접 알지 못한다면 어떻게 그렇게 하는 시스템을 구축할 수 있을까?

자신이 도메인 전문가가 아니라면 가장 먼저 해야 할 일은 도메인 전문가를 찾는 것이다. 두 번째로 해야 할 일은 구축하려는 솔루션을 검증하도록 하는 것이다. 다음은 전문가에게 할 질문들이다.

- 해결하고자 하는 문제가 실제로 존재하는가?
- 존재한다면 해결하기에 유용한 문제인가?
- 이미 존재하는 문제에 대한 해결책이 있는가?
- 제안한 솔루션이 실제로 문제 해결에 도움이 되는가?
- 제안한 솔루션을 구축할 수 있을 것 같은가?
- 솔루션을 구축한다면 해당 분야의 누구라도 구매하고 싶어 할까?

이러한 질문은 진정한 도메인 전문가라면 누구나 일자리를 제안할 때 고려하는 기본적인 질문이므로, 큰 돈을 지불하지 않고도 누군가에게 이러한 질문을 할 수 있어야 한다. 그들의 의견에 동의하지 않더라도, 그들의 답변에 주의를 기울여야 한다. 진정한 전문가가 어떤 일이 나쁜 생각이라고 말한다면, 그 말에는 진실이 담겨 있을 가능성이 높다.

도메인 전문가는 조직의 핵심이자 핵심 팀의 일부가 되어야 한다. 전문가는 프로젝트의 많은 측면에 관여하기 때문에 주변적인 구성원이 될 수 없다. 즉, 가장 이상적인 상황은 조직의 모든 수준에 도메인 전문지식을 보유하고 있는 것이다. 예를 들어, 핵심 전문지식 외에도 관련 분야에 경험이 있는 엔지니어, 이사회 멤버와 고문이 있을 수 있다. 이들의 통찰력을 결합하면 팀이 위험을 예측하고 완화하는 데 도움이 된다.

필요한 전문지식을 가진 사람을 찾을 수 없다면 프로젝트를 시작하기 전에 중단해야 한다. 적절한 지식이 없다면 윤리적으로 일할 수 있는 방법이 없다. 프로젝트가 해당 분야의 황금률을 위반하고 있을 수 있지만, 이를 알 수 있는 방법이 없다. 그림 5-1에서 알 수 있듯이 고객에게 검증되지 않은 기능을 테스트하는 것은 허용되지 않는다. 현장의 성능에 대한 피드백 루프를 구축하는 것은 매우 어렵기 때문에, 무엇이 잘못됐는지 알 수 없을 가능성이 높다.

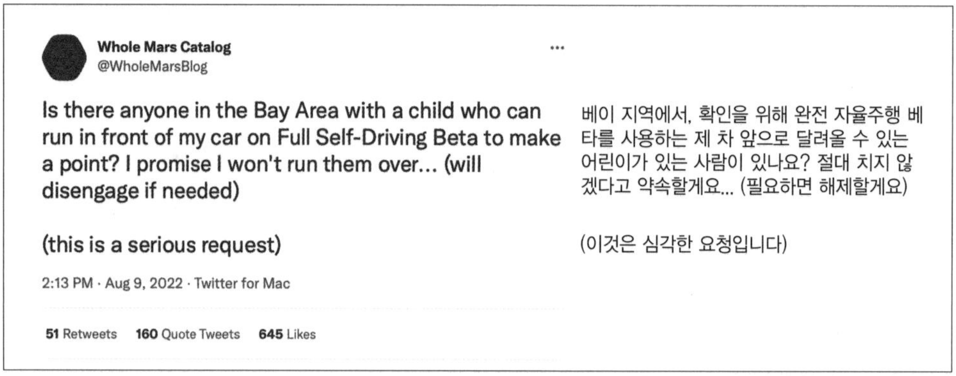

그림 5-1 고객을 솔루션 검증에 이용하려는 것은 끔찍한 생각이다(트위터, https://oreil.ly/jl6HJ, 2022).

좋은 아이디어가 있다고 진정으로 확신한다면 필요한 전문지식을 직접 개발하는 데 시간을 투자해야 할 수도 있다.

다양성

도메인 전문지식과 더불어 팀이 지향해야 할 또 다른 필수 속성은 다양성이다. 96페이지의 '사회적 피해 완화' 절에서 논의했듯이, 사회적 문제에 대한 최선의 방어책 중 하나는 다양한 관점을 가진 팀을 구성하는 것이다.

직장 내 다양성을 다음 네 가지 핵심 영역의 관점에서 생각하면 도움이 될 수 있다.[1]

내부

내부적 다양성은 사람이 선천적으로 타고난 것과 스스로 선택하지 않은 것을 반영한다. 이 영역에는 연령, 출신 국가, 인종, 민족, 성적 지향, 성 정체성, 신체적 능력, 성격 유형 등이 포함된다.

외부

외부적 다양성에는 외부 요인의 영향을 받든 의식적인 선택에 의한 것이든, 우리가 성장하는 과정에서 습득하게 되는 것들이 포함된다. 사회경제적 지위, 삶의 경험, 교육, 개인적 관심사, 가족 상태, 거주 지역, 종교적 신념 등이 그 예가 될 수 있다.

조직

조직 내 다양성은 조직 내에서 개인의 역할과 관련이 있다. 여기에는 근무지, 직무, 계층 내 직급, 급여 수준, 연공서열, 고용 상태 등이 포함될 수 있다.

세계관

세계관의 다양성은 개인이 세상을 보는 방식과 관련이 있다. 여기에는 윤리적 틀, 정치적 신념, 종교적 신념, 개인 철학, 일반적인 인생관 등이 포함될 수 있다.

이 네 가지 영역의 차이로 인해 모든 사람은 각기 다른 경험에 따라 고유한 관점을 갖게 된다. 이 고유한 관점은 같은 상황을 다른 방식으로 바라본다는 뜻이다. 다양한 관점은 조직이 다양한 각도에서 문제와 제안된 솔루션을 볼 수 있게 해주기 때문에 기술 제품을 구축하는 팀으로서 매우 중요하다.

이는 다양성이 부족한 조직에 비해 상당한 이점을 제공한다. 주어진 상황의 모든 뉘앙스를 더 잘 파악할 수 있기 때문에 가능한 솔루션의 공간을 매핑할 때 큰 이점이 있다. 누군가의 개인적인 경험이 다른 누구도 생각하지 못했던 놀라운 아이디어로 이어질 수도 있다.

---

1 'What Are the 4 Types of Diversity?'(https://oreil.ly/SQ-P9)에서 네 가지 핵심 영역에 대한 자세한 내용을 확인하기 바란다.

더 중요한 것은 다양한 관점이 제품의 문제점을 파악하는 데 도움이 된다는 점이다. 예를 들어, 사람마다 자연스럽게 제품의 성능을 평가하는 기준이 다를 수 있다. 자녀가 있는 사람은 가정 생활에 잘 대처할 수 있는 제품의 필요성을 고려할 가능성이 높고, 신체 장애가 있는 사람은 접근성을 고려할 가능성이 높을 수 있다.

장애가 있다고 해서 팀원이 해당 분야의 도메인 전문가를 대신해야 한다는 뜻은 아니다. 장애가 있다고 해서 자동으로 공식적인 접근성 전문가가 되는 것은 아니며, 원하지도 않고 자격이 없을 수도 있다. 하지만 팀에 다양한 관점이 있다는 사실은 접근성 전문가를 영입할 필요성을 고려할 가능성이 높다는 뜻이다.

다양한 팀을 구성하는 것만으로는 충분하지 않다. 개인은 자신의 의견을 편안하게 공유할 수 있어야 하고 조직의 나머지 구성원들은 실제로 그들의 의견에 귀를 기울여야 한다. 이런 유형의 환경을 구축하는 작업은 이 책에서 다루지 않지만, 이 주제를 다룬 많은 문헌이 있다. 개인이 자신 있게 말할 수 있는 팀이 훨씬 더 효과적이라는 사실을 발견한 구글의 심리적 안전에 대한 소개(https://rework.withgoogle.com/en/guides/understanding-team-effectiveness#identify-dynamics-of-effective-teams)가 좋은 출발점이 될 수 있다.

또 다른 핵심 아이디어는 조직 전체의 관점을 활용해야 한다는 것이다. 제품을 직접 개발하는 사람뿐만 아니라 임원부터 말단 직원에 이르기까지 가능한 모든 사람의 의견을 수렴해야 한다. 이렇게 하면 통찰력의 사각지대를 피할 수 있다. 많은 대형 기술 기업에서는 직원들이 아직 개발 중인 신제품을 테스트할 수 있도록 장려하여[2] 개발 팀이 회사 전체의 통찰력에 접근할 수 있도록 한다.

반복 개발iterative development의 모든 프로세스와 마찬가지로, 이 프로세스는 시간이 지남에 따라 제품을 만드는 데 도움이 되는 피드백 루프를 구축하는 것이다. 아이디어를 스케치하는 초기 단계부터 다양한 팀의 관점을 수렴할 수 있는 시스템을 만들어야 한다.

한 팀이 필요한 모든 다양한 관점을 포함하는 것이 항상 가능하지는 않다. 예를 들어, 조직의 유급 직원이 아닐 가능성이 높은 어린 아이들의 제품 의견이 필요할 수도 있다! 이

---

2   이는 420페이지의 '실제 환경 테스트' 절에서 다루는 '도그푸딩(dogfooding)'이라는 전략의 일부다.

런 관점을 포함할 수 있는 한 가지 방법은 프로젝트 진행 과정에서 이러한 유형의 사람들과 함께 포커스 그룹을 구성할 수 있도록 예산을 책정하는 것이다.

관점을 넓히는 또 다른 방법은 의사결정에 도움을 줄 수 있는 다양한 조언자 그룹을 찾는 것이다. 주요 분야의 전문성과 다양한 대표성을 겸비한 자문 위원회를 구성하는 것은 올바른 결정을 내리는 데 도움이 되는 강력한 도구다. 자문 위원회는 목표를 달성하고 있는지, 아니면 경로를 벗어나고 있는지 파악하는 데 도움을 줄 수 있는 검토 위원회 역할을 할 수 있다.

팀 규모가 크든 작든 관계없이 제품의 영향을 받는 사람들, 즉 가장 다양한 그룹으로부터 끊임없이 피드백을 구해야 한다.

다양성의 비용

다양성에는 약간의 비용이 든다는 점을 알아둘 필요가 있다. 다양성이 있는 팀은 사람들의 시간에 대한 보상이라는 실질적인 비용 외에도 가치와 목표 등에 대한 합의에 도달하기가 더 어려울 수 있다.

프로젝트의 리더십은 이에 대비해야 하며, 완전한 동의를 얻지 못한 일부 결정을 내려야 할 수도 있다. 반대 의견과 함께 결정의 근거를 문서화하는 것은 팀이 의사결정을 추적하고 시간이 지남에 따라 개선할 수 있도록 하는 데 필수적이다.

하지만 특정 사안에 대해 근본적인 의견 차이가 있다면 이는 심각한 위험의 신호일 수 있다.

이해관계자

프로젝트의 이해관계자는 잠재적으로 영향을 받을 수 있는 모든 사람과 커뮤니티를 뜻한다. 여기에는 조직 내 사람, 고객, 시스템의 최종 사용자, 그리고 직간접적으로 영향을 받을 수 있는 모든 사람이 포함된다.

시스템이 효과적이고 피해를 유발하지 않으려면 이해관계자의 요구와 가치를 고려해야 한다. 예를 들어 시스템이 일반 대중과 접촉하게 될 경우, 이들을 이해관계자로 간주하고 이들을 염두에 두고 프로젝트를 설계하는 것이 중요하다.

이해관계자의 요구와 가치를 이해하는 가장 좋은 방법은 이해관계자에게 직접 물어보는 것이다. 아이디어 구상부터 개발 종료까지 개발 워크플로 전반에 걸쳐 이해관계자의 의견을 반영해야 한다.

이해관계자는 이해관계자 매핑(https://oreil.ly/t7Gv0)이라는 잘 정립된 도구를 사용해 식별할 수 있다. 프로세스에 익숙한 사람이 팀에 포함되어 있는지 확인해야 한다.

역할과 책임

제품을 구축하려면 많은 사람이 필요하며, 다음 절에서는 필요한 역할을 간략하게 설명한다. 프로젝트에 따라 여기에 포함되지 않은 역할이 필요할 수도 있다. 여기 나열된 역할들은 엣지 AI 워크플로에 직접 참여하는 가장 일반적인 역할에 불과하다.

각 역할에 맞는 사람을 따로 고용할 필요는 없다. 한 사람이 프로젝트에서 여러 역할을 수행할 수 있으며, 초기에는 한 사람이 모든 프로토타이핑을 수행할 수도 있다.

이해를 돕기 위해 유형별로 역할을 나누겠다.

지식과 이해

이 범주의 역할은 문제를 이해하고 올바른 방법으로 해결하는 데 매우 중요하다.

도메인 전문가

연극에서 주연 역할을 하는 도메인 전문가는 프로젝트 영역에 대한 깊은 이해를 제공한다. 제품 관리자의 역할은 프로젝트가 시장과 같은 주변 맥락에 어떻게 부합하는지 이해하는 것이지만, 도메인 전문가는 상황의 과학적 측면을 이해하는 사람이다. 예를 들어 산업 자동화 프로젝트에는 관련 산업 프로세스에 대한 도메인 전문가가 필요할 수 있고, 헬스케어 프로젝트에는 의학과 생물학 관련 분야의 전문가가 필요할 수 있다.

윤리와 공정성 전문가

윤리와 공정성 전문가 역할은 종종 유해하거나 비효율적인 제품을 초래하는 실수를 피하기 위해 필요하다. 이들은 문제 해결에 사용될 기술, 발생할 수 있는 함정 유형, 따라야 할 프로세스를 잘 이해하고 있어야 한다. 윤리적 문제가 특정 도메인에 국한될 수 있으므로 도메인 전문지식도 중요하다.

계획과 실행

이러한 고위직 역할은 아이디어 구상부터 출시, 장기적인 지원까지 프로젝트가 올바른 방향으로 나아갈 수 있도록 안내하는 데 중요하다.

제품 관리자

제품 관리자는 제품이 무엇이어야 하는지, 무엇을 해야 하는지, 누구에게 서비스를 제공해야 하는지 등 제품에 대한 결정을 내릴 책임이 있다. 제품 관리자의 역할은 문제와 시장을 깊이 이해하고 기술적인 역할을 담당하는 사람들과 협력하여 효과적인 솔루션을 설계하고 구현하는 것이다. 이들은 영향력을 발휘하여 다양한 실타래를 엮어 올바른 요구사항에 맞는 제품을 만들어 낸다.

프로젝트 관리자

프로젝트 관리 역할은 여러 그룹에 걸쳐 복잡한 작업의 실행을 조율하는 일을 포함한다. 예를 들어, 프로젝트 관리자는 제품을 구축하고 생성하는 데 사용될 데이터 세트의 수집을 조직할 수 있다.

프로그램 관리자

프로그램 관리자는 여러 프로젝트로 구성된 높은 수준의 전략을 조율한다. 예를 들어, 비용 절감을 위해 비즈니스의 여러 부분에 엣지 AI를 통합하려는 회사에서는 프로그램 관리자를 통해 프로세스를 조정할 수 있다.

알고리듬 개발

알고리듬 개발은 데이터 세트 탐색과 알고리듬 설계, 그리고 구축 중인 시스템을 평가하기 위한 메커니즘과 관련된 역할이다. 이 작업은 엔드투엔드 플랫폼을 사용하는 비전문가 사용자도 수행할 수 있지만, 초보자의 실수를 피하기 위해 항상 탄탄한 경험이 있는 편이 좋다.

데이터 과학자

데이터 과학자 역할은 엣지 AI 프로젝트의 기반이 되는 데이터를 수집, 유지 관리, 이해하는 역할을 담당한다. 데이터 과학자는 데이터 정리, 분석, 피처 엔지니어링에 대한 기술을 보유하고 있다. 이 역할은 종종 머신러닝 작업을 포함할 수도 있지만, 별개의 역할일 수도 있다.

DSP 엔지니어

DSP 엔지니어는 DSP 알고리듬을 개발하고 구현한다. 일반적으로 알고리듬 개발과 저수준 프로그래밍에 모두 능숙하다. 이미지 데이터는 일반적으로 별다른 처리 없이 입력되기 때문에, 딥러닝과 이미지 데이터를 결합하는 프로젝트를 제외한 대부분의 엣지 AI 프로젝트에서 DSP는 매우 중요하다.

ML 실무자

ML 실무자는 ML로 문제를 해결하는 데 시간을 쏟는다. ML 실무자는 다양한 유형의 학습 알고리듬 관점에서 문제를 표현하려고 한다. 그런 다음 데이터 세트를 사용해 문제를 해결하는 알고리듬을 개발하려고 시도한다. 이들의 역할 중 핵심적인 부분은 연구실과 현장에서, 알고리듬과 그 성능을 평가하는 방법을 결정하는 것이다.

엣지 AI 프로젝트에서 DSP 엔지니어와 ML 실무자는 매우 긴밀하게 협력하는데, 이는 DSP가 ML 워크플로의 핵심인, 정교한 형태의 피처 엔지니어링이기 때문이다.

제품 엔지니어링

제품 엔지니어링은 제품 자체의 개발을 주도하는 역할이다. 하드웨어와 애플리케이션 코드를 생성하고 알고리듬을 장치에서 효율적으로 작동하는 형태로 구현한다.

하드웨어 엔지니어

하드웨어 엔지니어는 제품을 구동하는 하드웨어를 설계한다. 이 설계에는 원시 데이터를 캡처하는 센서와 데이터를 이해하려는 프로세서, 인쇄 회로 기판의 설계와 레이아웃이 모두 포함된다.

하드웨어 엔지니어는 알고리듬 개발 담당자와 긴밀히 협력하여 하드웨어와 알고리듬이 서로를 지원할 수 있도록 하는 것이 중요하다. 알고리듬 설계는 하드웨어 제약 조건을 알아야 하고, 하드웨어 설계는 알고리듬 설계를 알아야 하는 양방향 작업이다.

임베디드 소프트웨어 엔지니어

임베디드 소프트웨어 엔지니어는 하드웨어에 생명을 불어넣는 저수준 코드를 작성한다. 이 코드는 센서와 인터페이스하고, 알고리듬을 실행하고, 출력을 해석하여 의사결정을 내려야 한다. 임베디드 소프트웨어 엔지니어는 임베디드 애플리케이션 자체를 구현한다.

임베디드 ML 엔지니어

일부 임베디드 소프트웨어 엔지니어는 특히 머신러닝에 집중한다. 이들의 임무는 특정 하드웨어에서 머신러닝 알고리듬이 최대한 효율적으로 실행되도록 하는 것이다. 머신러닝의 기반이 되는 수학에 대한 깊은 지식과 저수준 소프트웨어 최적화 경험이 있을 것이다. 간단한 ML 모델을 학습시킬 수는 있겠지만, 데이터 과학 전문가일 필요는 없다.

이는 매우 새로운 역할이지만, 엣지 AI 분야와 함께 성장하고 있다.

산업 디자이너

산업 디자이너는 제품의 물리적 디자인을 만든다. 이는 물리적 설계가 센서 데이터 수집의 여러 현실적인 면을 결정한다는 점에서 엣지 AI와 관련이 있다. 센서를 제품의 다른 위치로 옮기면 일반적인 출력이 완전히 바뀌고 데이터 세트가 즉시 쓸모없어질 수 있다. 따라서 산업 디자인, 전자 공학, 알고리듬 개발 간에 상당한 소통이 이뤄져야 한다.

소프트웨어 엔지니어

많은 프로젝트에는 임베디드 영역 외부의 소프트웨어 공학이 포함된다. 예를 들어, 많은 엣지 AI 프로젝트에는 서버 측 구성 요소가 포함된다. 이 백엔드 코드를 작성하려면 임베디드 애플리케이션 개발과는 다른 기술이 필요하므로 다른 유형의 엔지니어가 필요하다.

기술 서비스

이러한 지원 역할은 개발 프로세스의 기술적 측면을 원활하게 운영하고 팀의 생산성과 안전을 유지하는 도구를 관리하는 데 도움이 된다.

MLOps 엔지니어

MLOps 엔지니어는 나머지 팀원들이 사용하는 MLOps 솔루션을 구축하고 유지 관리하는 역할을 맡는다. 본질적으로 데브옵스^{DevOps} 역할(https://oreil.ly/kEFI-)이지만, 엣지 AI 워크플로의 프로세스와 요구사항을 잘 이해해야 한다.

보안 실무자

이 역할은 팀, 데이터, 생산되는 제품의 보안 요구사항을 처리한다. 다른 역할이 수행하는 작업에서 보안을 유지하는 방법을 이해하도록 돕는 컨설팅 역할이자, 보안 위험을 줄이는 데 도움이 되는 조치를 취하는, 상황을 앞서서 주도하는 역할이기도 하다.

품질 보증 엔지니어

이 역할은 제품이 설계 목표를 달성하고 있는지 여부를 파악할 수 있도록 테스트 계획을 설계하고 구현하는 데 도움을 준다. 품질 보증에 관한 자세한 내용은 420페이지의 '실제 환경 테스트' 절에서 확인할 수 있다.

엣지 AI 채용

엣지 AI 개발의 가장 큰 어려움은 매우 새로운 분야인 만큼 관련 경험이 있는 사람이 많지 않다는 점이다. 이 글을 쓰는 시점에, 엣지 AI에 대한 기존 경험이 있는 엔지니어를 채용하는 것은 거의 불가능하다. 전 세계를 통틀어 수백 명에 불과할 가능성이 높으며, 대부분은 아직 흥미로운 첫 엣지 AI 프로젝트를 진행 중이고 경험이 충분치 않은 상태이기 때문이다.

다행히도 이 분야가 새로운 분야라는 사실은 아무리 경험이 많은 엔지니어라도 몇 년 차이일 뿐이라는 뜻이다. 특히 엔드투엔드 플랫폼의 형태로 엣지 AI 툴링이 최근 발전하면서 진입 장벽이 크게 낮아졌다. 엣지 AI 채용에는 알고리듬 개발과 임베디드 엔지니어링이라는, 매우 구체적인 지식이 요구되는 두 가지 주요 분야가 있다.

알고리듬 개발의 경우, 데이터 과학자와 ML 실무자를 채용할 가능성이 높다. 일부 실무자는 산업계의 실제 문제를 해결하는 응용 공학에 대한 배경지식을 갖추고 있다. 머신러닝의 기본 원리를 연구하고 새로운 기술을 개발하는 학문적 배경을 갖춘 실무자도 있을 수 있다.

응용 실무자는 엣지 AI에서 매우 중요한 문제 프레이밍$^{problem\ framing}$에 대한 경험이 더 많을 것이다. 따라서 특히 초기 채용이나 단독 채용 시 바람직한 선택이 될 수 있다. 하지만 학계 연구원도 엣지 AI 프로젝트에 적합한 인재일 수 있다. 이들은 일반적인 소프트웨어 개발 환경에서 일해 본 경험이 적을 가능성이 높으며, 역량을 키우는 데 시간이 더 오래 걸릴 수 있다. 반면에 학계 연구자는 그 수가 더 많기 때문에, 실무자보다 채용하기 쉬울 수 있다.

ML 연구는 응용 ML(applied ML)과 매우 다르며, 일부 ML 연구자는 새로운 기술을 개발하기보다는 기존 기술을 반복적으로 적용하는 데 지루함을 느낄 수 있다. 양쪽 모두 실망하지 않도록 지원자에게 역할에 대한 기대치를 명확히 알려야 한다.

한 가지 어려움은 데이터 과학과 머신러닝 분야에서 센서 데이터에 대한 경험이 풍부한 사람이 많지 않다는 점이다. 비전은 일반적인 방식이지만 오디오는 그렇지 않으며, 시계열 센서 데이터는 대부분의 실무자에게 미스터리일 가능성이 높다. 시계열 분석은 데이터 과학에서 일반적으로 사용되지만, 일반적으로 전자 센서에서 생성되는 고주파 시계열 유형은 아니기 때문이다.

다행히도 DSP 엔지니어는 ML 실무자와 유사한 워크플로와 툴체인을 갖고 있으며, 이미 센서 데이터에 대한 피처 엔지니어링 전문가다. DSP 엔지니어의 기술과 경험은 임베디드 ML 학습에 매우 적합하므로, DSP 엔지니어를 채용하여 머신러닝의 기본을 배우게 하는 것도 한 가지 방법 중 하나다. DSP 엔지니어와 ML 실무자로 구성된 팀은 어느 한 역할만 수행하는 팀보다 훨씬 수월하게 작업할 수 있다.

임베디드 엔지니어링의 경우 도전 과제는 다양하다. 딥러닝 인터프리터(또는 딥러닝 컴파일러가 생성한 코드)로 작업하는 것은 단순히 라이브러리 통합의 문제인 경우가 많지만, 임베디드 엔지니어는 때때로 내부를 파헤쳐서 문제가 발생하는 시점을 파악해야 할 수도 있다. 이런 경우 딥러닝에 대한 지식과 이해가 있으면 분명 도움이 된다. 또한 임베디드 엔지니어는 모델을 장치에서 사용하기에 적합한 형태로 변환하는 번거로운 작업을 담당하게 될 수도 있는데, 이 작업은 ML 관련 통찰력이 있으면 훨씬 수월해진다.

임베디드 엔지니어의 또 다른 일반적인 작업은 소프트웨어에서 고전적인 ML 모델을 구현하는 것이다. 이를 위한 훌륭한 임베디드 전용 C++ 라이브러리는 아직 없지만, 이해하기 쉬운 상위 수준의 언어로 구현된 레퍼런스 구현이 있기 때문에 일반적으로 쉽게 포팅할 수 있다.

안타깝게도 기존 ML 지식을 갖춘 임베디드 엔지니어를 찾는 것은 당분간 어려울 것이다. 하지만 엔드투엔드 플랫폼을 사용하면 작업이 훨씬 쉬워지고 결국 숙련된 임베디드 ML 엔지니어의 수가 늘어날 것이다. 현재로서는 유능한 임베디드 엔지니어라면 큰 어려움 없이 오늘날의 도구를 배울 수 있을 것이다.

엣지 AI 기술 배우기

지난 몇 년 동안 엣지에서의 AI 학습을 위한 훌륭한 리소스가 등장했다. 대부분의 분야와 마찬가지로 이론과 실습이라는 두 가지 측면이 있다. 이론 콘텐츠는 이 분야를 발전시키는 데 기여하고자 하는 사람들에게 가장 흥미로울 것이며, 실무 콘텐츠는 제품을 개발하고자 하는 사람들에게 더 도움이 될 것이다.

한 가지 주의할 점은 잡초 속에서 길을 잃지 말라는 것이다. AI 제품을 만들고자 하는 많은 사람이 실제로 프로젝트를 시작하기보다는 가능한 모든 토끼굴을 탐색하며 학습에 몰두하다가 결국 마비되는 경우가 많다. 현실적으로 이 분야는 방대한 분야이기 때문에 모든 것을 배울 수는 없다. 행동에 초점을 맞추고 다음 단계로 나아갈 수 있을 만큼 충분히 학습한 다음 재평가하기 바란다. 성공적인 하드웨어 제품을 개발하려면 팀이 필요하므로, 필요한 최소한의 지식을 파악한 다음 전문가를 영입해야 한다.

다음은 실용적인 콘텐츠와 이론적인 콘텐츠 모두에 대한 주요 권장사항이다.

실용

11장부터 시작되는 이 책의 마지막 3개 장에서는 야생동물 모니터링, 식품 품질 보증, 소비자 제품이라는 세 가지 실제 사용 사례를 통해 엣지 AI 워크플로를 처음부터 끝까지 살펴본다.

이 내용을 다 읽은 뒤, 추가로 살펴볼 만한 자료는 다음과 같다.

- Introduction to Embedded Machine Learning(https://oreil.ly/ouQyM, Coursera 강좌): 이 주제에 대한 실용적인 입문서로 높은 평가를 받고 있는 온라인 강좌다.
- Computer Vision with Embedded Machine Learning(https://oreil.ly/LgjmK, Coursera 강좌): 첫 번째 강좌의 후속 강좌로, 특히 비전에 중점을 둔다.
- Applied Machine Learning (TinyML) for Scale(https://oreil.ly/jX-m1, HarvardX 강좌): 이 훌륭한 강좌 모음은 임베디드 ML 작업에 필요한 응용 기술과 큰 그림에 대한 전문지식에 중점을 둔다.
- 『TinyML Cookbook』(Packt, 2022): 임베디드 ML의 다양한 개념을 설명하는 유용한 '레시피'를 중심으로 한 실용적인 책이다.
- 『초소형 머신러닝 TinyML』(한빛미디어, 2020): 마이크로컨트롤러의 임베디드 ML에 대한 실무 입문서로, 마이크로컨트롤러용 텐서플로 라이트에 중점을 둔 예제가 포함되어 있다.
- 『머신러닝 시스템 설계』(한빛미디어, 2023): 머신러닝 개발 워크플로에 대한 환상적인 책으로, 서버 측 애플리케이션에 맞춰져 있지만 여전히 관련성이 매우 높다.
- 『Making Embedded Systems』(O'Reilly, 2011): 임베디드 시스템 개발에 대한 최고의 실용적인 입문서다.

이론

이 콘텐츠는 임베디드 머신러닝의 이론을 더 깊이 파고들고자 하는 분들을 위한 것이다. 성공적인 제품 개발을 위한 전제 조건은 아니므로 겁을 먹거나 공부의 토끼굴에서 길을 잃지 말기 바란다.[3]

- Tiny Machine Learning(TinyML)(https://oreil.ly/cZoLK, HarvardX 강좌): 이 강좌는 앞서 언급한 규모를 위한 TinyML(응용 Tiny 머신러닝)과 겹치지만, 가능한 한 빨리 구축하려는 경우 필요하지 않을 수 있는 절대적인 기본 사항부터 시작한다.

- 『The Scientist and Engineer's Guide to Digital Signal Processing』(California Technical, 1997): 디지털 신호 처리에 대한 종합적인 안내서로, 무료 버전과 양장본으로 제공된다. DSP 알고리듬을 진지하게 다뤄야 하는 비 DSP 엔지니어에게 좋은 자료다.

- 『핸즈온 머신러닝 3판』(한빛미디어, 2023): 실용적인 머신러닝 개념과 기술에 대한 훌륭한 입문서다. ML 알고리듬으로 작업할 비 ML 엔지니어에게 좋은 자료다.

- 『케라스 창시자에게 배우는 딥러닝』(길벗, 2022): 특히 딥러닝 알고리듬에 초점을 맞춘 또 다른 훌륭한 ML 입문서다.

- TinyML 재단(https://oreil.ly/AdXwm, 유튜브 채널): TinyML 재단은 임베디드 ML에 대한 정기적인 프레젠테이션을 주최한다. 일반적으로 고도로 기술적인 이 콘텐츠는 연구와 엔지니어링의 최첨단을 반영한다.

- TinyML 논문과 프로젝트(https://oreil.ly/P1YbW, 깃허브 리포지터리): 이 저장소는 이 분야와 관련된 논문과 리소스의 금광이다.

---

3 가장 좋은 학습 방법은 직접 만들어 보는 것임을 기억하라! 모든 이론을 먼저 외워야 한다고 생각하는 일반적인 함정에 빠지지 마라. 이 분야는 매우 빠르게 발전하기 때문에 모든 것을 배우기를 기대할 수 없다.

비장의 무기

엣지 AI의 이야기는 도구의 이야기다. 엣지 장치에 인공지능을 탑재하는 데 필요한 대부분의 기본 요소는 10여 년 전부터 존재해 왔다. 하지만 성능이 뛰어난 임베디드 프로세서부터 딥러닝 모델에 이르기까지 이러한 기술은 처음 사용할 경우 학습 곡선이 가파른 경향이 있다.

그러나 시간이 지남에 따라 글로벌 기술 생태계는 복잡성을 관리하고 가장 까다로운 기술의 사용성을 개선하도록 설계된 도구를 발전시키고 있다. 오픈소스와 상용 라이브러리, 프레임워크, 제품의 풍부한 조합으로 일반 임베디드 엔지니어도 엣지 AI를 사용할 수 있게 되었다.

지난 2~3년 동안 이러한 작업의 상당 부분이 이뤄졌으며, 마이크로컨트롤러용 텐서플로 라이트(https://oreil.ly/oowo5)[4] 같은 라이브러리와 엣지 임펄스$^{Edge\ Impulse}$(https://edgeimpulse.com)[5] 같은 엔드투엔드 개발 플랫폼이 대량 채택의 문턱을 넘어섰다.

다음 절에서는 엣지 AI에 가장 필수적이라고 생각되는 도구를 살펴본다. 성공적인 팀이라면 적어도 이 모든 도구에 익숙해져 있을 것이다.

엔드투엔드 플랫폼

엣지 AI용 엔드투엔드 개발 플랫폼은 다음 절에서 설명하는 여러 도구를 통합하여 이들 간의 자동화된 통합과 함께 엣지 AI 프로젝트를 위해 특별히 고안된 의식적이고 전체적인 설계를 제공한다. 이러한 플랫폼은 복잡성 부담을 크게 줄여 개발 속도를 높이고 위험을 줄이며, 익숙지 않은 도구의 바다에 빠져 허우적거리지 않도록 도와준다.

엔드투엔드 플랫폼은 229페이지의 '엣지 AI를 위한 엔드투엔드 플랫폼' 절에서 자세히 설명한다. 낮은 수준의 툴에 대한 기본적인 이해는 도움이 되지만, 엔드투엔드 플랫폼으로 시작하여 해당 플랫폼이 요구사항을 완전히 충족하지 않는 경우에만 '자체 개발'을 시도하는 것이 좋다. 이 경우, 최고의 엔드투엔드 플랫폼은 다른 업계 표준 도구와 통합되므로 이점을 잃지 않고 기능을 확장할 수 있다.

---

4 이 책의 '추천사'를 친절하게 써준, 당시 구글에 있던 피트 워든(Pete Warden)이 설립했다.
5 이 책의 저자들에게 감명을 주어 구글과 Arm을 그만두고 엣지 임펄스에 참여하게 되었다.

소프트웨어 공학

엣지 AI의 상당 부분이 소프트웨어 개발과 관련되어 있으므로, 최신 소프트웨어 공학 도구는 매우 중요하다. 핵심 요소 중 일부는 다음과 같다.

운영체제

개발과 배포 모두에서 운영체제를 고려하는 것이 중요하다. 개발 프로세서에서 선택한 운영체제에 따라 엣지 AI 생태계를 구성하는 매우 다양한 소프트웨어 도구로 얼마나 쉽게 작업할 수 있는지가 결정된다. 서로 다른 두 가지 엔지니어링 전통 사이에는 약간의 충돌이 있다.

임베디드 엔지니어링에서는 역사적으로 윈도우를 운영체제로 사용하는 것이 일반적이었으며, 일부 임베디드 도구는 이런 가정을 전제로 작성됐다. 반면, 데이터 과학과 머신러닝 도구는 일반적으로 리눅스나 맥OS 같은 유닉스 호환 환경에 가장 적합하다.

하지만 실제로는 큰 문제가 되지 않는다. 모든 팀원이 모든 도구를 실행할 수 있어야 하는 것은 아니다. 예를 들어, 머신러닝 엔지니어가 리눅스로 모델을 학습시키고 최적화한 다음 윈도우를 사용하는 임베디드 엔지니어에게 넘겨줄 수 있다. 리눅스용 윈도우 하위 시스템(https://oreil.ly/VYaE6)처럼 환경을 혼합할 수 있는 도구도 많이 있다. 또한 최신 임베디드 툴체인은 유닉스 환경에서도 잘 작동하는 것이 일반적이지만, 임베디드 엔지니어는 여전히 익숙한 환경으로 윈도우를 선호할 수 있다. 임베디드 엔지니어와 ML 엔지니어를 포함한 엣지 임펄스의 전체 팀은 맥OS와 리눅스 가상 머신을 조합하여 사용한다.

배포 시 엣지 장치 자체에서 운영체제를 사용하는 경우도 있다. 이러한 운영체제는 일반적으로 임베디드 리눅스(SoC에서 실행되도록 컴파일된 리눅스의 축소 배포판)나 최소한의 오버헤드로 실행되도록 설계된 특수 임베디드 전용 운영체제인 실시간 운영체제(RTOS, Real-Time Operating System)다. 이 두 가지 옵션과 마이크로컨트롤러의 가장 일반적인 경우인 OS가 전혀 없는 옵션[6]은 모두 엣지 AI와 완벽하게 호환된다.

---

6 '베어 메탈'로 알려져 있다.

프로그래밍과 스크립팅 언어

엣지 AI에 가장 중요한 두 가지 프로그래밍 언어는 파이썬과 C++다. 파이썬은 방대한 오픈소스 수학, 과학 계산 라이브러리와 100%에 가까운 머신러닝 연구 커뮤니티에서의 채택률 덕분에, 현재 머신러닝용으로 압도적으로 선택되는 언어다. 파이썬은 또한 일반적인 소프트웨어 공학을 위한 최고의 언어이기 때문에 R 같은 특정 영역용domain-specific 언어를 능가한다.[7] 가장 중요한 두 가지 딥러닝 프레임워크인 텐서플로TensorFlow와 파이토치PyTorch는 모두 파이썬으로 작성됐으며 206페이지의 '수학과 과학 계산 라이브러리'에서 만나게 될 놀라운 도구들도 마찬가지다. 파이썬에는 단점이 있지만, 머신러닝에서 DSP에 이르기까지 엣지 AI 알고리듬을 개발하는 데 사용하기에 적합한 언어다.

C++('C-plus-plus'로 발음)는 최신 임베디드 소프트웨어 공학에서 널리 사용되는 언어다. 일부 임베디드 플랫폼은 C(일부 특성을 공유하는, C++보다 간단한 언어)만 지원하지만, 일반적으로 엣지 AI에 사용되는 하이엔드 임베디드 장치는 C++로 프로그래밍된다. C++를 둘러싼 생태계에는 개발을 더 쉽게 만들어 주는 수많은 도구와 라이브러리가 있다. C++는 대부분의 마이크로컨트롤러 기반 시스템에서 유일하게 이용할 수 있는 것이기 때문에, 운이 좋다고 할 수 있다.

C++는 기본 하드웨어에 대한 엄청난 양의 제어 기능을 제공하는 저수준 언어다. 좋은 C++ 코드를 작성하려면 숙련된 엔지니어가 필요하지만, 파이썬 같은 상위 언어로 작성된 코드보다 훨씬 빠를 수 있다.

 흥미로운 점은 파이썬 라이브러리가 수행하는 대부분의 수학적 작업은 실제로 내부에서 C++로 구현되며, 파이썬 코드는 단지 편리한 래퍼로 사용된다는 점이다. 따라서 개발자는 두 가지 장점을 모두 누릴 수 있다.

또한 개발 프로세스에서 배시Bash 같은 스크립팅 언어를 사용할 가능성이 높다. 이런 언어는 애플리케이션을 빌드하고 장치에 배포하는 데 도움이 되는 복잡한 도구와 스크립트를 서로 연결하고 자동화하는 데 사용된다.

---

7 R은 일반적으로 데이터 분석 이외의 목적으로는 사용되지 않는, 통계 계산에 널리 사용되는 언어다.

타깃의 경우, 마이크로컨트롤러로 작업할 때는 거의 항상 C++를 사용할 것으로 예상할 수 있다. 전체 운영체제를 실행하는 SoC는 파이썬 같은 고급 언어를 실행할 수 있는 등 훨씬 더 유연한 경우가 많다. 대신 소형 장치보다 훨씬 더 비싸고 에너지 소비량이 많다는 단점이 있다.

대부분의 타깃에는 C++가 필요하기 때문에 파이썬 같은 상위 언어로 개발된 알고리듬을 포팅해야 작업을 배포할 수 있다. 나중에 설명하는 몇 가지 도구를 사용하면 이 작업을 더 쉽게 수행할 수 있지만, 항상 간단한 과정은 아니다.

의존성 관리

최신 소프트웨어에는 일반적으로 많은 의존성^{dependency}이 있으며, AI 개발의 경우 이는 더 복잡해진다. 데이터 과학과 머신러닝 도구에는 종종 터무니없이 많은 타사 라이브러리가 추가로 필요하며, 텐서플로 같은 주요 딥러닝 프레임워크를 설치하면 웹 서버에서 데이터베이스에 이르기까지 모든 것이 함께 제공된다.

임베디드 측면에서도 신호 처리와 머신러닝 알고리듬에는 일반적으로 정교하고 고도로 최적화된 수학 계산 라이브러리가 필요하기 때문에 상황이 복잡해질 수 있다. 또한 임베디드 C++ 코드의 컴파일과 배포에는 종종 기계에 존재하는 수많은 의존성이 필요하다.

이러한 의존성은 모두 악몽이 될 수 있으며, 이를 관리하는 것은 엣지 AI 개발에서 가장 까다로운 부분 중 하나다. 컨테이너화(201페이지의 '컨테이너화' 절 참고)에서부터 언어별 환경 관리에 이르기까지 이를 좀 더 쉽게 만들어 주는 다양한 기술이 존재한다.

파이썬의 경우, 가장 유용한 도구 중 하나는 Poetry(https://python-poetry.org)다. 이 도구는 단일 머신에서 여러 환경의 의존성을 지정, 설치, 격리하는 프로세스를 간소화하는 것이 목표다.[8] 그 밖의 필수 도구로는 aptitude(https://oreil.ly/aCq1n, 데비안 GNU/리눅스)와 Homebrew(https://brew.sh, 맥OS) 같은 OS별 패키지 관리 시스템이 있다.

---

8 가장 일반적인 파이썬 의존성 관리 도구는 pip(https://oreil.ly/fV_w0)와 Conda(https://conda.io)이며, Poetry는 비교적 최근에 등장한 도구이지만 적극 권장한다.

종속성 관리의 최악의 상황 중 하나는 시스템의 여러 부분을 함께 통합하려고 할 때 발생한다. 예를 들어, 한 버전의 딥러닝 프레임워크로 학습된 모델이 조금 후에 출시된 추론 프레임워크와 호환되지 않을 수 있다. 따라서 개발 프로세스 초기에 시스템을 엔드투엔드 테스트하여 나중에 예상치 못한 문제를 방지하는 것이 매우 중요하다.

컨테이너화

컨테이너화^{containerization}는 OS 수준의 기술을 사용해 **컨테이너**^{container}라는 샌드박스 환경 내에서 소프트웨어를 실행하는 것이다. 내부에서 보면 컨테이너는 컨테이너를 실행하는 머신과 완전히 별개의 것으로 보인다. 다른 운영체제와 의존성을 가질 수 있으며 시스템 리소스에 대한 접근이 제한될 수 있다.

엣지 AI에는 머신러닝부터 임베디드 개발까지 모든 분야에 사용되는 다양한 툴체인이 포함된다. 이러한 툴체인은 종종 상호 호환되지 않는 의존성을 갖고 있다. 예를 들어, 2개의 툴체인에는 완전히 다른 버전의 언어 인터프리터가 필요할 수 있다. 컨테이너화는 이렇게 호환되지 않는 툴체인들을 하나의 머신에서 나란히 실행할 수 있는 강력한 도구다.

컨테이너는 일반적으로 상태가 없고 이동성이 뛰어나다. 즉, 특수한 문법으로 공들여 구성된 머신 전체를 특정 작업을 수행하는 커맨드라인 프로그램처럼 취급할 수 있다. 이를 서로 연결하여 유용한 작업을 수행할 수 있으며, 분산 컴퓨팅 환경의 다른 컴퓨터에서 쉽게 실행할 수 있다.

또한 임베디드 장치에서 컨테이너를 실행할 수도 있으며, 일반적으로 SoC의 임베디드 리눅스 내에서 실행할 수 있다. 이는 소프트웨어와 그 종속성을 패키징하여 배포하는 흥미로운 방법이 될 수 있지만, 약간의 오버헤드가 발생할 수 있다.

컨테이너화를 위해 가장 많이 사용되는 도구는 도커^{Docker}(https://www.docker.com)와 쿠버네티스^{Kubernetes}(https://kubernetes.io)다. 도커는 일반적으로 개발 워크스테이션에서 로컬로 사용되며, 쿠버네티스는 분산 컴퓨팅 인프라 내에서 컨테이너 클러스터를 실행하는 데 사용된다.

분산 컴퓨팅

분산 컴퓨팅은 전 세계 어디에서나 인터넷을 통해 연결된 여러 컴퓨터에서 서로 다른 프로세스를 실행하는 개념이다. 분산 컴퓨팅은 단일 고성능 메인프레임과 슈퍼컴퓨터를 사용하는 것보다 더 유연하게 계산에 접근할 수 있는 방법이며, 최신 컴퓨팅 중 다수의 근간이 되는 아키텍처 스타일이다.

분산 컴퓨팅은 여러 가지 이유로 엣지 AI에 중요하다. 첫째, 엣지 AI는 분산 컴퓨팅의 한 예다! 데이터가 생성되는 엣지에서 계산이 수행되고, 그 결과는 로컬에서 사용되거나 네트워크를 통해 전송된다.

둘째, 데이터 세트 관리, 알고리즘 개발, 머신러닝 모델 학습은 컴퓨팅과 스토리지 집약적일 수 있다. 따라서 분산 컴퓨팅은 이런 프로세스에 적합하다. 예를 들어 딥러닝 모델을 학습시키기 위해 사무실에 강력한 머신을 구입하고 유지 관리하는 대신, 성능이 뛰어난 원격 서버를 임대하는 것이 일반적이다.

분산 컴퓨팅 인프라를 구성하고 제어하는 작업을 **오케스트레이션**orchestration이라고 한다. 다양한 작업을 위해 설계된 많은 오픈소스 오케스트레이션 도구가 있다. 쿠브플로Kubeflow(https://www.kubeflow.org)는 여러 머신에서 머신러닝 워크로드를 실행하기 위해 설계된 오케스트레이션 프레임워크다.

클라우드 제공업체

아마존 웹 서비스Amazon Web Services(https://aws.amazon.com), 구글 클라우드Google Cloud(https://cloud.google.com), 마이크로소프트 애저Microsoft Azure(https://oreil.ly/zXZeB) 같은 업체는 비용을 지불하면 누구나 사용할 수 있는 온디맨드 분산 컴퓨팅 리소스를 제공한다. 컴퓨터 네트워크 다이어그램에서 일반적으로 클라우드(구름) 기호를 사용해 로컬 네트워크 외부에 있는 리소스를 나타내기 때문에 이런 유형의 분산 컴퓨팅을 '클라우드 컴퓨팅'이라고 한다.

클라우드 제공업체는 전 세계 대부분의 웹사이트를 호스팅한다. 이들은 물리적 하드웨어와 네트워크 구성을 관리하므로 개발자는 장비 관리 대신 애플리케이션 구축에 집중할 수 있다. 또한 컨테이너화를 적극 활용하여 다양한 워크로드를 동일한 인프라에 나란히 배치할 수 있다.

엣지 AI 프로젝트에서는 데이터 세트를 저장하고, 머신러닝 모델을 학습하고, 엣지 장치가 데이터를 주고받을 수 있는 백엔드를 제공하기 위해 클라우드 컴퓨팅을 사용하는 것이 일반적이다. 382페이지의 '클라우드로의 캐스케이드'처럼 클라우드 서버에서 실행되는 AI 알고리듬이 엣지 장치에서 실행되는 알고리듬과 함께 작동하여 서비스를 제공하는 경우도 있다.

데이터 작업

데이터는 엣지 AI 애플리케이션의 핵심 요소이며, 데이터를 수집, 저장, 처리하기 위한 많은 도구가 존재한다.

데이터 캡처

원격 위치에서는 연결이 제한되어 있는 경우가 많기 때문에 현장에서 데이터를 수집하는 것이 어려울 수 있다. 유용한 두 가지 도구로, 데이터 로거^{data logger}(https://oreil.ly/0Tl46)와 모바일 광대역 모뎀^{mobile broadband modem}(https://oreil.ly/xl0eZ)이 있다.

데이터 로거는 현장에서 센서로 수집한 데이터를 캡처하고 기록하도록 설계된 소형 장치다. 일반적으로 센서 판독값을 수집하기 위한 대용량의 영구 저장소가 있으며 배터리로 작동하거나 영구 전원에 연결할 수 있다. 데이터 로거를 사용하면 자체 하드웨어를 설계하고 구축하기 전에 즉시 데이터 수집을 시작할 수 있다는 이점이 있다. 단점은 로거에 물리적으로 연결하여 데이터를 수동으로 수집해야 한다는 것이다.

모바일 광대역 모뎀은 일반적으로 셀룰러 네트워크를 통해 무선 인터넷 연결을 제공하지만, 위성 연결도 가능하다. 연결 가능 여부는 현지 가용성과 조건에 따라 다르지만, 전 세계 거의 모든 곳에서 데이터를 전송할 수 있다. 즉시 데이터를 사용할 수 있다는 편리함을 제공한다. 하지만 데이터 요금이 상당히 비쌀 수 있고, 무선 통신은 많은 에너지를 소비하므로 모든 상황에서 사용할 수 있는 것은 아니다.

IoT 장치 관리

IoT 장치와 통신하고, 장치의 작동을 관리하고, 장치로부터 데이터를 수집하기 위한 많은 플랫폼이 존재한다. 이러한 플랫폼을 사용하려면, 일반적으로 라이브러리나 API를 임베디드 소프트웨어에 통합해야 한다. 그런 다음 소프트웨어는 장치를 제어하는 데 사용할 수 있는 클라우드 서버와 연결된다.

이러한 플랫폼은 특히 장치 관리 소프트웨어가 이미 사용되고 있을 수 있는 브라운필드 배포의 경우에, 센서 데이터를 수집하는 데 편리하게 사용할 수 있다.

데이터 저장과 관리

데이터 세트를 수집하면 이를 저장할 곳이 필요하다. 이는 하드 디스크에 저장된 쉼표로 구분된 파일처럼 간단할 수도 있고, 시계열 데이터를 저장하고 쿼리하기 위해 특별히 설계된 시계열 데이터베이스처럼 복잡할 수도 있다. 이러한 옵션 중 일부는 297페이지의 '데이터를 저장하고 가져오기' 절에서 다룬다.

데이터 저장 솔루션은 다양한 용도로 설계됐다. 일부는 데이터의 실시간 쿼리 속도가 매우 빠르도록 설계된 반면, 다른 일부는 데이터 손실에 대해 가능한 한 강력하게 설계됐다. 엣지 AI 애플리케이션의 경우 일반적으로 '배치^{batch}' 모드에서 데이터를 처리하므로 일반적으로 성능이 가장 중요한 요소는 아니다. 대신 수집하는 데이터 유형에 맞는 간단한 솔루션을 목표로 삼아야 한다.

AI 데이터 세트는 데이터베이스 유형 없이 파일시스템에 저장되는 것이 일반적이다. 파일시스템은 이러한 유형의 데이터를 위해 설계됐으며, 유닉스 커맨드라인 도구 같은 파일시스템 도구를 사용하면 데이터를 효율적으로 조작하는 데 도움이 될 수 있다. 파이썬의 과학 컴퓨팅 생태계에는 디스크에서 데이터를 읽고 탐색하고 시각화하는 데 도움이 되는 많은 도구가 포함되어 있다.

멋진 데이터베이스가 필요하지는 않지만, 데이터를 올바른 형식으로 저장하는 것은 여전히 중요하다. 330페이지의 '포맷 지정' 절에서 배우게 되겠지만, 센서 판독값 자체는 머신러닝 학습 시 고성능을 위해 특별히 설계된 CBOR(https://cbor.io)이나

NPY(https://oreil.ly/FdGWo), TFRecord(https://oreil.ly/5HZPO) 같은 효율적이고 압축적인 바이너리 표현으로 저장해야 한다. 판독값에 대한 메타데이터는 별도의 파일(**매니페스트 파일**manifest file이라고 함)이나 간단한 데이터베이스에 저장해야 한다. 이런 방식으로 데이터와 메타데이터를 분리하면 대용량 파일을 메모리로 읽지 않고도 데이터 세트를 효율적으로 탐색하고 조작할 수 있다.

데이터 파이프라인

데이터 파이프라인은 원시 데이터를 가져와서 머신러닝 모델 학습과 같은 작업에 사용할 수 있도록 변환하는 프로세스다. 데이터 엔지니어가 데이터 정리와 랭글링 같은 작업을 자동화하는 방식이다. 일반적인 데이터 파이프라인은 원시 센서 데이터를 가져와 필터링하고, 다른 데이터와 결합한 다음, 머신러닝 모델 학습에 적합한 형식으로 작성할 것이다.

데이터 파이프라인을 정의하기 위한 많은 도구가 존재하며, 일부는 다른 도구보다 더 복잡하다. 엣지 AI 데이터 파이프라인에는 대량의 비교적 단순한 데이터가 포함되는 경향이 있으므로, 구조화된 데이터(예: 관계형 데이터베이스에 저장된 데이터)로 작업하도록 설계된 도구는 피하는 편이 좋다. 쿼리 기능 대신 높은 처리량과 임의의 신호 처리 알고리듬을 실행할 수 있는 충분한 유연성을 제공하는지 살펴보기 바란다.

많은 클라우드 제공업체는 분산 인프라에서 데이터 파이프라인을 실행하기 위한 기능을 제공한다. 일부 엣지 AI용 엔드투엔드 플랫폼은 데이터 파이프라인을 핵심 기능으로 삼고 있으며 센서 데이터의 특성에 맞게 특별히 설계됐다.

알고리듬 개발

알고리듬 개발은 대부분의 툴링 복잡성이 존재하는 분야로, 이 프로세스에 도움이 되는 소프트웨어는 매우 다양하다. 그중 다른 소프트웨어보다 엣지 AI에 더 적합한 것들이 있다.

수학과 과학 계산 라이브러리

파이썬 커뮤니티는 수학과 숫자 분석을 위한 다양한 오픈소스 라이브러리라는, 소프트웨어 엔지니어링의 경이로움을 만들어 냈다. 가장 중요한 것들 중 몇 가지를 나열하면 다음과 같다.

넘파이 NumPy (https://numpy.org)

넘파이는 스스로를 '파이썬을 이용한 과학 계산을 위한 기본 패키지'라고 설명하며, 이는 사실이다. 대부분의 파이썬 기반 수치 계산을 위한 고성능 백본을 제공하며, 최소한의 노력으로 대규모 숫자 배열에 복잡한 작업을 수행할 수 있는 훌륭한 API를 갖추고 있다. 파일 형식인 NPY는 센서 데이터를 저장하는 데 편리한 방법이다.

판다스 pandas (https://pandas.pydata.org)

넘파이가 배열이라면 판다스는 데이터 테이블이다. 행과 열로 구성할 수 있는 모든 정보를 쿼리하고 변환하기 위한 거의 마법처럼 직관적인 구문을 제공한다. 판다스는 넘파이와 함께 작동하므로, 센서 데이터를 탐색하는 데 사용할 수 있고 매우 빠르다.

사이파이 SciPy (https://scipy.org)

사이파이는 과학 컴퓨팅에 필수적인 알고리듬을 빠르게 구현한 모음을 제공한다. DSP 알고리듬을 개발하는 데 많이 사용되며, 다른 많은 도구를 구동하는 마법과도 같다.

사이킷런 scikit-learn (https://scikit-learn.org/stable)

넘파이와 사이파이를 사용해 구축된 라이브러리인 사이킷런은 머신러닝 알고리듬을 구현한 방대한 라이브러리와, 거기에 처리된 데이터를 넣고 성능을 평가하는 데 필요한 도구를 함께 제공한다. API는 구성 요소를 서로 바꿔서 연결할 수 있도록 설계됐기 때문에 서로 다른 알고리듬을 쉽게 비교하고 결합할 수 있다. 파이썬의 고전적인 머신러닝을 위한 표준이며, 데이터 처리와 평가 도구는 다른 프레임워크로 딥러닝 모델을 학습시킬 때에도 자주 사용된다.

데이터 시각화

데이터로 작업할 때 시각화는 필수적인 도구이며, 특히 해당 데이터가 디지털 신호인 경우 더욱 그렇다. 그래프와 차트를 사용하면 이해할 수 없는 숫자 정보를 표현하고 해석할 수 있다. 파이썬 생태계에는 데이터 시각화를 위한 환상적인 라이브러리가 있다. 익숙해지기가 상당히 복잡할 수 있지만(특히 제공된 디폴트를 넘어 시각화를 커스터마이즈하려는 경우), 일단 익숙해지면 숫자 행을 명확한 인사이트로 빠르게 전환할 수 있다.

가장 일반적인 두 가지 라이브러리는 Matplotlib(https://matplotlib.org)과 seaborn (https://seaborn.pydata.org)이다. Matplotlib은 데이터를 시각화하는 수백만 가지 방법을 제공하며, 과학 출판물에서 수치를 만드는 데 일반적으로 사용된다. 문법이 약간 까다로울 수 있지만, 널리 사용되므로 잠깐 인터넷을 검색하면 원하는 기능을 파악하는 데 도움을 받을 수 있다.

seaborn은 Matplotlib을 기반으로 구축됐으며, 복잡한 API에 얽매이지 않고도 그림 5-2 같은 매력적인 시각화를 쉽게 할 수 있도록 설계됐다. 특히 판다스와 잘 어울리도록 만들어졌다.

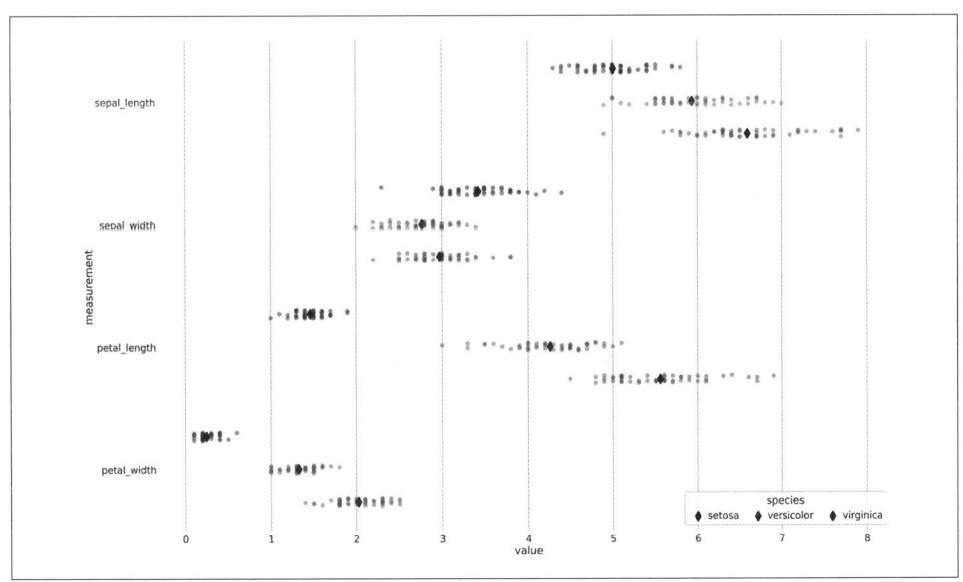

그림 5-2 이 그림은 seaborn의 예제 갤러리(https://oreil.ly/uPOI0)에 있는 시각화 중 하나로, 식물 측정값 데이터 세트의 다양한 열에 대한 범위와 평균을 보여준다.

seaborn과 Matplotlib은 이미지 파일을 출력하지만, Plotly(https://plotly.com/python) 같은 일부 시각화 라이브러리는 동적으로 탐색할 수 있는 대화형 시각화를 생성한다.

대화형 컴퓨팅 환경

엣지 AI 개발에는 일상적인 소프트웨어 엔지니어링의 맥락을 벗어난 많은 탐색이 포함된다. 탐색적 데이터 분석, 디지털 신호 처리, 머신러닝은 모두 다양한 아이디어를 시도하고 그 결과를 빠르게 시각화하는 워크플로를 갖고 있다.

이를 위해 다양한 대화형 환경이 존재한다. 스크립트를 실행하고 결과를 파일에 기록하거나, 정보를 시각적으로 표현하기 위해 전체 웹 애플리케이션을 구축해야 하는 대신, 대화형 컴퓨팅 환경에서는 코드와 시각화를 동일한 편집기에서 동시에 볼 수 있다.

파이썬 코드에서 가장 중요한 대화형 환경은 주피터 노트북$^{Jupyter\ Notebook}$(https://jupyter.org)이다. 노트북 내에서 파이썬 코드를 작성하고 실행할 수 있으며, 코드의 출력도 함께 표시된다. 여기에는 그림 5-3에서 볼 수 있듯이, Matplotlib 같은 라이브러리를 사용해 생성한 모든 시각화가 포함된다.

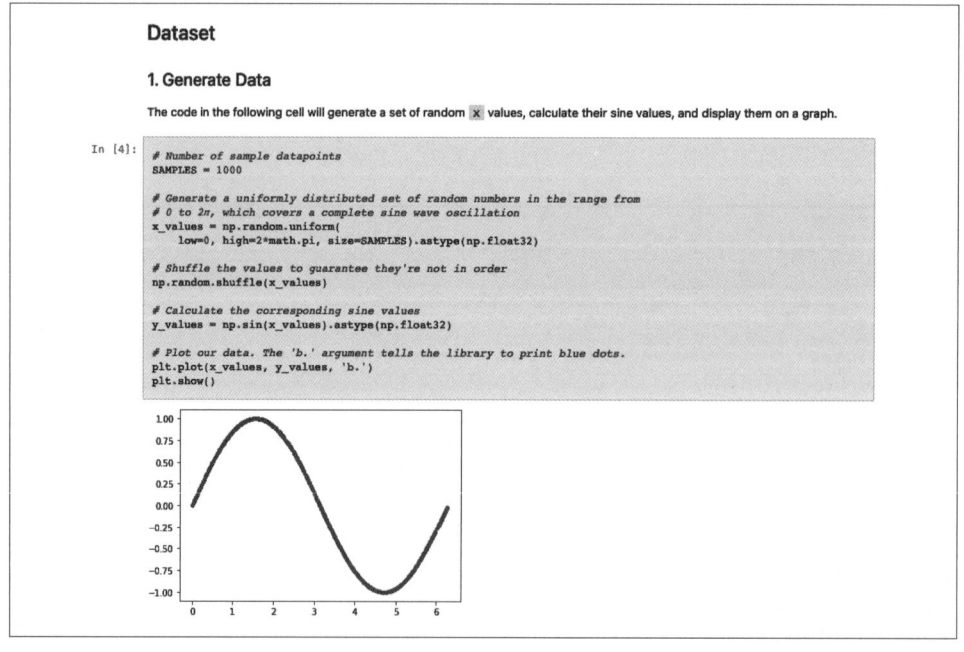

그림 5-3 리치 텍스트, 코드, 코드의 출력이 혼합되어 있는 주피터 노트북의 스크린샷. 이 노트북은 마이크로컨트롤러용 텐서플로 라이트 헬로 월드 예제(https://oreil.ly/a976F)에서 가져온 것이다.

이를 통해 알고리듬의 구현과 실행 결과를 모두 포함하는 대화형 라이브 문서를 만들 수 있다. 실험을 위한 대화형 도구이자 작업의 문서적 증거로서 유용하다. 일반적인 워크플로는 가장 적합한 알고리듬을 찾을 때까지 노트북에서 알고리듬을 실험한 다음, 잘 작동하는 것으로 확인되면 코드를 일반 파이썬 스크립트로 포팅하는 것이다.

주피터는 로컬에서 실행할 수도 있지만, 주피터 기반 호스팅 환경도 있다. 그중 하나는 구글 Colab(https://oreil.ly/eA4Mb)이고, 다른 하나는 아마존 SageMaker(https://oreil.ly/GxOs-)다. 두 곳 모두 무료로 사용할 수 있지만 유료로 추가 컴퓨팅을 제공한다.

대화형 컴퓨팅을 위한 또 다른 일반적인 환경으로는 비슷한 대화형 환경과 자체 프로그래밍 언어를 결합한 MATLAB(https://oreil.ly/NJ7Pr)이 있다. 학계와 공학 분야에서 많이 사용되지만, 라이선스 비용이 많이 드는, 오픈소스가 아닌 상용 제품이기 때문에, 소프트웨어 엔지니어에게는 그다지 인기가 없다. 전기 공학에 인접한 배경을 가진 사람이라면 DSP 엔지니어를 포함해 MATLAB에 익숙할 가능성이 높다.

엣지 AI를 위해 특별히 설계된 대화형 환경도 있다. OpenMV IDE(https://oreil.ly/f0-KB)는 머신 비전 애플리케이션 개발을 지원하기 위해 OpenMV 팀에서 만든 오픈소스 제품이다. 이 제품을 사용하면 시각 정보를 해석하는 알고리듬을 쉽게 테스트하고 구현할 수 있으며, 이후 OpenMV의 하드웨어와 다른 대상에 모두 배포할 수 있다. 카메라가 장착된 하드웨어 장치에 연결하여 실시간으로 실행 중인 알고리듬의 결과를 표시할 수 있다는 점이 OpenMV IDE만의 특징이다.

디지털 신호 처리

DSP 알고리듬 개발은 일반적으로 파이썬이나 MATLAB에서 수행된다. 두 가지 환경 중 하나를 사용할 수 있으며, 개별 DSP 엔지니어는 일반적으로 둘 중 한 가지 환경을 선호한다.

파이썬의 경우 사이파이의 `scipy.signal`(https://oreil.ly/UwJsO) 모듈을 통해 여러 중요한 DSP 알고리듬을 구현할 수 있다. MATLAB에서는 신호 처리(https://oreil.ly/X8umU)와 이미지 처리(https://oreil.ly/MYpwC) 툴박스가 매우 유용하다.

MATLAB에는 알고리듬 개발에 필요한 프로그래밍 양을 줄여주는 훌륭한 GUI 기반 도구가 있지만, 파이썬은 머신러닝 모델 학습에 사용되는 툴체인과 직접 호환될 뿐만 아니라 무료라는 이점이 있다.

최근 인기를 얻고 있는 세 번째 선택지는 MATLAB의 무료 오픈소스 대안으로 설계된 GNU Octave(https://www.octave.org)다.

딥러닝 프레임워크

딥러닝 도구의 생태계는 파이썬용으로 작성되어 널리 사용되는 두 가지 오픈소스 프레임워크(구글에서 만든 텐서플로(https://tensorflow.org)와 메타[Meta9]에서 만든 파이토치(https://pytorch.org))가 주도하고 있다. 각 프레임워크는 딥러닝 모델 학습을 위한 사내 시스템에서 시작됐으며, 각 스폰서의 우선순위가 반영되어 있다.

딥러닝 프레임워크는 단일 깃발 아래 전체 도구 모음을 제공한다는 점에서 일반적인 소프트웨어 라이브러리(예: 넘파이나 사이킷런)와는 다르다. 텐서플로와 파이토치에는 모두 머신러닝 모델 정의와 학습, 데이터 처리, 분산 시스템 조정, 다양한 유형의 컴퓨팅에 배치 등을 위한 시스템이 포함되어 있다.

예제 5-1 텐서플로의 상위 수준 API인 케라스(Keras)를 사용해 정의와 학습 중인 간단한 딥러닝 모델 아키텍처

```
from tensorflow.keras.models import Sequential
from tensorflow.keras.layers import Dense

# 모델 아키텍처를 정의한다.
model = Sequential()
model.add(Dense(units=64, activation='relu'))
model.add(Dense(units=10, activation='softmax'))

# 학습 프로세스를 설정한다.
model.compile(loss='categorical_crossentropy',
              optimizer='sgd',
```

---

9   페이스북으로 알려졌을 때다.

```
            metrics=['accuracy'])

# 모델을 학습시킨다.
model.fit(x_train, y_train, epochs=5, batch_size=32)

# 모델을 평가한다.
loss_and_metrics = model.evaluate(x_test, y_test, batch_size=128)
```

두 도구의 역사에 비추어 볼 때, 텐서플로는 업계에서 기본 프레임워크로 사용되고 있으며, 파이토치는 딥러닝 연구자들이 선호하는 도구다.[10] 그 이유는 텐서플로 생태계가 모델 배포에 사용할 수 있는 옵션이 더 많기 때문이며, 이는 특히 엣지 AI에 중요하다.

이 글을 쓰는 현재, 효율성을 위해 모델을 최적화하고 엣지 장치에 배포하기 위한 대부분의 도구는 텐서플로 생태계와 통합되도록 작성되었다. 텐서플로와 파이토치는 모델을 저장하는 형식이 서로 다르며, 이 둘 사이를 변환하는 방법이 있긴 하지만 간단한 프로세스는 아니다.[11] 즉, 현재 엣지 AI 분야에서 일하는 대부분의 ML 엔지니어는 텐서플로를 사용하고 있다.

파이토치는 연구자들이 선택하는 프레임워크이기 때문에, 최신 모델 아키텍처 중 상당수가 파이토치 형식으로 먼저 제공된다. 이는 배포 기능으로 텐서플로를 사용하는 업계 개발자에게는 실망스러울 수 있다. 다행히도 엣지 배포에 적합한 더 작고 효율적인 모델을 만드는 데 집중하는 대부분의 연구자들은 텐서플로 생태계 내에서 작업을 진행하고 있다. 모델 비호환성이 가장 답답한 영역은 시각적 객체 감지 분야인데, 객체 감지 모델의 학습 코드는 복잡하고 프레임워크 간에 포팅하기 어려운 경향이 있기 때문이다.

이 글을 쓰는 현재로서는 엣지 AI 개발을 위한 프레임워크 중 가장 좋은 선택은 텐서플로다. 파이토치를 사용하는 개발자는 모델을 배포하려고 할 때 복잡하고 신뢰할 수 없는 변환 프로세스로 인해 어려움을 겪을 것이다. 시간이 지나면서 파이토치 생태계가 성숙해짐에 따라 이 문제가 어떻게 진화하는지 지켜보는 일은 흥미로울 것이다.

---

10 두 프레임워크의 역사와 비교는 매우 흥미로우며, AssemblyAI(https://oreil.ly/6c6ta)의 이 멋진 블로그 게시물은 이를 잘 요약하고 있다.

11 사실 가장 경험이 많은 개발자에게도 악몽 같은 작업일 수 있다.

모델 압축과 최적화

엣지 장치에는 일반적으로 작고 효율적인 모델이 필요하며, 특히 매개변수 수와 계산 요구사항이 빠르게 확장될 수 있는 딥러닝 환경에서는 더욱 그렇다. 175페이지의 '압축과 최적화' 절에서는 모델 성능을 개선하는 데 사용할 수 있는 다양한 기법에 대해 알아봤다. 이 중 일부는 학습 중에 적용되고 다른 일부는 학습 후에 적용된다.

압축과 최적화 도구는 일반적으로 딥러닝 프레임워크의 일부로 제공되거나 특정 최적화를 지원하는 하드웨어 공급업체에서 제공한다. 텐서플로 라이트 컨버터(https://oreil.ly/P5VHY)는 연산자 융합^{operator fusion}과 기본 양자화^{basic quantization}를 위한 사실상의 표준이 되었으며, 텐서플로 라이트 모델 파일 형식은 업계에서 표준에 가까워졌다.[12] 텐서플로 생태계에서 텐서플로 모델 최적화 툴킷(https://oreil.ly/ASl_h)은 다른 유형의 최적화와 압축을 다루는 오픈소스 도구 모음을 제공한다.

대부분의 최적화 접근 방식에는 추론 시 특별한 도구가 필요하며, 이는 221페이지의 '추론과 모델 최적화' 박스의 뒷부분에서 다룬다. 이 글을 쓰는 시점에 가장 잘 지원되는 최적화 접근 방식은 양자화이며, 8비트 양자화 연산자 구현이 널리 사용되고 있다. 다른 기법들은 다소 덜 지원되며, 희소성이 가장 큰 위험 요소다. 인상적으로 들리지만 현재 이를 지원하는 하드웨어는 거의 없다.

실험 추적

알고리듬 개발은 반복적이고 탐구적인 과정이며, 프로젝트가 진행되는 동안 제대로 작동하는 무언가를 얻기 위해 수백, 수천 번의 다양한 시도를 하게 될 것이다. 무작정 변경하고 최선을 다하기보다는 아이디어를 체계적으로 테스트하면서 과학적인 태도를 유지하는 것이 중요하다. 이를 위해서는 실험을 추적할 수 있는 일종의 시스템이 필요하다.

일반적인 실험에는 특정 데이터 샘플 세트를 가져와서 특정 DSP 알고리듬을 적용하고, 이 기능을 사용해 고유한 하이퍼파라미터 세트로 머신러닝 모델을 학습시킨 다음, 표준 테스트 데이터 세트에서 모델을 테스트하는 것이 포함될 수 있다. 이 상황에는 샘플 선

---

12 ONNX(https://onnx.ai) 등 다른 형식도 사용 중이지만, 텐서플로 라이트 형식이 가장 널리 사용된다.

택, DSP 알고리듬, 모델, 매개변수 등 많은 변수가 있다.

실험 추적 도구는 어떤 실험을 실행했는지, 변수를 어떻게 설정했는지, 결과가 무엇인지에 대한 로그를 유지하도록 설계됐다. 실험 추적 도구는 노트북에 메모하고 세부 사항을 잊지 않으려고 노력하는 신뢰할 수 없고 비공식적인 프로세스를 체계화하려고 노력한다. 실험 추적 도구는 실험의 결과물인 학습 스크립트, 데이터 세트, 학습된 모델도 저장할 수 있다. 이는 나중에 작업을 이해하고 재현하는 데 유용하다.

실험 추적 도구는 오픈소스 패키지와 호스팅된 상용 제품 모두가 있다. 가장 간단한 옵션 중 하나는 텐서플로 생태계의 공식 제품인 텐서보드^{TensorBoard}(https://oreil.ly/nOaGP)다.[13] 텐서보드는 학습 실행 중에 수집된 로그를 시각화하고 비교할 수 있는 간단한 웹 인터페이스와 함께 학습 코드 최적화와 디버깅을 위한 몇 가지 강력한 도구를 제공한다. 기본적인 실험을 추적하는 데 유용하지만, 프로젝트의 수명 기간 동안 지속되는 영구 데이터 저장소로 설계되지 않았고, 매우 많은 수의 실험을 실행하는 경우 제대로 작동하지 않는다.

좀 더 정교한 오픈소스 옵션으로는 MLflow(https://mlflow.org)가 있다. 실험을 추적하고, 학습된 모델을 저장하고, 실험을 쉽게 재현할 수 있도록 데이터 과학 코드를 패키징할 수 있는 데이터베이스로 뒷받침되는 복잡한 웹 애플리케이션이다. 텐서보드보다 장기간 사용하기에 더 적합하며, 수천 개의 실험을 추적할 수 있도록 확장할 수 있다. 텐서보드 같은 최적화와 디버깅 기능은 없지만, 여전히 학습의 계산 성능을 개선하기 위한 도구로 선택되고 있다.

실험 추적에 도움이 되는 많은 상용 제품이 존재한다. 주목할 만한 옵션으로는 간단한 API와 잘 설계된 웹 인터페이스(215페이지의 'MLOps' 절에서 살펴볼 MLOps 범주에 속하는 많은 기능 포함)를 갖춘 Weights & Biases(https://wandb.ai/site)가 있다. 상용 도구의 장점은 자체 인프라에서 호스팅할 필요 없이, 월별 요금만 지불하면 다른 사람이 설정과 유지 관리를 수행하고 보안을 유지해 준다는 것이다.

---

13 텐서보드는 텐서플로와 파이토치 모두에서 작동한다.

AutoML

소프트웨어를 사용해 실험을 추적하기 시작하면, 소프트웨어에서 실험을 실행하는 것도 간단하다. AutoML^Automated Machine Learning 도구는 설계 공간을 반복적으로 탐색하는 프로세스를 자동화하도록 설계됐다. 데이터 세트와 몇 가지 제약 조건이 주어지면 최적의 모델이나 알고리듬을 찾기 위해 다양한 변수 조합을 테스트하는 실험을 설계한다.

이 프로세스를 **하이퍼파라미터 최적화**^hyperparameter optimization[14]라고 하며, 특정 데이터 세트에 가장 적합한 모델을 찾는 데 매우 효과적인 방법이다. 하이퍼파라미터 최적화를 안내하는 알고리듬은 단순한 그리드 검색(가능한 모든 변수 조합을 차례로 시도하는 방식)부터 최대 효율을 위해 프로세스를 지능적으로 제어하는 것을 목표로 하는 하이퍼밴드^Hyperband(https://oreil.ly/OOeNa) 같은 명명된 알고리듬에 이르기까지 다양하다.

AutoML은 문제를 해결해 주는 마술 지팡이가 아니다. 문제를 정의하고 올바른 방식으로 설계 공간을 설정하려면 여전히 도메인 전문지식이 필요하다. AutoML이 할 수 있는 일은 ML 워크플로에서 추측과 지루함을 없애고 시행착오를 자동화하여 좀 더 생산적인 작업에 집중할 수 있도록 하는 것이다.

일부 AutoML 시스템은 설계 공간을 입력으로 받아 실행할 실험 목록을 출력하는 데 그치지만, 다른 시스템은 분산 컴퓨팅 기술을 사용해 실험 실행 프로세스를 오케스트레이션함으로써 MLOps 세계(215페이지의 'MLOps' 절 참고)로 한 걸음 더 나아간다. AutoML의 특히 복잡한 기능은 설계 공간을 탐색하는 프로세스에 머신러닝을 통합하는 신경망 아키텍처 검색^NAS, Neural Architecture Search이다.

세부적으로는 분산 인프라 내에서 하이퍼파라미터 최적화를 실행하는 작업을 오케스트레이션할 수 있는 하이퍼파라미터 튜닝을 위한 인기 있는 오픈소스 프레임워크인 Ray Tune(https://oreil.ly/8eGs9)을 추천한다. Weights & Biases의 Sweeps(https://oreil.ly/-tRCq)는 자체 하드웨어에서 실험을 오케스트레이션하는 데 도움이 되는 상용 호스팅 제품이다.

---

[14] 또는 **하이퍼파라미터 튜닝**(hyperparameter tuning)

AutoML은 엣지 AI에 특히 강력하다. 엣지 장치용으로 설계된 모델은 작고 빠르게 학습할 수 있어 다양한 옵션을 쉽게 시도할 수 있기 때문이다. 또한 엣지 AI에서는 모델 정확도뿐만 아니라 가장 작고 빠르며 전력 소비가 가장 적은 모델을 찾아야 하기 때문에 특히 중요하다.

일반적인 AutoML 도구는 이런 사항을 고려하지 않지만, 일부 엔드투엔드 엣지 AI 플랫폼은 이를 고려한다.[15]

MLOps

머신러닝 워크플로에는 움직이는 부분이 많으며, MLOps(Machine Learning Operations)는 이 모든 것을 추적하는 예술이자 과학이다. 여기에는 데이터 저장 시스템부터 실험 추적과 AutoML 기능에 이르기까지 이번 장에서 다룬 여러 유형의 도구가 포함된다.

ML 프로젝트의 엔지니어는 의식하든 의식하지 않든 MLOps를 수행하고 있다. 아무리 간단한 프로젝트라도 데이터 세트, 학습 스크립트, 현재 가장 적합한 모델을 추적하는 것은 어려운 일이 될 수 있다. 워크플로의 모든 부분이 피드백 루프의 결과로 끊임없이 진화하는 더 복잡한 프로젝트에서는 효과적인 도구 없이는 진행 상황을 파악하는 것이 거의 불가능할 수 있다.

> **ML 파이프라인**
>
> MLOps 솔루션을 구성하는 핵심 기능 중 하나는 ML 파이프라인을 정의하고 실행하는 기능이다. ML 파이프라인은 데이터를 가져와서 변환(신호 처리나 기타 피처 엔지니어링 포함)을 적용하고, 이를 사용해 머신러닝 모델을 학습시키고, 결과를 평가하는 스크립트화된 프로세스다. 이는 ML 부분도 포함하는 데이터 파이프라인의 확장이다.
>
> 초기 실험은 노트북이나 로컬 스크립트에서 이뤄지는 경우가 많지만, 모델 학습 프로세스의 자동화를 시작하려면 공식적인 파이프라인을 정의하는 것이 일반적이다. 예를 들어 파이프라인을 사용하면 다양한 하이퍼파라미터를 시도하기 위해 반복적인 실험을 더 쉽게 실행할 수 있으며, 새로운 데이터를 지속적으로 추가하고 새 모델을 자동으로 학습시키고 비교하려는 경우 편리하다.

---

15   229페이지의 '엣지 AI를 위한 엔드투엔드 플랫폼' 절에 소개되어 있다.

> 가장 간단한 ML 파이프라인은 파이썬이나 배시 같은 스크립팅 언어를 사용해 구현되며, 단일 머신에서 실행된다. 더 복잡한 파이프라인은 분산 인프라에서 실행되도록 설계될 수 있으며, 성능 향상을 위해 여러 단계를 병렬로 실행할 수도 있다. 정교한 ML 파이프라인은 컨테이너를 사용하는 것이 일반적이다(201페이지의 '컨테이너화' 절 참고). 파이프라인의 각 단계는 필요한 모든 의존성을 포함하는 별도의 컨테이너에 정의될 수 있으며, 컨테이너는 차례로 호출된다.

데이터 세트 관리용 도구, 실험 추적용 도구, 최상의 모델을 저장하는 다른 도구 등 개별 구성 요소로 MLOps 시스템을 구축할 수 있다. 프로세스의 모든 단계를 처리하는 포괄적인 프레임워크를 사용하는 것도 마찬가지로 일반적이다. 포괄적인 프레임워크와 특정 요구사항에 맞는 개별 도구를 혼합하여 사용할 수도 있다.

MLOps는 이번 장의 앞부분에서 살펴본 일부 도구를 포함하여 여러 범주의 도구를 포괄하는 큰 영역이다. MLOps를 이해하는 데 유용한 ml-ops.org 웹사이트에 따르면 MLOps에는 다음과 같은 작업이 포함된다.[16]

- 데이터 엔지니어링
- 데이터, ML 모델, 코드의 버전 관리
- 지속적 통합과 지속적 출시 파이프라인
- 배포와 실험 자동화
- 모델 성능 평가
- 프로덕션 환경에서의 모델 모니터링

엣지 AI는 새로운 분야이므로, 대부분의 MLOps 시스템은 모델이 엣지 장치에 배포되는 것이 아니라 웹 서비스에서 '서비스'된다는 가정하에 설계되어 있다. 엣지 AI 개발의 고유한 특성으로 인해 다음과 같은 추가 작업이 필요하다.

- 장치와 센서에서 데이터 캡처

---

16 ml-ops.org의 State of MLOps(https://oreil.ly/aGKfQ)에 등재되어 있다.

- 디지털 신호 처리와 규칙 기반 알고리듬
- 온디바이스 성능 예측[17]
- 모델 압축과 최적화
- 엣지 장치 지원을 위한 변환과 컴파일
- 현재 현장에 있는 모델 버전 추적

MLOps를 '스택', 즉 엣지 AI 시스템의 개발, 배포, 유지 관리를 위해 함께 작동하는 소프트웨어 툴세트로 생각하는 것이 좋다. 발로하이^{Valohai}라는 회사는 MLOps 스택 템플릿(https://oreil.ly/MKaon)이라는 아이디어를 만들었다. 이 템플릿은 MLOps 스택의 모든 구성 요소가 어떻게 서로 맞물려 있는지 보여주는 다이어그램이다. 원래 스택 템플릿은 서버 측 컨텍스트를 기반으로 하지만, 그림 5-4는 이 아이디어를 엣지 ML에 맞게 조정한 것이다.

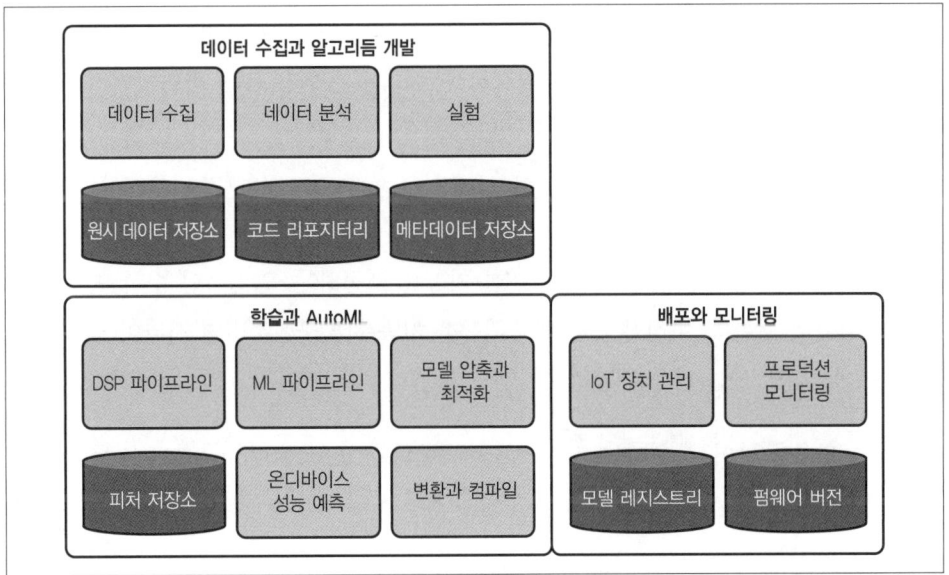

그림 5-4 엣지 ML을 위한 스택 템플릿. 각 상자에 대한 솔루션이 필요하며, 특정 사용 사례에 따라 다른 솔루션도 필요할 수 있다.

---
17 모델 품질과 계산 성능을 모두 포함한다.

개발 과정에서, 다양한 소프트웨어 구성 요소를 이용해서 스택을 점진적으로 조립하는 방법을 선택할 수 있다. 반면, 229페이지의 '엣지 AI를 위한 엔드투엔드 플랫폼' 절에서 살펴볼 것처럼, 엣지 AI를 위해 특별히 설계된 포괄적인 MLOps 플랫폼으로 작업하는 것이 도움이 될 수 있다.

MLOps는 방대한 주제이므로 엣지 AI 책에서 모두 다루기에는 너무 방대하다. 더 자세히 알아보려면 다음 자료를 참고하기 바란다. 단, 대부분의 MLOps 콘텐츠는 엣지 AI가 아닌 서버 측 모델을 염두에 두고 작성됐다는 점에 유의하기 바란다.

- ml-ops.org 웹사이트
- 『MLOps 도입 가이드』(한빛미디어, 2022)
- 구글 클라우드의 'MLOps 개요'(https://oreil.ly/dng28, 훌륭한 기술 문서)

장치에서 알고리듬 실행하기

알고리듬을 설계하고 모델을 학습시키려면 한 세트의 도구가 필요하고, 이를 장치에서 효율적으로 실행하려면 다른 도구가 필요하다. 여기에는 범용 C++ 라이브러리와 특정 하드웨어 아키텍처에 최적화된 고효율 구현이 모두 포함된다.

수학과 DSP 라이브러리

DSP 알고리듬과 딥러닝 운영 모두에 대한 기능을 제공하는, 일반적인 수학 연산의 다양한 구현이 존재한다. 이러한 기본 알고리듬을 처음부터 구현하려면 시간이 많이 걸릴 것이다. 대표적인 예는 다음과 같다.

- DSP에서 많이 사용되는 고속 푸리에 변환: KISS FFT(https://oreil.ly/BPyFl), FFTW(https://www.fftw.org)
- 행렬 곱셈 라이브러리: gemmlowp(https://oreil.ly/6hCG3), ruy(https://oreil.ly/WSrv4)

하드웨어 장치에는 흔히 쓰이는 알고리듬의 성능을 향상하기 위해 설계된 기능이 있는 경우가 많다. 하드웨어에 고유한 라이브러리(예: Arm의 Cortex-M과 Cortex-A 하드웨어에 널리 사용되는 많은 DSP 알고리듬의 최적화된 구현을 제공하는 CMSIS DSP 소프트웨어 라이브러리(https://oreil.ly/PkVwj)는 이러한 기능을 활용할 수 있다.

딥러닝 커널에도 이와 유사하게 최적화된 구현을 제공하는 CMSIS NN 소프트웨어 라이브러리(https://oreil.ly/dLOXy)가 있다. 마이크로컨트롤러와 SoC를 포함한 모든 최신 프로세서 아키텍처에도 이와 동등한 구현이 존재한다. 하드웨어를 선택할 때는 최적화된 커널이 가용한지를 조사해야 한다. 이에 따라 지연 시간이 크게(10~100배) 달라질 수 있기 때문이다.

머신러닝 추론

엣지 장치에서 추론을 실행하는 한 가지 방법은 특정 딥러닝 모델을 대상 아키텍처에 맞게 수작업으로 최적화한 맞춤형 프로그램을 작성하는 것이다. 하지만 이 방법은 시간이 많이 걸리고 유연성이 떨어진다. 새로운 애플리케이션이나 다른 하드웨어에서 코드를 재사용할 수 없으며, 모델을 변경할 경우 전체 프로그램을 변경해야 한다.

개발자들은 이 문제를 피하기 위해 다양한 해결책을 고안해 냈다.[18] 가장 일반적인 접근 방식은 다음과 같다.

인터프리터

인터프리터(또는 **런타임**runtime)는 연산과 매개변수를 포함하여 모델을 기술하는 파일을 읽은 다음 미리 작성된 연산자 집합을 사용해 모델의 연산을 차례로 실행하는 프로그램이다. 인터프리터를 사용하면 몇 줄의 동일한 코드를 사용해 모든 모델을 상호 교환적으로 실행할 수 있으므로 매우 유연하다. 단, 모델을 읽고 해석하는 과정에서 모델 작업에 필요 이상의 작업 오버헤드가 발생한다는 단점이 있다. 인터프리터는 RAM, ROM, CPU 사이클을 추가로 소비한다.

가장 널리 사용되는 인터프리터는 모두 텐서플로 생태계에 속한다. 텐서플로 라이트(https://oreil.ly/vc3-p)는 원래 휴대폰용으로 설계됐지만 인기 있는 많은 SoC에

---

18 피트 워든은 이 분야의 기술적 과제를 설명하는 훌륭한 블로그 게시물(https://oreil.ly/UbDtm)을 작성했다.

서 작동하며, 마이크로컨트롤러용 텐서플로 라이트(https://oreil.ly/OHQ9a)는 마이크로컨트롤러와 DSP에서 잘 작동한다. 둘 다 C++로 구현되어 있지만, 텐서플로 라이트는 편의를 위해 파이썬과 자바 API를 제공한다. 둘 다 텐서플로 라이트 변환기(https://oreil.ly/_ryR8)에서 제공하는 연산자 융합과 양자화의 이점을 누릴 수 있다.

인터프리터가 사용하는 커널은 대상 장치에 따라 전환할 수 있으므로, 사용 가능한 경우 고효율의 최적화된 커널을 사용할 수 있다. 이러한 커널은 여러 일반적인 장치와 아키텍처에서 쉽게 구할 수 있다.

코드 생성 컴파일러

코드 생성 접근 방식을 사용하면 코드 생성 컴파일러가 모델 파일을 입력으로 받아 이를 구현하는 프로그램으로 변환한다. 연산자 지원을 위해, 프로그램은 미리 작성된 연산자 라이브러리를 올바른 순서로 호출하고 적절한 매개변수를 전달하는 데 의존한다.

코드 생성은 인터프리터 기반 접근 방식과 동일한 많은 이점을 제공하지만, 인터프리터 자체와 관련된 대부분의 오버헤드를 제거한다. 코드 생성은 인터프리터에 사용할 수 있는 여러 가지 사전 작성된 연산자를 활용할 수도 있다. 예를 들어, 엣지 임펄스의 EON 컴파일러(https://oreil.ly/GN5oT)는 마이크로컨트롤러 커널용 텐서플로 라이트와 호환된다.

바이트코드 컴파일러

타깃에 대한 지식이 있는 컴파일러가 모델을 구현하는 바이트코드를 직접 생성하고, 그 과정에서 타깃별 최적화를 적용할 수 있다. 그 결과 실리콘에서 사용할 수 있는 모든 성능 향상 기능을 활용하는 매우 효율적인 구현이 가능하다. 예를 들어 Arm의 Ethos-U Vela 컴파일러(https://developer.arm.com/documentation/109267/0101/Tool-support-for-the-Arm-Ethos-U-NPU/Ethos-U-Vela-compiler)는 모델을 Ethos-U 가속기 아키텍처에 특별히 최적화되어 컴파일된 바이너리로 변환한다.

가상 머신

바이트코드 컴파일러 접근 방식의 가장 큰 단점은 대상이 될 각 장치에 대해 컴파일러를 작성해야 하며, 컴파일러 작성은 어려운 작업이라는 것이다. 이 문제를 해결하기 위해 일부 컴파일러는, 하드웨어 바로 위에 위치하며 다양한 저수준 프로세서 기능에 매핑되는 명령어를 제공하는 추상화 계층인 **가상 머신**virtual machine을 대상으로 삼는다.

추상화 계층은 효율성을 약간 떨어뜨리고, 여전히 가상 머신을 새 프로세서로 포팅해야 하지만 이점이 단점보다 많을 수 있다. 이 접근 방식은 다양한 구현을 반복적으로 테스트하여 가장 효율적인 것을 찾을 수 있는 온디바이스 런타임을 사용하는 아파치Apache TVM(https://tvm.apache.org)에서도 사용된다.

하드웨어 기술 언어

새롭게 떠오르는 트렌드는 특수 컴파일러를 사용해, 프로세서 아키텍처를 기술하고 FPGA와 ASIC을 프로그래밍하는 데 사용되는 코드인 HDL Hardware Description Language을 생성하는 것이다. 이러한 기술을 사용하면 하드웨어에서 직접 모델을 구현할 수 있으므로 매우 효율적이다.

CFU Playground(https://oreil.ly/SzHbP)와 Tensil(https://www.tensil.ai)은 이 접근 방식을 사용해 맞춤형 가속기를 더 쉽게 설계할 수 있도록 하는 오픈소스 툴이다.

다른 방법

일부 가속기 칩은 코드와 컴파일의 일반적인 워크플로를 벗어난 시스템을 사용해 프로그래밍된다. 예를 들어, 신경망 커널을 하드웨어로 구현한 일부 칩은 모델의 가중치가 애플리케이션 코드와 별도로 특수 메모리 버퍼에 직접 기록되는 인터페이스를 제공한다.

추론과 모델 최적화

특정 장치에서의 고성능을 위한 커널 최적화는 압축과 기타 기술을 통한 **모델 최적화**와는 구별된다. 모델 최적화는 자체 커널(그리고 때로는 하드웨어) 지원이 필요한 경우가 많다.

예를 들어, 양자화된 모델을 실행하려면 특정 양자화 수준과 호환되는 커널을 사용할 수 있어야 한다. 8비트 정수 정밀도로 양자화된 모델은 이를 지원하도록 설계된 커널이 필요하며, 다른 양자화 수준도 마찬가지다. 실제로 사용되는 데이터 유형(int8, uint8, int16 등)에 따라 특정 커널이 필요하다.

> 그 밖의 최적화 기법도 마찬가지다. 예를 들어, 가지치기를 사용하면 0이 많은 성긴(sparse) 모델이 생성된다. 그 자체로는 실행 시간에 아무런 차이가 없으며, 계산 시간을 줄이기 위해 성김(sparsity)을 활용할 수 있는 특수 커널이나 하드웨어를 사용해 모델을 실행해야 한다. 이런 커널과 하드웨어는 아직 널리 보급되지 않았기 때문에, 가지치기는 현업에서 활용도가 제한적이다.

온디바이스 학습

178페이지의 '온디바이스 학습' 절에서 학습했듯이 딥러닝 학습의 데이터와 계산 요구 사항은 온디바이스 학습의 유용성이 제한적임을 뜻한다. 대부분의 경우 '온디바이스 학습'은 예를 들어 두 지문의 임베딩이 일치하는지 여부를 결정하는 경우처럼 임베딩 벡터 간의 거리를 계산하는 간단한 접근 방식을 뜻한다.

실제 딥러닝 학습이 엣지 장치에서 이뤄지는 경우는 매우 드물다. 필요한 양의 저장 공간과 컴퓨팅을 갖춘 장치(일반적으로 SoC나 휴대폰)가 있는 경우, 텐서플로 라이트에서 일부 기능을 제공한다(https://oreil.ly/WDBo7).

문제는 온디바이스로 학습된 모델이 실제로 잘 작동하는지 여부를 파악하기가 매우 어렵다는 점이다. 온디바이스 딥러닝은 꼭 필요한 특별한 이유가 없는 한 사용하지 않는 것이 좋다.[19]

연합 학습federated learning은 많은 사람에게 여전히 흥미로운 주제이지만, 이 책의 앞부분에서 살펴본 바와 같이 대부분의 문제에 특별히 적합한 것은 아니다. 또한 연합 학습과 관련된 도구는 아직 원시적이고 실험적이다.[20] 많은 사람이 연합 학습의 토끼굴을 따라가다가 결국 시간을 낭비하게 되는데, 프로젝트에 실제로 연합 학습이 필요할 가능성은 매우 희박하다. 하지만 더 깊이 파고들고 싶은 마음이 든다면, TFF TensorFlow Federated (https://oreil.ly/6dxOr)가 좋은 자료가 될 것이다.

19　피트 워든의 블로그 게시물 "Why Isn't There More Training on the Edge?"(https://oreil.ly/vo7-R)에서 이 주제를 잘 조명하고 있다.

20　시간이 지남에 따라 항상 개선되기는 할 것이다.

임베디드 소프트웨어 공학과 전자 공학

엣지 AI는 임베디드 소프트웨어 엔지니어링의 하위 분야로, 전자전기 공학의 실용적인 분야와 밀접하게 연관되어 있다. 이들 각 분야에는 수많은 도구와 기술이 포함되므로, 이 책에서 모두 다루기에는 지면이 부족하다.

대신 엣지에서 AI를 개발하는 데 특히 중요한 부분을 단계별로 살펴보겠다.

이제 막 시작한다면

자체 엣지 AI 프로젝트의 프로토타입을 제작하고 있지만 임베디드 경험이 많지 않다면, 아두이노(Arduino, https://www.arduino.cc)와 아두이노 프로(Arduino Pro, https://www.arduino.cc/pro) 제품이 좋은 시작점이 될 수 있다. 아두이노는 초보자도 쉽게 사용할 수 있으면서도 실제 애플리케이션을 구축할 수 있을 만큼 강력한 임베디드 개발 환경을 만들었으며, 엣지 장치로 작업을 시작하거나, 두 분야를 모두 처음 접하는 ML 엔지니어에게 안성맞춤이다. 아두이노 팀은 처음부터 엣지 AI의 잠재력을 이해하고 그 성장에 많은 기여를 해왔다.

임베디드 하드웨어 도구

임베디드 소프트웨어 개발은 임베디드 장치의 특성으로 인해 까다롭다. 별도의 장치에서 실행되는 소프트웨어는, 특히 내부 상태를 표시하는 방법이 제한적이라면 디버깅하기가 더 어렵다. 임베디드 프로그램은 기본적인 하드웨어 통합(센서 같은 하드웨어용 드라이버를 직접 작성해야 하는 경우가 일반적이다)부터 저수준 통신 프로토콜의 복잡한 핸드셰이크에 이르기까지 모든 것을 처리해야 한다.

따라서 임베디드 개발에는 다른 소프트웨어 엔지니어에게는 생소할 수 있는 도구가 필요하다. 해당 항목 중 일부는 다음과 같다.

- 디바이스 프로그래머^{device programmer}: 개발자가 임베디드 장치에 새 프로그램을 업로드할 수 있도록 하는 하드웨어. 디바이스 프로그래머는 종종 장치별로 다르다.
- 디버그 프로브^{debug probe}: 임베디드 프로세서에 연결하여 런타임에 프로그램을 분석할 수 있는 하드웨어 장치. 역시 장치에 따라 다르다.

- USB-UART 어댑터: 개발자의 워크스테이션과 임베디드 장치 간에 임의의 데이터를 송수신하는 장치. 일반적인 제품이다.
- 멀티미터multimeter: 전압, 전류, 저항을 측정하며 프로그램에 의해 제어되는 임베디드 회로의 상태를 파악하는 데 사용할 수 있다.
- 오실로스코프oscilloscope: 시간 경과에 따른 전압으로 표시되는, 장치나 PCB의 신호를 측정한다.

이러한 도구는 임베디드 장치에 접근하여 조작하고 상태를 이해하기 위해 필요하다. 예를 들어 프로그램이 올바르게 실행되고 있는지 테스트하기 위해, 특정 지점에 도달하면 프로세서의 특정 핀을 토글하도록 할 수 있다. 그런 다음 멀티미터를 사용해 핀이 토글됐는지 여부를 측정할 수 있다. 임베디드 장치와 통신하는 또 다른 일반적인 방법은 직렬(UART) 케이블을 사용하는 것인데, 이 케이블을 통해 데이터를 송수신하는 속도는 비교적 낮지만, 합리적인 시간 내에 센서 데이터를 전송할 수 있을 만큼 충분히 높다.

개발 보드

임베디드 프로세서 자체는 플라스틱으로 감싼 작은 모래 조각에 불과하다. 실제로 어떤 작업을 수행하려면 여기에 다른 전자 부품을 연결해야 한다. 130페이지의 '보드와 장치' 박스에서 살펴본 것처럼 개발 보드(또는 개발 기판)는 임베디드 프로세서와 다양한 입력과 출력(종종 일부 센서 포함)을 포함하는 편리하고 즉시 사용 가능한 플랫폼을 제공한다.

개발 보드의 목표는 임베디드 엔지니어가 특정 칩이 프로젝트에 적합한지 평가하고, 하드웨어 개발 프로세스에 방해받지 않고 소프트웨어 개발을 진행할 수 있도록 하는 것이다. 제품의 자체 하드웨어의 작동하는 초기 버전이 준비되면 개발을 진행할 수 있다. 단, 소량 생산 설계에 사용하도록 설계된 아두이노 프로(https://www.arduino.cc/pro) 같은 빠른 프로토타이핑 플랫폼은 예외다.

개발 보드는 대부분의 임베디드 프로세서 제품군에서 사용할 수 있다. 하드웨어를 결정할 때는 몇 가지 개발 보드를 구해 실험해 보는 것이 좋다. 예를 들어, 몇 가지 개발 보드에서 딥러닝 모델의 초기 버전을 실행하여 상대적인 성능을 파악할 수 있다.

일부 엔드투엔드 플랫폼(229페이지의 '엣지 AI를 위한 엔드투엔드 플랫폼' 절 참고)은 개발 보드와의 긴밀한 통합을 제공하므로, 코드를 한 줄도 작성하지 않고도 센서에서 데이터를 캡처하거나 모델을 배포하고 평가할 수 있다. 이는 개발과 테스트에 매우 유용할 수 있다.

임베디드 소프트웨어 도구

엣지 AI의 목적상 임베디드 소프트웨어 엔지니어링은 일반적으로 C++ 개발을 뜻한다. 이 작업은 원하는 텍스트 편집기에서 수행할 수도 있지만, 임베디드 프로세서 공급업체에서 하드웨어와 깔끔하게 통합되고 코드를 쉽게 업로드하고 디버깅할 수 있는 자체 통합 개발 환경IDE, Integrated Development Environment을 제공하는 것이 일반적이다.

공급업체는 다양한 프로세서 기능에 접근할 수 있도록 하드웨어에서 사용할 수 있는 SDK, 드라이버, 라이브러리를 제공하는 경우가 많지만 품질이 항상 좋은 것은 아니며, 프로덕션 품질의 코드보다는 개념 증명용으로 제공되는 경우가 더 많다.

작성해야 하는 보일러플레이트boilerplate 코드[21]의 양을 줄이려면 RTOS^{Real-Time Operating System}를 사용할 수 있다. RTOS는 간단한 운영체제의 기능을 제공하지만, 자체 프로그램과 함께 컴파일하는 라이브러리 코드 묶음으로 제공된다. 그런 다음 RTOS API를 호출하여 주변 장치를 제어하거나 네트워크 통신을 수행하는 등의 작업을 수행할 수 있다.

임베디드 개발에는 복잡한 툴체인(텍스트 파일에서 코드를 가져와 프로그램으로 변환한 뒤 하드웨어 장치에 '플래시'하는 데 사용되는, 하드웨어 공급업체에서 제공하는 프로그램과 스크립트)이 자주 사용된다.

워크플로는 일반적으로 다음과 같다.

1. 소스 코드를 수정한다.
2. 컴파일러(프로세서 공급업체에서 제공된)와 링커를 실행하여 코드를 바이너리로 변

---

21 프로그래밍할 때 핵심 논리와 상관없이 으레 작성해야 하는 반복된 코드 - 옮긴이

환한다.

3. 스크립트를 실행하여 코드를 임베디드 장치에 플래시한다.
4. 직렬 연결을 사용해 장치와 통신하고 코드를 테스트한다.

코드가 장치에서 실행되는 경우, **디버그 프로브**라는 하드웨어 도구를 사용해 개발 머신에서 코드를 검사할 수 있다. 이를 통해 로컬에서 코드를 실행하는 것처럼 디버깅하고, 중단점을 설정하고, 변수를 검사하고, 코드를 단계별로 살펴볼 수 있다.

코드의 일부가 일반 C++일 경우, 단위 테스트 형태로 개발 머신에서 문제없이 실행할 수 있다. 하지만 프로세서의 특정 하드웨어 API와 통합되는 코드도 많을 것이다. 이는 개발 머신에서 실행할 수 없으므로, 어깨를 으쓱하고 장치에서만 테스트하거나, 에뮬레이터를 사용해 볼 수 있다.

에뮬레이터와 시뮬레이터

에뮬레이터emulator는 개발 머신에서 실행되는 프로세서를 가상으로 재현하여 임베디드 코드를 장치에 플래시하지 않고도 실행할 수 있도록 하는 소프트웨어다. 실제 하드웨어를 완벽하게 재현할 수는 없지만(예를 들어, 실제 하드웨어의 프로그램과 똑같은 속도로 실행되는 것은 아니다), 유용한 도구로 사용할 수 있을 만큼 충분히 근접할 수 있다.

예를 들어 AI 알고리듬의 지연 시간을 추정하기 위해 프로그램이 얼마나 빨리 실행될지 결정해야 하는 경우, 사이클 정확도가 높은 시뮬레이터를 사용하면 실제 하드웨어에서 실행되는 정확한 클록 사이클 수를 알아낼 수 있다. 이 숫자를 클록 속도로 나누면 지연 시간을 정확하게 추정할 수 있다. 에뮬레이터가 실제로 해당 속도로 실행되지는 않지만 예상치를 생성하는 데 필요한 정보를 제공한다.

시뮬레이션simulation은 소프트웨어를 사용해 에뮬레이트된 프로세서와 센서, 통신 하드웨어를 포함하여 연결된 다른 모든 장치를 포함한 전체 장치를 흉내 내는 것이다. 일부 시뮬레이터는 멀티프로세서 보드나 상호 연결된 장치의 전체 네트워크를 나타낼 수도 있다.

모든 프로세서에 에뮬레이터를 사용할 수 있는 것은 아니지만, Renode(https://renode.io)는 여러 일반적인 프로세서 아키텍처를 위한 강력한 에뮬레이션과 시뮬레이션 환경이며, Arm 가상 하드웨어(https://oreil.ly/iXED4)를 사용하면 클라우드에서 Arm 프로세서를 에뮬레이션할 수 있다.

임베디드 리눅스

지금까지 소개한 대부분의 전문 임베디드 도구는 마이크로컨트롤러와 기타 베어메탈 장치 작업을 위한 것이다. 본격적인 운영체제를 호스팅할 수 있는 충분한 컴퓨팅 성능과 메모리를 갖춘 SoC와 엣지 서버는 다른 이야기다. SoC 개발은 개인용 컴퓨터나 웹 서버 개발과 훨씬 더 비슷하다. 개발자에게는 그다지 많은 전문 기술이 필요하지 않다는 점이 가장 큰 장점 중 하나다.

일반적인 SoC는 리눅스 배포판을 실행하며, 여기에는 유용한 도구와 라이브러리가 모두 포함되어 있다. 다른 플랫폼과 마찬가지로 거의 모든 언어로 프로그래밍할 수 있는데, C++ 같은 저수준 언어는 빠르고 효율적이며, 파이썬 같은 고수준 언어는 유연하고 사용하기 쉽다.

구글은 일부 인기 플랫폼용으로 미리 빌드된 텐서플로 라이트 런타임(https://oreil.ly/VAk82)을 제공하며, 파이썬 컴퓨팅 라이브러리를 직접 사용할 수 있다는 이점이 있다 (예: 애플리케이션 안에서 사이파이의 디지털 신호 처리 기능을 사용할 수 있다).

임베디드 리눅스 장치는 배포를 위해 컨테이너를 활용할 수도 있다. 임베디드 애플리케이션을 리눅스 컨테이너로 패키징할 수 있으므로 설치와 사용이 간편하다.

SoC의 경우, 생산 설치에 기성 보드를 사용하는 것이 비교적 일반적이다. 특정 애플리케이션을 위해 설계된 SoC 기반 플랫폼을 설계하고 판매하는 많은 공급업체가 존재한다. 예를 들어, 산업용 배포를 위해 설계된 견고한 하우징의 장치를 구입할 수 있다. 배포하려면, 필요한 센서를 연결하고 애플리케이션을 설치하기만 하면 된다.

SoC로 작업할 때 한 가지 어려운 점은 익숙한 리눅스 환경에도 불구하고 사전 빌드된 패키지를 항상 사용할 수 있는 것은 아니라는 것이다. 애플리케이션을 작동시키기 위해,

소스에서 라이브러리를 빌드하는 데 익숙해져야 할 수 있으며, 이 과정에서 때때로 약간의 수고가 필요할 수 있다.

완전한 운영체제를 갖춘 장치로 작업할 때는 보안을 고려하는 것이 중요하다. SoC에서 실행되는 임베디드 리눅스는 공격의 벡터가 되지 않도록 네트워크의 다른 컴퓨터처럼 엄격하게 통제해야 한다. 안전하지 않은 IoT 장치는 해커에 의해 손상되어 다른 시스템을 공격하는 데 사용되는 것으로 악명이 높다.

자동화된 하드웨어 테스트

최신 소프트웨어 공학 모범 사례는 지속적인 통합 테스트를 권장한다. 모든 코드 변경은 일련의 자동화된 테스트를 통해 진행된다. 하드웨어와 상호 작용하는 코드는 개발 머신에서 테스트할 수 없고 대상 장치 자체에서만 테스트할 수 있기 때문에, 임베디드 애플리케이션에 대한 자동화된 테스트를 생성하기가 어려울 수 있다.

그러나 임베디드 장치는 테스트를 실행할 수 없는 상태가 되기 쉽다. 예를 들어, 프로그램이 충돌하는 경우 물리적인 조작 없이는 장치를 다시 시작하지 못할 수 있다. 마찬가지로 새 펌웨어를 업로드할 때도 물리적인 개입이 필요할 수 있다.

이 문제를 해결하기 위해 개발자는 임베디드 장치와 상호 작용할 수 있는 자동화된 하드웨어 테스트 시스템을 구축하여 좀 더 쉽게 테스트할 수 있도록 한다. 이러한 시스템은 소프트웨어와 하드웨어의 조합으로, 새 코드를 플래시하고, 테스트 사이에 장치의 전원을 껐다 켜고, 입출력 포트나 센서에 입력을 제공하는 등의 작업을 수행할 수 있다.

자동화된 하드웨어 테스트 시스템은 일반적으로 맞춤형으로 구축된다. 이 시스템은 팀이 사용 중인 지속적 통합 도구에 연결되는 호스트 시스템(임베디드 장치 자체일 수도 있음)을 기반으로 하며, 코드를 실행하기 위한 장치와도 연결된다.

예를 들어 키워드를 감지해야 하는 마이크 같은 센서와의 통합을 테스트해야 하는 경우, 호스트 시스템에는 필요에 따라 키워드를 발행할 수 있는 스피커가 포함될 수도 있다.

엣지 AI를 위한 엔드투엔드 플랫폼

이상적인 세계에서는 특정 도메인에 대한 전문지식을 갖춘 모든 팀이 지식을 수집하여 엣지 AI로서 배포할 수 있다. 의료, 농업, 제조, 소비자 기술 등 다양한 분야에 대한 깊은 통찰력을 가진 사람들은 자신이 알고 있는 지식을 활용하여 놀라운 AI 기반 제품을 구축할 수 있어야 한다.

하지만 안타깝게도 움직이는 부분이 너무 많고 학습해야 할 내용이 너무 많기 때문에 엣지 AI 개발 프로세스에 부담을 느끼기 쉽다. 워크플로의 상당 부분은 도메인 지식이 아니라 머신러닝, 디지털 신호 처리, 임베디드 하드웨어의 저수준 소프트웨어 엔지니어링 등 여러 방면에서 복잡한 제품을 구축하는 데 필요한 난해한 엔지니어링 기술에 집중되어 있다.

초기에는 우연히 필요한 기술을 모두 갖춘 소수의 기술자만이 엣지 AI 기술을 사용할 수 있었다. 하지만 지난 몇 년 동안 진입 장벽을 낮추고 머신러닝이나 임베디드 시스템에 대한 배경지식이 없는 사람들도 멋진 신제품을 만들 수 있도록 설계된 활발한 도구 생태계가 생겨났다.

엔드투엔드 엣지 AI 플랫폼은 데이터 세트 수집, 관리, 탐색, 피처 엔지니어링과 디지털 신호 처리 수행, 머신러닝 모델 학습, 임베디드 하드웨어용 알고리듬 최적화, 효율적인 저수준 코드 생성, 임베디드 시스템 배포, 실제 데이터에 대한 시스템 성능 평가 등 애플리케이션 개발의 전 과정을 개발자에게 지원하도록 설계됐다. 이 흐름은 그림 5-5에 요약되어 있다.

엔드투엔드 플랫폼은 임베디드 장치에서 실행할 알고리듬을 만드는 특정 프로세스에 MLOps의 원칙을 적용하도록 설계됐다. 고도로 통합된 도구로서, 개발 프로세스에서 발생하는 대부분의 마찰을 제거할 수 있다. 툴체인의 여러 부분을 함께 작동시키는 데 낭비되는 시간이 훨씬 적고, 전체 프로세스에 대한 전체적인 관점을 제공함으로써 위험에 대한 노출을 크게 줄이는 유용한 지침을 얻을 수 있다.

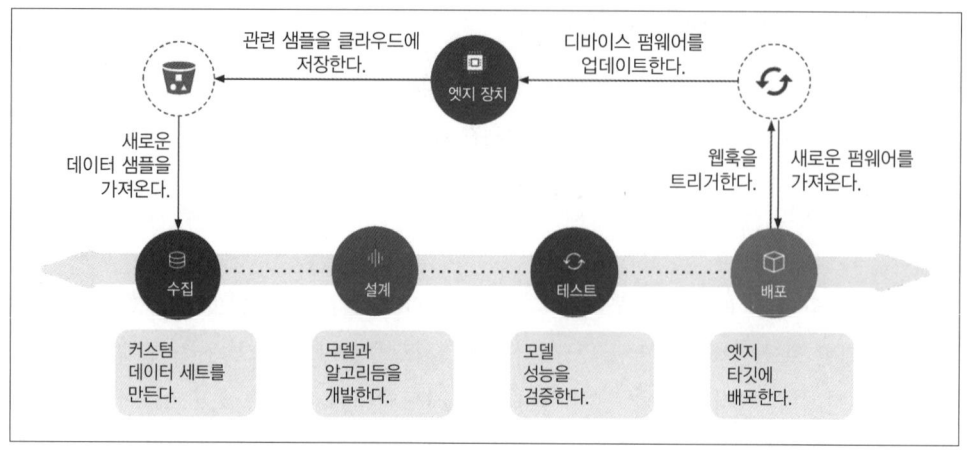

그림 5-5 엔드투엔드 플랫폼 사용의 가장 큰 장점은 반복적인, 데이터 기반 피드백 루프에 필요한 모든 구성 요소를 포함한다는 것이다. 즉, 가장 유연한 플랫폼은 외부 도구와의 통합을 위한 포인트를 제공한다(출처: 엣지 임펄스 주식회사).

예를 들어, 엔드투엔드 플랫폼은 사용자가 가장 적합한 ML 모델 유형을 선택할 수 있도록 데이터 세트를 분석하거나 개발자가 알고리듬이나 임베디드 프로세서를 선택하는 데 도움이 되는 온디바이스 성능 추정치를 제공할 수 있다. 플랫폼은 특정 장치에 적합한 신호 처리와 모델의 가능한 최상의 조합을 찾는 것을 목표로, 지정된 최대 지연 시간이나 제한된 전력 예산 내에서 AutoML을 수행할 수 있다.[22] 일반적으로 다양한 프로세서에 사전 최적화된, 즉시 배포 가능한 광범위한 알고리듬이나 아키텍처를 사용할 수 있다.

플랫폼은 팀의 협업에도 도움이 될 수 있다. 예를 들어, 클라우드 기반 엣지 AI 플랫폼은 팀의 데이터 세트와 워크플로 아티팩트를 위한 중앙 리포지터리 역할을 할 수 있다. API와 구성 가능한 ML 파이프라인을 통해 팀은 일상적인 작업을 자동화할 수 있다. 예를 들어 새로운 데이터를 사용할 수 있을 때마다 모델의 새 버전을 학습, 테스트, 배포할 수 있다. 또한 시각화와 로우 코드$^{low-code}$ 사용자 인터페이스를 통해 기존 데이터 과학이나 임베디드 엔지니어링 기술을 보유한 사람뿐만 아니라, 팀원 누구나 통찰력에 기여할 수 있다.

---

[22] 논문 「Black Magic in Deep Learning: How Human Skill Impacts Network Training」(Kanav Anand et al., arXiv, 2020, https://oreil.ly/-TIS9)에 따르면, ML 모델을 수작업으로 튜닝할 때 사전 경험이 성능에 큰 영향을 미칠 수 있으며, 이는 AutoML 도구의 가치를 시사한다.

또한 클라우드 기반 플랫폼을 이용하면, 개발자가 자체 시스템을 관리할 필요 없이 분산 컴퓨팅의 이점을 누릴 수 있다. 예를 들어, 사용자가 아니라 플랫폼에서 관리하는 강력한 클라우드 서버에서 데이터 처리와 모델 학습을 수행할 수 있다. 이렇게 하면 그림 5-6에서처럼 실험을 병렬로 실행할 수 있는 AutoML 실행 프로세스가 간소화된다.

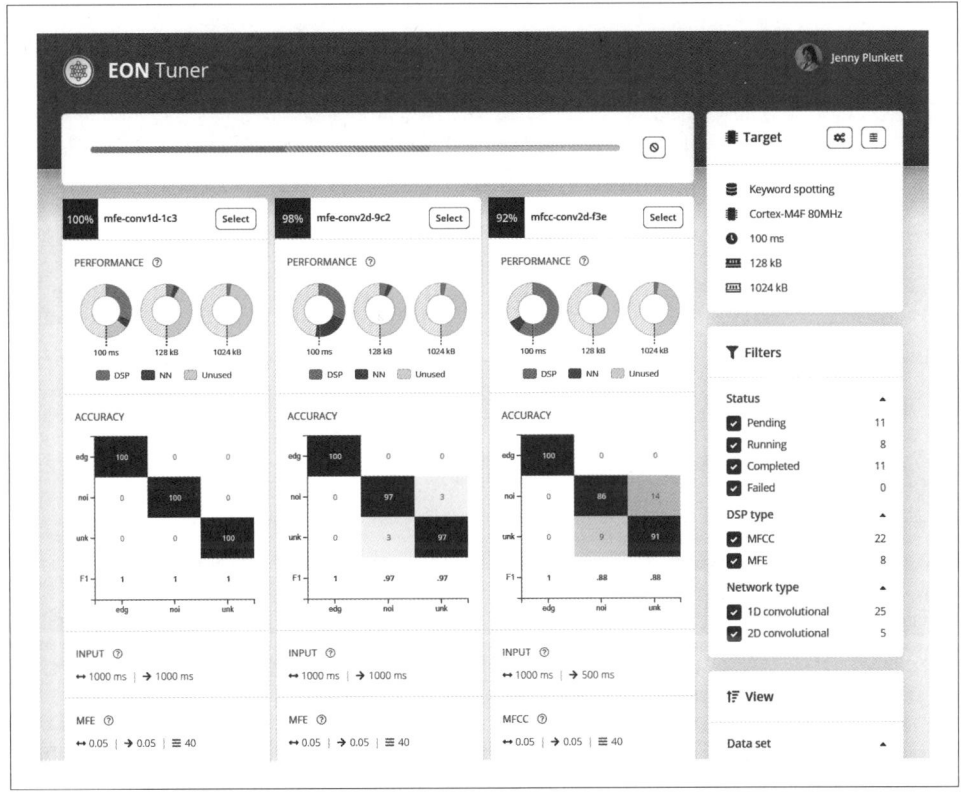

그림 5-6 엣지 임펄스의 EON 튜너(https://oreil.ly/QP1pZ)를 사용해 수행한 AutoML 스윕(sweep). 엔드투엔드 플랫폼을 사용하면 온디바이스 지연 시간과 메모리 사용량 예측을 통합하여 신호 처리와 머신러닝 알고리듬을 함께 최적화할 수 있다.

최고의 엔드투엔드 플랫폼은 엣지 AI 워크플로의 모든 피드백 루프를 강화하는 데 중점을 둔다. 이를 통해 최소한의 오버헤드로 개발과 테스트 사이를 오가며 빠르게 반복할 수 있다. 이를 통해 문제를 즉시 감지하고 수정할 수 있으므로, 성공적인 제품을 훨씬 쉽게 구축할 수 있다.

기존에는 실제 센서 데이터를 사용해 처음으로 장치에서 알고리듬을 실행하는 것은 까다로운 과정이었다. 일부 엔드투엔드 플랫폼은 널리 사용되는 개발 보드용으로 미리 빌드된 펌웨어를 제공하므로, 코드를 작성하지 않고도 센서 데이터를 수집하고, 모델을 배포하고, 테스트할 수 있다. 이를 통해 모델 개발과 실제 테스트 사이의 격차를 줄일 수 있다.

엔드투엔드 플랫폼이 제공하는 또 다른 큰 장점은 다양한 하드웨어를 편리하게 사용해 보고 가장 적합한 것을 찾을 수 있다는 점이다. 클릭 몇 번으로 동일한 모델을 여러 마이크로컨트롤러, SoC, ML 가속기에 최적화된 형태로 배포할 수 있으므로 개발 팀은 성능을 비교하고 애플리케이션에 적합한 선택을 결정할 수 있다. 수작업으로 이 과정을 수행하면 몇 주가 걸릴 수 있다.

AI 생태계는 오픈소스 툴을 기반으로 구축되며, 우수한 엔드투엔드 플랫폼은 워크플로 전반에 걸쳐 업계 표준 기술과 통합되고 공급업체에 종속되지 않으므로 원하는 방식으로 계속 사용할 수 있다. 데이터, 모델, 교육 코드를 쉽게 내보낼 수 있어야 하며, 여러 솔루션의 일부를 통합하는 혼합 MLOps 스택을 간단하게 만들 수 있어야 한다.

엔드투엔드 플랫폼을 선택할 것인가, 스스로 만들 것인가?

엔드투엔드 플랫폼을 사용하는 것과 다양한 소스의 커스텀 툴세트를 조합하는 것 중 어떤 것이 더 나은 선택인지 궁금할 것이다. 이 글을 쓰는 시점에, 대부분의 프로젝트가 엔드투엔드 플랫폼이 제공하는 생산성, 구조, 교차 워크플로 통합의 이점을 누릴 수 있다는 것은 분명하다.

데이터 과학이나, 신호 처리, 임베디드 엔지니어링에 대한 강력한 기존 기술을 보유하고 있더라도, 자체 툴체인을 처음부터 설정하는 과정은 매우 어려울 수 있다. 대상에 따라서는 의존성을 분리하기 위해 컨테이너를 사용하지 않고는 필요한 도구를 나란히 설치하는 것조차 불가능할 수도 있다.

시작 비용 외에도, 개별 도구만으로는 성공적인 프로젝트를 구축하는 데 필요한 즉각적인 피드백과 원활한 반복 워크플로를 제공하지 못한다. 도구 간 자동화를 직접 만들어야 하므로, 이를 위해 스크립트(그리고 그에 따른 추가 의존성)가 무수히 많아질 것이다. 그리고 이 모든 스크립트를 추적하고, 유지 관리하고, 또 전체 팀에 서비스를 제공하기 위해 확장해야 한다.

또한 엔드투엔드 플랫폼은 사각지대를 메울 수 있는 적절한 지침을 제공하도록 설계되어 있다. 엣지 AI 애플리케이션을 자체적으로 구축하는 데 필요한 모든 기술을 갖춘 사람은 거의 없다. 예를 들어, 도메인에 대한 깊은 전문지식을 갖춘 사람이라도 특정 임베디드 프로세서 모델에서 어떤 딥러닝 모델 아키텍처가 가장 효율적인지에 대한 직관력이 뛰어나지 않을 가능성이 높다.

엣지 AI를 위한 엔드투엔드 플랫폼을 개발하는 팀은 수년에 걸쳐 플랫폼을 구축하고 개선해 왔기 때문에 충분히 큰 규모의 엔터프라이즈 조직이 자체적으로 내부 플랫폼을 구축할 수는 있지만, 수백만 달러의 시간과 리소스를 투자해야 할 것이다. 비용 대비 편익 분석이 타당할 가능성은 거의 없기 때문에, 나사(NASA) 같은 정부 기관부터 보쉬(Bosch) 같은 대기업에 이르기까지, 세계에서 가장 규모가 크고 정교한 조직 중 일부는 엔드투엔드 플랫폼을 사용하고 있다.

가장 중요하고 타당한 우려는 유연성과 개방성에 관한 것이다. 기업이 엔드투엔드 플랫폼을 사용하기로 결정한 경우, 해당 플랫폼에서 제공되지 않는 기술(예: 특정 알고리듬)을 사용해야 할 경우 어떻게 될까?

다행히도 최고의 플랫폼은 이미 이러한 상황을 고려하고 있으며 상호 운용성을 위한 손쉬운 통합 지점을 제공한다. 새로운 알고리듬, 데이터 저장소, 배포 타깃, 평가 방법을 원활하게 연결할 수 있으며, API를 통해 엔드투엔드 플랫폼을 기존 내부 시스템과 대체 오픈소스 AI 툴을 비롯한 다른 도구와 통합할 수 있다.

또 다른 문제는 비용이다. 엔드투엔드 플랫폼은 일반적으로 기술 지원과 컴퓨팅 시간이 포함된 엔터프라이즈 구독 요금으로 지원되며, 개별 프로젝트를 위한 무료 티어를 제공하는 제품도 많다. 한 플랫폼인 엣지 임펄스는 영감과 기술 지침을 제공하는 예제 프로젝트를 공유하는 등 서로를 지원하는 대규모의 활발한 무료 사용자 커뮤니티를 보유하고 있다.

예산이 없는 경우, 제품의 무료 티어를 사용해 성공적인 프로젝트를 구축할 수 있다. 예산이 있다면, 일반적으로 플랫폼은 자체 환경을 설정하고 관리하는 데 드는 시간 비용과 비교했을 때 상당히 저렴하다. 일반적으로 구독 비용은 대체로 대규모 엔터프라이즈 데이터 세트와 대규모 팀을 다룰 때 필요한 강력한 기능으로 상쇄된다.

엣지 AI 툴체인의 터무니없는 복잡성을 고려할 때, 대부분의 프로젝트에 가장 적합한 시작점으로 엔드투엔드 엣지 AI 플랫폼을 추천하기가 매우 쉽다. 드물지만 지원되지 않는 기능이 필요한 경우, 고품질 플랫폼은 외부 도구와 간단하게 통합할 수 있으므로 플랫폼을 기본으로 사용하고 필요에 따라 확장할 수 있다.

이 시점에서 이 책의 저자인 다니엘[Daniel]과 제니[Jenny]가 매우 인기 있는 엔드투엔드 엣지 AI 개발 플랫폼인 엣지 임펄스(https://edgeimpulse.com)를 설계하고 개발한 팀의 일원이라는 사실을 언급할 필요가 있다. 추천을 하는 사람이 기득권을 갖고 있을 때는 항상 추천을 신중하게 받아들이는 것이 중요하다. 우리가 엔드투엔드 툴을 개발하는데 어떻게 다른 것을 추천할 수 있겠는가!

이 책의 역사를 보면 안심이 될 것이다. 저자 중 한 명인 댄은 임베디드 머신러닝 분야를 더 많은 독자에게 소개하는 데 도움을 준 책인 『초소형 머신러닝 TinyML』의 공동 저자이기도 하다. 『초소형 머신러닝 TinyML』은 오픈소스 도구를 사용해 엣지 AI 소프트웨어를 구축하는 프로세스를 소개한다. 약 500페이지 분량으로 짧은 가이드는 아니지만 가장 기본적인 내용만 다루고 있으며, 독자가 파이썬과 C++를 모두 학습하는 것을 전제로 한다. 저수준 도구로 직접 작업하는 것은 생산적인 방법이 아니다.

『초소형 머신러닝 TinyML』을 작성하면서 두 저자는 개발자의 삶을 더 쉽게 만들려고 노력했다. 댄은 회사의 CEO가 활동 분류를 위한 딥러닝 모델을 10분 이내에 실시간으로 구축하고 배포하는 데모를 보고 고무되어 엣지 임펄스의 창립 엔지니어로 합류하게 됐다. 또 다른 공동 저자인 피트 워든Pete Warden은 센서와 ML을 최대한 긴밀하게 통합하여 머신러닝 배포를 간소화하기 위해 노력하고 있다.

머신러닝 센서

효과적인 엣지 AI 제품을 구축하려면 많은 어려운 작업과 전문지식이 필요하다. 작업을 더 쉽게 만드는 데 도움이 될 수 있는 또 다른 개념은 머신러닝 센서에 대한 아이디어다. 피트 워든이 이끄는 팀이 2022년에 발표한 논문[23]에서 제안한 ML 센서는 일반 센서처럼 간단하게 사용할 수 있으면서도 약간의 지능을 포함하도록 설계됐다.

예를 들어, '사람 감지' ML 센서는 이미지 센서, 프로세서, 이미지에서 사람을 식별할 수 있는 딥러닝 모델을 포함하는 단일 칩으로 제공될 수 있다. ML 센서는 사람이 감지되면 높게, 아무도 없을 때는 낮게 토글되는 단일 디지털 핀을 인터페이스로 제공할 수 있다.

ML 센서와 통합하면, 머신러닝 모델(필요한 모든 의존성과 함께)을 학습시키고 임베디드 애플리케이션에 통합하는 것보다 훨씬 쉬워져, 장치에 지능을 추가하는 것이 간단해진다. 필요한 경우 엔드투엔드 플랫폼과의 통합을 통해 모델을 커스터마이즈할 수 있지만, 유연성이 저하된다는 단점이 있다.

이 글을 쓰는 시점에 피트의 회사인 Useful Sensors(https://usefulsensors.com)는 사람의 얼굴을 감지하고 위치를 찾을 수 있는 소형 저전력 장치인 Person Sensor를 판매하고 있다. 더 자세한 정보는 ML Sensors(https://mlsensors.org)에서 확인할 수 있다.

---

23 「Machine Learning Sensors」(Pete Warden et al., arXiv, 2022, https://oreil.ly/xOtDp)

요약

지금까지 성공적인 엣지 AI 프로젝트의 전제 조건인 사람, 기술, 도구에 대해 알아봤다. 6장부터는 실제 팀에서 애플리케이션을 빌드하는 데 사용하는 반복 개발 워크플로를 살펴보겠다.

제6장
문제를 이해하고 표현하기

다음 5개 장에서는 엣지 AI로 작업하기 위한 로드맵을 제공한다. 다음 사항에 대한 모범 사례를 제공할 것이다.

- 엣지 AI의 렌즈를 통해 해결하고자 하는 문제 보기
- 모델을 학습시키고 알고리듬을 평가할 수 있는 데이터 세트 구축하기
- 엣지 AI 기술을 활용하는 애플리케이션 설계
- 반복적인 프로세스를 통해 효과적인 애플리케이션 개발
- 엣지 AI 애플리케이션을 테스트하고, 배포하고, 현장에서 모니터링하기

특히 6장에서는 엣지 AI 프로젝트를 위한 높은 수준의 일반적인 워크플로를 소개하는 것으로 시작하겠다. 이를 통해 모든 것이 어떻게 결합되는지 파악할 수 있을 것이다. 그런 다음 프로젝트를 평가하여 엣지 AI에 적합한지 확인하는 방법을 배우고, 주어진 문제에 적합한 알고리듬과 하드웨어 유형을 식별하는 프로세스를 살펴본 다음, 구현 계획에 대해 생각하기 시작할 것이다.

엣지 AI 워크플로

다른 정교한 엔지니어링 프로젝트와 마찬가지로 일반적인 엣지 AI 프로젝트에는 여러

트랙의 작업이 포함되며, 이 중 일부는 병렬로 실행된다. 그림 6-1은 단계별 작업을 보여준다.

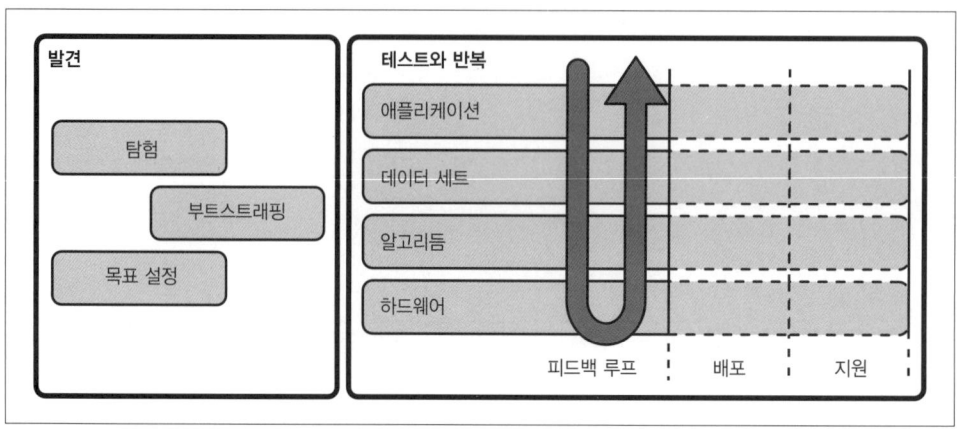

그림 6-1 '발견'과 '테스트와 반복' 단계로 그룹화된 엣지 AI 워크플로

이 프로세스는 다이어그램에서 '발견'과 '테스트와 반복'으로 표시된 2개의 그룹으로 크게 나눌 수 있다. 첫 번째 단계인 **발견**에는 해결하려는 문제, 사용 가능한 리소스, 가능한 솔루션의 공간을 깊이 있게 이해하는 작업이 포함된다. 이 단계에서는 달성하고자 하는 목표와 현실적인 목표를 파악하는 사전 작업을 수행한다.

두 번째 단계인 **테스트와 반복**은 초기 프로토타입에서 프로덕션에 사용할 수 있는 애플리케이션에 이르기까지 지속적으로 개선하는 프로세스다. 이 단계는 개발 전후에 걸쳐 진행되며, 머신러닝에서는 애플리케이션이 완전히 마무리된 것이 아니라, 현장에 배치된 뒤에도 모니터링, 지원, 반복이 필요하다. 이런 지속적인 개선은 애플리케이션, 데이터 세트, 알고리듬, 하드웨어 등 프로젝트의 모든 부분에서 동시에 이뤄진다.

이 프로세스에서 가장 중요한 부분은 지속적인 개선을 가능케 하는 **피드백 루프**feedback loop다(그림 6-2 참고). 프로젝트의 여러 측면 간에 더 많은 피드백을 생성할수록 프로젝트는 더 성공적으로 진행될 수 있다. 예를 들어, 다양한 유형의 데이터에 대한 모델 성능 결과를 데이터 수집 프로세스에 피드백하여 잠재적 입력의 전체 공간을 포괄하는 다양하고 대표성 있는 데이터 세트를 구축할 수 있다.

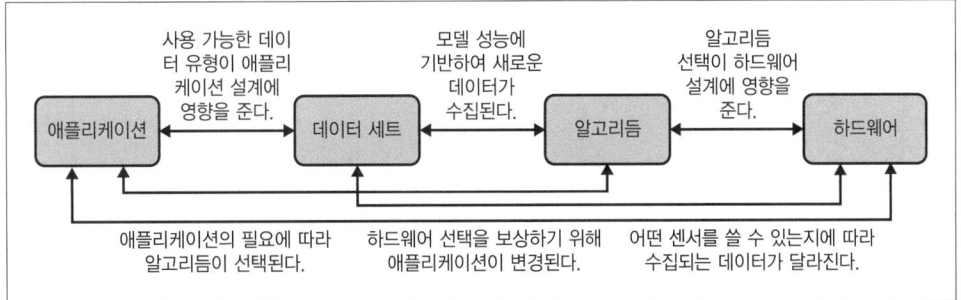

그림 6-2 애플리케이션, 데이터 세트, 알고리듬, 하드웨어 간의 피드백은 프로젝트가 진행됨에 따라 변화하고 발전하며, 한 측면의 변경사항은 다른 측면에 반영되어야 한다.

앞으로 몇 개 장에 걸쳐 이 전체 워크플로를 다룰 예정이다. **발견** 단계는 6장, 7장, 8장에서 다루고, 배포와 지원을 포함한 **테스트와 반복** 단계는 9장과 10장에서 다룬다.

모든 기술 프로젝트의 성공(그리고 모든 프로젝트의 성공)의 핵심은 위험 관리다. 엣지 AI 프로젝트는 하드웨어와 소프트웨어가 결합되어 있고 복잡한 알고리듬과 데이터 기반 개발에 의존하기 때문에, 고유한 위험이 존재한다.

워크플로의 각 단계에서 위험을 최소화하고 성공 가능성을 높이는 데 사용할 수 있는 기술을 알아볼 것이다.

엣지 AI 워크플로에 내재된 책임감 있는 AI

지금까지 살펴본 바와 같이 AI 애플리케이션은 특히 사회적 해악을 전파하기 쉬우며, 실제 환경에서 예기치 않은 성능 저하로 이어질 수 있는 여러 유형의 문제가 있다. 따라서 잠재적 위험과 그로 인한 피해 발생 가능성을 신중하게 분석하는 것은 엣지 AI 개발 워크플로에서 매우 중요한 부분이다.

프로젝트를 시작할 때 한 번만 윤리적 검토를 하거나, 끝날 때 최종 검토를 하는 것만으로는 충분치 않다. 프로젝트가 진행되는 동안 새로운 정보가 밝혀지고 다운스트림에 영향을 미치는 많은 의사결정이 내려지기 때문에, 모든 단계에서 위험 분석을 수행하여 필요한 경우 과정을 수정할 수 있는 시간을 확보해야 한다.

이 책에서는 프로세스의 모든 단계에서 윤리적 설계에 대해 생각해 볼 것이다. 윤리적 설계를 선택사항으로 생각하면 안 된다. 윤리적 설계는 성공적인 프로젝트를 위해 필요한 핵심 엔지니어링과 제품 관리 작업의 일부다. 엣지 AI로 작업하는 팀에게 악몽 같은 시나리오는 시스템이 프로덕션에 배포된 후에야 문제가 발견되는 것이다. 누구도 제품 리콜이나 실제 피해 발생에 대한 책임을 지고 싶어 하지 않는다.

개발 프로세스 전반에 걸쳐 위험 분석 시 사회적 요인을 고려하면, 문제가 생산 단계에 도달하기 전에 문제를 식별하는 능력을 극대화하고 작업 품질을 높일 수 있다.

엣지 AI가 필요할까?

인공지능과 엣지 컴퓨팅은 모두 정교한 기술이며, 각각 고려해야 할 사항이 많다. 둘 중 하나를 사용하려면 기능과 복잡성 사이에서 절충점을 찾아야 한다. 많은 프로젝트에서 복잡성으로 인한 부담이 엣지 컴퓨팅으로 작업할 때 얻을 수 있는 기능상의 이점보다 더 클 수 있다.

이를 염두에 두고 잠재적인 애플리케이션에 대해 위험이 보상할 만한 가치가 있는지 이해하는 것이 매우 중요하다. 그 답은 다음과 같은 요소를 포함한 상황에 따라 크게 달라진다.

- 애플리케이션의 구체적인 요구사항
- 이를 구축할 팀의 기술력
- 엔지니어링, 데이터 수집, 장기 지원에 사용할 수 있는 예산
- 납기까지 남은 시간

다음 절에서는 프로젝트가 엣지 AI 기술에 적합한지 여부를 결정하기 위해 필요한 질문을 세분화해 보겠다. 이는 프로젝트의 발견 단계에 필요한 다른 많은 고려사항도 밝혀 줄 것이므로, 시작하기에 좋은 연습이다.

 엣지 AI의 새로운 기회를 찾는 것은 흥미로운 일이지만, 기술적인 솔루션이 정답이라고 가정하지 말고 열린 마음으로 문제에 접근하는 것이 중요하다. 처음부터 엣지 AI를 문제에 끼워 맞추려고 하지 말고, 문제를 이해하고 이를 해결하기 위한 올바른 솔루션을 설계하는 데 집중하기 바란다. 이 솔루션에는 엣지 AI가 포함될 수도 있고 포함되지 않을 수도 있다.

문제 설명하기

문제를 설명하는 것은 엣지 AI가 문제 해결에 적합한지 파악하는 첫 번째 단계다. 문제를 몇 개의 문장과 글머리 기호로 요약하여 짧고 간결하게 기술해야 한다. 좋은 설명에는 다음이 포함되어야 한다.

- 기존 솔루션을 포함한 시나리오에 대한 개략적인 요약
- 현재 직면한 문제
- 해결해야 하는 제약 조건

81페이지의 '심층 분석: 트레일 카메라로 희귀 야생동물 발견하기' 박스에서는 야생동물 모니터링에 엣지 AI를 적용할 수 있는 방법을 설명했다. 다음은 해당 사례를 문제 설명problem description으로 나타내는 방법의 예다.

문제 설명: 트레일 카메라

요약: 야생동물 연구자들은 때때로 외딴 지역의 동물 개체 수와 활동을 추정해야 할 때가 있다. 이를 위한 한 가지 방법은 특정 동물 종을 모니터링하기 위해 외딴 곳에 트레일 카메라를 설치하는 것이다. 이 장치는 일반적으로 수동 적외선(PIR) 모션 센서를 사용해 움직임을 감지하고 카메라가 사진을 촬영하도록 트리거한다. 사진은 메모리 카드에 저장된다. 메모리 카드는 주기적으로 수집하여 사진을 확보한 다음 연구원이 분석한다.

문제
- 비표적 종이나 움직이는 초목에 의해 PIR이 트리거되어 메모리 카드가 쓸모없는 사진으로 가득 차고 배터리 수명이 단축될 수 있다.
- 메모리 카드를 수집하고 분석할 때까지는 동물 활동 데이터를 사용할 수 없다.

- 원격지에서 메모리 카드를 수거하기 위해 사람을 보내려면 시간과 비용이 많이 든다.
- 메모리 카드를 너무 자주 수집하면 메모리 카드가 가득 차서 중요한 데이터를 놓칠 수 있다.
- 메모리 카드를 너무 자주 수거하면 여행 경비가 낭비된다.

제약사항
- 트레일 카메라는 배터리 전원으로 작동하므로 에너지 효율이 높아야 한다.
- 현장에서 고대역폭 데이터 연결은 비용이 많이 든다.
- 연구 예산은 일반적으로 적다.

문제 설명의 정확한 형식은 내용만큼 중요하지 않다. 정확한 문제와 제약사항을 파악하면 가능한 해결책을 평가하면서 이를 고려할 수 있다.

엣지에 배포해야 하는가?

이 시점에서 우리는 52페이지의 '엣지 AI의 이점을 이해하려면 BLERP만 있으면 된다' 절에 나오는, 엣지 AI의 이점을 표현하는 모델에 매우 익숙하다.

- 대역폭
- 지연 시간
- 경제성
- 신뢰성
- 개인 정보 보호

BLERP는 문제 설명을 분석하고 엣지 아키텍처를 통해 이점을 얻을 수 있는지 평가하는 데 도움이 되는 완벽한 도구다. 이를 수행하는 좋은 방법은 각 BLERP 조건별로 정리하는 것이다.

예를 들어, **대역폭**을 살펴보겠다.

- 비용 때문에 트레일 카메라는 넓은 대역폭을 사용할 수 없다. 따라서 장치 내 작업이 중요하다.

- 장치에서 사진을 분석할 수 있다면, 분석 결과 정보(원시 이미지보다 훨씬 적은)를 클라우드로 전송할 수 있다.

- 이렇게 하면 메모리 카드를 수집하기 위해 현장에 가서 많은 비용을 들이지 않아도 된다.

각 항목별 잠재적 영향을 브레인스토밍함으로써 이 문제에 대해 BLERP가 중요한지 여부를 파악하기 시작한다. 브레인스토밍과 요약이 끝나면 81페이지의 '심층 분석: 트레일 카메라로 희귀 야생동물 발견하기' 박스에서 발췌한 아래 BLERP 분석과 같은 결과를 얻을 수 있다.

BLERP 분석: 트레일 카메라

대역폭
카메라 트랩은 연결성이 낮은 외딴 지역에 배치되는 경우가 많으며, 값비싼 저대역 위성을 유일한 옵션으로 사용할 수 있다. 엣지 AI를 사용하면 촬영한 사진의 수를 충분히 줄여 모두 전송할 수 있다.

지연 시간
엣지 AI가 없다면 카메라 트랩에서 사진을 수집하기 위해 연구원을 파견하는 데 걸리는 지연 시간은 몇 달이 걸릴 수 있다! 그러나 엣지 AI와 저전력 무선 연결을 사용하면 기다릴 필요 없이 즉시 사진을 분석하고 유용한 정보를 얻을 수 있다.

경제성
현장 출장을 피하면 많은 비용을 절약할 수 있으며, 고가의 위성 라디오를 불필요하게 사용하지 않아도 된다.

신뢰성
쓸모없는 사진을 버릴 수 있으면 메모리 카드를 채우는 데 시간이 더 오래 걸린다.

개인 정보 보호
엣지 AI 카메라는 트레일에서 사람의 사진을 삭제하여 다른 트레일 사용자(예: 지역 주민이나 등산객)의 개인 정보를 보호할 수 있다.

이 경우, 엣지에 배포하면 여러 BLERP 조건에 걸쳐 명확하고 분명한 이점이 있다. 하지만 다른 경우에는 명확하지 않을 수 있다. 예를 들어, 모든 조건에 걸쳐 이점이 없을 수도 있다. 그렇다고 해서 엣지 배포가 반드시 적합하지 않다는 뜻은 아니다. 어떤 범주에서든 충분히 매력적인 이점이 있다면 추가적으로 고려할 가치가 있다.

엣지에서 잘 작동하지 않는 것들

어떤 상황에서는 문제가 BLERP에 전혀 적합하지 않을 수도 있다. 다음은 다른 문제에 대한 예시다.

문제 설명: 의료용 영상 기기

의료용 영상 기기는 환자의 신체 내부를 나타내는 영상을 만든다. 특수 훈련을 받은 의사는 이런 영상을 사용해 특정 질병을 진단한다. 이 영상 기기는 매우 크며 일반적으로 대형 병원에 위치한다. 환자를 스캔한 후 영상 기기는 컴퓨터 네트워크에 연결된 하드 디스크에 이미지를 저장한다. 영상을 보려면 특수 소프트웨어를 사용해야 한다.

문제
- 영상을 보고 의학적 상태를 진단하는 것은 어렵고 의료 교육이 필요하다.
- 숙련된 의사를 구할 수 없는 경우, 환자는 진단을 기다려야 할 수도 있다.
- 의사는 영상 소프트웨어가 설치된 특정 컴퓨터에서만 이미지를 볼 수 있다.

제약사항
- 영상은 보안이 유지되어야 하는 민감한 환자 정보를 나타낸다.
- 영상 기기는 매우 커서 이동이 불가능하다.
- 영상 기기는 매우 비싸다.

설명에서 알 수 있듯이 사람이 영상 데이터를 기반으로 질병을 진단하는 것은 어렵고 환자는 장비나 전문가의 가용성에 따라 진단을 기다려야 할 수도 있다는 점에서, 해결해야 할 몇 가지 문제가 분명하다. 물론 AI가 의사의 영상 분석을 도울 수 있는 잠재력이 있을 수도 있다.

그러나 우리가 답해야 할 질문은 이것이 엣지 컴퓨팅을 사용해 해결하기에 좋은 문제인지 여부다. 이를 위해 (박스에 표시된) BLERP를 통해 몇 가지 잠재적인 이점을 브레인스토밍해 보겠다.

BLERP 분석: 의료용 영상 기기

대역폭
　없음. 영상 기기는 일반적으로 인터넷 연결이 양호한 주요 병원에 위치하고 있으며, 이미 컴퓨터 네트워크에 연결되어 있다. 대역폭 요구사항을 줄임으로써 얻을 수 있는 이점이 없다.

지연 시간
　환자가 진단을 더 빨리 받을 수 있으면 도움이 될 것이다.

경제성
　AI를 사용해 분석을 수행하면, 비용이 많이 드는 의사의 시간 의존도를 줄일 수 있다.

신뢰성
　의사는 AI 분석을 통해 진단의 성공률을 높일 수 있다.

개인 정보 보호
　AI 분석을 통해 민감한 환자 데이터를 노출할 필요를 줄일 수 있다.

표면적으로는 이러한 이유가 설득력 있는 이유처럼 들린다. 그러나 좀 더 자세히 살펴보면 이러한 이점의 대부분은 엣지 컴퓨팅 없이도 얻을 수 있는 것임이 분명하다. 영상 기기는 병원에 있기 때문에 잠재적으로 리소스 제약이 있는 '엣지' 장치에서 분석을 수행하는 데 큰 이점이 없다. 대신 병원 네트워크에 연결되어 있거나 클라우드에 있는 표준 컴퓨터를 사용할 수 있다.[1] 엣지 AI와 특별히 관련된 도구를 사용하지 않고, 연합 학습 같은 기술을 사용해 개인 정보 보호 문제를 해결할 수 있다.

이 경우, 안정적인 네트워크 연결을 이미 사용할 수 있다는 사실 하나만으로도 엣지 컴퓨팅을 사용할 필요가 없다. 하지만 그렇더라도 그냥 사용하면 어떨까? 엣지에서 컴퓨팅을 실행하든 하지 않든 차이가 있을까?

1　병원 네트워크의 컴퓨터가 엣지 장치의 한 형태라고 할 수 있지만, 많은 주요 병원에는 온사이트 데이터 센터가 있으며 엣지 컴퓨팅의 일반적인 제약이 적용되지 않는다.

엣지 컴퓨팅의 단점

엣지 컴퓨팅은 특히 AI와 함께 사용하면 엄청난 이점을 제공할 수 있지만, 지난 10년 동안 대부분의 컴퓨팅이 클라우드로 이동한 데에는 몇 가지 매우 좋은 이유가 있다. BLERP 프레임워크가 엣지에서 작업을 수행해야 하는 몇 가지 좋은 이유를 강조하지 않는다면, 클라우드 서버에서 정보 처리를 수행하는 것이 더 나을 수 있다.

다음은 엣지 애플리케이션을 어렵게 만들 수 있는 몇 가지 사항이다.

개발 복잡성

임베디드 애플리케이션을 작성하고 유지 관리하는 것은, 특히 타깃이 작은 경우 어렵다. 임베디드 코드는 단순할수록 좋다. 데이터 수집을 위해 임베디드 장치가 필요하더라도, 더 복잡한 애플리케이션 로직은 클라우드에서 호스팅하여 엔지니어링을 간소화하는 것이 합리적일 수 있다.

인력 배치

임베디드 개발에는 매우 구체적인 기술이 필요하다. 또한 클라우드 애플리케이션은 다양한 유형의 엔지니어가 빌드하고 유지 관리할 수 있지만, 임베디드 엔지니어링 인재는 찾기가 더 어려울 수 있다. 조직에서 임베디드 엔지니어링 인재를 구할 수 없다면 컴퓨팅을 클라우드에 맡겨 프로젝트의 위험을 줄이는 것이 합리적일 수 있다.

제한된 컴퓨팅

가장 강력한 엣지 장치라고 해도 GPU를 사용할 수 있는 강력한 클라우드 서버에 비할 바는 못 된다. 일부 애플리케이션은 현장에서 제공하기에는 무리한 수준의 컴퓨팅을 요구한다. 예를 들어, 일부 언어 모델은 크기가 기가바이트에 달하며 낮은 지연 시간을 달성하기 위해 GPU가 필요하다.

배포 복잡성

애플리케이션을 배포한 뒤 업데이트하려는 경우, 엣지 컴퓨팅으로 인해 문제가 발생할 수 있다. 엣지 펌웨어를 업데이트하는 것은 위험할 수 있다. 잘못된 순간에 버그나 정전으로 인해 장치가 작동 중지될 수 있다. 여러 장치에 설치된 애플리케이션 버전을 관리하는 것도 어려울 수 있다. 이런 문제는 해결할 수 있지만 엔지니어링 시간이 필요하다. 그렇기에 애플리케이션 로직을 클라우드에서 호스팅하는 것이 더 간단할 수 있으며, 이는 최소한의 작업으로 업데이트할 수 있다.

하드웨어와 지원 비용

엣지 장치 네트워크를 배포하고 지원하는 데는 많은 비용이 소요될 수 있다. 머신러닝 워크로드를 위한 가속 기능이 있는 하이엔드 장치나 특정 목적을 위해 설계된 맞춤형 하드웨어가 필요한 경우 비용은 훨씬 더 높아질 수 있다. 애플리케이션에 따라서는 성능이 낮은 장치를 사용해 데이터를 수집하고 클라우드로 전송하여 처리하는 것이 더 저렴할 수도 있다.

유연성

실행하려는 워크로드가 엣지 하드웨어를 초과하거나 애플리케이션이 크게 변경되면, 하드웨어를 교체하기 위해 새 하드웨어를 구입해야 할 수 있다. 반면 클라우드 워크로드는 버튼 클릭 한 번으로 확장하고 수정할 수 있다.

보안

AI 알고리듬의 구현에 물리적인 접근을 허용하는 데는 보안 위험이 따른다. 경우에 따라 클라우드 컴퓨팅이 위험을 줄이는 데 도움이 될 수 있다. 이 책의 뒷부분에서 보안에 대해 자세히 설명하겠다.

133페이지의 '다중 장치 아키텍처'에서 살펴본 것처럼 엣지 장치와 클라우드 간에 컴퓨팅을 분할할 수 있다. 이는 특히 가정이나 공장처럼 안정적인 연결과 전력을 사용할 수 있는 통제된 환경 내에 장치를 배포할 때 각각의 장점을 혼합하는 데 유용한 방법이 될 수 있다. 예를 들어, 스마트 스피커는 엣지에서 깨우기 단어 감지를 수행하여 개인 정보를 보호하는 동시에 강력한 클라우드 서버의 이점을 활용하여 대규모의 고도로 정교한 트랜스크립션과 NLP 모델을 실행할 수 있다. 산업 환경에서는 엣지 컴퓨터 비전 시스템이 클라우드 모델을 호출하여 결함을 정확하게 분류하고 적절한 대응을 결정하기 전에, 매우 짧은 지연 시간으로 잠재적인 제조 결함을 식별할 수 있다.

머신러닝이 필요할까?

1장에서 배웠듯이, AI에 항상 머신러닝이 필요한 것은 아니다. ML 알고리듬은 다양한 장단점이 있어 일부 애플리케이션에는 이상적이지만 다른 애플리케이션에는 활용도가 제한될 수 있다.

 개발 프로세스 초기에 사용 사례가 ML에 적합한지 여부를 파악하는 것이 중요하다. ML 기반 프로젝트에는 상당히 다른 워크플로가 포함되며, 이는 일정과 예산에 큰 영향을 미친다.

주어진 엣지 AI 문제에 대해, 일반적으로 머신러닝 솔루션과 규칙 기반이나 휴리스틱 솔루션 중 하나를 선택해야 한다. 155페이지의 '조건문과 휴리스틱' 절에서 배운 것처럼, 규칙 기반 시스템은 인간이 도메인 지식을 사용해 설계한다. 기본적인 산술부터 엄청나게 복잡한 물리학 방정식까지 모든 것을 활용할 수 있다. 엣지 장치에 적용된 휴리스틱 알고리듬의 예는 다음과 같다.

- 온도가 끓는점에 도달하면 차단되는 물 주전자
- 혈당 수치에 따라 정확한 용량의 인슐린을 분배하는 당뇨병 인슐린 펌프
- 기존 컴퓨터 비전(145페이지의 '이미지 피처 감지' 절 참고)을 사용해 차선 표시를 식별하고 차선 사이에서 차량을 중앙에 위치시키는 운전자 보조 기능
- 국제선 노선에서 점보 제트 항공기를 비행하는 자동 조종 장치
- 화성으로 향하는 우주 로켓의 안내 시스템

이러한 예는 간단한 것부터 복잡한 것까지 모두 도메인 지식에 의존한다. 예를 들어 인슐린 펌프의 알고리듬은 인간의 혈당 조절 시스템에 대한 지식을 기반으로 하고, 우주 로켓의 유도 시스템은 물리학과 항공역학(적어도 이동 부분), 차량의 핸들링 특성에 대한 지식에 기반을 둔다.

각각의 경우, 관련 시스템은 엄격한 규칙에 따라 관리된다. 이러한 규칙은 복잡할 수 있으며 그 발견에 수천 년의 인류 역사가 걸렸을 수도 있지만, 결국 엔지니어가 수학 공식

을 사용해 허용 가능한 정확도로 기술할 수 있다.

종종 디지털 신호 처리 알고리듬은 규칙 기반 시스템과 함께 사용된다. 간단한 규칙을 사용해 입력에 반응할 수 있도록 하여 약간의 처리만으로도 큰 효과를 얻을 수 있다. 예를 들어, 운전자 지원 기능은 이미지 피처 감지의 형태로 DSP를 사용해 복잡한 이미지를 차선 표시를 나타내는 간단한 벡터 집합으로 줄일 수 있다. 이렇게 하면 자동차를 왼쪽으로 조향할지 오른쪽으로 조향할지 훨씬 쉽게 결정할 수 있다.

규칙 기반 시스템의 장점은 그 한계를 정확히 알 수 있어 작동 여부를 증명할 수 있다는 것이다. 휴리스틱 알고리듬은 잘 이해된 시스템을 기반으로 한다. 알고리듬이 모델링하도록 설계된 기본 규칙과 관련하여 알고리듬의 수학적 정확성을 확립할 수 있다. 따라서 믿을 만하고, 신뢰할 수 있으며, 안전하다.

문제에 대한 규칙 기반 솔루션이 있다면 거의 확실히 이를 선택해야 한다. 규칙과 휴리스틱을 사용하면 많은 문제를 우아하게 해결할 수 있으며, 머신러닝을 이용한 대안보다 개발, 지원, 해석이 훨씬 쉬워질 수 있기 때문이다. 또한 계산 능력 측면에서도 훨씬 덜 까다로운 경향이 있다.

머신러닝은 흥미롭게 들리지만, 명확한 필요성이 없다면 위험할 수 있다. 인간을 달에 착륙시킨 것은 휴리스틱이었는데, 여러분의 문제는 그보다 더 쉬울 가능성이 높다.

안타깝게도 규칙 기반 알고리듬으로 모든 문제를 해결할 수 있는 것은 아니다. 155페이지의 '조건문과 휴리스틱' 절에서 두 가지 주요 약점에 대해 살펴봤다.

규칙을 발견하기가 엄청나게 어려운 문제

예를 들어, 복잡하고 잡음이 많은 고주파 센서 데이터의 기반이 되는 알고리듬 시스템을 발견하려면 엄청난 양의 연구와 개발이 필요할 수 있다. 시스템을 수학적으로 설명할 수 있을지도 모르지만, 예산과 시간 범위를 고려하면 불가능할 수도 있다.

변수가 많은 문제

예를 들어, 입력이 너무 많아서 규칙 기반 시스템을 구현하지 못할 수도 있다. 이는 차원이 매우 높고 노이즈가 많은 이미지 데이터에서 흔히 발생하는 문제다. 강아지의 외모를 설명하는 방정식을 작성하는 것은 어렵다.

복잡한 문제의 경우, 규칙 기반 알고리듬을 잘 구현하려면 광범위한 연구, 도메인 지식, 관련 엔지니어링 기술이 필요할 수 있다. 그러나 주어진 프로젝트에서 이런 기술을 항상 사용할 수 있는 것은 아니다. 휴리스틱의 취약한 부분은 ML이 빛을 발할 수 있는 기회를 제공한다.

ML을 사용하는 이유

규칙 기반 시스템은 상호 작용하는 프로세스에 대한 과학적 이해에 의존하는 경우가 많지만, ML 알고리듬은 데이터 자체에 대한 노출을 통해 변수 간의 관계에 대한 근사치를 학습할 수 있다.

이는 확실히 삶을 더 쉽게 만들 수 있다. 다음은 ML을 사용해 볼 만한 몇 가지 상황을 타당성순으로 나열한 것이다.

- 상황과 데이터가 너무 복잡하거나 노이즈가 많아 기존 방식으로 모델링하기 어려운 경우
- 규칙 기반 솔루션을 찾기 위해 너무 많은 기초 연구가 필요한 경우
- 규칙 기반 시스템을 구현하는 데 필요한 도메인 전문지식에 접근할 수 없는 경우[2]

이런 상황에 처해 있다면 머신러닝이 큰 도움이 될 수 있다. 다음 박스에서 좋은 예시를 제공한다.

---

2 앞으로 살펴보겠지만, ML 모델을 학습시키고 평가하는 데 있어 도메인 전문지식은 여전히 중요하다. 하지만 ML 기반 접근 방식을 사용하면 특정 문제 영역에 대한 지식을 갖춘 전문가가 다른 영역(예: 신호 처리)에서 외부의 도움을 많이 받지 않고도 좋은 결과를 얻을 수 있다.

인공 코 만들기

IoT 엔지니어 벤자민 카베(Benjamin Cabé)는 독특한 냄새로 물체와 물질을 식별할 수 있는 장치인 인공 코(https://oreil.ly/f_7_8)를 만들고자 했다. 초기 목표는 보드카, 럼, 스카치 등 다양한 종류의 알코올 증류주를 구별하는 것이었다(그림 6-3에서 볼 수 있듯이 많은 음식과 음료에 사용할 수 있지만).

그림 6-3 벤자민의 인공 코(출처: blog.benjamin-cabe.com, https://oreil.ly/f_7_8)

벤자민은 여러 종류의 가스 수준을 측정하도록 설계된 저렴한 가스 센서를 활용할 수 있었다. 증류주를 구별하기 위한 규칙 기반 알고리듬을 구축하려면, 다양한 음료의 화학 분석을 수행하고 성분을 파악한 다음 역순으로 작업하여 어떤 가스를 주의해야 하는지 결정해야 했을 것이다. 또한 주변 환경에 존재할 수 있는 가스가 오탐으로 이어질 수 있으므로 이를 고려해야 했다.

이런 유형의 연구는 그의 프로젝트 범위를 벗어난 것이었다. 다행히도 벤자민은 머신러닝에 충분히 익숙했기 때문에 머신러닝이 도움이 될 수 있다는 사실을 알고 있었다.

벤자민은 가스 센서를 사용해 여러 종류의 음료에서 샘플로 구성된 작은 데이터 세트를 수집했다. 그는 이 데이터를 사용해 간단한 머신러닝 분류 모델을 학습시켜 어떤 가스 수치가 어떤 음료와 연관되어 있는지 식별했다. 프로젝트는 성공적이었다! 벤자민의 시스템은 여러 종류의 음료를 구분할 수 있었으며, 심지어 한 브랜드의 위스키를 다른 브랜드와 구별하는 수준까지 가능했다.

데이터에서 규칙을 추출하는 머신러닝의 능력 덕분에, 벤자민은 시간과 비용이 많이 드는 음료의 화학 분석에 투자할 필요 없이 성공적인 프로젝트를 구축할 수 있었다. 또한 실제 환경에서 수집된 데이터 세트가 이미 이를 고려하고 있었기 때문에, 환경에 존재하는 다른 가스를 설명하는 데 필요한 민감하고 수작업으로 조정된 로직을 작성하지 않아도 됐다.

복잡하고 노이즈가 많은 데이터는 매우 흔한 것으로 나타났다. 실제로 대부분의 실제 데이터는 약간 엉망이다! 그러나 머신러닝, 특히 딥러닝 모델의 강점 중 하나는 충분한 데이터가 주어지면 노이즈를 설명하는 방법을 학습할 수 있다는 것이다. 학습 과정에서 모델의 매개변수는 데이터에서 노이즈를 걸러내고 의사결정에 사용할 수 있는 중요한 정보만 남기는 방식으로 조정된다.

또한 머신러닝 모델은 학습 데이터 내에 존재하는 숨겨진 패턴을 식별하는 데 능숙하다. 사람의 눈에는 보이지 않거나, 핸드코딩된 규칙으로 표현하기에는 너무 복잡한 관계도 머신러닝 모델에 충분한 학습 데이터가 제공되면 매우 명확해질 수 있다.

이런 장점 덕분에 머신러닝은 불명확한 관계를 설명하는 노이즈가 많은 데이터에 직면했을 때 훌륭한 선택이 될 수 있다. 하지만 머신러닝의 데이터 사용에는 위험도 따를 수 있다.

ML의 단점

엔지니어링 관점에서 머신러닝에는 데이터 요구사항, 설명 가능성, 편향성이라는 세 가지 주요 단점이 있다.

오늘날의 ML이 데이터에 크게 의존한다는 것은 잘 알려진 사실이다.[3] 머신러닝 시스템을 학습시키고 테스트하려면 대량의 데이터가 필요한 경우가 많은데, 적절한 데이터를 찾고 그 품질을 보장하는 것은 머신러닝과 관련된 가장 큰 과제이자 비용이다.

물론 데이터가 풍부해 보일 수도 있다. 수십 년 동안 세심하게 수집하고 기록해 온 IoT 센서 데이터로 가득 찬 '데이터 웨어하우스'와 '데이터 레이크'가 있지 않은가? 하지만 안타깝게도 원시 데이터만으로는 충분하지 않다. 오늘날 대부분의 머신러닝 기법에는 **레이블이 지정된** 데이터, 즉 데이터의 의미를 설명하는 정보가 태그된 데이터가 필요하다. 이 지루한 작업은 종종 사람이 해야 하므로, 비용이 많이 들고 위험하다(잘못하기 쉽기 때문이다).

또한 머신러닝 모델은 이전에 본 적이 있는 상황만 이해할 수 있다. 따라서 데이터 세트

---

[3] ML 알고리듬의 데이터 요구량을 줄이기 위한 노력은 ML 연구에서 가장 중요하고 흥미로운 분야 중 하나다.

는 상황에 따라 크게 달라진다. 특정 유형의 센서를 사용해 수집한 데이터 세트로 학습된 모델은 다른 브랜드의 센서에서 캡처한 데이터를 입력하면 제대로 작동하지 않을 수도 있다. 또한 국가의 일반적인 가정용품에 대한 데이터 세트는 다른 국가의 품목을 식별하려고 할 때 도움이 되지 않을 수 있다.

이런 문제를 완화하기 위한 연구가 진행 중이며 놀라운 진전이 이뤄지고 있지만, 머신러닝에는 일반적으로 많은 데이터가 필요하다는 사실은 변함이 없다. 이 주제는 7장에서 자세히 알아보겠다.

머신러닝의 두 번째 큰 단점인 **설명 가능성**explainability에 대해서는 160페이지의 '해석 가능성과 설명 가능성' 박스에서 이미 언급했다. 설명 가능성이 뛰어난 머신러닝 모델도 있지만, 모델이 정교해질수록 예측을 하는 이유를 정확히 파악하기가 더 어려워질 수 있다.

이 문제는 통계에서 시작된 많은 유형의 ML 모델이 명확한 답을 제공하지 않는다는 사실로 인해 더욱 복잡해진다. 규칙 기반 시스템에 질문하면 명확하고 확실한 답변을 얻을 수 있으며, 작동 방식이 명확하게 표시되어 다시 확인하고 검토할 수 있다. 딥러닝 모델에 동일한 질문을 하면, **잠재적인** 답변을 나타내는 퍼지fuzzy 확률 분포를 얻을 수 있다. 시스템을 통해 답을 역추적하면 인간의 머리로는 이해할 수 없는 선형 대수학의 복잡함을 만나게 된다.

확률적 특성 덕분에 ML 모델은 모호한 상황과 명확하지 않은 규칙을 처리하는 데 적합하다. 안타깝게도, 이는 결과물이 동일한 속성을 갖고 있다는 뜻이다. 이는 많은 애플리케이션에서 문제가 될 수 있다.

예를 들어 의료 기술, 자동차, 항공 우주와 같은 분야의 안전 관련 장치를 구동하는 코드는 모범 사례와 정부 규제를 통해 **입증 가능한** 정확성을 기대하는 경우가 많다. 하지만 프로빙과 실험을 통해서만 내부 규칙을 파악할 수 있는 확률론적 모델로는 이런 기준을 충족하기가 매우 어렵다.

ML의 세 번째 큰 단점인 **편향성**bias은 앞선 두 가지 문제의 직접적인 결과다. 이 문제는 90페이지의 '블랙박스와 편향성' 절에서도 다뤘다. ML 모델을 만들 때 우리는 데이터 세트에 의존하여 모델을 학습시키고 성능을 검증한다. 우리의 목표는 실제 세계에서 잘 작동하는 모델을 만드는 것이다. 하지만 현실 세계는 매우 방대하기 때문에, 유한한 데이터 세트에 가능한 모든 변수를 담는다는 것은 매우 어려운 일이다.

데이터 세트에 모든 가능성의 일부만 포함되어 있으면, 다른 데이터에 대해서는 모델이 제대로 작동하지 않을 수 있다. 더 나쁜 것은 데이터 세트에 다른 가능성에 대한 예가 없기 때문에, 이것이 문제인지조차 모른다는 것이다. 실제로 어떤 중대한 문제가 있는 경우에도 모델이 잘 작동하는 것처럼 보일 수 있다.

문제를 더욱 복잡하게 만드는 것은 모델이 언제 문제가 발생했는지 알려주지 않는다는 점이다.[4] 대신, 모델은 최선의 추측을 할 뿐이며 이 추측이 치명적으로 틀릴 수도 있다. 테스트할 데이터가 없고 모델의 내부 규칙을 분석하고 부족한 부분을 쉽게 파악할 수 있는 방법이 없다면, 애플리케이션이 실패하는 것 외에는 문제가 있다는 것을 알 방법이 없다.

ML 편향의 간단한 예

오디오를 사용해 산업용 기계의 결함을 식별하는 시스템을 구축한다고 가정해 보자. 연구 개발 실험실에서 작업하면서, 정상 작동과 결함을 나타내는 수천 개의 오디오 샘플이 포함된 빅데이터 세트를 수집한다. 실험실에서 모델을 학습시키고 테스트할 때는 잘 작동한다. 하지만 고객의 공장에 배포했을 때, 예상보다 훨씬 더 많은 결함을 식별한다.

조사 결과, 인접한 기계가 작동 중일 때 모델이 결함을 감지한다는 사실을 발견하게 된다. 데이터 세트에는 조용한 실험실의 데이터만 포함되어 있기 때문에 모델은 공장 현장의 주변 소음을 고려하는 방법을 학습하지 못했다. 모델의 편향은 모델이 학습된 실험실 조건을 반영한다. 실제 환경에서는 제대로 작동하지 않는다.

데이터 세트에 전 세계를 표본으로 넣을 수는 없기 때문에, 편향성은 불가피하다. 하지만 애플리케이션을 엄격하게 이해하면 위험을 관리할 수 있다. 그러나 어떤 상황에서는 편향의 결과가 너무 커서 애플리케이션이 ML에 전혀 적합하지 않을 수도 있다. 많은 사

---

[4] 153페이지의 '이상 탐지' 절에 언급된 것과 같이 이 문제를 해결하는 데 도움이 되는 기술이 있지만, 복잡성이 증가한다는 부담이 있을 수 있다.

회에서, 자율 무기 시스템처럼 생사를 가르는 특정 결정을 내리는 데 ML을 사용하는 것이 적절하지 않다고 생각한다. 마찬가지로, 판결을 비롯한 사법적 결정을 자동화하는 데 머신러닝을 사용하는 것에 대해서도 많은 논쟁이 있다.

언제 ML을 사용할까?

문제 해결에 관한 속담이 있다. "망치만 있으면 모든 것이 못처럼 보인다." 머신러닝은 가장 빛나는 망치보다 훨씬 더 흥미진진하며, 모든 곳에 머신러닝을 사용하고 싶은 유혹을 불러일으킨다. 하지만 안타깝게도 복잡성, 한계, 내재된 위험으로 인해 많은 상황에서 머신러닝은 좋은 선택이 아니다. 엣지 임펄스의 수석 ML 엔지니어인 매트 켈시$^{Mat\ Kelcey}$는 "최고의 ML은 ML이 전혀 없는 것"이라는 말을 즐겨 사용한다.

문제를 해결하기 위해 기존 알고리듬을 사용하는 것은 부끄러운 일이 아니다. 42페이지의 '인공지능' 절에서 살펴본 것처럼, AI의 **지능**은 '적시에 해야 할 올바른 일을 아는 것'에서 비롯된다. 이런 지식이 `if` 문 형태로 내장되어 있든 딥러닝 모델의 형태로 내장되어 있든 사용자에게는 중요치 않다.

이런 점을 염두에 두고, ML이 애플리케이션에 적합한지 여부를 결정하는 데 사용할 수 있는 체크리스트를 소개한다.

- 기존 규칙 기반 솔루션이 없고 이를 찾을 리소스가 없다.
- 고품질 데이터 세트를 활용할 수 있거나 예산 범위 내에서 데이터 수집이 가능하다.
- 퍼지, 확률적 예측을 사용하도록 시스템을 설계할 수 있다.
- 시스템 결정의 정확한 논리를 설명할 필요가 없다.
- 시스템은 학습 데이터에 반영된 것 이외의 입력에 노출되지 않는다.
- 애플리케이션은 어느 정도의 불확실성을 견딜 수 있다.

머신러닝 모델은 결코 완벽하지 않다. 우리가 머신러닝 모델을 사용하는 이유는 인간의 지능에 비해 비용이 저렴하고 확장성이 뛰어나기 때문이다. 그러나 한 가지 큰 단점은 직관적이지 않은 방식으로 실패할 수 있다는 것이다. 그렇기에 ML을 사용할지 여부를 결정할 때는 "충분히 좋은가?"와 "발생할 수 있는 오류 유형을 처리할 수 있는가?"라는 두 가지 질문을 모두 고려해야 한다.

자동화 대 보강

머신러닝을 사용해 작업을 **자동화**(automate)하면 사람이 하던 작업을 저렴한 비용으로 자동으로 수행할 수 있다고 가정하는 경우가 많다. 하지만 문제에 대한 접근 방식을 조금만 달리하면 ML 모델이 실패할 수 있는 이상한 방식과 관련된 일부 위험을 완화할 수 있다.

사람의 역할을 대체하기보다는 사람의 업무 수행 능력을 **보강**(augment)하는 것이 훨씬 더 강력할 수 있다. 모델에 책임을 맡기는 대신, 모델의 결과물을 사람이 자신의 통찰력, 전문지식, 상식과 결합하여 어떻게 행동할지 결정할 수 있는 지침으로 제공할 수 있다.

인간과 기계의 지능을 결합하면 의료처럼 복잡한 환경에서 두 기술 중 하나만 사용하는 것보다 더 효과적이라는 것이 입증됐다.[5] 사람들이 자동화 시스템에 지나치게 의존하고 자신의 직관을 무시하는 자동화 편향(https://oreil.ly/QHD74)을 비롯해 몇 가지 위험이 있지만, 보강은 불완전한 시스템에서 가치를 이끌어 내는 효과적인 방법이 될 수 있다.

실전 연습

다음은 잠재적으로 엣지 AI를 사용해야 할 수 있는 세 가지 시나리오다. 각 시나리오에 대해 문제 설명을 작성한 다음, 엣지 컴퓨팅, 머신러닝 또는 두 가지 모두를 적용하는 것이 합당한지 결정하라. 각 시나리오를 완전히 이해하려면 온라인 조사를 해야 할 수도 있다.

시나리오 1: 비료 애플리케이션

한 농업 생산자는 농작물에 비료를 덜 뿌려, 비용을 절감하고 환경에 미치는 영향을 줄이기를 원한다. 비료를 밭에 일률적으로 뿌리는 대신, 밭에서 비료의 혜택을 가장

---

[5] 「Human-Machine Partnership with Artificial Intelligence for Chest Radiograph Diagnosis」(Bhavik N. Patel et al., 미국국립의학도서관, 2019, https://oreil.ly/147IG)에서 찾을 수 있다.

많이 받을 수 있는 지역(예: 토질 변화에 따라)을 파악하여 해당 지역에만 비료를 뿌리고자 한다. 성장 중인 식물을 육안으로 검사하여 비료가 필요한지 여부를 파악할 수 있다.

시나리오 2: 호텔 서비스

호텔은 일반적으로 투숙객이 외출할 가능성이 높은 낮 시간에 객실을 청소한다. 하지만 투숙객이 아직 객실에 머무르고 있다면 방해받고 싶지 않을 수도 있다. 호텔 체인은 청소 직원이 문을 두드려 잠재적으로 방해할 수 있는 상황을 방지하기 위해 특정 객실에 손님이 있는지 여부를 알고 싶다.

시나리오 3: 타이어 수명

자동차 타이어는 시간이 지남에 따라 마모되며, 특정 유형의 마모는 기계적 문제를 나타낼 수 있다. 이런 마모는 일반적으로 정기적인 정비 중에 발견된다. 차량 제조업체는 차량이 몇 가지 유형의 타이어 마모를 자동으로 식별하여 문제를 조기에 발견할 수 있기를 바란다.

이러한 프롬프트에는 정답이나 오답이 없으며, 지금까지 배운 분석 기술을 적용할 수 있는 기회를 제공할 뿐이다.

실현 가능성 결정하기

엣지 AI 프로젝트에 대한 아이디어가 있는가? 첫 번째 목표는 실현 가능성을 결정하는 것이다. 이때 고려해야 할 사항이 많이 있다. 프로젝트에 서버 측 AI를 사용하는 것이 더 나을 수도 있고, 솔루션에 머신러닝이 필요하지만 데이터 세트를 수집할 수 없을 수도 있다. 아니면, 완벽한 솔루션일 수도 있다!

첫 번째 단계는 문제 설명에서 문제에 대한 '이상적인' 해결책을 생각해 내는 것이다. 기술적 한계를 잊고 매우 높은 수준에서 생각해 보면, 시스템이 무엇을 해주기를 바라는가?

선입견

이상적인 솔루션의 목적은 우리가 목표로 삼아야 할 무언가를 제공하는 것이다. 실현 가능하다고 생각하는 것으로 아이디어 탐색을 제한하면 당장 눈에 띄지 않는 유망한 솔루션을 놓칠 수 있다. 그러니 이상적인 것을 버리지 않음으로써, 우리의 창의력을 제한하지 않도록 한다.

이상적인 솔루션은 또한 특정 기술에 대한 기대감 때문에 특정 기술을 사용하려는 유혹을 피하는 데 도움이 된다. 이는 매우 흔한 함정이다. 흥미로운 새 기술에 대해 방금 알게 되어 시도해 볼 핑계를 찾다가 더 나은 결과를 얻을 수 있는 다른 방법을 간과하는 것이다.

이상적인 솔루션을 찾고 나면, 몇 가지 각도에서 실현 가능성을 고려할 수 있다.

- 도덕적 측면: 해야 하는가?
- 사업: 이 작업을 수행할 가치가 있는가?
- 데이터 세트: 원재료$^{\text{raw material}}$가 있는가?
- 기술: 할 수 있는가?

프로젝트가 전체적으로 실현 가능하려면 네 가지 측면 모두에서 최적의 위치에 있어야 한다. 예제 애플리케이션을 사용해 각 측면을 하나씩 살펴보겠다. 현실 세계에서는 자세한 문제 설명을 기반으로 이상적인 솔루션을 만들 것이다. 여기서는 간단하게 설명하기 위해 간단한 표현을 사용하겠다.

창고 보안을 위한 엣지 AI

귀중한 제품으로 가득 찬 창고는 도둑에게 매력적인 표적이 될 수 있다. 창고를 안전하게 지키기 위한 첫 번째 단계는 창고를 24시간 모니터링하는 것이다.

이상적인 솔루션은 창고에 있는 모든 사람을 인식하고, 어떤 사람이 있는지 상황에 맞게 파악하고, 다른 사람의 위치를 중앙 관리 기관에 알려주는 시스템이다.

우리 솔루션이 반드시 AI를 기반으로 하거나 기술을 사용할 필요는 없다. 상황에 따라서는 인간 보안 요원으로 구성된 팀이 가장 좋은 시스템일 수도 있다. 타당성 조사 과정에서 문제를 우아하게 해결할 수 있는 인간과 기술의 적절한 조합을 결정하기 시작할 것이다.

도덕적 타당성

윤리적 검토는 모든 타당성 분석에서 가장 중요한 부분 중 하나다. 고려하지 않은 기술 리스크로 인해 프로젝트가 실패하면 많은 비용이 낭비될 수 있지만, 윤리적 문제로 인한 피해는 기업의 평판을 떨어뜨리고 징벌적 규제 조치를 유발하며 인간에게 직접적인 해를 끼칠 수 있는 등, 잠재적으로 무제한이기 때문이다.

85페이지의 '책임감 있게 애플리케이션 만들기' 절에서는 AI 제품에 영향을 미칠 수 있는 윤리적 문제를 소개했다. 타당성 분석의 일환으로 애플리케이션으로 인해 발생할 수 있는 모든 잠재적인 윤리적 문제를 엄격하게 조사하고 문서화하는 것이 중요하다. 제품 자체뿐만 아니라 데이터 수집, 배포, 지원 등 개발 프로세스에서 발생할 수 있는 잠재적 위험도 파악하는 것이 중요하다.

이 과정에는 윤리와 도메인 전문가를 중심으로 팀 전체가 광범위하게 참여해야 한다. 184페이지의 '다양성' 절에서는 다양한 관점을 최대한 활용하는 것이 얼마나 중요한지 간략하게 설명한다.

주요 질문은 다음과 같다.

- 솔루션이 누구에게 해를 끼칠 수 있는가? **예: 일부 제품(예: 인공지능 무기)은 직접적으로 해를 끼치도록 설계된 반면, 다른 제품은 간접적으로나 인간 이해관계자의 부주의한 참여로 인해 해를 끼칠 수 있다.**
- 개인이나 커뮤니티의 권리를 침해하지 않고 필요한 데이터를 얻을 수 있는가? **예: 일부 데이터 세트는 사용자 개인 정보를 침해하지 않고서는 수집하지 못할 수도 있다.**
- 이해관계자의 권리를 해치거나 침해하지 않고 제품을 테스트할 수 있는가? **예:**

의학적 조언을 제공하는 애플리케이션은 제공된 조언이 신뢰할 수 없는 경우 테스트 중에 해를 끼칠 수 있다.

- 잠재적 위험이 문서화되어 있는가? 어떻게 위험을 완화할 수 있는가? 예: 애플리케이션이 부정확한 예측을 할 경우 어떤 잠재적 피해가 발생할 수 있는가?
- 애플리케이션이 모든 잠재적 사용자에게 작동하는가? 예: 안전 관련 음성 감지 애플리케이션은 사투리를 쓰는 화자에게는 효과적이지 않을 수 있다.

프로젝트로 인해 발생할 수 있는 간접적인 피해의 가능성을 파악하는 것은 매우 어려울 수 있다. 예를 들어, AI 프로젝트로 인해 일자리가 위험에 처하거나 수익과 환경 영향 사이에 상충되는 부분이 있다면 어떻게 해야 할까? 광범위한 전문가 풀을 확보하면 이런 미묘한 사항을 파악하는 데 도움이 된다.

창고 보안 애플리케이션 윤리적 타당성 검토

윤리적 검토를 시작하는 좋은 방법은 잠재적인 문제 목록을 브레인스토밍하는 것이다. 다음은 창고 보안 애플리케이션에 대한 브레인스토밍의 예로, 완전한 목록은 아님에 유의하기 바란다.

- 제품 자체가 윤리적인가? 제품이 무고한 사람을 의심스러운 사람으로 분류하면 해를 끼칠 수 있다. 보안 팀의 규모가 축소되는 경우 제품이 해를 끼칠 수 있다.
- 필요한 데이터를 윤리적으로 확보할 수 있는가? 사용 가능한 데이터 세트에는 동의하지 않은 개인의 사진이 포함될 수 있다. 창고에서 데이터가 수집될 때, 직원들은 그들의 사진이 포함되는 것을 불편하게 느낄 수 있다.
- 윤리적으로 제품을 테스트할 수 있는가? 무고한 사람이 의심스러운 사람으로 분류되면 잘못된 경보로 인해 피해를 입을 수 있다. 테스트 프로세스는 보안 팀의 주의를 분산시켜 보안 문제를 일으킬 수 있다.
- 애플리케이션이 모든 잠재적 사용자에게 작동하는가? 애플리케이션은 의도가 아닌 외모에 따라 사용자를 다른 비율로 의심스러운 사람으로 분류할 수 있다. 유사한 기술에 익숙하지 않은 보안 요원은 애플리케이션을 사용하기 어려울 수 있다.

윤리는 사람과 프로세스에 관한 것이다. 예상치 못한 윤리적 문제의 위험을 줄이는 한 가지 방법은 AI 시스템의 윤리적 평가에 대한 직접적인 전문지식을 갖춘 전문가를 포함

하여 대표적인 인구집단에 속하는 다양한 사람이 윤리적 검토를 수행토록 하는 것이다.

이 그룹에는 소속 팀 외에도 187페이지의 '이해관계자' 절에서 설명한 대로 제품에 의해 잠재적으로 영향을 받을 수 있는 이해관계자가 포함되어야 한다.

타당성 분석은 도덕적 타당성을 이해하는 것에서 시작하지만, 장기적인 목표는 제품 개념화, 개발, 배포, 지원 과정에서 윤리적 검토 프로세스를 지속적으로 적용하는 것이어야 한다. 이 단계에서 수행한 작업은 제품 수명 주기 전반에 걸쳐 도움이 될 것이다.

사업 타당성

조직의 문제가 프로젝트의 실현 가능성에 영향을 미칠 수 있는 두 가지 주요 방법이 있다. 첫째, AI 애플리케이션이 성공하려면 명확한 이점을 제공해야 한다. 이는 비즈니스 맥락에서 이는 고객이나 경영진, 대차대조표에 대한 혜택일 수 있다. 과학적 맥락에서는 동일한 예산으로 더 많은 작업을 수행할 수 있도록 한다는 뜻일 수 있다. 모든 프로젝트를 시작할 때는 제안된 작업이 성공할 경우 실질적인 가치를 창출할 수 있는지 확인하는 것이 중요하다.

둘째, AI 애플리케이션 개발은 조직이 직면한 현실적인 제약에 의해 제한된다. 예를 들어, 효과적인 ML 모델을 학습시키기에 충분한 규모의 데이터 세트를 수집할 만큼 예산이 충분치 않을 수 있다. 그 밖에도 시간, 전문지식, 이해관계자의 장기적인 지원 등이 일반적인 제약 조건이다.

혜택 입증하기

엣지 AI 애플리케이션의 이점을 입증(및 시연)하는 데 특히 효과적인 방법 중 하나는 **오즈의 마법사 프로토타입**Wizard of Oz prototype이다. 오즈의 마법사 이야기에서 주인공 마법사는 처음에 인상적인 초자연적 존재로 소개된다. 그러나 나중에 그는 커튼 뒤에 숨어 원격으로 환상을 조종하는 평범한 사람으로 밝혀진다.

오즈의 마법사 프로토타이핑에서는 AI 제품의 모의 버전이 제작된다. 이 제품은 표면적으로는 기능적으로 작동하지만 실제로는 숨겨진 인간의 행동에 의해 기능이 제어된다.

이 모의 제품을 이해관계자가 테스트하고 경험할 수 있으므로, 실제 환경에서 어떻게 작동할지 파악하고 다른 옵션과 비교할 수 있다.

> **창고 보안을 위한 오즈의 마법사 테스트**
>
> 창고 보안 개념을 테스트하기 위해, 기본 모바일 애플리케이션을 개발했다. 애플리케이션을 장착한 경비원은 일상적인 순찰 임무를 수행한다. AI 시스템이 침입자를 감지했을 때 어떤 일이 일어날지 시뮬레이션하기 위해, 인간 테스터가 경비원에게 주기적으로 알림을 보낸다. 경비원은 문제를 조사하여 대응한다. 경비원은 대응하는 데 걸리는 시간을 기록한다.
>
> 이후 분석 결과, 응답 시간을 고려할 때 이 애플리케이션은 큰 도움이 되지 않는 것으로 나타난다. 대규모 창고 단지에서는 경비원이 현장에 도착하는 데 시간이 너무 오래 걸리기 때문에, 도둑은 이미 한참 전에 떠났을 것이다. 애플리케이션을 개발하는 데 드는 비용은 그만한 가치가 없으며, 그 돈은 추가 경비원을 고용하는 데 더 잘 쓰일 것이다.
>
> 또는 경비원이 각 상황에 신속하게 대처할 수 있고, AI 애플리케이션이 현장을 보호하는 능력을 향상하는 데 도움이 될 수 있다는 사실을 발견했을 수도 있다. 이런 결과는 경영진에게 투자 가치가 있음을 설득하는 데 도움이 된다.
>
> 어떤 경우든 오즈의 마법사 테스트의 결과는 조직이 비용을 절감하는 데 도움이 된다.

이는 매우 유용한 연습이 될 수 있다. 프로젝트의 기술적인 부분이 아니더라도 사용자 경험을 탐색, 분석, 개선할 수 있다. 사용자 경험이 인상적이라면, 이해관계자들에게 프로젝트의 가치를 설득하는 데 큰 도움이 될 수 있다. 인위적인 형태로도 잘 작동하지 않는다면, 다시 원점으로 돌아가야 한다는 좋은 신호다.

어떤 평가든 성공하려면, '좋은'이 무엇인지에 대한 이해관계자의 동의를 얻는 것이 중요하다. 창고 예시에서는 경비원 한 명이 침입에 대응하는 데 걸리는 최소 시간의 설정을 뜻할 수 있다. 테스트하는 동안 이런 메트릭을 모니터링하는 데 도움이 되는 장치를 설정하고, 애플리케이션의 기준 버전(예: 가짜 오즈의 마법사 애플리케이션)을 배포한 다음 평가한다.

이 과정에서 현재 솔루션과 제안된 솔루션을 함께 테스트하는 것이 매우 중요하다. 이를 통해 평가 중인 솔루션이 진정으로 유익한지 여부를 명확하게 알 수 있다. 이는 시작 단계뿐만 아니라 개발 프로세스 전반에 걸쳐 확인해야 할 중요한 사항이다.

특정 임곗값을 설정했기 때문에, 현재 솔루션이 이해관계자를 만족시킬 만큼 충분히 좋은 것으로 판명될 수도 있으며, 이 경우 조직은 AI 기반 솔루션을 채택하지 않음으로써 비용을 절감할 수 있다. 하지만 이점이 있다는 것이 입증되면 안심하고 프로젝트를 진행할 수 있다.

제약 조건 이해하기

물론 오즈의 마법사 프로토타이핑 외에도, 조직은 새로운 프로젝트의 위험, 보상, 이점을 결정하기 위해 다양한 방법으로 작업한다. AI 프로젝트도 다르지 않으며, 여러분의 아이디어가 소속된 조직의 요구사항에 적합한지 확인하는 것은 프로젝트의 성공을 보장하는 데 매우 중요하다.

이를 위해서는 조직의 제약을 파악하고 문제가 발생하지 않는지 확인하는 것이 중요하다. AI 애플리케이션을 개발할 때 가장 큰 제약이 되는 사항들을 나열하면 다음과 같다.

전문성

AI 엔지니어링에 대한 접근성이 점점 더 높아지고 있지만, 숙련된 AI 전문가가 있다면 프로젝트의 위험을 줄이는 데 도움이 된다. 시작하기 전에 필요한 기술을 사용할 수 있는지 확인하기 바란다.

타임라인

AI 개발은 데이터 기반의 반복적인 프로세스이므로, 기존 소프트웨어 공학보다 정확한 시간 예측이 훨씬 더 어렵다. 프로세스 후반에 더 많은 데이터를 수집해야 한다는 사실을 발견하는 등 우발적인 상황에 대비할 수 있는 여지를 확보해야 한다.

예산

AI 개발에서 가장 비용이 많이 드는 세 가지 부분은 인건비, 데이터 수집, 현장 테스트다. 개인이나 소규모 조직인 경우, 엣지 AI 모델의 규모가 작기 때문에 일반적으로 수천 달러를 넘지 않더라도 훈련에 소요되는 컴퓨팅 시간이 상당할 수 있다.

장기적인 지원

10장에서 살펴보겠지만, AI 애플리케이션을 효과적으로 유지하려면 장기적인 지원이 필요하다. 주변 환경이 변화함에 따라 ML 모델과 하드코딩된 규칙을 업데이트하고 개선해야 한다. 프로젝트가 몇 달 이상 배포될 예정이라면, 조직이 이를 지원할 여력이 있는지(그리고 그럴 의향이 있는지) 파악하는 것이 중요하다.

조직이 일하는 방식에 대한 전문가는 여러분이며, 개발하려는 프로젝트를 지원할 수 있는지 여부를 이해하는 것은 여러분에게 달려 있다.

데이터 세트 타당성

기술 타당성과 함께 엣지 AI 애플리케이션 개발은 사용 가능한 데이터의 제약을 받는다. 머신러닝은 데이터를 많이 사용하는 것으로 잘 알려져 있지만, 핸드코딩된 규칙 기반 접근 방식도 개발과 테스트에 상당한 양의 데이터가 필요하다.[6]

데이터 수집은 어렵고, 시간이 많이 걸리며, 비용이 많이 들기 때문에, 타당성 평가 단계에서 프로젝트의 데이터 요구사항을 이해하는 것은 어렵지만 필수적이다. 데이터 타당성을 이해하는 데는 두 가지 단계가 있다.

1. 문제 해결에 필요한 데이터의 양을 추정한다.
2. 데이터를 충분히 확보할 수 있는지 파악한다.

이 두 가지 주제는 7장에서 자세히 다룬다. 앞으로 살펴보겠지만, 데이터 요구사항을 이해하는 데는 연구와 엔지니어링 작업이 모두 필요하다. 즉, 프로젝트에 상당한 시간을 투자하기 전까지는 실제 데이터 요구사항을 알 수 없다.

이 단계에서는 리서치를 통해 발견한 선례를 바탕으로 대략적인 아이디어만 갖고 있어도 괜찮다(7장에서 살펴볼 것이므로). 데이터를 충분히 확보할 수 없다면, 프로젝트가 실현 가능하지 않을 수도 있다. 개발 노력이 낭비되지 않도록 초기 단계에서 이를 배제하

---

6 교재에서 잘 알려진 알고리듬을 재현하는 경우에도, 애플리케이션이 엔드투엔드로 작동하는지 확인하려면 데이터 전체에 대해 확인해야 한다.

는 것이 중요하다.

> **창고 보안을 위한 데이터 세트 타당성**
>
> 우리의 보안 애플리케이션은 창고에서 사람을 감지하는 데 중점을 두고 있다. 데이터 요구사항을 이해하기 시작하려면, 과학 문헌에서 몇 가지 유사한 애플리케이션을 찾아보는 것이 도움이 된다. 예를 들어 사람 감지라는 주제로 웹 검색을 하면, 다양한 맥락의 115,000가지 사람 이미지로 구성된 데이터 세트인 Visual Wake Words 데이터 세트(Chowdhery et al., 2019, https://oreil.ly/biJLy)에 대한 참조를 발견할 수 있다.
>
> 이 문헌에 따르면, 하이엔드 MCU에서 실행되는 모델을 사용하면 데이터 세트에서 95% 이상의 정확한 성능을 얻을 수 있다. 이를 통해 우리의 사용 사례가 실현 가능할 수 있다는 확신을 갖게 됐다. 또한 일반적으로 사용할 수 있도록 공개되어 있다는 사실은 잠재적으로 자체 모델을 학습시키는 데 사용할 수 있다는 뜻이다.
>
> 이 단계에서 이는 데이터 세트 관점에서 프로젝트가 실현 가능하다는 확신을 주기에 충분할 수 있다. 예를 들어, 어두운 창고에서 사람을 감지하는 것이 Visual Wake Words 데이터 세트에 나타나는 일반적인 맥락보다 더 어렵다는 것을 발견할 수 있는 등, 일이 잘 풀리지 않을 수 있는 위험은 항상 존재한다. 우리가 기꺼이 받아들일 수 있는 위험의 수준을 결정하는 것은 우리의 몫이며, 실험을 통해 언제든지 위험을 줄일 수 있다.

데이터 문제는 ML 프로젝트 실패의 주요 원인 중 하나이므로, 이 타당성 검사 단계에서 부정적인 신호가 보인다면, 그저 잘되기를 바라기만 하면 안 된다.

기술 타당성

3장과 4장에서는 엣지 AI에 가장 중요한 기술에 대해 자세히 살펴봤다. 이 자료는 아이디어의 실현 가능성을 이해하려고 할 때 훌륭한 리소스가 될 것이다.

첫 번째 단계는 아이디어를 엣지 AI 개념과 방법론에 매핑하는 것이다. 다음은 주요 개념 중 몇 가지로, 모두 이 책의 앞부분에 소개된 적이 있다.

센서

필요한 데이터를 어떻게 수집할 것인가?

데이터 형식

센서가 어떤 종류의 신호를 출력할 것인가?

피처 엔지니어링

원시 신호를 처리하는 데 사용할 수 있는 옵션은 무엇인가?

프로세서

비용과 에너지 사용량에 따라 예산을 책정할 때 얼마나 많은 컴퓨팅을 감당할 수 있는가?

연결성

어떤 유형의 통신을 사용할 수 있는가?

문제 유형

분류냐, 회귀, 아니면 다른 작업을 수행해야 하는가?

규칙 기반이냐 ML

머신러닝을 사용해야 하는가, 아니면 규칙 기반이나 휴리스틱 접근 방식으로 해결할 수 있는가?

ML 알고리듬 선택

기존 ML로 충분할까, 아니면 딥러닝 모델이 필요할까?

애플리케이션 아키텍처

단일 엣지 장치가 필요한가, 아니면 더 복잡한 배열이 필요한가?

마지막으로, 가장 중요한 것은 인적 요소를 고려해야 한다는 것이다. 최종 솔루션은 사람과 기술이 함께 작동하는 시스템으로 구성될 것이다. 모든 기술 결정은 인간의 관점에서 바라봐야 한다.

현 시점에서 이러한 모든 질문에 대한 명확한 답을 찾기에는 아직 시기상조다. 대신 몇 가지 가능한 해결책을 브레인스토밍하는 것이 좋다. 대략적인 아이디어 네다섯 개로 시작하되, 쉽게 떠오르는 아이디어가 있으면 자유롭게 더 많은 아이디어를 수집하는 것이다. 모든 아이디어를 완전히 생각해 낼 필요는 없지만, 위의 요소를 모두 담아내려고 노력해야 한다.

창고 보안 컨텍스트의 예는 다음 박스에 나와 있다.

창고 보안을 위한 아이디어 브레인스토밍

엣지 AI 시스템에 대한 브레인스토밍을 시도할 때, 대부분의 경우 가능한 가장 간단한 기준선을 설정하는 것부터 시작하면 도움이 된다. 이렇게 하면 다른 솔루션을 측정할 수 있는 알려진 수치를 확보할 수 있다. 또한 대체하려는 기존 솔루션도 고려해야 한다.

솔루션 1: 보안 팀

창고에는 신뢰할 수 있는 숙련된 보안 요원들로 구성된 팀이 배치되어 있으며, 24시간 내내 물품에 대한 가시성을 유지할 수 있을 만큼 충분한 규모를 갖추고 있다.

경우에 따라서는 비기술적인 기준(또는 AI가 아닌 솔루션)이 최선의 솔루션으로 판명될 수도 있다. 이런 상황에 항상 열려 있어야 한다. 우리의 임무는 가치를 제공하는 것이지 AI를 사용할 핑계를 찾는 것이 아니다.

마찬가지로 엣지 AI에는 상당한 어려움이 따르므로, 가능한 클라우드 기반 솔루션에 대해 추론하는 것도 좋은 생각이다. 물론 클라우드 기반 솔루션이 없는 경우도 있겠지만, 항상 생각해 볼 가치가 있다.

솔루션 2: 클라우드 AI

물류창고에는 수많은 유선 카메라가 있으며, 각 카메라는 네트워크 인터넷 액세스를 통해 클라우드에 비디오를 스트리밍한다. 클라우드 서버는 모든 비디오 스트림에서 동시에 딥러닝 사람 감지 기능을 실행하여, 허가되지 않은 위치에서 사람이 감지되면 앱을 통해 보안 요원에게 메시지를 보낸다.

이제 추론할 수 있는 클라우드 기반 시스템이 생겼다. 컴퓨팅의 일부를 엣지로 다시 내리면 어떻게 되는지 살펴보자.

솔루션 3: 엣지 서버

창고에는 수많은 유선 카메라가 있으며, 각 카메라는 네트워크를 통해 현장의 엣지 서버로 비디오를 스트리밍한다. 엣지 서버는 모든 비디오 스트림에서 동시에 딥러닝 사람 감지 기능을 실행하여, 승인되지 않은 위치에서 사람이 감지되면 앱을 통해 보안 요원에게 메시지를 보낸다.

흥미롭게 들린다! 실현 가능할 것 같고, 인터넷 연결에 더 이상 의존하지 않아도 되는 등 기술적 이점도 분명 있다. 이제 더 많은 계산을 엣지로 밀어낼 수 있는지 살펴보자.

솔루션 4: 온디바이스 컴퓨팅

물류창고에는 수많은 유선 카메라가 있으며, 각 카메라에는 하이엔드 MCU가 장착되어 있다. MCU는 카메라의 비디오 스트림에서 딥러닝 사람 감지 기능을 실행하여, 허가되지 않은 위치에서 사람이 감지되면 앱을 통해 보안 요원에게 메시지를 보낸다.

엣지 대 클라우드 외에도 아이디어를 탐색할 수 있는 다른 축은 많다. 예를 들어 센서 유형을 다양화하면 어떨까?

솔루션 5: 센서 융합을 통한 온디바이스 컴퓨팅

이 물류창고에는 비디오, 오디오, 레이더 등 여러 센서와 하이엔드 MCU가 장착된 수많은 유선 장치가 있다. MCU는 센서 융합을 사용해 사람을 감지하고, 허가되지 않은 위치에서 사람이 감지되면 앱을 통해 보안 요원에게 메시지를 보낸다.

이제 다섯 가지 가능한 솔루션을 살펴볼 수 있다. 각 솔루션에는 분석, 비교, 토론할 수 있는 고유한 장단점이 있다. 어떤 솔루션이 가장 합리적인지 항상 명확하게 알 수 있는 것은 아니며, 비즈니스 요구사항부터 조직의 기술 세트에 이르기까지 모든 것에 따라 정답이 달라질 수 있다. 핵심은 아이디어 포트폴리오를 작성하여 옵션을 탐색하기 시작하는 것이다.

문제 구성하기

AI 솔루션의 기술 요구사항을 완전히 탐색하려면, 사용 가능한 도구의 관점에서 문제를 설명할 수 있어야 한다. 149페이지의 '기능별 알고리듬 유형' 절에서 여러 가지 유용한 기법을 살펴봤다.

- 분류
- 회귀
- 객체 감지와 세그먼테이션
- 이상 탐지
- 클러스터링
- 차원 축소
- 변환

어떤 문제를 해결하려면 먼저 이러한 기법을 사용해 해결할 수 있는 덩어리로 문제를 분해해야 한다. 이러한 문제를 해결하기 위해 여러 가지 기법이 필요할 수 있다. 예를 들어, 허가되지 않은 위치에서 침입자를 식별하려면 객체 감지(사람을 발견하기 위한)와 이상 탐지(야간에 창고 통로를 몰래 돌아다니는 등 비정상적인 행동을 하는 사람을 식별하기 위한)가 모두 필요할 수 있다.

그런데 각 기법에는 서로 다른 유형의 알고리듬이 필요할 수 있다. 예를 들어, 객체 감지는 딥러닝 모델이 필요하고, 이상 탐지는 기존 ML을 사용해 수행할 수 있다. 문제를 이러한 기법으로 분류하면, 수행해야 하는 작업의 계산 부담을 더 잘 이해할 수 있으며, 이는 솔루션을 브레인스토밍하고 하드웨어를 선택하는 데 도움이 된다.

주어진 문제는 일반적으로 여러 가지 방법으로 분류(또는 프레이밍framing)할 수 있으며, 각각 고유한 기술 요구사항이 있다. 한 예로, 차원 축소를 사용해 창고 침입자를 발견할 수 있는데, 임베딩 모델을 사용해 시야에 있는 모든 사람을 설명한 다음, 임베딩을 데이터베이스와 비교하여 직원 아닌 사람이 창고에 언제 들어왔는지 식별할 수 있다.

이 경우 객체 감지 기반 시스템과는 다른 기술, 데이터, 비즈니스와 윤리적 고려사항이 있다. 이처럼 프레이밍은 가능한 솔루션의 영역을 탐색하고 고유한 요구사항에 맞는 것을 찾을 수 있는 또 다른 도구를 제공한다.

장치 기능과 솔루션 선택

모든 엣지 AI 프로젝트에는 무수히 많은 하드웨어 옵션이 있다. 예를 들어, 창고 보안에 대한 브레인스토밍을 통해 MCU, 엣지 서버나 클라우드에서 구현할 수 있는 솔루션이 도출되는 것 등이 있다. 또한 개별 솔루션마다 하드웨어 선택의 폭이 매우 넓은데, 예를 들어 MCU 기반 프로젝트의 경우 수십 개의 실리콘 공급업체가 각각 수십 개의 칩을 보유하고 있으며, 모두 무한한 방식으로 구성할 수 있는 목록에서 하드웨어를 선택해야 한다.

실현 가능성 관점에서, 문제 설명에 기술된 바와 같이 문제의 제약 조건을 고려할 때 어떤 하드웨어 옵션이 합리적인지 이해해야 한다. 제약 조건에는 비용, 사내 전문지식, 기존 브라운필드(67페이지의 '그린필드와 브라운필드 프로젝트' 절) 시스템이나 공급망 고려 사항이 포함될 수 있다. 이러한 제약 조건을 파악하면, 하드웨어 옵션 공간과 가능한 솔루션 공간이 모두 축소된다.

제약 조건을 적용한 후 적합한 솔루션이 없다는 사실을 발견할 수도 있다. 예를 들어 브라운필드 프로젝트에서 사용 가능한 유일한 하드웨어에, 적절한 성능으로 객체 감지 모델을 실행하기에 충분한 메모리가 없을 수 있다.

표 3-1은 애플리케이션이 사용 가능한 하드웨어 옵션의 타당성 범위 내에 있는지 이해하는 데 도움이 되는 정보를 제공한다. 추가적인 유연성이 필요한 경우 언제든지 애플리케이션을 여러 장치 유형으로 분할할 수 있다는 점을 기억하기 바란다. 이에 대해서는 371페이지의 '아키텍처 설계' 절에서 자세히 다룬다.

최종 결정 내리기

이 시점에서 우리는 윤리, 비즈니스, 데이터 세트, 기술의 관점에서 프로젝트의 타당성을 검토했고, 결정을 내리기에 충분한 정보가 있어야 한다. 브레인스토밍한 솔루션 아이디어 중 적합한 것이 없다면, 다음과 같은 단계를 밟아야 한다.

1. 검토 과정에서 파악한 새로운 제약 조건으로 문제 설명을 업데이트한다.
2. 솔루션에 대한 새로운 브레인스토밍을 수행하여, 새로 식별한 제약 조건을 고려한 새로운 가능한 솔루션 세트를 도출한다.
3. 새로운 솔루션에 대해 동일한 타당성 검토 프로세스를 진행한다.

AI의 모든 것이 그렇듯이 이 과정은 반복적인 과정일 수 있다. 제약 조건에 대한 이해를 명확히 하고 효과적인 솔루션에 도달하기 위해 이러한 단계를 여러 번 반복해야 할 수도 있다. 인내심을 갖고 가정을 재검토할 의지가 있어야 한다. 처음에 구상했던 것과는 다르더라도 잠재적인 해결책을 찾을 수 있을 것이다.

하지만 어떤 경우에는 해결하려는 문제에 적합한 엣지 AI 솔루션이 없을 수도 있다. 그럴 경우 그 이유를 기록해 두기 바란다. 프로젝트가 윤리적으로 너무 위험해서 고려하기 어렵다는 신호일 수도 있다. 또는 순전히 기술적인 이유일 수도 있는데, 이는 새로운 하드웨어와 기술을 사용할 수 있게 되면 언젠가는 프로젝트가 실현 가능할 수도 있다는 뜻일 수 있다.

어떤 경우든 유망한 솔루션을 찾지 못했더라도 실현 가능성 관점에서 솔루션 영역을 탐색하는 과정은 매우 유익했을 것이다. 이제 여러분은 AI 관점에서 이 문제 공간$^{problem\ space}$에 대해 그 누구보다 더 많이 알고 있을 것이다.

솔루션이 타당성 테스트를 통과하지 못하더라도 계속 진행하려는 유혹을 뿌리쳐야 한다. 너무 위험하다는 것이 입증된 경우, 프로젝트를 개발하려고 하면 시간 낭비와 잠재적 피해를 초래할 수 있다.

 문제에 대한 합리적인 엣지 AI 솔루션이 없다는 사실조차도 귀중한 정보이며, 이를 알고 있다는 사실 자체가 경쟁 우위의 한 형태다. 다른 조직이 이를 추구하며 시간을 낭비하는 것을 볼지도 모르지만, 여러분은 그런 노력이 실패할 것을 알고, 다른 곳에 집중하면 더 나은 결과를 얻을 수 있다는 확신을 가질 수 있다.

이 단계에 이르렀고 프로젝트가 실현 가능해 보인다면 축하한다. 이제 프로젝트를 현실화할 때다.

엣지 AI 프로젝트 계획하기

엣지 AI 개발은 반복적인 개발과 잠재적으로 무한한 작업(예: 데이터 수집과 같이, 프로세스로서 완전히 끝나지 않는 작업)을 포함하는 다단계 프로세스다. 이를 염두에 두고 솔루션을 개발하기 전에 계획을 세우는 것이 중요하다.

237페이지의 '엣지 AI 워크플로' 절에서 다양한 워크플로 단계와 이 단계들이 여러 피드백 루프로 어떻게 연결되는지 살펴봤다. 반복적인 프로세스로서 각 섹션에 원하는 만큼 시간을 할애할 수 있다. 계획에서 가장 중요한 두 가지 측면은 다음과 같다.

- 수용 가능한 성능 정의
- 시간과 리소스 제약 조건 이해

수용 가능한 성능 정의하기

계획 프로세스의 첫 번째 단계는 시스템의 수용 가능한 성능acceptable performance에 대한 구체적인 기준을 마련하는 것이다. 성능이 낮은 시스템은 이러한 영역에서 위험을 초래할 수 있으므로 이해관계자와 함께 작업해야 하고, 윤리적 분석이 함께 이뤄져야 한다.

개발 중에 여러분의 임무는 수용 가능한 성능에 대한 목표를 달성할 때까지 반복적인 프로세스를 진행하는 것이다. 이해관계자가 만족하면 프로젝트가 충분히 잘 작동하고 있다는 것을 알고 자신 있게 프로젝트에 서명할 수 있다. 목표는 현실적으로 설정해야 하며 달성 가능해야 하지만, 목표가 달성될 경우 프로젝트가 진정으로 가치를 제공할 수 있도록 설정해야 한다.

422페이지의 '유용한 지표' 절에서 핵심 성과 지표에 대해 알아볼 것이다.

시간과 리소스 제약 이해하기

주어진 시간과 자금, 전문지식, 하드웨어 등 프로젝트 수행에 사용할 수 있는 리소스를 모두 이해하는 것은 매우 중요하다. 개발 시간을 예측하는 것은 매우 어렵기로 유명한데, 특히 AI 프로젝트에서는 더욱 그렇다.

AI 개발의 반복적인 특성으로 인해, 기존의 폭포수식 개발 모델은 잘 작동하지 않는다. 대신, 앞으로 나아감에 따른 위험을 이해하고 관리해야 한다. 좋은 접근 방식은 가능한 한 빠르게 엔드투엔드로 작동하는 것을 목표로 하는 것이다.

그런 다음 전체 시스템과 개별 구성 요소에 대해 반복 작업을 수행할 수 있다. 첫 번째 버전은 기성 하드웨어와 간단한 로직을 사용하는 오즈의 마법사 프로토타입일 수 있다. 이를 반복하여 오즈의 마법사 구성 요소를 대체할 간단한 ML 모델을 학습한 다음, 커스텀 하드웨어를 설계할 수 있다.

이후 프로세스의 모든 단계에서 전체 시스템을 엔드투엔드 테스트하여 정의한 성능 표준을 충족하는지 확인해야 한다. 이렇게 하면 프로젝트의 한 단계(예: 모델 학습)에 모든 시간을 소비하고 나머지 단계에 충분한 시간을 확보하지 못할 위험을 방지할 수 있다는 이점이 있다. 또 다른 이점은 때로는 원래 구상했던 것보다 더 단순한 시스템으로도 성과 목표를 달성하기에 충분하다는 것이다.

계획하기에 대해서는 9장에서 더 자세히 살펴보겠다.

하드웨어는 어렵다

하드웨어 프로젝트에는 고유한 과제가 따르며, 소프트웨어 작업과 동시에 하드웨어 설계 프로세스를 프로세스 초기에 시작하는 것이 중요한 경우가 많다. 만약 적합한 프로세서를 찾았다면 가능한 한 빨리 하드웨어로 직접 작업을 시작할 수 있도록 개발 보드를 구하기 바란다. 이렇게 하면 로직을 하드웨어에 배포할 때 예상치 못한 마찰이 발생할 위험을 줄이는 데 도움이 된다.

하드웨어 공급망의 현실로 인해, 애플리케이션의 요구사항을 완전히 확신하기 전에 하드웨어 주문을 빨리 해야 할 수도 있다. 이는 주요 위험 요소이지만 피할 수 없는 상황일 수도 있다. 가능한 한 빨리 개발 하드웨어에 애플리케이션을 배포하여 관리하는 것이 가장 좋다. 대부분의 실리콘 제조업체는 이런 목적을 위해 다양한 개발 보드를 제공한다.

이것에 대해 걱정이 된다면, 애플리케이션 코드의 요구사항을 과소평가한 경우 여유 공간을 확보할 수 있도록 약간의 여유 용량이 있는 하드웨어를 선택하는 것이 도움이 될 수 있다. 시장에 출시하여 알고리듬이 작동하는 것이 입증되면, 더 비용 효율적인 두 번째 버전을 설계할 수 있다. 일부 프로세서 라인은 '패드 호환'이 가능하다. 즉, 더 성능이 뛰어난 프로세서로 시작하지만 회로 기판을 변경하지 않고도 더 저렴한 버전으로 쉽게 교체할 수 있다.

요약

이제 엣지 AI 프로젝트에 적용되는 일반적인 워크플로를 이해했으며, 문제를 평가하고 유망한 솔루션을 생성하는 방법을 배웠다.

7장에서는 엣지 AI 워크플로의 첫 번째 부분인, 효과적인 데이터 세트 수집에 대해 알아보겠다.

제7장
어떻게 데이터 세트를 만들 것인가

데이터 세트는 모든 엣지 AI 프로젝트의 기초다. 훌륭한 데이터 세트가 있으면, 올바른 알고리듬 선택부터 하드웨어 요구사항 이해, 실제 성능 평가에 이르기까지 워크플로의 모든 작업이 더 쉬워지고 위험도 줄어든다.

데이터가 모델 학습에 직접 사용되는 머신러닝 프로젝트에서 데이터 세트는 의심할 여지 없이 중요하다. 하지만 엣지 AI 애플리케이션에 머신러닝이 필요하지 않더라도 데이터는 매우 중요하다. 효과적인 신호 처리 기술을 선택하고, 휴리스틱 알고리듬을 설계하고, 실제 조건에서 애플리케이션을 테스트하기 위해서는 데이터 세트가 필요하다.

데이터 세트 수집은 일반적으로 모든 엣지 AI 프로젝트에서 가장 어렵고, 시간이 많이 걸리며, 비용이 많이 드는 부분이다. 또한 프로젝트를 실패로 이끌 수 있는 끔찍하고 감지하기 어려운 실수를 저지를 가능성이 가장 높은 곳이기도 하다. 7장에서는 엣지 AI 데이터 세트 구축을 위한 오늘날의 모범 사례를 소개한다. 아마도 이 책에서 가장 중요한 부분일 것이다.

데이터 세트는 어떻게 생겼나?

모든 데이터 세트는 **레코드**record라는 여러 개별 항목으로 구성되며, 각 항목에는 **피처**feature라는 하나 이상의 정보가 포함되어 있다. 각 피처는 데이터 타입이 완전히 다를 수 있는데, 숫자, 시계열, 이미지, 텍스트 모두 흔하다. 이 구조는 그림 7-1에 나와 있다.

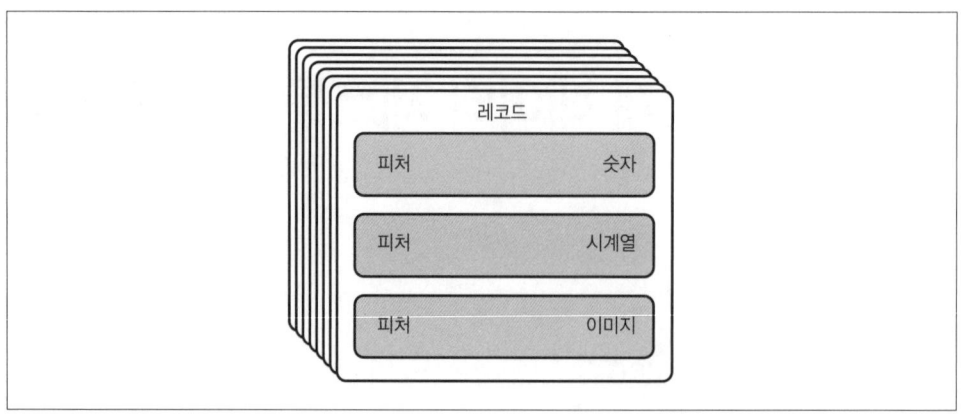

그림 7-1 데이터 세트에는 많은 레코드가 포함되며, 각 레코드에는 많은 피처가 포함될 수 있고, 피처는 각기 다른 데이터 타입을 가질 수 있다.

데이터 세트의 이러한 구성 요소에는 다양한 이름이 있다. 레코드는 일반적으로 행^{row}이나 샘플^{sample}, 항목^{item}, 예제^{example}, 인스턴스^{instance}라고 한다. 피처는 열^{column}이나 필드^{field}라고도 한다.[1]

또한 많은 데이터 세트에는 해당 데이터 세트에서 학습된 모델의 원하는 출력(예: 분류기가 반환하는 클래스나, 객체 감지 모델이 반환하는 경계 상자$^{bounding\ box}$)을 나타내는 특수한 종류의 피처인 레이블^{label}이 포함되어 있다.

데이터 세트에는 메타데이터^{metadata}라는 것이 포함되는 것이 일반적이다. 메타데이터는 데이터 자체를 설명하는 특수 데이터다. 예를 들어 레코드에는 피처가 수집된 정확한 센서 모델, 캡처된 정확한 날짜와 시간, 피처 중 하나를 구성하는 신호의 샘플링 속도를 나타내는 메타데이터가 포함될 수 있다.

 데이터 세트는 파일시스템이나 데이터베이스, 클라우드, 심지어 파일 캐비닛과 판지 상자 등 다양한 방식으로 저장할 수 있다.

---

[1] 데이터 세트 수준의 샘플은 임의의 디지털 신호의 샘플과 동일하지 않다는 점에 유의하기 바란다. 하나의 데이터 세트 수준의 샘플(일명 레코드)에는 여러 개의 샘플로 구성된 피처가 포함될 수 있다. 여러 분야를 아우르는 분야인 엣지 AI에는 이처럼 혼란스러운 용어가 수없이 많다!

데이터 세트의 구조는 개발 중에 크게 변화하는 경우가 많다. 여기에는 데이터 세트의 레코드와 피처의 변화도 포함된다. 예를 들어, 다양한 작동 상태를 구분하기 위해 분류기를 학습시키고자 산업용 기계의 진동 데이터 세트를 구축한다고 가정해 보자.

10대의 기계에서 24시간 동안의 데이터를 캡처하는 것으로 시작할 수 있다. 이 경우 각 레코드는 특정 기계의 특정 기간을 나타낸다. 그런 다음 이 레코드를 분할하여, 각 24시간 레코드를 서로 다른 작동 상태에 해당하는 섹션으로 나눈 다음, 적절한 레이블을 추가할 수 있다. 그런 다음, 각 레코드에 대해 피처 엔지니어링을 수행하여 머신러닝 모델에 공급할 수 있는 추가 피처를 만들 수 있다.

이상적인 데이터 세트

이상적인 데이터 세트의 속성은 다음과 같다.

관련성

데이터 세트에는 해결하려는 문제에 유용한 정보가 포함되어야 한다. 예를 들어 심박수 센서 데이터를 사용해 운동 능력을 추정하는 시스템을 구축하는 경우, 심박수 센서 데이터와 운동 능력 측정값을 모두 포함하는 데이터 세트가 필요하다. 특정 유형의 센서를 사용하려는 경우, 일반적으로 유사한 장치를 사용해 데이터 세트를 수집하는 것이 중요하다. 분류 문제를 해결하려는 경우, 관심 있는 클래스에 대한 변별력 있는 정보가 데이터 세트에 포함되어 있어야 한다.

대표성

데이터 세트가 대표성을 가지려면, 현실 세계에서 발생할 수 있는 다양하고 다양한 유형의 조건에 대한 정보를 모두 포함해야 한다. 예를 들어, 건강 모니터링 애플리케이션에 사용되는 데이터 세트는 애플리케이션을 사용할 수 있는 다양한 유형의 사람들을 모두 포괄할 수 있을 만큼 충분히 광범위한 개인의 데이터를 포함해야 한다. 대표성이 없는 데이터 세트는 90페이지의 '블랙박스와 편향성' 절에서 설명한 대로 편향성을 초래할 수 있다.

균형

이상적인 데이터 세트에는 단순히 대표성을 넘어 모든 관련 유형의 조건에 대한 정보가 균형 있게 포함되어 있다. 딥러닝 모델을 포함한 많은 유형의 머신러닝 알고리듬은 균형 잡힌 데이터 세트에서 가장 잘 작동한다.

예를 들어 미국에서는 통근자의 76%가 자동차를 이용해 출근하는 반면, 자전거를 이용하는 통근자는 10%에 불과하다.[2] 도시를 가로지르는 차량 수를 계산하는 모델을 학습시키는 경우, 자전거가 소수에 해당하더라도 자동차와 자전거에 대해 동일한 양의 데이터를 사용하는 것이 중요하다. 그렇지 않으면 모델이 자전거보다 자동차를 더 잘 식별할 수 있다. 이는 편향이 시스템에 유입되는 또 다른 일반적인 방식이다.

신뢰성

이상적인 데이터 세트는 일관되게 정확하다. 가능한 한 오류가 적고, 오류가 있더라도 특정 카테고리에 집중되어 있지 않고 데이터 전체에 균일하게 존재한다.[3] 데이터에 노이즈가 있는 경우(센서 애플리케이션에서 흔히 발생하는 경우), 실제 조건에서 존재하는 노이즈와 동일한 유형과 크기의 노이즈여야 한다. 예를 들어, 음악 샘플 데이터 세트를 사용해 다양한 장르의 음악을 식별하는 분류 모델을 학습시키고자 할 수 있다. 데이터 세트에서는 각 샘플에 올바른 장르의 레이블이 지정되어 있어야 하며, 샘플에 예상되는 실제 조건과 비슷한 양의 배경 노이즈가 포함되어 있어야 한다.

적절한 형식의 데이터

동일한 데이터를 다양한 형식으로 나타낼 수 있다. 예를 들어 이미지는 무한히 다양한 형식, 해상도, 색 농도로 표현될 수 있다. 이상적인 데이터 세트에서는 데이터를 사용하는 작업에 가장 적합한 방식으로 데이터의 형식이 지정된다. 최소한 데이터 세트의 샘플 전체에 일관된 형식이 있으면 도움이 된다.

잘 문서화됨

데이터 세트의 출처, 수집 방법, 모든 필드의 의미를 이해하는 것은 매우 중요하다.

---

2 출처: 스태티스타(Statista)의 2022년 글로벌 소비자 설문조사(https://oreil.ly/7qzc8)
3 315페이지의 '고르지 않은 오류 분포' 절 참고

이 정보가 없으면 데이터 세트가 요구사항을 충족하는지 판단할 수 없다. 예를 들어, 인터넷에서 가져온 센서 데이터 세트를 사용하고 싶다고 가정하자. 그런데 문서화가 제대로 되어 있지 않으면, 해당 데이터가 관련성이 있는지 알 수 없다. 사용하려는 센서와 동등하지 않은 센서에서 가져온 데이터일 수 있기 때문이다.

적절한 크기

머신러닝 모델은 충분한 데이터만 제공된다면, 거의 모든 시스템에서 숨겨진 규칙을 학습할 수 있다. 예를 들어 가속도계 데이터를 사용해 다양한 유형의 테니스 샷을 식별하도록 모델을 학습시키고자 할 수 있다. 데이터 세트에 각 샷의 샘플이 몇 개만 포함되어 있으면, 모델이 각 샷의 특징을 일반적으로 학습하는 데 어려움을 겪을 수 있다. 일반화하려면 각 샷 유형에 대해 더 많은 샘플이 필요할 수 있으며 이는 많을수록 좋다.

그러나 데이터 세트가 클수록 학습 시간이 길어지고 기술적 관점에서 작업하기가 더 어렵다. 또한 문제마다 해결하는 데 필요한 데이터의 양이 다르기 때문에, 모든 프로젝트마다 추가 데이터 수집으로 인한 이득이 감소하는 지점이 있다. 그렇기에 문제를 해결하기에 충분한 데이터를 수집하는 것이 목표가 되어야 한다.

데이터 세트를 주로 모델 학습이 아닌 테스트용으로 사용하는 경우에는 데이터 세트의 크기가 작아도 상관없지만, 데이터 세트가 대표성과 균형성을 갖출 수 있을 만큼 충분히 큰 것이 중요하다.

예상할 수 있듯이, 이러한 이상적인 속성을 모두 갖춘 데이터 세트를 만드는 것은 까다롭다. 데이터 세트를 구축할 때, 데이터 세트의 형태를 갖추기 위해 몇 가지 작업을 수행해야 할 것이다.

평가용 데이터 세트

실험실에서 엣지 AI 시스템을 구축하고 테스트하는 데는 한 가지 유형의 데이터 세트가 필요하지만, 실제 조건에서 성능을 평가하려면 다른 유형의 데이터 세트가 필요할 수 있다. 10장에서는 엣지 AI 시스템을 평가하는 방법을 소개하고, 작업에 적합한 유형의 데이터를 수집하는 방법을 설명한다.

모든 AI 프로젝트에는 인간의 머릿속에서 컴퓨터 시스템으로 도메인 전문지식을 추출하는 작업이 포함된다. 이런 작업의 대부분은 데이터 세트를 구축하는 과정에서 이뤄진다. 이 작업은 신중하고 의도적이며 신중한 고려를 통해 수행되어야 한다. 좋은 소식은 이 과정을 제대로 수행하면 성공 확률이 크게 높아진다는 것이다.

데이터 세트와 도메인 전문지식

SME[Subject Matter Expert]라고도 하는 도메인 전문가는 해결하려는 문제에 대해 깊이 있는 지식을 가진 사람들이다. 아주 좁은 분야라도, 해당 주제를 연구하고 경험하고 학습한 사람들이 있다.

문제 영역에 대한 도메인 전문지식은 AI 알고리듬이나 신호 처리, 임베디드 엔지니어링, 하드웨어 설계 작업에 필요한 지식과 잠재적으로 구별되는 것으로 보는 것이 중요하다. 도메인 전문가가 이러한 분야의 기술을 보유할 수도 있지만, 예를 들어 머신러닝 전문가라고 해서 모든 문제를 해결할 수 있는 AI 시스템을 설계할 수 있는 자격이 자동으로 부여되는 것은 아니다.

예를 들어 의료 시장을 위한 엣지 AI 제품을 구축한다고 가정하자. 하드웨어/소프트웨어 엔지니어와 AI 애플리케이션 구축에 정통한 사람 외에도[4] 해결하려는 의료 문제를 진정으로 이해하는 도메인 전문가가 팀에 포함되어야 한다. 그렇지 않으면 예상한 대로 작동하지 않는 제품을 만들 위험이 있다.

데이터 세트와 도메인 전문가는 밀접하게 연결되어 있다. 모든 AI 제품은 개발, 학습, 테스트에 사용된 데이터 세트를 반영한다. 제품이 머신러닝을 사용할 때 알고리듬은 데이터에 의해 직접 결정된다. 하지만 수작업으로 코딩된 알고리듬도 테스트에 사용된 데이터만큼만 우수할 수 있다.

즉, 전체 프로젝트의 결과는 데이터 세트의 품질에 따라 결정된다. 또한 조직에서 이런 품질을 이해할 수 있는 자격을 갖춘 유일한 사람은 도메인 전문가뿐이다. 해결하려는 문

---

4 9장에서는 엣지 AI 제품을 구축하는 데 필요한 팀 구성에 대해 자세히 설명한다.

제에 대한 그들의 지식이 데이터 세트의 구성과 큐레이션을 안내해야 한다. 팀에 아무리 유능한 데이터 과학 전문가가 많아도 당면한 문제에 대한 적절한 통찰력이 없으면 그들의 기술은 무용지물이 될 것이다.

본질적으로 데이터 세트는 제품과 조직 모두에서 도메인 전문성에 대한 주된 매개체 역할을 한다. 데이터 세트는 도메인 전문가의 지식을 사용해 구축되기 때문에, 결국 수집된 인사이트에 접근할 수 있도록 해주는 애플리케이션 프로그래밍 인터페이스API, Application Programming Interface처럼, 결국 도메인 전문가의 지식을 디지털 형식으로 표현한 것이다.

이렇게 인코딩된 지식은 나머지 팀원들이 애플리케이션을 만드는 데 사용할 수 있다. 예를 들어 알고리듬을 작업하는 엔지니어는 데이터 세트를 사용해 알고리듬을 조정하거나 학습시키고, 애플리케이션을 테스트하는 담당자는 이를 사용해 애플리케이션이 필요한 모든 상황에서 잘 작동하는지 확인할 수 있다.

따라서 충분한 도메인 전문지식을 보유하는 것이 중요하다. 또한 도메인 전문가가 반드시 데이터 세트를 구축하고 평가하는 전문가가 아닐 수도 있으므로, 데이터 과학 기술을 보유한 팀원들과 긴밀히 협력해야 한다. 효과적인 데이터 세트를 구축하려면 협업이 필요하다.

하지만 도메인 전문지식에 접근할 수 없다면 어떻게 해야 할까? 대답은 솔직하고 어쩌면 반갑지 않을 수도 있다. 팀에 문제 영역에 대한 도메인 전문지식이 부족하다면, 제품을 만들려고 시도하는 것은 무책임한 일이다. 효과적인 제품을 구축하기 위한 지식뿐만 아니라, 비효율적인 제품을 구축하지 않았는지 파악할 수 있는 통찰력도 부족할 것이다.

데이터, 윤리, 책임감 있는 AI

데이터 세트의 품질은 다른 어떤 요소보다도 애플리케이션의 사회적 결과를 좌우한다. 프로젝트와 관련된 윤리적 문제를 조사하고, 안전하면서도 혜택을 제공하는 애플리케이션을 설계하기 위해 아무리 신중하게 노력했더라도, 데이터 세트의 한계에 따라, 의도치 않은 피해를 이해하고 피할 수 있는 능력이 결정된다.

책임감 있는 AI라는 관점에서 데이터 세트는 두 가지 핵심적인 사항을 제공한다.

- 생성하려는 알고리듬 시스템을 위한 원재료
- 시스템의 성능을 이해하기 위한 가장 강력한 도구

데이터 세트는 시스템이 상호 작용하도록 설계된 실제 상황을 상세하게 표현한 유일한 자료다. 전체 애플리케이션 개발 피드백 루프가 이를 매개로 이뤄지는데, 원재료인 데이터 세트가 조금이라도 부족하면 시스템 성능 저하로 이어질 수밖에 없다. 더 심각한 문제는 동일한 결함이, 시스템의 성능 저하를 이해하거나 알아차리는 능력에도 영향을 미친다는 것이다.

엣지 AI 프로젝트의 경우 엣지 배포의 특성상 현장에서의 성능 정보를 캡처하기 어려운 경우가 많기 때문에 특히 그렇다. 데이터 세트가 모델의 성능을 실제 정밀도로 평가할 수 있는 유일한 기회인 경우가 많다.

따라서 이 부분을 제대로 파악하는 데 충분한 시간을 투자하는 것이 무엇보다 중요하다.

불충분한 데이터로 인한 비극적인 사망 사고

85페이지의 '책임감 있게 애플리케이션 만들기' 절에서는 보행자 사망 사고로 이어진 우버의 자율주행차 시스템 오류에 대해 알아봤다. 이 사고는 절차와 안전 시스템의 부실한 설계와 관련된 시스템적인 문제였지만, 핵심적인 문제는 적절한 학습 데이터의 부족이었다.

이 사건에 대한 「와이어드(Wired)」 기사(https://oreil.ly/p-zWi)의 다음 인용문은 이를 잘 보여준다.

> 이 보고서에 따르면 볼보 XC90 SUV를 개조한 우버 차량은 19분 동안 자율주행 모드로 주행 중이었으며, 자전거를 타고 길을 건너던 49세의 일레인 허즈버그(Elaine Herzberg)를 시속 약 40마일로 들이받았다고 한다. 차량의 레이더와 라이더 센서는 충돌 약 6초 전에 허즈버그를 감지했으며, 처음에는 미지의 물체로, 그다음에는 차량으로, 그다음에는 자전거로 식별하여 매번 허즈버그의 이동 경로에 대한 기대치를 조정했다...
>
> 허즈버그는 비닐봉지를 가득 실은 자전거를 끌고 횡단보도 밖, 조명이 어두운 곳에서 차량과 수직으로 이동하면서 우버의 시스템에 혼란을 일으켰다. 라즈쿠마르(Rajkumar)는 "이는 (a) 분류가 항

> 상 정확한 것은 아니며, 이 점은 우리 모두가 알고 있어야 하고, (b) 우버의 테스트에는 이런 프로필을 가진 보행자의 이미지가 전혀 없거나, 최소한 많지 않았을 가능성이 높음을 지적한다."라고 말한다.
> — 아리안 마샬(Aarian Marshall)과 알렉스 데이비스(Alex Davies) / 「와이어드」
>
> 인간은 세상에 대한 사전 이해를 바탕으로 이전에 보지 못한 사물을 인식하고 식별하는 능력인 '제로샷 학습(zero-shot learning)'에 능숙하다. 현재로서는 이런 능력을 갖춘 AI 시스템을 구축하는 것이 매우 어렵다. 만약 인간 운전자가 길을 건너는 일레인 허즈버그를 봤다면, 자전거를 끌고 가는 사람이 있다는 사실을 즉시 알아차리고 바로 브레이크를 밟았을 것이다.
>
> 일부 지역에서는 비닐봉지를 가득 실은 자전거를 끌고 길을 건너는 사람을 보는 일이 비교적 드물기 때문에, 우버의 자율주행 데이터 세트에 이런 사례가 많이 포함될 것 같지 않았다. 하지만 앞서 배운 것처럼 이상적인 데이터 세트는 균형이 잡혀 있다. 어떤 상황이 드물더라도 데이터 세트에는 모델을 학습시키거나 적어도 모델을 평가하고 해당 상황에서 모델이 비효율적임을 보여줄 수 있을 만큼의 충분한 인스턴스가 포함되어 있어야 한다.
>
> 우버의 자율주행 알고리듬은 제로샷 학습이 불가능했기 때문에 일레인 허즈버그가 길을 건너는 것 같은 상황을 학습하기 위해 데이터 세트에 의존했다. 하지만 데이터 세트가 불균형했기 때문에 모델이 상황을 인식하는 방법을 학습할 수 있을 만큼 충분한 예시가 포함되어 있지 않았다.

이 비극은 데이터 세트 구축의 가장 큰 과제 중 하나를 강조한다. 현실 세계는 터무니없을 정도로 다양하며, 사람, 자전거, 비닐봉지, 도로, 조명 조건 등 거의 무한대에 가까운 다양성이 존재하고, 데이터 세트가 이런 것들의 가능한 모든 조합을 포착하기란 불가능하다는 것이다.

또한 가능한 변형 조합이 너무 많아서 도메인 전문가조차 일부 조합을 인식하지 못할 수도 있다. 예를 들어, 도시 교통 전문가가 자율주행 데이터 세트에 포함해야 할 중요한 객체를 식별하는 임무를 맡았다고 해도 비닐봉지를 실은 자전거를 포함할 생각은 하지 못했을 수 있다.

모르는 것을 최소화하기

도널드 럼스펠드 Donald Rumsfeld의 악명 높은 명언처럼, 데이터 세트를 만들 때 '모르는 것을 아는 경우 known unknown'와 '모르는 것을 모르는 경우 unknown unknown'가 모두 존재한다.

효과적인 데이터 세트를 구축하는 유일한 방법은 이 두 가지를 모두 최소화하는 것이다. 이를 위한 두 가지 주요 방법이 있다.

첫 번째이자 가장 효과적인 방법은 모델이 상호 작용할 상황의 범위를 제한하는 것이다. 범용 자율주행 시스템은 데이터 세트 구축에 있어 악몽 같은 시나리오로 간주될 수 있다. 자율주행차는 도시 거리부터 시골길까지, 상상할 수 있는 거의 모든 것을 마주치며 복잡한 현실의 광활한 거리를 탐색해야 한다. 이 모든 다양성을 대표할 수 있는 데이터 세트를 구축할 수 있는 방법은 없다.

이와는 대조적으로, 골프장 주변을 주행하는 것으로 제한된 자율주행 골프 카트를 생각해 보자. 페어웨이를 돌아다니다가 자전거와 마주칠 가능성은 여전히 있지만, 그럴 가능성은 매우 낮으므로 일반적인 사용 상황을 대표하는 데이터 세트를 구축하기가 더 쉬울 수 있다. 자율주행차의 경우, 범위 제한 원칙에 따라 알고리듬이 학습된 지리적 영역으로 차량 운행을 제한할 수 있다.

미지의 영역을 피하는 두 번째 방법은 도메인 전문성을 향상하는 것이다. 특정 상황에 대한 전문지식이 많을수록 '모르는 것을 모르는 경우'가 줄어들 수 있다. 우버가 데이터 세트의 구축과 평가를 위해 좀 더 효과적인 도시 교통 전문가 패널을 고용했다면 비극을 피할 수 있었을지도 모른다.

실용적인 차원에서 이 인사이트를 통해 확고한 원칙을 도출할 수 있는데, 바로 도메인 전문지식이 없는 영역에서 실제 사용을 위한 엣지 AI 애플리케이션을 구축해서는 안 된다는 것이다. 도메인 전문지식이 없으면 '모르는 것을 모르는 경우'의 규모에 한계가 없다. 우리가 이를 직면하게 될 것은 거의 확실하다.

도메인 전문성 확보하기

머신러닝 모델 학습을 지원하는 놀라운 도구가 등장하면서 진입 장벽이 크게 낮아졌다. 그러나 안타깝게도 이로 인해 개발자는 도메인 전문지식이 부족한 분야에서 애플리케이션을 구축하려는 유혹을 받게 됐다.

코로나19 팬데믹 동안 수천 명의 선의의 연구자와 엔지니어가 의료 이미지를 사용해 감염을 진단하도록 설계된 프로젝트를 만들었다. 2021년 「네이처 머신 인텔리전스Nature Machine Intelligence」에 발표된 리뷰에 따르면[5] 2,212건의 연구가 있었고, 이 중 62개만이 품질 검토를 통과했으며, 잠재적 임상 사용을 권장하는 모델은 단 한 개도 없었다. 발견된 대부분의 문제는 임상과 머신러닝 분야의 전문지식이 적용됐다면 해결할 수 있었을 가능성이 높다.

학계의 동료 검토 시스템은 AI로 문제를 해결하려는 시도를 분석하고 비판할 수 있는 메커니즘을 제공한다. 하지만 업계에는 이런 시스템이 없다. 모델은 문서화 없이 블랙박스 시스템 내부에 배포되며, 조정되지 않고 모니터링되지 않는 방식으로 실제 시스템과 상호 작용할 수 있다. 따라서 치명적인 문제가 생산에 영향을 미칠 가능성이 크게 높아진다.

엣지 AI 분야에서 일하는 사람들은 조직 내부적으로나 조직 간 협업을 통해 적절한 품질을 보장하는 시스템을 구축해야 할 막중한 책임이 있다. 데이터 세트의 품질과 그에 따른 도메인 지식이 배포되도록 하는 것에 중점을 두는 것이 모든 진지한 노력의 핵심이 되어야 한다.

데이터 중심 머신러닝

전통적으로 머신러닝 실무자들은 특정 작업에서 좋은 성능을 얻기 위해 피처 엔지니어링과 학습 알고리듬의 최상의 조합을 선택하는 데 집중해 왔다. 이 프레임워크에서 데이터 세트는 기본적인 정리 외에는 거의 손대지 않는 고정 요소로 간주된다. 데이터 세트는 입력을 제공하고 정확성에 대한 참조를 제공하지만 조정하거나 변경할 수 있는 것으로 간주되지 않는다.

최근에는 데이터 세트를 정적인 객체로 생각해서는 안 된다는 인식이 점점 더 확산되고 있다. 데이터 세트의 구성은 학습된 모델의 성능에 큰 영향을 미치며, 실무자들은 작업

---

5 「Common Pitfalls and Recommendations for Using Machine Learning to Detect and Prognosticate for COVID-19 Using Chest Radiographs and CT Scans」(Michael Roberts et al., *Nat Mach Intell* 3(2021): 199-217, https://doi.org/10.1038/s42256-021-00307-0)

에서 더 나은 성과를 달성하기 위해 데이터 세트를 수정하기 시작했다.

이런 새로운 사고방식을 '데이터 중심 머신러닝'이라고 한다. 데이터 중심 워크플로에서는 알고리듬의 매개변수를 조정하는 것보다 데이터 세트의 품질을 개선하는 데 더 중점을 둔다.

데이터 중심 머신러닝은 '쓰레기 입력, 쓰레기 출력'(https://oreil.ly/NJ8I2)이라는 오래된 컴퓨팅 원칙, 즉 컴퓨터 프로그램에 품질이 낮은 입력이 제공되는 경우 올바른 결정을 내리기를 기대하는 것은 불합리하다는 생각을 따른다.

데이터 중심 워크플로와 도구는 개발자가 데이터의 품질과 데이터 내 문제를 해결하는 방법을 이해하는 데 도움이 된다. 여기에는 다음이 포함될 수 있다.

- 레이블이 잘못 지정된 샘플의 수정이나 제거
- 이상값 제거
- 표현을 개선하기 위한 특정 데이터의 추가
- 데이터 리샘플링을 통한 균형 개선
- 드리프트^{drift}를 처리하기 위한 데이터의 추가와 제거

이런 모든 작업에는 도메인 지식이 필요하다는 점을 인식하는 것이 중요하다. 어떤 측면에서 데이터 중심 ML로의 전환은 머신러닝 시스템에서 만족스러운 성능을 얻는 데 있어 도메인 지식의 중요성을 인식하는 것이다.

드리프트는 시간이 지남에 따라 현실 세계가 변화한다는 개념이다. 이를 고려하려면 데이터 세트와 모델을 지속적으로 업데이트해야 한다. 7장의 뒷부분에서 드리프트에 대해 자세히 다룰 것이다.

데이터 중심 접근 방식에서는 데이터 세트를 정기적인 유지 관리가 필요한 살아있는 개체로 간주한다. 이런 유지 관리는 효과적인 모델을 학습시키기 위해 수행해야 하는 알고리듬 작업의 양을 줄이고 필요한 데이터의 양을 줄일 수 있기 때문에 가치가 있다. 샘

플 수가 적은 고품질 데이터 세트가 샘플 수가 많은 저품질 데이터 세트보다 우수한 경우가 많다.

성공적인 실제 프로젝트에서는 데이터 중심 접근 방식과 효과적인 알고리듬 매개변수 검색을 자동화하는 최신 도구(예: 214페이지의 'AutoML' 절에서 배운 AutoML 시스템)를 결합하는 경우가 많다. 이런 도구는 고품질 데이터가 제공되면 설계 공간을 탐색하고 효과적인 모델을 찾는 데 탁월한 성능을 발휘할 수 있다.

이는 이 책에서 권장하는 접근 방식이다. 이를 통해 도메인 전문가는 자신의 전문 분야를 반영하는 데이터에 집중하고, 알고리듬 튜닝 같은 고된 작업은 자동화된 시스템에 맡길 수 있다. 이런 자동화된 시스템은 모델을 평가하고 작업에 가장 적합한 모델을 선택하기 위해 고품질 데이터에 의존한다. 개발자는 데이터 세트 품질에 집중함으로써 시스템에 대한 원시^{raw} 입력과 평가 메커니즘을 동시에 개선할 수 있다.

데이터 요구사항 추정하기

엣지 AI 프로젝트의 초기 단계에서 사람들이 가장 많이 하는 질문은 "얼마나 많은 데이터가 필요한가?"이다. 안타깝게도 이 질문에 대한 답은 간단치 않다. 데이터 요구사항은 프로젝트마다 크게 다르기 때문이다.

일반적으로 머신러닝 프로젝트의 데이터 요구사항은 신호 처리, 휴리스틱, 기타 수작업으로 코딩된 알고리듬에만 의존하는 프로젝트보다 훨씬 더 높다. 이들의 경우 주로 테스트용으로 데이터를 사용하므로 데이터 세트가 대표성을 보장할 수 있을 정도의 데이터는 필요하지만, 많은 머신러닝 알고리듬에서 요구하는 각 조건 유형에 대한 방대한 수의 예제는 필요치 않다.

문제에 대한 데이터 요구사항을 파악하는 가장 좋은 방법은 선례를 찾는 것이다. 이런 유형의 문제를 해결한 사례 중, 필요한 데이터의 양을 알려줄 사례가 있을까?

이 점에서 웹은 가장 좋은 친구다. 빠른 검색을 통해 과학 논문, 벤치마크, 오픈소스 프로젝트, 기술 블로그 게시물 등을 찾을 수 있고 많은 통찰을 얻을 수 있다. 예를 들어, 웹

사이트 'Papers with Code'(https://oreil.ly/P8opj)에는 다양한 작업에 대한 벤치마크 데이터 세트와, 시간이 지남에 따라 달성한 성능을 나열하는 '최신 기술$^{\text{State-of-the-Art}}$' 섹션이 있다.

키워드 발견 애플리케이션을 개발하는 경우, 이 글을 쓰는 시점에 98.37%의 정확도로 해결된 구글 음성 명령 데이터 세트(https://oreil.ly/OuLiV)의 결과를 살펴볼 수 있다. 데이터 세트 자체(https://oreil.ly/gLy_i)를 자세히 살펴보면 10개의 키워드를 분류하는 작업이며, 각 키워드에 대해 1,500~4,000개의 발화가 포함되어 있음을 알 수 있는데, 우리의 작업이 충분히 유사하다면 이 수치를 통해 얼마나 많은 데이터가 필요한지 대략적인 수치를 알 수 있다.

또 다른 좋은 아이디어는 문제 영역에서 최소한의 데이터로 작동하도록 특별히 설계된 도구를 탐색하는 것이다. 딥러닝 모델은 특히 데이터를 많이 필요로 할 수 있다. 사용 사례에 적합한 고전적인 ML 대안이 있을까? 문제에 딥러닝이 필요한 경우, 전이 학습을 통해 사용 사례에 적합한 사전 학습된 피처 추출기를 사용할 수 있을까, 아니면 기존 데이터 세트를 사용해 학습할 수 있을까?

예를 들어, 키워드 발견 영역에서 하버드 연구진의 논문인 「Few-Shot Keyword Spotting in Any Language」(https://oreil.ly/3conT, Mazumder et al., 2021)는 키워드의 예시 5개만으로 키워드 발견 모델을 학습시킬 수 있다는 증거와 함께 성능을 검증하기 위해 훨씬 더 큰 데이터 세트를 제공한다.

표 7-1은 일반적인 작업을 위해 머신러닝 모델을 학습시키는 데 필요한 데이터의 양을 상대적으로 보여준다.

이런 상대적인 요구사항도 프로젝트마다 크게 다를 수 있으므로, 정확한 양을 제시하기는 어렵다는 점을 기억하는 것이 중요하다. 데이터 요구사항은 새로운 도구와 기술이 등장함에 따라 계속 진화할 것이다. 작업이 일반적일수록 데이터 요구사항을 줄이는 데 도움이 되는 신호 처리나 학습 기술이 있을 가능성이 높다.

머신러닝에서 가장 큰 데이터 세트는 언어 모델을 처음부터 학습하는 데 사용되는 방대한 텍스트 데이터 세트다. 이는 일반적으로, 처리해야 하는 데이터 세트의 상한선이 제한되는 엣지 AI에서 요구되는 작업이 아니다.

표 7-1 일반적인 작업을 위한 데이터 요구량

작업	상대적 데이터 요구량	참고
시계열 분류	낮음	DSP가 힘든 일을 많이 할 수 있기 때문에 이 작업은 학습하기 쉽다.
시계열 회귀 분석	중간	세분화된 레이블 때문에 분류보다 더 어렵다.
비음성 오디오 분류	중간	다양한 배경 소음과 환경 음향을 처리하려면 다양한 데이터가 필요하다.
음성 오디오 분류	낮거나 높음	이 작업에는 일반적으로 많은 양의 데이터가 필요했지만, 새로운 퓨샷(few-shot) 기술을 사용하면 데이터양을 줄일 수 있다.
가시광선 이미지 분류	낮음	공개 데이터 세트에서 학습된 모델을 사용하는 전이 학습을 이용하면 비교적 간단한 작업이다.
가시광선 물체 탐지	중간	전이 학습을 사용할 수 있지만, 분류보다는 더 어렵다.
비가시광선용 비전 모델	높음	일반적으로 전이 학습을 사용할 수 없어 데이터 요구량이 높다.

데이터 요구사항 추정을 위한 실용적인 워크플로

초기 조사를 마친 다음 단계는 도구를 찾아 실험을 시작하는 것이다. 여기서 우리의 핵심 과제는 충분한 데이터가 주어졌을 때 우리가 선택한 피처 엔지니어링과 머신러닝 파이프라인이 충분히 좋은 결과를 얻을 수 있는지 이해하는 것이다.

이 작업은 자연스럽게 애플리케이션 개발에 대한 반복적 접근 방식의 일부가 되며, 9장에서 더 자세히 다룰 것이다. 지금은 관련 작업을 개략적으로 살펴볼 것이다.

 프로젝트에서 '충분히 좋은 결과'가 무엇을 의미하는지 정의하는 것은 362페이지의 '솔루션 범위 설정' 절에서 살펴볼 중요한 단계이다.

데이터 요구사항을 추정하는 기본 프로세스는 다음과 같다.

1. 작은 데이터 세트를 캡처하고 정제한다. 데이터 요구사항을 효과적으로 추정하

려면, 이 데이터 세트는 적절한 크기 외에도 7장의 앞부분에서 설명한 이상적인 데이터 세트의 모든 요구사항을 충족해야 한다. 7장의 나머지 부분에서는 데이터 세트를 좋은 상태로 만드는 데 필요한 프로세스를 이해하는 데 도움이 될 것이다.

2. 잠재적인 모델 유형에 대한 조사를 바탕으로 후보 모델을 선택한다. 일반적으로 단순한 모델이 학습시키기 가장 쉽기 때문에 합리적으로 보이는 가장 단순한 모델부터 시작하는 것이 좋다. 간단하고 우아한 대안을 배제하지 않은 채 인기 있는 신기술을 시도하려는 함정에 빠지지 말기 바란다.

3. 데이터 세트를 동일한 크기의 여러 덩어리로 나눈다. 각 덩어리는 원본 데이터 세트와 거의 동일한 균형과 분포를 가져야 한다. 이를 위해 계층화된 무작위 샘플링stratified random sampling[6]을 사용해야 한다. 약 8개의 덩어리로 시작한다.

4. 데이터 세트의 한 덩어리에 대해 간단한 모델을 학습시키고 결과 성능 지표를 기록한다. 하이퍼파라미터 선택의 영향을 배제하기 위해, 214페이지의 'AutoML' 절에서 설명한 대로 하이퍼파라미터 최적화 도구를 사용하는 것이 도움이 될 수 있다.

5. 학습 데이터에 다른 덩어리를 추가하여 이제 2개의 데이터 덩어리로 구성된다. 동일한 모델을 처음부터 다시 학습시키고(하이퍼파라미터 최적화를 사용하기로 결정한 경우 계속 사용) 지표를 다시 기록한다.

6. 전체 데이터 세트를 사용할 때까지 데이터 덩어리를 추가하고, 모델을 학습시키고, 성능 지표를 수집하는 프로세스를 계속 진행한다.

7. 성능 지표를 차트에 그린다. 그림 7-2의 차트 중 하나 같은 모양이 될 것이다.

---

6 이 용어는 345페이지의 '데이터는 어떻게 분할되는가?' 절에 설명되어 있다.

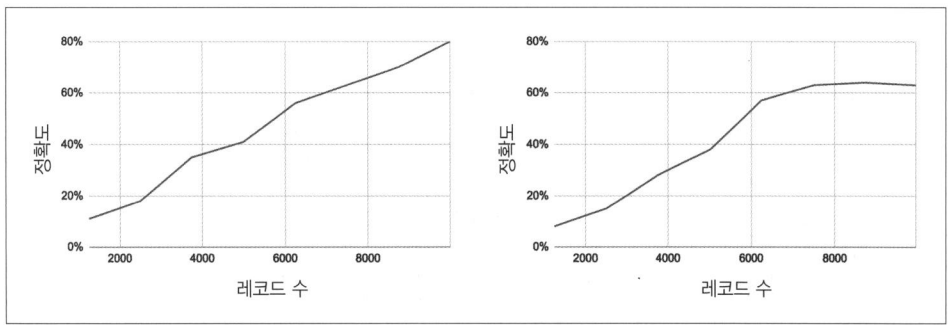

그림 7-2 각 차트는 레코드 수에 따라 성능 지표(이 경우 정확도)가 어떻게 변화하는지 보여준다. 왼쪽 차트는 데이터를 더 추가하면 성능이 향상될 가능성이 높은 상황을 보여준다. 오른쪽 차트는 동일한 유형의 데이터를 더 추가해도 성능이 크게 개선되지 않는 정체 상태를 보여준다.

두 차트에서 데이터를 더 추가할 때마다 모델의 성능이 향상되는 것을 볼 수 있으며, 곡선의 모양을 보면 새로운 샘플이 미치는 영향을 이해할 수 있다. 왼쪽 차트에서 곡선은 데이터를 더 추가할 경우 성능이 계속 향상될 가능성이 있음을 나타낸다. 추세선은 주어진 성능을 달성하는 데 필요한 데이터의 양을 대략적으로 추정할 수 있는 방법을 제공한다.

오른쪽 차트에서는 모델이 이미 성능 정체에 도달했음을 알 수 있다. 이럴 경우 동일한 유형의 데이터를 더 추가해도 효과가 없을 가능성이 높다. 그럴 땐 다른 머신러닝 모델이나 알고리듬을 테스트하거나 피처 엔지니어링을 개선해 볼 수 있다. 또한 데이터 세트의 크기를 늘리는 것 외에도 데이터 세트에 노이즈가 많이 포함되어 있어 이를 줄이는 등 다양한 방법으로 데이터 세트를 개선하는 것도 고려할 수 있다.

물론 이 기법은 전적으로 데이터 세트가 '이상적'이라는 가정에 의존한다. 실제로는 데이터 세트에 문제가 있거나 피처 엔지니어링과 머신러닝 알고리듬의 한계로 인해 데이터가 추가될 때 실제 성능이 추세선과 일치하지 않을 가능성이 있다. 그러나 여전히 대략적인 수치를 얻는 것은 유용하며, 더 많은 데이터를 수집하는 데 필요한 노력을 계획하는 데 도움이 될 수 있다.

이 기법은 데이터 세트의 대표성이나 균형성, 신뢰성 여부를 알려주지 않는다. 이런 부분은 전적으로 사용자에게 달려 있다.

데이터 활용하기

고품질 데이터 세트를 구축하는 데 있어 가장 큰 어려움은 데이터 자체의 소싱이다. 데이터를 얻을 수 있는 일반적인 방법 중 일부를 나열하면 다음과 같다.[7]

1. 완전히 새로운 데이터 세트를 처음부터 수집하는 경우
2. 다른 팀이나 제3자에게 데이터 수집을 아웃소싱하는 경우
3. 공개 데이터 세트의 데이터를 사용하는 경우
4. 파트너나 공동 작업자의 기존 데이터를 용도 변경하는 경우
5. 내부 데이터 저장소의 기존 데이터를 용도 변경하는 경우
6. 이전에 성공한 AI 프로젝트의 데이터를 재사용하는 경우

보다시피, 다양한 잠재적 옵션이 있다. 그러나 주어진 프로젝트에 모든 옵션을 사용할 수 있는 것은 아니다. 예를 들어 첫 번째 엣지 AI 프로젝트인 경우, 용도를 변경할 기존 데이터가 없을 수 있다.

이러한 각각의 소스는 품질 문제의 위험과 노력(비용으로 환산되는)이라는 두 가지 중요한 요소 사이에서 서로 다른 타협점을 나타낸다. 그림 7-3은 각 소스를 어떻게 비교하는지 보여준다.

데이터 수집 프로세스를 더 많이 제어할수록 품질을 더 잘 보장할 수 있다. 가장 좋은 방법은 과거에 성공적으로 사용한 데이터를 재사용할 수 있는 것이다(6). 운이 좋게도 이 옵션을 선택할 수 있다면 데이터의 품질을 이미 알고 있을 것이며, 관련성이 유지되는 한, 재사용을 위해 많은 노력을 기울일 필요가 없을 것이다.

---

7 또한 이러한 소스 중 2개 이상의 데이터를 결합하는 경우도 있다.

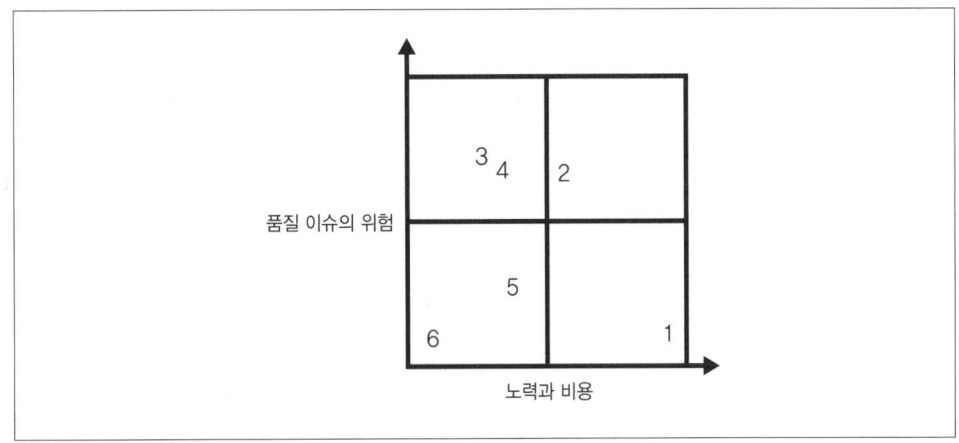

그림 7-3 품질 위험과 노력/비용별로 정리된 데이터 소스

조직에서 AI 프로젝트에 재사용할 수 있는 기존 데이터 저장소를 보유하고 있는 경우가 매우 흔하다(5). 이런 경우 내부에서 수집한 데이터이므로, 데이터의 품질을 파악할 수 있을 가능성이 높다. 하지만 AI 프로젝트에 필요한 형태로 변환하려면 약간의 노력이 필요할 수 있다. 예를 들어, 제조업체가 이미 기존 IoT 시스템을 사용해 기계 데이터를 수집하고 있을 수 있다. 이 경우 데이터의 출처와 수집 기법이 알려져 있으므로 위험을 줄이는 데 도움이 된다. 그러나 데이터는 바로 사용할 수 있는 형태가 아닐 수 있으며 약간의 정리가 필요할 수 있다. 기존 데이터에는 레이블이 없는 경우가 많으며, 레이블을 추가하는 데에는 많은 비용이 든다.

파트너 조직이나 공동 작업자가 데이터를 제공하는 경우가 많다(4). 이 경우 다른 사람이 데이터를 수집했기 때문에 품질을 보장할 수 없으며, 사용 가능한 상태로 만들기 위해 약간의 정리가 필요할 수 있다.

일반적으로 학술 연구에 사용되는 공개 데이터 세트(3)도 마찬가지다. 공개 데이터 세트는 여러 사람이 면밀히 검토할 수 있고 유용한 벤치마크를 사용할 수 있다는 장점이 있지만, 품질이 낮은 데이터 소스를 짜깁기하여 오류가 많거나 매우 작은 단점이 있다. 이런 데이터는 사용하기 위해 상당한 정리가 필요할 수 있으며, 문서화되지 않았거나 명

백하지 않은 편향이 포함되어 있을 수 있다.[8]

조직의 다른 팀이나 제3자에게 데이터 수집을 아웃소싱할 수도 있다(2). 데이터 수집과 레이블링을 지원하기 위해 존재하는 회사도 있다. 이론상으로는 데이터 수집 프로세스에 대한 상당한 통제권이 있지만, 제3자가 올바른 절차를 따를 것이라고 보장하기 어렵기 때문에 상당한 위험이 수반될 수 있다. 이는 일반적으로 비용이 많이 드는 접근 방식이다.

위험이 가장 낮은 접근 방식은 직접 손을 더럽히고 데이터를 수집하는 것이다(1). 데이터 세트와 알고리듬을 설계하는 사람이 데이터 수집 작업을 주도하는 사람과 동일하다면, 잘못된 의사소통이나 감지되지 않은 오류의 위험이 최소화된다(작업을 올바르게 수행하는 데 필요한 도메인 지식이 있다는 가정하에). 그러나 안타깝게도 이 방법은 비용이 가장 많이 드는 접근 방식이기도 하다.

데이터 한계 극복하기

충분한 데이터를 확보하는 것은 종종 어려운 일이다. 데이터 제약에 부딪힌 경우, 문제 해결을 위한 좀 더 간단한 접근 방식이 여전히 효과가 있는지 판단하는 것이 막힌 진행을 재개시키는 좋은 방법이다.

예를 들어 생산 라인에 대한 예측 유지 관리 시스템을 구축한다고 가정하자. 초기 목표는 특정 결함이 곧 발생할 가능성이 높은 시기를 파악하여 선제적인 수리를 예약하는 것일 수 있다.

개발을 시작하면서 관심 있는 특정 결함을 보여주는 데이터가 없고 수집할 예산이 없다는 사실을 알게 될 수도 있다. 이 경우 프로젝트를 포기하는 대신 목표를 수정할 수 있다.

특정 결함이 언제 발생할지 예측하는 대신, 어떤 종류의 변경이 발생했을 때 이를 식별하는, 좀 더 일반적인 시스템을 만들 수 있다. 이 시스템은 수집하기 쉬운 명목 데이터로 학습할 수 있다.

이 일반적인 시스템은 오탐이 더 많이 발생할 수 있지만, 상황에 따라 유지 관리 문제를 해결하고 전반적인 비용을 절감하는 데 도움이 될 수 있다. 목표를 단순화하면 데이터 요구사항을 줄이고 프로젝트를 실현 가능하게 만들 수 있다.

---

8   즉, 지저분한 공개 데이터 세트도 알고리듬을 평가하는 데 도움이 될 수 있는데, 흥미롭고 특이한 경우에 대한 좋은 자료가 될 수 있다.

엣지에서 데이터를 캡처할 때의 고유한 과제

사용 사례가 일반적일수록 품질이 검토된 데이터 세트에 쉽게 접할 수 있는 데이터 세트를 찾을 가능성이 높다. 하지만 매우 다양한 틈새niche 사용 사례와 이색적 센서가 있기 때문에, 많은 엣지 애플리케이션에서 데이터 수집이 어렵다. 또한 상업적인 기업은 잠재적인 경쟁 우위를 나타낼 수 있기 때문에 데이터 세트를 공유하지 않는 경향이 있다.

스스로 데이터를 수집해야 하는 경우, 해결해야 할 구체적인 과제가 있다.

연결성과 대역폭

엣지 컴퓨팅은 대역폭과 연결이 제한된 애플리케이션에서 자주 사용된다. 즉, 현장에서 데이터를 수집하기가 어려울 수 있다. 예를 들어, 농장 동물의 움직임을 모니터링하기 위해 AI 기반 카메라를 구축하는 경우 현장에서 동물의 이미지를 수집하고 싶을 수 있다. 그러나 많은 농장이 멀리 떨어져 있고 연결성이 부족하기 때문에 이것이 불가능할 수 있다.

이 문제를 해결하려면, 현장에 네트워킹 하드웨어를 임시로 설치하거나(예: 원격 지역에서 위성 연결을 사용할 수 있음) 스니커넷sneakernet 기능[9]을 사용할 수 있다. 이 방법은 비용이 많이 들지만, 프로젝트 초기에 일시적으로만 수행하면 될 수도 있다.

브라운필드 하드웨어

67페이지의 '그린필드와 브라운필드 프로젝트' 절에서 배운 것처럼, 기존 하드웨어에 엣지 AI 애플리케이션을 배포하는 것은 매우 일반적이다. 하지만 안타깝게도 하드웨어가 항상 데이터 수집을 염두에 두고 설계된 것은 아니다. 데이터 수집에 성공하려면 브라운필드 하드웨어에 샘플을 저장할 수 있는 충분한 메모리, 샘플을 업로드할 수 있는 충분한 네트워킹 기능, 그리고 프로세스를 자주 수행할 수 있는 충분한 에너지 예산이 필요하다.

이 문제를 해결하려면 데이터 수집에 더 적합한 새 하드웨어를 현장에 임시로 설치하는 것이 좋다. 이를 위해 전용 산업용 데이터 로거(https://oreil.ly/3qfG1)가 존재하

---

[9] 한 장소에서 다른 장소로 저장 장치를 휴대하여 데이터를 전송하는 오래된 방법. 위키백과 문서를 참고하기 바란다(https://oreil.ly/gqK1e).

며, 아두이노 프로(https://www.arduino.cc/pro) 같은 산업용 신속[rapid] IoT 개발 플랫폼을 편리하게 사용할 수 있다.

그린필드 하드웨어

엣지 AI 프로젝트에 새로운 하드웨어를 만들어야 하는 경우, 작동하는 하드웨어는 일정 시간이 지난 뒤에나 사용할 수 있을 가능성이 높다. 하드웨어 개발 프로세스와 동시에 데이터 세트와 알고리듬 개발을 진행하는 것이 중요하기 때문에 이는 큰 도전이 될 수 있다. 적어도 알고리듬 개발이 어느 정도 완료되기 전까지는 어떤 하드웨어가 필요한지 파악하는 것조차 까다롭다.

이 경우 가능한 한 빨리 대표 데이터를 확보하는 것이 중요하다. 브라운필드 사례와 유사하게, 양산[production] 하드웨어가 준비되기 전에 신속 IoT 개발 플랫폼을 사용해 데이터 수집을 시작하는 것이 합리적일 수 있다.

센서 차이

현재 현장에서 쓰이는 센서 하드웨어가 새 장치에서 사용하려는 하드웨어와 동일하지 않을 수 있다. 경우에 따라서는 센서의 배치조차도 문제를 일으킬 만큼 다를 수 있다.

센서 차이가 문제가 될 수 있다고 의심되는 경우, 가능한 한 빨리 센서 데이터를 나란히 평가하여 문제가 발생할 만큼 다른지 확인해야 한다. 이때는 부적절한 브라운필드 하드웨어로 작업할 때 권장되는 것과 동일한 접근 방식을 사용할 수 있다.

레이블

엣지 AI 데이터로 작업할 때 가장 큰 어려움 중 하나는 레이블이 있는지다. 예를 들어, 농장 동물의 귀 태그에서 가속도계 데이터를 수집하여 동물이 식사, 걷기, 수면 중 시간을 어떻게 보내는지 분류한다고 가정하자. 원시 센서 데이터를 수집하는 것이 간단한 상황이라도, 이 데이터를 동물의 실제 활동과 연관시키는 것은 어려울 수 있다. 이미 데이터를 사용해 동물의 활동을 식별할 수 있다면 프로젝트가 필요하지 않을 것이다!

이 문제를 해결하기 위해 설계 중인 장치의 정상 작동 중에 수집할 수 없는 추가 데이터를 수집해 볼 수 있다. 예를 들어, 초기 데이터를 수집하는 동안 동물의 활동을 보여주는 카메라에서 가속도계 데이터와 비디오를 모두 수집하도록 선택할 수 있으며, 두 데이터 모두에 타임스탬프를 기록할 수 있다. 그런 다음 비디오를 사용해 데이터에 레이블을 지정할 수 있다.

합성 데이터

애플리케이션에 따라 데이터 세트에 **합성 데이터**(synthetic data)를 추가할 수 있다. 합성 데이터는 캡처한 것이 아니라 인위적으로 생성한 데이터다. 충분히 현실적이라면 데이터 요구사항을 충족하는 데 도움이 될 수 있다.

합성 데이터의 유형을 나열하면 다음과 같다.

- 시뮬레이션 기반(예: 기계의 물리 기반 시뮬레이션에서 가상 센서의 시계열)
- 절차적 데이터(예: 환경 소음을 시뮬레이션하도록 설계된 알고리듬으로 생성된 오디오)
- 생성된 이미지(예: 사실적인 3D 렌더링이나 정교한 딥러닝 모델에서 직접 출력된 이미지)

합성 데이터는 일반적으로 실제 데이터가 포함된 데이터 세트를 확장하는 방법으로 유용하다. 예를 들어, 인위적으로 생성된 배경 소음을 실제 캡처한 오디오와 혼합하여 배경 소음과 사람의 음성을 구분하는 분류기를 학습시킬 수 있다.

완전히 시뮬레이션된 데이터로 모델을 학습시킨 다음 실제 작업을 해결하는 데 적용하는 개념을 Sim2Real이라고 한다.[10] 이는 로봇 공학에서 가장 중요하고 도전적인 작업 중 하나로 간주되며, 지속적으로 연구가 이뤄지고 있는 분야다.

합성 데이터를 생성하는 데 도움이 되도록 설계된 다양한 소프트웨어 도구가 있으며, 도메인 전문가의 도움을 받아 직접 작성할 수도 있다. 이 글을 쓰는 시점에 인공 데이터를 생성하는 도구는 빠르게 개선되고 있으며, 산업적 지원을 통해 사용할 수 있다.

데이터를 저장하고 가져오기

데이터를 수집하기 시작하면 데이터를 저장할 곳이 필요하다. 또한 장치에서 데이터 저장소로, 데이터 저장소에서 교육과 테스트 인프라로 데이터를 가져올 수 있는 메커니즘이 필요하다.

---

10   Sim2Real 프로젝트에서 합성 데이터는 학습에, 실제 데이터는 테스트에 사용된다.

스토리지 요구사항은 데이터 세트에 포함할 데이터의 양에 따라 크게 달라진다. 데이터가 많을수록 솔루션은 더 정교해야 한다. 즉, 엣지 AI 데이터 세트는 일반적으로 비교적 작기 때문에 대규모로 작동하도록 설계된 기술이 필요치 않을 것이다.

솔루션을 선택할 때는 항상 가장 간단한 것을 선택하는 것이 좋다. 단일 워크스테이션에서 충분히 처리할 수 있는 양의 데이터를 처리하는 경우라면 화려한 기술에 투자할 필요가 없다. 쉽게 탐색하고 실험할 수 있도록 데이터에 직접 접근 가능할수록 좋으므로, 편의성 측면에서 볼 때 가장 이상적인 옵션은 로컬 파일시스템이다.

데이터 양식

데이터는 조직의 인프라 전반에 걸쳐 다양한 위치에 존재하는 경향이 있다. 일반적인 위치(경험했을 수도 있고, 그렇지 않을 수도 있음)는 다음과 같다.

- 프로덕션 SQL 데이터베이스
- 시계열 데이터베이스
- 로그 파일
- 데이터 레이크
- 데이터 웨어하우스
- 클라우드 서비스
- IoT 플랫폼

데이터가 데이터 세트의 일부가 되기까지의 여정에서 서로 다른 저장소에 저장되는 것은 전혀 문제가 되지 않는다. 예를 들어 원시(raw) 센서 데이터는 한 곳에, 정리된 센서 데이터는 다른 곳에, 레이블은 완전히 별도의 저장소에 저장하는 것이 편리할 수 있다.

AI 프로젝트를 위한 데이터 세트를 구축할 때는 일반적으로 이렇게 서로 다른 위치에 있는 데이터를 모두 한곳으로 가져와야 한다. 또한 신호 처리와 AI 알고리듬 개발에 일반적으로 사용되는 도구(넘파이, 판다스, 사이킷런, 텐서플로, 파이토치 등의 파이썬 기반 소프트웨어와, MATLAB 같은 엔지니어링 소프트웨어가 있다. 5장 참고)에서 예상되는 형식과 호환되도록 데이터의 형식을 다시 지정해야 한다.

단일 표준은 없지만, 이러한 도구는 일반적으로 데이터가 간단하고 효율적인 파일시스템 기반 형식으로 저장되기를 기대한다. 복잡한 분산 인프라에서 대규모로 학습이 수행되는 경우에도 데이터 자체는 일반적으로 비교적 간단한 방식으로 디스크에 저장된다.

따라서 조직의 데이터 저장소에서 데이터를 추출하여 학습과 평가를 위한 간단한 형식으로 변환하기 위한 파이프라인을 설정해야 한다. 이를 수행하는 방법에 대해서는 나중에 알아볼 것이다.

표 7-2는 다양한 데이터 스토리지 솔루션에 대한 간략한 소개와 각 솔루션의 장단점을 보여준다.

표 7-2 데이터 스토리지 솔루션

스토리지 종류	장점	단점
로컬 파일시스템	빠르고, 간단하고, 사용하기 쉽다	API가 없고, 백업이 없고, 분산 학습이 안 된다. 수 테라바이트가 한계다.
네트워크나 클라우드 파일시스템	여러 기계에서 접근할 수 있고, 대량의 데이터 세트를 저장할 수 있다.	로컬 파일시스템보다 느리고, 마운트 설정이 복잡하다.
클라우드 오브젝트 스토리지	데이터를 읽고 쓰는 간단한 API를 제공하고, 메타데이터를 저장할 수 있다. 데이터를 쿼리할 수 있다.	데이터를 다운로드해야 쓸 수 있고, 단순 스토리지보다 복잡하고 비싸다.
엔드투엔드 플랫폼	엣지 AI 전용으로 설계됐고, 데이터 탐색 도구가 빌트인으로 제공된다. 데이터 캡처, 학습, 테스트와 긴밀하게 통합되어 있다.	단순 스토리지보다 비싸다.

로컬 파일시스템에 저장된 데이터는 사용하기 매우 쉽고 아주 빠르게 접근할 수 있다. 정교한 클라우드 스토리지를 사용하는 경우에도 일반적으로 모델을 학습시키기 전에 데이터를 로컬 파일시스템에 복사한다.

하지만 백업 없이 모든 중요한 데이터를 단일 머신에 저장하는 것은 위험하다. 또한 여러 사람이 데이터에 접근해야 하는 경우에도 불편하다. 아마존 FSx, 애저 파일Azure Files, 구글 클라우드 파일스토어Google Cloud Filestore 같은 클라우드 기반 파일시스템 등의 네트워크 공유를 이용하면 이 문제를 해결할 수 있다. 하지만 운영체제 내에 드라이브로 마운트해야 하므로 접근하기가 상대적으로 복잡하다.

아마존 S3, 애저 블롭 스토리지Azure Blob Storage, 구글 클라우드 스토리지Google Cloud Storage 같은 클라우드 객체 스토리지 서비스는 데이터를 훨씬 쉽게 가져오고 내보낼 수 있는 HTTP API를 제공한다. 하드웨어의 성능이 충분하다면 임베디드 장치에서도 이러한 API를 사용해 엣지에서 데이터를 업로드할 수 있다. 하지만 드라이브 마운트보다 접근 속도가 느리기 때문에 일반적으로 데이터를 사용하기 전에 로컬 디스크에 다운로드한다.

피처 스토어^{feature store}는 비교적 새로운 트렌드의 데이터 세트 저장소다. 피처 스토어는 데이터 버전 관리와 데이터 쿼리 기능 같은 추가 기능과 함께 데이터 접근과 저장을 위한 간단한 API를 제공하도록 설계됐다. 주요 제공업체에서 제공하는 피처 스토어에는 아마존 SageMaker 피처 스토어, 애저 Databricks 피처 스토어, 구글 Cloud Vertex AI 피처 스토어 등이 있다. Feast처럼 자체 인프라에서 호스팅할 수 있는 오픈소스도 있다.

엣지 AI 애플리케이션을 만들기 위해 특별히 설계된 여러 엔드투엔드 플랫폼이 있다. 이 중 일부는 자체 데이터 스토리지 솔루션을 포함한다. 이러한 솔루션은 일반적으로 피처 스토어와 동일하지만, 엣지 AI 프로젝트를 위해 특별히 설계됐다는 이점이 있다. 여기에는 센서 데이터를 탐색하고 이해하기 위한 도구가 포함되거나 임베디드 소프트웨어 개발 도구와의 통합 지점을 제공할 수 있다. 이 도구는 딥러닝 워크플로의 다른 단계와 긴밀하게 통합되도록 설계됐다. 해당 도구에 대한 자세한 내용은 197페이지의 '비장의 무기' 절에서 확인할 수 있다.

데이터 버전 관리

최신 소프트웨어 엔지니어링에서는 모든 소스 코드에 버전이 지정되어 있으며, 시간이 지남에 따라 어떻게 변경되는지 추적할 수 있는 시스템 내에 존재한다. 프로덕션 환경이나 특정 임베디드 장치에 어떤 버전의 코드가 배포됐는지 파악해야 문제를 소스로 추적할 수 있다.

머신러닝 시스템은 코드 외에도 데이터 세트를 사용해 구축된다. 따라서 데이터 버전 관리도 매우 중요하다. 데이터 버전 관리 도구를 사용하면 특정 모델을 학습하는 데 어떤 데이터가 사용됐는지 기록할 수 있다. 또한 데이터의 출처를 파악하는 데 도움이 되므로 프로덕션에서 발생하는 문제를 개별 데이터 샘플로 추적할 수 있다.

데이터 버전 관리는 데이터 세트의 다양한 버전을 테스트하고 어떤 버전이 현장에서 더 나은 성능을 발휘하는지 파악할 수 있게 해주는, 데이터 중심 ML을 위한 강력한 도구다. 이는 215페이지의 'MLOps' 절에서 설명한 머신러닝 작업의 일부다.

데이터 저장소로 데이터 가져오기

프로젝트를 위해 센서 데이터를 캡처하는 경우, 어떻게 데이터 저장소에 데이터를 가져올 수 있을까? 답은 개별 상황에 따라 다르다.

현장의 연결 상태가 양호한 경우

엣지에서 직접 데이터를 전송할 수 있는 연결성, 대역폭, 에너지가 충분하다면 엣지 장치에서 API로 직접 데이터를 푸시할 수 있다. 이 방법은 온디바이스용으로 특별히 설계된 API가 있는 엣지 AI용 엔드투엔드 플랫폼을 사용하는 경우 가장 쉽다.

또 다른 좋은 옵션은 IoT 플랫폼을 사용하는 것이다. 전용 API를 사용해 플랫폼에 데이터를 업로드한 다음, 다른 시스템을 사용해 IoT 플랫폼의 데이터를 데이터 세트에 복사할 수 있다.

일반적으로 임베디드 장치에서 클라우드 객체 저장소에 직접 데이터를 업로드하는 것은 좋은 생각이 아니다. 해당 API는 임베디드용으로 설계되지 않았기 때문에 비효율적인 데이터 구조를 사용하는 경향이 있으며, 클라이언트 라이브러리가 작은 타깃에 맞지 않을 수 있다. 이는 기능이 더 좋고 전체 OS 기능을 활용할 수 있는 임베디드 리눅스 장치로 작업할 경우, 문제가 덜 된다.

현장의 연결 상태가 좋지 않거나 없는 경우

연결 상태가 좋지 않거나 네트워크의 엣지에서 데이터를 전송할 수 있는 에너지 예산이 부족한 경우, 데이터를 엣지에 저장하고 주기적으로 수집할 수 있도록 어떤 하드웨어를 설치해야 할 수 있다.

이는 데이터 스토리지를 추가하기 위해 기존 하드웨어를 수정한다는 뜻일 수 있다. 또한 데이터를 생성하는 장치로부터 데이터를 수신하고 저장할 수 있는 또 다른 독립 시스템을 근처에 추가해야 할 수도 있다. 이 별도의 시스템은 더 나은 연결성을 갖추거나 주기적이며 물리적으로 수집할 수 있다.

메타데이터 수집하기

앞서 배운 것처럼 이상적인 데이터 세트는 잘 문서화되어 있다. 데이터 수집을 위한 시스템을 설계할 때는 데이터가 수집되는 맥락에 대한 정보를 최대한 많이 캡처해야 한다.

메타데이터라고 하는 이 추가 정보는 센서 데이터 자체와 함께 데이터 세트에 포함될 수 있다. 메타데이터에는 다음과 같은 정보가 포함될 수 있다.

- 데이터가 캡처된 날짜와 시간
- 데이터를 수집한 특정 장치
- 사용된 센서의 정확한 모델
- 데이터 수집 사이트에서 장치의 위치
- 데이터 수집에 관련된 모든 사람

메타데이터는 전체 데이터 세트나 해당 레코드의 부분집합, 개별 레코드 자체와 관련될 수 있다. 논문 「Datasheets for Datasets」(https://oreil.ly/8cF1f, Gebru et al., 2018)에서는 데이터 세트를 레코드의 부분집합과 함께 종합적으로 설명하는 문서를 수집하는 표준을 정의하고 있다. 이는 매우 가치 있고 모범 사례로 간주되어야 하지만, 메타데이터를 좀 더 체계적이고 세분화되며 기계가 읽을 수 있는 방식으로 수집하면 큰 이점이 있다.

대부분의 경우 개별 엔티티와 관련된 데이터 샘플을 수집하게 된다. 예를 들어 특정 기계의 진동을 모니터링하거나, 특정 사람이 말한 키워드 샘플을 캡처하거나, 개별 농장 동물의 생체 신호 데이터를 기록할 수 있다.

이런 경우 각 개별 엔티티에 대해 가능한 한 많은 관련 메타데이터를 캡처하는 것이 매우 중요하다. 기계의 경우 다음을 캡처할 수 있다.

- 정확한 제조사와 모델
- 기계의 생산 실행
- 기계가 설치된 장소
- 기계가 사용되는 작업

키워드를 말하는 사람의 경우, 목소리에 영향을 미칠 수 있는 모든 가능한 속성을 캡처할 수 있다. 예를 들어

- 나이나 성별, 건강 상태 같은 신체적 특성
- 억양이나 인종, 국적 같은 문화적 특성
- 직업이나 소득 수준 같은 개인적 특성

이 메타데이터를 해당 메타데이터와 관련된 개별 샘플에 첨부해야 한다. 이렇게 하면 메타데이터에 따라 데이터 세트를 하위 그룹으로 분할할 수 있다. 이 기능을 사용하면 두 가지를 깊이 있게 이해할 수 있다.

- 알고리듬을 개발하는 동안 데이터 세트의 구성과, 대표성과 균형이 부족한 부분을 이해할 수 있다.
- 시스템을 평가하는 동안 데이터 세트의 하위 그룹 측면에서 모델의 취약한 영역을 이해할 수 있다.

예를 들어, 기계의 결함을 감지하는 모델을 학습시킨다고 가정하자. 메타데이터를 분석하면 대부분의 데이터 샘플이 특정 프로덕션 실행production run의 기계에서 나온 것임을 발견할 수 있다. 이 경우 데이터 세트의 표현을 개선하기 위해 다른 프로덕션 실행에서 데이터를 수집할 수 있다.

다른 상황에서는 키워드 데이터 세트를 사용해 키워드 발견 모델을 평가할 수도 있다. 서로 다른 데이터 샘플에 대한 모델의 성능을 샘플의 메타데이터와 상호 참조함으로써, 모델이 젊은 화자보다 나이가 많은 화자로부터 수집한 샘플에서 더 나은 성능을 보인다는 사실을 발견할 수 있다. 이 경우 성능을 개선하기 위해 젊은 화자로부터 더 많은 학습 데이터를 수집할 수 있다.

이런 식으로 메타데이터는 위험을 줄이는 데 도움이 된다. 샘플 수준의 메타데이터가 없으면 데이터 세트의 구성과 그 안의 다양한 그룹에서 모델이 어떤 방식으로 작동하는지 알 수 없다. 그러나 데이터의 출처에 대한 자세한 정보로 무장하면 더 나은 제품을 만들 수 있다.

데이터 품질 보장하기

7장의 앞부분에서 이상적인 데이터 세트가 갖춰야 할 속성을 나열했다.

- 관련성
- 대표성
- 균형
- 신뢰성
- 적절한 형식의 데이터
- 잘 문서화됨
- 적절한 크기

285페이지의 '데이터 중심 머신러닝' 절에서 배운 것처럼, 고품질 데이터 세트가 있으면 알고리듬 선택이 효과적인 시스템을 만드는 데 미치는 영향과 필요한 데이터의 양이 모두 줄어든다. 머신러닝 시스템은 좋은 데이터로 학습하고 평가할 때 유용한 결과를 얻기가 훨씬 쉽다.

그렇다면 데이터 세트의 품질을 이해하는 가장 좋은 방법은 무엇일까? 사실 그것은 도메인 전문지식에 달려 있다. 해결하고자 하는 문제 영역에 대한 깊은 통찰이 있다면, 그 통찰을 바탕으로 데이터를 평가할 수 있다.

대표 데이터 세트 확보하기

데이터 세트의 가장 중요한 속성은 대표성이다. 그 이유는 AI 알고리듬의 목표가 의사결정을 내리기 위해 실제 상황을 모델링하는 것이기 때문이다. 실제 세계에 대해 학습할 수 있는 유일한 메커니즘은 이를 학습하거나 설계하는 데 사용되는 데이터 세트뿐이다. 즉, 데이터 세트가 대표적이지 않으면 결과 알고리듬이 실제 세계를 제대로 표현하지 못한다.

예를 들어, 병에 걸린 식물의 사진을 사용해 다양한 유형의 식물 질병을 인식하는 데 도움이 되는 AI 시스템을 구축한다고 가정하자. 데이터 세트에 정확한 식물의 사진이나 적절한 증상이 포함되어 있지 않다면, 아무리 정교한 알고리듬을 설계해도 AI 시스템을 효과적으로 구현할 수 없다.

더 큰 문제는 데이터 세트가 시스템의 성능을 평가하는 데도 사용되기 때문에, 모델을 현장에 배포하기 전까지는 문제가 있는지조차 알 수 없다는 점이다.[11]

바로 이 지점에서 도메인 전문성이 필요하다. 식물 질병에 대한 전문가라면, 자신의 지식을 활용하여 데이터 세트가 실제 상황을 대표하는지 여부를 파악하는 데 도움을 줄 수 있다. 예를 들어, 식별하려는 질병의 영향을 받는 일부 식물 종의 사진이 데이터 세트에 누락되어 있을 때 도메인 전문가가 이를 바로잡아 줄 수 있다.

메타데이터는 이 과정에서 매우 유용하다. 데이터 세트에 각 사진의 식물 종을 나타내는 메타데이터가 포함되어 있으면, 도메인 전문가가 간단히 종 목록을 검토하고 누락된 종의 존재 여부를 즉시 알아차릴 수 있다.

메타데이터를 사용하는 또 다른 유용한 방법은 데이터 전체에 걸쳐 특정 메타데이터 속성의 분포를 도표로 나타내는 것이다. 한 예로, 각 종에 속하는 샘플의 수를 도표로 나타낼 수 있는데, 이 분포가 실제 조건과 관련하여 합리적으로 보이지 않는다면 더 많은 데이터를 수집해야 할 수도 있다. 그림 7-4에서와 같이 한 종의 기록이 다른 종보다 훨씬 더 많을 수 있다.

---

11 이 경우 현장은 은유가 아닌 문자 그대로일 수 있다!

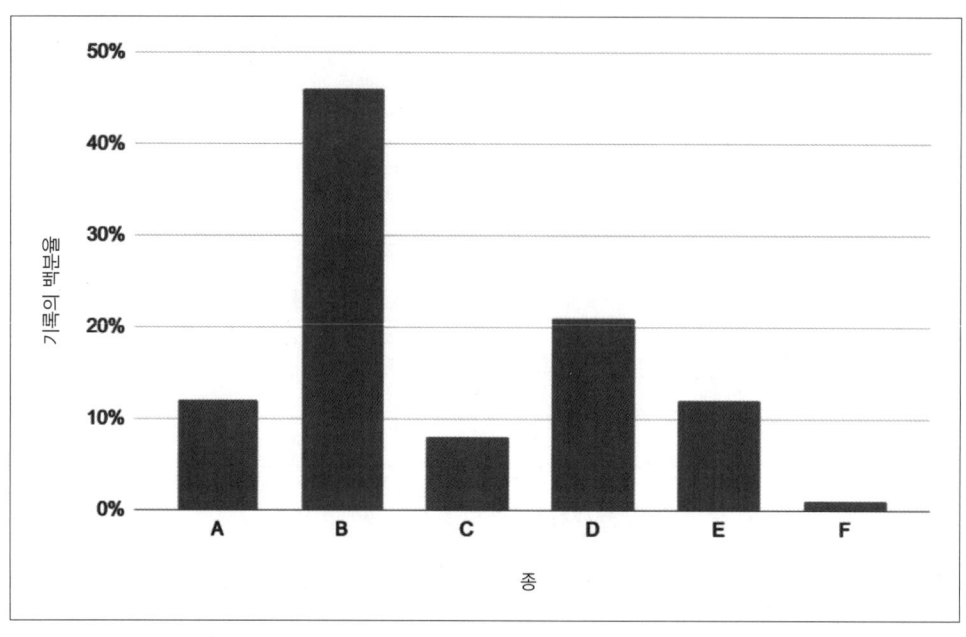

그림 7-4 이 데이터 세트에는 일부 종에 대한 기록이 다른 종보다 훨씬 더 많다. 이로 인해 공정성 문제가 발생할 수 있다. 예를 들어, 알고리듬이 F 종보다 B 종에서 훨씬 더 나은 성능을 발휘할 가능성이 높다.

전체 데이터 세트뿐만 아니라 레이블 전체에서 대표성을 유지하는 것이 중요하다. 예를 들어, 식별하려는 식물 질병의 각 클래스 내에서 영향을 받는 모든 종을 동일하게 잘 표현하고 있는지 확인해야 한다.

데이터 세트가 개별 개체를 나타내는 경우, 데이터 세트가 해당 개체와 관련하여 균형을 이루고 있는지 확인해야 한다. 예를 들어, 한 종의 사진은 모두 한 식물에서 촬영한 것이고 다른 종의 사진은 여러 식물에서 촬영한 것일 수 있다.

도메인 전문가는 이런 방식으로 탐색하는 데 중요한 데이터의 축을 식별하는 데 도움을 줄 수 있어야 한다. 하지만 적절한 메타데이터가 없다면 어떻게 해야 할까? 이는 특정 프로젝트를 위해 의도적으로 수집한 것이 아닌 데이터를 사용할 때 매우 흔한 일이다. 이 경우 데이터 세트에 대한 체계적인 검토를 시작해야 한다.

> **표현과 시간**
>
> 데이터 품질에서 가장 중요한 측면 중 하나는 데이터 세트가 표현하도록 설계된 실제 맥락에 존재하는 모든 변이를 포착한다는 생각이다. 이것이 바로 우리가 식물 질병 데이터 세트의 식물 종 같은 하위 그룹 표현에 많은 관심을 기울이는 이유다.
>
> 이 예에서 식물 종은 명백한 하위 그룹이지만, 거의 모든 데이터 세트에 영향을 미치는 또 다른 주요 속성이 있다. 그 속성은 바로 시간이다. 세상은 끊임없이 변화하고 있으므로 한 시점의 시스템에 대해 수집된 데이터가 반드시 미래의 시스템 상태를 나타내는 것은 아니다.
>
> 예를 들어 봄철에 식물 사진을 수집한다고 가정하자. 식물의 모양은 계절에 따라 성장하고 변화하기 때문에 일 년 내내 자연적으로 달라진다. 만약 데이터 세트에 봄철 식물 사진만 포함되어 있다면, 이 데이터로 학습된 모델은 식물의 모양이 바뀐 가을에는 제대로 작동하지 않을 수 있다. 이런 데이터의 속성을 계절성이라고 한다.
>
> 이런 위험에 대처하려면 도메인 전문지식을 적용해야 한다. 도메인 전문가는 데이터에 계절적 변화가 있는지 파악하고 그에 따라 데이터 수집 프로세스를 안내할 수 있다(예: 일 년 내내 식물의 이미지를 수집하도록 하는 것).
>
> 계절성이라는 개념은 식물이 포함된 데이터 세트뿐만 아니라 모든 데이터 세트에 영향을 미치며, 여기서 '계절'은[12] 모든 기간이 될 수 있다. 또 다른 예로, 피트니스 웨어러블은 하루 동안 발생하는 인체의 자연스러운 변화를 고려해야 할 수 있다. 데이터 세트가 오전에만 수집된 경우 밤에는 신뢰하지 못할 수 있다.
>
> 도메인 전문가가 특별히 염려하지 않더라도 데이터에 계절성이 있는지 확인하는 것도 좋다. 주변 온도 변화가 센서 노이즈에 미치는 영향 등 다른 변수가 작용할 수도 있기 때문이다. 데이터의 계절성을 식별하는 데 사용할 수 있는 많은 알고리듬 기법이 있으며, 데이터 세트의 다양한 시간 기반 하위 그룹에서 모델을 테스트하여 문제를 식별할 수도 있다.

샘플링을 통한 데이터 검토

데이터 품질을 검토할 때 함께 제공되는 메타데이터가 제한적인 경우, 종종 모든 데이터 샘플을 개별적으로 검토하기가 어렵다는 문제가 있다. 데이터 세트는 방대할 수 있으며, 도메인 전문가의 시간은 귀중하고 비용이 많이 든다.

12　봄, 여름, 가을, 겨울 같은 계절뿐만 아니라 - 옮긴이

그러나 다행히도 **샘플링**을 이용하면, 모든 항목을 일일이 검사하지 않고도 데이터를 검토할 수 있다. 주어진 데이터 세트에 대한 충분한 크기의 무작위 레코드 샘플은 더 큰 데이터 세트와 거의 동일한 대표성과 균형을 갖는다. 이 작은 샘플은 도메인 전문가가 데이터 세트 전체의 품질을 파악하기 위해 철저히 검사할 수 있다.

이때 까다로운 부분은 샘플이 얼마나 커야 하는지를 결정하는 것이다. 관심 있는 특성을 포함할 확률이 높으면서도 합리적인 시간 내에 검토할 수 있을 만큼 충분히 커야 한다.

예를 들어, 도메인 전문가가 데이터 세트에 특정 식물 종의 인스턴스가 충분히 포함되어 있는지 이해하려 한다고 가정하자. 이를 위해 데이터 샘플에서 해당 식물 종의 인스턴스를 세고 해당 종의 인스턴스와 다른 종의 인스턴스 간의 비율을 계산할 수 있다. 하지만 식물 종 간의 비율이 샘플과 전체 데이터 세트 간에 동일하다고 가정하려면 샘플 크기가 얼마나 커야 할까?

실제로 표본 크기를 추정하는 데 사용할 수 있는 공식이 있다. 그 공식은 다음과 같다.

$$\text{샘플 크기} = \frac{(\text{Z 점수})^2 * \text{표준편차} * (1 - \text{표준편차})}{(\text{오차 범위})^2}$$

이 공식에서 **오차 범위**는 샘플의 비율과 전체 데이터 세트의 비율 간에 허용할 수 있는 차이를 나타낸다. 오차 범위는 일반적으로 5%로 설정하는데, 이는 샘플의 비율이 전체 데이터 세트의 비율보다 2.5% 높거나 2.5% 낮아도 괜찮다는 뜻이다.

Z 점수는 신뢰 수준, 즉 우리가 얻은 숫자가 '실제로' 오차 범위 내에 속할 것이라고 얼마나 확신해야 하는지를 나타낸다. 합리적인 신뢰 수준은 95%이며, 일반적인 크기의 데이터 세트(수만 개 이상의 샘플)를 가정하면 Z 점수는 1.96이 된다.[13]

마지막으로 표준편차는 데이터의 편차가 얼마나 클 것으로 예상되는지를 나타낸다. 이 값을 미리 알 수 있는 방법이 없으므로, 안전을 위해 샘플 크기를 최대화하는 0.5로 설정할 수 있다.

13　Z 점수는 위키피디아(https://oreil.ly/3pKd5)에서 제공하는 표에서 조회할 수 있다.

이를 모두 종합하면, 다음과 같은 결과를 얻을 수 있다.

$$\text{샘플 크기} = \frac{(1.96)^2 * 0.5 * (1 - 0.5)}{(0.05)^2} = \frac{0.9604}{0.0025} = 384.16$$

샘플의 일부분이라는 것은 존재하지 않으므로, 샘플 크기를 385까지 반올림할 수 있다. 이는 한 종과 다른 종의 비율이 무작위 샘플에서 보이는 값의 5% 이내라는 95%의 확신을 가지려면 385개의 항목을 무작위로 추출해야 한다는 뜻이다.

이 수치는 적어도 머신러닝에 적합한 크기의 데이터 세트의 경우, 데이터 세트의 크기에 따라 크게 달라지지 않는 것으로 나타났다. 데이터 세트는 오차 범위의 변화에 가장 민감하다. 단지 1%의 오차 범위를 원한다면 9,604개의 항목이 포함된 샘플을 검토해야 한다. 퀄트릭스Qualtrics[14]에서는 실험을 쉽게 할 수 있는 편리한 온라인 계산기(https://oreil.ly/wEjUk)를 제공한다.

일반적으로 데이터 세트에서 수백 개의 샘플을 무작위로 선택하는 것으로 충분하다.[15] 이 정도면 검토하기 위해 관리하기 쉬운 숫자이며, 데이터 세트의 품질이 허용 가능한 수준인지에 대한 합리적인 통찰을 얻을 수 있다.

물론 이 경우 찾고자 하는 하위 그룹이 오차 범위 내에 들어갈 만큼 충분히 크다는 가정이 전제된다. 예를 들어 어떤 식물 종이 데이터의 5% 미만을 차지하는 경우, 385개 항목의 샘플에서 해당 종을 찾을 가능성은 낮다. 그러나 잘 드러나지 않는 하위 그룹을 찾고 있다면 데이터를 더 추가하도록 안내하여 결국 무작위 샘플링으로 해당 그룹을 감지할 수 있도록 하는 등 여전히 유용한 결과가 될 수 있다.

레이블 노이즈

대표성 외에도 데이터 세트 품질 문제의 또 다른 주요 원인으로 **레이블 노이즈**label noise라고 불리는 것이 있다. 레이블은 AI를 사용해 예측하고자 하는 값을 제공한다. 예를 들어

---

14 미국의 온라인 여론조사 기관 – 옮긴이
15 샘플이 정말 무작위인지 확인하려면 넘파이(https://oreil.ly/fuBiY)에서 제공하는 것 같은 샘플링 도구를 사용하는 것이 좋다.

식물 질병 분류기를 학습시키는 경우, 건강하지 않은 식물의 사진에 정확히 어떤 질병이 있는지 레이블을 붙일 수 있다. 회귀 문제를 해결하는 경우에는 데이터에 예측하려는 숫자로 레이블을 지정할 수 있다.

그러나 안타깝게도 데이터에 부착된 레이블이 항상 정확한 것은 아니다. 대부분의 데이터는 사람이 레이블을 붙이기 때문에 오류가 발생하는 것이 일반적이며, 이런 오류는 상당히 심각할 수 있다. 일례로 MIT의 한 연구 팀은 일반적으로 사용되는 공개 데이터 세트에서 평균 3.4%의 샘플에 레이블이 잘못 지정되어 있다는 사실을 발견했으며,[16] 이런 오류를 보여주는 웹사이트(https://oreil.ly/vrWZI)까지 만들었다.

물론 레이블 노이즈가 완전히 재앙인 것은 아니다. 머신러닝 모델은 노이즈에 대처하는 학습을 꽤 잘한다. 하지만 노이즈는 상당한 영향을 미치므로,[17] 모델의 성능을 최대한 끌어올리려면 노이즈가 많은 레이블을 정리하는 것이 좋다. 엣지 AI의 제약 조건은 이미 모델 성능에 큰 영향을 미치고 있다. 노이즈가 많은 레이블을 정리하면, 알고리듬 설계나 모델 최적화에 더 많은 시간을 할애하는 것보다 투자 대비 소득이 높을 수 있다.

레이블 노이즈를 식별하는 가장 간단한 방법은 데이터의 무작위 샘플을 검토하는 것이지만, 대규모 데이터 세트의 경우 건초 더미에서 바늘을 찾는 것과 같을 수 있다. 그렇기에 무작위로 샘플링하는 대신, 좀 더 지능적으로 검색에 집중하는 것이 좋다.

이를 위한 좋은 방법은 클래스 내에서 이상값을 찾는 것이다. 샘플이 잘못 분류된 경우, 잘못 분류된 클래스의 다른 멤버와 상당히 다르게 나타날 가능성이 높다. 단순한 데이터의 경우, 표준 데이터 과학 도구를 사용하면 이 작업이 쉬울 수 있다. 이미지나 오디오 같은 고차원 데이터의 경우 이 작업이 더 어려울 수 있다.

엣지 임펄스가 사용하는 엔드투엔드 엣지 AI 플랫폼에는 이 문제에 대한 흥미로운 해결책이 있다. 엣지 임펄스의 피처 탐색기는 비지도 차원 축소 알고리듬^{unsupervised dimensionality reduction algorithm}을 사용해 복잡한 데이터를 단순화된 2D 공간으로 투영하는

---

16 「Pervasive Label Errors in Test Sets Destabilize Machine Learning Benchmarks」(Curtis G. Northcutt et al., arXiv, 2021, https://oreil.ly/Zrcu1)

17 레이블 노이즈의 영향에 대해 자세히 알아보려면 「Label Noise Types and Their Effects on Deep Learning」(Görkem Algan & Ilkay Ulusoy, arXiv, 2020, https://oreil.ly/1LZKI)을 참고하기 바란다.

데, 여기서 근접성은 유사성과 상관관계를 갖는다. 이 접근 방식을 사용하면 그림 7-5에서와 같이 이상값을 쉽게 발견할 수 있다(https://oreil.ly/_9-Ny).

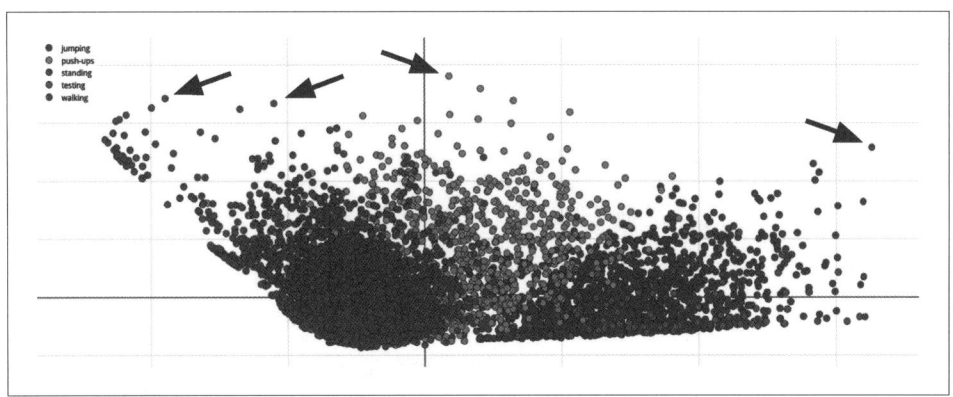

그림 7-5 각 점은 데이터 샘플을 나타내며, 점 사이의 거리는 데이터의 유사성을 나타낸다. 화살표로 강조 표시된 것과 같은 이상값은 비정상적인 샘플이다. 샘플이 다른 클래스에 속하는 샘플에 가깝게 나타나면 레이블이 잘못 지정됐는지 조사해 볼 필요가 있다.

노이즈가 있는 클래스 레이블을 찾는 또 다른 간단한 방법은 데이터에 대해 학습된 모델이 노이즈가 있는 샘플을 분류하는 데 **자신감이 떨어질**less confident 것이라고 가정하는 것이다. 학습된 모델이 샘플에 클래스를 할당할 때 신뢰도순으로 학습 샘플의 순위를 매긴다면, 레이블이 잘못 지정된 샘플이 목록의 맨 아래에 나타날 가능성이 높다.

분류 이외의 문제에 대한 데이터 세트에서는 레이블 노이즈가 약간 다르게 나타난다. 예를 들어 회귀 데이터 세트의 레이블 노이즈는 대상 값의 오류로 구성되는 반면, 객체 감지나 세그먼테이션 데이터 세트의 레이블 노이즈는 경계 상자bounding box나 세그먼테이션 맵segmentation map이 둘러싸고 있어야 할 객체와 잘 정렬되지 않음을 뜻한다.

레이블 노이즈 감지와 완화는 현재 연구 중인 분야다. 특히 노이즈가 많은 데이터 세트가 있다면 학술 문헌을 살펴볼 가치가 있다. 구글 스칼라Google Scholar(https://scholar.google.com)에서 'label noise'를 검색하면 도움이 될 것이다.

레이블 노이즈 방지

레이블 노이즈는 일반적으로 데이터 레이블링 과정에서 사람의 실수로 인해 발생한다. 인간은 데이터 레이블링 같은 반복적인 작업에서 (올바른 지식을 갖고 있더라도) 신뢰할 수 있는 결과를 생성하는 데 능숙하지 않다. 또한 데이터에 올바른 레이블이 무엇인지 불분명할 때도 있다. 예를 들어, 의료 전문가들조차도 진단 이미지가 질병을 나타내는지 여부에 항상 동의하는 것은 아니다.

많은 경우 레이블링 오류는 레이블링 작업에 대한 오해로 인해 발생한다. 그렇기에 적지 않은 양의 레이블링 작업이 필요한 프로젝트에는 데이터 레이블러를 위한 핸드북인 '평가자 가이드'를 제공하는 것이 중요하다. 가이드에는 가이드라인을 명확하게 설명하는 예시가 포함되어야 한다. 프로젝트가 진행되는 동안 흥미롭거나 불명확한 예가 발견되면 이를 업데이트할 수 있다.

인적 오류의 영향을 최소화하려면, 여러 명의 레이블러^{labeler}를 사용하는 것이 유용할 수 있다. 레이블러들이 레이블에 대해 의견이 일치하지 않는 경우, 샘플에 플래그를 지정하여 면밀히 검토할 수 있다. 특정 샘플에 대한 명확한 답이 없는 경우, 투표 시스템을 사용해 최종 레이블을 결정하거나 샘플을 거부할 수 있다. 이는 올바른 작업 과정은 프로젝트에 따라 다르며 도메인 전문지식의 적용이 필요하다.

일반적인 데이터 오류

대표성과 균형 문제는 데이터 세트가 설계된 방식을 반영하는 크고 구조적인 문제이며, 레이블 노이즈는 개별 샘플에 영향을 미치는 수집 프로세스의 결과다. 레이블 노이즈와 마찬가지로, 샘플 단위로 데이터에 영향을 줄 수 있는 여러 가지 일반적인 오류가 있다. 엣지 AI 프로젝트에서 흔히 볼 수 있는 문제는 다음과 같다.

레이블 노이즈

309페이지의 '레이블 노이즈' 절에서 자세히 설명한 것처럼, 사람 또는 기계 오류로 인해 데이터에 레이블을 지정하는 방식에서 문제가 발견되는 경우가 많다.

누락된 값

다양한 이유로 인해 데이터 세트의 일부 레코드에 특정 기능에 대한 값이 누락될 수 있다. 예를 들어, 데이터 수집 스크립트의 버그로 인해 값이 올바른 위치에 기록되지 않을 수 있다. 이는 매우 흔한 일이며, 가장 중요한 데이터 준비 작업 중 하나는 누락된 값을 처리하는 가장 좋은 방법을 찾는 것이다.

센서 문제

센서의 기술적 문제로 인해 데이터 품질에 큰 문제가 발생할 수 있다. 센서에 영향을 미치는 일반적인 문제로는 과도한 노이즈, 잘못된 보정, 센서 판독값에 영향을 미치는 주변 조건의 변화, 시간이 지남에 따라 값에 변화를 가져오는 성능 저하 등이 있다.

잘못된 값

데이터 세트의 값이 측정된 내용을 반영하지 않는 경우가 있다. 예를 들어, 판독값이 한 장소에서 다른 장소로 전송되는 동안 손상될 수 있다.

이상값

이상값은 예상 범위를 크게 벗어난 값이다. 이상값은 자연스러운 현상일 수도 있지만, 센서 문제나 예기치 않은 주변 환경 변화로 인한 증상인 경우가 많다.

일관되지 않은 스케일링

디지털 시스템에서는 동일한 값이 여러 가지 방식으로 표현될 수 있다. 예를 들어 온도 수치는 섭씨나 화씨로 표시될 수 있으며, 센서 값은 정규화되거나 정규화되지 않을 수 있다. 동일한 기능의 값에 다른 배율을 사용하면 두 데이터 세트의 데이터를 결합할 때 문제가 발생할 수 있다.

일관성 없는 표현

배율 외에도 표현이 달라질 수 있는 여러 경우가 있다. 예를 들어, 데이터 포인트는 0과 1 사이의 16비트 부동소수점 값이나 0과 255 사이의 8비트 정수로 저장될 수 있다. 컬러 이미지의 픽셀 순서는 빨강, 녹색, 파랑이나 파랑, 녹색, 빨강일 수 있다. 오디오 파일은 MP3로 압축되거나 샘플의 원시 버퍼로 존재할 수 있다. 이처럼 일관되지 않은 표현은 많은 어려움을 초래할 수 있다. 각 샘플에 첨부된 메타데이터에 이런 내용을 잘 문서화하는 것이 중요하다.

예상치 못한 속도

일관성 없는 표현의 끔찍한 하위 유형은 샘플링 속도$^{sampling\ rate}$의 불일치다. 예를 들어, 데이터 세트에 8kHz(초당 8,000회)로 수집된 샘플과 16kHz로 수집된 샘플이 포함될 수 있다. 이를 다르게 처리하지 않으면 매우 다른 값을 포함하는 것처럼 보일 수 있다. 특히 샘플 속도$^{sample\ rate}$와 비트 심도$^{bit\ depth}$의 변화가 결합된 경우, 8kHz 16비트 샘플과 16kHz 8비트 샘플을 한눈에 구분하기가 매우 어렵다!

안전하지 않은 데이터

현장에서 데이터를 수집하는 경우, 데이터를 수집하고 전송하기 위한 안전한 메커니즘이 반드시 필요하다. 예를 들어, 샘플을 저장하기 전에 변조되지 않았음을 보장하는 방식으로 암호화하여 서명할 수 있다. 공격자가 데이터를 변조할 수 있는 능력이 있다면 결과 알고리듬에 직접 영향을 미쳐 시스템을 유리하게 왜곡할 수 있다.

거의 모든 AI 프로젝트에는 이런 유형의 오류 중 일부를 수정하는 작업이 포함된다. 333페이지의 '데이터 클리닝' 절에서는 이런 문제를 해결하는 데 사용되는 방법을 소개한다.

드리프트와 시프트

> 모든 것은 변화하고 정지된 것은 없다.
>
> – 에페수스의 헤라클레이토스(Heraclitus), 기원전 535~475년

데이터 세트는 시간의 스냅샷에 불과하며, 수집된 기간 동안의 시스템 상태를 나타낸다. 현실 세계는 시간이 지남에 따라 변화하는 경향이 있기 때문에, 최고 품질의 데이터 세트도 시간이 지나면 약간 낡기 시작할 수 있다. 이런 변화 과정은 **드리프트**^{drift}, **개념 드리프트**$^{concept\ drift}$, **시프트**^{shift} 등 몇 가지 용어로 알려져 있다.

드리프트가 발생하면 데이터 세트가 더 이상 실제 시스템의 현재 상태를 대표하지 않게

된다. 즉, 해당 데이터 세트로 개발된 모델이나 알고리듬은 시스템에 대한 잘못된 이해를 기반으로 하며, 배포된 뒤에 제대로 작동하지 않을 가능성이 높다.

드리프트는 몇 가지 방식으로 발생할 수 있다. 정상적인 사용 중에 측정된 산업 기계의 진동을 캡처하는 데이터 세트를 예로 들어 살펴보자.

갑작스러운 변화

때때로 실제 환경에 갑작스러운 변화가 있을 수 있다. 예를 들어, 작업자가 진동 센서를 기계의 다른 부분으로 옮기면 센서가 감지하는 동작의 특성이 갑자기 바뀔 수 있다.

점진적인 변화

신호는 시간이 지남에 따라 점진적으로 변화할 수 있다. 한 예로, 기계의 움직이는 부품이 시간이 지남에 따라 점차 마모되어 진동의 특성이 서서히 바뀔 수 있다.

주기적 변화

주기적으로나 계절에 따라 변화가 발생하는 것이 일반적이다. 예를 들어, 여름과 겨울에 따라 달라지는 주변 온도에 따라 기계의 진동이 달라질 수 있다.

변화는 피할 수 없기 때문에 드리프트는 AI 프로젝트가 직면하는 가장 일반적인 문제 중 하나다. 드리프트는 센서의 배치 같은 물리적 구성에서부터 시간이 지남에 따라 언어와 발음이 점진적으로 변화하는 문화적 진화에 이르기까지 모든 곳에서 발생할 수 있다.

드리프트를 관리하려면 시간이 지남에 따라 데이터 세트를 업데이트해야 하는데, 이에 대해서는 353페이지의 '시간에 따른 데이터 세트 구축' 절에서 자세히 설명한다. 또한 현장에서 모델의 성능을 모니터링해야 하는데, 이 부분은 이후의 장들에서 다룰 것이다.

드리프트 덕분에 엣지 AI 프로젝트는 결코 '완료'된 것이 아니며, 모니터링이나 유지 관리에 지속적인 노력이 필요하다.

고르지 않은 오류 분포

지금까지 살펴본 바와 같이, 데이터 세트에 영향을 미칠 수 있는 오류의 유형은 매우 다양하다. 고품질의 데이터 세트를 얻으려면, 오류를 추적하고 허용 가능한 수준 이내로 유지해야 한다. 그러나 오류의 유무뿐만 아니라 오류가 데이터의 여러 부분집합에 미치는 영향도 측정하는 것이 중요하다.

예를 들어, 10개의 클래스로 구성된 균형 잡힌 데이터 세트로 분류 문제를 해결한다고 가정하자. 데이터 세트 전체에 걸쳐 약 1%의 레이블 노이즈(100개의 데이터 샘플 중 1개의 레이블이 잘못 지정됨)가 있는 것으로 샘플링을 통해 추정한다. 알고리즘 관점에서 보면 이 정도는 괜찮다고 생각할 수 있다. 데이터에 대해 머신러닝 모델을 학습시켰을 수도 있고, 그 정확도에 비추어 볼 때 효과적인 것으로 보일 수도 있다.

하지만 1%의 잘못된 레이블이 데이터 세트 전체에 균등하게(또는 **대칭적으로**) 분포되어 있지 않고 한 클래스에 **비대칭적으로** 집중되어 있다면 어떨까? 샘플 100개 중 1개의 레이블이 잘못 지정되는 것이 아니라, 이 클래스에 속한 데이터 항목 10개 중 1개의 레이블이 잘못 지정될 수 있다. 이는 이 클래스에 대한 모델 성능에 심각한 영향을 미칠 수 있다. 더 심각한 문제는 다른 클래스에 대해 동일한 방식으로 성능을 측정하는 능력에 영향을 미칠 수 있다는 점이다.

클래스가 아닌 하위 그룹에서도 오류가 비대칭적으로 발생할 수 있다. 예를 들어, 데이터 세트에 세 가지 자동차 모델에서 수집한 데이터가 포함되어 있다고 가정해 보자. 자동차 모델 중 하나에 설치된 센서에 결함이 있는 경우, 해당 모델에 대한 데이터에 오류가 포함될 수 있다. 이는 클래스 간에 오류가 비대칭인 경우보다 훨씬 더 위험한데, 표준 성능 지표를 사용해 그 영향을 감지하기가 쉽지 않기 때문이다.

비대칭 오류는 특정 하위 그룹의 시스템 성능에 더 많은 영향을 미치기 때문에, 알고리듬에 편향성을 초래할 가능성이 높다. 그렇기에 데이터에서 오류를 찾을 때는 전체 오류 수준이 허용 가능한 것처럼 보이더라도 데이터 하위 그룹의 오류율을 고려하는 데 각별히 주의를 기울여야 한다. 평소와 마찬가지로, 도메인 전문지식은 하위 그룹을 결정하고 이를 가장 잘 검사하는 방법을 결정하는 데 매우 유용하다.

데이터 준비

원시 데이터에서 고품질 데이터 세트로의 전환은 많은 단계가 있는 긴 여정이다. 다음 절에서는 그 여정을 따라가며 프로세스를 이해하기 시작하겠다. 다음은 그 여정 중의 정거장들이다.

- 레이블링
- 포맷 지정
- 클리닝
- 피처 엔지니어링
- 분할
- 데이터 증강

이 항목들 중 하나인 피처 엔지니어링은 실제로 9장에서 다룰 알고리듬 개발 작업의 일부다. 하지만 데이터 세트를 정제^{refine}하는 과정에서 그 결과가 사용되는 방식 때문에 여기서 언급할 가치가 있다.

이 여정의 이정표에서는 초기 원시 데이터를 이미 수집했다고 가정한다. 아직 완전히 대표적이거나 균형 잡힌 데이터 세트를 확보하지는 못했을 가능성이 높지만, 시작은 확실히 한 것이다. 데이터 준비 프로세스는 데이터 세트를 성장시키고 개선하는 데 도움이 될 것이다.

레이블링

일반적인 엣지 AI 데이터 세트는 일련의 원시 입력(예: 시계열 센서 데이터)과 해당 입력의 의미에 대한 설명 사이의 매핑을 반영한다. 우리의 임무는 이 매핑을 자동으로 수행할 수 있는 알고리듬 시스템을 구축하거나 학습시키는 것이다. 즉, 원시 입력 세트가 제시되면 해당 입력이 무엇을 뜻하는지 알려주는 것이다. 그러면 애플리케이션은 이 추정된 의미를 사용해 지능적인 의사결정을 내릴 수 있다.

대부분의 데이터 세트에서 **의미**에 대한 설명은 레이블의 형태로 제공된다. 앞서 살펴본 바와 같이, 신뢰할 수 있는 알고리듬을 만들려면 고품질의 레이블이 필요하다. 데이터에 레이블을 붙이는 방법에는 몇 가지가 있으며, 프로젝트에 따라 여러 가지를 조합하여 사용할 수 있다.

피처를 사용한 레이블링

일부 데이터 세트는 자신의 피처를 사용해 레이블을 지정한다. 예를 들어 여러 개의 값싼 센서의 신호를 사용해, 품질은 높지만 엄청나게 비싼 센서의 출력을 예측하는 시스템인 가상 센서를 구축한다고 가정해 보자. 이 경우 데이터 세트에는 값싼 센서와 비싼 센서의 판독값이 모두 포함되어야 한다. 이때 값비싼 센서의 판독값이 레이블로 사용된다.

피처는 레이블로 사용되기 전에 처리될 수도 있다. 예를 들어, 센서 데이터를 기반으로 낮인지 밤인지를 예측하도록 ML 모델을 학습시키고자 한다고 가정하자. 데이터 세트의 각 행의 타임스탬프와 데이터가 수집된 지역의 일출과 일몰 정보를 사용해 데이터가 낮에 캡처됐는지 밤에 캡처됐는지 판단할 수 있다.

수동 레이블링

대부분의 데이터 세트는 사람이 의도적으로 레이블을 붙인다. 일부 데이터 세트의 경우, 특정 이벤트 중에 샘플이 수집되면 레이블이 무엇이어야 하는지 명확히 할 수 있다. 예를 들어, 차량에서 진동 데이터 세트를 수집하여 '이동 중'이나 '공회전 중'으로 레이블을 지정한다고 가정하자. 이 경우, 당시 차량에 앉아 있다면 각 샘플에 레이블을 어떻게 지정해야 하는지 이미 알고 있을 것이다.

다른 경우, 사람이 이전에 레이블이 지정되지 않은 데이터 세트의 각 레코드를 살펴보고 올바른 레이블이 무엇인지 결정하는 지루한 수동 프로세스일 수 있다. 예를 들어, 올바른 레이블을 적용하기 위해 약간의 훈련이나 기술이 필요할 수 있다. 경우에 따라서는 잘 훈련된 전문가조차도 올바른 레이블에 동의하기 어려울 수 있다. 의료 영상 데이터는 종종 이 문제로 어려움을 겪는다.

아무리 쉬운 작업이라도 인간은 자연스럽게 실수를 저지르기 마련이다. 수동 레이블링은 데이터 세트 품질 문제의 가장 흔한 원인 중 하나다. 또한 이를 감지하고 수정하는 데 가장 많은 비용이 들기 때문에, 올바르게 처리하는 것이 중요하다.

자동 레이블링

데이터 세트에 따라 자동으로 레이블을 적용하는 것이 가능할 수도 있다. 예를 들어, 사진에서 여러 종의 동물을 식별할 수 있는 작은 온디바이스 ML 모델을 학습시킬 계획이라고 가정하자. 이미 이 작업을 수행할 수 있지만 임베디드 장치에 탑재하기에는 너무 크며 매우 정확한 대형 ML 모델에 접근할 수 있을 것이다. 이 대규모 모델을 사용해 데이터 세트에 자동으로 레이블을 지정하면 사람이 직접 작업할 필요가 없다.

이 접근 방식은 많은 시간을 절약할 수 있지만, 항상 가능한 것은 아니다. 가능하다고 하더라도 자동화된 시스템에서 실수가 발생할 수 있으며, 이를 식별하고 수정하기 위한 프로세스가 필요하다고 가정하는 것이 현명하다.

기존 대규모 모델의 레이블과 학습하려는 모델 간에 차이가 있는 경우가 많다는 점을 염두에 두어야 한다. 예를 들어 야생동물 소리를 인식하는 시스템을 구축한다고 가정해 보자. 새나 포유류가 내는 소리를 식별할 수 있는 작은 모델을 배포하는 것이 목표다. 큰 모델이 개별 종을 식별하도록 설계된 경우, 각 종을 '새'나 '포유류' 레이블에 매핑해야 한다.

어시스티드 레이블링

수동 레이블링과 자동 레이블링 사이의 하이브리드 접근 방식을 설계하여 지루한 작업의 자동화와 사람의 직접적인 통찰을 결합하는 두 가지 장점을 모두 제공할 수 있다. 예를 들어, 이미지 데이터 세트에서 특정 객체 주위에 경계 상자를 그려야 한다고 가정하자. 어시스티드 레이블링^{assisted labeling} 시스템에서는 컴퓨터 비전 모델이 각 이미지에서 관심 영역을 강조 표시하여 사용자가 이를 검사하고 경계 상자를 그려야 하는 영역을 결정할 수 있다.

모든 문제에 레이블이 필요한 것은 아니다

대부분의 경우 레이블이 필요하겠지만, 해결하려는 문제에 따라 레이블이 필요치 않을 수도 있다.

158페이지의 '고전적인 머신러닝' 절에서 **지도** 학습과 **비지도** 학습의 개념을 살펴봤다. 지도 학습에서 머신러닝 알고리듬은 입력 데이터 세트가 주어지면 레이블을 예측하는 방법을 학습한다. 비지도 학습에서는 모델이 다른 작업에 사용할 수 있는 데이터의 표현을 학습한다.

비지도 알고리듬에는 레이블이 필요치 않다. 예를 들어, 이상 탐지를 위한 클러스터링 알고리듬을 학습한다고 가정하자.[18] 이 알고리듬은 레이블이 지정된 데이터가 필요치 않고 레이블이 지정되지 않은 데이터 세트의 고유한 속성만 학습하려고 시도할 뿐이다. 이 경우 클러스터링 알고리듬은 정상(비이상) 값을 나타내는 데이터로 학습해야 하므로, 학습 데이터 세트에 정상값만 포함되도록 신중하게 큐레이팅해야 한다.

비지도 알고리듬으로 문제를 해결할 수 있을 것 같다면, 프로세스 초기에 실험으로 시도해 보는 것이 좋다. 많은 데이터에 레이블을 붙이지 않고도 문제를 해결할 수 있어 비용, 시간, 위험을 크게 절감할 수 있을 것이다. 하지만 대부분의 문제는 지도 학습이 필요한 것으로 판명될 가능성이 높다.

비지도 알고리듬을 사용하는 경우라도, 일반적으로 테스트에 사용할 레이블이 지정된 데이터를 확보하는 것이 중요하다. 예를 들어, 이상 탐지 문제를 해결하는 경우 정상값과 이상값에 대한 예를 확보해야 한다. 이런 예에는 모델 성능을 평가하는 데 사용할 수 있도록 레이블을 지정해야 한다.

반지도 학습과 능동 학습 알고리듬

레이블링은 데이터 세트 수집에서 가장 많은 비용과 시간이 소요되는 측면 중 하나다. 이는 레이블이 지정되지 않은 대량의 데이터 풀과 레이블이 지정된 소량의 데이터에 접근하는 것이 일반적이라는 뜻이다. 엣지 AI에 관심이 있는 많은 조직은 오랜 기간 동안

---

[18] 153페이지의 '이상 탐지' 절 참고

수집해 온 IoT 데이터 저장소를 보유하고 있을 수 있다. 이때는 데이터는 풍부하지만 레이블이 지정되지 않은 상태다.

반지도 학습semi-supervised learning과 **능동 학습**active learning은 이런 유형의 데이터를 활용하기 위해 고안된 두 가지 기술이다. 두 기법의 기본 개념은 레이블이 지정된 작은 데이터 세트에 부분적으로 학습된 모델을 사용해 더 많은 데이터에 레이블을 지정하는 데 도움을 줄 수 있다는 것이다.

그림 7-6에 표시된 반지도 학습은 레이블이 지정되지 않은 대규모 데이터 세트로 시작한다. 먼저 이 데이터 세트의 작은 부분집합에 레이블을 지정하고, 레이블이 지정된 레코드로 모델을 학습시킨다. 그런 다음 이 모델을 사용해 레이블이 지정되지 않은 레코드들에 대한 예측을 수행한다. 이런 예측은 데이터에 레이블을 지정하는 데 사용된다. 일부는 틀릴 수도 있지만 괜찮다.

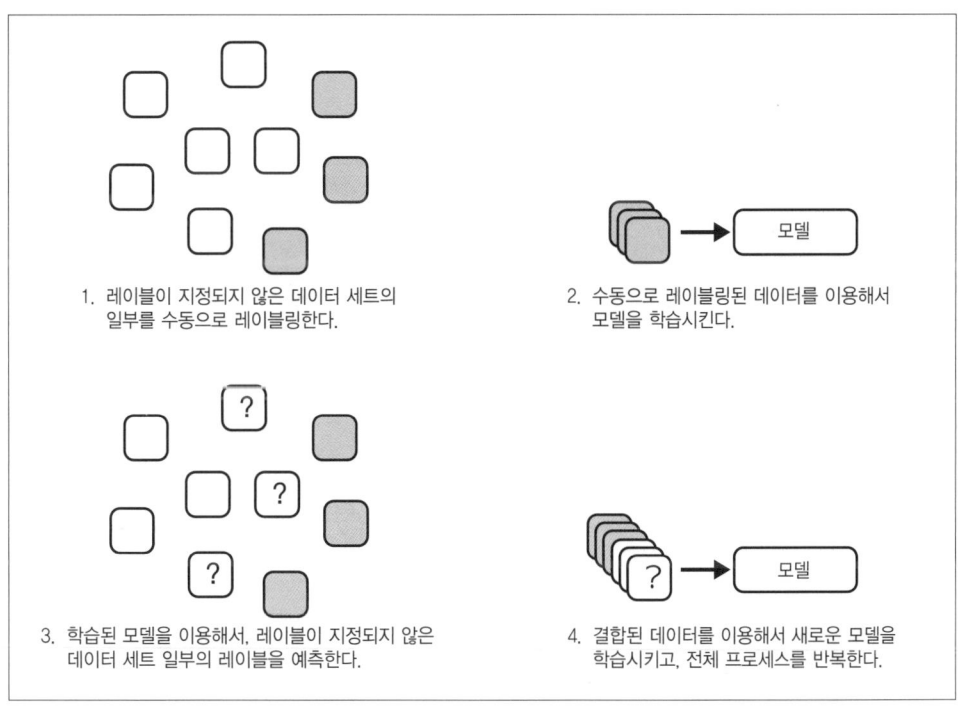

그림 7-6 반지도 학습

이렇게 새로 레이블이 지정된 레코드는 원래 레이블이 지정된 데이터와 결합되고 이 모든 데이터를 사용해 새 모델이 학습된다.[19] 새 모델은 이전 모델이 레이블을 지정하는 데 도움을 준 데이터로 학습됐더라도 이전 모델보다 적어도 조금은 더 나은 모델일 것이다. 그런 다음 모델이 프로덕션에서 사용하기에 충분한 수준이 될 때까지 점점 더 많은 데이터에 레이블을 붙이는 과정을 반복한다.

두 번째 기술인 능동 학습은 조금 다르다. 그림 7-7에 표시된 프로세스는 사용 가능한 소량의 레이블이 지정된 데이터로 초기 모델을 학습시키는 것과 동일한 방식으로 시작된다. 하지만 다음 단계는 다르다. 무작위 데이터 샘플에 자동으로 레이블을 지정하는 대신, 이 모델을 사용해 데이터 세트에서 레이블을 지정하는 데 가장 유용할 것으로 보이는 레코드 세트를 선택한다. 그런 다음 도메인 전문가에게 이들 샘플에 레이블을 지정하도록 요청하고, 이를 활용하는 새로운 모델을 학습시킨다.

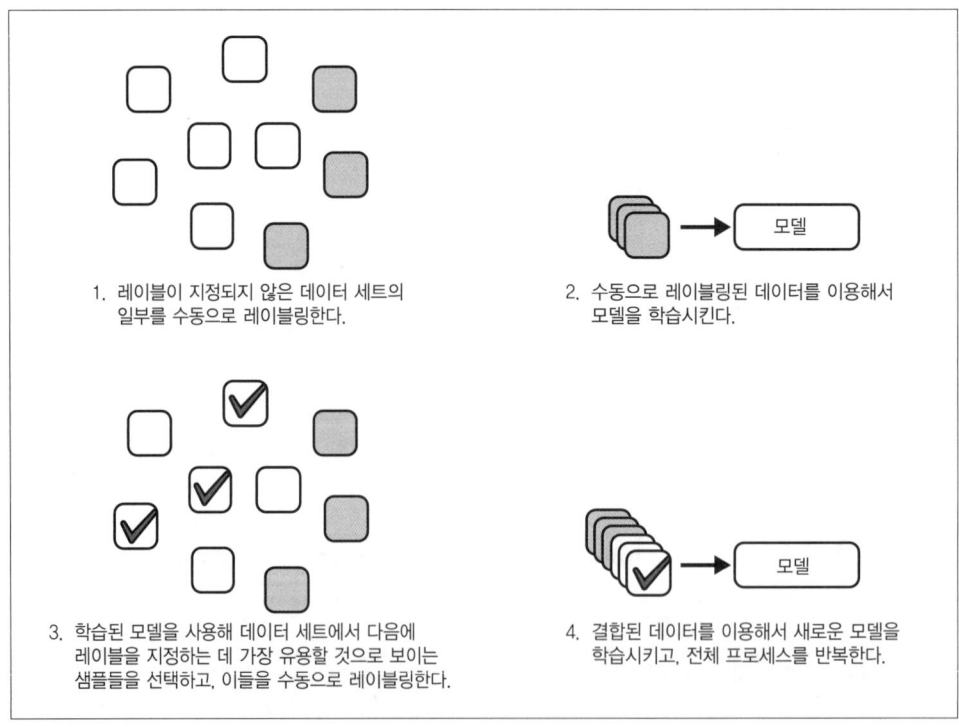

그림 7-7 능동 학습

---

19 또한 학습 중에, 수동으로 레이블을 지정한 항목에 더 많은 가중치를 부여하는 메커니즘을 사용할 수도 있다.

선택 프로세스는 레이블이 지정되지 않은 샘플 중 모델 학습에 도움이 되는 정보를 가장 많이 포함하는 샘플을 식별하여 **정보 획득**information gain을 극대화하도록 설계됐다. 가장 일반적인 두 가지 선택 전략은 **불확실성 샘플링**uncertainty sampling과 **다양성 샘플링**diversity sampling으로 알려져 있으며, 개별적으로 또는 조합하여 사용할 수 있다.

불확실성 샘플링은 **신뢰도**confidence에 기반을 둔다. 초기 모델이 기록을 분류하는 데 자신 있는confident 것처럼 보이면 해당 기록을 학습에 사용해 더 이상 얻을 수 있는 정보가 많지 않다고 가정할 수 있다. 모델이 특정 레코드에 대해 확신을 갖지 못한다면not confident, 이는 모델이 해당 레코드와 유사한 샘플을 많이 보지 못해 무엇을 만들어야 할지 모른다는 신호다. 이런 샘플에 레이블을 지정하고 데이터 세트에 추가하는 것이 가장 효과적이다.

다양성 샘플링에는 통계적 기법을 사용해 어떤 샘플이 데이터의 기본 분포를 가장 잘 나타내는지 파악하는 것이 포함된다. 예를 들어, 두 샘플 간의 유사성을 정량화하는 방법을 찾으려고 할 수 있다. 레이블을 지정할 새 샘플을 선택하려면, 기존 레이블이 지정된 데이터 세트의 샘플과 가장 다르게 보이는 샘플을 찾아야 한다.

레이블링할 샘플 몇 개를 선택하고, 새로운 샘플을 기존의 레이블링된 샘플과 함께 학습 데이터에 통합하고, 모델을 재학습시키는 이 전체 프로세스는 우수한 성능의 모델을 얻기 위해 필요한 만큼 반복해서 수행된다.

이러한 기법은 비교적 새로운 기술이지만 매우 잘 작동한다. 325페이지의 '레이블링 도구' 절에서는 이러한 도구를 사용하는 데 도움이 될 수 있는 예를 제공한다.

즉, 능동형 학습 도구는 레이블링 프로세스에서 편향의 잠재적 원인이 될 수 있다. 이 도구를 평가하려면 능동 학습 워크플로에서 선택한 샘플 대신, 무작위로 선택한 샘플에 레이블을 지정한 결과와 비교하는 것이 좋으며, 이렇게 하면 능동 학습 프로세스가 생성하는 모델 유형을 더 잘 이해할 수 있다.

레이블링의 편향성

309페이지의 '레이블 노이즈' 절에서는 데이터 세트에서 레이블 노이즈가 어떻게 중요한 문제가 되는지 설명했다. 레이블 노이즈의 주요 원인 중 하나는 레이블링 프로세스의 편향성이다. 이런 일이 발생하면 데이터 세트는 모델링하려는 상황을 반영하는 대신 레이블링을 수행하는 사람과 도구의 편향을 반영하게 된다.

> **품질 관리 시스템의 편향성**
>
> 제조 회사를 위해 산업용 제품의 결함을 감지하는 시스템을 만들고 싶다고 가정하자. 제품 이미지의 데이터 세트를 수집하여 '결함'이나 '정상'으로 레이블을 지정하고자 한다. 도메인 전문가와 협력하여 데이터 세트를 살펴보고 관련 레이블을 적용한다.
>
> 이론적으로는 훌륭해 보인다. 하지만 도메인 전문가는 회사에 새로 입사한 사람이고 회사의 가장 최근 산업 제품만 다뤄본 경험이 있다. 그들은 이 제품의 결함 품목에 대해 능숙하게 레이블을 지정할 수 있다. 그러나 안타깝게도 데이터 세트에는 오래된 제품의 예도 포함되어 있다. 이런 품목의 경우 도메인 전문가가 자신감이 떨어지고 레이블이 부정확할 가능성이 높다.
>
> 레이블링 프로세스를 통해, 데이터 세트는 업무에 익숙하지 않고 일부 회사 제품에 익숙하지 않은 도메인 전문가의 편견을 갖게 된다. 이는 곧 여러분이 만들고 있는 시스템이 이런 제품의 결함 사례를 인식하는 능력이 떨어질 수 있다는 뜻이다. 시스템이 생산에 사용될 때 결함이 있는 품목을 식별하지 못하거나 정상 품목을 결함이 있는 것으로 표시할 수 있다. 그리고 이 두 가지 경우 모두 회사에 비용이 발생한다.

이는 레이블링 중 편향이 데이터 세트의 품질에 영향을 미칠 수 있는 한 가지 방법일 뿐이다. 안타깝게도 이런 유형의 문제는 거의 피할 수 없을 정도로 흔하다. 또한 데이터 세트는 시스템을 평가하는 가장 강력한 도구이기 때문에 시스템의 편향성을 감지하기 어려울 수 있다.

레이블 품질 문제를 방지하는 가장 좋은 방법은 레이블의 정확성을 평가하는 엄격한 절차를 마련하는 것이다. 몇 가지 나열하면 다음과 같다.

- 해당 주제에 대한 깊은 경험이 있는 합법적인 도메인 전문가 활용하기
- 도메인 전문가가 수립한 문서화된 레이블 제작 프로토콜을 따르기
- 서로의 작업을 확인할 수 있는 여러 레이블러에게 의존하기
- 레이블링된 데이터 샘플의 품질 평가하기

이렇게 하면 레이블링 프로세스의 비용과 복잡성이 증가한다. 고품질 데이터 세트를 제작하는 데 드는 비용이 감당할 수 있는 수준을 넘어서는 경우, 현재 예산으로는 프로젝트를 진행하지 못할 수도 있다. 유해한 시스템을 프로덕션에 출시하는 것보다 프로젝트를 중단하는 편이 낫다.

레이블링 편향은 수작업으로 레이블을 붙인 데이터에만 나타나는 것이 아니다. 자동 시스템을 사용해 데이터에 레이블을 지정하는 경우, 이 시스템에 존재하는 모든 편향이 데이터 세트에도 반영된다. 예를 들어 사전 학습된 대규모 모델의 출력을 사용해, 엣지 AI 모델을 학습하는 데 사용될 새 데이터 세트의 레코드에 레이블을 지정한다고 가정해보자. 대규모 모델의 성능이 데이터 세트의 모든 하위 그룹에 걸쳐 균일하지 않은 경우, 레이블에 동일한 편향이 반영된다.

레이블링 도구

데이터 레이블링에 도움이 될 수 있는 여러 가지 범주의 도구가 있다. 프로젝트에 따라 최선의 선택은 달라진다.

- 주석 도구 annotation tools
- 크라우드소스 레이블링 crowdsourced labeling
- 어시스티드 레이블링과 자동 레이블링
- 반지도 학습과 능동 학습

각각을 차례로 살펴보자.

주석 도구. 사람이 데이터에 레이블을 붙이거나 평가해야 하는 경우, 어떤 종류의 도구를 사용해야 한다. 예를 들어, 사진에 포함된 동물에 레이블을 붙인 데이터 세트를 구축한다고 가정하자. 각 사진을 표시하고 도메인 전문가가 본 동물을 지정할 수 있는 어떤 형태의 사용자 인터페이스가 필요할 것이다.

이러한 도구의 복잡성은 데이터에 따라 달라진다. 이미지 분류에 사용되는 데이터 세트의 레이블링 인터페이스는 사진을 보여주고 사용자가 레이블을 지정할 수 있도록 하기만 하면 되므로 비교적 간단하다. 물체 감지 데이터 세트의 인터페이스는 더 복잡해야 한다. 사용자가 관심 있는 물체 주위에 경계 상자를 그려야 하기 때문이다.

시계열 센서 데이터처럼 좀 더 이색적인 유형의 데이터는 도메인 전문가가 이해할 수 있는 방식으로 데이터를 시각화하는 데 도움이 되는, 더 정교한 도구가 필요할 수 있다.

주석 도구는 센서 데이터 데이터 세트와 의미 있는 방식으로 상호 작용하기 위한 필수 요건이다. 레이블 평가는 프로세스의 중요한 부분이기 때문에 레이블링뿐만 아니라 기존 레이블을 시각화하고 편집하는 데도 주석 도구가 필요하다.

주석 도구는 오픈소스와 상용 소프트웨어로 제공된다. 주의해야 할 사항은 다음과 같다.

- 작업 중인 데이터 유형에 대한 지원
- 해결하려는 문제에 대한 지원(예: 분류 대 회귀)
- 여러 사람이 레이블링 작업을 할 수 있는 공동 작업 기능
- 이 절의 뒷부분에서 설명하는 자동화와 기타 기능

크라우드소스 레이블링. 팀에서 내부적으로 처리할 수 있는 것보다 더 많은 데이터를 레이블링해야 하는 경우가 종종 있다. 이 경우 크라우드소스 레이블링 도구를 사용하는 것이 유용할 수 있다. 이런 도구를 사용하면 레이블링 작업을 정의한 다음 이를 완료하는 데 도움을 줄 대중을 모집할 수 있다. 데이터 레이블링에 도움을 주는 사람들은 레이블을 붙일 때마다 소정의 금전적 보상을 받거나 자원 봉사자로 참여할 수 있다.

크라우드소스 레이블링의 가장 큰 장점은 시간이 엄청나게 오래 걸리는 대규모 데이터 세트에 신속하게 레이블을 붙일 수 있다는 것이다. 하지만 레이블링 프로세스가 최소한의 교육을 받은 일반 대중에게 의존하기 때문에 도메인 전문지식에 의존할 수 없다.

이로 인해 정교한 기술 지식이 필요한 작업 등 일부 작업은 불가능할 수 있다. 간단한 작업이라도 도메인 전문가가 데이터에 레이블을 붙일 때보다 훨씬 더 많은 품질 문제가 발생할 가능성이 높다. 또한 일반인이 이해할 수 있을 정도로 명확하게 작업을 정의하

는 데 상당한 오버헤드가 발생할 수 있다. 좋은 결과를 얻으려면 레이블러에게 작업을 정확하게 완료하는 방법을 교육해야 한다.

품질 문제 외에 기밀성 문제도 있다. 데이터 세트에 민감한 개인 정보나 독점 정보가 포함되어 있는 경우, 크라우드소싱이 적합하지 않을 수 있다. 또한 크라우드소싱된 데이터 세트는 악의적인 행위자에 의해 조작될 가능성이 있다.

어시스티드 레이블링과 자동 레이블링. 어시스티드 레이블링과 자동 레이블링 도구는 일종의 자동화를 통해 사람(도메인 전문가나 크라우드소스 레이블러)이 대량의 데이터에 신속하게 레이블을 지정할 수 있도록 도와준다. 간단하게는 기본 신호 처리 알고리듬을 사용해 관심 영역을 강조 표시하거나 레이블을 제안하는 것부터 시작할 수 있다. 좀 더 정교한 도구는 머신러닝 모델을 사용해 도움을 줄 수 있다. 다음 어시스티드 레이블링 도구의 예는 엣지 임펄스에서 가져온 것이다.

첫째, 개체 감지 레이블링 도구(https://oreil.ly/IkzTs)는 이미지 시퀀스에서 개체 주위에 경계 상자를 쉽게 그릴 수 있게 해준다. 이 도구는 그림 7-8처럼 개체 추적 알고리듬을 사용해 후속 프레임에서 이전에 레이블이 지정된 항목을 식별한다.

그림 7-8 엣지 임펄스에서 레이블을 지정하기 위한 개체 추적. 레이블이 지정된 자동차는 연속된 프레임에 걸쳐 추적된다.

레이블링 도구의 더 복잡한 예로, 엣지 임펄스 스튜디오$^{Edge Impulse Studio}$(https://oreil.ly/Qxs5j)의 데이터 탐색기는 클러스터링 알고리듬을 사용해 데이터를 시각화하는 데 도움을 주며, 유사한 샘플이 서로 가깝게 표시되어 사용자가 인접한 샘플을 기반으로 신속하게 샘플에 레이블을 지정할 수 있다. 이는 그림 7-9에 나와 있다.

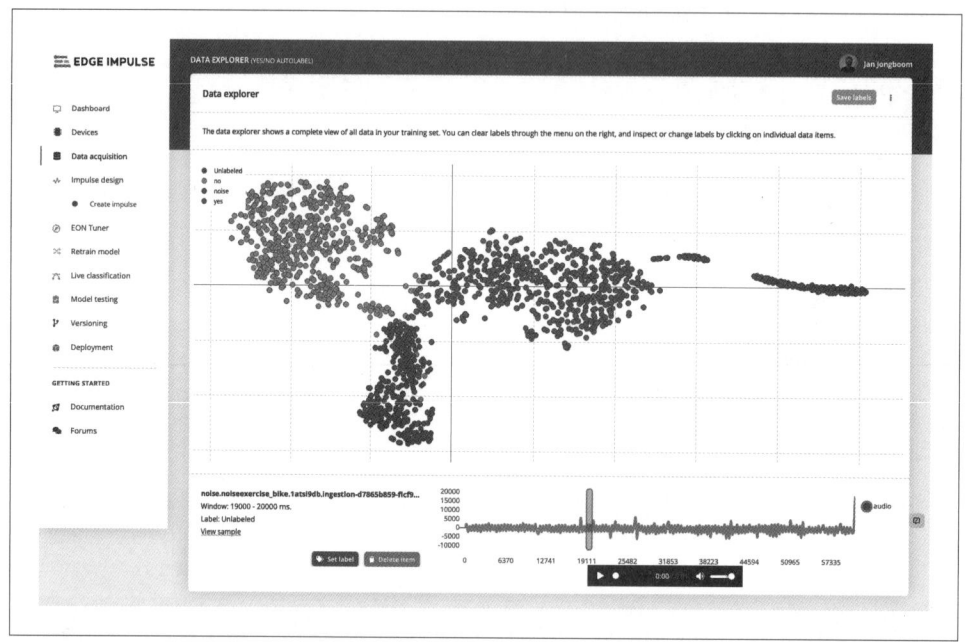

그림 7-9 엣지 임펄스의 데이터 탐색기를 사용해 키워드 발견 데이터 세트에 레이블을 지정한다.

마지막으로, 사전 학습된 전체 모델을 사용해 데이터에 자동으로 레이블을 지정할 수 있다. 예를 들어, 그림 7-10은 공개 데이터 세트(https://oreil.ly/IZMoT)에서 사전 학습된 객체 감지 모델을 사용해 80개의 알려진 객체 클래스의 인스턴스에 레이블을 지정하는 방법을 보여준다.

어시스티드 레이블링은 사람이 하던 작업을 자동화된 시스템으로 전환하여 시간과 노력을 절약할 수 있다. 하지만 자동화된 시스템은 완벽할 가능성이 낮기 때문에 단독으로 사용해서는 안 되며, 좋은 품질을 보장하기 위해 사람이 '함께' 참여해야 한다.

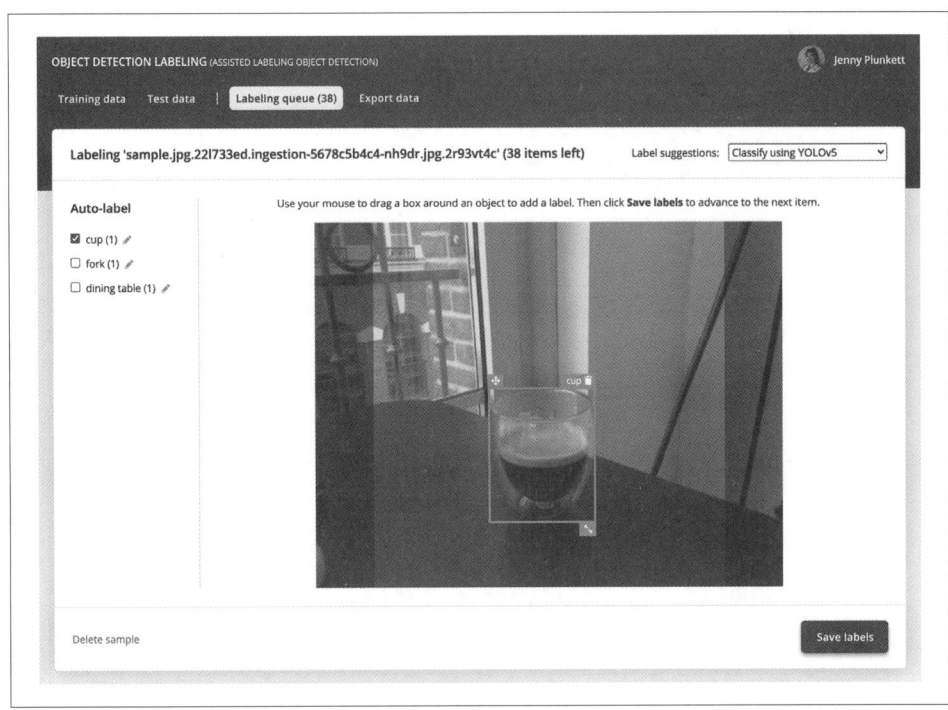

그림 7-10 엣지 임펄스의 이 스크린샷처럼 사전 학습된 모델을 사용해 데이터에 자동으로 레이블을 지정할 수 있다.

반지도 학습과 능동 학습. 320페이지의 '반지도 학습과 능동 학습 알고리듬' 절에서 설명한 것처럼, 부분적으로 학습된 모델을 사용해 데이터 세트에 레이블을 지정하는 부담을 줄일 수 있는 다양한 기법이 존재한다. 이 방법은 어시스티드 레이블링과 유사하지만, 수행해야 하는 레이블링의 양을 지능적으로 줄일 수 있다는 점에서 특히 흥미롭다. 예를 들어, 능동 학습 도구는 나머지 데이터에 대한 자동 레이블을 정확하게 제공하기 위해 수작업으로 레이블을 지정해야 하는 데이터의 작은 부분집합을 제안할 수 있다.

두 기술 모두 데이터의 부분집합에 레이블을 지정하고, 모델을 학습시킨 뒤 다음 데이터 세트에 대한 레이블을 결정하는 반복적인 프로세스를 포함한다. 여러 번의 반복을 통해 효과적인 데이터 세트를 얻을 수 있다.

능동 학습의 흥미로운 변형은 엣지 임펄스 스튜디오의 데이터 탐색기(https://oreil.ly/

sDAif)에서 찾을 수 있다. 데이터 탐색기는 부분적으로 학습된 모델을 사용해 레이블이 지정되지 않은 데이터 세트를 클러스터로 시각화할 수 있다.[20] 이러한 클러스터는 클러스터가 구별되고 각 클러스터에 최소한 일부 레이블이 지정된 샘플이 포함되어 있는지 확인하는 것을 목표로 레이블링 프로세스를 안내하는 데 사용할 수 있다. 그림 7-11은 부분적으로 학습된 모델을 기반으로, 클러스터링되는 데이터 세트를 보여준다.

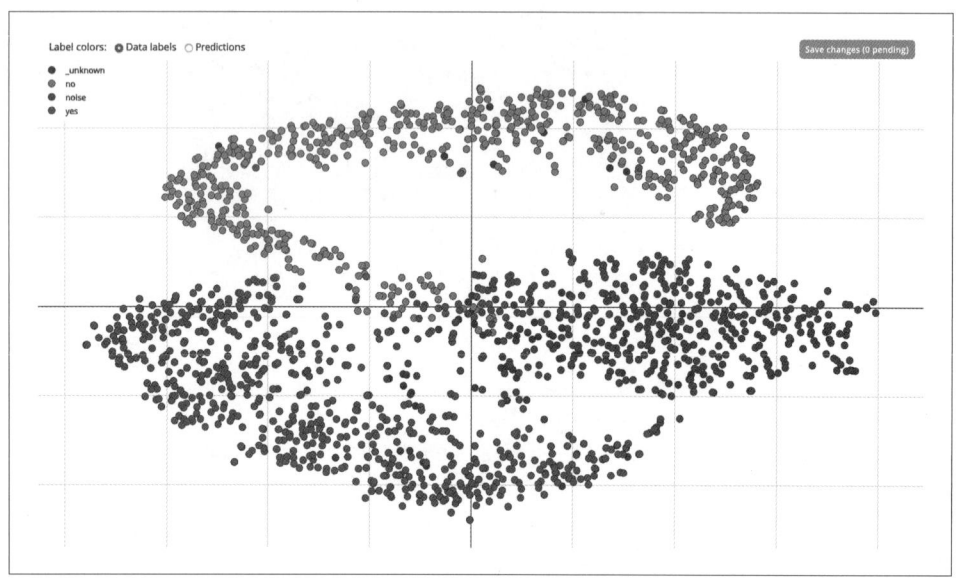

그림 7-11 데이터는 부분적으로 학습된 모델의 출력에 따라 클러스터링되며, 시각화는 레이블링을 안내하거나 모호한 샘플을 식별하여 데이터 품질을 개선하는 데 사용할 수 있다.

앞서 살펴본 바와 같이, 데이터 레이블링은 AI 시스템의 품질에 큰 영향을 미친다. 필요한 작업을 줄일 수 있는 정교한 도구가 있지만, 일반적으로 레이블링은 AI 프로젝트에 소요되는 시간 중 많은 부분을 차지한다.

포맷 지정

디스크에 데이터를 저장하는 데 사용할 수 있는 포맷^{format}(형식)은 거의 무한대에 가까

---

20 활성화는 모델 끝 쪽의 계층에서 가져오고, 임베딩 역할을 한다.

울 정도로 다양하다. 단순한 바이너리 표현부터 머신러닝 모델 학습을 위해 특별히 설계된 특수 형식까지 다양하다.

데이터 준비 프로세스의 일부는 서로 다른 소스에서 데이터를 가져와 편리한 방식으로 포맷하는 것이다. 예를 들어, 모델 학습을 준비하기 위해 IoT 플랫폼에서 센서 데이터를 가져와서 바이너리 형식으로 저장해야 할 수 있다.

각 데이터 형식에는 장단점이 있다. 일반적인 종류를 나열하면 다음과 같다.

텍스트 형식

CSV$^{\text{Comma-Separated Values}}$와 JSON$^{\text{JavaScript Object Notation}}$ 같은 형식은 데이터를 텍스트로 저장한다. 예를 들어, CSV 형식은 데이터를 쉼표(여기서 이름이 유래했다)나 탭 같은 구분 기호로 구분된 텍스트로 저장한다. 모든 텍스트 편집기로 값을 읽고 편집할 수 있으므로 작업하기가 매우 간단하다. 하지만 텍스트 기반 형식은 바이너리 형식보다 파일 공간을 더 많이 차지하고, 접근과 처리에 더 많은 계산 오버헤드가 필요하기 때문에 매우 비효율적이다.

메모리에서 완전히 읽을 수 있는 작은 데이터 세트의 경우 CSV와 JSON 파일이 적합하지만, 디스크에서 읽어야 하는 큰 데이터 세트의 경우 먼저 데이터를 바이너리 형식으로 변환하는 것이 좋다.

이미지와 오디오 파일

이미지와 오디오는 일반적인 데이터 유형이며 고유한 형식이 있다(예: JPEG 이미지와 WAV 오디오 파일). 이미지와 오디오 데이터 세트를 디스크에 별도의 파일로 저장하는 것은 매우 일반적이다. 이것이 가장 빠른 해결책은 아니지만 많은 경우에 충분하다. 이렇게 저장된 데이터 세트는 특별한 도구 없이도 쉽게 읽고 수정할 수 있다는 장점이 있다. 이는 일반적으로 매니페스트 파일과 함께 사용된다(332페이지의 '매니페스트 파일' 참고).

의료 이미지 같은 일부 특수한 유형의 데이터에는 위치와 방향 같은 메타데이터를 인코딩하는 고유한 특수 형식이 있다.

직접 접근 바이너리 형식

바이너리 데이터 형식은 텍스트 기반 형식에서와 같이 보조 형식으로 인코딩하는 것이 아니라 데이터를 기본 형식(바이너리 비트 시퀀스)으로 저장하는 형식이다. 예를 들어, 바이너리 형식에서 숫자 1337은 이진숫값 10100111001로 메모리에 직접 저장된다. 텍스트 기반 형식에서는 텍스트 인코딩의 오버헤드로 인해 같은 숫자가 훨씬 더 큰 값으로 표시될 수 있다. 예를 들어, UTF-8로 알려진 텍스트 인코딩에서 숫자 1337은 00110001001100110011001100110111 비트로 표시된다.

직접 접근 바이너리 형식^{direct access binary format}에서는 많은 데이터 레코드가 단일 바이너리 파일에 저장된다. 이 파일에는 메타데이터도 포함되어 있어 이를 읽는 프로그램이 레코드 내의 각 필드의 의미를 이해할 수 있다. 이 형식은 데이터 세트의 모든 레코드에 일정한 시간에 접근할 수 있도록 설계됐다.

일반적인 직접 접근 바이너리 형식에는 NPY(파이썬 수학 연산 라이브러리 넘파이에서 사용)와 아파치 Parquet이 있다. 형식마다 성능 트레이드오프가 다르므로, 특정 상황에 적합한 형식을 선택하는 것이 좋다.

시퀀셜 바이너리 형식

TFRecord 같은 시퀀셜 바이너리 형식^{sequential binary format}은 머신러닝 모델 학습 같은 특정 작업의 효율성을 극대화하도록 설계됐다. 미리 설정된 특정 순서로 빠르게 접근할 수 있다.

시퀀셜 형식은 매우 압축적이고 읽기 속도가 빠르다. 하지만 다른 데이터 형식에 비해 탐색하기가 쉽지 않다. 일반적으로 데이터 세트를 시퀀셜 형식으로 변환하는 작업은 머신러닝 모델을 학습시키기 전 마지막 단계로 수행된다. 이러한 형식은 효율성을 크게 절감하여 비용을 크게 절감할 수 있는 대규모 데이터 세트에만 사용된다.

매니페스트 파일

매니페스트 파일은 나머지 데이터 세트에 대한 인덱스 역할을 하는 특수 파일이다. 예를 들어, 이미지 데이터 세트의 매니페스트 파일에는 학습 중에 사용하려는 모든 이미지 파일의 이름이 나열될 수 있다. 매니페스트 파일의 일반적인 형식은 CSV다.

텍스트 기반 매니페스트 파일은 간단하고 작업하기 쉽기 때문에, 데이터를 추적하기에 편리한 방법이다. 데이터 세트의 샘플을 만드는 것은 매니페스트 파일의 일부 행을 무작위로 선택하는 것만큼이나 간단하다.

데이터 세트는 일반적으로 과정 중에 여러 가지 형식을 취하게 된다. 예를 들어, 텍스트 기반 형식과 바이너리 형식이 혼합된 여러 가지 소스의 데이터로 시작할 수 있다. 그런 다음 데이터를 한데 모아 직접 접근 가능한 바이너리 형식으로 저장한 후 정리하고 처리할 수 있다. 마지막으로, 경우에 따라서는 동일한 데이터 세트를 순차적인 바이너리 형식으로 변환하여 학습용으로 사용할 수도 있다.

데이터 클리닝

데이터 세트를 공통 형식으로 통합하기 시작할 때, 데이터 세트에 포함된 모든 값이 일관된 품질 표준을 충족하는지 확인해야 한다. 312페이지의 '일반적인 데이터 오류' 절에서는 데이터 세트에서 볼 수 있는 주요 유형의 문제를 살펴봤다.

오류는 데이터 세트를 수집하고 큐레이션하는 과정의 어느 단계에서나 발생할 수 있다. 여러 단계에서 발생하는 오류의 예는 다음과 같다.

- 하드웨어 결함으로 인해 발생하는 원시 센서 데이터의 이상값
- 서로 다른 장치의 데이터를 집계할 때 데이터 형식이 일치하지 않는 경우
- 여러 소스의 데이터 조인 문제로 인해 누락된 값
- 피처 엔지니어링의 버그로 인해 잘못된 값

데이터 세트 클리닝은 여러 단계로 이뤄지는 프로세스다.

1. 샘플링을 사용해 데이터를 감사^{audit}하여 오류 유형을 식별한다(307페이지의 '샘플링을 통한 데이터 검토' 절에서 설명한 것과 동일한 샘플링 접근 방식을 사용할 수 있다).
2. 발견한 오류 유형을 수정하거나 제거하기 위한 코드를 작성한다.

3. 결과를 평가하여 문제가 해결됐음을 증명한다.
4. 전체 데이터 세트를 수정하고, 향후 추가되는 모든 새 샘플에 동일한 수정사항을 적용할 수 있도록 2단계를 자동화한다.

데이터 세트가 아주 작지 않은 경우(예: 기가바이트 미만)가 아니라면, 일반적으로 전체 데이터 세트보다는 데이터 샘플을 대상으로 작업하는 것이 합리적이다. 대규모 데이터 세트는 처리하는 데 많은 시간이 걸리므로, 샘플로 작업하면 문제 식별, 수정, 수정사항 평가 사이의 피드백 루프가 줄어든다.

데이터 샘플에서 만족할 만한 수정사항이 발견되면, 전체 데이터 세트에 자신 있게 수정사항을 적용할 수 있다. 그렇지만 샘플링 중에 놓친 문제가 없는지 확인하기 위해 마지막 단계로 전체 데이터 세트를 평가하는 것이 좋다.

데이터 세트 감사

312페이지의 '일반적인 데이터 오류' 절에 나열된 문제는 발생할 수 있는 일반적인 유형의 문제다. 그렇다면 데이터 세트에 어떤 오류가 있는지 어떻게 파악할 수 있을까?

데이터 정결성^{cleanliness} 문제를 식별하는 가장 강력한 도구는 데이터 세트(또는 데이터 세트의 대표적인 샘플)를 요약해서 볼 수 있는 도구다. 예를 들어, 특정 필드에 대한 설명적 통계와 유형을 보여주는 표를 만들 수 있다. 또한 값의 분포를 차트에 그려서 도메인 전문가가 그 분포가 예상과 일치하는지 평가할 수도 있다.

파이썬 라이브러리 판다스(https://pandas.pydata.org)는 데이터 세트를 탐색하고 요약하는 데 환상적인 도구다. 판다스 데이터 구조인 `DataFrame`(https://oreil.ly/69vWh)에 데이터를 로드하면 데이터 세트의 값을 요약할 수 있다. 예를 들어, 다음 명령은 시계열의 값에 대한 통계를 요약해서 출력한다.

```
>>> frame.describe()
          value
count  365.000000
mean     0.508583
std      0.135374
```

```
min       0.211555
25%       0.435804
50%       0.503813
75%       0.570967
max       1.500000
```

통계를 보면 이 시계열의 값이 0.5를 중심으로 표준편차가 0.13임을 알 수 있다. 도메인 전문지식을 활용하면 이 값이 합리적인지 이해할 수 있다.

더 좋은 점은 파이썬 라이브러리 Matplotlib(https://matplotlib.org)을 사용해 데이터를 시각화할 수 있다는 점이다. 예를 들어, 데이터 프레임에 대한 히스토그램(https://oreil.ly/nfCXD)을 쉽게 출력할 수 있다.

```
plt.hist(frame['value'])
plt.show()
```

결과는 그림 7-12에 나와 있다. 센서 판독값이 명확하게 정규 분포를 형성한다.

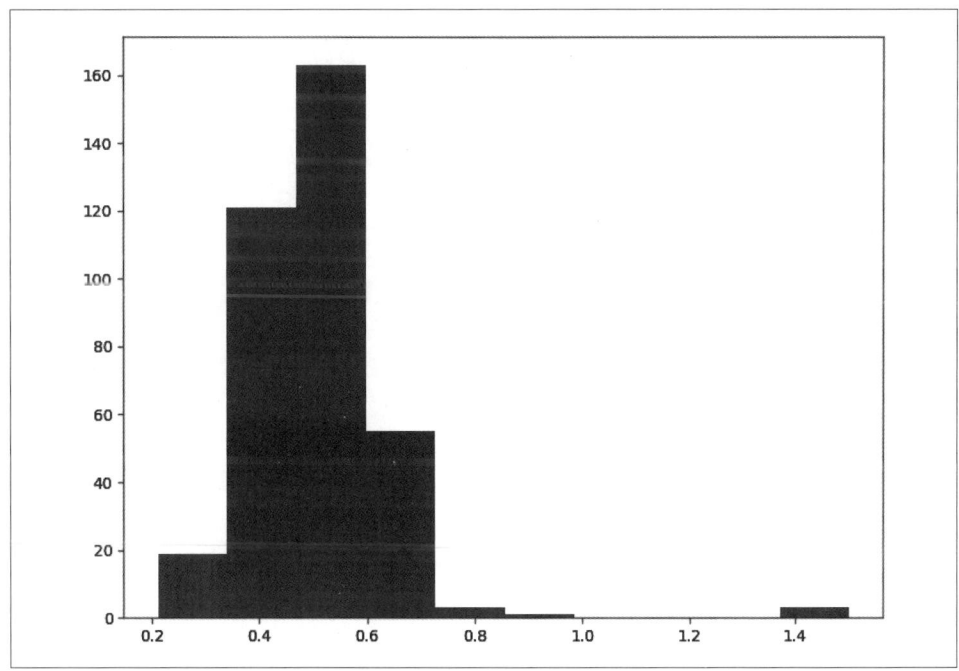

그림 7-12 샘플 데이터 세트의 값에 대한 히스토그램

히스토그램을 보면 데이터가 대부분 0.5를 중심으로 분포되어 있지만 일부 포인트는 1.5에 가까운 값을 갖고 있음을 알 수 있다. 도메인 전문가는 이를 해석하여 분포가 적절한지 여부를 파악할 수 있다. 예를 들어, 센서 문제로 인해 정확한 판독값을 반영하지 않는 이상값이 발생했을 수도 있다. 문제를 파악한 뒤에는 더 깊이 파고들어 적절한 해결 방법을 결정할 수 있다.

파이썬과 R 생태계 등 일반적인 데이터 과학 도구를 사용해 데이터를 요약하는 방법은 무한히 많다. 엣지 AI 프로젝트에 참여하는 엔지니어나 데이터 과학자는 도메인 전문가와 협업하여 데이터를 탐색하고 오류를 식별할 수 있어야 한다.

문제 해결

데이터 세트에서 오류를 발견한 뒤에는 몇 가지 조치를 취해야 한다. 취할 수 있는 조치의 유형은 발견한 오류의 종류와 데이터를 수집하는 전반적인 상황에 따라 달라진다.

오류를 해결할 때 사용할 수 있는 주요 방법은 다음과 같다.

- 값 수정하기
- 값 대체하기
- 레코드 제외하기

또한 데이터 세트의 문제를 해결한 뒤에는 원인이 된 업스트림 문제를 해결해야 할 수도 있다.

값 수정하기. 경우에 따라서는 오류를 완전히 수정하는 것이 가능할 수도 있다. 예는 다음과 같다.

- 데이터 형식의 불일치는 올바른 형식으로 변환하여 해결할 수 있다.
- 다른 소스에서 같은 데이터를 찾을 수 있는 경우, 누락된 값을 찾아서 채울 수 있다.
- 피처 엔지니어링 코드의 버그로 인한 잘못된 값은 수정할 수 있다.

일반적으로 원본 원시 데이터를 어딘가에서 사용할 수 있는 경우에만 오류를 완전히 수정할 수 있다. 어떤 경우에는 여전히 올바른 값을 찾지 못할 수도 있다. 예를 들어, 일부 데이터가 실수로 너무 낮은 빈도로 캡처된 경우 원본 신호는 복구할 수 없고 근사치만 복구할 수 있다.

값 대체하기. 오류를 수정할 수 없는 경우에도 합리적인 값으로 대체할 수 있다. 그런 경우의 예는 다음과 같다.

- 누락된 값은 전체 데이터 세트에서 해당 필드의 평균으로 대체될 수 있다.
- 이상값을 잘라내거나 합리적인 값으로 조정할 수 있다.
- 빈도나 해상도가 낮은 데이터는 보간을 통해 더 상세한 정보로 근사할 수 있다.

대체를 활용하면, 기록에 포함된 정보 중 일부가 누락된 경우에도 기록을 활용할 수 있다. 그러나 그 대가로 데이터 세트에 약간의 노이즈가 발생한다. 일부 머신러닝 알고리듬은 노이즈를 잘 견디지만, 보존되는 정보가 추가되는 노이즈만큼의 가치가 있는지 여부는 애플리케이션에 따라 판단해야 한다.

레코드 제외하기. 경우에 따라서는 오류를 복구할 수 없어 데이터 세트에서 영향을 받은 레코드를 삭제해야 할 때도 있다. 예는 다음과 같다.

- 누락된 값으로 인해 레코드를 사용하지 못하게 될 수 있다.
- 결함이 있는 센서의 데이터는 복구가 불가능할 수 있다.
- 일부 레코드는 데이터 보안 기준을 충족하지 않는 소스에서 가져온 것일 수 있다.

이럴 땐 문제가 있는 레코드를 그냥 삭제하기보다는 문제가 있다고 표시하고 어딘가에 저장해 두는 것이 좋다. 이렇게 하면 발생하는 문제의 종류와 영향을 받는 레코드 유형을 추적하는 데 도움이 된다.

오류를 해결하는 올바른 방법은 전적으로 데이터 세트와 애플리케이션의 상황에 따라 달라진다. 좋은 결과를 얻으려면 도메인 전문지식과 데이터 과학 경험을 모두 적용하는 것이 중요하다.

> **오류 수정을 위한 코드 작성하기**
>
> 오류를 수정하기 위해 작성하는 코드는 품질이 높고, 문서화가 잘되어 있어야 하며, 의존성에 대한 기록과 함께 소스 제어하에 있어야 한다. 이 변환 코드는 데이터 세트에 적용한 변경사항의 기록이자 향후 수정을 자동화하는 방법이다.
>
> 잘 보관된 기록이 없으면 나중에 데이터 세트로 작업하는 사람들은 데이터 세트가 어떻게 만들어졌는지, 어떤 특성이 있는지, 품질을 추구하기 위해 어떻게 재구성됐는지 알 수 없다.
>
> 이 코드는 데이터 파이프라인의 일부를 구성하며, 351페이지의 '데이터 파이프라인' 절에서 논의할 것이다.

평가와 자동화

샘플이나 데이터 부분집합의 오류를 수정한 뒤에는 또 다른 감사^{audit}를 수행해야 한다. 이렇게 하면 수정한 문제로 인해 가려졌을 수 있는 문제와 함께 실수로 생겼을 수 있는 모든 문제를 찾아내는 데 도움이 된다. 예를 들어, 데이터 세트에서 가장 심각한 이상값을 제거했는데 여전히 문제가 되는 덜 극단적인 다른 이상값이 있다는 사실을 발견할 수 있다.

부분집합에 대한 수정사항을 검증한 뒤에는 전체 데이터 세트에 수정사항을 적용할 수 있다. 대규모 데이터 세트의 경우, 데이터 파이프라인의 일부로 이 작업을 자동화해야 한다(351페이지의 '데이터 파이프라인' 절 참고). 문제가 적절히 해결됐다고 확신할 때까지 더 많은 데이터 세트에 대해 동일한 종류의 샘플링 기반 감사를 수행해야 한다.

 필요한 경우 롤백할 수 있도록, 개선되지 않은 원본 데이터 세트의 사본을 보관한다. 이렇게 하면 실수나 데이터 손실에 대한 두려움 없이 실험할 수 있다.

오류로 인해 영향을 받은 기록의 유형을 기록하는 것이 중요하다. 오류가 데이터의 특

정 부분집합에 불균형적으로 영향을 미치는 경우가 있을 수 있다. 예를 들어 센서 데이터로 분류 모델을 학습시킨다고 가정하자. 일부 센서 판독값에 심각한 문제가 발생하여 관련 레코드를 폐기해야 할 수도 있다. 이런 문제가 다른 클래스보다 한 클래스에 더 큰 영향을 미친다면 분류기의 성능에 영향을 미칠 수 있다.

이 점을 염두에 두고, 수정사항이 적용된 뒤에도 데이터 세트의 품질이 여전히 양호한 수준인지 확인해야 한다(304페이지의 '데이터 품질 보장하기' 절에서 살펴본 대로).

또한 데이터 세트에서 다양한 유형의 오류가 얼마나 자주 발생하는지 기록해야 한다. 잘못된 레코드의 비율이 높다면, 손상을 복구하는 데 너무 많은 시간을 소비하기 전에 업스트림 원인을 수정하는 것이 좋다.

데이터 세트가 커짐에 따라 데이터도 변화하고 새로운 문제가 발생할 수 있다. 문제를 식별하는 데 도움이 되려면 초기 평가를 기반으로 자동화된 어설션^{assertion}을 만드는 것이 좋다. 예를 들어 극단적인 이상값을 제거하여 데이터 세트를 개선하기 위해 열심히 노력했다면, 데이터 세트에 예상되는 분산이 있음을 증명하는 자동화된 테스트를 만들어야 한다. 새 레코드를 추가할 때마다 이 테스트를 실행하여 새로운 문제를 포착할 수 있다.

균형 문제 해결

지금까지 데이터 세트 값의 오류를 수정하는 방법을 설명했다. 그러나 데이터 세트의 가장 일반적인 문제 중 하나는 데이터 세트의 다양한 하위 그룹의 레코드 수가 고르지 않은 불균형 문제다. 304페이지의 '대표 데이터 세트 확보하기' 절에서는 식물 질병을 보여주는 이미지 데이터 세트의 예를 사용했다. 이 맥락에서, 데이터 세트에 한 식물 종을 보여주는 이미지의 수가 다른 식물 종보다 많으면 균형이 맞지 않는 것으로 간주될 수 있다.

데이터 세트의 균형 문제를 해결하는 가장 좋은 방법은 과소 대표되는 하위 그룹에 대한 데이터를 더 많이 수집하는 것이다. 한 예로, 현장으로 돌아가서 잘 드러나지 않는 식물 종에 대한 이미지를 더 많이 수집할 수 있다. 그러나 이것이 항상 가능한 것은 아니다.

부득이한 경우 과소 대표되는 그룹을 **오버샘플링**oversampling하여 균형 문제를 해결할 수 있는데, 이를 위해 모든 하위 그룹의 레코드 수가 같아질 때까지 해당 그룹의 레코드 중 일부를 복제할 수 있다. 또한 일부 레코드를 버림으로써 과대 대표되는 그룹을 **언더샘플링**undersampling할 수도 있다.

이 기법은 머신러닝 모델을 학습시키는 데 사용할 데이터 세트를 구축할 때 유용할 수 있다. 모델의 학습은 일반적으로 전체 데이터 세트의 집계된 손실값에 따라 이뤄지기 때문에 하위 그룹이 과소 대표되더라도 모델의 학습에는 큰 영향을 미치지 않는다. 샘플링을 통해 수치의 균형을 맞추면 도움이 될 수 있다.

그러나 실제 세계에서 영향을 받는 하위 그룹의 실제 분산을 표현하기에 충분한 데이터가 없는 경우 오버샘플링은 도움이 되지 않는다. 예를 들어 식물 데이터 세트의 한 종이 단일 식물의 이미지로만 표현되는 경우, 실제 세계에서는 개별 식물 간에 많은 차이가 있기 때문에 오버샘플링을 해도 제대로 작동하는 모델이 나오지 않을 수 있다.

또한 오버샘플링된 데이터를 사용해 시스템을 평가할 때는 주의해야 한다. 오버샘플링한 하위 그룹에 대해서는 평가 결과의 신뢰도가 떨어지기 때문이다.

오버샘플링과 동등한 기법은 학습 중 하위 그룹에 **가중치**weight를 부여하는 것이다. 이 기법에서는 각 하위 그룹에 가중치를 할당하여 학습이나 평가 프로세스에 대한 기여도를 제어하는데, 이로써 균형 문제를 해결할 수 있다. 예를 들어, 과소 대표되는 하위 그룹에는 과대 대표되는 하위 그룹보다 더 높은 가중치를 부여할 수 있다.

일부 데이터 세트는 자연적으로 균형이 맞지 않는다. 예를 들어, 객체 인식 데이터 세트에서 객체가 포함된 이미지의 영역은 일반적으로 그렇지 않은 영역보다 작다.

리샘플링이 작동하지 않을 수 있는 이런 경우, 가중치를 사용해 과소 대표되는 데이터의 모델 학습에 대한 기여도를 높이는 경우가 많다.

> **이상 탐지와 균형**
>
> 이상 탐지의 목표는 비정상적인 입력을 식별하는 것이다. 어떤 경우에는 예상되는 입력이 너무 비정상적이어서 발생한 예가 없는 경우도 있다. 예를 들어, 산업 플랜트에서는 치명적인 장애가 발생하기 전에 미리 경고를 제공하기 위해 이상 탐지를 사용하고자 할 수 있다. 이런 성격의 장애가 이전에 발생한 적이 없다면 예시 데이터를 얻지 못할 수도 있다.
>
> 이 경우 데이터 세트는 정상 작동을 나타내는 샘플로 구성된다. 여러분의 임무는 조건이 기준선과 크게 달라지는 시점을 식별하는 시스템을 만드는 것이다. 균형과 대표성의 측면에서 볼 때, 이는 광범위한 공칭 조건을 포착하기 위해 노력해야 한다는 뜻이다. 예를 들어, 산업 공장에서 수행되는 작업은 날마다 또는 계절에 따라 달라질 수 있다. 그렇기에 데이터 세트에 가능한 모든 모드의 대표 샘플을 포함하는 것이 중요하다.
>
> 테스트 데이터 세트를 구축할 수 있는 실제 이상 징후 사례가 없는 경우, 이상 징후 탐지 시스템을 테스트하기가 어려울 수 있으며, 가능한 변화를 시뮬레이션하여 포착 여부를 결정해야 할 수도 있다. 산업 플랜트에서는 일부러 비정상적인 방식으로 기계를 작동시키거나 고장을 시뮬레이션하는 방식으로 이를 수행할 수 있다. 잠재적인 이상 징후를 나타내는 합성 데이터를 생성할 수도 있다. 예를 들어, 소수의 입력을 받아 수정하여 다양한 변화를 시뮬레이션할 수 있다. 이 모든 작업에는 도메인 전문가의 의견이 필요하다.
>
> 실제 데이터에 대해 테스트되지 않은 시스템을 배포하는 것은 결코 바람직하지 않다. 이와 같은 예측 유지보수 시나리오의 엄격하게 제한된 범위 내에서만 수행해야 하며, 시스템의 효율성이 입증되지 않았다는 사실을 이해관계자가 현실적으로 이해해야 한다. 배포 후에는 모델이 적절하게 작동하는지 확인하기 위해 집중적인 조사와 평가 기간이 필요하다.
>
> 그럼에도 불구하고 이와 같은 시나리오를 피할 수 있는 방법을 찾는 것은 가치가 있다. 많은 경우, 문제를 더 작은 문제로 세분화하면(예: 치명적인 장애를 일으킬 수 있는 알려진 잠재적 결함을 식별하는 것) 균형 잡힌 데이터 세트를 더 쉽게 얻을 수 있다.

피처 엔지니어링

대부분의 엣지 AI 프로젝트에는 일부 피처 엔지니어링 작업이 포함된다(137페이지의 '피처 엔지니어링' 절 참고). 이는 피처를 확장하는 것처럼 간단할 수도 있고(148페이지의 '피처 스케일링' 박스 참고), 매우 복잡한 DSP 알고리듬을 포함할 수도 있다.

ML 모델과 기타 의사결정 알고리듬은 원시 데이터가 아닌 피처에서 실행되므로 피처 엔지니어링은 데이터 세트 준비의 중요한 부분이다. 피처 엔지니어링은 9장에서 소개할 반복적인 애플리케이션 개발 워크플로에 따라 진행되지만, 데이터 세트 준비 단계에서 기능에 대한 기준선을 설정해야 한다.

초기 피처 엔지니어링을 수행하면 원시 데이터뿐만 아니라 피처 측면에서 데이터 세트를 탐색하고 이해할 수 있다. 이 외에도, 이 단계에서 피처 엔지니어링을 해야 하는 중요한 이유는 다음과 같다.

- 머신러닝 모델의 입력으로 사용할 수 있도록 값 크기 조정하기
- 센서 융합을 수행하기 위해 값 결합하기(146페이지의 '피처와 센서 결합하기' 절 참고)
- 학습이 더 빠르게 실행되도록 DSP 알고리듬 사전 계산하기[21]

개발 프로세스의 후반부에 피처 엔지니어링을 반복하고 싶어질 것이 거의 확실하지만, 이 작업은 일찍 시작할수록 좋다.

데이터 분할

지금까지 살펴본 바와 같이, AI 프로젝트의 워크플로에는 알고리듬 개발과 평가의 반복적인 프로세스가 포함된다. 곧 자세히 설명하겠지만, 데이터 세트는 이런 반복적인 워크플로에 적합하도록 구조화하는 것이 중요하다.

데이터 세트는 일반적으로 학습, 검증, 테스트의 세 부분으로 분할하여 수행된다.[22] 각 분할의 용도는 다음과 같다.

학습

학습 분할은 일반적으로 머신러닝 모델을 학습시켜 알고리듬을 개발하는 데 직접 사용된다.

---

21 머신러닝 모델은 학습 과정에서 전체 데이터 세트에 여러 번 노출된다. DSP 결과를 미리 계산하고 캐싱하면 불필요한 시간을 많이 소모하면서 동일한 데이터에 대해 DSP 알고리듬을 반복적으로 실행할 필요가 없다.
22 사람에 따라 약간 다른 용어를 사용할 수도 있지만 기본적인 모범 사례는 보편적이다.

검증

검증 분할은 반복 개발 중에 모델을 평가하는 데 사용된다. 새로운 반복이 개발될 때마다 유효성 검사 데이터 세트에 대해 성능을 확인한다.

테스트

테스트 분할은 프로젝트가 끝날 때까지 '보류'된다. 이 테스트는 모델이 이전에 노출된 적이 없는 데이터에서도 잘 작동하는지 확인하기 위해 최종 단계에서 사용된다.

과적합을 감지하기 위해 별도의 분할을 사용한다. 162페이지의 '딥러닝' 절에서 설명한 대로 과적합은 모델이 새로운 데이터에 일반화하지 않는 방식으로, 특정 데이터 세트에 대해 정답을 얻는 방법을 학습하는 것이다.

과적합을 식별하려면 먼저 학습 분할로 모델을 학습시킬 수 있다. 그런 다음 학습 데이터와 검증 데이터 모두에서 모델의 성능을 측정할 수 있다. 예를 들어, 각 분할에 대한 분류 모델의 정확도를 계산할 수 있다.

학습 정확도: 95%
검증 정확도: 94%

이 수치가 비슷하다면 모델이 학습 분할에서 학습한 내용을 사용해, 보지 못한 데이터에 대해 정확한 예측을 할 수 있음을 알 수 있다. 이것이 바로 우리가 원하는 일반화 능력이다. 그러나 모델이 검증 분할에서 낮은 성능을 보인다면 이는 모델이 학습 분할에 과도하게 적합했다는 신호다. 이전에 본 데이터에 대해서는 잘 작동하지만 새로운 데이터에 대해서는 그렇지 않은 것이다.

학습 정확도: 95%
검증 정확도: 76%

검증 분할의 정확도가 현저히 낮으면 보지 못한 데이터에 대해 모델이 제대로 작동하지 않는 것이 분명하다. 이는 모델을 변경해야 한다는 강력한 신호다.

하지만 검증 분할을 통해 과적합을 감지할 수 있다면 테스트 분할이 필요한 이유는 무엇일까? 이는 반복 개발이라는 ML의 매우 흥미로운 특성 때문이다. 알다시피, 반복적인 워크플로에는 알고리듬을 한 번 변경하고 검증 분할에서 테스트한 다음 성능을 개선하기 위해 알고리듬을 더 변경하는 과정이 포함된다.

검증 분할에서 더 나은 성능을 얻기 위해 반복적으로 모델을 조정하고 변경하다 보면, 결국 학습과 검증 데이터에서는 잘 작동하지만 보지 못한 데이터에서는 잘 작동하지 않을 정도로 모델을 미세 조정하게 될 수 있다.

이 경우 **모델이 직접적으로 검증 데이터를 통해 학습되지 않았음에도 불구하고** 검증 데이터에 과도하게 적합해진 것이다. 반복적인 프로세스를 통해 검증 분할에 대한 정보가 모델에 '유출'된 것이다. 즉, 검증 분할의 데이터로부터 정보를 얻은 방식으로 모델을 반복적으로 수정하여 과적합을 초래한 것이다.

이 현상은 검증 분할이 제공하는 신호를 완전히 신뢰할 수 없다는 뜻이지만, 다행히도 테스트 분할은 이 문제를 해결할 수 있는 방법을 제공한다. 테스트 분할을 프로세스의 마지막까지 따로 보관하면 모든 반복이 완료된 뒤 모델이 실제로 보지 못한 데이터에 대해 작동하는지 여부를 알려주는 명확한 신호를 얻을 수 있다.

테스트 분할을 사용해야 하는 경우

반복적인 워크플로에서는 평가 결과를 사용해 모델 개발을 안내하기 때문에 평가 분할에 대한 정보가 모델에 '누출'될 수 있다. 즉, 반복적인 방식으로 테스트 분할을 사용하는 것은 위험하다. 충분한 반복이 주어지면 테스트 분할도 과도하게 적합해질 수 있다.

따라서 테스트 분할을 엄격하게 사용하는 것이 매우 중요하다. 테스트 분할의 결과가 과적합을 나타내는 경우, 다시 돌아가서 모델을 조정하여 문제를 해결할 수는 없다.

테스트 분할을 사용해 과적합을 발견한 경우, 가장 좋은 방법은 근본적으로 다른 접근 방식으로 개발을 다시 시작하는 것이다. 예를 들어, 다른 유형의 ML 모델을 선택하거나 다른 피처 세트(또는 신호 처리 알고리듬)를 선택하여 학습시킬 수 있다. 여러 가지 접근 방식을 시도한 뒤에는 테스트 분할 성능을 사용해 비교할 수 있다.

이는 테스트 분할에 매우 신중해야 한다는 뜻이다. 학습과 검증 분할에 대한 모델의 성능에 만족할 때까지는 테스트 분할을 사용하지 말아야 한다. 그렇지 않으면 가장 소중한 평가 도구를 낭비하고 개발을 처음부터 다시 시작해야 할 수도 있다.[23]

---

23 테스트 분할은 전체 데이터 세트의 무작위 샘플이어야 하므로, 무작위로 새 데이터를 수집하기는 어렵다. 테스트 분할이 나머지 데이터 이후에 수집된 경우, 약간 다른 조건을 나타내어 평가 능력이 저하될 수 있다.

데이터는 어떻게 분할되는가?

데이터는 일반적으로 비율에 따라 무작위 샘플링으로 분할된다. 일반적인 표준은 먼저 데이터를 80/20으로 분할하고, 20%를 테스트 분할로 지정하는 것이다. 그런 다음 80% 분할을 다시 80/20으로 분할하여 80%는 학습 분할이 되고 20%는 검증 분할이 된다. 그림 7-13은 이를 나타낸 것이다.

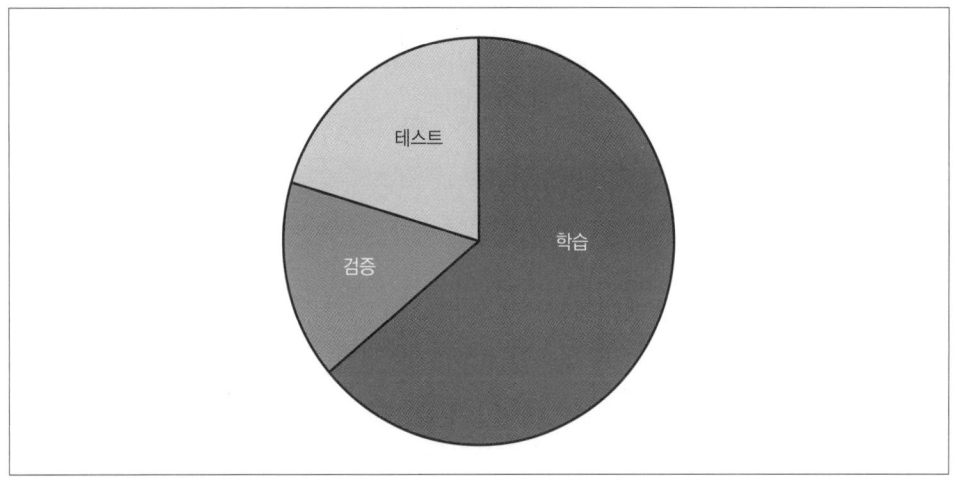

그림 7-13 데이터 세트는 학습, 테스트, 검증을 위한 덩어리로 분할된다.

데이터 세트에 따라, 검증과 테스트 분할에 더 적은 양의 데이터를 사용하고 학습에 사용하기 위해 더 많은 양의 데이터를 사용하는 것이 합리적일 수 있다. 중요한 것은 각 분할이 데이터 세트 전체를 대표하는 샘플이라는 점이다. 데이터의 분산이 낮은 경우에는 비교적 작은 샘플로도 이를 달성할 수 있다.

또한 각 분할은 전체 데이터 세트의 균형과 다양성 측면에서 대표성을 가져야 한다. 예를 들어, 식물 질병 분류 데이터 세트에 대한 학습, 검증, 테스트 분할은 각각 서로 다른 유형의 식물 질병 간의 대략적인 균형을 동일하게 포함해야 한다.

데이터 세트의 균형이 잘 잡혀 있고 전체 샘플 수에 대한 하위 그룹의 비율이 낮다면, 무작위 샘플링을 통해 간단히 이를 달성할 수 있다. 그러나 다양한 하위 그룹이 많거나 일부 하위 그룹이 과소 대표되는 경우, 계층화된 샘플링을 수행하는 것이 좋다. 이 기법에서는 각 하위 그룹에 대해 개별적으로 분할을 수행한 다음 결합한다. 즉, 각 분할은 전체 데이터 세트와 동일한 균형을 갖는다. 이 간단한 예가 그림 7-14에 나와 있다.

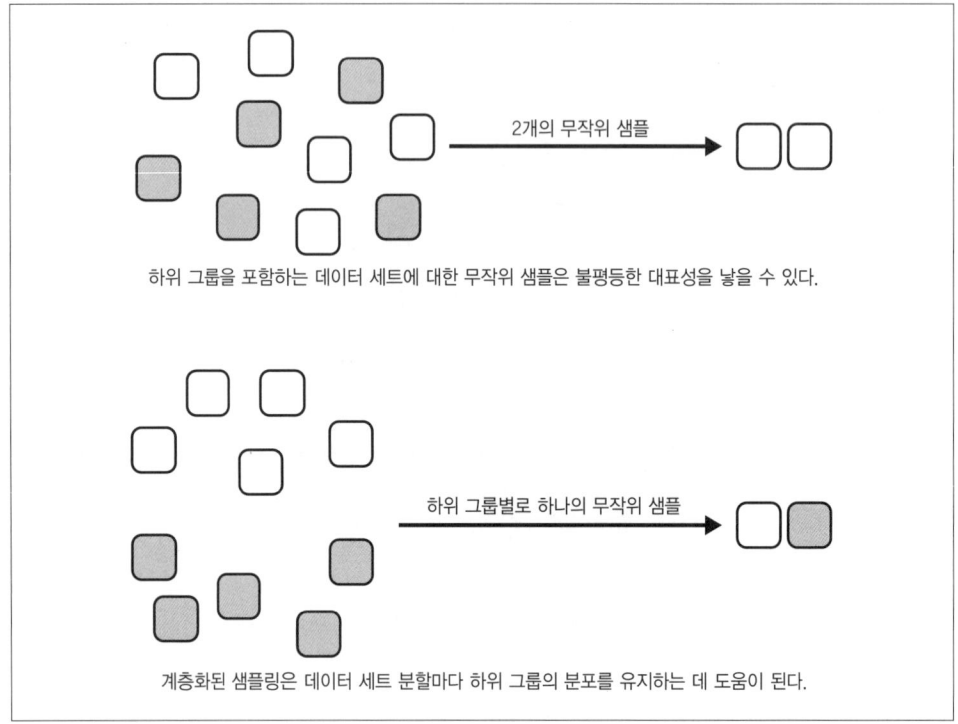

그림 7-14 계층화된 샘플링은 데이터 세트가 분할될 때, 하위 그룹의 분포를 보존하는 데 도움이 된다.

교차 검증

한 분할에서 학습시키고 다른 분할에서 평가하는 경우, 모델이 이러한 특정 분할에서 어떻게 작동하는지만 알 수 있다. 따라서 선택한 특정 분할의 무작위적인 특성에 따라 평가가 취약해질 수 있다. 이 문제가 우려되는 경우, *k겹 교차 검증*(k-fold cross-validation)이라는 기술을 사용해 볼 수 있다. *k*겹 교차 검증을 사용할 때는 *k*개의 다른 분할을 수행하여 각각 고유한 학습과 검증 분할 쌍을 생성한다. 모델은 각 쌍에 대해 한 번씩 여러 번 학습과 평가되며, 그 결과를 평균화하여 전체 성능을 공정하게 나타낸다.

교차 검증은 최고 수준의 검증 성능 측정 방법이다. 교차 검증은 대표 분할을 잘 수행하지 못할 수 있는 소규모 데이터 세트로 작업할 때 특히 유용할 수 있다. 가장 큰 단점은 시간이 많이 소요될 수 있다는 점이다. 모델을 *k*번 학습시켜야 하기 때문이다.

데이터 분할 시의 함정들

데이터를 잘못 분할하면 보지 못한 데이터에 대한 애플리케이션의 성능을 측정할 수 없게 되어 실제 성능이 저하될 가능성이 높다. 피해야 할 일반적인 실수는 다음과 같다.

분할 큐레이팅

검증과 테스트 분할은 전체 데이터 세트의 대표적인 샘플이어야 한다. 가장 큰 실수는 각 분할에 포함할 레코드를 직접 선택하는 것이다. 예를 들어, 모델이 학습하는 데 도움이 될 것이라는 이론에 따라 가장 어렵다고 생각되는 레코드를 학습 분할에 넣기로 결정했다고 가정하자.

이러한 레코드가 테스트 분할에 포함되지 않으면 모델이 실제로 해당 레코드에서 어떤 성능을 발휘하는지 알 수 없다. 반면에 가장 까다로운 레코드를 모두 테스트 분할에 넣으면 모델이 해당 레코드를 학습할 때 얻을 수 있는 이점을 얻지 못한다.

각 분할에 어떤 레코드를 넣을지 선택하는 것은 무작위 샘플링 알고리듬이 할 일이지 사용자가 직접 할 일이 아니다. 파이썬 라이브러리 사이킷런scikit-learn에는 데이터 세트 분할을 수행하기 위한 좋은 도구 세트가 있다.

균형과 대표성 문제

앞서 설명한 바와 같이, 각 분할의 균형이 동일해야 하며 모든 분할이 대표성을 갖는 것이 중요하다. 이는 클래스(분류 문제의 경우)와 '비공식' 하위 그룹 모두에 적용된다. 예를 들어 여러 가지 유형의 센서에서 데이터를 수집하는 경우, 각 분할 내에 각 센서 유형의 데이터가 적절한 비율로 포함되도록 계층화된 샘플링을 수행하는 것을 고려해야 한다.

과거 예측

시계열 데이터에 대해 예측을 수행하는 모델의 경우, 상황이 조금 더 복잡해진다. 현실 세계에서는 항상 '과거'를 기반으로 '미래'를 예측하려고 한다. 즉, 시계열 모델을 정확하게 평가하려면, 이전 값에 대해 학습하고 이후 값에 대해 테스트(및 검증)해야 한다. 그렇지 않으면 현재 값을 기반으로 '과거' 값을 예측할 수 있는 모델을 학습시킬 수 있는데, 이는 아마도 우리가 의도한 바가 아닐 것이다. 타임라인을 거슬러 올라가는 데이터의 '유출'은 시계열로 작업할 때마다 고려해야 할 사항이다.

중복 값

대량의 데이터로 작업할 때 레코드가 중복되기 쉽다. 원본 데이터에 중복이 있을 수도 있고, 데이터를 분할할 때 사용하는 프로세스 중에 중복이 생길 수도 있다. 분할 간에 중복이 있으면 과적합도를 측정하는 기능이 저하되므로 이를 피해야 한다.

분할 변경

데이터 세트 성능을 테스트하여 여러 접근 방식을 비교하려는 경우, 매번 동일한 테스트 분할을 사용하는 것이 중요하다. 매번 다른 샘플 세트를 사용하면 어떤 모델이 더 나은지 알 수 없으며, 어떤 변화도 단지 분할의 차이로 인한 결과일 수 있다.

증강 테스트 데이터

데이터 증강data augmentation을 수행하는 경우(다음 절에서 자세히 알아보겠다), 학습 데이터만 증강해야 한다. 검증과 테스트 분할을 보강하면 실제 성능에 대한 통찰이 희석되므로 순수한 실제 데이터로 구성해야 한다. 증강된 데이터로 모델을 평가하면 증강되지 않은 데이터에서도 작동한다는 보장이 없다.

데이터 증강

데이터 증강은 제한된 데이터를 최대한 활용하기 위해 고안된 기술이다. 이는 데이터 세트에 임의의 인위적인 변형을 도입하여 현실 세계에 자연적으로 존재하는 변형 유형을 시뮬레이션하는 방식으로 작동한다.

예를 들어 그림 7-15에 표시된 것처럼 이미지의 밝기와 대비를 수정하거나, 회전하거나, 특정 영역을 확대하거나, 위의 모든 조합을 통해 이미지를 증강할 수 있다.

그뿐만 아니라 모든 유형의 데이터를 증강할 수 있다. 예를 들어 배경 소음을 오디오에 혼합할 수 있고, 시계열을 다양한 방식으로 변형할 수 있다. 증강은 피처 엔지니어링 전과 후에 모두 수행할 수 있다. 일반적인 증강은 다음과 같다.

더하기

무작위 노이즈나 실제 세계에서 샘플링된 배경 노이즈 등 다른 신호를 통합한다.

빼기

값을 제거하거나 흐리게 하거나, 일부 시간이나 주파수 대역의 덩어리를 제거한다.

기하학적

회전이나, 이동, 찌그러뜨리기, 늘이기, 기타 공간적으로 조작하기

필터 기반

개별 값의 속성을 임의의 양만큼 증가시키나 감소시킴

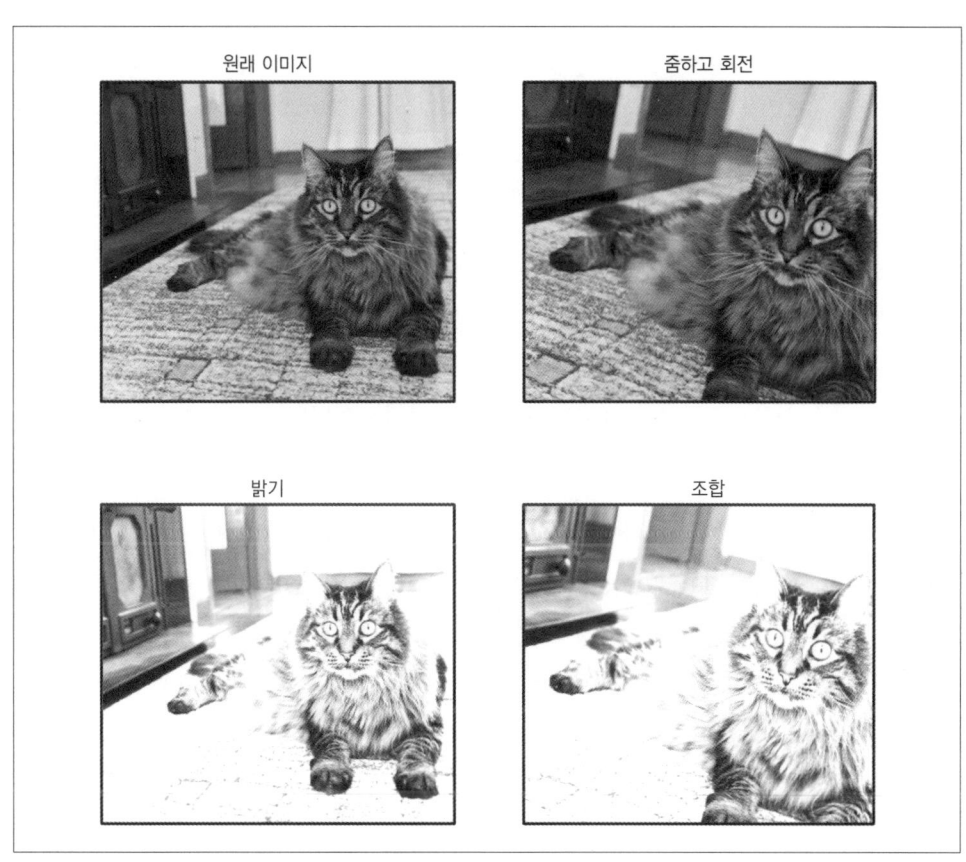

그림 7-15 여러 가지 방법으로 증강된 고양이 이미지

증강은 학습 데이터의 변화량을 증가시킨다. 이는 모델의 일반화에 도움이 되는 이점이 있다. 무작위 변이가 많기 때문에 모델은 전체 데이터 세트를 완벽하게 암기(이 경우 과적합이 발생할 수 있음)하는 대신 일반적인 기본 관계를 학습해야 한다.

데이터 증강은 데이터 세트의 학습 분할에만 적용하는 것이 중요하다. 실제 데이터에 대한 모델의 성능을 평가하는 것이 목표이므로, 증강된 레코드는 검증이나 테스트 데이터에 포함되지 않아야 한다.

데이터 증강은 일반적으로 라이브러리를 통해 이뤄진다. 대부분의 머신러닝 프레임워크는 일부 데이터 증강 기능을 내장하고 있으며, 많은 데이터 증강 프로토콜이 과학 문헌에 문서화되어 오픈소스 코드로 제공되고 있다.

증강은 **온라인**online이나 **오프라인**offline으로 수행할 수 있다. 온라인 증강에서는 학습 과정에서 각 레코드가 사용될 때마다 무작위로 변경사항이 적용된다. 이는 엄청난 양의 무작위 변형을 가져오기 때문에 좋은 방법이다. 하지만 일부 증강은 계산 비용이 많이 들 수 있으므로 학습 속도가 크게 느려질 수 있다.

오프라인 증강에서는 각 레코드가 특정 횟수만큼 무작위로 변경되고, 변경된 버전은 더 큰 증강 데이터 세트로 디스크에 저장된다. 그런 다음 이 증강 데이터 세트는 모델 학습에 사용된다. 증강이 미리 이뤄지기 때문에 학습 프로세스가 훨씬 빨라진다. 그러나 오프라인 증강을 사용할 때는 각 레코드에 대해 생성되는 변형의 수가 한정되어 있기 때문에 변형이 덜 발생한다.

데이터 세트에 적용되는 증강 유형은 다양할 수 있으며, 다양한 변형에 따라 모델의 성능이 향상되거나 저하될 수 있다. 이는 증강 체계의 설계가 전체 반복 개발 워크플로의 일부가 되어야 한다는 뜻이다. 이것이 바로 검증이나 테스트 데이터 세트를 증강하는 것이 좋지 않은 이유 중 하나다. 증강 체계를 변경하면 검증이나 테스트 데이터도 변경된다. 이렇게 하면 동일한 데이터 세트에 대해 서로 다른 모델의 성능을 비교할 수 없게 된다.

적절한 증강 세트를 설계하는 것은 도메인 전문지식이 필요한 작업이다. 예를 들어, 전문가는 애플리케이션의 컨텍스트에 따라 오디오 데이터 세트에 혼합할 수 있는 최적의 배경 소음 유형에 대한 통찰을 갖고 있어야 한다.

데이터 파이프라인

이번 장에서는 데이터에 적용되는 일련의 작업과 고려사항에 대해 살펴봤다.

- 캡처
- 저장
- 평가
- 레이블링
- 포맷 지정
- 감사
- 클리닝
- 샘플링
- 피처 엔지니어링
- 분할
- 증강

이러한 일련의 작업을 어떤 순서로 수행하든 **데이터 파이프라인**data pipeline 으로 생각할 수 있다. 데이터 파이프라인은 센서와 애플리케이션에서 데이터가 생성되는 현장에서 시작된다. 그런 다음 데이터를 내부 시스템으로 가져와 저장하고, 결합하고, 레이블을 지정하고, 품질을 검사, 처리하고, AI 애플리케이션을 학습하고 평가하는 데 사용할 수 있도록 준비한다. 그림 7-16은 간단한 데이터 파이프라인이다.

그림 7-16 데이터를 캡처하고 처리하기 위한 기본적인 데이터 파이프라인. 프로젝트마다 데이터 파이프라인이 다르고 그 복잡성도 매우 다양하다.

데이터 파이프라인을 중요한 인프라로 간주해야 한다. 데이터 파이프라인은 잘 문서화되고, 버전이 관리되며, 반복적으로 실행하는 데 필요한 모든 종속성 정보를 포함하는 깔끔하고 잘 설계된 코드로 구현되어야 한다.

데이터 파이프라인을 변경하면 데이터 세트에 큰 영향을 미칠 수 있으므로, 초기 개발 단계와 향후에 어떤 작업이 수행되고 있는지 정확히 파악하는 것이 중요하다.

데이터 파이프라인이 문서화되지 않았거나 더 이상 실행할 수 없기 때문에 데이터 세트를 생성한 프로세스가 손실되는 악몽 같은 시나리오가 발생할 수 있다. 앞서 살펴본 바와 같이, 데이터 세트는 알고리듬을 만드는 데 사용할 수 있는 아티팩트로 도메인 전문 지식을 증류한 것이다.

데이터 세트를 만드는 데 사용된 프로세스가 문서화되어 있지 않으면 데이터 세트를 구축하는 데 사용된 의사결정이나 엔지니어링을 더 이상 이해할 수 없다. 이렇게 되면 결과물인 AI 시스템의 문제를 디버깅하기가 매우 어려워지고, 새로운 데이터를 사용할 수 있게 되더라도 시스템을 의미 있게 개선하기가 매우 어려워진다.

매우 복잡한 센서 데이터가 일반적인 엣지 AI에서는 데이터 파이프라인을 잘 추적하는 것이 특히 중요하지만, 안타깝게도 그렇지 않은 악몽 같은 시나리오는 매우 흔하다! 실무자들이 데이터 파이프라인을 그 중요성에 걸맞게 진지하게 받아들이게 된 것은 최근의 일로, MLOps 관행이 부상하면서부터다.

머신러닝 운영machine learning operations의 축약어인 MLOps는 머신러닝 프로젝트의 운영 관리와 관련된 엔지니어링 분야다. 9장과 10장에서 이에 대해 자세히 살펴보겠지만, 결국 MLOps를 고려해야 하는 가장 중요한 이유 중 하나는 새로운 데이터를 추가하고 더 나은 모델을 학습시켜 시간이 지남에 따라 ML 애플리케이션을 개선할 수 있도록 하기 위해서다. 이는 프로덕션 ML 프로젝트의 가장 큰 적인 드리프트에 맞서 싸우기 위한 가장 중요한 도구다.

시간에 따른 데이터 세트 구축

314페이지의 '드리프트와 시프트' 절에서 살펴본 것처럼, 현실 세계는 시간이 지남에 따라 종종 매우 빠르게 변화한다. 데이터 세트는 한 순간의 스냅샷에 불과하기 때문에 결국 대표성을 잃게 된다. 오래되고 낡은 데이터 세트로 개발된 알고리듬은 현장에서 효과가 없을 것이다.

드리프트와의 싸움은 항상 더 많은 데이터를 수집해야 하는 강력한 이유 중 하나다. 새로운 데이터를 지속적으로 수집하면 실제 환경에서 잘 작동하는 최신 모델을 학습시키고 배포할 수 있다.

엣지 AI 알고리듬은 연결 상태가 좋지 않더라도 견뎌야 하는 장치에 배포되는 경우가 많다. 즉, 현장에 배포된 장치의 성능을 측정하기가 매우 어려운 경우가 많다. 이는 데이터를 지속적으로 수집하는 또 다른 주요 이점을 제공한다.[24] 새로운 데이터를 사용하면 실제 환경에서 작동하는 장치에 배포된 것과 동일한 알고리듬의 성능을 이해할 수 있는데, 성능이 저하되기 시작하면 해당 장치를 교체해야 할 수도 있다. 새로운 데이터가 없으면 이를 알 수 있는 방법이 없다.

드리프트 외에도 더 많은 데이터를 확보하는 것은 거의 항상 도움이 된다. 데이터가 많다는 것은 데이터 세트에 자연스러운 변화가 많다는 뜻이며, 이는 실제 환경에 일반화할 수 있는 우수한 모델을 뜻한다.

데이터 중심 ML 관점에서 보면 데이터 수집 자체가 반복적인 개발 피드백 루프의 일부가 되어야 한다. 애플리케이션이나 모델이 특정 방식으로 부족하다는 것을 인식하면 이를 개선하는 데 도움이 되는 다양한 유형의 추가 데이터를 식별할 수 있다. 데이터 세트를 지속적으로 개선할 수 있는 좋은 시스템을 갖추고 있다면, 피드백 루프를 닫고 더 효

---

24 이는 배포된 장치가 겪고 있는 연결 문제를 우회하는 다른 방법으로 데이터를 수집할 수 있다고 가정한 것이다.

과적인 애플리케이션을 구축할 수 있다.

개선의 장애물

실제 프로젝트에서는 데이터 세트를 지속적으로 개선하기 어렵게 만드는 제약 조건에 직면하는 경우가 많다. 예를 들어

- 데이터 수집에는 현장에 일시적으로만 사용되는 맞춤형 하드웨어가 필요할 수 있다.
- 데이터 수집 프로세스는 본질적으로 연속적이지 않고 배치(batch) 기반일 수 있다.
- 지속적인 데이터 수집에 사용할 수 있는 장기적인 자금이 없을 수도 있다.

추가 데이터가 없으면, 시간이 지남에 따라 현장에서 애플리케이션의 성능을 보장할 수 있는 능력이 감소한다는 점을 명심해야 한다. 프로젝트의 설계 단계에 있는 경우, 이런 위험을 줄이기 위해 이러한 제약 조건 중 일부를 완화하는 것이 좋다. 예를 들어, 프로젝트의 예산이 지속적인 장기 모니터링을 감당할 수 있는지 확인해야 할 수 있다.

어떤 상황에서는 드리프트로 인해 감지할 수 없는 성능 저하의 위험을 피할 방법이 없을 수도 있다. 이 경우, 애플리케이션의 최종 사용자가 위험을 해결할 수 있는지 여부를 판단할 수 있도록 해당 위험을 잘 문서화하여 전달해야 한다. 이런 문제는 비전문가에게는 분명치 않을 수 있으므로, 가장 많은 지식을 가진 사람으로서 이런 문제를 강조하는 것은 여러분의 책임이다.

잘 설계된 데이터 파이프라인은 데이터 세트의 지속적인 성장을 가능케 하는 중요한 도구다. 새로운 데이터에 대해 실행할 수 있는 반복 가능한 파이프라인이 있다면, 데이터 세트에 새로운 레코드를 추가할 때 발생하는 마찰을 크게 줄일 수 있다. 신뢰할 수 있는 파이프라인이 없으면 새 데이터를 추가하는 것이 너무 위험할 수 있으며, 원래 데이터 세트와 일관되게 일치한다는 보장이 없다.

요약

데이터 세트의 생성은 엣지 AI 프로젝트의 시작 단계에서 시작되는 지속적인 프로세스이며, 결코 끝나지 않는다. 최신 데이터 중심 워크플로에서 데이터 세트는 애플리케이션의 설계와 요구사항에 따라 진화한다. 데이터 세트는 프로젝트의 모든 반복 단계에서 변경된다.

애플리케이션 개발 프로세스에서 데이터 세트가 하는 역할에 대해서는 9장에서 더 자세히 알아볼 것이다. 8장에서는 애플리케이션이 설계되는 방식을 집중적으로 살펴보겠다.

제8장
엣지 AI 애플리케이션 설계하기

애플리케이션의 설계와 개발은 엣지 AI의 모든 요소가 하나로 엮이는 곳이다. 이를 위해서는 문제 프레이밍problem framing, 데이터 세트 수집, 기술 선택, 책임감 있는 AI 등 지금까지 논의한 모든 것에 대한 이해가 필요하다. 또한 관련 영역에서 제품을 설계하고 소프트웨어와 하드웨어 모두에서 설계를 구현하는 데 필요한 기술과 지식이 필요하다.

8장에서는 엣지 AI 애플리케이션을 설계하는 과정을 살펴보고, 실제 애플리케이션에서 사용되는 가장 중요한 설계 패턴 중 자신의 업무에 적용할 수 있는 몇 가지를 배울 것이다. 8장이 끝나면 엣지 AI 제품 설계의 요구사항에 익숙해지고 자신만의 제품을 만들 준비가 될 것이다.

엣지 AI 애플리케이션의 설계에는 제품이나 솔루션 자체와 이를 작동시키는 기술 아키텍처라는 두 가지 주요 부분이 있다. 이 두 부분은 상호 의존적이다. 제품 설계는 필요한 기술 아키텍처에 영향을 미치고, 기술의 제약 조건은 설계에 영향을 미친다.

또한 설계와 구현 프로세스 전체는 제품이 사용될 실제 상황의 세부 사항에 따라 영향을 받는다. 데이터를 수집하고, 다양한 접근 방식을 실험하고, 실제 조건에서 솔루션을 테스트하면서 설계를 유동적으로 발전시켜야 한다.

이 역동적인 시스템에는 솔루션을 점진적으로 시도하고, 조정하고, 개선하는 반복적인 설계 프로세스가 필요하다. 이를 계획하는 가장 좋은 방법은 해결하고자 하는 문제와 잠재적인 솔루션의 공간을 모두 잘 이해하는 것이다.

하드웨어 제품 설계와 임베디드 소프트웨어 아키텍처는 그 자체로 커다란 주제다. 이 책에서는 특히 엣지 AI와 관련된 설계 고려사항에 초점을 맞출 것이다.

제품과 경험 설계

엣지 AI 제품의 목표는 특정 문제를 해결하는 것이다. 현실에 존재하는 대부분의 문제에는 여러 가지 구성 요소가 있으며, 이를 모두 해결해야 문제를 '해결'한 것으로 간주할 수 있다.

문제 자체

제품이 근본적인 문제를 얼마나 잘 해결하는가

인적 요소

제품이 사용자의 기대치를 얼마나 잘 충족시키는가

광범위한 맥락

제품이 우리 세계의 현실과 얼마나 잘 부합하는가

이를 설명하기 위해 가상의 예를 들어보겠다.

역도 운동 기록하기

많은 사람이 웨어러블을 사용해 운동 활동을 추적하는 것이 편리하다고 생각한다. 예를 들어, 러너를 위해 설계된 스마트 워치는 특정 러닝과 관련된 거리, 시간, 생체 신호를 기록할 수 있다. 이를 통해 러너는 자신이 하고 있는 운동량을 이해하고 시간 경과에 따른 진행 상황을 기록할 수 있다.

그러나 일부 활동은 다른 활동보다 기록하기가 더 어렵다. 달리기의 주요 지표는 거리와 시간으로, 수동적으로 측정하기 쉽다. 그러나 역도는 더 복잡하다. 역도 선수가 반드시 기록해야 하는 항목은 다음과 같다.

- 수행 중인 특정 동작(예: 벤치 프레스, 스쿼트)
- 사용하는 무게의 양
- 성공적으로 수행한 반복 횟수(예: 팔굽혀펴기 10회)

> - 수행한 반복 횟수(예: 10회씩 3세트)
> - 각 세트 사이에 대기하는 시간
>
> 운동선수가 체육관에 들어가서 운동을 수행한 뒤 노트에 기록할 필요 없이 자신이 수행한 운동을 즉시 기록할 수 있다면 편리할 것이다.

역도 운동 기록 문제를 해결할 수 있는 두 가지 방법을 생각해 보자. 문제 자체, 인적 요소, 광범위한 맥락이라는 세 가지 요소를 고려해야 한다는 점을 기억하기 바란다.

첫 번째 솔루션에서 선수는 가속도계가 장착된 스마트 워치를 착용한다. 각 세트 전에 선수는 하드웨어 버튼을 사용해 시계에 운동 유형과 들어 올리는 무게를 입력한다. 세트가 진행되는 동안 스마트 워치는 가속도계의 데이터를 기반으로 한 세트가 완료된 시점을 파악하기 위해 AI 알고리듬을 사용해 수행된 반복 횟수를 기록한다. 운동이 끝나면 이 정보는 모바일 애플리케이션에 동기화되어 확인할 수 있다.

이렇게 하면 문제 자체가 해결될까? 기술적으로는 그렇다. 이 시스템을 통해 선수는 노트북 없이도 역도 운동을 기록할 수 있다. 피트니스 웨어러블은 일반적이고, 저렴하며, 실용적으로 설계되어 있고, 사회적으로도 잘 받아들여지고 있기 때문에 이 솔루션도 큰 틀에서 보면 괜찮아 보인다.

하지만 인간적인 요소를 고려하면 그다지 매력적으로 보이지 않는다. 우리의 설계에서는 운동선수가 각 세트 사이에 스마트 워치에 무게를 입력해야 한다. 이것이 종이 노트를 사용하는 것보다 더 나은 솔루션인지는 의문이다. 실제로 많은 사람이 운동 중에 스마트 장치 인터페이스와 상호 작용하는 것을 불편해한다.

다른 해결책을 생각해 보자. 운동선수가 직접 데이터를 입력하지 않고도 어떤 동작을 하고 있는지, 얼마나 많은 무게를 사용하고 있는지 파악할 수 있다면 얼마나 좋을까? 이를 위해 선수가 운동하는 동안 바닥에 놓을 수 있는 배터리로 작동하는 소형 카메라를 사용할 수 있다. 이 카메라는 컴퓨터 비전 기술을 사용해 사용되는 무게의 양을 계산하고 수행되는 동작을 알아낸다.

근본적인 문제의 관점에서 보면, 활동 추적을 위해 노트북을 사용할 필요가 없어진다는 점에서 좋은 아이디어로 보인다. 운동 중 스마트 장치나 노트북과 상호 작용할 필요 없이 운동에만 집중할 수 있기 때문이다.

그러나 안타깝게도 더 넓은 맥락에서 보면 이 솔루션은 좋은 해결책이 아닐 수도 있다. 많은 사람이 프라이버시가 보호되기를 기대하며 공공 체육관에서 운동을 하므로, 다른 사용자들은 운동 중 스마트 카메라에 '촬영'되는 것을 불편해할 것이다. 엣지 AI 카메라는 비디오 영상을 저장하지 않음으로써 프라이버시를 쉽게 보호할 수 있지만, 다른 사용자에게 이를 설명하기는 어려울 수 있다. 사회적 맥락에서 무엇이 허용되는지에 따라 다른 측면에서는 효과적인 설계이지만 실제로 사용하기가 어려울 수 있다.

이처럼 설계가 문제의 모든 측면을 해결하는 것이 중요하다. 엣지 AI는 많은 문제를 극복할 수 있지만, 사용성 문제나 광범위한 인간적 맥락으로 인해 그 이점이 무력화되는 경우가 많다.

설계 원칙

설계에 임하는 좋은 방법은 비판적 사고에 구조를 제공하는 일련의 원칙을 통해 접근하는 것이다. 캐피털 원의 머신러닝 경험 설계 담당 부사장인 오베타 샘슨$^{Ovetta\ Sampson}$은 설계에서 AI를 사용할 때 특히 적용되는 환상적인 원칙을 저술했다. 그녀의 말을 빌리자면,

> 속도, 규모, 무서움이 동시에 우리가 설계하는 제품의 구성 요소가 될 수 있는 AI의 시대에는 설계를 명사에서 매우 신중한 동사로 바꿔야 한다. 우리는 멋진 신세계로 진입하고 있다. 그리고 그 세상에서는 우리가 설계하는 지능형 제품이 만들어 내는 결과, 행동 유발, 인류에 미치는 영향에 대해 더 큰 책임을 져야 한다.
>
> — 오베타 샘슨

독일의 디자이너 디터 람스$^{Dieter\ Rams}$가 이전에 작성한 글(https://oreil.ly/Ez0ym)에서 영감을 얻은 샘슨의 10가지 원칙과 그에 대한 설명은 다음과 같다.

좋은 설계는 어려운 문제를 해결한다

힘은 크지만 리소스는 한정되어 있으므로 중요한 문제를 해결하는 데 집중해야 한다.

좋은 설계는 건강한 관계를 촉진한다

사용자는 다른 사람, 다른 제품과의 관계망 속에 존재하며, 우리의 설계는 이를 고려해야 한다.

좋은 설계에는 유연성이 필요하다

AI는 놀라운 커스터마이징을 가능케 하며, 우리는 이를 활용하여 사람들이 안정적으로 사용할 수 있는 더 나은 제품을 설계하고 만들어야 한다.

나를 이해하는 기업과 나를 위한 제품을 만드는 좋은 설계

설계는 마케팅 부서의 요구가 아니라 개별 사용자의 니즈를 정확하게 이해하는 데 기반해야 한다.

좋은 설계는 편향을 인정한다

편향은 항상 존재하며, 설계자는 이를 완화하기 위해 의식적으로 노력해야 하고 제품의 한계에 대해 투명해야 한다.

좋은 설계는 부정직^{dishonesty}을 막는다

설계자는 제품이 부정적인 영향을 미칠 수 있는 가능성에 대해 정직해야 이를 막을 수 있다.

좋은 설계는 의도치 않은 결과가 있을 수 있다고 인정한다

AI 시스템의 의도치 않은 결과는 사람들에게 체계적으로 해를 끼칠 수 있으며, 좋은 설계는 이런 사실을 인정하고 해결해야 한다.

좋은 설계는 공평성을 촉진한다

AI는 의도치 않게 불평등과 불공정을 증폭시킬 수 있지만, 신중하게 설계된 AI 시스템은 이런 영향에 대응할 수 있다.

좋은 설계는 집단적이고 연결된 생태계에 미치는 영향을 고려한다

AI가 배포되는 인간의 상황은 매우 복잡하고 다양하며, 좋은 설계는 이를 반영해야 한다.

좋은 설계는 의도적으로 혼돈에 질서를 부여한다

AI 제품은 세상을 지금보다 더 혼란스럽게 만드는 것이 아니라, 더 쉽게 이해하고 대처할 수 있도록 만들어야 한다.

샘슨의 원문(https://oreil.ly/-4WvU)에서 각 원칙에 대한 더 자세한 설명을 확인할 수 있다.

이러한 원칙은 AI가 규모를 통해 그 힘을 발휘한다는 사실을 인정하는 데 바탕을 두고 있다. 이전에는 사람의 감독이 필요했던 기능을 이제 완전히 자동화할 수 있다. 이에 따른 비용 절감은 이런 기능이 훨씬 더 널리 보급되고 이전보다 훨씬 더 큰 영향력을 발휘할 수 있음을 뜻한다.

동시에 AI 시스템의 특성상 단일 엔지니어링 팀이 만든 단일 구현이 수백만 명의 매우 다양한 사람에게 광범위하게 사용될 수도 있다. 이는 시스템의 결함이 확대되어 인구의 많은 부분에 영향을 미칠 수 있음을 뜻한다.

실제로 나쁜 의사는 진료 과정에서 수천 명의 환자에게 해를 끼칠 수 있지만, 나쁜 의료 AI 시스템은 수백만 명에게 해를 끼칠 수 있다. 해로운 시스템이 널리 퍼질 위험이 있기 때문에 첨단 AI 제품을 설계할 때 매우 신중해야 하며, 이는 샘슨과 같은 원칙이 매우 중요한 이유이기도 하다.

솔루션 범위 설정

소프트웨어나 하드웨어 분야에서 일하는 사람이라면 누구나 알 수 있듯이, 제품이나 기능을 구현하는 데 필요한 작업량을 예측하기란 매우 어려운 일이다. 마찬가지로 AI와 ML 개발은 본질적으로 예측이 불가능하다. 고품질 데이터 세트의 필요성과 알고리듬 개발 프로세스의 탐색적 특성으로 인해 프로젝트에 소요되는 시간을 정확히 알기가 매우 어렵다.

알고리듬 개발에 따라 자연스럽게 하드웨어와 소프트웨어 요구사항이 드러난다. 예를 들어, 머신러닝 실무자는 적절한 결과를 도출하기 위해 딥러닝 모델의 크기가 일정해야 한다고 판단할 수 있다. 모델의 크기에 따라 배포할 수 있는 장치 유형이 제한된다. 즉, 적어도 일부 알고리듬 개발 작업이 완료될 때까지 하드웨어 개발 프로세스를 시작하지 못할 수도 있다.

> **잘못될 수 있는 것들, 그리고 잘못되는 것들**
>
> AI 프로젝트가 실제로 시작되기도 전에 실패할 수 있는 방법은 여러 가지가 있다. 가장 일반적인 위험 요소는 다음과 같다.
>
> - 적절한 데이터 세트를 확보하기가 너무 어렵거나 비용이 많이 드는 경우
> - 데이터에 사용 가능한 모델을 학습시키기에 충분한 신호가 없는 경우
> - 사용 가능한 하드웨어가 작동하는 알고리듬을 실행하기에 충분하지 않은 경우
> - 문제가 AI가 제공할 수 없는 수준의 정밀도를 요구하는 경우

AI 개발의 추가 변수는 개발 프로세스 전반에 대해 올바른 가정을 하기가 훨씬 더 어려움을 뜻한다. 필요한 작업량을 과소평가하거나, 원래 계획이 충분하지 않다는 점이 명백해지면, 상당한 시간과 비용을 투자한 뒤 다시 원점으로 돌아가야 하는 상황이 발생하기 쉽다.

AI 개발의 특성상 '폭포수^{waterfall}' 개발 모델은 매우 위험하다. 초기의 가정이 항상 옳을 것이라고 가정하는 것은 위험하다. 멋진 하드웨어를 개발했다가 마지막 순간에 하드웨어가 필요한 모델을 실행할 수 없을 만큼 성능이 부족하다는 사실을 알게 되면 엄청난 비용이 발생할 수 있다.

그렇다면 어떻게 하면 이런 문제를 피하고 제대로 작동하는 제품을 더 쉽게 출시할 수 있을까? 핵심은 범위를 제한하는 것이다. AI는 흥미진진하고 새로운 애플리케이션의 한계는 무한하지만, 처음부터 너무 큰 야심을 품지 않는다면 실수를 피하기가 훨씬 쉽다.

이 원칙을 환상적으로 보여주는 것이 바로 자율주행차의 현실이다. 2010년대 중반, 많은 기술자는 완전 자동화된 자율주행차가 머지않은 장래에 실현될 것이라고 생각했다.

딥러닝 혁명으로 엄청난 발전이 이뤄졌고, 차량의 성능은 초기 프로토타입에서 비약적인 발전을 이뤘기 때문이다. 이때는 자율주행 세상이 임박한 것처럼 보였다.

대체로 제대로 작동하는 자율주행 자동차를 만드는 건 가능하다는 것이 입증됐지만, 안타깝게도 일반 대중과의 고속 상호 작용에 있어서는 '대체로'가 허용되지 않는다는 것이 입증되었다. 마지막 몇 퍼센트 포인트의 신뢰성을 확보하기가 기하급수적으로 어려워졌다. 언젠가는 자율주행 자동차를 볼 수 있겠지만, 아직 몇 년은 더 기다려야 한다.

자율주행 자동차가 주춤하는 동안, 관련 기술이지만 덜 야심 찬 기술들이 큰 성공을 거두어 현재 모든 신차의 3분의 1 이상에 탑재되고 있다(https://oreil.ly/Hz0QK). ADAS$^{Advanced\ Driver-Assistance\ Systems}$는 운전자가 도로에서 더 쉽게 운전할 수 있도록 돕기 위해 고안된 기술의 범주다. 여기에는 어댑티브 크루즈 컨트롤$^{adaptive\ cruise\ control}$, 차선 중앙 유지, 충돌 방지 등의 기능이 포함된다.

엣지 AI의 대표적인 사용 사례인 ADAS 기능은 특정 개별 작업을 지원하도록 설계됐다. 이러한 기능은 운전자의 정신적, 육체적 부담을 덜어주고 도로 안전을 개선하는 데 도움을 준다. 자율주행 시스템만큼 야심 차지는 않지만 범위가 제한적이기 때문에 훨씬 더 성공적인 결과를 가져올 수 있다.

예를 들어 많은 최신 자동차에는 고속도로를 달리는 동안 가속, 제동, 차선 중심을 잡을 수 있는 어댑티브 크루즈 컨트롤 시스템이 탑재되어 있다. 이 시스템은 제한된 환경에서만 작동하면 되기 때문에 100% 신뢰성을 갖춘 시스템을 구축하는 것이 훨씬 쉽다. 시내 도로에서는 전혀 작동하지 않지만 괜찮다. 고속도로 주행은 장거리 여행 중 가장 많은 시간을 차지하므로 운전자 입장에서는 거의 자율주행 차량이나 마찬가지다.

제한된 범위에서 ADAS 시스템은 오늘날 차량의 자율주행 시스템보다 훨씬 더 많은 효용을 얻을 수 있다. 또한 ADAS 시스템을 개발하고 배포하는 기업은 실제 상황에서의 전문성과 통찰을 점진적으로 쌓을 수 있다. 시장에 적극적으로 참여하면서 제품을 지속적으로 개선하여 자율주행 자동차의 꿈에 점차 가까워질 수 있다.

이런 접근 방식은 모든 엣지 AI 제품에 적합하다. 처음부터 거창한 아이디어를 추구하기보다는 실질적인 가치를 제공할 수 있는 작고 유용한 디딤돌을 찾아보라. 사용자에게 진정으로 도움이 되는 간단하고 달성 가능한 혜택, 즉 최소한의 실행 가능한 제품을 결정하라. 무언가를 만들어서 실제 환경에서 어떻게 작동하는지 확인하고 거기서부터 반복하라.

구체적인 예를 들어보자. 생산 라인의 품질 관리 시스템을 구축한다고 가정하자. 오늘날 모든 품질 검사는 수작업으로 이뤄진다. 시간과 비용의 제약으로 인해 모든 품목을 검사할 수 없기 때문에 무작위로 샘플을 검사하며, 이는 일부 결함이 통과된다는 뜻이다.

장기적인 목표는 엣지 AI 비전 시스템을 사용해 모든 품목을 자동으로 검사하여 모든 결함 제품을 찾아내고 검사 비용을 절감하는 것일 수 있다. 하지만 프로젝트 초기에는 이런 목표를 달성할 수 있을지 명확하지 않을 수 있다. 데이터 세트에 가능한 모든 유형의 결함 사례가 포함되어 있지 않아 시스템을 테스트하기 어려울 수도 있다. 시도해 보지 않고는 성공 여부를 알 수 없지만, 실패하면 비용이 많이 들 수 있다.

한 걸음 물러서서 문제의 범위에 대해 생각해 보자. 모든 결함을 찾아내는 것은 큰 도전일 수 있지만, 일부 결함이 통과할 수 있음을 알고 있기 때문에 일부 결함을 찾아낼 수 있다면 현재 상황보다 개선될 수 있다.

가능한 모든 결함이 아닌 특정 유형의 결함을 감지하도록 모델을 학습시키는 일은 비교적 간단할 수 있다. 현재의 수작업 검사 프로세스와 결합하면 한 가지 결함 유형을 찾아내도록 학습된 모델도 공장에 실질적인 이점을 제공할 수 있다. 검사 비용을 줄이지는 못하더라도 더 많은 결함을 찾아내고 제품의 평균 품질을 높일 수 있다.

달성 가능한 범위로 범위를 제한하면, 위험을 크게 줄이면서 즉각적인 가치를 제공할 수 있다. 이런 성공을 바탕으로 솔루션을 반복하여 처음에 염두에 두었던 원대한 비전을 점진적으로 달성하는 데 방해가 되는 것은 아무것도 없다. 더 나아가 초기 시스템이 더 이상의 개발이 필요하지 않을 만큼 충분한 가치를 제공한다는 사실을 알게 될 수도 있다.

설계 목표 설정

271페이지의 '엣지 AI 프로젝트 계획하기' 절에서 애플리케이션 개발 프로세스에 대한 구체적인 목표를 설정해야 하는 필요성에 대해 배웠다. 목표에는 시스템의 전반적인 성능을 반영하는 시스템 목표, 알고리듬 요소의 내부 기능을 반영하는 기술 목표, 시스템이 준수하기를 바라는 가치의 세 가지 주요 유형이 있다.

효과적인 목표를 세우려면 이해관계자와 도메인 전문가의 의견을 수렴하여 목표를 설계해야 한다(181페이지의 '엣지 AI를 위한 팀 구축' 절 참고). 그리고 프로젝트의 최소 실행 가능한 성능 특성을 결정하기 위해 노력해야 한다. 이는 시스템과 기술 수준 모두에서 프로젝트의 성공 여부를 평가하는 데 사용되는 기준이다. 가능하면 해당 도메인의 표준 메트릭을 사용해 정량화할 수 있어야 진행 상황을 구체적으로 측정하는 데 사용할 수 있다.

시스템 목표를 설정하는 가장 좋은 방법은 평가 우선 접근 방식evaluation-first approach이다.

시스템 목표

엣지 AI 시스템이 문제에 대한 최초이자 유일한 해결책으로 개발되는 경우는 거의 없다. 대부분의 경우 이미 존재하는 솔루션이 있다. AI 애플리케이션을 개발할 때는 시간을 들여 자체 솔루션뿐만 아니라 기존 솔루션과 비교하여 솔루션을 측정하는 것이 중요하다. 시스템을 자체와 비교하여 측정하면 개발 프로세스 전반에 걸쳐 개선점을 발견할 가능성이 거의 보장된다. 그러나 대안보다 더 나은 솔루션이 있는지 확인하려면 대안과 비교해서도 측정해야 한다.

이때에 개발에 대한 **평가 우선** 접근 방식이 매우 강력할 수 있다. 이 접근 방식에서 개발 프로세스의 첫 번째 단계는 문제에 대한 잠재적 솔루션(인공지능이든 다른 것이든)의 성능을 측정할 수 있을 만큼 일반적인 평가 지표를 마련하는 것이다.

예를 들어, 소매점 직원이 진열대가 비어 재입고가 필요한 시기를 파악하는 데 도움이 되는 엣지 AI 애플리케이션을 개발한다고 가정해 보자. 이 문제에 접근하는 한 가지 방법은 관련된 기술에 집중하는 것이다. 여기서는 진열대에 재입고가 필요한 시점을 시스템이 90%의 정확도로 예측할 수 있어야 한다는 목표를 정할 수 있다.

정확도 90%는 모델이 10번 중 9번은 선반이 비어 있음을 정확하게 식별한다는 의미로,

꽤 괜찮은 수치처럼 보인다. 하지만 이 지표는 알고리듬의 원시적인 성능만 알려줄 뿐, 시스템이 실제로 도움이 되고 있는지에 대한 통찰을 제공하지 않는다. 또한 현재 솔루션과 비교하는 데는 아무런 소용이 없다. 특정 직원은 이미 AI의 도움 없이도 선반이 비어 있는지 가득 차 있는지 100%의 정확도로 구분할 가능성이 높다!

기술적 지표에 집중하는 대신 한 걸음 물러서서 더 큰 그림을 보도록 노력하라. 이 시스템의 진정한 목표는 매장 직원이 매장의 진열대에 고객이 구매할 수 있는 충분한 상품이 있는지 쉽게 확인할 수 있도록 하는 것이다. 이를 염두에 두고 더 의미 있는 지표를 선택할 수 있다. 더 나은 지표는 특정 진열대에 제품이 진열된 시간의 비율일 수 있다.[1] 평균적으로 특정 진열대에는 90%의 제품이 진열되어 있어야 한다는 목표를 세울 수 있다.

그러면 현재 시스템, 즉 직원들의 수작업 노력을 목표와 비교하여 측정할 수 있다. 직원이 특정 진열대가 비어 있는지 여부를 판단하는 것은 쉽지만, 하루 종일 매우 바빠서 모든 진열대에 상품이 있는지 확인하기 위해 매장 구석구석을 확인할 시간이 없을 수 있다. 이로 인해 평균 재고율이 70%에 그칠 수 있다.

이제 현재 솔루션의 기본 성능(70%)과 목표(90%)를 알 수 있다. AI 솔루션은 이 20%의 부족분을 복구하는 데 도움을 주어야 한다. 현재 솔루션과 개선이 필요한 부분에 대한 지식은 제품 설계와 개발 프로세스를 안내할 수 있다. 예를 들어 직원들이 너무 바빠서 매장 전체를 확인하지 못하기 때문에 문제가 발생한다는 사실을 알고 있으므로, 다른 업무와 깔끔하게 결합되는 방식으로 빈 진열대에 대한 알림을 받도록 하는 설계에 집중해야 한다. 성공을 측정할 수 있는 편리한 지표가 있기 때문에, 일부 진열대에 초기 시스템을 배포하고 그 효과 여부를 쉽게 파악할 수 있다.

메트릭이 제공하는 통찰을 통해 가정을 재검토하고, AI를 전혀 포함하지 않는 다른 방식으로 문제를 해결하기로 결정할 가능성도 항상 존재한다. 예를 들어, 모든 매장에 엣지 AI 시스템을 구현하는 것보다 직원 배치 스케줄을 수정하여 문제를 해결하는 편이 더 저렴할 수도 있다. 이는 비기술적인 솔루션이지만 평가 우선 개발 접근법의 승리다.

---

1   더 높은 수준의 지표는 (매출이 높을수록 좋다고 가정할 때) 스토어 매출을 포함할 수 있지만, 이 지표는 더 많은 요소의 영향을 받기 때문에 시스템의 효과를 측정하는 데 더 많은 잡음이 있다.

목표를 정량화하는 데 사용하는 지표가 최종적으로 나아갈 방향에 큰 영향을 미친다는 의미의 '여러분이 측정하는 것이 곧 여러분 자신'이라는 말을 기억하는 것이 중요하다. 잘못된 것을 측정하면 결국 시간, 돈, 기회를 낭비하게 되고 상황을 악화시킬 수 있다. 측정하고 개선해야 할 올바른 것을 식별할 수 있다면, 반복 개발의 힘은 엄청난 영향력을 발휘할 수 있다.

기존 엣지 솔루션 업그레이드하기

경우에 따라 더 정교한 인공지능을 통합하여 기존에 배포된 엣지 시스템을 개선하고 싶을 수도 있다. 예를 들어, 간단한 휴리스틱 알고리듬을 기반으로 하는 시스템이 정상적으로 작동하지만 여전히 개선의 여지가 있을 수 있다.

이는 사실 이상적인 상황이다. 이미 작동하는 시스템이 배포되어 있으므로, 해당 도메인과 해결하려는 문제의 고유한 과제를 잘 이해하고 있을 것이다. 또한 성공을 측정할 수 있는 효과적인 지표를 갖고 있을 가능성이 높다. 그렇지 않다면 개선이 필요하다는 사실을 모를 것이다. 또한 데이터를 수집할 수 있는 장치가 이미 현장에 있다는 잠재적 이점도 있다.

기존 시스템을 업그레이드하려면 다른 브라운필드 프로젝트(즉, 기존 하드웨어를 활용하는 프로젝트)를 시작할 때와 거의 동일한 설계 프로세스를 따라야 한다. 그러나 특정 시점에서는 이전 작업을 재사용할 수 있다.

개발 프로세스 전반에 걸쳐 새 시스템을 기존 시스템과 비교하여 지속적으로 측정하고 이전 접근 방식을 여유 있는 차이로 이길 수 있는지 확인해야 한다. 더 간단한 솔루션이 거의 비슷하게 잘 작동한다면, AI 솔루션에 필요한 추가적인 복잡성과 장기적인 지원을 감수하기보다는 그냥 그 솔루션을 고수하는 편이 더 나을 수 있다.

기술 목표

올바른 시스템을 구축하려면 시스템 목표도 중요하지만, 시스템의 기술적인 측면에도 고유한 목표가 있어야 한다. 예를 들어, AI 알고리듬의 현재 성능과 목표 성능을 이해하면 적절한 영역에 개발 노력을 집중하는 데 도움이 된다.

예를 들어, 스마트 홈 장치를 위한 키워드 발견 모델을 개발한다고 가정하자. 키워드 발견 모델의 경우 성능은 종종 **오수락률**false accept rate 과 **오거부율**false reject rate 의 조합으로 표현되는데, 이 두 숫자는 모델이 실수할 가능성을 나타내는 수치다. 고품질의 제품을 보장하기 위해 이해관계자 및 인터랙션 디자이너와 함께 오수락률 5% 미만, 오거부율 1% 미만을 목표로 정할 수 있다. 이 수치가 목표가 될 것이다.

다음 작업은 작업을 테스트하기 위한 메커니즘을 결정하는 것이다. 확실한 목표가 있어도 목표에 대한 진행 상황을 측정할 수 없다면 아무런 도움이 되지 않는다. 테스트는 테스트 데이터 세트에 의존하는 경우가 많지만, 일반적으로 이상적인 조건에서 수집된 테스트 데이터 세트의 성능과 실제 운영 환경 사이에는 항상 차이가 있다.

가장 신뢰할 수 있는 지표는 프로덕션에 배포된 시스템에서 제공된다. 이 단계에서는 현장에서 어떤 지표를 사용할 수 있는지 파악하는 것이 중요하다. 실제 데이터는 레이블과 함께 제공되지 않는 경향이 있기 때문에, 실제 성능을 측정하기가 종종 어려울 수 있다. 현장에서 애플리케이션의 성능을 측정할 수 있는 방법을 결정하는 데 어려움을 겪고 있다면 프로젝트를 재고해 볼 필요가 있다. 메트릭이 없으면 애플리케이션이 작동하는지조차 알 수 없기 때문이다.

기존 시스템을 개선하기 위해 AI를 사용하고 있을 수도 있고, 현재 시스템을 측정하는 데 사용된 평가 지표가 이미 있는 경우도 있다. 어떤 경우든 동일한 지표를 사용해 현재 시스템과 제안된 AI 기반 대체 시스템을 평가하는 것이 좋다. 측정할 수 있는 기준이 있으면 항상 도움이 된다.

AI 개발의 반복적인 특성을 고려할 때 사용 가능한 시간도 고려해야 한다. 목표는 결정한 최소 실행 가능한 성능 수준에 도달할 때까지 시스템의 성능을 향상하는 것이어야 한다. 진척이 더딘 경우에는 다른 접근 방식을 시도할지 아니면 프로젝트를 완전히 중단할지 결정해야 한다. 목표에 도달하는 과정에서 성능 마일스톤을 설정하여 진행 상황을 추적하고 프로젝트가 잘 진행되고 있다는 확신을 가질 수 있도록 하는 것이 좋다.

가치 기반 설계 목표

책임감 있는 애플리케이션을 구축하려면 솔루션이 구현하고자 하는 가치를 나타내는 설계 목표를 만들어야 한다. 예를 들어 의료 진단 시스템을 구축한다고 가정하자. 의료 전문가들은 진단 정확도가 특정 임곗값에 미치지 못하는 솔루션을 출시하는 것은 무책임하다는 데 동의할 수 있다.

따라서 이해관계자, 도메인 전문가와 합의하여 책임감 있는 제품에 필요한 최소 성능을 결정하는 것을 목표로 삼아야 한다. 이 최소 성능을 사용해 프로젝트의 릴리스를 승인하는 데 사용할 수 있는 확고한 승인/불승인 기준을 마련할 수 있다.

가치에 대한 합의가 항상 일치하는 것은 아니기 때문에, 다양하고 대표성 있는 이해관계자 그룹과 협력하는 것이 매우 중요하다. 서로 다른 그룹의 사람들은 서로 다른 가치를 공유하는 경우가 많기 때문에, 여러분이 동의하는 가치는 특정 상황(예: 대다수의 이해관계자가 속한 문화)에만 해당될 수 있다. 적절한 가치에 동의할 수 없다면 프로젝트에 윤리적 위험이 있다는 신호일 수 있다.

개발 워크플로에서 시스템의 성능을 설명하는 메트릭을 측정하고 문서화하는 것은 매우 중요하다. 이 데이터는 진행/중단 결정을 내리는 데 도움이 된다. 프로젝트를 완료할 때까지 밀어붙여야 한다는 조직적, 대인적 압박이 상당한 경우가 많다. 메트릭을 문서화하고 품질에 대한 확고하고 문서화된 기준을 마련하면 혼자만의 결정에서 벗어나 조직 프로세스의 일부로 만들 수 있다.

이런 기준은 현장 배포까지 확장되어야 한다. 성능을 모니터링하고 시스템이 실제 환경에서 적절하게 작동하지 않을 경우 배포를 중단할 수 있어야 한다. 현장에서 사용할 수 있는 지표는 개발 단계에서 사용할 수 있는 지표보다 제한적인 경우가 많기 때문에 모니터링이 어려울 수 있다. 이 주제에 대해서는 10장에서 자세히 설명하겠다.

장기 지원 목표

설계 프로세스의 또 다른 핵심 부분은 장기적인 지원 계획이다. 대부분의 AI는 현장에 배포된 뒤 관찰과 유지보수가 필요하다. 드리프트는 불가피하며 시간이 지남에 따라 성능 저하로 이어질 수 있다. 선택한 애플리케이션과 하드웨어는 드리프트가 발생하는 속도를 이해하는 데 도움이 되는 메트릭을 보고하는 기능이 있어야 하며, 이런 통찰을 통해 더 많은 데이터를 수집하고 새 모델을 학습시켜야 하는 시기를 파악할 수 있다. 설계 목표에는 장기적인 제품 지원 목표가 포함되어야 한다. 이 주제에 대한 자세한 내용은 10장에 나와 있다.

아키텍처 설계

엣지 AI 시스템의 아키텍처는 효과적인 솔루션을 만들기 위해 구성 요소를 서로 맞추는 방식이다. 특정 시스템을 설계하는 방법에는 여러 가지가 있으며, 각 아키텍처에는 고유한 장단점이 있다. 시스템 아키텍트의 임무는 상황을 분석하고 기술의 이점을 극대화할 수 있는 아키텍처를 선택하는 것이다.

다음 절에서는 엣지 AI 애플리케이션을 위한 시스템 아키텍처의 기본 사항을 설명한다. 소프트웨어와 하드웨어 아키텍처는 광범위한 주제이므로 여기서는 특히 엣지 AI와 관련된 부분에 초점을 맞추겠다. 또한 탄탄한 기초를 다지고 다양한 문제를 해결하기 위해 적용할 수 있는 일련의 설계 패턴도 제공할 것이다.

하드웨어, 소프트웨어, 서비스

엣지 AI 애플리케이션은 하드웨어, 소프트웨어, 서비스의 세 가지 주요 구성 요소로 이뤄진다.

하드웨어에는 프로세서, 메모리, 센서가 포함된 엣지 장치 자체와 3장에서 살펴본 다양한 엣지 장치가 포함된다. 또한 장치에 전원을 공급하는 방식과, 더 넓은 세상과 통신하는 수단도 포함된다.

소프트웨어는 시스템에 생명을 불어넣는 마법과도 같다. 소프트웨어는 센서, 주변 장치, 네트워킹 장치 등 하드웨어와 인터페이스할 수 있도록 하는 저수준 드라이버에서 시작된다. 여기에는 장치에서 실행될 수 있는 모든 신호 처리와 AI 알고리듬이 포함된다. 가장 중요한 것은 AI 알고리듬이 출력한 신호를 해석하고 이에 대한 조치 방법을 결정하는 모든 애플리케이션 로직을 포함한다는 점이다.

서비스는 엣지 AI 시스템이 인터페이스할 수 있는 외부 시스템이다. 여기에는 통신 네트워크, 무선 시스템, IoT 관리 플랫폼, 웹 API, 클라우드 애플리케이션 등 엣지 시스템의 외부에 존재하고 특정 채널을 통해 통신하는 모든 것이 포함될 수 있다. 이러한 인프라는 자체 인프라일 수도 있고 서드파티에서 제공할 수도 있다.

효과적인 엣지 AI 아키텍처는 이 세 가지 구성 요소를 창의적인 방식으로 결합하여 주어진 상황에 맞는 최적의 균형점을 찾아내는 것이다. 이를 위해서는 문제, 제약 조건, 도메인에 대한 확실한 이해가 필요하다. 그렇기 때문에 설계 프로세스의 이 단계에 착수하기 전에 전체 문제에 대한 철저한 탐색을 수행하는 것이 중요하다.

상황에 대한 이해는 하드웨어, 소프트웨어, 서비스 사용에 영향을 미친다. 예를 들어, 연결성이 낮은 환경에서는 고성능 하드웨어에 집중하고 서비스의 일부 이점을 활용하지 못할 수도 있다. 또 제약을 많이 받는 브라운필드(67페이지의 '그린필드와 브라운필드 프로젝트' 절 참고)의 하드웨어 플랫폼은 소프트웨어를 더 창의적으로 사용하도록 장려할 수 있다. 이때 정교한 소프트웨어와 대규모 모델이 필요하기 때문에 특정 애플리케이션에서 클라우드 AI 서비스의 역할이 중요해질 수 있다.

우리가 이미 접한 엣지 AI 아키텍처의 중요한 개념에는 이기종 컴퓨팅(125페이지의 '이기종 컴퓨팅' 박스 참고)과 다중 장치 아키텍처(133페이지의 '다중 장치 아키텍처' 절 참고)가 있다. 이는 우리가 접하게 될 가장 일반적인 아키텍처의 핵심 요소다.

기본 애플리케이션 아키텍처

단순성은 언제나 좋은 선택이며, 항상 가능한 한 가장 덜 복잡한 아키텍처로 시작해야 한다. 그림 8-1은 일반적인 엣지 AI 애플리케이션의 구조를 보여준다.

아키텍처의 핵심은 **애플리케이션 루프**application loop다. 이는 신호를 캡처해서 처리하고, AI 알고리듬을 실행하고, 출력을 해석하고, 결과를 사용해 의사결정을 내리고 작업을 트리거하는 일련의 반복적인 단계들이다. 장치가 센서 데이터의 지속적인 스트림을 수집함에 따라 단계가 반복해서 실행되기 때문에 루프라고 한다.

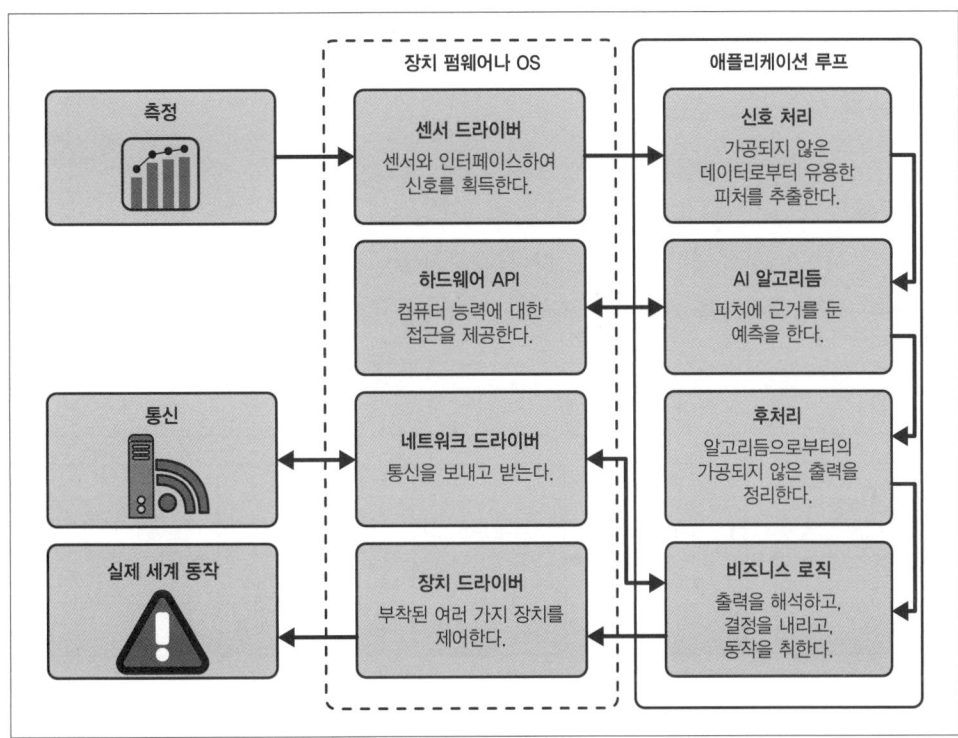

그림 8-1 엣지 AI 애플리케이션의 아키텍처

애플리케이션 루프는 **장치 펌웨어나 OS** 섹션에서 지원된다.[2] 이러한 구성 요소는 하드웨어와 소프트웨어 사이에 추상화 계층을 제공한다. 이들은 일반적으로 애플리케이션 루프가 하드웨어를 제어하는 데 사용할 수 있는 편리한 API를 제공한다. 일반적인 작업에는 센서에서 데이터를 읽고, 통신을 송수신하고, 연결된 장치(예: 조명, 스피커, 액추에이터)를 제어하는 것이 포함된다.

125페이지의 '이기종 컴퓨팅' 박스에서 살펴본 것처럼, 많은 장치에는 여러 개의 프로세서가 있다. 다이어그램에서 **하드웨어 API** 블록은 선택한 프로세서에서 계산을 수행할 수 있도록 하는 추상화 계층을 나타낸다. 예를 들어, 딥러닝 모델의 연산은 속도와 효율성을 높이기 위해 별도의 신경망 코어에서 계산될 수 있다.

---

2   시스템에서 펌웨어를 사용할지 운영체제를 사용할지 여부는 117페이지의 '엣지 AI용 프로세서' 절에서 설명한 대로 하드웨어와 애플리케이션에 따라 다르다.

 계속 진행하기 전에 117페이지의 '엣지 AI 하드웨어 아키텍처' 절을 다시 한번 훑어보면서 엣지 AI 하드웨어의 구조에 대해 알아보는 것도 도움이 될 수 있다.

기본 흐름

가장 기본적인 애플리케이션에서는 하나의 장치에서 실행되는 단일 소프트웨어 파이프라인이 센서 데이터를 가져와서 처리하고 의사결정을 내린다. 그림 8-2는 이를 나타낸다.

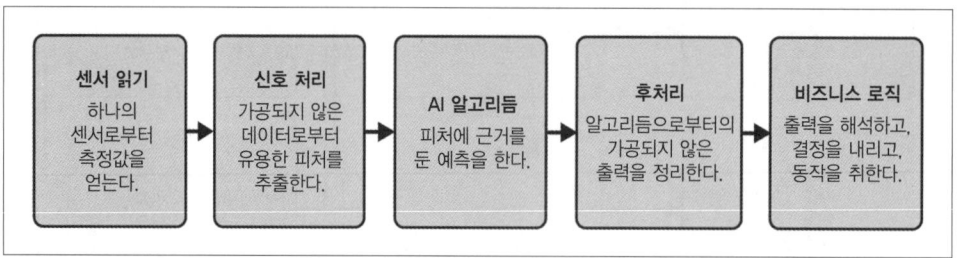

그림 8-2 기본 엣지 AI 애플리케이션 흐름

많은 성공적인 애플리케이션이 이 흐름을 사용하며, 이 흐름을 소프트웨어 아키텍처를 개발할 때 출발점으로 삼아야 한다. 흐름에 포함된 AI 알고리듬은 단일 머신러닝 모델인 경우가 많다. 예를 들어, 스마트 보안 카메라는 사람을 감지하도록 학습된 비전 모델과 함께 이 흐름을 트리거로 사용해 경고를 보낼 수 있다. 그림 8-3은 동일한 다이어그램에 실제 단계를 겹쳐서 보여준다.

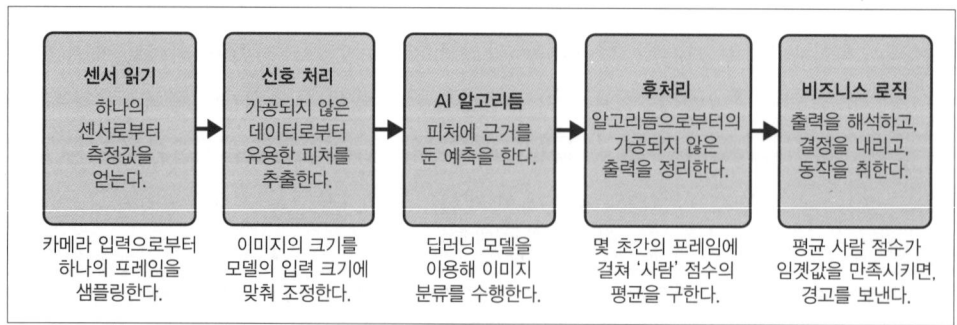

그림 8-3 스마트 카메라 설계에 적용된 기본 흐름

앙상블 흐름

또 다른 흔한 접근 방식은 170페이지의 '알고리듬 결합' 절에서 설명한 대로 알고리듬이나 모델의 앙상블을 사용하는 것이다. 이 경우 동일한 센서 데이터가 동일한 유형의 출력을 생성하는 여러 모델에 공급되고 그 결과가 결합된다. 이는 그림 8-4처럼 보일 수 있다.

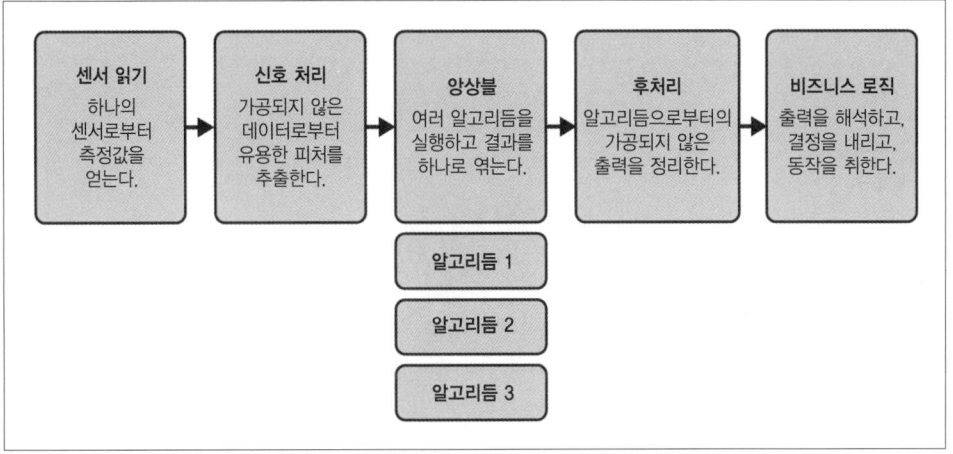

그림 8-4 앙상블 흐름

앙상블에서 알고리듬은 일반적으로 모두 동일한 유형의 출력을 생성한다. 예를 들어, 이미지에 사람이 있는지 여부를 예측하도록 각각 학습된 세 가지 유형의 이미지 분류기로 구성된 앙상블을 만들 수 있다. 세 가지 유형의 알고리듬 결과를 결합하여 각 알고리듬의 장점과 난점을 평균화하면 개별 알고리듬보다 편향성이 적은 결과를 얻을 수 있다.

병렬 흐름

서로 다른 기능을 수행하는 알고리듬을 결합할 수도 있다. 예를 들어, 분류 모델과 이상 탐지 모델을 결합할 수 있다. 이상 탐지 모델의 출력은 애플리케이션에서 입력 데이터가 분포에서 벗어나 분류기를 신뢰할 수 없는 경우를 파악하는 데 사용된다.

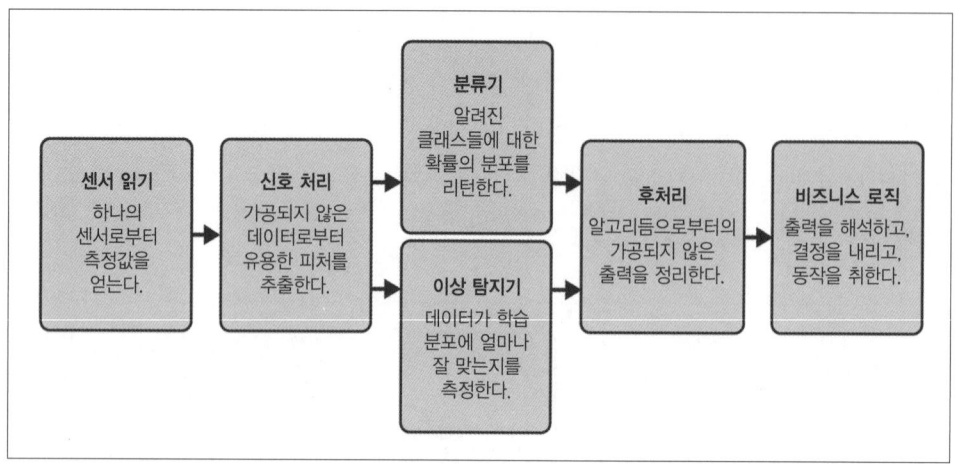

그림 8-5 병렬 흐름

병렬 흐름(그림 8-5)에서 모델의 출력은 후처리 단계나 비즈니스 로직에서 결합될 수 있다. 예를 들어 분류와 이상 탐지 예제에서처럼 한 모델의 출력이 다른 모델의 출력을 조정하는 데 사용되는 경우, 이 조정은 후처리 단계에서 수행될 수 있다. 여러 모델의 출력이 비즈니스 로직 결정을 내리는 데 사용되는 경우, 모델의 출력이 한곳으로 모이게 된다.

병렬 모델이 반드시 멀티태스킹에서처럼 병렬 처리를 의미하지는 않는다. 많은 임베디드 프로세서가 단일 스레드 이상의 계산을 수행할 수 없으므로, 파이프라인에 모델을 추가할 때마다 애플리케이션의 전반적인 지연 시간과 에너지 사용량이 증가할 수 있다.

직렬 흐름

모델을 직렬로 실행하는 것도 유용할 수 있다. 이 흐름에서는 그림 8-6에 표시된 것처럼 한 알고리듬의 출력이 후처리를 거치거나 거치지 않고 다른 알고리듬에 공급된다.

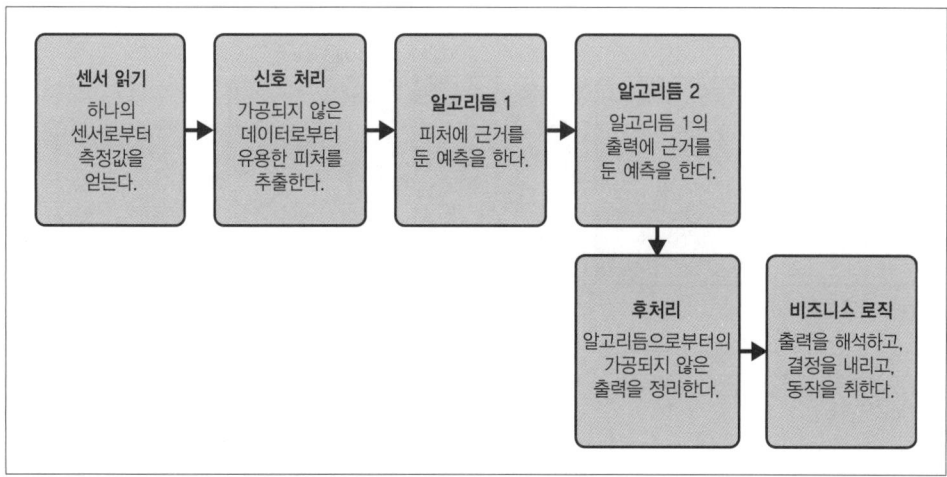

그림 8-6 직렬 흐름

직렬 흐름은 한 모델을 사용해 가공되지 않은 입력에서 피처를 추출한 다음, 다른 모델을 사용해 피처의 변화를 이해하고자 할 때 유용하다. 예를 들어 포즈 추정 모델을 사용해 사진에서 사람의 팔과 다리의 위치를 식별한 다음, 이 위치를 분류 모델에 전달하여 어떤 요가 자세를 취하고 있는지 파악할 수 있다.

계단식 흐름

알고리듬을 연속적으로 사용하는 또 다른 현명한 방법은 캐스케이드cascade 내에서 사용하는 것이다. 계단식 흐름은 그림 8-7에 나와 있다.

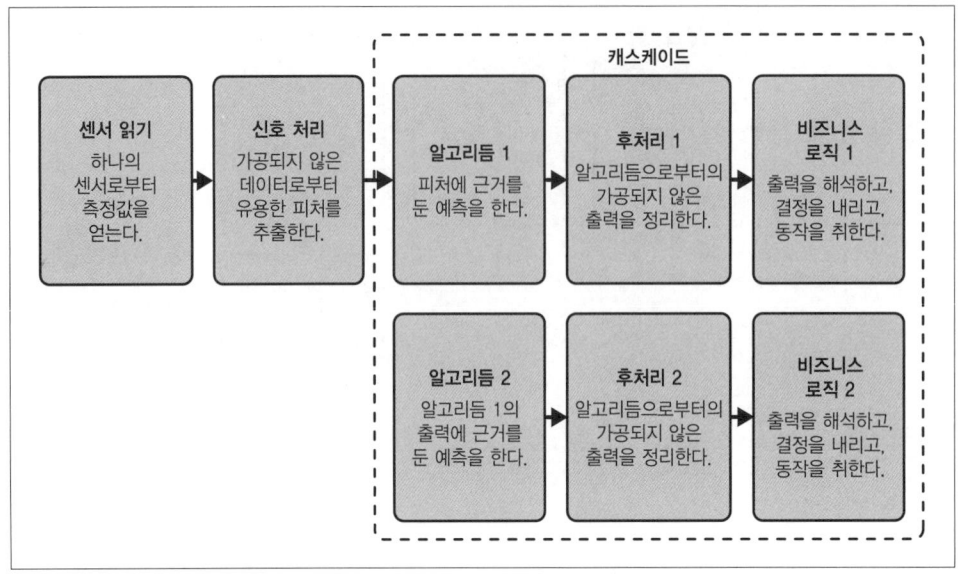

그림 8-7 계단식 흐름

계단식 흐름은 지연 시간과 에너지 사용량 모두에서 추론을 실행하는 데 드는 비용을 최소화하도록 설계됐다. 예를 들어, 배터리로 구동되는 장치에서 상시 작동하는 키워드 발견 시스템을 상상해 보자. 키워드 발견에 필요한 모델은 비교적 크고 복잡할 수 있으므로, 실행하면 배터리가 빠르게 소모될 수 있다.

대신, 단순히 음성을 감지하기 위해 설계된 더 작고 간단한 모델을 실행할 수 있다. 이것이 캐스케이드의 첫 번째 계층이다. 음성이 감지되면 입력은 캐스케이드의 두 번째 계층인 전체 키워드 발견 모델로 전달된다. 전체 키워드 발견 모델은 실행 빈도가 낮아지므로 에너지가 절약된다.

캐스케이드는 필요한 만큼의 계층을 가질 수 있다. 애플리케이션에 따라 캐스케이드의 각 계층은 자체적인 독립 신호 처리 알고리듬을 가질 수도 있다. 경우에 따라서는 캐스케이드의 특정 단계에 도달하면 다른 소스(예: 더 나은 신호를 제공하지만 더 많은 에너지를 사용하는 고품질 마이크)에서 데이터를 캡처하도록 트리거할 수도 있다.

캐스케이드의 앞부분 모델을 높은 재현율^{recall}을 위해 튜닝하는 것이 합리적일 때가 많다(424페이지의 '정밀도와 재현율' 참고). 이는 잠재적 일치 여부를 결정할 때 낙관적인 쪽에 오류가 발생할 수 있다는 뜻이다. 이 구성은 단일 대형 모델에 비해 여전히 에너지를 절약하면서도, 정확도가 낮은 초기 모델이 유효한 입력을 버리는 위험을 줄일 수 있다.

> **듀티 사이클**
>
> 듀티 사이클(duty cycle)은 프로세서가 활발하게 작동하는 시간의 비율이다. 활발하게 작동하지 않을 때는 저전력 상태로 전환하여 에너지를 절약할 수 있다. 캐스케이드는 듀티 사이클을 줄일 수 있기 때문에 에너지를 절약할 수 있다.
>
> 이는 작은 모델이 큰 모델보다 작동하는 데 걸리는 시간이 짧기 때문에 효과적이다. 모델을 주기적으로만(예: 센서 데이터 버퍼가 가득 찰 때마다) 실행하면 되므로, 나머지 시간에는 프로세서를 끌 수 있다. 캐스케이드에서는 가장 작은 모델이 가장 자주 실행되는 모델이다. 따라서 더 큰 모델이 동일한 속도로 실행되는 경우보다 듀티 사이클이 낮아진다.
>
> 듀티 사이클에 관한 자세한 내용은 434페이지의 '듀티 사이클' 절에서 확인할 수 있다.

센서 융합 흐름

지금까지 살펴본 모든 아키텍처는 단일 입력으로 작동한다. 그림 8-8과 같은 센서 융합 흐름에서는 여러 센서의 입력이 동일한 AI 알고리듬에 전달된다.

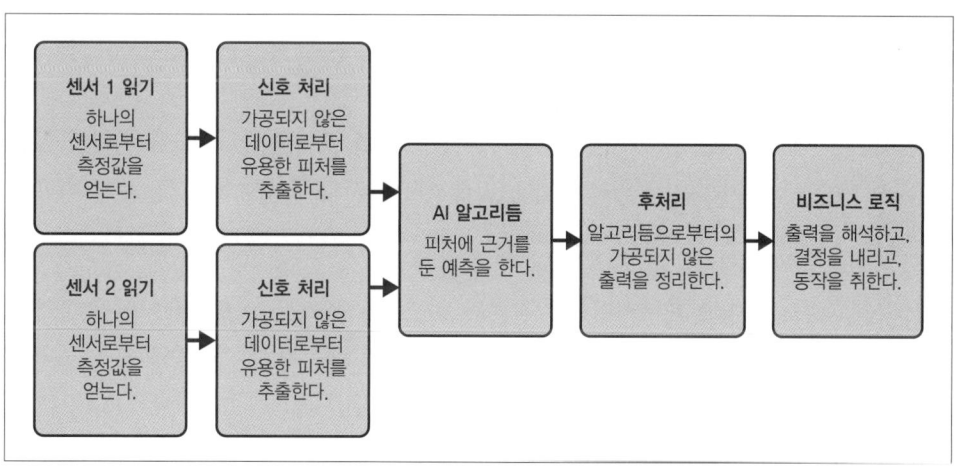

그림 8-8 센서 융합 흐름

서로 다른 유형의 센서를 사용하는 경우, 일반적으로 각 센서는 AI 알고리듬이 사용할 피처를 생성하기 위해 고유한 형태의 신호 처리가 필요하다. 하지만 순수한 신호 처리로 센서 융합을 수행하는 방법도 있다.

센서 융합의 대표적인 예는 사용자의 수면 단계를 정확하게 예측하기 위해 심박수, 온도, 모션 센서의 신호를 융합하는 수면 모니터링 웨어러블이다. 센서 융합은 8장에서 살펴본 다른 흐름과도 결합할 수 있다.

> **규칙 기반 알고리듬과 머신러닝 알고리듬 결합하기**
>
> 이 모든 흐름은 규칙 기반 알고리듬과 머신러닝 알고리듬을 결합하는 데 사용할 수 있다. 예를 들어 도메인 전문가가 설계한 결정론적 규칙 기반 시스템을 사용해 일정 비율의 의사결정을 처리하고, 나머지는 모두 머신러닝 모델에 넘길 수 있다. 이렇게 하면 규칙 기반 시스템의 설명 가능성 이점과 규칙으로 설명되지 않는 코너 케이스(corner case)[3]를 처리할 수 있는 머신러닝 모델의 기능이 결합된다.

복잡한 애플리케이션 아키텍처와 설계 패턴

기본 애플리케이션 아키텍처를 다양한 하드웨어 아키텍처와 결합하여 더 복잡한 시스템을 구축할 수 있으며, 이는 가치 있는 이점을 제공해 다양한 프로젝트에 적용할 수 있다.

이기종 캐스케이드

이기종 하드웨어 아키텍처(125페이지의 '이기종 컴퓨팅' 박스 참고)에서는 단일 장치 내에서 여러 프로세서나 코프로세서를 사용할 수 있다. 예를 들어, 단일 장치에 에너지 효율이 높은 중간급 MCU와 더 높은 성능과 전력을 제공하는 하이엔드 MCU가 모두 탑재될 수 있다.

이런 유형의 하드웨어를 캐스케이드 흐름(그림 8-9)으로 작성된 소프트웨어와 결합하여 이기종 캐스케이드heterogeneous cascade를 구현할 수 있다. 캐스케이드의 초기 계층은 저사

---

3 특이한 경우 – 옮긴이

양 프로세서에서 실행되어 에너지 절감 효과를 극대화한다. 더 복잡한 알고리듬이 포함된 후자의 계층은 상위 프로세서에서 실행된다. 특정 순간에는 단일 프로세서만 전원을 켜고 상당한 에너지를 소비한다.

이기종 하드웨어에는 딥러닝 모델을 효율적으로 실행하도록 설계된 가속기가 점점 더 많이 포함되고 있다. 이 가속기는 캐스케이드 단계를 실행하는 데 매우 적합할 수 있다. 이 접근 방식은 많은 키워드 발견 애플리케이션에서 사용된다.

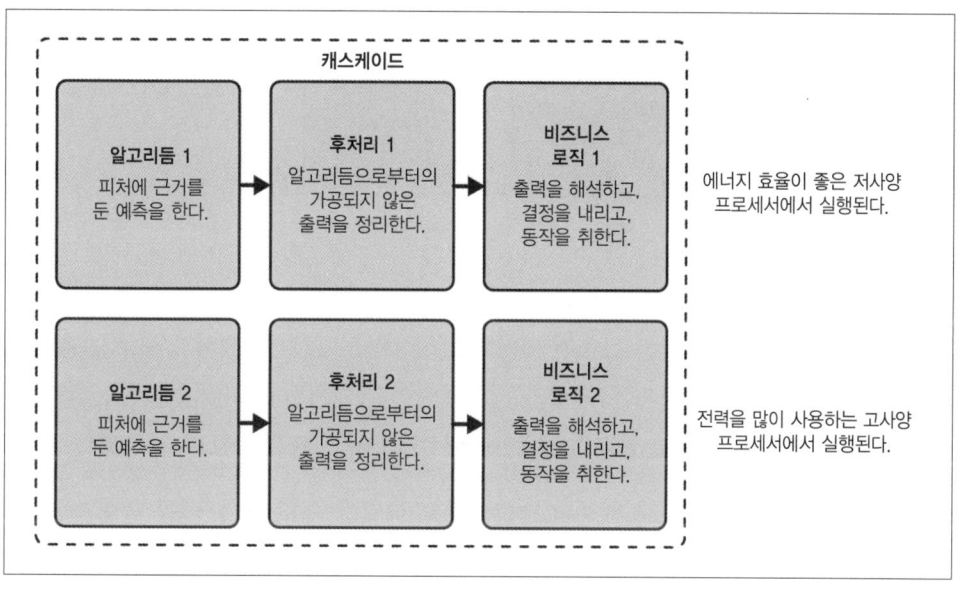

그림 8-9 이기종 캐스케이드

다중 장치 캐스케이드

그림 8-10에서 볼 수 있듯이 캐스케이드가 여러 장치에 걸쳐 있는 것을 막을 길은 없다. 예를 들어, 간단한 머신러닝 모델로 데이터를 검사하는 스마트 센서가 있을 수 있다. 특정 상태가 감지되면 데이터를 더 철저하게 분석할 수 있는 더 강력한 게이트웨이 장치를 깨울 수 있다.

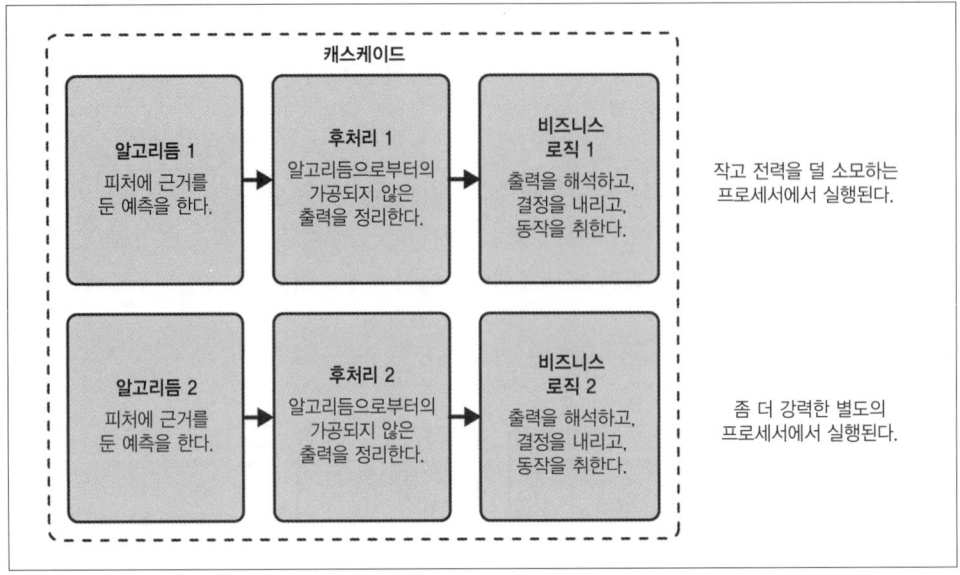

그림 8-10 다중 장치 캐스케이드

2단계 장치는 1단계 장치에서 전송된 데이터를 사용하거나, 자체 센서로 새로운 데이터를 캡처할 수 있다. 이는 스마트 센서와 게이트웨이 장치처럼 물리적으로 구분되는 장치일 수도 있다. 또한 동일한 물리적 제품 내에서 별도의 PCB로 결합될 수도 있다.

어떤 경우에는 완전히 분리된 제품이 계단식으로 배열될 수도 있다. 예를 들어, 적외선 센서를 사용해 움직임을 감지한 뒤 사진을 찍는 값싼 기성품 카메라 트랩이 캐스케이드의 첫 번째 단계로 작동하고, 이후 동일한 저장 장치에 부착되어 사진의 내용에 따라 사진의 보관 또는 삭제 여부를 선택할 수 있는 강력한 SoC를 깨울 수 있다.

클라우드로의 캐스케이드

대역폭이 문제가 되지 않는 경우, 캐스케이드는 장치와 클라우드 모두에 걸쳐 사용할 수 있다. 이는 디지털 어시스턴트가 탑재된 스마트 스피커에서 흔히 볼 수 있는 패턴으로, 상시 작동하는 키워드 발견 모델을 사용해 가능한 한 짧은 지연 시간으로 장치에서 키워드를 감지한다. 키워드가 감지되면 후속 오디오를 클라우드로 직접 스트리밍하여, 엣지 장치에 배포하기에는 너무 큰 대규모의 정교한 모델이 사용자의 음성을 전사하고 해석한다.

그림 8-11에는 클라우드 컴퓨팅과 함께 여러 개의 온디바이스 모델을 사용하는 정교한 4단계 캐스케이드가 나와 있다. 복잡하게 들릴 수 있지만 이는 최신 휴대폰에서 사용되는 흐름과 유사하다.

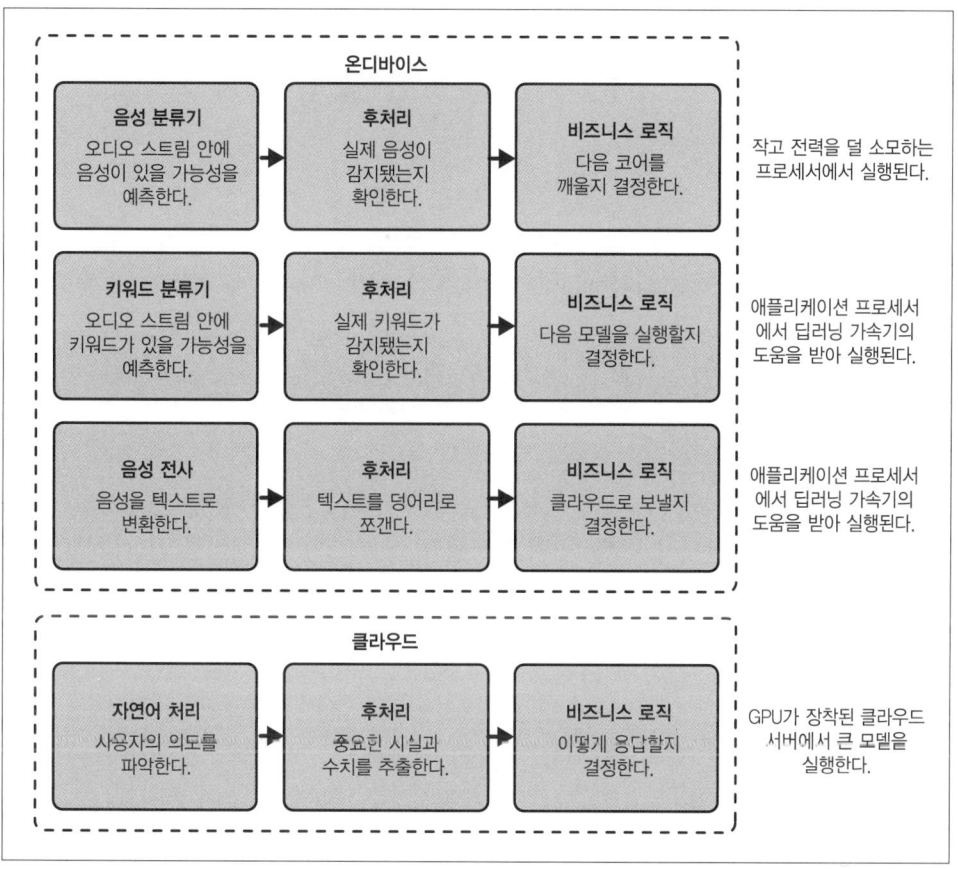

그림 8-11 클라우드로의 캐스케이드를 통한 키워드 스팟팅

처음 세 단계는 저전력 올웨이즈온(always-on) 프로세서와 딥러닝 가속기라는 두 가지 프로세서를 통해 장치 내에서 이뤄진다. 저전력 프로세서에서 실행 중인 모델에서 음성이 감지되면, 더 강력한 프로세서가 깨어나 키워드를 찾는 데 사용된다. 키워드가 감지되면

온디바이스 트랜스크립션 모델이 후속 오디오를 텍스트로 변환하려고 시도한다. 텍스트가 전사되면 클라우드로 전송되어 대규모 자연어 처리 모델이 그 의미와 응답 방법을 결정하는 데 사용된다.

여기서 우리는 에너지, 대역폭, 개인 정보 보호와 클라우드 시스템의 장기적인 유지 관리 필요 사이에서 균형을 잡아야 한다. 우리는 너무 커서 온디바이스에 적합하지 않거나 보안상의 이유로 로컬에 배포하고 싶지 않은 모델을 사용하게 된다. 이런 대가로 엣지 AI가 제공하는 대부분의 이점을 포기하는 것이기 때문에 이런 대가가 그만한 가치가 있는지 확인하는 것이 중요하다.

인텔리전트 게이트웨이

때로는 AI 로직이 네트워크의 실제 리프 노드가 아닌 엣지 '근처'에 있는 것이 합리적일 수 있다. 예를 들어, IoT 센서 네트워크는 공장 운영에 관한 다양한 유형의 데이터를 수집할 수 있다. 어떤 센서도 모든 데이터에 접근할 수는 없지만, 모두 게이트웨이 장치로 데이터를 전송한다.

게이트웨이 장치에서 엣지 AI 알고리듬을 실행하면 모든 데이터를 함께 분석할 수 있으므로, 전체 시스템 운영에 대한 더 많은 통찰을 얻을 수 있다. 게이트웨이에서 프로세싱을 수행하면 센서는 작고 저렴하게 전력 효율을 유지할 수 있다. 센서가 해야 할 일은 데이터를 캡처하고 전달하는 것뿐이며, 인텔리전스는 게이트웨이에서 처리할 수 있다.

인간 참여형

일부 상황에서는 확인 없이 AI 알고리듬이 결정하도록 허용하는 것이 안전하지 않을 수도 있다. 이는 일반적으로 잘못된 결정의 위험이 매우 심각할 수 있는 경우다. 극명한 예는 다음과 같다.

- 잘못된 진단이나 잘못된 시술로 인해 생명을 위협할 수 있는 의료 분야
- 자율주행 자동차나 공장 장비처럼 해를 끼칠 가능성이 있는 대형 기계류
- 고의적인 피해가 발생할 수 있는 보안과 방위 애플리케이션

이 외에도 더 많은 미묘한 예가 있다. 예를 들어 비디오 영상을 분석하여 반칙 행위를 감지하는 등 스포츠 규칙을 적용하는 데 AI를 사용할 경우, 편향된 모델이 참가자를 불공정하게 대우하는 결과를 초래할 수 있다.

이런 유형의 어려움은 종종 사람의 감독하에 운영되도록 시스템을 설계해야 함을 뜻한다. 이는 다양한 방식으로 구현될 수 있다. 인간 참여형human-in-the-loop 아키텍처의 한 모델에서는 사람이 모든 결정에 직접 관여한다. 예를 들어, 의료 진단 기기가 환자에게 특정 질환이 있음을 알려주더라도 의사가 정보를 해석하고 자신의 판단에 따라 최종 결정을 내린다.

또 다른 모델에서 인간은 개입할 필요가 없는 한, 수동적인 관찰자 역할을 한다. 예를 들어, 자율주행차가 스스로 자유롭게 움직일 수 있지만 운전자는 여전히 도로에 주의를 기울이고 언제든 운전을 대신 할 준비가 되어 있어야 한다. 이 경우 자율주행차는 일반적으로 AI 시스템을 사용해 운전자가 주의를 기울이지 않을 때를 감지하여 운전자가 의무를 저버리는 것을 방지한다. 하지만 이 모델이 효과적인지 여부에 대해 상당한 논쟁이 있다는 점에 주목해야 한다. 인간은 상호 작용할 필요가 없을 때 집중력을 잃는 경향이 있어 개입 능력이 저하될 수 있기 때문이다.

세 번째 모델에서는 사람이 직접 감독하지 않지만, 알고리듬 결정의 샘플이 인간 감사자에게 보내져 검사를 받는다. 전체 프로세스의 안정성을 모니터링하지만, 특정 활동이 진행되는 동안에는 아무도 실시간으로 개입할 수 없다. 이 접근 방식은 애플리케이션의 장기적인 모니터링에 중요하며, 10장에서 자세히 다룰 예정이다.

점진적 성능 저하

프로덕션 운영 중에는 시스템의 머신러닝 구성 요소를 '끄고' 싶은 이유가 있을 수 있다. 예를 들어, ML 모델이 더 이상 효과적으로 작동하지 않아 더는 사용할 수 없는 것으로 판명될 수 있다(이 주제에 관한 자세한 내용은 459페이지의 '성능 저하' 절에서 확인할 수 있다).

아키텍처가 무엇이든, ML 구성 요소를 강제로 꺼야 하는 경우에도 전체 시스템의 동작이 여전히 허용 가능한지 확인할 수 있는 폴백을 구축하는 것이 중요하다.

실질적으로 이는 입력과 관련하여 다양한 시나리오에 대해 ML을 사용하거나 우회할지를 설명하는 구성 가능한 조건부 로직을 애플리케이션에 포함시킨다는 뜻이다. 이는 ML을 건너뛰게 하는 입력 유형을 나타내는 '거부 목록'의 형태를 취할 수 있다. 예를 들어, 캐스케이드 모델의 각 단계는 다음과 같은 if 문으로 보호될 수 있다.

```
if matches_something_in_deny_list(input):
    return non_ml(input)
else:
    return ml(input)
```

이상적으로는 네트워크를 통해 전송되는 구성 업데이트를 통해 이런 거부 목록을 즉시 업데이트할 수 있다. 엣지 애플리케이션의 특성상 이런 유형의 원격 업데이트를 허용하지 않는 경우, 최소한 하드웨어를 통해 구성을 변경하는 기능(예: 스위치 전환이나 점퍼 연결)을 구축할 수 있다.

이때 ML 부분이 없는 제품의 성능을 평가하여 해당 부품을 제거했을 경우 어떤 영향이 있는지 파악해야 한다.

설계 패턴으로 작업하기

지금까지 여러분의 프로젝트에 훌륭한 출발점이 될 수 있는 다양한 설계 패턴에 대해 알아봤다. 물론 현실의 상황이 항상 교과서적인 패턴에 깔끔하게 매핑되는 것은 아니다. 그러니 이러한 아이디어를 각자의 상황에 맞게 조정하는 것을 두려워하지 말기 바란다.

지금까지 살펴본 바와 같이, 엣지 AI 워크플로는 본질적으로 반복적인 작업이다. 설계 패턴을 사용할 때도 반복적인 접근 방식을 취하는 것이 도움이 된다. 다음은 따를 수 있는 단계별 워크플로다.

1. 데이터 세트를 탐색하고 사용해야 할 알고리듬의 유형을 이해하는 데 시간을 할애한다.

2. 가능한 가장 간단한 설계 패턴으로 시작한다. 특히 단일 장치에서 작업하는 경우에는 일반적으로 그림 8-2가 적합하다.

3. 문제를 이 패턴에 매핑하고, 다이어그램을 포함하여 문제를 설명하는 문서를 작성하고 장단점을 나열한다.

4. 선택한 설계 패턴을 염두에 두고 개발 프로세스를 반복한다.

5. 좀 더 정교한 것이 필요해 보인다면, 그보다 더 간단한 다음 패턴으로 넘어간다.

6. 원하는 설계가 나올 때까지 계속 반복하고 조정한다.

필요한 것보다 더 복잡한 설계 패턴으로 시작하고 싶은 유혹에 빠지지 말기 바란다. 복잡성이 증가하면 개발 프로세스가 지연되고 특정 경로로만 진행해야 하는 추가적인 제약이 생길 수 있다. 이 모든 것이 위험을 초래하며, AI 프로젝트에서 성공하기 위한 가장 중요한 방법은 위험을 최소화하는 것이다.

설계 선택에 대한 설명

특정 문제에 대응하기 위해 생각해 내는 설계는 개인의 인식에 의해 형성되며, 이는 우리 자신(또는 우리 팀)의 편견이 미묘하게 내포되어 있을 수 있다는 뜻이다. 또한 아키텍처 자체에도 편향성이 내재되어 있다. 아키텍처는 솔루션의 결과를 어느 한 방향으로 유도하는 일련의 타협점을 나타낸다. 이는 반드시 의도적인 것은 아니며, 여러 옵션 중에서 특정 옵션을 선택할 때 발생하는 현상이다.

데이터 세트에서 비롯된 것이 아니라 설계 프로세스에 뿌리를 둔 편향에는 세 가지 주요 범주가 있는데, 이들은 다음과 같다.

제품 편향

제품은 문제에 대한 특정 해결책을 나타내며, 본질적으로 문제를 해결해야 하는 방식에 대한 의견을 나타낸다. 그리고 그 의견에 수반되는 한계와 장단점을 구체화한다. 이 모든 것은 피할 수 없는 것이지만, 편향이 생길 수 있음을 인정하는 것이 중요하다.

예를 들어, 사용자 활동을 기반으로 온도 수준을 조절하며 완벽한 순간을 예측할 수 있는 스마트 홈 온도조절기를 개발한다고 가정해 보자. 고해상도 센서와 강력한 프로세서가 포함된 단일 장치를 사용하는 기본 아키텍처와 저렴한 저해상도 원격 센서를 각 방에 설치하고 처리를 수행하는 중앙 허브와 무선으로 통신하는 지능형 게이트웨이 아키텍처 중 하나를 선택해야 할 수도 있다.

이때는 장단점을 고려하여 선호하는 솔루션으로 제품을 설계해 보자. 가시성은 제한적이지만 센서가 우수한 단일 장치로 구성된 시스템은 개방형 주택이나 소규모 아파트에서 더 잘 작동할 가능성이 높다. 원격 센서가 있는 시스템은 방이 여러 개 있는 주택에서 더 잘 작동할 수 있다.

모든 제품 설계는 특정 목적을 위해 만들어지기 때문에 해결하려는 문제에 가장 적합한 설계를 선택하는 것이 중요하다. 스마트 홈 제품을 설계하는 경우, 타깃 고객이 거주하는 주택의 스타일을 이해하기 위해 조사를 수행해야 할 수도 있다. 이는 설계 프로세스에 정보를 제공하고 적절한 아키텍처를 선택하는 데 도움이 될 수 있다.

알고리듬 편향

알고리듬 자체에는 편향성이 내재되어 있다. 아키텍처와 마찬가지로 모든 AI 알고리듬의 설계는 광범위한 문제에 대한 특정 솔루션을 구현한다. 수학자와 컴퓨터 과학자들은 다양한 유형의 입력에 대해 일반적으로 작동하는 알고리듬을 찾기 위해 노력하지만, 실제로 각 알고리듬 유형에는 다른 문제보다 일부 문제에 더 잘 맞는 기본 가정이 있다.

예를 들어, 농장에서 동물의 수를 세기 위해 객체 감지를 사용하는 농산물을 설계하려고 할 수 있다. 선택할 수 있는 객체 감지 알고리듬에는 여러 가지 스타일이 있다. 이런 스타일 중 하나는 딥러닝 모델을 사용해 관심 있는 항목 주변의 정확한 경계 상자를 예측하는 SSD$^{\text{Single-Shot Detector}}$다.[4] 또 다른 스타일은 FOMO$^{\text{Faster Objects, More Objects}}$로[5] 객체의 중심을 식별하지만 경계 상자를 그리지 않는 더 간단하고 빠른 접근 방식을 사용한다.

어느 알고리듬을 사용하든 효과적인 제품을 만들 수 있다. 하지만 알고리듬에 따라

---

4 「SSD: Single Shot MultiBox Detector」(Wei Lu et al., arXiv, 2016, https://oreil.ly/ZU6-S)
5 「Announcing FOMO(Faster Objects, More Objects)」(Louis Moreau & Mat Kelcey, Edge Impulse blog, March 28, 2022, https://oreil.ly/NdEG-)

선택의 폭이 달라지며, 이런 차이는 제품의 성능에서 두드러지게 나타난다. 예를 들어, 손실 함수가 구성되는 방식 때문에 SSD 모델은 작은 물체보다 큰 물체를 식별하는 데 더 효과적이다. 생산 과정에서 동물이 더 가까이 있고 이미지 프레임을 더 많이 차지하는 작은 필드에 배치할 때 더 잘 작동하는 제품이 나올 수 있다. 반대로 FOMO는 물체의 중심이 서로 너무 가깝지 않을 때 가장 효과적이다. 즉, 동물이 더 멀리 떨어져 있을 때 가장 효과적일 수 있다.

제품 편향과 마찬가지로, 최종 배포를 염두에 두고 알고리듬을 선택하는 것이 중요하다. 넓은 들판에서 양을 세는 용도로 제품을 판매할 예정이라면 FOMO가 적합한 선택일 수 있으며, 축사에서 소를 세는 용도로 판매할 예정이라면 SSD가 더 나은 선택일 수 있다. 어떤 경우든 제품을 판매하기 전에 철저한 테스트를 거쳐야 한다.

데이터 세트는 여기서도 의사결정에 영향을 미친다. 지금까지 살펴본 바와 같이, 데이터 세트가 실제 상황을 대표하는지 확인하는 것은 매우 중요하다. 데이터 세트가 제품이 '현장에서' 보게 될 상황을 적절하게 표현한다면 알고리듬 편향에 놀라지 않을 것이다. 그러나 데이터 세트가 대표적이지 않으면 편향성을 감지할 수 없고 시스템의 성능이 저하될 수 있다.

알고리듬 편향을 완화하는 흥미로운 방법은 170페이지의 '알고리듬 결합' 절에서 설명한 대로 앙상블을 사용하는 것이다. 서로 다른 알고리듬의 앙상블을 사용하면 극단을 완화하여 이상적인 접근 방식에 가장 근접할 수 있다. 앙상블은 종종 보지 못한 데이터 세트의 높은 성능이 목표인 머신러닝 경연 대회에서 우승하는 경우가 많다. 그렇다고 해서 앙상블이 편향성에서 자유롭다는 뜻은 아니다. 앙상블 또한 여러 알고리듬을 실행해야 하기 때문에 엣지 장치에서는 비용이 엄청나게 많이 들 수 있다.

배포 편향

이러한 유형의 편향은 시스템이 설계되지 않은 방식으로 배포될 때 발생한다. 특정 문제를 해결하기 위해 만들어진 제품이 다른 상황에 배포됐을 때도 효과적이라는 보장은 없다. 개발자가 편향성을 완화하기 위해 아무리 세심한 노력을 기울였다고 해도, 설계된 시나리오와 다른 시나리오에 적용하면 모든 것이 실패로 돌아간다.

예를 들어, 환자의 생체 신호를 모니터링하고 특정 건강 상태의 발생 가능성을 예측하도록 설계된 의료 기기를 생각해 보자. 이 기기는 고유의 장단점이 예측하고자 하는 건강 상태와 잘 일치하도록 신중하게 설계됐다. 이 장치에서 사용하는 알고리듬은 동일한 질환을 가진 환자로부터 수집한 고품질의 대표 데이터 세트를 기반으로 평가, 선택됐다.

이 기기는 설계된 질환을 가진 환자에게는 매우 잘 작동할 수 있다. 하지만 의사가 비슷한 양상을 보이지만 미묘한 차이가 있는 관련 질환을 예측하는 데 이 장치를 사용하려고 하면 어떻게 될까?

이 제품은 원래의 질환을 중심으로 설계됐기 때문에 많은 새로운 데이터로 광범위한 테스트를 거치지 않고는 새로운 질환에 대해 어떻게 작동할지 알 수 있는 방법이 없다. 일부 환자에게는 효과가 있는 것처럼 보이지만, 다른 환자에게는 소리 없이 실패하여 생명을 위협하는 경우도 있다. 의사의 편견, 즉 환자의 상태가 제품이 계속 효과가 있을 만큼 충분히 유사하다고 가정하는 편견이 결과에 반영되어 환자의 건강이 위험에 처할 수 있는 것이다.

배포 편향을 최소화하려면 제품 사용자가 제품의 설계 한계를 이해하고 오용을 방지할 수 있도록 충분히 책임감을 갖는 것이 중요하다. 의료 기기와 같이 생사를 가르는 상황에서는 특정 조건에서만 합법적으로 사용할 수 있고 다른 조건에서는 사용할 수 없으며 면허를 소지한 의료 전문가만 사용할 수 있는 기기가 법적으로 승인될 수도 있다.

제품의 기능에 대한 공개 정보를 게시하면 큰 이점이 있다. 예를 들어 제품을 만드는 데 사용된 데이터 세트에 대한 주요 사실이나 다양한 시나리오에서의 제품 성능에 대한 통계를 공유할 수 있는데, 이렇게 하면 사용자가 제품의 정확한 특성과 한계를 이해할 수 있고 잘못된 설정으로 제품을 실수로 배포할 가능성이 줄어들게 된다.

부적절하게 배포하기 너무 쉬워서 도면 보드에 그대로 두는 것이 가장 좋은 제품도 있다. 예를 들어, 2022년 러시아의 우크라이나 침공으로 인해 일부 논평가들은 자율 무기 시스템을 더 많이 개발해야 한다고 주장했다.[6] 그러나 정부나 테러리스트 그룹이 전장 안팎에서 오용할 수 있다는 피할 수 없는 가능성 때문에 많은 AI 실무자들이 치명적인 AI를 개발하지 않겠다고 서약하고 있다. 이 서약은 stopkillerrobots. org(https://oreil.ly/fMIPF)에서 직접 할 수 있다.

설계 결과물

설계 프로세스를 그 결과물 관점에서 생각하면 도움이 된다. 다음 3개의 박스에는 설계 프로세스의 초기 탐색 단계와 관련된 가장 일반적인 노트와 문서가 정리되어 있다.

문제를 이해하고 몇 가지 잠재적인 해결책을 생각해 내는 것으로 프로세스를 시작한다.

문제와 해결 방법

- 문제 설명(241페이지의 '문제 설명하기' 절 참고)
- BLERP 분석(242페이지의 '엣지에 배포해야 하는가?' 절 참고)
- 최소 실행 가능한 제품 아이디어(362페이지의 '솔루션 범위 설정' 절 참고)

다음 단계는 실현 가능한 솔루션의 유형을 결정하는 것이다.

타당성 조사

- 도덕적 타당성 조사(259페이지의 '두덕적 타당성' 절 참고)
- 사업 타당성 조사(261페이지의 '사업 타당성' 절 참고)
- 데이터 세트 타당성 조사(264페이지의 '데이터 세트 타당성' 절 참고)
- 기술 타당성 조사(265페이지의 '기술 타당성' 절 참고)

---

6 「Why Business Is Booming for Military AI Startups」(Melissa Heikkilä, *MIT Technology Review*, July 7, 2022, https://oreil.ly/RekGr)

실현 가능하다고 생각되는 솔루션을 찾으면 설계를 만들기 시작할 수 있다.

설계와 계획

- 설계 목표와 표준(365페이지의 '설계 목표 설정' 절 참고)
- 시간과 리소스 제약에 대한 설명(271페이지의 '엣지 AI 프로젝트 계획하기' 절 참고)
- 제안된 애플리케이션 흐름(371페이지의 '아키텍처 설계' 절 참고)
- 제안된 하드웨어 아키텍처(117페이지의 '엣지 AI 하드웨어 아키텍처' 참고)
- 제안된 소프트웨어 아키텍처(371페이지의 '아키텍처 설계' 절 참고)
- 장기 지원 계획(365페이지의 '설계 목표 설정' 절 참고)
- 설계 선택 분석(387페이지의 '설계 선택에 대한 설명' 절 참고)

요약

설계와 개발 프로세스는 프로젝트가 진행되는 동안 반복적으로 이뤄지므로 이러한 자료는 모두 살아있는 문서로 간주해야 하며, 진행하면서 새롭고 업데이트된 버전을 만들 수 있다.

이 모든 자료의 초기 버전이 모두 모이면, 검토를 수행하여 제품이 여전히 실현 가능하고 허용 가능한 위험 임곗값 내에 있는지 확인할 수 있다. 괜찮아 보인다면 이제 본격적인 개발을 시작할 때다.

제9장
엣지 AI 애플리케이션 개발하기

엣지 AI 애플리케이션을 개발하는 것은 큰 작업이다. 9장에서는 실제 프로젝트에서 엣지 AI를 성공적으로 내놓는 데 도움이 되는 반복적인 개발 모델에 대해 알아볼 것이다.

엣지 AI 개발을 위한 반복적 워크플로

성공적인 애플리케이션을 개발하는 과정은 기본적으로 작은 것부터 시작하여 점진적으로 변경하고, 진행 상황을 측정하고, 목표를 달성하면 중단한다. 하지만 여기에 엣지 AI 기술을 구성하는 방대한 수의 움직이는 부품을 도입하면 복잡해진다. 이번 절의 목표는 성공 가능성을 극대화하기 위해 밟을 수 있는 구체적인 프로세스를 제공하는 것이다.

237페이지의 '엣지 AI 워크플로' 절에서 설명했듯이, 이 워크플로의 핵심 아이디어는 피드백 루프의 힘이다. 우리의 목표는 프로세스의 여러 단계 사이에 피드백 루프를 생성하여 문제와 솔루션, 그리고 이를 결합하는 최선의 방법에 대한 이해를 지속적으로 향상하는 것이다(그림 9-1 참고).

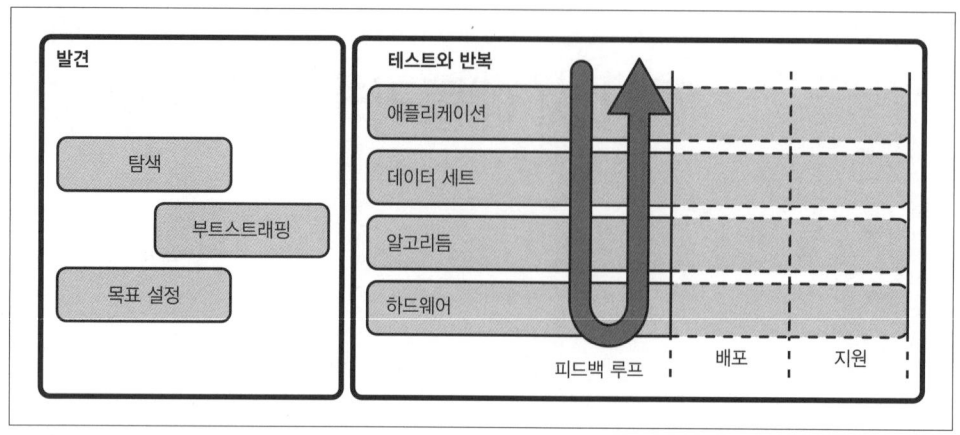

그림 9-1 피드백 루프는 엣지 AI 워크플로의 핵심으로, 237페이지의 '엣지 AI 워크플로' 절에서 처음 소개했다.

이는 반복적인 과정이며, 어떤 부분은 다른 부분보다 더 반복적이다. 가장 먼저 다루는 단계인 탐색, 목표 설정, 부트스트래핑은 우리가 무엇을 하고 싶은지, 어떻게 할 수 있는지 파악하는 단계다. 이 단계는 초기 계획에서 가장 먼저 다루고, 초기 배포 뒤나, 상당한 양의 새로운 데이터가 밝혀졌을 때처럼 새로운 정보가 들어올 때 주기적으로 재평가하는 데 사용된다.

워크플로의 중간 부분인 테스트와 반복 섹션에서는 좀 더 근본적으로 반복적인 작업이 이뤄진다. 이 단계는 설정한 목표에 도달하기 위한 개발, 테스트, 개선의 긴밀한 나선형 과정의 일부다. 요구사항을 충족시키는 방향으로 발전하면서 서로에게 정보를 제공하는 4개의 병렬 개발 트랙이라고 생각하면 된다.

배포와 지원 섹션도 반복적이지만 핵심 섹션에 비해 속도가 느리다. 배포가 완료되어 사용자가 사용하게 되면 시스템 개발 속도가 느려질 수밖에 없는 것이 시스템의 특성이다. 하지만 이 단계야말로 가장 중요한 피드백을 받기 시작하고, 시스템이 현실 세계의 변화하는 환경에 적응해야 하는 단계다. 일찍 배포하고 이런 통찰을 일찍 활용할 수 있을수록 좋다.

다음 절에서는 워크플로의 각 주제를 살펴보고 주요 활동과 개념을 정리해 보겠다.

탐색

탐색exploration은 우리가 무엇을 하려는지 이해하기 시작하는 방법이다. 여기에는 6장에서 배운 대부분의 작업 유형이 포함되며, 다음과 같은 주요 작업으로 구성된다.

- 해결하려는 문제 설명하기(241페이지의 '문제 설명하기' 절 참고)
- 엣지 AI가 필요한지 여부 결정하기(242페이지의 '엣지에 배포해야 하는가?' 절과 248페이지의 '머신러닝이 필요할까?' 절 참고)
- 프로젝트가 실현 가능한지 파악하기(257페이지의 '실현 가능성 결정하기' 절 참고)
- 문제를 알려진 방법론에 매핑하여 문제 구성하기(268페이지의 '문제 구성하기' 절 참고)
- 제안한 솔루션의 잠재적 위험, 피해, 의도하지 않은 결과를 분석하기(259페이지의 '도덕적 타당성' 절 참고)
- 이해관계자 매핑과 이해관계자가 원하는 것과 필요한 것 이해하기(187페이지의 '이해관계자' 절 참고)
- 초기 데이터 탐색 수행하기

마지막 단계는 작고 제한적인 데이터라도 이 시점에서 데이터 세트를 수집할 수 있는 수단이 있는지 여부에 따라 크게 달라진다. 데이터는 AI 프로젝트의 위험 요소 중 상당 부분을 차지하므로 가능한 한 빨리 데이터를 파악하는 것이 중요하다.

이때 최소한 적절한 데이터 세트를 수집하는 것이 얼마나 어려운지 감을 잡을 수 있어야 한다. 데이터 수집은 주요 과제 중 하나가 될 가능성이 높으며, 많은 노력을 투자한 후에 데이터 확보가 불가능하다는 사실을 알게 되면 재앙이 될 수 있다.

이 단계에서 데이터 탐색을 시작할 수 없다면 가능한 한 빠른 시일 내에 데이터 탐색을 시작해야 한다.

데이터 탐색

EDA(Exploratory Data Analysis)라고도 하는 데이터 탐색은 데이터 세트에 대해 학습하는 작업이다. AI 프로젝트에서는 알고리듬의 성능을 평가하는 방법이나 머신러닝에 사용할 학습 데이터 세트로서, 해당 데이터 세트가 문제 해결에 도움이 될지 여부를 파악하기 위한 목적으로 수행된다.

데이터 탐색에는 일반적으로 다음과 같은 작업이 포함된다.

통계 분석
설명적 통계를 사용해 데이터의 속성을 요약하기

차원 축소
분석하기 쉽도록 데이터 변환하기

피처 엔지니어링
137페이지의 '피처 엔지니어링' 절에서 볼 수 있듯이 유용한 신호 추출하기

시각화
데이터의 구조를 나타내는 그래픽 생성하기

모델링
데이터 내의 관계를 탐색하기 위한 머신러닝 모델 학습시키기

데이터 탐색은 데이터 과학자와 머신러닝 실무자 본연의 영역인 방대하고 매력적인 분야다. 데이터 탐색에 사용할 수 있는 소프트웨어 도구는 무수히 많지만, 복잡한 개념과 용어 때문에 데이터 과학에 대한 배경지식이 없는 사용자에게는 상당히 접근하기 어렵게 느껴질 수 있다.

하지만 이 주제에 관한 많은 리소스를 통해 짧은 시간 내에 합리적인 초급 수준의 기술을 배울 수 있다.[1]

그러나 엣지 AI의 과제 중 하나는 우리가 다루는 데이터의 대부분이 고빈도 시계열(high-frequency time series)과 고해상도 이미지 형태의 센서 데이터로, 데이터 과학 분야에서는 비교적 새로운 분야라는 점이다. 데이터 탐색 도구는 표 형식의 데이터, 저빈도 시계열(low-frequency time series), 기업 재무 데이터, 소셜 미디어 게시물 등의 텍스트 데이터에 맞춰져 있는 경우가 많다. 즉, 도움이 되는 도구와 리소스를 찾기가 어려울 수 있다.

기존 데이터 과학 이외의 분야에 전문성을 갖춘 엔지니어는 엣지 AI를 위한 데이터 탐색에 도움이 될 수 있는 기존 기술을 보유하고 있을 수 있다. 예를 들어, 디지털 신호 처리 엔지니어는 센서 데이터를 탐색하는 데 유용한 많은 도구를 보유하고 있으며, 자연 과학자(예: 생물학자와 물리학자)는 이 분야에서 강력한 실무 기술을 보유하고 있는 경우가 많다.

---

[1] 『Data Science from Scratch: First Principles with Python』(Joel Grus, O'Reilly, 2019)은 이 주제를 다룬 책 중 높은 평가를 받고 있다.

목표 설정

목표 설정은 우리가 목표로 하는 바를 설명하는 단계다. 6장과 8장에서 다양한 목표 설정 활동을 살펴봤다.

이 과정에는 다음과 같은 핵심 구성 요소가 포함된다.

- 배포 전후에 사용할 평가 지표 결정(365페이지의 '설계 목표 설정' 절 참고)
- 설계에 대한 시스템 목표 설정(366페이지의 '시스템 목표' 절 참고)
- 구현을 위한 기술 목표 설정(368페이지의 '기술 목표' 절 참고)
- 이해관계자와 가치에 대한 합의(187페이지의 '이해관계자' 절 참고)
- 진행 상황 해석을 위한 가치 기반 프레임워크 만들기(369페이지의 '가치 기반 설계 목표' 절 참고)
- 진행 중인 프로젝트를 평가하기 위한 검토 위원회 구성(184페이지의 '다양성' 절 참고)
- 알고리듬과 애플리케이션을 테스트하기 위한 계획 설계
- 장기적인 지원 목표 범위 설정
- 프로젝트 중단 결정을 내리는 방법 결정

목표는 측정이 가능해야 의미가 있으므로, 이 항목들 중 상당수는 시스템을 테스트하고 평가하는 효과적인 프로세스를 갖추는 데 달려 있다. 이에 대해서는 10장에서 자세히 다룬다.

종료하기

엣지 AI는 위험한 사업이며, 많은 프로젝트가 실제 생산 단계에 이르지 못한다. 개발 프로세스의 상당 부분이 사용 가능한 리소스를 사용해 실제로 문제를 해결할 수 있는지 여부를 파악하는 데 할애되기 때문에 이는 당연한 결과다.

하지만 개인적으로, 재정적으로, 조직적으로 프로젝트에 투자하고 나면 언제 그만둬야 할지 알기 어려울 수 있다. 그렇기 때문에 프로젝트를 시작할 때 최소한의 실행 가능한 성능 특성을 확실하게 파악하는 것이 매우 중요하다. 시스템적, 기술적, 윤리적 목표 등 모든 유형의 목표에 대해 이러한 최소 기준을 정해야 한다. 예를 들어, 시스템이 배포된 뒤 원하는 비즈니스 효과를 내지 못한다면 (기술적 지표에 따르면) 아무리 성능이 뛰어난 알고리듬을 갖고 있다고 해도 소용이 없다.

특히 인공지능과 관련된 경우, 실패는 발견과 혁신의 반복적인 프로세스에서 중요한 부분이다. 중요한 것은 너무 많은 리소스가 소모되기 전에 개발 방향이 제대로 작동하지 않을 때를 파악하는 것이다. 즉, 일찍 실패하고 빨리 실패하는 것이다. 비생산적인 노력을 조기에 파악할 수 있다면 목표를 신속하게 변경하고 너무 많은 시간을 소비하는 것을 피할 수 있다.

따라서 프로젝트의 마일스톤과 진행/중단 기준을 설정하는 것이 중요하다. 설계와 개발의 각 단계에서 현재 상태를 측정하고 현재 접근 방식이 효과가 있는지 또는 다른 방법을 시도해야 할 때인지 판단할 준비가 되어 있어야 한다. 초기 목표 설정 단계에서 이런 마일스톤을 기록해 두는 것은 좋은 아이디어다. 프로젝트 초기에 프로젝트에 대해 비판적으로 생각하게 되기 때문이다. 이렇게 되면 진행 중에 언제든지 목표를 재평가할 수 있다.

어떤 문제는 적절한 데이터를 구하기 어려울 때 나타난다. 이런 경우에는 프로젝트를 완전히 중단하는 어려운 결정을 내려야 할 수도 있다. 이런 상황에 놀라지 않으려면 프로젝트를 시작하기 전에 시간적, 금전적 예산을 파악하고 어느 정도의 진척을 이루기 위해 지출할 수 있는 한계를 정해야 한다. 충분히 근접하지 않은 것 같으면 중단을 결정할 수 있다. 예산 전체를 다 써버리고 아무것도 얻지 못하는 것보다는 성과가 없는 프로젝트를 중단하고 다시 원점으로 돌아가는 편이 더 나을 수 있다.

부트스트랩

부트스트랩^{bootstrap}은 문제에 대한 이해에서 솔루션의 첫 번째 반복^{iteration}으로 나아가는 방법이다. 여기에는 7장과 지금 읽고 있는 장에서 다루는 주제인, 데이터를 직접 다루고 빌드 프로세스를 시작하는 것이 포함된다. 핵심 작업은 다음과 같다.

- 최소한의 데이터 세트 수집(287페이지의 '데이터 요구사항 추정하기' 참고)
- 하드웨어 요구사항을 결정하기 위한 초기 시도(269페이지의 '장치 기능과 솔루션 선택' 절 참고)
- 가능한 가장 간단한 초기 알고리듬 개발
- 가능한 가장 간단한 엔드투엔드 애플리케이션 구축(그림 8-1 참고)
- 몇 가지 초기 실제 테스트와 평가 수행(10장 참고)
- 초기 프로토타입에 대한 책임감 있는 AI 검토 수행

이런 개념은 이전에 몇 번 접한 적이 있지만, 실제 작동하는 애플리케이션의 모든 구성 요소를 한데 모으는 것은 이번이 처음이다.

부트스트랩이 유용한 이유

부트스트랩의 목표는 극도로 제한적이고 불완전하며 일부 잘못된 가정이 있더라도, 최소한 프로토타입과 어느 정도 닮은 무언가를 빠르게 만들어 내는 것이다. 하지만 구성 요소를 개별적으로 개발하여 마지막에 한데 모을 수 있다면 왜 품질이 낮은 프로토타입에 시간을 낭비할까?

특히 기술이 물리적 세계와 상호 작용하도록 설계된 경우에는, 종이 위에서 추론하는 것과 실제 기술을 경험하는 것 사이에는 큰 차이가 있다. 엔드투엔드 프로토타입을 빠르게 완성하면 자신과 팀, 이해관계자가 직접 사용해 보고, 해결하려는 문제에 맞는 방식을 이해하며, 많은 잠재적 문제를 미리 파악할 수 있다.

반복적 개발은 가정을 테스트하는 것으로, 주어진 결정이 올바른지 신속하게 판단하여 잘못된 경우 방향을 수정할 수 있는 시간을 확보하는 것이다. 시스템의 개별 구성 요소에 대해서는 이 작업을 수행할 수 있고, 또 수행해야 하지만, 엣지 AI 제품처럼 복잡한

경우에는 모든 요소가 함께 작동하는 것을 확인해야 한다. 복잡한 시스템에는 새로운 현상과 피드백 루프가 존재하며, 실제 세계와 상호 작용하는 것을 보기 전까지는 어떤 것이 어떻게 작동하는지 진정으로 이해할 수 없다.

조기 테스트의 엄청난 이점 외에도 제품을 조기에 데모할 수 있다는 것은 엄청난 힘이다. 제품이 준비되기 전이라도 엔드투엔드 데모는 이해관계자, 잠재 고객, 팀원들에게 매우 설득력 있게 다가갈 수 있기 때문이다. 이는 프로젝트를 완료하는 데 필요한 지원과 리소스를 확보하는 데 필수적일 수 있다. 반대로, 초기 데모가 아무도 설득하지 못한다면 설계를 다시 검토해야 한다는 좋은 신호일 수 있다.

초기 단계에서 항상 전체 엔드투엔드 흐름을 만들 수는 없다. 그래도 괜찮다. 가능한 한 시스템의 구성 요소를 통합하여 이점을 얻을 수 있으니까. 하지만 프로젝트의 특성상 마지막까지 통합하기 어려운 경우에는 훨씬 더 높은 수준의 위험이 수반된다.

기준 알고리듬 개발하기

366페이지의 '시스템 목표' 절에서 시스템의 성능을 지속적으로 측정하고 기준선^{baseline}과 비교하는 평가 우선 접근법의 필요성에 대해 배웠다. 대부분의 경우, 성능을 측정하고 비교할 수 있는 기존의 비 AI 시스템이 있다. 이때 어느 쪽이든 알고리듬 개발을 시작하면 알고리듬 성능에 대한 기준선을 즉시 설정하여 이를 뛰어넘는 것을 목표로 삼아야 한다.

이 개념을 설명하기 위해 생산 라인에서 제조되는 초콜릿의 품질 검사에 소요되는 시간을 줄이는 데 도움이 되는 시스템을 구축한다고 가정해 보자. 딥러닝 비전 모델을 학습시켜 개별 초콜릿의 특정 결함을 식별하고 생산 라인의 작업자에게 실시간 피드백을 제공하는 것이 우리의 원대한 아이디어다.

여기서 가장 먼저 해야 할 일은 현재 성능에 대한 기준선을 설정하는 것이다. 현재 품질 관리가 직원의 수작업으로 이뤄지고 있고, 초콜릿 한 상자당 30초가 소요되고 있을 수 있다. 이해관계자들과 함께 이 시간을 최대 10초로 줄이는 것이 목표라고 결정할 수 있다.

우리의 첫 번째 알고리듬과 이를 지원하는 하드웨어와 소프트웨어는 가능한 한 가장 단순한 방식으로 이 목표를 향해 나아갈 수 있도록 시도해야 한다. 예를 들어, 다양한 유형의 결함을 식별하기 위해 정교한 딥러닝 모델(대규모 데이터 세트가 필요하고 수집에 많은 시간과 비용이 소요됨)을 학습시키는 대신, 145페이지의 '이미지 피처 감지' 절에서처럼 간단한 컴퓨터 비전 기술을 사용해 단일 유형의 결함의 특징을 파악할 수 있다.

이 간단한 알고리듬은 기본 프로토타입으로 구현하기가 훨씬 쉬울 것이다. 그런 다음 생산 라인에서 시험해 볼 수 있다. 예를 들어, 초콜릿 상자에 매우 구체적인 결함이 있는 경우 품질 관리 담당 직원에게 경고하도록 시스템을 설정할 수 있다. 제한적이기는 하지만 이러한 추가 정보를 통해 직원의 업무가 더 쉬워지고 몇 초의 시간을 절약할 수 있다.

이제 간단한 구현을 통해 알고리듬 기준선이 생겼으므로 무엇을 극복해야 하는지 알 수 있다. 경우에 따라서는 간단한 기준이 충분히 효과적이어서 무엇이 필요한지에 대한 우리의 관점이 바뀔 수도 있다. 예를 들어, 충분한 시간을 절약할 수 있다면 딥러닝 모델을 학습시키는 데 필요한 대규모 데이터 세트를 수집하는 데 드는 비용을 포기하는 것이 합리적일 수 있다. 이해관계자들은 단순 기준선의 성능에 완벽하게 만족하거나 적어도 더 세련된 버전에 만족할 수 있다.

간단한 기준 알고리듬을 설정하는 접근 방식은 필요성이 입증되지 않은 문제에 대한 복잡한 솔루션을 개발하는 데 많은 리소스를 투자하는 오버엔지니어링을 방지하는 데 도움이 된다. 또한 평가 기반 접근 방식의 견고한 출발점을 제공하여 현실적인 평가를 수행하는 데 필요한 프로세스를 설정하고 기존 시스템 대비 개선율을 측정할 수 있게 해준다.

기준선은 필요한 아키텍처를 파악하는 데도 도움이 될 수 있다. 예를 들어 기준선이 많은 비율의 입력을 처리할 수 있는 경우, 대부분의 입력을 처리하는 간단한 알고리듬과 더 까다로운 입력을 처리할 수 있는 정교한 ML 모델의 캐스케이드가 결합된 최상의 솔루션이 될 수 있다.

첫 번째 하드웨어

기준 알고리듬을 평가할 수 있다는 것은 보통 하드웨어 설계의 초기 반복^{iteration}에 도달했다는 뜻이다. 이 시점에서는 배포 가능한 무언가를 만들어 현장에서 테스트할 수 있도록 하는 것이 목표가 되어야 한다. 하지만 그렇다고 해서 완성된 제품과 동일한 요구 사항을 충족해야 한다는 뜻은 아니다.

컴퓨터 하드웨어는 범용에서 특정 애플리케이션에 이르기까지 다양한 스펙트럼을 갖고 있다. 극단적인 예로, 최신 개인용 컴퓨터는 거의 모든 소프트웨어를 실행할 수 있고, 상상할 수 있는 모든 하드웨어와 통합할 수 있도록 설계됐다. 반면에 맞춤형 마이크로컨트롤러 기반 보드는 특정 제품 내부의 단일 기능을 위해 설계될 수 있다.

하드웨어의 목적과 기능이 일반적일수록 개발하기가 더 쉽다. 이 원칙은 팀이 자체적으로 설계한 소형 저전력 애플리케이션별 장치보다 리눅스를 실행하는 SoC 기반 개발 보드(126페이지의 '시스템 온 칩' 절 참고)처럼 더 강력한 시스템에서 프로토타입을 제작하는 것이 훨씬 더 빠르다는 뜻이다.

이런 점을 염두에 두면, 설계 목표의 일부가 손상되더라도 제품의 첫 번째 반복 작업을 좀 더 일반적이고 성능이 뛰어난 하드웨어에서 구현하는 것이 좋다. 예를 들어, 초콜릿 품질 관리 시스템의 첫 번째 반복을 리눅스 SoC 보드에서 빠르고 간단한 파이썬 스크립트를 사용해 구현하면 매우 쉬울 수 있다.

이 보드는 장기적인 솔루션에서 감당할 수 있는 것보다 훨씬 비싸고 전력 소모가 많을 수 있지만, 초기 프로토타입의 경우 개발 시간의 일부만으로 작업을 완료할 수 있다. 더 일반적인 하드웨어에서 개념이 입증되면 더 작고 효율적인 장치를 설계하고 알고리듬을 이에 맞게 조정하는 길고 비용이 많이 드는 프로세스에 투자할 수 있는 충분한 자신감을 갖게 될 것이다.

> ### 데이터 로깅
>
> 데이터 세트가 아직 없는 경우(대부분의 경우) 데이터 세트를 수집하기 위해 현장에 하드웨어를 가져와야 한다. 295페이지의 '엣지에서 데이터를 캡처할 때의 고유한 과제' 절에 설명된 대로, 이는 어려운 일이 될 수 있다. 데이터 수집 하드웨어는 일반적으로 최종 결과물과 동일한 센서를 사용해야 하는데, 센서에 상당한 차이가 있으면 효과적인 알고리듬을 만들기가 어렵기 때문이다. 그뿐만 아니라 하드웨어 장치의 모양, 크기, 재질도 데이터 수집에 영향을 미칠 수 있다.
>
> 어떤 센서를 사용할지 확실하지 않은 경우, 데이터 수집 중에 항상 여러 유형의 센서를 사용하면 하드웨어를 변경해야 하는 경우 데이터 세트를 버리고 처음부터 다시 시작할 필요가 없다. 예를 들어, 두 가지 유형의 마이크를 사용해 데이터를 수집하고 최종 설계에서 두 가지 중 하나를 선택할 수 있는 유연성을 제공할 수 있는 것이다.
>
> 센서(및 센서의 판독값에 영향을 미칠 수 있는 물리적 고려사항)를 제외하고, 데이터 로깅 하드웨어는 실제 제품에서 의도하는 것과 완전히 다른 유형의 장치일 수 있다.

책임감 있는 AI 검토

애플리케이션의 첫 번째 엔드투엔드 프로토타입을 배포하고 테스트하면 성능 측정을 시작할 수 있고, 완성된 버전이 현장에서 어떻게 작동할지 더 잘 상상할 수 있다. 또한 초기 알고리듬 개발이 필요한데, 여기에는 데이터 세트와 그 한계에 대한 추가 이해가 수반되는 경우가 많다.

이렇게 밝혀진 모든 추가 정보는 도덕적 타당성(259페이지의 '도덕적 타당성' 절 참고)을 결정하고 가치 기반 설계 목표(369페이지의 '가치 기반 설계 목표' 절 참고)를 명시할 때 우리가 세운 가정을 테스트하는 데 도움이 될 수 있다. 초기 테스트 결과를 사용해 이런 모든 가정을 조사하는 체계적인 접근 방식을 취해야 한다.

예를 들어 초콜릿 공장의 품질 관리 시스템의 경우, 우리는 이 시스템이 직원들이 같은 시간에 더 많은 일을 할 수 있게 함으로써 직원들의 부담을 줄여줄 것이라고 가정했을 수 있다. 하지만 프로토타입 시스템에 대한 피드백을 살펴보면 이 시스템이 직원들에게 정보 과부하를 일으켜 스트레스를 증가시켜 번아웃으로 이어진다는 사실을 발견할 수 있다. 이 발견은 제품 설계에 영향을 미칠 수 있다. 그 결과, 직원들을 너무 힘들게 하지 않으면서 정보를 제공할 수 있는 방법을 모색할 수 있다.

평가 우선 접근 방식을 통해 시스템 성능에 대한 주요 지표를 수집하고 목표와 가치의 관점에서 분석할 수도 있다. 예를 들어, 공정성의 관점에서 보면 시스템이 모든 직원에게 잘 작동하는 것이 매우 중요하다. 그러나 지표를 평가하면 시스템이 다른 직원보다 일부 직원에게 더 잘 작동한다는 사실을 발견할 수 있다(예: 일부 직원이 보기 어려운 시각적 피드백을 제공하는 경우). 이런 유형의 통찰을 포착하려면 처음부터 관련 데이터를 측정하고 수집하는 것이 중요하다.

테스트와 반복

이제 워크플로의 핵심 부분에 도달했다. 여기서는 초기 구현이 수많은 반복을 통해 점진적으로 개선된다. 워크플로는 네 가지 주요 영역(애플리케이션, 데이터 세트, 알고리듬, 하드웨어)에 초점을 맞추고 있는데, 이는 그림 9-2에 나와 있다.

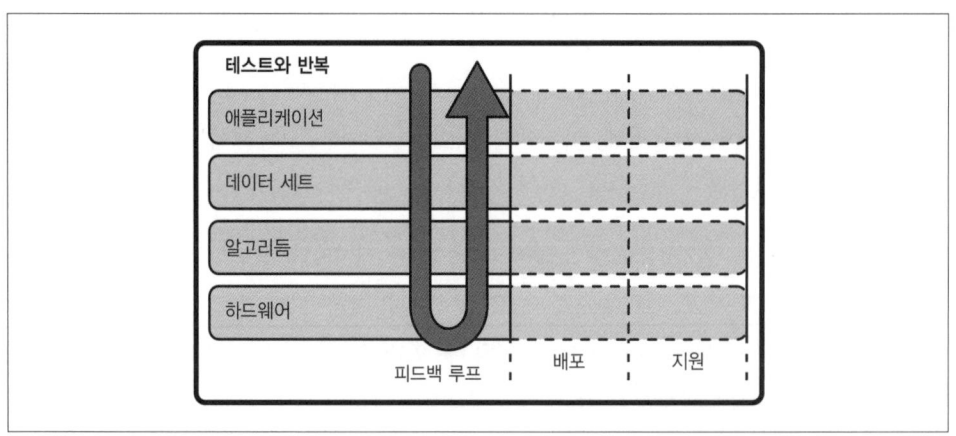

그림 9-2 워크플로의 테스트와 반복 부분은 애플리케이션, 데이터 세트, 알고리듬, 하드웨어의 네 가지 중점 영역으로 구성된다.

이 요소들은 각각 프로젝트의 필수 구성 요소다. 나란히 자라는 네 남매가 환경에 따라 변화하면서 서로의 성장에 영향을 주고받는다고 생각하면 된다. 이 환경은 평가 중심의 피드백 루프이며, 우리가 의도적으로 만들어야 하는 것이다.

이 네 가지 요소는 각각 고유한 속도로 함께 발전하며 때로는 상황의 현실적인 제약에 서로의 영향을 받기도 한다. 예를 들어 데이터 세트 수집은 힘든 과정일 수 있으며, 머신러닝 모델을 허용 가능한 수준의 성능으로 학습시킬 수 있을 만큼 데이터 세트가 충분히 커지기까지 시간이 걸릴 수 있다. 이때 대기 기간 동안 물리적 하드웨어와 애플리케이션 코드에 대한 작업은 중단되지 않고 계속될 수 있다.

상호 의존성

초기에 프로젝트의 여러 구성 요소 간의 의존성이 프로젝트 정체를 일으키는 것처럼 보일 수 있음을 알게 될 것이다. 예를 들어 알고리듬은 적절한 데이터 세트의 확보에 의존하고, 하드웨어는 알고리듬에 의존하며, 애플리케이션은 하드웨어에 의존한다.

문제가 발생하면 대체 방법을 통해 상황을 해결하려고 시도해야 한다. 예를 들어, 커스텀 하드웨어가 준비될 때까지 기다리는 동안 범용 하드웨어 플랫폼을 사용할 수 있으며(402페이지의 '첫 번째 하드웨어' 절에서 살펴본 것처럼), 데이터 세트가 프로젝트 진행을 막는 경우 데이터 집약도가 낮은 알고리듬을 사용할 수 있다.

엔지니어링 관점에서 볼 때 시스템에서 가장 위험한 구성 요소는 알고리듬이다. 문제를 해결하는 데 어떤 유형의 알고리듬이 필요한지, 데이터와 계산 요구사항이 무엇인지 미리 알기 어렵기 때문이다. 따라서 항상 하드웨어와 애플리케이션에 약간의 유연성을 설계해 넣는 것이 좋다. 예를 들어, 필요한 정확도를 달성하기 위해 예상보다 큰 머신러닝 모델이 필요할 경우를 대비해 추가 RAM이나 ROM을 확보해 두는 것이 좋다.

초과 용량을 구축하는 데는 분명히 비용이 들기 때문에, 다른 엔지니어링 프로젝트와 마찬가지로 상황을 가장 잘 파악한 후 판단해야 한다.

프로젝트의 구성 요소는 특정한 순서나 계층 구조로 존재하지 않으며, 개발은 한 구성 요소에서 작업을 수행한 후 다음 구성 요소로 넘어가는 라운드 로빈^{round-robin} 프로세스가 아니다. 대신, 개발은 일반적으로 여러 엔지니어나 팀 전체가 각 스레드에서 작업하는 병렬 방식으로 진행된다. 팀은 정기적으로 동기화하여 현재 진행 상황을 공유하고 해결해야 할 임박한 장애물이 있는지 예측해야 한다.

성공적인 개발의 핵심은 4개의 스레드 각각과 프로젝트의 단계(개발, 배포, 지원) 간에 피드백 루프를 구축하는 것이다.

피드백 루프

그림 9-3에서 볼 수 있는 AI 개발의 전형적인 모습은 데이터 수집에서 시작하여 장치에 배포하는 것으로 끝나는 간단한 단계별 피드백 루프를 보여준다. 이는 시스템에서 정보가 흐르는 방식을 쉽게 이해할 수 있도록 보여주므로 매력적인 생각이다.

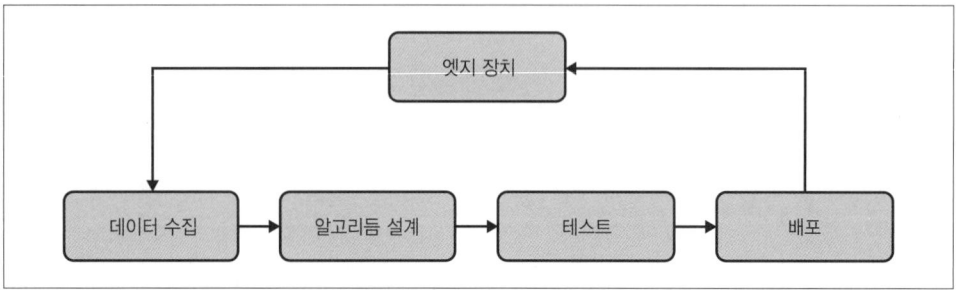

그림 9-3 AI 개발 피드백 루프는 선형적인 워크플로를 반복적으로 적용하는 단계별 프로세스라고 생각하기 쉽다.

하지만 237페이지의 '엣지 AI 워크플로' 절에서 배운 것처럼 실제로는 시스템의 모든 구성 요소 간에 상호 작용이 이뤄진다. 각 구성 요소는 기본 다이어그램으로 쉽게 표현할 수 없는 동적인 방식으로 서로 연관되어 있다. 그림 9-4는 시스템을 좀 더 사실적으로 표현한 것이다.

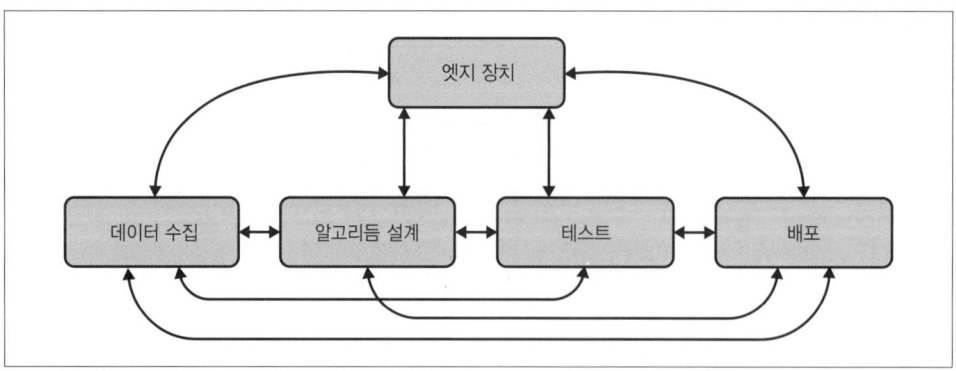

그림 9-4 실제로 AI 개발에는 서로 피드백을 주고받는 구성 요소의 네트워크가 수반된다.

프로젝트를 관리할 때는 어느 한 지점에서 다른 지점으로 피드백이 방해받지 않고 프로세스 전반에 걸쳐 원활하게 전달되도록 하는 것이 중요하다. 예를 들어, 하드웨어 설계에 영향을 주는 데이터 세트의 측면(예: 원시 데이터의 특정 주파수 대역에 포함된 에너지)이 있을 수 있다(하드웨어가 해당 주파수를 표현하기에 충분히 빠른 속도로 샘플링할 수 있어야 하기 때문이다). 반대로 하드웨어가 특정 센서만 포함하도록 제한되어 있는 경우, 데이터 세트는 해당 센서가 캡처할 수 있는 것을 반영해야 한다.

일부 피드백 루프는 다른 피드백 루프보다 설정하기가 더 쉽다. 예를 들어, 데이터 세트와 하드웨어 간의 피드백 루프는 담당 팀이 정기적으로 서로 대화함으로써 만들 수 있다. 반면, 애플리케이션에 따라서는 장치를 현장에 배포하고 모니터링하는 데 많은 비용이 소요될 수 있다. 이런 이유로 439페이지의 '성능 보정' 박스에서 설명하는 것처럼 시뮬레이션이나 근사치를 구하는 방법으로 '루프를 닫는' 다양한 도구가 존재한다.

다음은 개발 프로세스에서 가장 중요한 피드백 루프 중 일부다.

알고리듬과 데이터 세트

알고리듬에는 다양한 데이터 요구사항이 있다. 데이터가 충분하다면 다양한 알고리듬을 사용할 수 있지만, 사용 가능한 데이터가 적으면 잘 작동하는 알고리듬의 수가 적다. 특정 속성에 맞는 특정 알고리듬을 사용하려면 적절한 데이터 세트를 수집해야 한다.

알고리듬과 하드웨어 설계

그린필드 프로젝트에서는 알고리듬을 효율적으로 실행하기 위해 특정 하드웨어가 필요할 수 있으므로, 선택한 알고리듬에 따라 하드웨어 선택이 결정될 수 있다. 브라운필드 프로젝트에서는 기존 하드웨어의 제약으로 인해 알고리듬 선택이 제한된다.

현장에서의 알고리듬과 성능

선택한 알고리듬은 현장의 성능에 영향을 미친다. 예를 들어, 더 큰 머신러닝 모델은 더 나은 결과를 제공할 수 있다. 반대로, 현장에서 요구되는 성능 수준이 알고리듬 선택을 좌우할 수도 있다.

데이터 세트와 하드웨어 설계

하드웨어 설계는 데이터 수집에 사용할 수 있는 센서를 결정할 수 있기 때문에 데이터 세트에 영향을 미치는 경우가 많다. 또는 특정 데이터 세트가 이미 사용 가능한 경우, 해당 데이터 세트가 나타내는 데이터의 유형이나 출처가 하드웨어 설계에 영향을 미칠 수 있다. 이때 정확히 동일한 센서 모델이 사용되는지 확인하는 것이 도움이 될 수 있다.

현장의 데이터 세트와 성능

실제 성능이 좋지 않은 경우, 시스템이 부족한 영역에 따라 더 많은 데이터를 수집해야 할 수도 있다. 제한된 데이터만 사용할 수 있는 경우, 그렇지 않은 경우보다 낮은 실제 성능에 만족해야 할 수도 있다.

반대로, 현장의 성과가 제한적이거나 편향되어 있다면 수집하는 데이터와 시간이 지남에 따라 학습하는 모델에 영향을 미친다. 예를 들어, 제품을 사용하는 대부분의 사람들이 특정 그룹에 속해 있다면, 그들의 요구에 맞춰 성능을 과적합^{overfit}하기 시작할 수 있다.

실제 반복

기본적으로 반복^{iteration}은 무언가를 변경하고 목표에 미치는 영향을 측정한 후, 다음에 수행할 작업을 결정하는 것이다. AI 개발에서 이 기법의 대표적인 예는 머신러닝 모델을 학습시킬 때다. 학습을 위한 일반적인 반복 프로세스는 다음과 비슷하다.

1. 일부 데이터를 가져와서 학습, 검증, 테스트 데이터 세트로 나눈다.
2. 분할된 학습 데이터에 대한 과적합을 목표로 대규모 모델을 학습시킨다.[2]
3. 유효성 검사 분할에 대한 성능을 측정한다.
4. 데이터를 더 추가하거나, 정규화를 추가하거나, 모델의 유형과 크기를 조정하는 등 유효성 검사 성능을 개선하기 위해 설정을 조정한다.
5. 다시 학습시키고 성능을 측정한다.

---

2   데이터에 대한 과적합을 목표로 하면, 모델이 데이터를 모델링하기에 충분한 대표성을 갖고 있으며 학습 파이프라인이 실제로 작동한다는 것을 증명할 수 있다.

6. 유효성 검사 분할에서 모델이 충분히 잘 수행되면 테스트 분할에서 시도한다.

7. 잘 작동하면 좋다. 잘 작동하지 않으면, 폐기하고 처음부터 다시 시작한다.

엣지 AI 프로젝트의 흐름은 비슷하지만, 여기에는 하드웨어와 애플리케이션이라는 퍼즐 조각도 포함된다. 예를 들어 위의 흐름과 유사한 것을 사용해 효과적인 알고리듬을 생각해 낸 다음, 이를 원하는 하드웨어에 배포하고 잠재적 사용자와 같은 현실적인 방식으로 테스트해 볼 수 있다. 이때 효과가 있다면 좋은 일이지만, 작동하지 않는다면 변경해야 한다.

이 모든 것의 핵심은 빠르게 테스트하고 반복하는 것이다. 각 반복에 오랜 시간을 소비하면 비생산적인 경로로 많은 시간을 낭비할 수 있기 때문에 회귀(사용 가능한 하드웨어에 비해 너무 큰 모델처럼, 개선사항이 악화되거나 무언가가 맞지 않는 경우)에 대한 불이익이 훨씬 더 커진다.

그러나 빠르게 반복하여 각 변경사항을 작게 만들고 즉시 테스트하면, 시스템의 다른 부분과 호환되지 않는 개발의 토끼굴에 너무 많은 시간을 낭비하지 않을 수 있다.

운이 좋게 대규모 데이터 세트를 확보했다면 모델 학습에 몇 시간, 며칠, 심지어 몇 주가 걸릴 수도 있지만, 엣지 AI의 소규모 모델은 일반적으로 그렇게 오래 걸리지 않는다. 하지만 48시간에 걸친 학습이 끝날 무렵, 코드에 실수를 해서 결과물이 쓸모없는 모델이라는 사실을 깨닫는 것은 악몽과도 같을 것이다.

각 반복에 걸리는 시간을 줄이려면 데이터 세트의 부분집합으로 프로세스를 시작하는 것이 좋다. 예를 들어, 10%의 계층화된 샘플로 시작할 수 있다(그림 7-14 참고). 이 부분집합으로 유망한 결과를 보기 시작하면 향후 반복에서 점차적으로 더 많은 데이터를 추가하여 모델의 성능을 개선할 수 있다.

도구를 사용하면 이러한 문제 중 일부를 완전히 피할 수 있다. 예를 들어, 엣지 AI를 위해 특별히 설계된 AutoML 도구(214페이지의 'AutoML' 절 참고)는 하드웨어 제약을 고려하므로, 사양을 초과하는 위험을 방지할 수 있다.

여기서 모델만 반복하는 것이 아니라 하드웨어부터 애플리케이션 코드까지 설계의 모든 부분을 변경하고 개선해야 한다는 점을 기억하기 바란다. 성능이 어떻게 변화하는지 이해하려면 415페이지의 '엣지 AI 시스템 평가' 절 뒷부분에서 다루는 올바른 지표와 평가 절차를 사용하자.

설계 프로세스에서 설정한 목표(368페이지의 '기술 목표' 절 참고)는 목표에 가까워지지 않았거나 목표를 초과 달성했기 때문에 반복을 중단해야 하는 시점을 이해하는 데 도움이 된다.

반복적인 워크플로에서는 자연스럽게 데이터 세트, 모델, 학습 스크립트, 그리고 이들로 인해 발생하는 모든 의존성 등 많은 아티팩트가 생성된다. 이러한 아티팩트를 추적하지 않으면 결과를 이해하고 향후 작업을 재현하기가 어려울 수 있으므로 이를 기록하는 것은 매우 중요하다. 215페이지의 'MLOps' 절에서 배운 대로, MLOps는 이를 안정적으로 수행할 수 있는 프레임워크를 제공한다.

계획 업데이트하기. 프로젝트를 진행하는 동안 해결하고자 하는 문제와 그 문제에 적용하는 방법에 대한 이해가 크게 달라질 수 있다. 때로는 목표가 비현실적이거나, 잘못된 방향이거나, 핵심 문제 해결과 관련이 없다는 점이 명백해질 수 있다. 이런 경우에는 주저하지 말고 이해관계자들을 모아 목표를 재평가해야 한다.

하지만 목표가 자주 변경될 것으로 예상해서는 안 된다. 대신, 경로를 수정해야 하는 경우 프로젝트의 요구사항과 사양을 기존 목표에 맞게 조정해야 한다.

예를 들어, 이미지 센서와 얼굴 인식을 사용해 건물 출입을 통제하는 스마트 잠금 장치를 설계한다고 가정해 보자. 이 프로젝트의 목표는 오수락률을 0%에 가깝게 달성하는 것이다. 하지만 개발 중에 시각만으로는 이 목표를 달성할 수 없다는 사실을 깨닫게 된다. 이후는 이해관계자와 협력하여 프로젝트의 범위를 업데이트하고 시스템의 신뢰성을 개선하기 위해 센서를 추가하면 된다.

이런 유형의 발견은 반복적인 개발 프로세스의 자연스러운 부분으로 간주해야 한다. 이 프로세스의 목적은 최종적으로 성공적인 제품을 완성할 수 있도록 방향을 수정하는 것이므로, 목표가 약간 다르다는 사실을 알게 되더라도 당황하지 말기 바란다.

물론 설계 과정에서 발생할 수 있는 위험 요소를 파악하고 즉시 실행 가능한 비상 계획을 마련할 수 있다면 더할 나위 없이 좋다. 예를 들어, 설계 단계에서 비전만으로는 낮은 오수락률을 보장하기에 충분하지 않을 수 있다는 위험을 예측하고 잠재적인 대안 솔루션을 마련할 수 있다.

 목표와 방향의 변경은 모든 이해관계자가 동의하고, 프로젝트에 관련된 모든 사람에게 명확하게 전달하며, 나중에 참조할 수 있도록 신중하게 문서화해야 한다. 기대치의 차이는 큰 문제로 이어질 수 있지만 피하기는 쉽다.

윤리적 AI 검토

앞서 살펴본 바와 같이, 프로젝트는 반복 개발 중에 방향이 크게 바뀔 수 있다. 따라서 반복 개발 프로세스에는 작업에 대한 정기적인 윤리적 검토가 포함되어야 한다. 조사해야 할 사항은 다음과 같다.

- 프로젝트가 설계 프로세스 중에 설정한 핵심 성과 지표를 충족하는 데 문제가 없는가?(369페이지의 '가치 기반 설계 목표' 절 참고)
- 도덕적 타당성 조사(259페이지의 '도덕적 타당성' 절 참고)가 여전히 적절한가, 아니면 프로젝트가 변경되어 업데이트가 필요한가?
- 프로젝트를 시작하기에 충분한 데이터 세트와 도메인 전문지식을 보유하고 있는가?(281페이지의 '데이터, 윤리, 책임감 있는 AI' 절 참고)
- 이해관계자들은 프로젝트가 진전을 보이고 있다는 데 동의하고 있는가, 아니면 우려사항이 있는가?

이 단계에서는 자체 팀이 수행한 윤리적 분석과 더불어 어떤 형태로든 제3자의 윤리적 검토를 실시하는 것이 좋다. 개발이 끝나거나 제품이 출하된 뒤보다 아직 방향을 바꿀 수 있는 반복 개발 중에 잠재적인 윤리적 문제를 발견하는 편이 훨씬 낫다.

> **모델 카드**
>
> 알고리듬이 구체화되면 향후 사용자를 위해 알고리듬의 특성을 문서화하는 것이 중요하다. 여기에는 사용 목적, 다양한 벤치마크에 대한 평가 결과, 평가에 사용된 프로세스의 세부 사항 등의 정보가 포함된다. 이러한 정보가 없으면 모델을 안전하게 사용할 수 없다. 프로젝트 개발 단계에서 이러한 세부 정보를 모두 확보할 수도 있지만, 나중에 참조할 수 있도록 문서화하는 것이 중요하다.
>
> 이 문서화의 한 가지 표준은 모델 카드의 형태로 제공된다. 모델 카드는 모델 자체와 함께 공유할 수 있는 텍스트 정보를 통해 모델을 설명하는 형식을 제공한다. 모델 카드에 대한 자세한 내용과 모델 카드를 만들기 위한 템플릿은 깃허브 리포지터리(https://oreil.ly/gXkLF)에서 찾을 수 있다.

배포

반복적인 개발, 배포, 지원 사이에는 뚜렷한 경계가 없다. 대신, 프로젝트는 목표를 달성하기 위해 점진적으로 발전하여 특정 시점, 즉 프로세스 초기에 프로젝트의 소프트웨어가 하드웨어에 배포되고 하드웨어가 현장에 배포될 때까지 진행된다. 이 점진적인 프로세스는 그림 9-5에 나와 있다(그림 6-1, 그림 9-2와 마찬가지로).

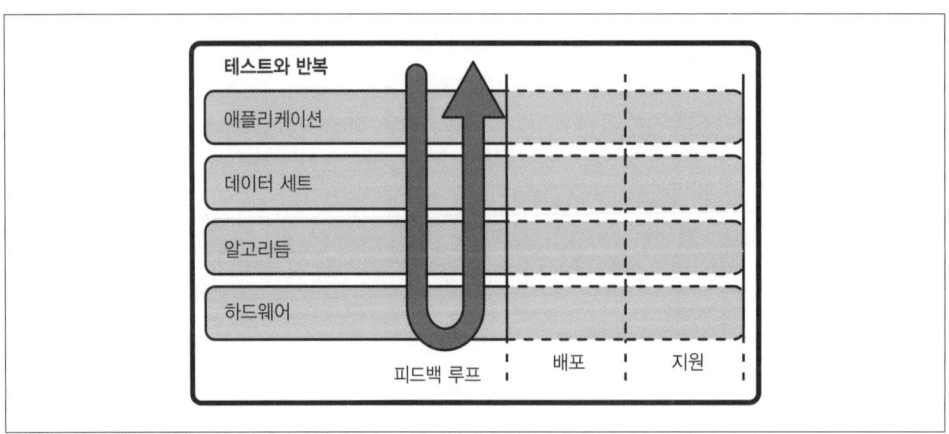

그림 9-5 워크플로의 테스트와 반복 부분은 순수 개발에서 개발, 배포, 지원이 혼합된 형태로 점차 진화하며 피드백 루프는 항상 유지된다.

엣지 AI의 맥락에서 배포는 두 가지 중 하나를 뜻할 수 있다.

- 하드웨어 장치에 소프트웨어 배포하기
- 하드웨어 장치 세트를 실제 환경에 배포하기

둘 중 어떤 경우든 조기에 자주 배포하는 것이 좋다. 첫 번째 경우에는 항상 서로 잘 작동하는 하드웨어와 소프트웨어를 구축할 수 있으며, 두 번째 경우에는 프로젝트의 개발 프로세스와 실제 성능 사이에 피드백 루프를 구축할 수 있기 때문이다. 배포를 출시 직전에 이뤄지는 '라스트 마일last mile' 작업으로 간주해서는 안 된다. 그보다는 개발 프로세스의 중요한 부분으로 생각해야 한다.

엣지 시스템의 분산된 특성은 이런 접근 방식에 적합하다. 한 번에 몇 대의 장치를 단계적으로 출시하면서, 장치가 배포되는 정확한 위치와 장치와 상호 작용할 사용자를 신중하게 제어할 수 있는 경우가 많기 때문이다. 즉, 프로토타입 애플리케이션을 실행하는 프로토타입 장치를 출시하고 실제 성능에 대한 데이터를 확보하면서도 관련 위험을 최소화할 수 있다.

가축 모니터링 시스템 배포하기

농업 환경에서 가축의 활동을 모니터링하는 시스템을 개발하고 있다고 상상해 보자. 양 목에 걸 수 있는 스마트 목걸이를 개발하여 양이 먹고, 움직이고, 잠자는 시간을 추적할 수 있다고 가정하겠다. 살아 있는 동물로부터 실제 데이터를 수집해야 하므로, 데이터 세트를 수집하기 시작할 때 첫 번째 배포가 이뤄진다.

농업 생산자와 협력한다고 가정하면(양 도둑질은 권장되는 접근 방식이 아니다), 먼저 생산자와 협력하여 실제 현장에시의 생활을 견딜 수 있는 스마트 목걸이의 물리적 설계를 반복할 수 있다. 그 다음에는 양 떼의 일부에 목걸이를 달아 다양하고 대표적인 데이터 세트를 수집하는 데 필요한 하드웨어를 배포해야 한다. 또한 어떤 동물이 언제 어떤 행동을 하는지 알 수 있는 비디오 영상을 캡처하는 등 데이터에 레이블을 지정할 방법도 필요하다.

초기 데이터 세트를 수집하고 프로토타입 장치를 개발한 후에는 생산자와 협력하여 제한된 수의 동물에게 장치를 배포한다. 시스템의 효과를 측정하기 위해 비디오 영상을 사용해 만든 레이블과 장치 출력의 상관관계를 파악할 수 있다. 시스템에 대한 연속적인 개선도 같은 방식으로 평가할 수 있다.

특정 성능 임곗값을 충족하면 시스템을 확장하기 시작하여 점차적으로 장치를 추가하고 지표를 모니터링하여 모든 것이 일관되게 작동하는지 파악할 수 있다. 장치를 천천히 추가하면 부정적인 영향의 위험을 줄일 수 있다. 또한 하드웨어와 소프트웨어의 성능을 비교하기 위해 여러 동물에 대해 동시에 다양한 반복 작업을 시도할 수도 있다.

> 어느 정도 시간이 지나면 목표에 부합하는 시스템이라는 확신이 들 수 있다. 이 시점에서 개발은 대부분 완료됐으며 장기적인 지원으로 전환할 수 있는데, 이 부분은 10장에서 다룰 것이다.

배포에 임하는 가장 좋은 방법은 신중한 배포 계획을 세우는 것이다. 관련 단계는 441페이지의 '엣지 AI 애플리케이션 배포' 절에 설명되어 있다.

지원

엣지 AI 프로젝트는 결코 완성된 것이 아니다. 대신 성능을 모니터링하고 유지하는 데 중점을 두는 다른 단계로 점차 진입하게 된다.

이 작업은 314페이지의 '드리프트와 시프트' 절에서 배운 드리프트 때문에 필요하다. 세상은 끊임없이 변화하기 때문에 시간이 지남에 따라 AI 기반 제품의 효율성이 떨어지는 것은 거의 불가피하다. 따라서 환경의 변화에 발맞춰 소프트웨어를 업데이트하는 등 지속적인 유지 관리가 필요하다.

엣지 AI 애플리케이션의 지원은 10장에서 자세히 다룬다. 평가 지표를 통해 성능이나 환경의 변화 여부를 파악할 수 있기 때문에, 지원은 평가와 밀접하게 연관되어 있다.

요약

이제 전체 개발 워크플로를 개략적으로 살펴봤다. 이는 훌륭한 일반적 로드맵이지만, 구체적인 여정은 프로젝트마다 다를 수 있다.

하지만 모든 프로젝트에서 공통적으로 나타나는 한 가지는 신중한 배포, 평가, 지원이 필요하다는 것이다. 이 주제는 10장에서 다룰 것이다.

제10장
엣지 AI 애플리케이션 평가, 배포, 지원하기

10장은 이 책에서 이론을 다루는 마지막 장으로, 엣지 AI 애플리케이션을 평가, 배포, 지원하는 프로세스를 다룬다. 이 세 가지는 서로 밀접하게 연결되어 있으며, 반복적인 프로젝트에서는 개발 워크플로 전체 과정에서 동시에 진행된다.

엣지 AI 시스템 평가

평가는 성공적인 프로젝트의 핵심이다. 사실 평가 없이는 프로젝트의 성공 여부를 알 수 있는 방법이 없다. 이 책의 마지막 부분에서 다루고 있지만, 평가는 개발 프로세스 전반에 걸쳐 이뤄진다. 심지어 개발 전에, 엣지 AI로 개선하고자 하는 기존 프로세스의 성능을 정량화할 때 시작할 수도 있다.

이때 프로세스 전반에 걸쳐 이해관계자와 최종 사용자의 참여를 통해 평가를 수행해야 한다는 점을 기억하기 바란다. 이해관계자마다 각자의 관점에 따라 평가 기준이 상충될 가능성이 매우 높으며, 이런 갈등을 해결하는 방법을 파악하는 것은 평가의 중요한 부분이다.

평가가 필요한 단계를 나열하면 다음과 같다.

기존 솔루션 검토

대부분의 경우, 더 나을 수도 있다고 생각하는 레거시 시스템을 대체하기 위해 엣지 AI 시스템을 개발한다. 따라서 프로세스를 시작할 때 기존 시스템의 실제 성능을 이해하는 것이 매우 중요하다. 개발 프로세스의 목표는 이를 능가하는 것이며, 측정하지 않은 것을 능가할 수는 없다.

400페이지의 '기준 알고리듬 개발하기' 절에서 살펴본 것처럼, 기존 솔루션이 없더라도 더 나은 성과를 목표로 할 수 있는 간단한 기준을 마련하는 것은 좋은 생각이다. 이렇게 하면 작업의 방향과 관점을 잡을 수 있으며, 때로는 간단한 기준선이 최선의 선택이 될 수도 있다.

잠재적 알고리듬 탐색

프로젝트의 탐색 단계에서는 데이터 세트를 파악하고 다양한 유형의 알고리듬을 실험하는 평가가 필수적이다. 이를 통해 유망해 보이는 접근 방식에 집중할 수 있으며, 이 단계에서는 빠르고 편리한 평가가 빠르게 진행하는 데 도움이 된다.

반복 개발 중

반복 개발 프로세스는 평가에 의해 주도된다. 솔루션을 만들고, 평가하고, 평가 결과를 사용해 다음 반복이 더 나아질 수 있도록 과정을 수정한다. 개발 중인 시스템을 평가하는 방법에는 여러 가지가 있으며, 417페이지의 '시스템 평가 방법' 절에서 그중 몇 가지를 살펴보겠다.

최적화 전과 후

엣지 장치에 배포할 때는 메모리나 지연 시간 제약 내에서 알고리듬을 맞출 수 있는 손실 최적화 기술을 적용해야 하는 경우가 많다(175페이지의 '압축과 최적화' 절 참고). 이때 최적화 전후의 성능을 평가하여 손실이 얼마나 발생했는지 확인하는 것이 중요하다. 만약 손실이 없다고 생각되는 최적화 기술을 적용하더라도 프로세스의 버그로 인해 성능 저하가 발생할 경우를 대비해 항상 평가해야 한다.

실제 하드웨어에서

애플리케이션이 실제 하드웨어에 배포된 뒤 성능이 달라질 수 있는 이유는 여러 가지가 있다. 예를 들어, 프로덕션 하드웨어의 센서와 원본 데이터 세트가 수집된 센서 간에 약간의 차이가 있을 수 있다. 또는 실제 하드웨어에서 빌드된 프로그램과 개발용 컴퓨터에서 빌드된 프로그램이 실행되는 방식에 약간의 차이가 있을 수 있다. 이

때 배포 전후를 평가하여 어떤 영향이 있는지 파악하는 것이 중요하다.

제한된 배포 중에

시스템을 점진적으로 출시하여 확장하기 전에 문제를 파악할 수 있는 단계적 배포를 하는 것이 좋다. 시스템이 예상대로 작동하는지 측정할 수 있는 방법이 필요하기 때문에 이 시기는 평가의 또 다른 중요한 순간이다.

배포 후 지속적인 모니터링

배포한 뒤에는 성능을 지속적으로 모니터링해야 하며, 당연히 이에 대한 평가가 필요하다. 이 단계에 대한 자세한 내용은 447페이지의 '배포 후 모니터링' 절에서 확인할 수 있다.

평가와 책임감 있는 설계

윤리적 AI는 평가에 크게 의존한다. 예를 들어, 편향성을 감지하려면 다양한 유형의 입력에 대해 시스템이 어떻게 작동하는지 이해하는 것이 중요하다. 모든 단계에서 평가를 수행하면, 팀에게 윤리적 문제가 발생할 수 있는 부분을 파악할 수 있는 가시성을 제공할 수 있다.

시스템 평가 방법

엣지 AI 시스템을 평가하는 방법에는 여러 가지가 있으며, 개발 프로세스의 여러 단계에서 각기 다른 메커니즘이 중요하다. 이 방법들은 모두 다양한 시간과 투자가 필요하다. 어떤 것은 짧고 긴밀한 피드백 루프에 적합하고, 어떤 것은 더 길고 광범위한 루프에 적합할 수 있다.

주요 접근 방식을 나열하면 다음과 같다.

개별 구성 요소 평가하기

시스템은 여러 개의 작은 구성 요소로 이뤄져 있으며, 각 구성 요소를 평가하는 방법에는 여러 가지가 있다. 예를 들어 알고듬 파이프라인에는 다음이 포함될 수 있다.

- 윈도
- 다운샘플링
- 디지털 신호 처리
- 머신러닝
- 포스트 프로세싱
- 규칙 기반 알고리듬

이렇게 움직이는 각 부분에는 고유한 평가 도구가 있으며, 관련 분야의 전문가들은 이 도구의 사용법을 잘 알고 있다. 이런 유형의 평가는 결과를 제공하기 위해 함께 작동하는 단계의 파이프라인을 구축할 때 필수적이다. 시스템의 개별 구성 요소를 평가하는 메커니즘을 설정하면 시스템 문제의 원인을 더 쉽게 파악할 수 있기 때문이다. 또한 서로 다른 팀들이 소유하고 있을 수 있는 특정 구성 요소들을 개별적으로 반복 개발하는 데도 도움이 된다.

통합 시스템 평가하기

시스템의 모든 개별 요소가 함께 작동한다는 것을 아는 것만으로는 충분하지 않으며, 시스템이 전체적으로 올바르게 작동하는지 이해해야 한다. 그렇지 않으면 시스템 문제가 발생하여 애플리케이션이 제대로 작동하지 않을 수 있다.

예를 들어, 개별적으로 테스트했을 때는 잘 작동하는 것처럼 보이는 머신러닝 모델과 후처리 알고리듬이 있을 수 있다. 그러나 이들을 함께 연결하면 제대로 작동하지 않을 수 있다.

이 시스템의 성능을 제대로 이해하려면 구성 요소 수준 테스트와 시스템 테스트를 조합해야 한다. 통합 시스템을 테스트하면 시스템의 성능 저하 여부를 알 수 있지만 그 자체만으로는 많은 것을 설명할 수 없다.

시뮬레이션된 실제 테스트

학습에 사용할 수 있는 데이터 세트는 현실적이지 않은 경우가 많다. 실험실에서 수집하거나, 학습에 가장 적합한 데이터 세트를 제공하기 위해 세심하게 정리한 이상적인 조건의 집합에 해당할 수 있다. 이런 데이터 세트에 대한 평가는 잘못된 결과를 제공할 수 있으며, 성능을 제대로 이해하려면 실제 환경에서 테스트해 볼 필요가 있다.

버튼 클릭 한 번으로 프로덕션 환경에서 모든 작업을 테스트할 수 있다면 좋겠지만, 임베디드 개발의 현실은 그렇지 않다. 웹에서의 소프트웨어 엔지니어링에 비해, 임베디드 애플리케이션을 실시간으로 푸시하는 것은 훨씬 더 많은 시간과 비용이 소요되며 위험하기 때문이다. 즉, 임베디드 개발은 개발과 실제 성능 간의 피드백 루프가 효과적이지 못하다는 뜻이다.

이 문제에 대한 한 가지 해결책은 개발 중에 실제 상황을 최대한 가깝게 시뮬레이션하여 알고리듬이나 애플리케이션의 변경사항을 거의 실시간으로 테스트할 수 있도록 하는 것이다. 여기에는 예상되는 실제 조건의 유형을 반영하는 데이터 세트를 수집한 다음 애플리케이션의 완전히 통합된 빌드를 통해 실행하는 것이 포함될 수 있다.

예를 들어 피트니스 트래킹 웨어러블을 구축한다고 가정하자. 센서만 포함된 더미 장치를 착용한 실제 사용자로부터 수집한 데이터 스트림을 사용해 테스트할 수 있는데, 이 데이터는 평가에 사용할 수 있도록 전문가가 레이블을 지정해야 한다.

실제 데이터를 확보하기 어려운 경우 합성 데이터를 사용할 수도 있다. 배경 노이즈 샘플 위에 기존 학습 데이터 세트의 샘플을 겹쳐서 데이터의 분산을 증가시키는 증강을 적용하여 사실적인 데이터 스트림을 구성할 수 있다. 이는 439페이지의 '성능 보정' 박스에서 설명한 대로 엣지 임펄스의 성능 보정 기능에 있는 옵션이다.

시뮬레이션된 실제 테스트를 사용하는 대표적인 예는 아마존의 알렉사Alexa 인증 프로세스(https://oreil.ly/Pvi5L)다. 알렉사가 통합된 하드웨어 제품은 키워드 발견 시스템의 성능에 대한 최소 기준을 충족해야 한다. 성능은 다양한 조건에서 장치와 일정 거리에 있는 스피커에서 여러 오디오 클립을 재생하여 평가한다. 통과하려면, 클립에 키워드가 포함되어 있는지 장치가 성공적으로 식별해서 키워드가 포함되어 있지 않은 경우에는 활성화하지 않아야 한다.

실제 환경 테스트

실제 환경에서의 시스템 테스트는 가능한 한 빨리, 즉 하드웨어를 확보하는 즉시 시작하는 것이 가장 좋다.[1] 실제 환경 테스트에는 크게 두 가지 유형이 있다.

- 품질 보증 테스트: 의도적으로 제품을 작동시켜 문제를 파악하는 테스트다.
- 사용성 테스트: 제품이 얼마나 잘 작동하는지 파악하기 위해 사용자가 제품과 자연스럽게 상호 작용할 수 있도록 하는 테스트다.

실제 테스트는 일부 유형의 평가보다 더 느리고 비용이 많이 들지만, 제품 개발에 필수적이다. 또한 제품을 시장에 출시한 뒤 작동하지 않는다는 사실을 깨닫는 것보다 훨씬 저렴하다.

품질 보증 테스트. 품질 보증(QA, Quality Assurance)은 일반적으로 제품의 설계 목표(365페이지의 '설계 목표 설정' 절 참고)를 기반으로 제품을 탐색하고 적절한 수준의 품질을 충족하는지 파악하는 체계적인 방법이다. 개발 중에 QA 엔지니어는 제품의 기능을 실행하고 제품의 효과와 전반적인 목적 적합성을 파악하기 위한 전략을 설계하고 구현한다.

QA는 자체 도메인 전문가가 있는 주요 분야이며, 좋은 제품을 만드는 과정에서 절대적으로 중요한 역할을 한다. 이 책에서 다루기에는 너무 방대한 영역이지만, 여기서는 엣지 AI 프로젝트에서 QA 전문가가 중요한 역할을 할 수 있는 방법을 소개한다.

- 프로토타입을 직접 사용해 보고 문제점을 찾아내기 위해 노력하기
- 개발 중 개별 구성 요소 테스트하기(예: 키워드 발견 알고리듬)
- 워크플로 전반에 걸쳐 제품을 테스트하기 위한 시스템과 절차 설계하기
- 제품이 설계 목표에 부합하는지 인증하기

설계 목표를 세우자마자 QA 프로세스가 시작되는데, 이는 QA 역할을 맡은 사람이 이를 테스트할 시스템을 마련해야 하기 때문이다. 이상적으로는 각 반복 작업을 평가하는

---

1 공식 하드웨어가 준비되기 전에 개발 보드에 잘 배포할 수 있다면, 그렇게 하는 것이 좋다.

절차의 일부로 개발 프로세스 전반에 걸쳐 QA가 이뤄진다.

사용성 테스트. QA 테스트는 의도적으로 문제를 찾는 데 중점을 두는 반면, 사용성 테스트는 제품의 자연스러운 사용을 관찰하고 관찰한 내용을 바탕으로 개선을 유도하는 데 중점을 둔다.

사용성 테스트는 실제 사용자를 대상으로 진행된다. 그들은 일반인이나 잠재 고객, 팀이나 조직 내부의 구성원일 수 있다. 중요한 것은 이들이 현실적인 방식으로 제품과 상호 작용한다는 것이다.

일부 사용성 테스트는 사람들을 통제된 환경으로 데려와 특정 방식으로 제품과 상호 작용하도록 유도하는 연구를 통해 수행된다. 다른 유형의 테스트는 좀 더 자연스러운 방식으로 이뤄지는데, 예를 들어 베타 테스트는 사용자가 제품의 초기 버전을 가져가서 잠시 사용하고 피드백을 제공할 수 있도록 하는 것이다.

가장 좋은 계획은 상황에 따라 다르겠지만, 일반적으로 사용성 조사는 프로젝트의 방향을 잡는 데 도움이 되는 집중적인 의견이 필요한 개발 프로세스 초기에 실시하고, 베타 테스트는 제품이 거의 완성되어 좀 더 일반적인 개요가 필요한 후반에 실시한다.

흥미로운 다양한 사용성 테스트 중 하나는 **도그푸딩**dogfooding('자신의 개밥을 먹는다'는 개념에서 유래, https://oreil.ly/tVnyZ)이다. 이는 조직의 구성원이 사용성을 파악하고 피드백을 생성하기 위해 자체적으로 출시 전 하드웨어를 사용하는 것이다.

사용성 테스트도 자체 도메인 전문가가 있는 영역이다. 이는 가장 비용이 많이 드는 테스트 유형이지만 가장 가치 있는 테스트이기도 하다. 실제와 가까운 환경에서 시스템이 어떻게 작동하는지 확인할 수 있기 때문이다.

배포된 시스템 모니터링하기

시스템이 배포된 뒤에 시스템의 성능을 이해하는 것이 중요하다. 447페이지의 '배포 후 모니터링' 절에서 살펴보겠지만, 이는 매우 어려울 수 있다.

유용한 지표

모든 종류의 정량적 평가는 제품이나 구성 요소의 성능의 일부 측면을 나타내는 주요 수치인 지표를 생성한다. 올바른 지표를 수집하는 것은 매우 중요하다. "당신이 측정하는 것이 바로 당신이다"라는 말이 있듯이, 집중해야 할 값을 잘못 선택하면 반복 프로세스가 잘못된 방향으로 진행될 수 있다.

다행히도 엣지 AI 시스템과 관련된 표준 지표가 많이 있으며, 커넥티드 분야에서 일하는 사람이라면 누구나 익히 알고 있을 것이다. 가장 중요한 몇 가지 지표는 다음과 같다.

알고리듬 성능

이 지표는 AI 알고리듬의 성능을 이해하는 데 유용하다. 일반적으로 알고리듬 유형에 따라 달라진다(149페이지의 '기능별 알고리듬 유형' 절에서 설명한 대로).

손실. 손실^{loss}은 모델 예측의 정확도를 측정하는 방법이다. 손실 점수가 높을수록 예측이 더 부정확하다는 뜻이다. 손실 지표의 정확한 의미는 **손실 함수**$^{loss\ function}$에 의해 결정된다. 다양한 유형의 문제에 대한 표준 손실 함수가 존재하거나 사용자가 직접 만들 수도 있다. 손실은 딥러닝과 같은 일부 유형의 머신러닝 모델에 대한 학습 과정에서 계산되어 사용된다.

손실은 단일 예측에 대해 계산할 수도 있지만, 전체 데이터 세트에 대한 평균 손실을 계산하는 것이 일반적이다. 예를 들어, 유효성 검사 데이터 세트에 대한 평균 손실을 계산할 수 있다.

손실에는 단위가 없으므로, 손실 자체에 대한 상대적인 의미만 있다. 따라서 학습 중 시간이 지남에 따라 모델의 성능이 어떻게 변하는지를 측정하는 데는 유용하지만, 실제 환경에서 모델이 어떻게 작동하는지 이해하려는 경우에는 특별히 유용한 지표는 아니다.

머신러닝 모델을 최적화하는 과정에서 손실 함수를 사용하는 경우, 최적화 손실의 개선이 다른 지표의 개선과 일치하도록 하는 것이 중요하다. 손실 함수는 해결하려는 문제에 따라 선택해야 하며(대부분의 일반적인 문제에는 표준 손실 함수가 있음), 지표도 동일한 문제에 따라 선택해야 한다. 이 두 가지가 일치하지 않으면 올바른 문제를 해결하지 못하는 모델을 만들게 된다.

정확도. 분류는 일반적인 작업이며, 분류기의 성능을 표현하는 데 사용되는 몇 가지 지표가 있다. 정확도^{accuracy}는 가장 간단하고 잘 알려진 지표로, 주어진 데이터 세트에서 올바른 분류를 수행한 비율을 나타낸다.

정확도는 모델의 성능을 한눈에 파악할 수 있는 합리적인 방법이지만, 단일 값으로는 많은 맥락을 가릴 수 있다. 예를 들어, 단일 정확도 수치로는 데이터 세트의 개별 클래스가 어떻게 수행됐는지에 대한 정보를 알 수 없다. 균형 잡힌 데이터 세트에서 90%의 정확도 지표는 인상적으로 들릴 수 있지만, 불균형한 데이터 세트(한 클래스가 90%, 다른 클래스가 10%로 구성된 경우)에서는 모델이 형편없다는 뜻일 수 있다.

이런 한계 때문에 정확도는 더 많은 뉘앙스를 포착하는 다른 지표와 함께 사용하거나 적어도 각 클래스별로 개별적으로 계산하는 것이 가장 좋다.

혼동 행렬. 혼동 행렬$^{confusion\ matrix}$은 모델의 성능을 이해하기 위한 강력한 도구다. 혼동 행렬은 개별 샘플이 분류된 방식을 보여주는 간단한 표다. 그림 10-1의 예는 엣지 임펄스에서 얻은 스크린샷이다.

	아니요	노이즈	예
아니요	96.3%	0%	3.7%
노이즈	2.7%	95.9%	1.4%
예	4.7%	0.9%	94.4%

그림 10-1 키워드 발견 모델의 결과를 보여주는 혼동 행렬

그림 10-1에서 행 헤더 '아니요', '노이즈', '예'는 데이터 세트의 세 가지 샘플 클래스를 나타낸다. 이는 분류기에 의해 식별된 세 가지 클래스를 나타내는 비슷한 이름의 열 헤더와 일치한다. 각 셀의 백분율은 데이터 세트 클래스(행 헤더로 표시)에서 분류기에 의해 특정 클래스(열 헤더로 표시)에 맞는 것으로 식별된 샘플의 비율을 나타낸다.

예를 들어, '아니요' 인스턴스의 96.3%가 '아니요'로 올바르게 분류된 반면, 3.7%는 '예'로 잘못 분류된 것을 볼 수 있다. 이런 분석을 통해 분류기가 클래스 간에 어떤 성능을 발휘하는지 이해할 수 있다. 이는 단일 정확도 지표보다 훨씬 더 흥미로운데, 모델이 어려움을 겪고 있는 부분을 정확히 파악하는 데 도움이 되기 때문이다.

정밀도와 재현율. 혼동 행렬에서 단일 클래스의 관점에서 볼 때 분류자가 범할 수 있는 실수에는 두 가지 유형이 있다. 두 가지 모두 클래스를 잘못 인식하는 경우다.

첫 번째는 한 클래스의 진정한 구성원이 다른 클래스에 속하는 것으로 잘못 인식하는 경우다. 예를 들어, 새를 감지하는 스마트 카메라가 새를 나뭇잎으로 착각하여 새를 완전히 놓칠 수 있다.

두 번째 경우는 다른 클래스의 구성원이 관심 있는 클래스에 속하는 것으로 잘못 인식하는 경우다. 예를 들어 나뭇잎을 새로 착각할 수 있다.

정밀도^{precision}와 재현율^{recall}은 이러한 실수가 얼마나 자주 발생하는지 설명하는 방법을 제공한다. 정밀도는 모델이 지루한 나뭇잎을 아름다운 새로 착각하는 빈도를 알려주며, 재현율은 모델이 발견했어야 할 새를 놓치는 빈도를 설명한다.

$$정밀도 = \frac{올바르게\ 인식한\ 새의\ 수}{새라고\ 생각한\ 입력의\ 수}$$

$$재현율 = \frac{올바르게\ 인식한\ 새의\ 수}{데이터\ 세트\ 중\ 실제\ 새의\ 수}$$

데이터 세트의 각 클래스에는 고유한 정밀도와 재현율이 있지만, 모든 클래스의 평균으로 표현할 수도 있다. 이는 모델이 저지르는 실수의 유형을 특성화할 수 있기 때문에 훌륭한 지표다.[2]

정밀도와 재현율은 모두 0과 1 사이의 숫자로 표현되며, 1은 완벽함을, 0은 완전히 틀림

---

[2] 구글의 머신러닝 단기 속성 과정(Machine Learning Crash Course)에 정밀도와 재현율에 대한 훌륭한 설명이 있다(https://oreil.ly/LLXBI).

을 뜻한다. 일반적으로 두 지표 사이에는 절충점이 존재하는데, 하나를 높임으로써 다른 하나를 낮출 수 있다. 따라서 두 지표는 튜닝을 위한 중요한 지표가 된다.

신뢰도 임곗값

정밀도나 재현율 중 어느 것이 더 중요한지는 애플리케이션에 따라 다르다. 예를 들어 음성 인식 스마트 스피커를 설계하는 경우, 임의의 소리가 계속 활성화되면 상당히 짜증 날 수 있다. 이때는 높은 **정밀도**를 목표로 하는 것이 더 좋지만 재현율이 낮아질 수 있다.

또는 건강 문제를 감지하는 시스템을 설계하는 경우에는 **재현율**이 높은 것이 더 나을 수 있는데, 그러면 누군가의 생명을 위험에 빠뜨릴 수 있는 건강 문제를 놓칠 가능성이 낮기 때문이다. 대신 정밀도가 낮아져 오경보가 발생할 가능성이 높아질 수 있다.

정밀도와 재현율 사이의 균형을 맞추는 일반적인 방법은 애플리케이션의 **신뢰도 임곗값**(confidence threshold)을 조정하는 것이다. 예측을 할 때 분류기는 일반적으로 각 클래스에 대해 하나씩의 숫자 목록인 **확률 분포**(probability distribution)를 출력한다. 이 숫자들은 모두 합쳐서 1이 되며, 입력이 각 클래스에 속할 확률을 나타낸다.

예를 들어, 건강 문제를 감지하는 모델은 다음과 같은 출력을 가질 수 있다.

```
Healthy:    0.35
Sick:       0.65
```

원한다면, 점수가 가장 높은 클래스가 참이라고 가정하는 클래스라고 말할 수 있다. 예를 들어, 앞의 사례에서는 환자가 아플 확률이 건강할 확률보다 높기 때문에 환자가 아픈 것으로 간주한다.

2개의 클래스가 있으므로 가장 높은 클래스를 취함으로써 효과적으로 0.5의 신뢰도 임곗값을 할당한다. 클래스의 점수가 0.5를 넘으면 해당 클래스가 진실을 대표한다고 확신할 수 있다.

그러나 0.5는 누군가가 아프다고 생각할 만큼 충분히 높은 확률은 아닐 수 있다. 심각하고 무서운 질병이라면 동전 던지기보다 좀 더 확신을 가지고 예측해야 할 수도 있다. 예를 들어 0.75를 신뢰도 임곗값으로 선택할 수 있다. 이 경우, 앞의 결과는 두 클래스 모두에 긍정적이라고 간주하지 않는다. 대신 모호한 결과를 나타낸다.

신뢰도 임곗값을 바꾸면 정밀도와 재현율이 바뀐다. 신뢰도 임곗값이 낮으면 특정 클래스에 대해 더 많은 예시를 포착할 수 있지만 더 많은 거짓 경보가 발생하는 대가를 치르기 때문에, 재현율은 높아지지만 정밀도는 낮아지는 경향이 있다. 반대로 신뢰도 임곗값이 높으면 일부 예시가 임곗값을 충족하지 못할 수 있기 때문에, 정밀도는 높아지지만 재현율은 낮아질 수 있다.

양성률과 음성률. 재현율의 또 다른 이름은 **진양성률**$^{\text{True Positive Rate}}$, 즉 TPR이다. 진양성률이란 정확한 양성 식별을 의미하는 진양성이 발생할 것으로 예상되는 비율을 말한다. 분류기의 혼동 행렬 내에서 발생할 수 있는 다른 오류 가능성을 나타내는 세 가지 약어가 있다. **오탐률**$^{\text{FPR, False Positive Rate}}$은 얼마나 자주 부정적인 예시(관심 분야가 아닌 항목)가 관심 분야로 잘못 식별됐는지를 나타낸다.

$$\text{진양성률} = \frac{\text{진양성}^{\text{true positive}}}{\text{데이터 세트 중 총 양성}}$$

$$\text{오탐률} = \frac{\text{가양성}^{\text{false positive}}}{\text{데이터 세트 중 총 음성}}$$

반대로, **진음성률**$^{\text{TNR, True Negative Rate}}$은 이러한 부정적 예시가 얼마나 자주 올바르게 무시됐는지를 나타낸다. 마지막으로, **위음성률**$^{\text{FNR, False Negative Rate}}$은 관심 있는 클래스에 속한 샘플이 얼마나 자주 잘못 무시됐는지를 나타낸다.[3]

$$\text{진음성률} = \frac{\text{진음성}^{\text{true negative}}}{\text{데이터 세트 중 총 음성}}$$

$$\text{위음성률} = \frac{\text{가음성}^{\text{false negative}}}{\text{데이터 세트 중 총 양성}}$$

이러한 비율은 모두 시스템이 클래스를 얼마나 잘 구별할 수 있는지를 나타내는 다양한 방식이다. 425페이지의 '신뢰도 임곗값' 박스에서 설명한 것과 같은 방식으로 성능을 결정하기 위해 이 두 가지를 서로 바꿔서 사용할 수 있다.

F1 점수와 MCC. 분류기의 성능을 설명하기 위해 단일 통계를 사용하는 것이 유용한 경우가 있다(예: 유사한 모델을 비교할 때). 이 통계 중 하나는 **F1 점수**$^{\text{F1 score}}$로, 정밀도 점수와 재현율 점수(조화 평균을 취하여)에서 파생되는 단일 수치다.

---

[3] 긍정적(positive)이라는 단어는 종종 **수용**(acceptance)으로, **부정적**(negative)이라는 단어는 **거부**(rejection)로 대체된다.

$$F1 = 2 \frac{정밀도 \cdot 재현율}{정밀도 + 재현율}$$

F1 점수는 편리하지만 몇 가지 한계가 있다. 즉, 각 클래스의 항목 수가 다르면 클래스 간 F1 점수를 비교할 수 없으므로 불균형한 클래스에 사용하기에는 적합하지 않다.

따라서 MCC$^{\text{Matthews Correlation Coefficient}}$ (https://oreil.ly/dtn0y)라는 다른 지표를 사용하는 것이 더 나은 선택이 될 수 있다. 이 지표는 혼동 행렬의 모든 제곱을 포함하므로, 모델 품질을 전반적으로 더 잘 나타내는 지표다.

MCC가 더 낫기는 하지만 여전히 본질적으로 제한적이다. 혼동 행렬 전체를 하나의 숫자로 변환^{roll}하면 각 셀을 개별적으로 고려할 수 있는 기능이 제거된다. 425페이지의 '신뢰도 임곗값' 박스에서 살펴본 것처럼, 애플리케이션마다 정밀도와 재현율 사이의 이상적인 균형이 조금씩 다르다. F1과 MCC 점수로는 이들을 개별적으로 고려하지 못하므로, 여러 모델을 비교하는 경우 이들 간의 차이점 중 일부를 파악하지 못하게 된다.

ROC와 AUC. 지금까지 살펴본 것처럼 신뢰도 임곗값을 변경하여 분류기의 성능을 변경할 수 있다. 그림 10-2에 표시된 것처럼 **ROC 곡선**$^{\text{Receiver Operating Characteristic}}$이라는 차트를 사용해 이 작업의 영향을 시각화할 수 있다.

신뢰도 임곗값은 TPR과 FPR 간의 균형을 맞추는 데 사용할 수 있으므로, ROC 곡선은 양쪽 축에 둘 중 하나를 표시한다. 곡선을 계산하기 위해 다양한 신뢰도 임곗값 범위에 대해 TPR과 FPR을 계산한다.

이 차트는 분류기 조정을 위한 모든 옵션을 설명하기 때문에 매우 유용하다. 애플리케이션의 필요에 따라 원하는 절충점을 나타내는 곡선의 한 지점을 선택할 수 있다. 그런 다음 해당 신뢰도 임곗값을 사용해 모델의 출력을 게이팅할 수 있다.

또한 ROC 곡선을 사용해 특정 정답을 맞힐 확률을 기반으로 모델의 성능을 설명하는 단일 지표를 만들 수도 있다. 이 지표는 **곡선 아래 면적**$^{\text{AUC, Area Under the Curve}}$(그림 10-2에 표시됨)을 계산하여 구할 수 있으며, 0에서 1 사이의 값을 갖는다. AUC가 1인 모델은 모든 예측을 모두 맞히는 반면, AUC가 0.5인 모델은 올바른 클래스를 예측할 확률이 50/50

이다.[4]

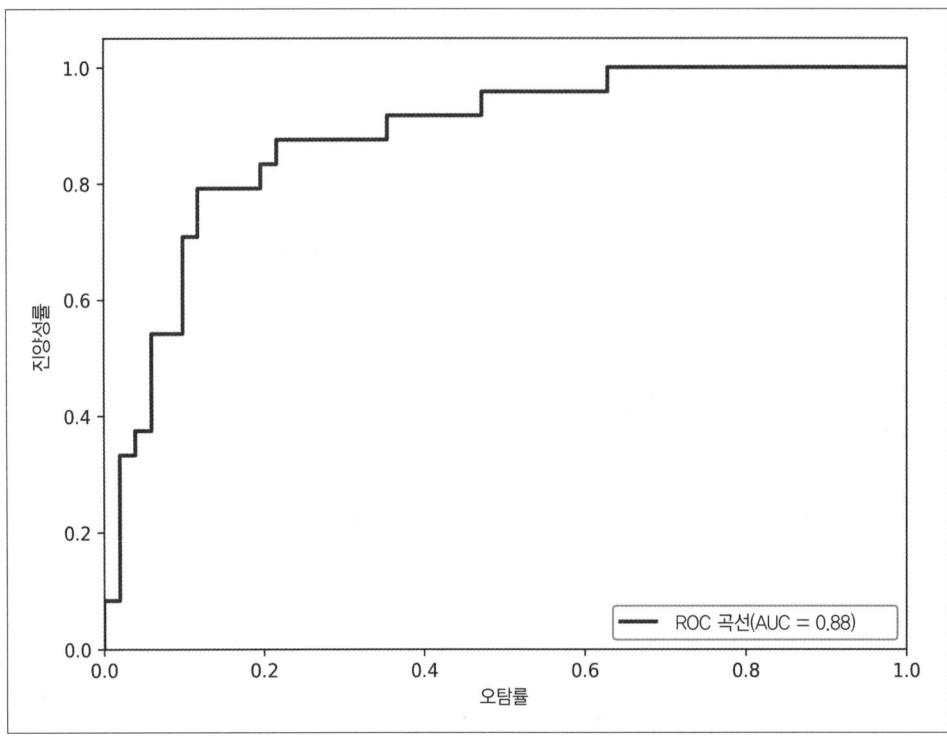

그림 10-2 Matplotlib을 이용해서 그린 ROC 곡선

ROC는 유용하지만, 복잡한 행동들의 집합을 나타내는 단일 통계일 뿐이다. 따라서 다양한 상황에서 모델이 어떻게 작동하는지 이해하려는 경우에는 여전히 도움이 되지 않는다. 이 경우 ROC 곡선과 혼동 행렬을 조합하면 많은 유용한 통찰을 얻을 수 있다.

오류 지표. 분류기는 모델의 한 유형일 뿐이다. 또 다른 주요 범주인 회귀 모델regression model에는 고유한 공통 지표 세트가 있다. 회귀 모델은 숫잣값을 예측하도록 설계됐기 때문에, 그 성능을 이해하는 가장 좋은 방법은 출력값과 데이터 샘플에 레이블이 지정된 값의 차이를 비교하는 지표를 사용하는 것이다.

4　AUC가 0이라는 것은 이상하게도 모델이 모든 예측을 틀렸다는 뜻이며, 이진 분류기의 경우 예측을 뒤집어 완벽한 성능을 얻을 수 있다는 뜻이다. 이런 일이 발생하면 일반적으로 레이블이 어딘가 뒤섞였다는 신호다!

회귀 모델에 사용되는 주요 오류 지표는 다음과 같다.

MAE$^{\text{Mean Absolute Error}}$

이 간단한 지표는 오차의 평균으로 구성되며, 여기서 오차는 예측된 값과 실젯값의 차이로 정의된다. 데이터 세트에 대해서는 다음과 같이 계산된다.

$$\text{MAE} = \frac{\text{sum(오차)}}{\text{샘플 개수}}$$

예를 들어, 사진에서 사과의 무게를 예측하는 회귀 모델을 학습시켰다고 가정하자. 사과의 무게가 그램 단위라고 가정하겠다. 모델을 테스트한 후 MAE가 10으로 계산된다. 이는 평균적으로 예측된 무게가 실제 무게와 10그램 정도 차이가 난다는 뜻이다.

이런 단순성 덕분에 MAE는 매우 유용하다. 그러나 다양한 유형의 오류를 밝히는 데 도움이 되는 몇 가지 대안이 있다.

MSE$^{\text{Mean Squared Error}}$

MSE는 오차를 합산하기 전에 제곱한다는 점을 제외하면 MAE와 매우 유사하다.

$$\text{MSE} = \frac{\text{sum(오차의 제곱)}}{\text{샘플 개수}}$$

오차를 제곱하기 때문에 MSE는 항상 양수이거나 0이 되며, 오차가 크면 값에 더 큰 차이가 생긴다. 큰 오차는 작은 오차보다 더 나쁠 때가 많지만, 단순히 MAE를 계산하면 거짓으로 평탄화될 수 있기 때문에 이 방법이 유용할 수 있다.

RMSE$^{\text{Root Mean Squared Error}}$

MSE의 단점은 제곱값을 기반으로 하기 때문에, 원래 단위로 제공되는 MAE보다 해석하기 어렵다는 것이다. 이럴 때 MSE의 제곱근, 즉 RMSE를 계산하면 레이블과 동일한 조건으로 표현할 수 있다.

$$RMSE = \sqrt{\frac{sum(오차의\ 제곱)}{샘플\ 개수}}$$

RMSE는 MSE와 동일한 이점이 있지만 해석하기가 더 쉽다. 단점은 생각하기가 좀 더 복잡하다는 것이다.

분류 지표와 마찬가지로, 모델의 성능을 단일 값으로 표현하는 것은 위험할 수 있다. 데이터 세트에는 서로 다른 성능을 경험하는 여러 하위 그룹이 포함될 수 있다. 435페이지의 '평가 기법' 절에서 이 문제를 처리하기 위한 전략을 다룰 것이다.

mAP. mAP$^{mean\ Average\ Precision}$는 객체 감지 모델의 성능을 표현하는 데 사용되는 상당히 복잡한 지표다. 객체 감지 모델은 이미지의 모든 객체 주위에 경계 상자를 그리려고 시도하며, mAP는 예측된 경계 상자가 주어진 이미지 내에서 또는 데이터 세트 전체에서 실제 상자와 얼마나 잘 겹치는지를 살펴본다. 이를 신뢰 구간과 결합하여 점수를 산출한다.[5]

mAP의 가장 큰 단점은 상자의 면적을 기반으로 하지만 상자의 개수는 고려하지 않는다는 것이다. 즉, 하나의 상자가 있어야 할 곳에 여러 개의 상자를 예측하는 모델도 mAP에서 높은 점수를 받을 수 있다. 그렇긴 하지만, 이는 객체 감지 모델을 평가하는 표준 방식이 되었다.

sklearn.metrics 라이브러리(https://oreil.ly/zq0CD)에는 위의 지표 대부분과, 그 밖의 더 많은 지표에 대한 구현이 포함되어 있다. 작업에 사용할 이상적인 지표를 결정하려면 지표에 관한 문헌을 살펴보는 것이 좋다.

컴퓨팅과 하드웨어 성능

엣지 AI는 거의 항상 알고리듬 성능과 컴퓨팅 성능 간의 균형을 관리해야 한다. 알고리듬 성능 지표는 알고리듬이 얼마나 잘 작동하는지 알려주는 반면, 컴퓨팅과 하드웨어

---

5 시비 요하난단(Shivy Yohanandan)이 쓴 'mAP(mean Average Precision) Might Confuse You!'(https://oreil.ly/aJ3Dy)라는 글에 mAP가 잘 설명되어 있다.

성능 지표는 알고리듬이 얼마나 빠르게 실행되고 있는지, 그 과정에서 어떤 리소스가 소비되고 있는지를 알려준다.

이 지표를 통해 알고리듬의 복잡성과 컴퓨팅 리소스 간에 현명한 균형을 맞출 수 있다. 예를 들어, 특정 하드웨어에서 특정 애플리케이션에 필요한 지연 시간은 사용할 수 있는 딥러닝 모델의 크기를 알려줄 수 있다.

다음 지표들은 계산 작업의 크기와 하드웨어에 가해지는 부담을 이해하는 데 도움이 된다.

메모리. 메모리 사용에는 상당히 다른 속성을 가진 RAM과 ROM이 모두 포함된다. ROM은 머신러닝 모델의 파라미터를 포함하여 알고리듬이 장기 저장되는 곳이다. RAM은 프로그램이 실행되는 동안의 작업 메모리다. 모든 엣지 장치에는 RAM과 ROM(또는 디스크 공간)에 대한 엄격한 제한이 있으므로 사용 가능한 공간에 알고리듬을 맞추는 것이 중요하다.

알고리듬은 독립적으로 실행될 수 없으며 어떤 종류의 프로그램 안에 존재해야 한다. 프로그램의 나머지 부분도 메모리를 차지하므로 RAM과 ROM 사용량을 고려할 때 애플리케이션의 나머지 부분도 고려해야 한다. 대부분의 경우, 애플리케이션의 나머지 부분에 맞추기 위해 알고리듬이 준수해야 하는 RAM과 ROM 예산이 정해지게 된다.

예를 들어, 브라운필드 시스템에 엣지 AI를 추가한다고 가정하자. 기존 애플리케이션에서 사용 중인 메모리를 분석하여 새 알고리듬을 위해 남은 메모리를 결정할 수 있다. 마찬가지로, 그린필드 시스템에서는 애플리케이션의 다른 부분과 알고리듬에 할당할 ROM과 RAM의 예산을 결정해야 한다.

애플리케이션의 RAM과 ROM 사용량 측정은 쉽지 않다. ROM은 비교적 쉬워 보인다. 이론적으로는 임베디드 엔지니어가 알고리듬이 포함된 간단한 프로그램을 컴파일한 다음 출력을 보고 그 크기를 결정할 수 있기 때문이다. 그러나 실제로는 애플리케이션과 알고리듬에 필요한 의존성 사이에 일부 중복되는 부분이 있을 수 있다. 즉, 알고리듬이 펌웨어의 ROM 사용량에 미치는 영향이 생각보다 적을 수 있다.

즉, 알고리듬의 ROM 사용량을 추정하는 가장 신뢰할 수 있는 방법은 알고리듬을 포함하거나 포함하지 않고 전체 애플리케이션을 빌드하는 것이다. 그 차이를 통해 사용 중인 ROM의 양을 알 수 있다.

딥러닝 모델은 크기가 큰 경향이 있으므로 ROM 예산에 맞추기 위해 모델 크기를 줄여야 할 수도 있다. 애플리케이션의 나머지 부분을 최적화하는 데 많은 시간을 소비하기 전에 항상 모델의 정량화를 시도하는 것이 좋다. 일반적으로 정확도 감소는 매우 미미하다.

RAM 사용량을 측정하는 것은 조금 더 까다롭다. 첫째, 일반적으로 알고리듬을 실행하여 측정해야 한다. 둘째, 프로그램이 너무 많은 RAM을 사용하는 경우 실제로 실행이 불가능할 수 있다. 셋째, 실행 중인 장치에서 RAM 사용량을 확인하려면 일종의 테스트 프로그램이나 디버거가 필요하다.

특정 알고리듬의 RAM 사용량을 측정하는 좋은 방법은 테스트 프로그램을 사용하는 것이다. 이 프로그램은 먼저 전체 메모리를 특정 마커 값으로 채워야 하며, 그런 다음 알고리듬을 실행할 수 있다. 알고리듬을 실행한 후에는 장치의 메모리를 확인하여 마커 값으로 채워진 메모리가 얼마나 남아 있는지 확인해야 한다. 이 '최고 수위선high watermark'은 메모리 사용량 추정치를 제공하지만, 더 높을 수 있는 최악의 메모리 사용량은 알려주지 않는다.[6]

이 기법을 시뮬레이터와 함께 사용하면, 실제 장치에 배포하지 않고도 RAM 사용량을 예측할 수 있다. 이 방법은 개발 중에 편리하게 사용할 수 있으며, 일부 엔드투엔드 플랫폼(예: 엣지 임펄스)에서 사용되는 접근 방식이다.

운영체제가 있는 장치에서는 운영체제에 직접 지표를 쿼리할 수 있으므로 RAM과 ROM 사용량을 측정하기가 훨씬 쉽다.

---

[6] 실제로 RAM에는 데이터(또는 전역), 스택, 힙의 세 가지 용도가 있다. 데이터 RAM 사용량은 컴파일 때 설정되지만 스택(stack)과 힙(heep) 사용량은 프로그램이 실행되는 동안 변할 수 있다. 일부 임베디드 프로그램은 예상치 못한 상황을 피하기 위해 의도적으로 데이터만 사용하기도 한다. 스택과 힙 모두 별도의 최고 수위선 테스트가 필요하다.

부동소수점 연산. 부동소수점 연산[FLOP, floating-point operation]은 2개의 부동소수점 숫자를 포함하는 단일 계산이며, FLOPS[floating-point operations per second]는 컴퓨팅 성능의 척도로 사용된다.

딥러닝 모델의 한 가지 추론을 계산하는 데 필요한 작업량을 설명할 때 총 FLOP 수를 사용하기도 한다. 이는 일반적으로 계산이 부동소수점 연산으로 이뤄지기 때문에 서버 측 모델에 적합하다.

모델의 FLOP과 프로세서의 FLOPS를 감안할 때(그리고 혼란스러운 약어를 무시하고) 이론적으로는 모델의 지연 시간을 추정할 수 있어야 한다. 그러나 많은 엣지 모델이 양자화되어 있고 정수 수학을 사용하므로, 원래 모델의 FLOP과 관련성이 떨어진다. 또한 임베디드 프로세서 제조업체는 일반적으로 FLOPS(또는 이에 상응하는 정수인 IOPS)를 보고하지 않는다. 마지막으로, 모델에 대한 FLOP을 계산하는 것이 항상 간단한 것은 아니다.

이 모든 것이 복합적으로 작용하여 엣지 AI 성능을 결정하는 데 FLOP을 사용하는 데는 한계가 있다. 그렇긴 하지만, 혹시 모를 경우를 대비해 언급해 둘 가치가 있다.

지연 시간. 엣지 AI의 맥락에서 지연 시간은 알고리듬의 모든 부분을 처음부터 끝까지 실행하는 데 걸리는 시간을 뜻한다. 예를 들어 특정 오디오 윈도를 캡처하고, 다운샘플링하고, DSP 알고리듬을 통해 실행하고, 딥러닝 모델에 결과를 입력하고, 모델을 실행하고, 출력을 처리하는 데 100밀리초가 걸릴 수 있다. 지연 시간은 일반적으로 밀리초나 초당 프레임으로 나타내며, 비전 애플리케이션의 경우 주로 후자가 사용된다.

지연 시간은 사용되는 알고리듬, 사용 가능한 최적화, 하드웨어 자체에 따라 달라진다. 더 빠른 하드웨어와 더 나은 최적화(예: 218페이지의 '수학과 DSP 라이브러리' 절에서 설명한 라이브러리에서 제공되는 최적화)는 지연 시간을 줄여주며, 일반적으로 머신러닝 모델이 더 작고 단순할수록 지연 시간이 짧아진다.

일부 애플리케이션은 짧은 지연 시간이 필요하다. 예를 들어, 애플리케이션이 사용자 입력에 실시간으로 응답해야 하는 경우 지연 시간이 짧아야 한다. 애플리케이션의 응답이 비동기식일 수 있고, 빠르게 이뤄질 필요가 없는 경우 등 지연 시간이 그다지 중요하지 않은 경우도 있다.

어떤 상황에서는 지연 시간이 짧을수록 알고리듬 성능이 향상될 수 있다. 예를 들어, 초당 여러 번 실행되는 키워드 발견 모델은 초당 한 번 실행되는 모델보다 키워드를 탐지할 수 있는 기회가 더 많다.

주기적으로 정확한 시뮬레이션을 사용할 수 있는 경우를 제외하고, 대기 시간을 측정하려면 일반적으로 장치에 접근해야 한다(226페이지의 '에뮬레이터와 시뮬레이터' 절 참고). 하지만 하드웨어에서 유사한 워크로드를 벤치마킹하여 딥러닝 모델의 성능을 추정할 수 있는 방법이 있다.[7]

듀티 사이클. 임베디드 애플리케이션은 배터리 수명을 보존하기 위해 에너지 사용량을 제한해야 하는 경우가 많다. 이러한 애플리케이션은 새로운 데이터를 수신할 때 주기적으로 연산을 수행한 뒤, 다음 데이터가 도착할 때까지 기다리는 동안 저전력 절전 모드로 전환하는 방식으로 이를 수행한다.

프로세서가 깨어나고wake 잠자는sleep 패턴을 듀티 사이클duty cycle이라고 한다. 예를 들어, 프로세서가 일부 센서 데이터를 읽기 위해 200밀리초마다 절전 모드에서 깨어나 10밀리초가 걸릴 수 있다. 그런 다음 다시 절전 모드로 전환하기 전에 엣지 AI 알고리듬을 사용해 데이터를 처리하는 데 50밀리초가 소요될 수 있다.

이 경우 프로세서는 200밀리초마다 60밀리초 동안 절전 모드에서 깨어난다. 즉, 1초마다 350밀리초 동안 깨어나 데이터를 처리하는 것이다. 이렇게 하면 백분율로 표시되는 듀티 사이클은 35%가 된다.

듀티 사이클은 프로세서가 소비하는 에너지의 양을 결정하기 때문에 임베디드 시스템의 전력 소비를 결정하는 데 중요하다.

에너지. 배터리 수명은 임베디드 애플리케이션의 일반적인 관심사이므로, 장치의 에너지 소비량을 파악하는 것은 매우 중요하다. 에너지 소비량은 전류로 측정되며, 일반적으로 밀리암페어(약칭 mA)로 표시된다.

---

[7] 이는 모델 개발 중에 지연 시간 추정치를 제공하기 위해 엣지 임펄스에서 사용하는 방법이다.

임베디드 시스템의 각 구성 요소는 소비 전류가 다르며, 이는 사용 방식에 따라 크게 달라진다. 예를 들어 프로세서는 현재 활성화된 기능에 따라 더 많거나 적은 전류를 사용하며, 센서는 활발하게 측정하는 동안 더 많은 전류를 사용할 수 있다.

따라서 일반적인 사용 중에 에너지 소비량을 측정하는 것이 중요하다. 실제 에너지 사용량을 확인하려면 장기간 장치를 모니터링하는 것이 좋은데, 이는 전류 모니터나 데이터 로거 같은 특수 도구를 사용해 수행할 수 있다.

배터리 용량은 밀리암페어시(mAh) 단위로 측정되며, 이는 배터리가 1mA 전류를 유지할 수 있는 시간 수를 나타낸다. 예를 들어, 2,000mAh 배터리는 100mA 장치에 20시간 동안 전원을 공급한다.

프로세서의 경우 에너지 소비는 지연 시간의 함수인 듀티 사이클과 밀접한 관련이 있다. 즉, 지연 시간이 짧은 알고리듬은 에너지를 절약하므로, 알고리듬과 애플리케이션을 설계할 때 에너지 사용량을 고려하는 것이 중요하다.

열. 전자 부품은 열을 폐기물처럼 발생시키며, 이는 일부 애플리케이션과 관련이 있을 수 있다. 프로세서는 계산 중에 뜨거워질 수 있으며, 열을 배출할 곳이 없으면 문제가 발생할 수 있다. 또한 일부 구성 요소에는 최소 작동 온도가 있다.

열 에너지는 섭씨 단위로 측정된다. 대부분의 구성 요소 데이터시트에서 작동 범위를 확인할 수 있다. 일부 프로세서(주로 SoC)에는 온도 센서가 내장되어 있어 뜨거워지기 시작하면 자체적으로 성능을 조절할 수 있다. MCU에는 일반적으로 이 기능이 없으므로 온도를 모니터링하려면 센서를 설치해야 한다.

프로세서의 듀티 사이클이 낮을수록 낭비되는 열 에너지가 줄어든다. 즉, 지연 시간은 열 방출을 제한하는 도구다.

평가 기법

평가에는 여러 가지 기법이 사용되며, 그중 일부는 이전에 본 적이 있는 기법이고 일부는 새로운 기법이다. 가장 중요한 항목은 다음과 같다.

학습, 유효성 검사, 분할 테스트

342페이지의 '데이터 분할' 절에서 배운 것처럼, 모델이 이전에 보지 못한 데이터에서 성능을 발휘할 수 있음을 증명하려면 데이터 세트를 여러 부분으로 분할하는 것이 절대적으로 중요하다. 대부분의 평가는 유효성 검사 데이터 세트에서 수행해야 한다.

데이터 세트의 가치를 보존하려면, 테스트가 끝났다고 생각될 때만 테스트 데이터 세트를 사용해야 한다. 테스트 데이터 세트에서 테스트한 결과 모델이 작동하지 않는다고 판단되면 모델을 버리고 처음부터 다시 시작해야 한다. 그렇지 않으면 테스트 데이터 세트에서는 잘 작동하지만 실제 데이터에서는 잘 작동하지 않을 때까지 모델을 조정하여 모델을 과적합할 위험이 있다.

물론 개발 프로세스 중 언제든지 더 많은 데이터를 수집할 수 있다. 그럴 땐 가능한 한 새로운 샘플로 전체 데이터 세트를 지속적으로 보강하여 모델을 학습시키고 평가하는 능력을 향상해야 한다.

교차 검증

평가를 위해 데이터를 분할하는 것의 단점 중 하나는 모델이 학습 데이터 세트에 포함된 데이터만큼만 성능이 향상된다는 것이다. 이전에 346페이지의 '교차 검증' 박스에서 살펴봤듯이, 실무자는 동일한 데이터 세트에 대해 여러 모델을 학습시키고 그 성능을 비교할 수 있도록 하여 이 문제를 해결하려고 시도한다.

먼저 학습 데이터 세트는 학습 부분과 유효성 검사 부분으로 나뉜다. 학습 부분에서 모델을 학습시키고 유효성 검사 부분에서 테스트한다. 이후 지표가 기록된 다음 데이터가 무작위로 재결합되고 다시 분할된다. 두 번째 모델은 새로운 학습 분할에 대해 학습된 다음 새로운 유효성 검사 분할에 대해 평가된다. 이 프로세스는 몇 번이고, 심지어 수십 번까지 계속된다.

이 프로세스의 결과는 데이터의 서로 다른 부분집합에 대해 각각 학습되고 검증된 일련의 모델이다. 이를 통해 모델에 대한 지표를 분석하여 모델의 품질이 데이터 구성에 크게 좌우되는지 여부를 파악할 수 있다. 바라는 것은 각 모델의 성능이 비슷한 것이다. 그렇다면 테스트 데이터 세트에 대한 최종 테스트에서 가장 성능이 좋은 모델을 선택하고 면밀히 조사할 수 있다.

가장 일반적인 교차 검증 유형은 k겹 교차 검증으로 알려져 있다. 이 프로세스에 대한 정보는 사이킷런 문서(https://oreil.ly/5uy5t)에서 찾아볼 수 있다.

하위 그룹 분석

422페이지의 '알고리듬 성능' 절에서 배운 지표는 전체 데이터 세트나 분할된 데이터에 대해 계산할 수도 있고, 데이터의 임의의 하위 그룹에 대해 계산할 수도 있다. 이는 매우 강력한 도구가 될 수 있으며, 특히 알고리듬의 공정성을 이해하는 데 유용하다.

승용차, 트럭, SUV 등 다양한 종류의 차량을 식별하는 컴퓨터 비전 애플리케이션을 구축한다고 가정하자. 각 클래스에 대한 알고리듬 성능 지표를 계산하여 알고리듬이 각 유형의 차량을 얼마나 잘 식별하는지 알 수 있다.

하지만 약간의 추가 정보만 있으면 이보다 더 많은 정보를 얻을 수 있다. 예를 들어, 데이터 세트에 각 사진의 차량 제조사에 대한 메타데이터가 포함되어 있다면 각 하위 그룹에 대한 지표를 계산할 수 있다. 그런 다음 분석을 수행하여 모델이 각 하위 그룹에서 동일하게 잘 작동하는지 확인할 수 있다. 예를 들어, 특정 자동차 브랜드에서 모델이 저조한 성능을 보인다면 학습 데이터 세트에 해당 자동차의 사진을 더 많이 수집할 수 있다.

모델 자체는 차량의 제조사는 신경 쓰지 않고 상위 유형(승용차, 트럭, SUV)만 신경 쓴다. 그럼에도 불구하고 시스템을 더 잘 평가하기 위해 차종에 대한 정보를 사용할 수 있다. 거의 모든 데이터 세트를 사용해 ML 공정성을 조사할 때 이런 유형의 기법이 얼마나 유용한지 상상할 수 있다.

지표와 분포

데이터 세트의 하위 그룹이 고르지 않게 분포되는 것은 흔한 일이다. 예를 들어 클래스 A, B, C를 구분하기 위해 분류기를 학습시킨다고 가정해 보자. 데이터 세트의 샘

풀 중 60%가 클래스 A에, 20%가 클래스 B에, 20%가 클래스 C에 속할 수 있다.

평가에 사용하는 지표는 이 클래스들 모두의 문제에 민감해야 한다. 예를 들어 정확도 지표는 모든 클래스에서 60%일 수 있다. 그러나 이 한 가지 수치만으로는 모델이 클래스 A는 모두 맞히는데 B나 C는 하나도 맞히지 못하는지 알 수 없다.

지표가 적절한지 여부를 이해하는 한 가지 방법은 데이터의 기본 분포에 맞는, 고의적으로 잘못된 결과를 반환하는 가짜 모델을 '평가'하는 것이다. 예를 들어, 예제의 무작위 60%를 A로, 20%를 B로, 20%를 C로 분류하는 무작위 분류기를 만들 수 있다. 이 무작위 분류기의 출력을 평가함으로써 선택한 지표가 모델의 성능 부족을 얼마나 잘 전달하는지 이해할 수 있다.

여러 지표 사용하기

단일 프로젝트에 대해 다양한 지표를 측정할 수 있다. 예를 들어 테스트 데이터 세트의 정확도, 계산 지연 시간, 메모리 사용량을 나타내는 수치를 결정할 수 있다. 효과적인 솔루션을 구축하려면 여러 지표 간 제약 조건의 균형을 맞춰야 하는 경우가 많다. 예를 들어, 더 간단한 모델을 사용해 지연 시간을 줄이려고 할 수 있지만 정확도가 떨어질 수 있다.

이러한 개별 지표는 모두 중요할 수 있지만 항상 '동일하게' 중요하지는 않다. 예를 들어, 빠른 속도로 작업해야 하는 프로젝트의 경우 정확도보다 지연 시간을 더 우선시할 수 있다. 여러 개의 부분집합이 있는 데이터 세트에서는 한 부분집합의 성능이 다른 부분집합보다 더 중요할 수 있다.

이렇듯, 서로 다른 지표의 전반적인 가중치, 즉 개별적으로 얼마나 중요하게 생각하는지는 이해관계자와 함께 결정해야 한다.

합성 테스트 데이터

특히 드물고 특이한 입력에 대해 시스템을 테스트하려는 경우에는 데이터를 구하기 어려울 때가 많다. 예를 들어, 이상 감지 시스템은 실제로 기록된 적이 없는 치명적인 장애를 포착하도록 설계될 수 있다.

이 문제를 해결하는 한 가지 방법은 합성 데이터를 생성하는 것이다. 합성 데이터는 인위적으로 생성된 모든 종류의 데이터를 말한다. 이는 실제 데이터 세트를 가져와 샘플을 왜곡하여 새로운 데이터를 생성하는 것을 뜻할 수도 있고, 일종의 알고리듬 프로세스를 사용해 완전히 새로운 입력을 생성하는 것을 뜻할 수도 있다. 예를 들어, 이상 탐지 시스템을 테스트하기 위해 치명적인 장애를 시뮬레이션하도록 설계된 일련의 입력을 생성할 수 있다.

합성 데이터는 유용한 개념이 될 수 있다. 테스트나 모델 학습에 사용할 수 있는, 레이블이 지정된 데이터를 무제한으로 이용할 수 있기 때문이다. 하지만 모든 데이터를 위조할 수 있는 것은 아니며, 특히 평가에 있어서는 합성 데이터에만 의존하는 것은 위험하다.

성능 보정

스트리밍 데이터에서 작동하는 대부분의 알고리듬은 데이터 스트림에서 AI 알고리듬을 실행한 원시 결과를 필터링하고 정리하여 의사결정에 사용하는 후처리 단계를 포함한다. 예를 들어, 키워드 발견 애플리케이션에서 오디오 분류 모델의 원시 출력은 일반적으로 몇 밀리초마다 한 세트의 확률로 구성된 클래스 확률 스트림이다.

키워드의 특정 발화를 식별하려면 이 스트림을 필터링(짧은 허위 오분류를 제거)하고, 임곗값을 설정(강한 양성 신호가 있을 때 식별)하고, 디바운스(debounce, 하나의 발화가 여러 번 포착되지 않도록 하기)해야 한다. 이 작업을 수행하는 데 사용되는 후처리 알고리듬에는 작동 방식에 영향을 주는 다양한 매개변수가 있다. 예를 들어, 위양성(false positive)과 위음성(false negative)의 균형을 맞추는 특정 임곗값을 선택해야 한다(422페이지의 '알고리듬 성능' 절 참고).

이론적으로 이 임곗값은 배포 후 사용량 데이터를 수집하고 위양성과 위음성의 수를 결정하여 선택할 수 있다. 그러나 배포와 관찰에 드는 비용과 복잡성, 제대로 작동하지 않는 애플리케이션 버전을 배포할 때 발생할 수 있는 잠재적 혼란 때문에 이 방법은 매력적인 옵션이 아니다. 설령 가능하다고 하더라도 새로운 임곗값을 테스트하는 데 오랜 시간이 걸리기 때문에 새로운 임곗값을 시도하기 위한 피드백 루프가 매우 긴밀하지 않다.

좀 더 긴밀하고 편리한 피드백 루프를 만들기 위해 실험실에서 실제 상황을 시뮬레이션할 수 있다. 예를 들어, 다양한 단어가 사용되는 실제 오디오의 긴 샘플을 녹음하고 레이블을 붙일 수 있다. 그런 다음 이 샘플에 대해 키워드 발견 알고리듬을 실행하여 원시 출력을 생성한다. 그런 다음 다양한 후처리 구성을 자유롭게 실험하여 출력을 정리하고 샘플의 레이블과 비교하여 성능을 파악할 수 있다.

> 이 절차는 전체 실제 배포를 포함하는 절차보다 훨씬 쉽게 실행할 수 있으며, 다양한 접근 방식을 테스트하는 방법으로 모델 개발 중에 자동화할 수 있다. 피드백 루프를 강화하면 알고리듬 개발을 안내하기 위해 성능을 평가할 수 있는 강력한 도구가 만들어진다. 여기에서 엣지 AI 애플리케이션 개발을 위한 엔드투엔드 플랫폼인 엣지 임펄스 스튜디오는 자동화된 성능 보정 기능을 제공한다.

평가와 책임감 있는 AI

적절한 평가는 책임감 있는 AI 애플리케이션 개발을 위한 핵심 도구 중 하나다. 애플리케이션을 잘 평가하면 현장에서, 그리고 데이터 세트에 포함된 다양한 하위 집단에서 애플리케이션이 어떻게 작동할지 파악할 수 있다. 평가가 잘 이뤄질수록 프로덕션 환경에서 문제가 발생할 위험이 줄어든다.

책임감 있는 설계에는 환경적 맥락에서 문제 해결이 적합한지 평가하는 작업이 포함된다. 모든 평가는 문제와 운영 환경에 대한 이해도가 높을수록 좋다. 그렇기 때문에 평가 프로세스에 도메인 전문가와 이해관계자를 참여시키는 것이 매우 중요하다.

평가는 반복 개발 워크플로의 핵심이기도 하다. 평가를 제대로 수행하지 않으면 좋은 제품을 만들 수 없다는 것은 거의 확실하다. 그렇기에 평가에 상당한 비중을 두어야 하며, 이해관계자, 도메인 전문가, 자문 위원회가 프로세스에 많은 관심을 기울여 가능한 모든 세부 사항을 포착할 수 있도록 하는 것이 좋다.

많은 평가 기법이 전적으로 데이터 세트에 의존한다는 사실을 눈치챘을 것이다. 따라서 데이터 세트의 구축은 윤리적 AI 개발에 필수적이다(281페이지의 '데이터, 윤리, 책임감 있는 AI' 절 참고). 현장에서의 평가는 느리고 비용이 많이 들기 때문에 데이터 세트는 매우 중요한 도구다.

하지만 실제 사용자를 대상으로 한 실제 환경에서의 평가의 필요성을 피할 수는 없다. 테스트 데이터를 사용해 알고리듬의 성능을 정량화하는 것만으로는 충분치 않다. 전체 시스템이 맥락에서, 그리고 시스템을 사용하게 될 사람들과 함께 작동하는 방식을 이해하는 것이 중요하다. 이를 가능한 한 빨리 워크플로에 반영할 수 있는 기회를 찾아야 한다.

지금까지 모델 평가의 배포 전 부분에 대해 살펴봤다. 447페이지의 '배포 후 모니터링' 절에서는 배포 후 평가를 위한 도구를 살펴보겠다.

엣지 AI 애플리케이션 배포

412페이지의 '배포' 절에서 언급했듯이, 배포는 프로젝트가 끝날 때 한 번의 이벤트로 끝나는 것이 아니라 지속적인 프로세스로 간주하는 것이 가장 좋다. 하지만 시스템의 새로운 반복이 실제 세계와 접촉할 때마다 귀중한 새로운 학습과 함께 큰 위험이 발생할 가능성이 있다. 이를 고려한 프로세스를 설정하는 것이 중요하다.

예를 들어, 양 활동 분류 모델의 새 버전을 배포한다고 가정해 보자. 이 모델이 잘못된 예측을 생성할 가능성이 있으며, 이를 신속하게 식별하지 않으면 농업 운영에 부정적인 영향을 미칠 수 있다. 또한 다음 설계 반복에 적용할 수 있는 새로운 통찰을 발견할 수도 있지만, 이는 포착된 경우에만 가능하다.

배포가 원활하게 진행되고, 위험을 최소화하며, 이점을 극대화하려면 매번 따를 수 있는 신중한 프로세스를 개발하고 문서화해야 한다. 이 작업에 대한 소유권은 중요하다. 일반적으로 각 작업을 제품 개발과 운영을 담당하는 팀원 각각이 추적해야 한다.

다음으로, 여기에 포함될 수 있는 주요 작업을 살펴보자.

배포 전 작업

다음은 배포를 시작하기 전에 수행해야 할 작업이다. 이 작업은 기술 전문지식, 이해관계자의 통찰력, 주제별 전문가의 도메인 전문지식을 바탕으로 진행해야 한다.

목표 결정

각 배포에는 명확하고 문서화된 목표가 있어야 한다. 예를 들어, 시스템을 확장하기 위해 더 많은 장치를 배포하거나, 이미 현장에 있는 하드웨어에 최신 버전의 소프트웨어를 배포할 수 있다.

위험을 더 잘 관리하고 성능을 측정하는 능력을 향상하려면 특정 배포별 목표 개수를 제한해야 한다. 다른 실험과 마찬가지로, 입력 변수를 많이 조정할수록 결과의 변화를 일으킨 원인을 파악하기가 더 어려워진다.

주요 지표 식별

배포의 영향을 이해하려면 시스템이 수행하는 작업을 설명하는 지표를 추적해야 한다. 여기에는 입력과 출력의 분포 등 변경 사항을 강조하는 일반적인 수치 외에도 성능 지표가 포함되어야 한다(가능한 경우).

이러한 지표를 사용해 배포한 항목으로 인한 변경사항과 목표가 달성됐는지 여부를 파악할 수 있다.

성능 분석

소프트웨어나 하드웨어의 새로운 반복 작업을 배포하기 전에 그 성능이 어떻게 나올지, 그리고 이 성능이 프로덕션 환경에서 실행될 시스템에 적합한지 여부를 잘 이해해야 한다. 실험실에서 성능을 추정하는 다양한 방법이 있으므로(이 방법들 중 하나는 439페이지의 '성능 보정' 박스에 설명되어 있음), 현장에 배포하기 전에 가능한 한 이 방법을 활용해야 한다.

실험실에서 반복이 제대로 수행되지 않는다면 현장에서도 제대로 수행되지 않을 가능성이 높다. 게다가 레이블이 지정된 데이터가 드물기 때문에 실제 상황에서는 성능을 측정하기가 훨씬 더 어려울 수 있으므로 배포 전 테스트를 위해 모든 메커니즘을 활용해야 한다.

발생 가능한 위험 문서화

새로운 반복 작업을 프로덕션 환경에 도입할 때마다 어느 정도 위험이 수반된다. 그렇기에 배포하기 전에 가능한 모든 위험을 식별하고, 그 영향을 이해하며, 위험을 완화하거나 복구할 수 있는 방법을 생각하는 것이 중요하다.

상황이 심각하게 악화되면 피해를 방지하기 위해 배포를 중단하거나 프로젝트를 종료해야 할 수도 있다. 위험에 따라 종료 기준(460페이지의 '종료 기준' 박스 참고)을 마련해 두면, 언제 종료해야 하는지 판단하는 데 도움이 된다.

복구 계획 결정

배포 중에 문제가 발생하면 이를 복구하기 위한 계획이 필요하다. 이는 시스템의 이전 버전으로 롤백한다는 뜻일 수도 있고, 상호 작용하는 프로세스에 발생한 피해를 복구한다는 뜻일 수도 있다.

이렇듯 미리 대비하면, 재해에 대한 두려움 없이 좀 더 계산된 위험을 감수할 수 있다. 그러므로 식별한 모든 가능한 위험의 결과에 대처하기 위한 계획을 세워야 한다.

여기에는 애플리케이션에 설계해 넣은 점진적 성능 저하 전략을 활용하는 것이 포함될 수 있다(385페이지의 '점진적 성능 저하' 박스 참고).

배포 설계

목표에 따라 작업을 배포하기 위한 전략을 설계해야 한다. 예를 들어 배포할 소프트웨어와 하드웨어의 버전, 배포할 장치 수, 배포할 특정 장소를 결정해야 할 수 있다. 또한 배포에 걸리는 시간을 줄이고 여러 장치 간에 일관성을 유지하기 위해 어떻게 자동화할 수 있을지 파악해야 한다. 이때 IoT 장치 관리 플랫폼이 도움이 될 수 있다.

예를 들어 전 세계 여러 공장에 장치가 있는 경우, 위험을 차단하기 위해 최신 소프트웨어를 단일 공장에 배포하여 테스트할 수 있다. 또는 각 공장의 몇 대의 장치에 배포하여 다양한 환경에서 소프트웨어가 어떻게 작동하는지 단면적으로 파악할 수도 있다. 최선의 전략은 특정 상황에 따라 다르며, 이를 파악하려면 비즈니스와 도메인 전문지식이 필요하다.

광범위한 배포를 계획하고 있다면 항상 단계적 출시를 수행하는 것이 좋다. 일부 장치부터 시작하여 진행 상황을 살펴본 다음 나머지 장치를 단계적으로 배포하는 것이 좋다. 이렇게 하면 위험을 최소화하고 문제가 발생했을 때 더 쉽게 복구할 수 있다.

가치와의 부합성 검토

출시하는 모든 소프트웨어나 하드웨어는 잠재적인 윤리적 문제에 대한 상세한 검토를 거쳐야 한다. 새로운 문제가 발생할 경우를 대비해 마지막 배포 이후 변경된 사항을 분석하는 것이 중요하다. 또한 배포 계획 자체에 도메인 전문지식이 포함된 윤리적 분석이 적용되어야 한다.

예를 들어 단계적 롤아웃을 계획하는 경우, 대표적인 사용자 집단을 대상으로 출시가 이뤄지고 있는지 고려하는 것이 좋다. 일부 사용자 그룹이 출시의 초기 단계에 포함되지 않으면, 해당 그룹에 영향을 미치는 문제를 놓칠 수 있다.

커뮤니케이션 계획

배포 전, 배포 중, 배포 후에 프로덕션 시스템에 대한 모든 변경사항을 알리는 것이 중요하다. 커뮤니케이션 계획을 세우면 이런 커뮤니케이션이 효과적으로 이뤄지도록 할 수 있다. 위험 문서에 담긴, 의도치 않은 잠재적 문제를 포함하여, 배포로 인해 영향을 받을 수 있는 모든 사람이 계획된 작업, 위험, 수행해야 할 역할을 알고 있는지 확인하는 것이 목표여야 한다. 여기에는 이해관계자와 개발 팀 구성원이 포함된다.

배포 계획에 영향을 미칠 수 있는 미처 알지 못하는 요소가 있을 수 있으므로, 커뮤니케이션은 양방향으로 진행되어야 한다. 예를 들어 배포 계획과 겹치고 측정하려는 지표에 영향을 미칠 수 있는, 예정된 활동에 대해 알 수 있다.

진행/중단 결정

적절한 문서를 모두 모았다면, 마지막 단계는 문서를 검토하고 진행/중단 결정을 내리는 것이다. 위험 수준이 너무 높거나 혼란스러운 요인으로 인해 배포를 연기해야 한다고 판단할 수 있다. 그렇지 않다면 배포를 진행하기로 결정할 수 있다.

이해관계자, 도메인 전문가, 기술 팀 모두 간과해서는 안 되는 잠재적 문제에 대한 통찰력을 갖고 있으므로, 진행/중단 결정을 내릴 때는 이해관계자, 도메인 전문가, 기술 팀의 의견을 수렴하는 것이 중요하다.

배포 중 작업

배포 기술 자체 외에, 배포가 진행되는 동안 고려해야 할 작업은 다음과 같다.

양방향 커뮤니케이션

배포 전 작업에서 작성한 계획에 따라 배포로 인해 영향을 받을 수 있는 모든 사람과 명확하게 소통해야 한다. 여기에는 배포 중에 발생할 수 있는 잠재적인 문제에 귀를 기울이고 배포와 인접한 곳에서 일하는 사람들이 알아차릴 수 있도록 하는 것도 포함된다.

단계적 롤아웃

위험을 최소화하려면 배포를 한꺼번에 진행하지 말고 단계적으로 진행해야 한다. 이런 단계적 배포를 조정하는 것은 중요한 작업이다. 가장 중요한 측면은 무엇이 어디에 배포됐는지 추적하고, 각 단계가 추적 중인 지표에 어떤 영향을 미치는지 모니터링하는 것이다.

경우에 따라서는 이미 현장에 업데이트할 수 없는 장치가 있을 수 있다. 예를 들어 펌웨어 업데이트가 불가능할 수 있다. 이 경우 어떤 장치에 어떤 버전의 펌웨어가 있는지 추적하는 데 매우 주의를 기울여야 한다.

지표 모니터링

배포하는 동안 모든 주요 지표를 추적해야 하며, 일이 제대로 진행되지 않을 경우 프로세스를 중단하거나 롤백할 준비를 해야 한다. 배포 전 작업을 기반으로 모니터링하는 지표가 어떻게 변화할지에 대한 기대치 또한 파악하고 있어야 한다. 뭔가 다른 점이 발견되면 배포를 일시 중지하고 무슨 일이 일어나고 있는지 조사하는 것이 좋다. 유해한 문제가 발생한 것 같으면 이전 상태로 롤백하여 문제를 해결해야 한다.

 책임감 있는 AI 워크플로의 핵심 목표 중 하나는 피해가 발생하지 않도록 예방하는 것이다. 여러분이 해야 할 일 중 하나는 피해 발생 가능성을 미리 예측하고 이를 방지하는 설계를 만드는 것이다. 예상치 못한 일이 발생할 수도 있지만, 예상치 못한 피해 사례는 윤리적 검토 프로세스에 문제가 있다는 뜻이다.

배포 후 작업

단계적 배포를 완료했다고 해서 작업이 바로 끝나는 것은 아니다. 배포 뒤 수행해야 할 작업은 다음과 같다.

상태 전달

커뮤니케이션 계획에 따라 배포가 완료된 뒤 영향을 받는 모든 사람에게 배포 상태를 업데이트해야 한다. 또한 시스템에서 예기치 않은 변경사항이 발견되면 이를 알릴 수 있는 명확하고 지속적으로 열려 있는 채널을 확보해야 한다.

배포 후 모니터링

효과가 다소 지연되어 나타날 수 있지만, 배포가 완료된 뒤에도 일정 기간 동안 시스템을 계속 모니터링하는 것이 현명하다. 이런 유형의 위험은 도메인 전문가의 도움을 받아 위험 문서화 프로세스 중에 식별하는 것이 가장 이상적이다. 모니터링에 대한 자세한 내용은 447페이지의 '배포 후 모니터링' 절에 나와 있다.

배포 보고서

배포 후에는 원래 계획, 실제로 발생한 일, 취한 모든 조치를 포함하는 서면 요약 보고서를 작성해야 한다. 이 보고서는 향후 배포를 안내하는 데 도움이 되며, 이해관계자들과 공유할 수 있다.

이 모든 것을 합하면 많은 작업인 것처럼 들릴 수 있지만, 배포를 체계적으로 관리하고 모든 작업을 문서화하면 예기치 않은 문제로 인해 어려움을 겪을 가능성이 줄어든다. 이렇게 될 경우, 동일한 프로젝트를 여러 번 배포하면서 최소한의 작업만 필요하고 탄탄한 문서로 설명되는 효율적인 시스템을 개발하기 시작할 것이다. 이 시스템은 프로젝트의 지속적인 지원에서 중요한 부분이 될 것이다.

엣지 AI 애플리케이션 지원

배포는 프로젝트의 지원 단계가 시작된다는 뜻이다. 모든 기술 프로젝트에는 장기적인 지원이 필요하다. 엣지 AI의 관점에서 보면, 유지보수에는 시간이 지남에 따른 시스템의 성능을 추적하는 것이 포함된다. 성능 변화가 발견되면 알고리듬 업데이트부터 배포 종료까지 다양한 조치를 취할 수 있다.

프로젝트가 잘 지원되는 것은 윤리적 관점에서 중요하다. 프로젝트를 포기하거나 적절한 모니터링 없이 방치하면 결국 해를 끼칠 수 있다. 드리프트(314페이지의 '드리프트와 시프트' 절 참고)는 편리한 도구를 위험한 함정으로 만들 수 있다. 프로젝트에 대한 적절한 장기 지원을 약속할 수 없다면 애초에 프로젝트를 시작하지 말아야 한다.

엣지 AI가 등장한 지 그리 오래되지 않았기 때문에 도구와 모범 사례 측면에서 지원은 워크플로에서 가장 덜 개발된 요소다. 서버 측 AI의 모범 사례 중 일부는 엣지 문제에 적용할 수 있지만, 대부분은 그렇지 않다. 이번 장의 나머지 부분에서는 이 분야의 도전 과제와 기회를 살펴보겠다.

배포 후 모니터링

장기 지원의 첫 번째 부분은 모니터링이다. 하드웨어의 첫 번째 프로토타입을 배포하자마자 하드웨어가 어떻게 작동하는지에 대한 데이터 수집을 시작해야 한다. 때로는 장치와 연결조차 되지 않을 수도 있기 때문에 이는 큰 도전이 될 수 있다.

가능한 시나리오는 다음과 같다.

- 배포된 장치와 인터넷 연결 상태가 양호하여 현장에서 통계와 데이터 샘플을 수집할 수 있는 경우. 예를 들어, 연결된 기기가 가정용 와이파이를 사용해 대량의 데이터를 다시 전송할 수 있다.

- 기본적인 통계와 지표를 얻기에는 충분한 정도의 제한적인 연결이 있지만, 데이터를 샘플링하기에는 충분치 않다. 예를 들어, 외딴 유정에 배포된 스마트 센서는 장거리 저전력 무선 통신 기술인 LoRaWAN을 통해 몇 바이트의 데이터를 전송할 수 있다.

- 연결할 수 없지만 사용자 피드백을 받을 수 있다. 예를 들어, 스마트 야생동물 카메라의 사용자는 카메라가 올바른 동물을 촬영하는지 여부에 대한 피드백을 제공할 수 있다.

- 연결되지 않아 사용자 피드백을 받을 수 없다.

보다시피 연결과 피드백을 받을 수 있는 기능은 애플리케이션마다 크게 다를 수 있다. 피드백을 수집할 방법이 전혀 없는 환경에 배포하면 말 그대로 시스템이 어떻게 작동하는지 전혀 알 수 없으므로, 다시 한번 생각해 봐야 한다.

피드백을 받을 수 있는 메커니즘이 있다고 가정할 때, 현재 상황에 대해 가능한 한 많은 정보를 수집하는 것이 목표가 되어야 한다.

배포된 시스템의 피드백 유형

서버 측 ML 애플리케이션은 작업이 간편하다. 모든 입력 데이터를 서버에서 사용할 수 있으므로 나중에 분석할 수 있도록 기록하고 저장할 수 있다. 예를 들어 컴퓨터 비전을 사용해 사진에서 특정 제품을 식별하는 서버 측 애플리케이션을 상상해 보자.

이 애플리케이션은 서버에 있기 때문에 사람들이 업로드한 사진의 기록을 보관할 수 있는 사실상 무제한의 저장공간을 갖고 있다. 즉, 개발자는 모델의 예측을 검토하고 분석하여 모델이 효과적인지 여부를 판단하고 데이터에 레이블을 지정하여 학습에 사용할 수 있다.

일부 애플리케이션은 성공 여부를 측정할 수 있는 기본 제공 척도가 있어 더욱 간편하다. 예를 들어 사용자가 좋아할 만한 제품을 추천하는 알고리듬을 구축하는 경우, 추천된 제품이 얼마나 자주 구매됐는지를 계산하여 그 효과를 측정할 수 있다.

이런 긴밀한 피드백 루프를 통해 알고리듬과 애플리케이션 설계를 반복하고 빠르게 개선할 수 있다. 하지만 엣지에서는 상황이 그리 간단치 않다. 항상 그런 것은 아니지만 일반적으로 결과에 대한 직접적인 통찰이 부족하다. 또한 모델의 입력을 기록할 수 있는 능력도 부족하다. 이처럼 즉각적인 피드백이 부족하기 때문에 우리는 무슨 일이 일어나고 있는지 이해하기 위한 영리한 방법을 생각해 내야 한다.

데이터 샘플. 이상적인 상황에서는 원시 입력의 샘플을 수집해 서버로 다시 전송하여 저장할 수 있다. 이는 에너지 가용성, 연결성, 대역폭의 완벽한 조합과 개인 정보 보호가 중요하지 않은 사용 사례라는 세 가지 조건이 맞을 때만 가능하다.

예를 들어, 배송 중 소포가 어떻게 처리되는지 모니터링하도록 설계된 저전력 센서를 구축했다고 가정하자. 이때 에너지와 비용을 절약하기 위해 운송 중에 데이터를 저장하거나 전송할 수 있는 기능이 부족할 수 있다. 즉, 분석을 위해 원시 입력 샘플을 다시 보낼 방법이 없다.

또 다른 예로, 딥러닝 모델을 사용해 사람을 감지하는 가정용 보안 카메라를 구축했다고 가정하자. 이 제품이 개인 정보 보호를 위해 엣지 AI를 사용하는 것으로 마케팅된다면 입력 샘플을 캡처하는 것은 불가능할 것이다.

그러나 데이터 샘플을 전송할 수 있는 충분한 에너지와 연결성을 갖춘 상황은 분명 존재한다. 그리고 리소스가 부족하더라도 이를 활용할 수 있는 방법이 있다.

일부 애플리케이션은 제한된 양의 데이터를 샘플링하여 피드백 루프를 만들 수 있다. 모든 입력을 서버로 보내는 대신 특정 인스턴스를 선택한다. 이는 무작위(예: 천 명 중 한 명)일 수도 있고, 주기적(예: 하루에 한 번)일 수도 있으며, 지능적인 기준에 기반할 수도 있다. 이에 접근하는 흥미로운 방법은 알고리즘이 입력에 대해 불확실한 경우(예: 분류기의 클래스 중 신뢰 임곗값을 충족하는 클래스가 없는 경우)를 식별하여 해당 입력을 전송하는 것이다. 이런 입력은 모델이 어려움을 겪고 있는 것으로 보이는 입력이므로 분석하기에 가장 유용할 수 있다.

> **샘플링된 데이터로 무엇을 할 수 있는가?**
>
> 엣지에서 다시 전송된 데이터 샘플은 몇 가지 용도로 사용할 수 있다. 첫째, 실제 성능을 더 잘 이해하는 데 사용할 수 있다. 현장에서 직접 데이터 샘플을 볼 수 있으면 데이터 세트가 실제로 대표성을 갖는지에 대한 통찰을 얻을 수 있으며, 드리프트와 같은 데이터 관련 문제를 감지하는 데 도움이 된다.
>
> 이 데이터가 중요한 두 번째 이유는 알고리즘을 디버깅하기 위해서다. 예를 들어, 알고리즘이 데이터 샘플에 대해 불확실한 경우 그 이유를 파악하고 문제를 해결하는 데 유용할 수 있다. 학습 데이터 세트에 유사한 이미지의 예가 충분하지 않을 수 있으므로, 이미지를 확인하면 더 많은 데이터를 수집하는 데 도움이 될 수 있다. 또는 알고리즘이 본질적으로 특정 유형의 입력에 대해 잘 작동하지 않을 수 있으며, 이 경우 알고리즘을 개선할 방법을 생각해야 할 수도 있다.
>
> 데이터를 샘플링하는 세 번째 이유는 데이터 세트에 추가하기 위해서다. 이는 알고리즘이 확신하지 못하는 샘플을 수집하는 경우 특히 효과적일 수 있는데, 이런 '어려운 예시'는 알고리즘의 성능을 평가하

> 고 효과적인 머신러닝 모델을 학습시키는 데 특히 도움이 된다.
>
> 에너지와 대역폭 사용량을 제한하면서 일부 데이터를 기록하는 또 다른 방법은 먼저 데이터를 다운샘플링하는 것이다. 예를 들어, 원시 이미지를 전송하기 전에 해상도를 낮추거나 시계열을 더 낮은 샘플 속도로 줄일 수 있다. 다운샘플링을 하면 일부 정보가 손실되지만, 나머지 정보만으로도 디버깅을 할 수 있을 만큼 충분한 경우가 많기 때문이다(전체 학습은 아닐지라도).

예를 들어, 성공적인 엣지 AI 기반 트레일 카메라는 위성 연결을 통해 동물의 썸네일 이미지를 서버로 다시 전송한다. 전체 이미지를 전송하려면 비용이 너무 많이 들지만 썸네일 이미지는 현장에서 무슨 일이 일어나고 있는지에 대한 귀중한 통찰을 제공할 수 있다.

다운샘플링된 데이터가 여전히 너무 무거우면 데이터의 일부만 전송하도록 선택할 수 있다. 예를 들어 컬러 대신 회색조 이미지를 보낼 수 있다. 입력에 대한 집계 통계를 보내는 것도 흥미로울 수 있다. 예를 들어, 전체가 아닌 시계열의 주기적 이동 평균을 보낼 수 있다. 이는 드리프트를 감지하는 데 도움이 될 수 있다.

종종 알고리듬은 데이터를 모델에 공급하기 전에 고정된 신호 처리 알고리듬 파이프라인을 사용한다. 이 경우 신호 처리 알고리듬이 어떻게 작동할지 알고 있으므로, 원시 입력이 아닌 처리된 데이터를 전송해도 문제가 없을 가능성이 높다. 처리된 데이터는 일반적으로 더 작기 때문에 전송하기가 더 쉽다.

프로덕션에 완전히 도입된 후에는 많은 데이터를 전송하지 못할 수도 있지만, 배포 초기 단계에서 실제 데이터에 접근하는 데 방해가 되어서는 안 된다. 예를 들어, 배포 후 처음 몇 달 동안은 비싼 연결 비용(예: 셀룰러 또는 위성 모뎀)을 지불하여 피드백을 수집하고, 이를 시스템 개선에 사용할 가치가 있다고 판단할 수 있다.

데이터를 얻는 또 다른 방법은 스니커넷 sneakernet (https://oreil.ly/Bby0S)을 사용하는 것인데, 장치가 로컬 스토리지에 데이터를 기록하도록 한 다음, 수시로 나가서 데이터를 가져오는 방식이다. 고가의 연결 비용을 지불하는 것과 마찬가지로 전체 배포에 걸쳐 확장할 수는 없지만, 일부 장치나 특정 기간 동안에는 확실히 가능하다.

분포 변화. 314페이지의 '드리프트와 시프트' 절에서 배운 것처럼 실제 세계는 시간이 지남에 따라 변화하지만 데이터 세트는 스냅샷을 보여줄 뿐이다. 데이터 세트가 더 이상 대표성이 없는 것으로 판명되면 문제가 있는 것이므로 이에 대해 알아야 한다.

이를 파악하는 가장 좋은 방법은 현재 상태를 나타내는 새로운 데이터 세트를 수집한 다음, 기존 데이터 세트와 비교하는 것이다. 그러나 안타깝게도 데이터 세트를 수집하고 레이블을 붙이는 작업은 매우 노동 집약적이며, 앞서 살펴본 것처럼 실제 데이터 샘플을 현장에서 다시 보내는 것이 불가능한 경우가 많다.

대신, 실제 데이터가 여전히 우리의 데이터 세트와 유사한지, 즉 **분포**가 변경됐는지 여부를 파악할 수 있는 메커니즘이 필요하다. 분포가 약간 이상 변화했다면 편차가 발생했을 가능성이 있으므로 이를 처리해야 한다.

드리프트를 식별하는 가장 간단한 방법은 데이터 세트에 대한 요약 통계 summary statistics (https://oreil.ly/SbIKi)를 계산하고, 장치에서 동일한 통계를 계산한 다음 비교하는 것이다. **요약 통계**는 측정값 그룹을 총합으로 나타내는 숫자다. 예를 들어 특정 센서에 대한 측정값의 평균이나 중앙값, 표준 편차, 첨도 kurtosis, 스큐 skew를 계산할 수 있다.[8] 여러 센서의 측정값 간의 상관관계도 살펴볼 수 있는데, 데이터 세트와 장치가 현장에서 수집한 값이 다르다면 문제가 있는 것일 수 있다.

요약 통계는 가장 단순한 분포의 변화만 파악할 수 있다. 두 집단의 샘플을 분석하여 얼마나 차이가 나는지 확인할 수 있는 좀 더 정교한 통계 테스트도 있다. 이러한 알고리듬 중 일부의 예는 드리프트 감지를 위한 오픈소스 라이브러리인 알리바이 감지 Alibi Detect (https://oreil.ly/bSlZu) 문서에서 찾을 수 있다. 안타깝게도 이 방법들 중 다수는 이미지와 오디오 스펙트로그램 같은 고차원 데이터에는 잘 맞지 않는다.

이 글을 쓰는 시점에서도 엣지 장치에서 사용하기에 가장 적합한 드리프트 탐지 접근법을 이해하기 위해서는 아직 많은 작업이 필요하다. 오늘날 드리프트 탐지는 이상 탐지 알고리듬을 사용해 가장 일반적으로 수행된다(153페이지의 '이상 탐지' 절 참고). 이상 탐지 모델은 학습 데이터 세트에서 학습된 다음 모든 새로운 입력에 대해 장치에서 실행

---

8 이는 요약 통계 중 일부일 뿐이며, 더 많은 통계를 선택할 수 있다.

된다. 이때 비정상 입력으로 분류되는 입력의 비율이 높으면 드리프트가 발생하고 있는 것일 수 있다. 일반적으로 엔드투엔드 플랫폼에는 이러한 문제를 해결하는 데 도움이 되는 기능이 있다.

센서에서 수집한 이미지, 시계열, 오디오 등의 입력 데이터와, 분류기가 생성한 확률 분포 같은 알고리듬의 출력 모두에서 분포 변화를 모니터링하는 것은 흥미롭다. 출력의 분포 변화는 드리프트의 다운스트림 신호일 수 있는데, 예를 들어 실제 데이터에서 클래스의 균형이 다를 수 있다. 이는 데이터 세트를 개선해야 한다는 신호일 수 있다.

출력 분포 변경은 알고리듬이나 애플리케이션 코드의 버그와 오류를 알려줄 수 있다. 예를 들어, 업데이트 후 모델이 항상 동일한 클래스를 예측하는 것을 발견했다면 버그가 생긴 것일 수 있다. 문제는 보통 이보다 더 미묘하지만, 항상 입력과 출력의 분포를 추적하는 것이 좋다.

잠재적인 분포 변경에 대한 정보를 사용할 수 있는 방법에는 두 가지가 있다. 일부 연결에 접근할 수 있는 경우, 모니터링과 분석을 위해 분포 데이터를 중앙 서버로 전송할 수 있다. 이렇게 하면 프로덕션에서 어떤 일이 일어나고 있는지 어느 정도 피드백 루프를 확보할 수 있다.

연결이 전혀 없는 경우에도 분포 변경 측정을 사용해 애플리케이션 로직을 제어할 수 있다. 예를 들어, 예상 분포를 벗어나는 입력을 거부하도록 선택할 수 있다. 이렇게 하면 애플리케이션이 알고리듬이 설계되거나 학습되지 않은 입력에 기반하여 결정을 내리는 것을 막을 수 있다.

분포 변화를 발견한 경우, 가장 좋은 방법은 일반적으로 더 많은 학습 데이터를 수집하여 알고리듬을 개선하는 데 사용하는 것이다. 이 워크플로에 대한 자세한 내용은 455페이지의 '라이브 애플리케이션 개선하기' 절에서 알아보겠다.

애플리케이션 지표. 모델의 원시 입력과 출력 외에도 일부 로그를 저장하거나 전송하여 애플리케이션이 수행하는 작업을 추적하는 것이 좋다. 여기에 포함될 수 있는 것들은 다음과 같다.

시스템 로그

예를 들어, 장치가 시작된 시간, 실행 시간, 전력 소비, 배터리 수명

사용자 활동

사용자가 수행한 작업이나, 누른 버튼, 입력한 데이터 등

장치 작업

알고리듬 결정의 결과로 출력을 생성하는 등 장치가 자체적으로 수행한 작업

42페이지의 '인공지능' 절에서는 지능의 정의를 "적시에 해야 할 올바른 일을 아는 것"이라고 했다. 애플리케이션 지표는 시스템이 현장에 배포된 뒤 이 정의가 우리 시스템에 적용되는지 이해하는 데 도움이 되며, 다양한 유형의 이벤트 간 관계를 조사하여 장치가 예상한 방식으로 사용되고 있는지 확인할 수 있다. 그렇지 않다면 문제가 있을 수 있다.

예를 들어, 컴퓨터 비전을 사용해 요리에 가장 적합한 조리 시간을 결정할 수 있는 최첨단 AI 전자레인지를 구축했다고 가정하자. 애플리케이션 로그를 분석해 보면 사용자가 예상 조리 시간보다 약간 더 오래 전자레인지를 지속적으로 작동하는 것으로 나타났다. 이는 애플리케이션이 제대로 작동하지 않을 수 있으므로 추가 조사가 필요하다는 신호다.

중앙 서버에서 여러 장치의 로그에 접근할 수 있는 경우, 모든 장치를 살펴보는 높은 수준의 분석을 수행할 수 있다. 하지만 연결 수준에 따라 전체 로그 세트를 전송하지 못하거나 아예 로그를 전송하지 못할 수도 있다. 하지만 로그에서 발생하는 상황을 설명하는 일종의 요약 통계는 전송할 수 있다.

예를 들어, 사용자가 전자레인지를 권장 시간보다 더 오래 사용하는지 여부를 미리 파악할 필요가 있다고 판단할 수 있다. 그러면 전체 로그 세트를 업로드하지 않고도 분석을 위해 특정 정보를 다시 보낼 수 있다.

데이터를 업로드할 수 없는 경우, 언제든지 장치에 기록할 수 있다. 장치를 수거하여 물리적으로 다운로드하면 데이터를 확보할 수 있다. 이때 장치 내 저장을 위해서나 전송

을 더 쉽게 하기 위해 로그를 압축하는 것이 도움이 될 수 있다.

결과. 대부분의 엣지 AI 시스템은 장치 자체에서 일어나는 일 이상의 목표를 갖고 있다. 예를 들어, 산업 공정의 비용을 절감하거나 사용자의 건강을 유지하도록 장려하거나 농산물의 품질을 개선하도록 설계된 제품이 있을 수 있다.

이를 염두에 두고 시스템이 상호 작용하는 모든 프로세스의 결과를 추적하는 것이 중요하다. 이를 통해 프로젝트가 유익한 효과를 내고 있는지 파악할 수 있다.

결과에 미치는 영향을 측정하고 해석하려면 심도 있는 도메인 전문지식이 필요하다. 이 프로세스는 시스템이 배포되기 전에 시작해야 하며, 시스템의 현재 결과를 측정하여 비교할 수 있는 무언가를 확보해야 한다. 이는 프로젝트의 초기 단계에 이미 포함되어 있어야 한다.

단계적 배포의 일부로 결과를 모니터링할 수도 있다. 어떤 곳에는 배포하고 다른 곳에는 배포하지 않는다면 결과의 차이를 측정할 수 있을 것이다. 이때 아직 배포가 이뤄지지 않은 곳이 대조군 역할을 할 것이다. 즉, 서로 다른 위치 간에 차이를 유발할 수 있는 다른 요인을 모두 고려해야 한다.

결과의 좋은 점은 장치가 배포된 뒤에 장치에 접근할 필요 없이 측정할 수 있다는 것이다. 단점은 일반적으로 배포와 결과 사이에 지연이 발생하여 피드백 루프가 덜 효과적일 수 있다는 것이다. 또한 외부 요인의 영향을 고려하기가 더 어렵다.

사용자 보고서. 사용자가 제품 또는 제품이 영향을 미치는 시스템과 상호 작용하는 경우 사용자에게 설문조사를 실시하여 피드백을 받을 수 있다. 사용자는 혜택이나 문제를 가장 먼저 발견하는 사람들이기 때문에 이는 훌륭한 피드백의 원천이 될 수 있다.

그렇기에 사용자 피드백을 구조화된 방식으로 수집하는 것이 중요하며, 같은 상황에 대해 개인마다 다른 결론을 내릴 수 있는 요인이 많다는 점을 인정하는 것이 중요하다. 따라서 소수의 피드백보다 다수의 피드백을 종합하는 것이 더 신뢰할 수 있고 실행 가능성이 높다. 사용자 피드백을 수집해 본 경험이 없다면 도메인 전문가와 협력하는 것이 좋다.

그러나 사용자가 항상 정직한 것은 아니라는 점에 유의할 필요가 있다. 직원들은 주요 프로젝트에 대해 부정적인 피드백을 제공하는 것을 불편하게 느낄 수도 있고, 프로젝트가 자신의 업무에 바람직하지 않은 방식으로 영향을 미친다고 느끼는 등 배포를 거부할 유인이 있는 상황에 처할 수도 있다. 이는 완전히 타당하고 이해할 수 있는 이유이므로 이에 민감하게 반응하는 것이 중요하다.

라이브 애플리케이션 개선하기

반복적 개발 프로세스iterative development process는 배포할 때 멈추지 않지만, 확실히 변화한다. 일단 프로덕션 환경에서 장치를 실행하면 수정할 수 있는 유연성을 잃게 된다. 프로젝트에 따라 애플리케이션을 배포한 뒤에 업데이트할 수 없는 기술적 제약이 있을 수 있다. 또한 변경할 수 있는 기능이 있더라도, 사용자 경험을 방해하지 않도록 보수적으로 접근해야 할 수도 있다.

피드백을 사용해 문제 해결하기

모니터링 중에 수집된 피드백 유형(447페이지의 '배포 후 모니터링' 절 참고)은 문제를 식별하고 해결하는 데 유용하게 사용할 수 있으며, 여러 유형의 피드백이 있으며 각각 솔루션의 다른 측면에 초점을 맞추고 있다.

- 데이터 샘플은 실제 데이터의 진화하는 상태에 대한 통찰을 제공한다.
- 분포 변화는 실제 데이터에 대한 통찰을 제공하며, 출력 분포 모니터링을 통해 알고리듬 파이프라인 내의 문제를 파악하는 데 도움이 될 수 있다.
- 애플리케이션 지표는 기술적 수준에서 시스템의 높은 수준의 작동을 이해할 수 있는 방법을 제공한다.
- 결과는 시스템이 총체적으로 어떻게 작동하는지, 그리고 의도한 문제를 해결하고 있는지 이해하는 데 도움이 된다.
- 사용자 보고서는 제품의 전반적인 상태와 유용성에 대한 추가적인 증거를 제공한다.

이 모든 축에 걸쳐 피드백을 수집하면 문제의 원인을 파악할 수 있다. 예를 들어, 결과 데이터는 시스템이 해결하려는 문제에 긍정적인 영향을 미치지 못하고 있음을 나타낼 수 있다. 이를 조사하기 위해 입력과 출력 분포의 변화를 살펴볼 수 있다. 입력 분포는 데이터 세트와 동일하지만 출력 분포가 개발 중에 관찰한 것과 다르다면 장치에서 알고리듬을 구현하는 데 문제가 있는 것일 수 있다.

시간이 지남에 따라 모니터링하는 측면의 변화를 관찰하는 것이 중요하다. 계절성(307페이지의 '표현과 시간' 박스 참고)으로 인해 입력 분포에 주기적인 변화가 있을 수 있으며, 이를 애플리케이션에서 감안해야 한다.

시간이 지남에 따른 알고리듬 개선

모든 환경에서는 드리프트가 발생하며, 이를 따라잡기 위해서는 시간이 지남에 따라 시스템을 개선해야 할 것이 거의 확실하다. 또한 엣지 AI 분야는 여전히 빠르게 발전하고 있기 때문에 배포 과정에서 새로운 알고리듬 접근 방식을 사용할 수 있게 될 가능성이 매우 높다.

알고리듬을 개선하는 작업은 개발 프로세스에서 익숙한 워크플로의 연장선에 불과하다. 이는 데이터를 기반으로 하는 반복적인 프로세스다. 현장에 배포함으로써 실제 세계에 존재하는 조건을 더 잘 이해하게 되었기를 바란다. 예를 들어, 모델 출력 분포의 차이를 모니터링하면서 데이터 세트와 다른 클래스 균형이 현장에 존재한다는 사실을 알게 됐을 수도 있다.

이런 정보를 얻지 못했더라도 배포 전 평가를 통해 시스템 성능의 취약점을 파악할 수 있었을 것이다. 예를 들어, 전체 인구의 일부 하위 그룹에서 애플리케이션의 성능이 저조할 수 있다.

이 정보를 사용해 데이터 세트를 개선할 수 있다. 기술적 또는 법적 장애물로 인해 제한될 수 있지만, 운이 좋다면 현장에서 직접 데이터를 얻을 수 있을 것이다.[9] 최소한 개선

---

9 현장에서 데이터를 수집할 것으로 예상되는 경우, 제품 서비스 약관에 해당 내용이 포함되어야 하며 고객이 이에 동의했는지 확인해야 한다.

이 필요한 부분, 즉 다양성을 개선하거나 특정 계층의 예시 수를 늘림으로써 이점을 얻을 수 있는 부분에 대해 어느 정도 인식할 수 있기를 바란다.

알고리듬도 마찬가지다. 다른 알고리듬이 더 잘 작동할 수 있다고 생각되면 초기 개발 프로세스에서와 거의 동일한 방식으로 그 가능성을 탐색할 수 있다. 차이점은 이제 비교할 수 있는 라이브 프로덕션 시스템이 있다는 것이다. 더 나은 성능을 보이는 데이터를 수집하기 위해 두 가지 버전의 알고리듬을 각기 다른 장치에 배포할 수도 있다.

프로덕션에서의 능동 학습

320페이지의 '반지도 학습과 능동 학습 알고리듬' 절에서 데이터 세트의 큐레이션과 레이블링을 안내하는 방법으로 능동 학습의 개념을 접했다. 배포된 시스템과 알고리듬 개발 프로세스 간의 상호 작용을 **능동 학습 루프**(active learning loop)로 생각하는 것이 합리적이다. 프로덕션의 피드백은 데이터 세트가 확장됨에 따라 어떤 유형의 샘플을 우선적으로 수집할지 결정하는 데 사용되며, 새로운 샘플을 프로덕션 장치에서 가져올 수도 있다(예: 분류가 확실하지 않은 샘플을 서버에 업로드할 수 있음).

데이터 세트와 알고리듬의 이런 가이드에 따른 진화는 강력할 수 있다. 하지만 여기에는 몇 가지 위험이 따른다. 능동 학습 프로세스는 일부 유형의 입력에 대해 다른 유형보다 더 잘 작동하는 모델을 생성하는 방향으로 데이터 세트 수집을 유도함으로써 의도치 않게 시스템의 편견을 강화할 수 있다. 결과와 관련된 피드백도 고려하여 시스템 전체의 성능을 잠재적인 개선점을 찾는 데 사용할 수 있도록 하는 것이 매우 중요하다.

개선된 알고리듬이나 애플리케이션이 완성되면 이를 배포해야 한다. 그러나 엣지 AI의 대부분의 경우와 마찬가지로, 이것이 항상 말처럼 간단하지는 않다.

배포된 여러 알고리듬 지원하기

서버 측 코드 배포는 버튼 하나만 누르면 모든 사용자가 최신 버전을 즉시 사용할 수 있을 만큼 간단하다. 하지만 엣지 배포는 안타깝게도 훨씬 더 복잡하다.

이러한 문제로 연결과 대역폭 문제를 해결하기 위해 엣지에 AI를 배포하는 경우에는 배포가 까다로워질 수 있다. 다중 장치 배포에서 최신 버전의 애플리케이션을 모든 엣지 장치에 동시에 푸시하는 것이 반드시 가능한 것은 아니다. 대역폭이 충분하더라도 전원이 꺼져 있거나 오프라인 상태인 일부 장치는 업데이트할 수 없을 수 있다. 또한 의도적으로 또는 실수로 장치가 현장에 배포된 후에는 업데이트할 방법이 없는 경우도 있다.

상황은 엣지 AI 애플리케이션이 개발되고 배포되는 방식에 따라 더욱 복잡해진다. 반복적인 워크플로 내에서 단계적으로 배포하면, 자연스럽게 다양한 하드웨어와 소프트웨어 조합이 현장에 배포되며, 초기 출시 이후에 현장에 배포되는 새 장치에는 이미 있는 것보다 더 최신 버전의 하드웨어와 소프트웨어가 탑재될 가능성이 높다.

즉, 어느 시점에서는 다양한 애플리케이션 버전이 동시에 프로덕션에 적용될 가능성이 높다. 실제로 서로 다른 버전을 사용할 수 있는 여러 항목들이 있다.

- 장치 하드웨어 자체
- 장치에서 실행 중인 애플리케이션 펌웨어
- 펌웨어 내의 알고리듬 구현이나 모델
- 머신러닝 모델을 학습하는 데 사용되는 데이터 세트
- 장치가 연결되는 모든 백엔드 웹 서비스

이 모든 것을 동시에 업데이트할 수는 없으므로, 특정 순간에 현장에 배포될 수 있는 아티팩트의 잠재적 조합은 매우 다양하다. 이를 추적하는 것은 매우 중요하다. 무엇이 어디에 배포됐는지 잘 기록해 두지 않으면, 시스템을 디버깅할 수 있는 능력을 잃게 된다. 또한 모든 장치에 서로 다른 구성 요소가 혼합되어 있고 그 구성 요소가 무엇인지 확실하지 않은 경우, 성능 문제의 근본 원인을 파악하기가 매우 어렵다.

디버깅과 추적을 위해서는 특정 위치에 배포된 각 구성 요소의 버전을 추적할 수 있는 시스템이 필요하다. 예를 들어, 펌웨어를 업데이트하거나 새 하드웨어 반복^{iteration}을 만들 때마다 최신 상태로 데이터베이스를 유지할 수 있다. 이 기능은 IoT 장치 관리 소프트웨어에서 제공할 수 있다.

지표를 모니터링할 때 어떤 구성 요소에 주의가 필요한지 파악할 수 있도록 지표를 장치 관리 플랫폼의 기록과 연결해야 한다.

여러 버전을 동시에 관리하는 것은 악몽이 될 수 있으므로, 현재 사용 중인 조합을 제한하는 것이 좋다. 장치가 백엔드에 연결되는 경우, 상대적인 균일성을 적용하는 한 가지 방법은 요구하는 최소 펌웨어 버전을 설정하는 것이다. 단점은 시스템의 견고성^{robustness}과 사용성에 영향을 미칠 수 있다는 것이다.

윤리와 장기 지원

세상과 애플리케이션은 계속 진화하고 있으므로 시스템을 계속 사용하는 한 윤리적 관점에서 시스템을 계속 분석하는 것이 중요하다.

장기적으로 배포에 영향을 미칠 수 있는 윤리적 문제는 다음과 같다.

성능 저하

이번 장에서는 시간이 지나면서 드리프트가 발생하면 자연스럽게 저하되는 성능을 모니터링하고 개선하는 기술을 소개했다. 그러나 안타깝게도 현실적으로 대부분의 배포에는 유한한 수명이 있다. 어느 시점에서 드리프트가 너무 심해 극복할 수 없거나 예산이 필요한 유지보수를 감당할 수 없게 될 것이다.

예를 들어 제조 결함을 식별하도록 설계된 시스템을 상상해 보자. 시간이 지남에 따라 제조 공정이 변경되면 다양한 유형의 결함이 발생할 수 있다. 시스템을 업데이트하지 않으면 새로운 결함을 발견하지 못해 잠재적으로 안전 위험을 초래할 수 있다.

머신러닝 모델은 처리하도록 학습되지 않은 입력이 입력될 때 반드시 알 수 있는 것은 아니다. 대신 완전히 틀릴 수 있는 출력을 계속 생성할 수 있다. 누군가가 애플리케이션에 의존하여 올바른 작업을 수행하고 있다면 이는 재앙이 될 수 있다. 하드웨어를 더 이상 지원하지 않는 경우, 문제가 발생했다는 사실 외에 다른 사람이 문제가 있다는 사실을 알 방법이 없을 수도 있다.

여기서 수명이 다한 프로젝트는 어떻게 할 것인가라는 질문이 제기될 수 있다. 사실 프로젝트를 그냥 포기하는 것은 윤리적으로 허용되지 않는다. 대신, 프로젝트를 더 이상 진행할 수 없게 되었을 때 어떤 일이 벌어질지 계획해야 한다. 책임감 있는 설계는 요람에서 무덤까지 프로젝트의 전체 수명 주기를 포괄한다.

엣지 AI 프로젝트의 경우 여기에 하드웨어 구성 요소가 포함된다. 예를 들어, 리튬 배터리 등 하드웨어 장치에 포함된 유해 물질을 처리할 계획이 필요할 수 있다. 하드웨어가 지속 가능한가? 스스로 문제를 일으키는가?

종료 기준

프로덕션에 배포되는 모든 프로젝트에는 종료 기준, 즉 문제가 해결될 때까지 배포가 중단될 수 있는 잠재적인 문제 목록이 적용되어야 한다.

종료 기준에는 다음이 포함될 수 있다.

- 프로젝트의 데이터 세트 대비 배포의 최대 편차 크기
- 편차에 대한 허용 임곗값과 함께 관련 시스템에 대한 예상되는 영향
- 성공적인 비즈니스 지표를 위한 최소 기준

이 목록을 미리 작성해 두면 일이 잘 풀리지 않을 때 신속하게 대처할 수 있다. 이러한 종료 기준은 지속적으로 검토하고 새로운 정보가 발견되면 업데이트해야 한다.

종료해야 하는 경우에는 설계 단계에서 계획한 제품의 점진적 성능 저하 능력을 활용할 수 있다(385페이지의 '점진적 성능 저하' 박스 참고).

새로운 정보

배포한 뒤에, 프로젝트의 윤리적 재평가를 초래할 수 있는 새로운 사실이 밝혀질 수 있다. 예시는 다음과 같다.

- 공정성에 해를 끼칠 수 있는 알고리듬의 한계 발견
- 악용될 수 있는 보안 취약점 발견
- 애플리케이션의 결함을 드러내는 문제에 대한 이해도 향상
- 현재 애플리케이션을 쓸모없게 만드는 엣지 AI 기술의 개선

- 현재 애플리케이션을 쓸모없게 만드는 문제 영역의 변화

인공지능은 빠르게 발전하는 분야이며, 기존 알고리듬과 기술에서 문제가 발견되는 경우가 흔하다. 예를 들어, 적대적 공격(https://oreil.ly/U4rq5)을 통해 공격자가 원하는 결과를 얻기 위해 신중하게 구성된 입력을 머신러닝 모델에 공급하여 모델을 조작할 수 있다. 새로운 적대적 공격이 종종 발견되고, 이에 대한 방어책이 개발되고 무력화되면서 약간의 군비 경쟁이 벌어지기도 한다.

또한 성능 저하로 이어질 수 있는 AI 기술의 결함이 발견되는 경우도 흔하다. 예를 들어, 'What Do Compressed Deep Neural Networks Forget?'(Hooker et al., 2021, https://oreil.ly/QlZng)은 널리 사용되는 모델 압축 기술이 어떻게 소수 계층의 성능 저하로 이어질 수 있는지를 보여줬다. 기술의 한계에 대해 더 많이 알게 되면, 현재 배포된 시스템에 계속 사용하기에 부적합한 결함이 있다는 사실을 알게 될 수도 있다.

때로는 새로운 발견으로 인해 기존 기술이 쓸모없어지기도 하며, 어떤 상황에서는 기존 기술을 계속 사용하는 것이 비윤리적인 것으로 간주될 수도 있다. 예를 들어, 치명적인 질병을 20%의 오탐률로 감지할 수 있는 의료 진단 제품이 있다고 가정하자. 경쟁 팀에서 오탐률이 10%인 시스템을 만들면, 경쟁 팀의 시스템 대신 여러분의 시스템을 사용하는 사람은 질병을 발견할 가능성이 낮아져 사망 위험이 높아질 수 있다. 이럴 때 제품을 계속 마케팅하는 것이 윤리적인지 고려해야 할 수도 있다.

어떤 경우에는 시스템이 목적에 맞지 않음을 보여주는 새로운 도메인 전문지식이 밝혀질 수도 있다. 예를 들어 인체 생리학에 대한 이해가 높아지면서, 이전에는 적절했던 피트니스 웨어러블이 실제로는 운동선수에게 잘못된 조언을 제공한다는 사실이 밝혀질 수 있다.

진화하는 문화적 규범

사회는 빠르게 변화하며 이전에 배포된 애플리케이션이 점차 허용 기준에서 벗어나게 될 수도 있다. 예를 들어, 개인 정보 보호에 대한 소비자의 기대치는 시간이 지남에 따라 변화하고 있다. 과거에는 정확한 음성 인식을 수행할 수 있는 다른 방법이 없었기 때문

에, 오늘날 소비자들은 녹음된 대화 오디오를 클라우드로 전송하여 처리하는 스마트 스피커를 받아들이고 있다.

그러나 온디바이스 트랜스크립션이 널리 보급됨에 따라 소비자들은 이를 기대하게 될 것이며, 서버 측 트랜스크립션의 사용을 프라이버시에 대한 기대에 위배되는 구시대적인 개념으로 간주하게 될 가능성이 높다.

이런 현상은 반대로도 일어날 수 있다는 점에 주목할 필요가 있다. 집안의 사적인 공간에 스마트 카메라를 설치하는 것처럼, 이전에는 용납할 수 없었던 개념이 이미지 데이터가 장치를 떠나지 않는 시스템으로 이동함에 따라 용인될 수 있다.

그러므로 프로젝트 관리자는 도메인 전문가와 협력하여 문화적 규범을 추적하고, 애플리케이션이 규범을 위반하지 않는지 확인해야 한다.

법적 기준의 변화

법적 기준은 문화적 규범과 보조를 맞추는 경향이 있다. 예를 들어, 웹에서 개인 정보 보호에 대한 기대치가 높아짐에 따라 유럽연합의 일반 데이터 보호 규정(https://oreil.ly/EBy2O) 등의 법률이 마련되어 기업의 개인 정보 처리 방식을 규제하고 있다.

어떤 영역에서 사업을 운영하든 도메인 전문가와 협력하여 법적 의무를 이해하고 윤리적으로 처리하고 있는지 확인해야 한다.

 법과 윤리가 반드시 같은 것은 아니라는 점을 명심하기 바란다. 어떤 상황에서는 윤리 기준에 부합하지 않는 일을 법적으로 요구받을 수도 있다. 예를 들어, 일부 기업들은 정부(https://oreil.ly/dlEyE)로부터 암호화된 사용자 데이터의 키를 넘기라는 압력을 받기도 한다. 애플리케이션을 설계할 때 이 점을 염두에 두어야 한다.

다음 단계

장기 지원에 대한 논의를 끝으로 이 책의 마지막 이론 섹션을 마무리하겠다. 여기까지 온 것을 축하한다!

다음 3개 장에서는 배운 모든 내용을 실제로 적용해 보겠다. 각 장에서는 아이디어에서 시작하여 제품까지 실제 사용 사례에 엣지 AI 워크플로를 엔드투엔드 방식으로 적용하는 과정을 보여줄 것이다.

10장이 유익한 정보와 영감을 모두 주었기를 바란다. 이 책을 다 읽고 나면 이러한 원칙을 직접 적용할 준비가 되어 있을 것이다.

제11장

사용 사례: 야생동물 모니터링

이제 엣지 애플리케이션을 위한 머신러닝 모델 개발의 기본 사항을 이해했으므로, 첫 번째 사용 사례 영역은 야생동물 보호 및 모니터링과 관련된 것이다. 이번 장에서는 9장에서 설명한 개발 워크플로를 통해 이 책의 각 사용 사례 장에서 발생할 수 있는 문제와 관련 해결책을 살펴보겠다.

전 세계적으로 다양한 인간 문명의 영향과 환경적 이유 또는 재난으로 인해 멸종 위기종이 급격히 감소하고 있다. 이런 감소의 주요 원인은 서식지 손실, 황폐화, 파편화다.[1] 이는 도시화, 농업, 자원 채취 등 인간 활동으로 인한 것이며, 이런 감소의 결과로 많은 생물종이 멸종 위기에 처해 있다.

야생동물을 보호하는 데 도움을 주기 위해, 점점 더 많은 AI와 엣지 AI 애플리케이션이 개발되고 있다. 이러한 애플리케이션은 불법 야생동물 거래의 조기 발견부터 멸종 위기종 모니터링, 밀렵꾼의 자동 식별에 이르기까지 다양하다. 이 책에서 앞서 설명한 것처럼 엣지 AI는 클라우드가 아닌 장치에서 로컬로 데이터를 처리하는 데 사용된다. 이는 인터넷 연결 없이도 원격 위치에서 데이터를 처리하는 데 사용할 수 있기 때문에 야생동물 보호 목적에 중요하다. 즉, 값비싼 인프라 없이도 데이터를 신속하게 처리할 수 있어 향후 밀렵을 방지하고 지구상에서 가장 취약한 종을 보호하는 데 도움이 된다.

책임감 있게 사용된다면 엣지 AI는 사회와 지구에 매우 긍정적인 영향을 미칠 수 있으

---

1 국립야생동물연맹의 'Habitat Loss' 문서(https://oreil.ly/kpOVI)를 참고하기 바란다.

며, 앞으로도 그럴 것이다. 하지만 기술과 AI는 개발자가 만드는 것이다. 따라서 선하게 사용될 수도 있고 때로는 해롭고 비윤리적인 목적으로 사용될 수도 있다. 따라서 이 기술이 어떻게 개발되고 사용되는지 신중하게 고려하여 그 이점이 위험보다 더 큰지 확인하는 것이 중요하다. 유엔[2]과 구글[3], 마이크로소프트[4] 등 다양한 주요 기술 기업은 사회적, 환경적 이익을 위해 AI를 활용하기 위한 이니셔티브를 만들고 있다.

이런 선의의 AI 활용 중 하나는 멸종 위기종을 보호, 식별, 모니터링, 추적하는, 잘 알려져 있고 많은 연구가 이뤄진 방법인 **카메라 트랩**camera trap이다. 카메라 트랩은 다양한 야생동물 보호 연구와 모니터링 목적으로 사용할 수 있는 강력한 도구다. 멸종 위기종을 모니터링하고, 동물의 행동을 연구하고, 인간 활동이 야생동물에 미치는 영향을 평가하는 데 사용할 수 있다. 또한 밀렵꾼을 탐지, 추적하고 멸종 위기 동물의 건강과 행동을 모니터링하는 데도 사용할 수 있다. 카메라 트랩은 종종 DNA 분석 같은 방법과 함께 사용되어 해당 지역에서 일어나는 상황을 좀 더 완벽하게 파악할 수 있다.

카메라 트랩이란 정확히 무엇인가?

카메라 트랩은 자연 서식지에서 동물의 사진을 찍는 데 사용되는 원격으로 작동하는 카메라다. 카메라는 일반적으로 동물의 움직임에 의해 작동하는 적외선(IR) 센서로 작동한다.

카메라 트랩은 일반적으로 지상의 특정 위치에 국한되며, 특히 지상에 서식하는 대형 동물에게 유용하다. 즉, 카메라 트랩은 수중, 비행 중인 새, 빠르게 움직이는 작은 곤충 등에는 유용하지 않기 때문에, 이 방법은 지구상의 일부 종에게만 적합하다.

---

2   웹사이트 'United Nations AI for Good'(https://aiforgood.itu.int) 참고
3   구글의 사이트 'AI for Social Good'(https://oreil.ly/8L3BY) 참고
4   마이크로소프트의 사이트 'AI for Good'(https://oreil.ly/8ZLQI) 참고

문제 탐색

야생동물 보호라는 용어는 이 한 장에서 다루기에는 너무 광범위한 개념이고 하나의 머신러닝 모델로 해결하기에는 너무 큰 문제이므로, 이 책에서는 IUCN 멸종 위기종 적색 목록(https://www.iucnredlist.org)에 있는 특정 동물 종을 보호하는 측면에서의 야생동물 보호에 초점을 맞출 것이다.

또한 우리가 해결하고자 하는 문제의 난이도, 즉 비용, 이동, 구현, 비영리 목적의 머신러닝 모델을 만드는 데 방해가 되는 인프라 또는 정부 규제는 무엇인지 살펴볼 것이다.

솔루션 탐색

멸종 위기 동물은 자유롭게 돌아다니기 때문에 대낮이나 밤에 육안으로 발견하기 어렵다. 그러나 카메라 트랩은 자연 서식지를 방해하지 않고 멸종 위기 동물이나 동물의 위협을 추적하고, 개수를 세고, 식별할 수 있기 때문에 특히 유용한 도구다. 카메라 트랩은 궁극적으로 동물을 모니터링하여 동물의 행동, 움직임, 환경, 먹이원 등에 큰 영향을 주지 않고 원격으로 동물을 보호할 수 있도록 해준다.

멸종 위기에 처한 야생동물을 보호하기 위한 중요한 단계는 동물의 보호자에게 실행 가능한 정보를 제공하는 것이다. 이 정보는 다양한 형태로 제공될 수 있다. 목표에 따라 특정 종에 대한 위협을 식별하고 인간에게 위협의 위치를 알려주는 머신러닝 모델을 생성하거나 동물의 위치를 식별, 집계 그리고/또는 추적할 수 있다. 이 두 가지 접근 방식은 멸종 위기종을 보호하는 데 필요한 정보를 사람들에게 제공한다는 동일한 목표를 달성한다. 그러나 이 두 가지 접근 방식은 서로 다른 머신러닝 클래스와 센서 입력을 조합하여 해결해야 한다.

목표 설정

밀렵은 동물을 불법적으로 사냥하거나, 죽이거나, 덫에 가두는 행위다. 밀렵꾼들은 종종 고기, 뿔, 엄니 또는 모피를 얻기 위해 희귀하거나 멸종 위기에 처한 동물을 노린다. 밀렵은 많은 야생동물 종의 생존을 위협하는 심각한 문제다. 카메라 트랩은 밀렵꾼의 움직임을 추적하고 그들을 기소하는 데 사용할 수 있는 증거를 제공함으로써 밀렵을 줄이는 데 사용될 수 있다. 카메라 트랩은 밀렵꾼에게 감시당하고 있다는 사실을 알려 밀렵을 억제하는 데도 사용할 수 있다.

> 외딴 지역에서 카메라 트랩을 사용하면 보호지역 관리자가 보호지역에서 IHA$^{\text{Illegal Human Activity}}$ 탐지율을 높이고 적절한 증거를 제공하여 체포, 기소율을 높이는 데 잠재적으로 도움이 될 수 있다.[5]
>
> – 「Biological Conservation」 기사

카메라 트랩은 멸종 위기종을 연구, 보호, 모니터링하는 데도 중요한 도구다. 연구자들은 카메라 트랩을 통해 동물의 생태와 행동에 대한 데이터를 방해하지 않고 수집할 수 있다. 이 정보는 멸종 위기에 처한 동물과 그 서식지를 보호하는 보존 계획을 수립하는 데 사용될 수 있다. 또한 카메라 트랩은 적외선 움직임 외에는 다른 트리거 없이 카메라가 수집하는 데이터의 양이 방대하고 다양한 종의 움직임이 트리거가 될 수 있기 때문에 비차별적이므로 광범위한 협력적 종 모니터링을 위한 특별한 기회를 제공한다.[6]

솔루션 설계

멸종 위기종을 모니터링하는 카메라 트랩 시스템에 사용될 머신러닝 모델을 만들어 많은 윤리적 딜레마를 피할 수 있다. 다른 한편으로는 멸종 위기종을 추적하고 환경의 다

---

[5] 「Assessing the Efficacy of Camera Trapping as a Tool for Increasing Detection Rates of Wildlife Crime in Tropical Protected Areas」(Abu Naser Mohsin Hossain et al., *Biological Conservation* 201 (2016): 314–19, https://doi.org/10.1016/j.biocon.2016.07.023)

[6] 「Pangolins in Global Camera Trap Data: Implications for Ecological Monitoring」(Abu Naser Mohsin Hossain et al., *Conservation* 201 (2016): 314–19, https://doi.org/10.1016/j.gecco.2019.e00769) 기사에서 발췌

른 침입종을 모니터링함으로써 멸종 위기종의 보존과 복지를 증진할 수 있다. 카메라 트랩으로 환경 내 침입 동물의 위치와 개체 수를 모니터링하고 이 정보를 환경 관리자에게 전달하면 지역 자원과 외래종의 침입이나 천적이 줄어들어 멸종 위기 동물의 개체 수가 회복되고 번성할 수 있어 멸종 위기 동물의 보전을 촉진할 수 있다.

이 책에서는 여러분이 선택한 침입 동물 종을 모니터링하기 위해 저렴하고 효율적이며 학습시키기 쉬운 카메라 트랩을 설계하고 구현하는 방법을 소개한다. 그러나 보호와 모니터링 트랩이 항상 카메라 기반 솔루션일 필요는 없으며, 11장과 책 전체에서 제시된 원칙과 설계 워크플로를 사용하면 오디오 데이터를 사용해 동물의 울음소리나 새소리를 분류하고, 수중 오디오/레이더로 바닷소리를 듣고 고래를 추적, 식별하는 등 보호와 모니터링 목적으로 다른 많은 유형의 머신러닝 모델과 애플리케이션을 구현할 수 있다.

어떤 솔루션이 이미 존재하는가?

카메라 트랩은 이미 1990년대부터 상업과 자연 보호/모니터링 목적으로 광범위하게 사용되어 왔다. 카메라 트랩은 카메라 설치에 움직임 센서를 통합하여 통합된 움직임 센서에 움직임이 감지되면, 실외 야생동물 카메라가 작동하여 며칠이나 몇 달 동안 카메라의 고정된 위치에서 수천 장의 이미지를 촬영할 수 있다.

온디바이스 네트워킹 기능은 원격 현장 장치에 통합하기에는 전력 소모가 너무 많았기 때문에 연구자들은 카메라가 위치한 환경에 직접 들어가 카메라에서 이미지를 수동으로 검색해야 했는데, 카메라가 야생에 설치된 위치와 거리에 따라 때로는 노동 집약적인 작업이 필요했다. 이미지를 검색한 뒤에는 훈련된 눈을 가진 연구원이 사진에서 목표 종을 찾기 위해 수작업으로 이미지를 샅샅이 뒤지는 데 몇 주나 몇 달이 걸리기도 한다.

그러나 카메라 장치 자체에 AI를 통합함으로써 연구자들이 이제 움직임 센서가 작동한 뒤 캡처되는 모든 이미지에 대해 동물이 존재할 확률을 측정할 수 있으므로, 대상 동물/종을 찾는 데 필요한 시간을 획기적으로 줄일 수 있다. 확률이 가장 높은 이미지만 네트워크를 통해 연구자의 실험실로 전송되므로 사람이 직접 현장에 가서 카메라의 이미지를 수동으로 검색할 필요가 없으며(환경을 고려할 때 잠재적으로 위험한 작업이기도 하다), 이로써 캡처된 이미지를 선별하는 데 필요한 인력을 줄일 수 있다.

레이블이 없는 이미지나 비디오 피드에서 특정 대상을 자동으로 감지하는 기능부터 클라우드에서 후처리, 추적, 개체 수 계산을 위한 데이터 수집 도구까지, 카메라 트래핑을 목적으로 하는 특정 AI 도구가 이미 존재한다. 이 도구는 연구자에게 매우 유용하며, 카메라 트래핑은 잘 연구되고 널리 채택된 방법이기 때문에 이러한 솔루션이 풍부하게 제공되며, 간단한 웹 검색(https://oreil.ly/RSnfF)을 통해 사전 구축된 솔루션들을 모두 찾을 수 있다. 모든 환경에서 지구상의 모든 살아있는 동물 종을 식별하고 추적할 수 있는 단일 모델은 아직 불가능하다는 점을 고려할 때, 사전 구축된 장치들에는 각기 장단점이 있다. 11장에서는 이러한 기존 솔루션에 대해 자세히 설명하지 않고, 대신 현지 서식지에 맞게 카메라 트랩을 직접 설계하고 배포하는 과정을 살펴보겠다.

솔루션 설계 접근 방식

문제 진술을 바탕으로 다양한 방법으로 솔루션을 설계할 수 있으며, 각 접근 방식에는 다음과 같은 장단점이 있다.

멸종 위기에 처한 동물을 식별한다

충분히 큰 데이터 세트가 있거나 공개적으로 사용 가능한 동물의 레이블이 붙은 이미지가 충분하다면, 학습/테스트 데이터 세트를 쉽게 수집할 수 있고, 후속 모델의 정확도가 장치 환경에 맞게 충분히 높을 것이다. 그러나 이런 방식으로 문제를 구성하면, 밀렵꾼과 기타 인간 위협 세력 또한 장치의 환경에 사용되는 데이터의 품질에 따라 놀랍도록 정확한 사냥 도구가 되는 장치를 쉽게 만들 수 있다.

멸종 위기에 처한 동물의 침입 포식자를 식별한다

잘 연구된 환경에서는 일반적으로 침입 포식자, 식물, 기타 야생동물 등 침입종invasive species에 대한 전 세계 여러 지역의 공개 데이터가 상당히 많이 존재하며, 이런 유형의 문제와 그 해결책은 일반적으로 인간이 트랩의 데이터를 사용해 침입 위협invasive threats을 찾아 제거할 수 있으므로, 멸종 위기 동물의 수를 늘리기 위해 성공 확률을 높이려는 사람들에게 매우 유용할 것이다.

그러나 멸종 위기 동물의 환경에 어떤 침입종이 언제 어떤 형태로 나타날지 정확히 파악하기는 어렵고, 동물에게 해로운 침입종은 인간부터 다른 동물이나 침입성 독성 식물에 이르기까지 다양하다. 따라서 멸종 위기 동물을 모든 측면에서 보호하기에는 문제 진술이 너무 광범위할 수 있다.

이 접근법의 또 다른 단점은 모델 제작자가 침입종 모델이 실제로 확인된 침입종인 경우에만 유용하고 윤리적으로 사용된다는 점을 인식해야 한다는 것이다. 이를 위해서는 ML 모델 개발자의 선의의 노력이 필요하며, 개발자는 모델을 생성할 때 대상 지역의 침입종이 실제로 침입종이 아닌지 확인하고 침입종이 실제로 침입종으로 간주되지 않는 지역으로의 모델 배포를 제한해야 한다.

또한 최종 사용자는 해당 모델이 확인된 위협을 과도하게 사냥하는 데 사용되지 않도록 하고, 해당 지역의 사냥 규칙과 계절별 규정, 식물 채집/채취/제거 규칙을 준수하는지 확인해야 한다(해당되는 경우).

밀렵꾼과 그와 관련된 위협을 식별한다

사람 이미지 식별 접근 방식이나 사람/물체 감지 모델은 이미 머신러닝 모델 개발 분야에서 널리 확립된 분야다. 저전력 컴퓨터와 고성능 컴퓨터 모두 카메라 렌즈를 통해 사람을 식별하기 위한 목적으로 이미 많은 데이터 세트가 존재한다. 그러나 이 문제의 해결과 관련된 많은 윤리적, 보안적 의무가 있다. 모델 개발자는 학습과 테스트 세트에 사용된 데이터가 사용 상황을 나타내며 저작권/공정 사용법에 따라 사용이 허용되는지 확인해야 한다.

또한 결과 모델은 예(카메라 렌즈 프레임에 사람이 있음)나 아니요(이미지에 사람이 없음) 같은 이진 분류에만 사용해야 한다. 이는 인체의 물체 감지와 유사하다. 얼굴 데이터, 생체 인식 데이터, 기타 식별 정보가 사용되거나 수집되지 않도록 한다는 개발 측에 대한 상당한 신뢰가 필요하다. 또한 개발자는 모델이 배포될 지역에 적용되는 다양한 개인 정보 보호와 데이터 법률을 준수하는지 확인해야 한다.

다른 침입종을 식별한다

이 접근 방식은 선택한 환경에서 멸종 위기에 처한 종에 위협이 될 수 있는 다른 종을 파악하는 데 있어 다양한 옵션을 제공한다. 식물, 곤충, 기타 동물에 이르기까지 이 유형의 모델에 대한 변형은 무궁무진하며 모두 지정된 멸종 위기 종의 보호와 생존을 보장하는 데 도움이 된다. 하지만 멸종 위기 동물의 포식자를 식별할 때와 비슷한 단점도 있다.

각 유형의 접근 방식과 그에 따른 해결책에는 많은 장단점이 있으므로, 자신만의 탐색 방법을 사용해 선택한 해결책에 대한 장단점 목록을 작성해야 한다! 좋은 첫 단계는 이해관계자 및 문제와 해결책을 직접 경험한 다양한 사람들과 함께 브레인스토밍을 하는 것이다. 이런 장단점 외에도 책임감 있는 설계를 위해 고려해야 할 사항이 많으며, 이는 11장의 뒷부분에서 자세히 설명하겠다.

설계 고려사항

우리가 선택한 야생동물 종을 연구하는 연구자들을 지원하거나, 우리가 선택한 지역의 멸종 위기종에 위협이 되는 침입종을 식별하고 추적하는 중요한 목표를 달성하기 위해 기술적 관점에서 다양한 유형의 센서와 카메라를 포함한 각양각색의 데이터 소스를 사용할 수 있다(표 11-1).

표 11-1 다양한 야생동물 보호 목표를 달성하기 위한 센서

목표	센서
야생에서 코끼리 수 세기	카메라
새의 울음소리로 새 식별하기	마이크
바다에서 고래 울음소리 듣기	마이크, HARP(고주파 음향 녹음 패키지)[a]
환경의 위협 요소(밀렵꾼, 총소리 등) 듣기	마이크
밀렵꾼 추적과 식별	카메라, 마이크
일반 비토착종/침입종 통제와 추적	카메라, 마이크, 가속도계, 도플러 레이더

[a] NOAA 수산부 문서 'Passive Acoustics in the Pacific Islands'(https://oreil.ly/d-yVo) 참고

앞의 모든 사용 사례에서는 일반적인 머신러닝 접근 방식인 **분류**를 사용하거나, 장치에서 보이지 않는 새로운 센서 데이터 입력 스트림에서 발견하고자 하는 정보가 포함된 머신러닝 학습 데이터 세트를 업로드하여 사용한다. 다양한 머신러닝 알고리듬에 대한 기억을 되살리려면 149페이지의 '기능별 알고리듬 유형' 절을 참고하기 바란다.

야생동물 모니터링 목표와 사용 사례를 선택할 때는 머신러닝 모델 학습을 위한 대규모의 견고한 고품질 데이터 세트를 얼마나 쉽게 수집할 수 있는지도 고려해야 한다. 이전 장(특히 7장)에서 살펴본 바와 같이, 모델은 입력 데이터의 품질만큼만 우수할 수 있다. 예를 들어 희귀하고 멸종 위기에 처한 새의 울음소리를 식별하는 모델을 만들고자 한다면, 매우 정확한 분류 모델을 성공적으로 학습시킬 수 있을 만큼 충분히 큰 데이터 세트를 확보하지 못할 수도 있다.

이럴 땐 477페이지의 '데이터 세트 수집' 절을 참고하라. 다행히도 인터넷과 널리 이용 가능한 연구 데이터 세트와 협업 프로젝트의 시대에 모델 개발자는 특정 동물 종을 식별하기 위해 기존의 많은 이미지 데이터베이스를 사용하거나 동물의 울음소리, 발성, 환경 화학 발자국 environment chemical footprint 등의 다양한 센서나 오디오 데이터 세트를 포함하여 무료로 제공되는 연구 자료를 다운로드할 수 있다. 292페이지의 '데이터 활용하기' 절에서는 이런 데이터 세트 수집 방법의 장단점을 설명한다.

또한 장치를 설치할 위치와 원하는 환경에 필요한 센서를 고려하라.

- 초기 데이터 수집 단계에서의 장치 위치
- 배포 후 장치 위치
- 장치 위치의 평균 기상 조건
- 배터리 전원 대 USB 전원 대 영구 전력선 전원
- 센서의 정상적인 사용을 저해하거나 장치를 손상시킬 수 있는 환경 요건(예: 물, 안개, 먼지, 기타 환경 요인)

이 장치는 매우 외진 곳에 위치할 수 있으며, 사용 사례에 따라 처리 능력이 더 많거나 적을 수 있으므로 더 많은 배터리가 필요할 수 있다. 또한 이 장치는 영구적인 에너지 라인에 연결되거나 초저전력으로 1년에 한 번 또는 몇 년에 한 번만 교체하면 되는 배터리로 작동할 수 있다. 이때는 사용 사례나 대상 환경에 따라 영구적인 전력선이 적합하지 않을 수도 있다.

모델의 추론 결과를 일부 클라우드 플랫폼에 다시 전달하는 것도 고려할 수 있다. 이 통신은 선택한 네트워킹 프로토콜 유형에 따라 에너지와 전력을 제한할 수 있으며, 사람의 개입이나 배터리 교체 없이 장치를 현장에서 사용할 수 있는 시간에 영향을 미칠 수 있다. 이렇게 장치가 항상 이동하는 경우, 모든 환경과 상황에서 잘 작동하려면 모델이 어떻게 적응해야 할까?

환경 영향

85페이지의 '책임감 있게 애플리케이션 만들기' 절을 다시 읽은 뒤 이번 절로 돌아오라. 여기서는 솔루션의 환경 영향에 대한 구체적인 고려사항을 설명한다.

또한 모델 개발자는 장치가 배치될 환경에 어떤 영향을 직접적으로 미칠지 고려해야 한다. 예를 들어 인간의 활동을 추적하기 위해 열대우림에 대형 장치를 설치하는 경우, 물리적 장치에 사용된 조치와 부착물에 관계없이 해당 장치는 본질적으로 침습적일 가능성이 높지만, 이 장치와 그로 인한 추론 데이터를 통해 잠재적으로 얼마나 많은 동물 또는 멸종 위기 종을 구할 수 있는지 고려한 뒤 장단점을 따져봐야 한다.

고려해야 할 그 밖의 참고사항과 질문은 다음과 같다.

- 대상 생물 자체가 설치 환경에 침입하는가?
- 장치가 환경에 침습적인가? 장치 고정은 의도치 않게 다른 종, 벌레, 박테리아 등에 부정적인 영향을 미칠 수 있다.
- 장치를 환경에 물리적으로 설치하는 데 필요한 인원은 몇 명인가? 설치에 얼마만큼의 이동과 설치 발자국$^{\text{travel and installation footprint}}$이 드는가? (인간의 쓰레기, 흔적, 다른 동물의 서식지 파괴 등)

- 장치가 대상 종을 식별하면 사용자나 클라우드 시스템에 어떻게 경고하는가?
- 장치는 어디에 배치되며, 사람이 장치에 물리적으로 접근해야 하는 빈도는 얼마나 되는가?

또한 장치가 자연스럽지 않은 빛, 소리, 소음, 화학물질을 방출하지 않는지, 장치가 놓인 환경에 고유하지 않은지 확인해야 한다. 이런 요인으로 인해 추적하려는 동물이 비정상적으로 행동하여 데이터와 추론 결과가 왜곡될 수 있다.

경고! 카메라 트랩은 동물이 듣고 볼 수 있다.[7]

카메라 트랩 개발자는 해당 장치가 동물의 환경에 방해가 될 수 있는 다음과 같은 방식을 고려해야 한다.

- 청각적 침입
- 후각 침입
- 학습된 연관성
- 시각(낮)
- 시각(야간)

밀렵 행위를 탐지하는 데 카메라 트랩을 사용할 경우 윤리적 딜레마가 발생할 수 있으며, 보호하고자 하는 지역 주민들에게 직접적이고 부정적인 영향을 미칠 수 있다. 정부가 지역 소수 민족을 그들이 전통적으로 거주하고 식량을 채집하던 지역에서 쫓아내기 위해 밀렵 방지 이니셔티브를 사용했다는 보고가 있다.

예를 들어 마을에서 쫓겨난 부족이 다시는 돌아오지 못하도록 정부가 '밀렵 방지' 카메라를 설치하거나, 권위주의 정권이 반군에 대항하는 데 사용하는 등 모델 개발자가 의도하지 않은 방식으로 악용될 수 있기 때문에, 처벌을 위해 사람들을 선별하도록 설계된 모든 AI는 남용될 위험이 높다. 서방 기관이 제공하는 이러한 기능은 지난 수년간 발

---

[7] 'Camera Traps Can Be Heard and Seen by Animals'(Paul D. Meek et al., https://doi.org/10.1371/journal.pone.0110832) 기사 참고

생한 수많은 유해한 기술 이전을 반영한다.[8]

부트스트랩

11장에서는 '멸종 위기 동물의 침입 포식자 식별'(470페이지의 '솔루션 설계 접근 방식' 절 참고)에 초점을 맞춘 솔루션을 구현하고, 2022년 8월 2일 기준 유럽연합 목록(https://oreil.ly/fSbmw)에 따라 네덜란드에서 인증된 침입종인 '태국 다람쥐'로도 알려진 동물 '핀레이슨 다람쥐$^{Callosciurus\ finlaysonii}$'(https://oreil.ly/JRz_2)를 감지, 분류하는 모델을 설계할 것이다. 11장의 저자는 네덜란드 거주자이므로, 이 사용 사례의 예시로 네덜란드에서 인증된 외래 침입종을 선택했다. 대상 트랩 동물로 데이터 세트를 수집하고 나면, 핀레이슨 다람쥐가 포함되지 않은 일반 환경 이미지를 위한 또 다른 데이터 클래스도 추가할 것이다. 이 두 가지 클래스를 통해 이미지 분류 머신러닝 모델은 카메라가 환경의 움직임에 의해 트리거되는 시점을 식별할 수 있다. 카메라가 이미지를 촬영하고 학습된 머신러닝 모델이 추론하여 환경의 어느 위치에 핀레이슨 다람쥐가 존재하는지 판단한다. 이후 결과 이미지에 침입종이 포함되어 있으면 선택한 네트워크 연결을 통해 사람이나 클라우드에서 추가 처리를 위해 전송된다.

네덜란드 정부와 유럽연합에 따르면(https://oreil.ly/v1XZh),

> 이탈리아에서는 태국 다람쥐(핀레이슨 다람쥐)가 나무껍질을 벗겨 곰팡이와 무척추동물에 의한 감염 가능성을 높인다. 태국 다람쥐는 원래 서식지에서 새 알을 자주 포식하는 것으로 알려져 있지만, 이 다람쥐가 전해진 지역에서는 이런 영향에 대한 정보가 알려져 있지 않다. 나무의 껍질을 벗겨내는 것은 생태계 서비스에 부정적인 영향을 미치는 것으로 알려져 있다. 이는 개별 나무와 전체 생산림 모두에 심각한 영향을 미칠 수 있으며, 곰팡이 등의 2차 오염으로 이어질 수도 있다. 이로 인해 이탈리아에서 나무들이 벌목됐다.[9]

---

8 「가디언(The Guardian)」의 'Report Clears WWF of Complicity in Violent Abuses by Conservation Rangers'(https://oreil.ly/JQ2tE) 기사 참고

9 'Thai Squirrel', 네덜란드 식품 안전청, 2022

머신러닝 클래스 정의

표 11-2는 학습 및 테스트용 데이터 세트를 수집하고 레이블을 지정하는 데 사용할 수 있는 사용 사례, 센서와 데이터 입력 유형, 머신러닝 클래스의 잠재적인 조합을 보여준다. 사용 사례와 관련 클래스 레이블은 11장에서 사용하는 머신러닝 알고리듬의 유형, 특히 '분류'에 중요하다. 이에 대한 자세한 내용은 149페이지의 '분류' 절에서 확인할 수 있다.

표 11-2 다양한 사용 사례를 위한 머신러닝 클래스

사용 사례	학습 데이터	클래스 레이블
카메라 트랩	이미지	대상 동물, 배경 환경(다른 동물이 있거나 없거나)
오디오 트랩	마이크 데이터	대상 동물의 울음소리, 주변 환경 소음, 대상 동물의 울음소리가 아닌 '다른' 동물의 울음소리
동물 물체 감지	이미지(경계 상자 포함)	대상 동물
모션 트랩	가속도계, 레이더, 기타 공간 신호	원하는 동물의 움직임
화학 트랩	가스 신호	주변 환경, 대상 종의 화학적 시그니처

11장에서는 "카메라의 시야에 대상 동물이 있는가?"라는 질문에 답하기 위해, 전이 학습 기법을 사용한 머신러닝 이미지 분류를 위해 기존의 카메라 트랩 사용 사례를 선택하고, 이를 기반으로 구축해 보겠다. 이 프로젝트의 머신러닝 클래스는 '대상 동물'과 '배경 환경(다른 동물이 있거나 없거나)', 또는 더 간단하게, '알 수 없음'이 될 것이다.

데이터 세트 수집

깨끗하고 견고하며 유용한 데이터 세트를 수집하는 방법에 관한 기술적이고 구체적인 정보는 292페이지의 '데이터 활용하기' 절을 참고하기 바란다. 또한 여러 소스에서 데이터를 수집하는 방법에 대한 다양한 전략을 활용하여 사용 사례에 맞는 고유한 데이터 세트를 만들 수도 있다.

- 공개 연구 데이터 세트 결합하기

- 여러 공개 데이터 세트에서 동물이 존재하지 않는 환경 이미지를 대상 트랩 동물의 레이블이 지정된 이미지 데이터 세트와 결합하기
- COCO^{common objects in context} 등 기존의 대규모 이미지 데이터 세트 사용하기

공개적으로 이용 가능한 이미지 데이터 세트 소싱하기

관련성이 없어 보이는 출처의 데이터 세트라도 언제든지 사용할 수 있다. 예를 들어 대상 침입종이 포르투갈에 서식하지만 해당 환경에 대상 종에 대한 레이블이 붙은 이미지 데이터 세트가 많지 않은 경우, 다른 포르투갈 종에 대한 연구 데이터 세트를 찾아서 학습/테스트 데이터 세트에서 '비대상 침입종'으로 데이터를 사용할 수 있다. 이러한 이미지에 대상 침입종이 존재할 수도 있으며, 원래 데이터 세트 개발자가 모르는 사이에 모델이 학습한 뒤 이를 식별할 수 있다!

엣지 임펄스

엣지 임펄스 스튜디오^{Edge Impulse Studio}는 고품질 학습/테스트 데이터 세트를 수집/레이블링하고, 다양한 디지털 신호 처리 기술을 사용해 데이터의 가장 중요한 피처를 추출하고, 머신러닝 모델을 설계/학습하고, 실제 성능/정확성에 대한 모델 테스트와 검증을 수행하고, 사용하기 쉬운 엣지 임펄스 SDK를 포함하는 다양한 라이브러리 형식으로 모델을 배포하는 등 전체 엔드투엔드 머신러닝 파이프라인에 필요한 모든 도구와 코드를 포함하는 무료로 제공되는 클라우드 기반 플랫폼이다. 11장을 비롯해, 사용 사례를 다루는 이 책의 후속 장에서는 전체 엣지 머신러닝 모델 개발 파이프라인 프로세스와 후속 배포를 달성하기 위해 모델 개발 시간과 작성해야 하는 코드의 양을 줄이기 위해 엣지 임펄스 스튜디오를 사용한다.

엣지 머신러닝 모델 개발에 엣지 임펄스를 사용해야 하는 추가 근거는 229페이지의 '엣지 AI를 위한 엔드투엔드 플랫폼' 절을 참고하기 바란다.

11장의 나머지 단계를 따라가려면 무료 엣지 임펄스 계정(https://edgeimpulse.com)을 만들어야 한다.

공개 프로젝트

이 책의 사용 사례 장들에는 설명된 사용 사례에 대한 완전한 엔드투엔드 머신러닝 모델을 시연하고 달성하기 위한 튜토리얼이 포함되어 있다. 하지만 바로 본론으로 들어가서 필자가 해당 장에 대해 개발한 정확한 데이터와 모델을 최종 상태로 보고 싶다면, 11장의 공개 엣지 임펄스 프로젝트(https://oreil.ly/DP1gJ)로 이동하여 확인할 수 있다.

또한 엣지 임펄스 페이지의 오른쪽 상단에 있는 복제 버튼을 선택하여, 모든 원본 학습/테스트 데이터, 중간 모델 정보, 학습된 모델 결과, 모든 배포 옵션을 포함하여 이 프로젝트를 직접 복제할 수도 있다(그림 11-1 참고).

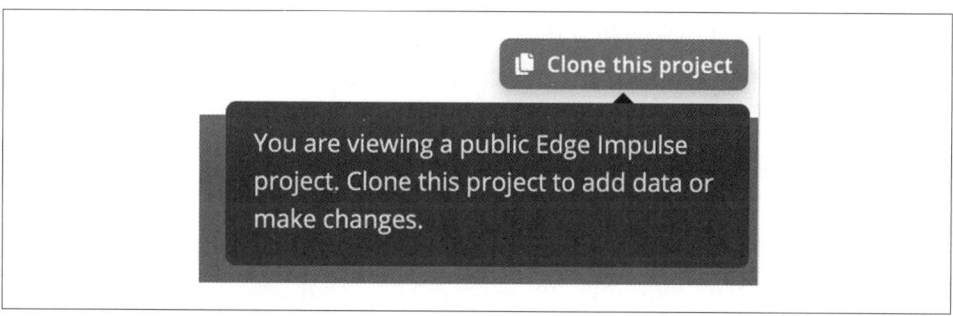

그림 11-1 엣지 임펄스 공개 프로젝트 복제하기

하드웨어와 센서 선택

이 책에서는 가능한 한 장치에 구애받지 않으려고 노력했지만, 11장에서 설명하는 튜토리얼이 윤리적, 비영리적 목적으로 사용될 가능성이 높다는 가정하에 임베디드 엔지니어링 자금, 리소스, 개발자 등에 대한 독자의 잠재적 접근성이 제한될 수 있으므로, 이 사용 사례 솔루션을 만들기 위해 사용하기 쉬운 기성품 개발 키트를 사용하는 방법도 설명해야 한다. 따라서 이 책은 가능한 한 쉽고, 저렴하고, 접근하기 쉬운 하드웨어를 선택하는 것을 목표로 한다.

빠르고 쉬운 데이터 수집과 배포 옵션을 위해, 코드를 작성하지 않고도 새로운 데이터를 수집하고 그 결과로 학습된 모델을 엣지 임펄스 웹어셈블리^{Edge Impulse WebAssembly} 라이브러리와 모바일 클라이언트를 사용해 휴대폰에 배포할 수 있다. 똑같이 쉽게 배포할 수 있는 기타 장치의 경우, 엣지 임펄스는 MCU부터 GPU까지 공식적으로 지원되는 다양한 플랫폼(https://oreil.ly/stMSR)을 제공하며, 이 플랫폼에는 모두 사용 가능한 오픈소스 사전 작성 펌웨어가 포함되어 있다. 엣지 임펄스에서 공식적으로 지원하는 플랫폼이 아니더라도 해당 장치를 사용할 수 있지만, 일반적인 임베디드 펌웨어 개발 워크플로에서와 마찬가지로 배치된 C++ 라이브러리와 장치의 드라이버 코드를 애플리케이션 코드에 통합해야 한다.

이 책에서는 모든 사용 사례 장이 거의 모든 물리적 장치 플랫폼(메모리 또는 지연 시간 제약 제외)에서 현실적으로 해결될 수 있도록 노력했기 때문에 플랫폼 선택은 그다지 중요하지 않다. 라즈베리 파이와 다양한 센서 구성을 이용해 모든 사용 사례 장들을 학습하고 여기서 설명하는 것과 동일한 목표를 달성할 수 있다.

그러나 사용 사례 목표에 따라, 라즈베리 파이를 선택하면 파이가 작동하는 데 필요한 고가의 전력 요구사항을 고려해야 하지만, 반대로 이 장치를 선택하면 잠재적으로 비용을 낮추고 총 소프트웨어 개발 시간을 크게 줄일 수 있다(단일 필드 유닛의 경우. 물론 동일한 장치가 많이 필요한 경우 라즈베리 파이 + 센서/카메라 구성이 MCU/통합 센서/카메라 솔루션보다 비용이 더 많이 들 수 있다).

하드웨어 구성

기본 엣지 장치와 추가 카메라 부착을 위해 선택할 수 있는 조합은 무궁무진하다. 11장에서는 장치에 구애받지 않고 대상 장치가 OpenMV Cam H7 Plus(https://oreil.ly/hZddx, RGB 통합 카메라 포함)와 비슷하다고 가정한다.

이 일반적인 설정에는 이미 몇 가지 한계가 내포되어 있다. 카메라 트랩은 낮에만 안정적으로 작동하고, 동물이 렌즈에서 너무 멀리 떨어져 있는 경우 입력 프레임 이미지의 품질이 너무 낮아 대상 동물의 모든 사례를 정확하게 포착할 수 없으며, 장치가 배터리 소모량이 너무 많아 현장에서 장시간 방치할 수 없고, 회색조를 사용해 특정 색을 가진

동물을 트랩하려는 경우 입력 이미지가 부정확하게 예측될 수 있다는 점이다.[10]

특정 환경, 사용 사례, 프로젝트 예산 등에 따라 야생동물 모니터링 모델의 정확도를 높이기 위해 고려해야 할 그 밖의 카메라 부착 옵션과 요구사항 목록은 다음과 같다.

- 고품질 카메라
- 저화질 카메라
- 적외선, 열화상 카메라
- 그레이스케일과 컬러(RGB) 입력 비교
- 렌즈 초점 거리
- 입력 이미지 픽셀 밀도

데이터 수집

엣지 임펄스를 사용하면, 프로젝트에 데이터를 업로드하고 레이블을 지정하는 데 사용할 수 있는 다양한 옵션이 있다.

엣지 임펄스 스튜디오 업로더(https://oreil.ly/b3url)
웹 업로더를 사용하면 다양한 파일 형식으로 컴퓨터에서 엣지 임펄스 프로젝트로 파일을 직접 업로드할 수 있다. 또한 스튜디오에서 파일 이름을 기반으로 샘플에 자동으로 레이블을 지정하도록 할 수도 있다.

CLI 업로더(https://oreil.ly/cxdp4)
CLI 업로더를 사용하면 다양한 파일 형식과 입력 옵션을 사용해 컴퓨터의 커맨드라인 터미널에서 로컬로 파일을 엣지 임펄스 프로젝트에 직접 업로드할 수 있다. 또한 스튜디오에서 파일 이름을 기반으로 샘플에 자동으로 레이블을 지정하도록 할 수도 있다.

---

10 「The Potential Value of Camera-Trap Studies for Identifying, Ageing, Sexing and Studying the Phenology of Bornean Lophura Pheasants」(Fischer et al., https://oreil.ly/id-Bc)에서 더 많은 정보를 확인할 수 있다.

수집 APIingestion API(https://docs.edgeimpulse.com/reference/ingestion-api)

단순히 수집 API를 호출함으로써 네트워킹 프로토콜을 통해 여러분의 플랫폼을 엣지 임펄스 프로젝트에 연결하는 데이터 수집 스크립트를 작성할 수 있다. 원하는 스크립팅 언어를 사용해 타이머와 트리거를 설정하고 엣지 임펄스 프로젝트 API 키(https://oreil.ly/623ly)를 사용해 이미지를 프로젝트에 자동으로 업로드할 수 있다.

데이터 소스(클라우드 버킷 통합, https://oreil.ly/1QweQ)

클라우드 데이터 버킷에서 데이터를 직접 가져오고 엣지 임펄스 프로젝트에서 자동으로 응답하게 할 수 있다(이 기능은 능동적 학습 전략으로 시간이 지남에 따라 모델을 개선하는 데 특히 유용하다).

엣지 임펄스 데이터 수집 형식에 대한 자세한 내용은 엣지 임펄스 API 참조 문서(https://oreil.ly/Z5IzD)에서 확인할 수 있다.

데이터 수집을 위해 엣지 임펄스에 직접 장치 연결하기

원하는 플랫폼에서 엣지 임펄스 프로젝트에 직접 데이터를 업로드하는 방법에는 여러 가지가 있다.

선택한 장치 플랫폼이 **공식적으로 지원되는 경우**, 엣지 임펄스 개발 보드 문서(https://oreil.ly/ULIdQ)에 있는 타깃에 대한 펌웨어 업데이트 가이드를 따를 수 있다.

선택한 장치 플랫폼이 **공식적으로 지원되지 않는 경우**, 개발 플랫폼 포팅 가이드(https://oreil.ly/iOo23)에 따라 엣지 임펄스 수집 API(https://docs.edgeimpulse.com/reference/ingestion-api)를 임베디드 장치 펌웨어에 완전히 통합하거나(포팅은 일반적으로 시간이 많이 걸리며 대부분의 프로젝트에서 필요하지 않음), 엣지 임펄스 CLI 직렬 데이터 전달자(https://oreil.ly/c9qb0)를 사용해 직렬 포트나 WebUSB로 데이터를 빠르고 쉽게 엣지 임펄스 프로젝트에 수집할 수 있다.

휴대폰이나 컴퓨터를 사용해 장치의 카메라에서 새 이미지를 직접 업로드할 수도 있으며, 프로젝트의 **Devices** 탭에서 모든 장치 연결 옵션을 확인할 수 있다(그림 11-2 참고).

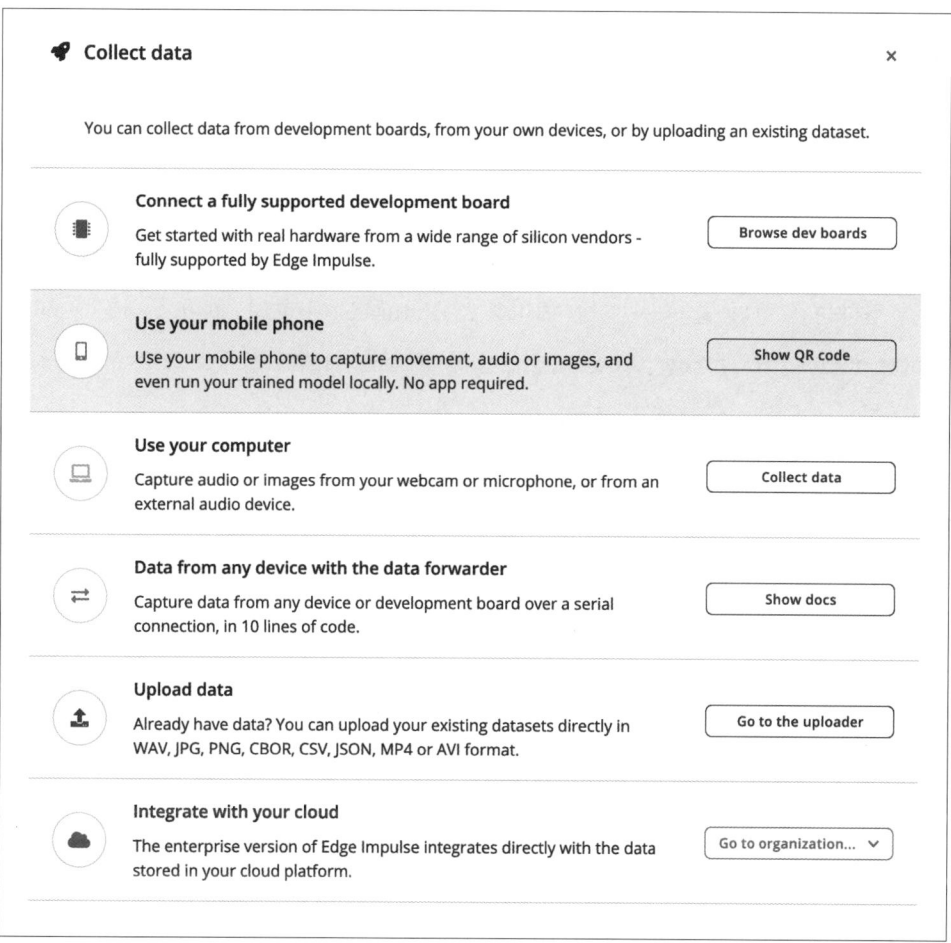

그림 11-2 Devices 탭의 'Collect data' 뷰

iNaturalist

대부분의 사람이 사용할 수 있는 침입 동물 이미지 데이터 세트가 많지 않기 때문에, 침입 동물 이미지 데이터 세트를 시작하려면 2차적인 형태의 데이터 수집이 필요하다. 이 튜토리얼에서는 레이블이 붙지 않은 새로운 원시 동물 이미지를 수집하기 위해 현장에서 장치를 설치하는 대신, 원하는 위치의 커뮤니티에서 이미 대상 종의 이름이 (어느 정도) 확실하게 레이블이 붙은 이미지를 사용하겠다. iNaturalist(https://www.inaturalist.

org)를 사용해 데이터베이스에서 우리가 식별한 종의 이미지가 있는 이미지를 쿼리하고, 이 종의 이름을 쿼리한 다음, 각 파일 다운로드에 iNatural 이미지 ID와 사진작가의 사용자 이름이 포함된 이미지 데이터 세트를 다운로드할 것이다.

iNaturalist 내보내기 웹사이트(https://oreil.ly/u4m7i)에 로그인하여 다음 쿼리를 처리하려면 iNaturalist 계정이 필요하다.

먼저 원하는 트랩 동물 종 이름을 쿼리하고 iNaturalist에서 id, user_login, quality_grade, license, url, image_url 열이 있는 CSV 파일을 검색한다(예제 11-1과 그림 11-3 참고).

예제 11-1 핀레이슨 다람쥐에 대한 쿼리

q=Callosciurus+finlaysonii&search_on=names&has%5B%5D=photos
&quality_grade=any&identifications=any

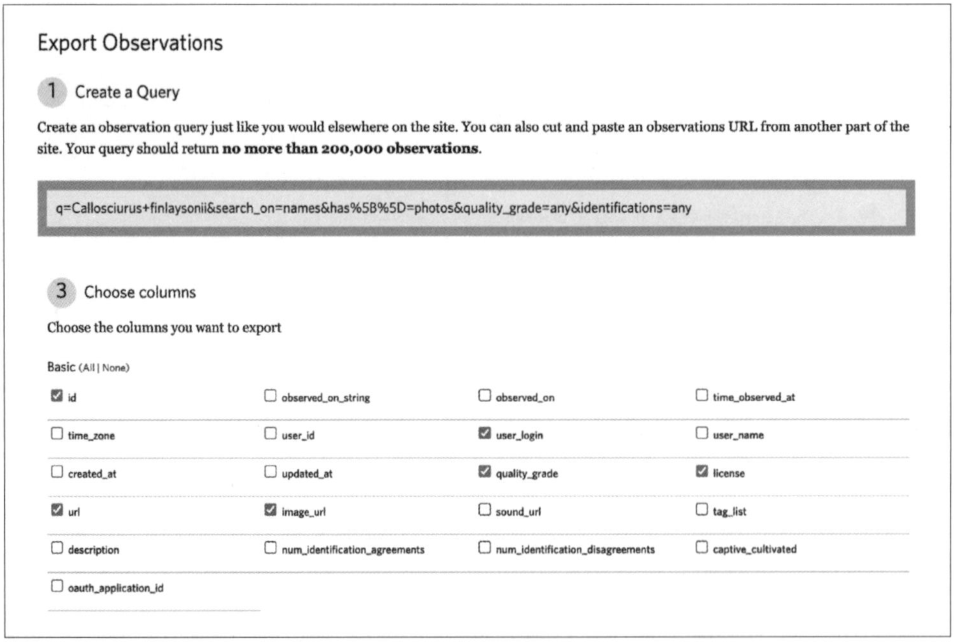

그림 11-3 CSV 파일의 열을 선택한다.

또한 '알 수 없는' 종을 포함하는 이미지 데이터 세트나 핀레이슨 다람쥐가 포함되지 않은(또는 전혀 동물이 포함되지 않은) 네덜란드의 환경 이미지가 필요하다. 이 '알 수 없는' 데이터를 통해 트랩 동물이 언제 촬영/포획됐는지 좀 더 정확하게 예측하도록 모델을 학습시킬 수 있다. iNaturalist의 id, user_login, quality_grade, license, url, image_url 열을 사용해 이 데이터를 쿼리한다(예제 11-2와 그림 11-4 참고).

예제 11-2 장소 ID 7506(네덜란드)의 레이블 없는 이미지에 대한 쿼리

```
search_on=place&has[]=photos&quality_grade=any&identifications=any
    &iconic_taxa[]=unknown&place_id=7506
```

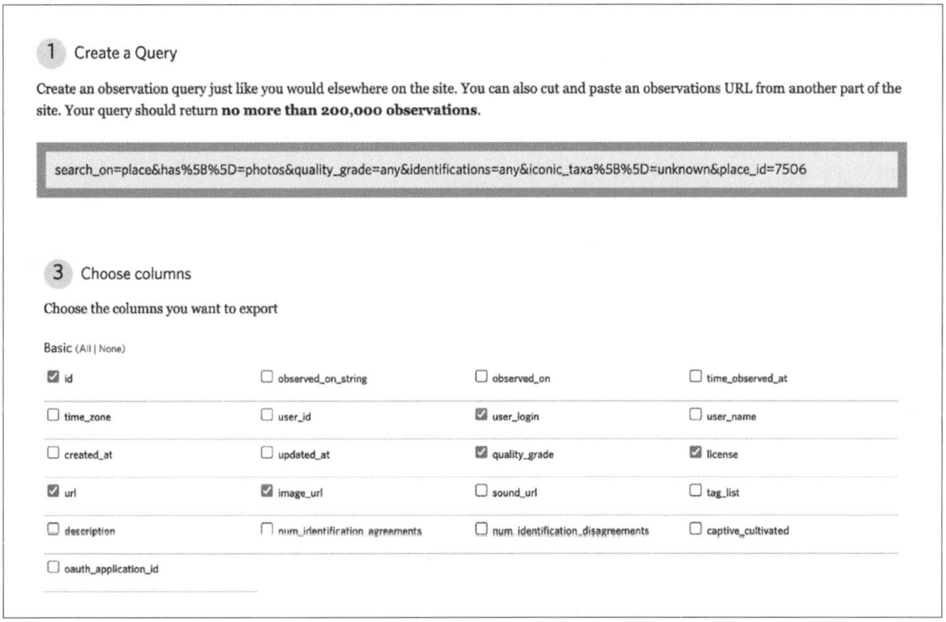

그림 11-4 CSV 파일의 열을 선택한다.

앞의 쿼리에서는 iNaturalist에서 생성된 CSV 파일을 다운로드하고 컴퓨터에 저장한다.

이제 생성한 CSV 파일을 사용해, 예제 11-3의 파이썬 코드를 사용해 iNaturalist 쿼리 이미지를 다운로드한 뒤 컴퓨터에 저장하고, 다운로드한 파일 이름에 원래 iNaturalist 업로더의 사용자 아이디를 넣는다. 스크립트를 트랩 동물 이미지에 대해 한 번, '알

수 없는' 이미지에 대해 한 번씩 두 번 실행한다. 이 파일은 2개의 다른 디렉터리(예: /unknown/과 /animal/)에 저장한다(예제 11-3 참고).

requests 패키지가 없는 경우 pip를 통해 requests 패키지를 설치해야 할 수도 있다 (python -m pip install requests).

예제 11-3 iNaturalist에서 이미지를 다운로드하는 파이썬 코드

```python
import csv
from pathlib import Path
import requests

directory = Path("unknown") # 디렉토리 이름을 "unknown"이나 "animal"로 바꾼다.
directory.mkdir(parents=True, exist_ok=True)

with open("observations-xxx.csv") as f: # csv 파일 이름을 바꾼다.
    reader = csv.reader(f)
    next(reader, None) # 헤더 행을 건너뛴다.
    for data in reader:
        # id.user_login.extension으로 파일 이름을 만든다.
        id_, user_login, url = data[0], data[1], data[5]
        extension = Path(url).suffix
        path = directory / f"{id_}.{user_login}{extension}"
        img = requests.get(url).content
        path.write_bytes(img)
```

(위에서 설명한 대로) 이미지 URL에 쿼리 매개변수를 넣으려면 Path(url).suffix를 Path(url.split("?")[0]).suffix로 바꾸면 된다.

이 스크립트는 CSV 파일의 크기와 iNaturalist 쿼리 결과의 항목 수에 따라 실행하는 데 시간이 걸릴 수 있다. 이 사용 사례의 경우 iNaturalist 쿼리 결과를 4,000개 미만으로 유지하는 것이 좋다. 리서치 품질 등급의 이미지, 특정 장소 ID의 이미지만 포함하도록 쿼리 설정을 변경하여 iNaturalist 쿼리의 출력을 줄일 수 있다. 특정 장소 ID를 찾으려면 iNaturalist 웹사이트(https://oreil.ly/SGClr)로 이동하여 **Identify** 검색창의 **Place** 텍스트 상자에 위치를 입력한 다음 **Go**를 누르면 URL에 장소 ID 값이 채워진다. 예를 들어, 뉴욕시의 장소 ID는 674(https://www.inaturalist.org/observations/identify?place_id=674)다.

데이터 세트의 한계

iNaturalist에서 수집한 강력한 데이터 세트가 있더라도 여전히 많은 한계가 있다. 카메라가 표식이 없는 동물을 여러 번 감지하여 녹화할 경우, 이미지가 여러 마리의 이동하는 개체를 나타내는지 아니면 카메라 시야에 반복적으로 들어오는 한 마리의 개체를 나타내는지 확인할 수 없다.[11]

또한 iNaturalist는 이미지 프레임 내에서 동물이 클로즈업되거나 큰 이미지를 선호하는 경향이 있다. 이런 동물 이미지의 편향은 클로즈업 이미지에 주변 환경의 큰 배경이 포함되지 않는 경향이 있어 모든 동물이 카메라 렌즈에 가까이 있을 것으로 예상하는 모델이 생성되기 때문에, 실제 세계에서 머신러닝 모델의 정확도를 떨어뜨릴 수 있다.

이런 편향에 대응하기 위해서는 시간이 지남에 따라 모델을 개선하기 위해 '능동적 학습' 접근 방식, 즉 처음에는 하위 모델을 배포하여 대상 동물의 새로운 이미지를 카메라에 트랩하고, 이 새로운 이미지를 장치에 직접 저장하거나 클라우드 버킷에 업로드한 다음, 이러한 이미지에서 동물의 위치를 확인하고 프로젝트의 원래 학습 데이터 세트에 레이블을 지정하여 업로드하고 마지막으로 모델을 재학습하여 장치에 다시 배포하는 방식이 필요할 수 있다.

데이터 세트 라이선스와 법적 의무

엣지 임펄스 계정을 생성하면 모든 엣지 임펄스 사용자는 다음과 같은 사용 약관, 라이선스, 정책을 준수해야 한다.

- 엣지 임펄스 개인 정보 보호 정책(https://oreil.ly/Ud6ja)
- 엣지 임펄스 서비스 약관(https://oreil.ly/0y-PK)
- 엣지 임펄스 책임감 있는 AI 라이선스(https://oreil.ly/rmeaN)
- 엣지 임펄스 디지털 밀레니엄 저작권법^{DMCA, Digital Millennium Copyright Act} 정책(https://oreil.ly/a6SwO)

---

11 「Abundance Estimation of Unmarked Animals Based on Camera-Trap Data」(Neil A. Gilbert et al., https://doi.org/10.1111/cobi.13517)

이러한 규칙과 조건을 준수한다는 가정하에, 일단 모델을 생성하고 장치에 배포하면 구독이나 수수료가 없으며, 이 책을 쓰는 시점(2022년)부터 모든 무료 엣지 임펄스 사용자는 자신의 모델을 프로덕션 장치에 무료로 무제한으로 배포할 수 있다. 원래 자신의 데이터인 경우, 엣지 AI 모델의 전체 수명 주기 동안 IP를 유지할 수 있다.

iNaturalist와 같은 타사 사이트에서 다운로드한 데이터 세트를 사용하는 경우, 획득한 데이터를 재배포하거나 상업적 용도로 사용할 수 있는지 확인해야 한다. iNaturalist의 이용 약관에 대한 자세한 내용은 해당 웹사이트(https://oreil.ly/Thjyc)에서 확인할 수 있다.

다른 데이터 세트의 경우 합법적이고 공정하며 윤리적으로 데이터를 수집, 배포, 사용하고 있는지 확인하라. 많은 데이터 세트 수집 사이트에서는 크리에이티브 커먼즈$^{Creative\ Commons}$(https://oreil.ly/AyCfy), 아파치 등의 라이선스를 사용한다. 엣지 머신러닝 모델 학습 및 테스트 목적으로 이러한 데이터 세트를 사용할 때는 최선의 판단을 내려야 한다. 의문점이 있는 경우 데이터 세트 소유자나 데이터 수집 사이트 지원 팀에 이메일을 보내 데이터 사용 요건이나 저작자 표시 의무/법적 설명에 대한 자세한 정보를 문의하기 바란다.

데이터 세트 클리닝

iNaturalist에서 이미지 데이터 세트를 다운로드했고 이미 이미지에 관련 머신러닝 클래스로 레이블을 붙였으므로, 이미지를 엣지 임펄스 프로젝트에 업로드하기 전에 데이터 세트 정리를 더 이상 할 필요가 없다.

그러나 레이블이 지정된 이미지의 데이터 세트가 작고, 연관되어 있지만 레이블이 지정되지 않은 이미지의 데이터 세트가 큰 경우, 엣지 임펄스는 '데이터 탐색기'(https://oreil.ly/uhD9P)라는 도구를 제공하여 사전 학습된 모델(그림 11-5 참고)이나 사전 학습된 임펄스, 전처리 블록을 사용해, 학습 또는 테스트 데이터 세트 내의 레이블이 지정되지 않은 이미지들을 일괄적으로 처리할 수 있도록 해준다. 물론 이 도구는 데이터의 작은 부분집합에 대해 모델을 아직 학습시키지 않은 경우에는 작동하지 않는다. 예를 들어, 고유한 종 이름은 MobileNetV2 같은 기존 ImageNets에서 사전 학습되어 있지 않기 때문이다. 또한 t-SNE(작은 데이터 세트에서 잘 작동)와 PCA(모든 데이터 세트 크기에서 작동)의 두 가지 차원 축소 유형 중에서 선택할 수도 있다.

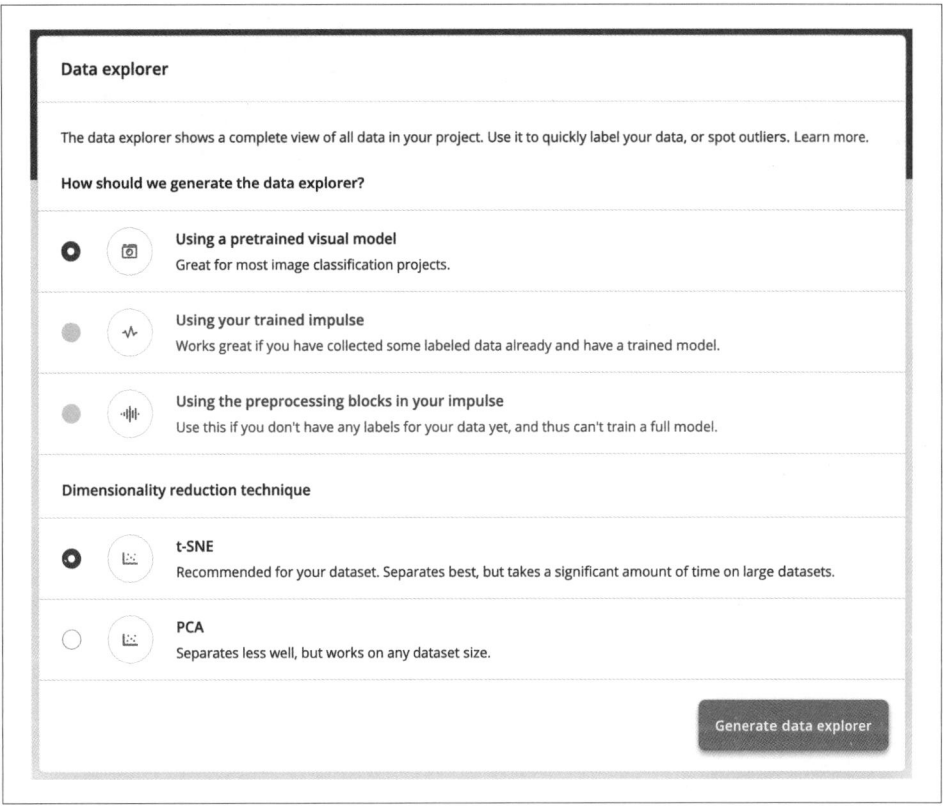

그림 11-5 엣지 임펄스 스튜디오 데이터 탐색기

엣지 임펄스에 데이터 업로드

iNaturalist 파이썬 데이터 다운로드 스크립트를 사용한 다음, 임펄스 프로젝트 웹 GUI나, 아래의 엣지 임펄스 CLI 업로더(https://oreil.ly/l_OQo) 명령을 사용해, 이미지를 엣지 임펄스 프로젝트(그림 11-6 참고)에 업로드한다. 이때 [your-api-key]를 엣지 임펄스 프로젝트의 API 키, [label]을 "unknown"이나 트랩 동물의 이름으로, [directory]를 iNaturalist 파이썬 스크립트에 지정된 파일 디렉터리로 바꿔야 한다.

```
$ edge-impulse-uploader --api-key [your-api-key] --label [label] \
  --category split .[directory]/*
```

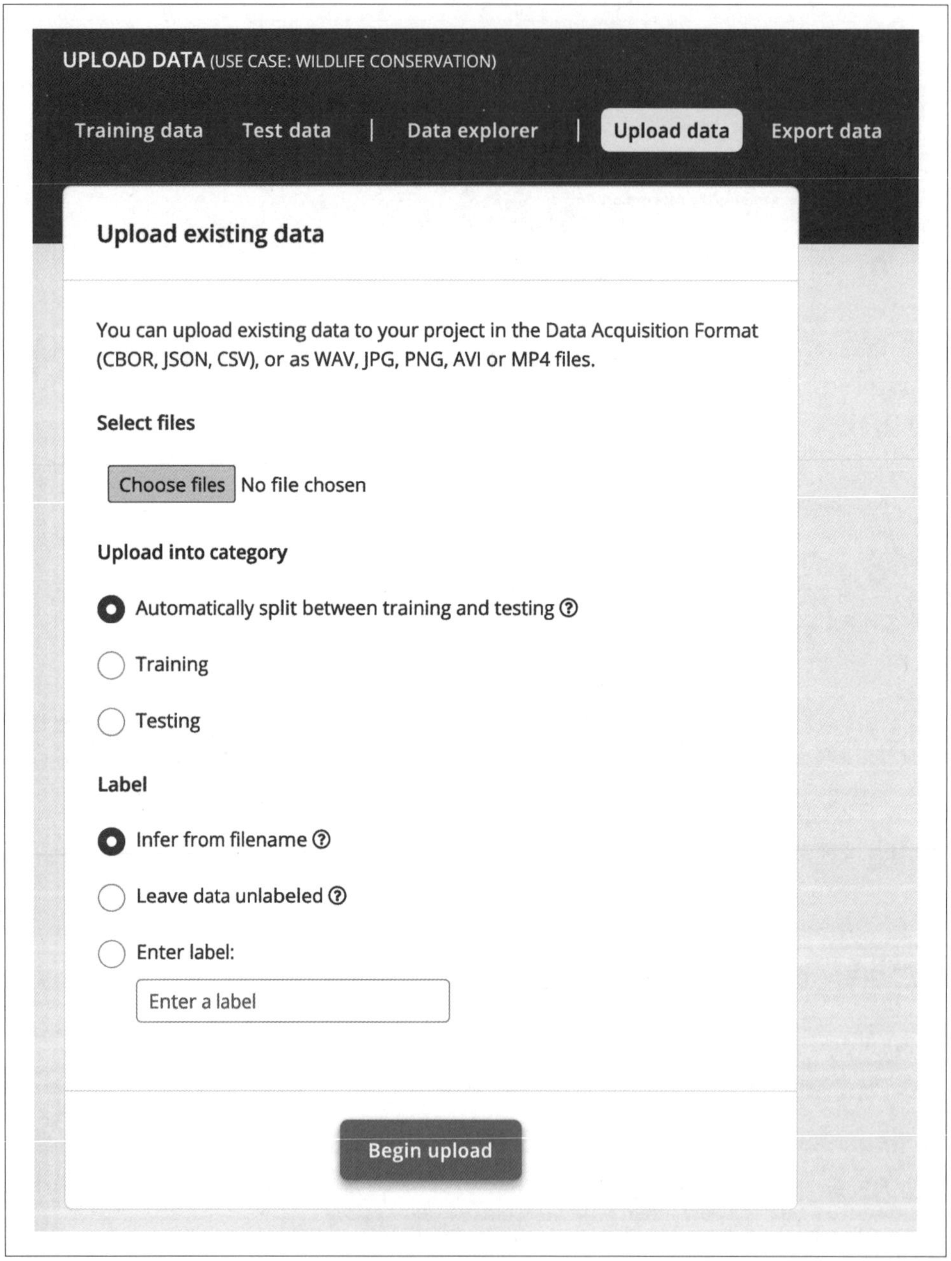

그림 11-6 기존 데이터 세트를 엣지 임펄스 웹 업로더에 업로드하기

웹 GUI와 업로더 CLI를 사용하면, 업로드된 이미지를 80/20 분할(대부분의 머신러닝 프로젝트에 적합한 비율)로 학습 데이터 세트와 테스트 데이터 세트로 자동 분할할 수 있다.

DSP와 머신러닝 워크플로

이제 모든 이미지를 학습 및 테스트 데이터 세트에 업로드했으므로, DSP^{Digital Signal Processing} 방식을 사용해 원시 데이터의 가장 중요한 피처를 추출한 다음, 머신러닝 모델을 학습시켜 이미지의 추출된 피처에서 패턴을 식별해야 한다. 엣지 임펄스에서는 DSP와 머신러닝 학습 워크플로를 '임펄스 디자인^{impulse design}'이라고 부른다.

엣지 임펄스 프로젝트의 Impulse design 탭에서 전체 엔드투엔드 머신러닝 파이프라인에 대한 간단한 그래픽 개요를 보고 생성할 수 있다. 맨 왼쪽에는 원시 데이터 블록이 있으며, 이 블록에서 엣지 임펄스 스튜디오는 데이터를 수집하고 사전 처리한다. 이미지의 경우 모든 이미지가 동일한 치수를 갖도록 정규화하고, 치수가 정사각형이 아닌 경우 선택한 방법을 통해 이미지를 자른다.

다음은 오픈소스 디지털 신호 처리 스크립트를 통해 이미지의 가장 중요한 피처를 추출하는 DSP 블록이다. 데이터의 피처를 생성한 후에는 학습 블록에서 원하는 아키텍처와 구성 설정을 기반으로 신경망을 학습시킨다.

마지막으로, 학습된 머신러닝 모델이 분류하기를 원하는 클래스를 포함한 배포 출력 정보를 확인할 수 있다.

엣지 임펄스 프로젝트에서 그림 11-7과 동일하게 또는 다양한 블록 팝업 창에서 선택하여 나열된 대로 Impulse design 탭을 설정한 다음, Save Impulse를 클릭한다.

이미지 데이터

- 이미지 너비: 160
- 이미지 높이: 160
- 크기 조정 모드: 최단 축 맞추기

처리 블록

- 이미지

학습 블록

- 전이 학습(이미지)

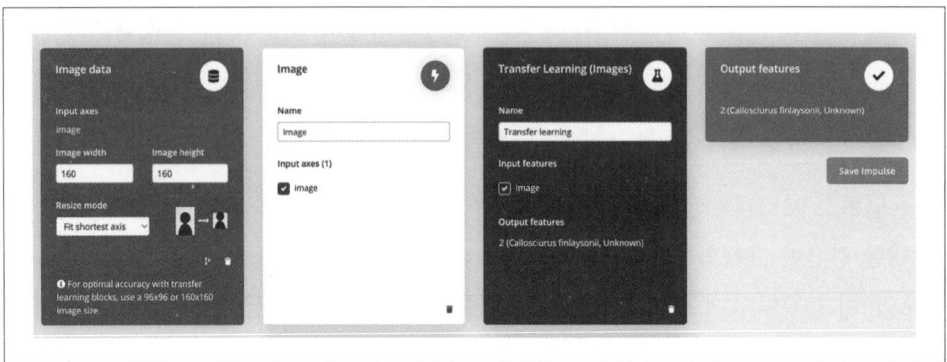

그림 11-7 Impulse design 탭 설정

디지털 신호 처리 블록

11장에 제시된 프로젝트에서는 엣지 임펄스 스튜디오에 기본적으로 포함된 Image DSP 알고리듬을 사용한다. **Impulse design** 탭에서 선택한 이 이미지 처리 블록은 미리 작성되어 있으며 플랫폼에서 무료로 사용하고 배포할 수 있다. 이미지 블록에 사용된 코드는 엣지 임펄스 깃허브 저장소 'processing-blocks'(https://oreil.ly/jjL2E)에서 구할 수 있다. 또한 145페이지의 '이미지 피처 감지' 절에서 스펙트럼 분석 알고리듬의 세부 사항에 대해 자세히 알아볼 수도 있다.

엣지 임펄스 스튜디오에서 사용할 커스텀 DSP 블록을 작성하려면, 엣지 임펄스 사용자 정의 처리 블록 튜토리얼(https://oreil.ly/Dx2KJ)을 따라 원하는 언어로 쉽게 작성할 수 있다.

그러나 애플리케이션용 자체 커스텀 DSP 처리 블록을 작성하기로 결정한 경우, 모델 배포가 엣지 임펄스 SDK 내에서 의도한 대로 작동하려면 커스텀 DSP 파이썬/MATLAB/기타 코드에 해당하는 C++ 구현을 작성해야 한다는 점에 유의하기 바란다. 이는 엣지 임펄스 스튜디오에서 쉽게 사용할 수 있는 DSP 블록을 사용하는 주요 이점이다. 이때 데이터 수집에서 피처 추출과 배포에 이르는 전체 개발 시간이 단축되는데, 이는 애플리케이션에 커스텀 C++ 코드를 작성할 필요가 없기 때문이다. 모든 것이 배포된 라이브러리 내에 이미 통합되어 있으며 컴파일할 준비가 되어 있다.

내비게이션 사이드바의 Image 탭에서 색상 심도를 RGB로 두고 Save parameters를 클릭한다. 이제 Generate features를 선택하여 Feature explorer의 뷰를 만든다(그림 11-8 참고).

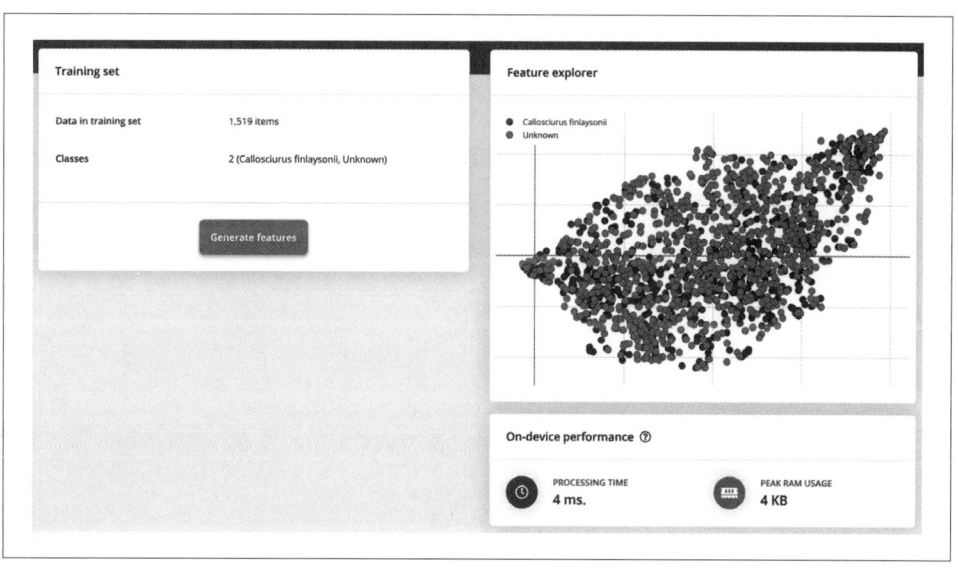

그림 11-8 Image DSP 블록과 피처 탐색기

머신러닝 블록

이제 엣지 머신러닝 모델을 학습시킬 준비가 되었다! 엣지 임펄스에는 모델을 학습시키는 여러 가지 방법이 있으며, 그중 가장 쉬운 방법은 시각적(또는 웹 GUI) 편집 모드다. 그러나 여러분이 머신러닝 엔지니어 또는 전문가이거나, 이미 텐서플로/케라스를 사용한 코딩 경험이 있는 경우, 로컬에서나 엣지 임펄스 스튜디오 내의 전문가 모드에서 전이 학습 블록을 편집할 수도 있다.

또한 Transfer learning 탭에서 프로젝트의 신경망 아키텍처와 기타 학습 구성을 설정할 수 있다.

시각 모드

머신러닝 학습 설정과 신경망 아키텍처를 구성하고 설정하는 가장 쉬운 방법은 내비게이션 바의 Impulse design 아래에 있는 Transfer learning 탭을 선택했을 때의 디폴트 뷰인 엣지 임펄스 비주얼 모드 Edge Impulse Visual mode를 사용하는 것이다. 전이 학습 블록으로 임펄스를 저장하면, 아래 설정이 기본적으로 자동으로 적용된다(그림 11-9 참고). 여러분의 프로젝트에서 해당 설정이 아래와 다르다면, 이 설정을 여러분의 전이 학습 블록 구성에 복사하기 바란다.

- 학습 주기 수: 100
- 학습률: 0.0005
- 검증 세트 크기: 20%
- 자동 균형 데이터 세트: 선택하지 않음
- 데이터 증강: 선택하지 않음
- 신경망 아키텍처: MobileNetV2 96x96 0.35(최종 계층: 뉴런 16개, 드롭아웃 0.1)

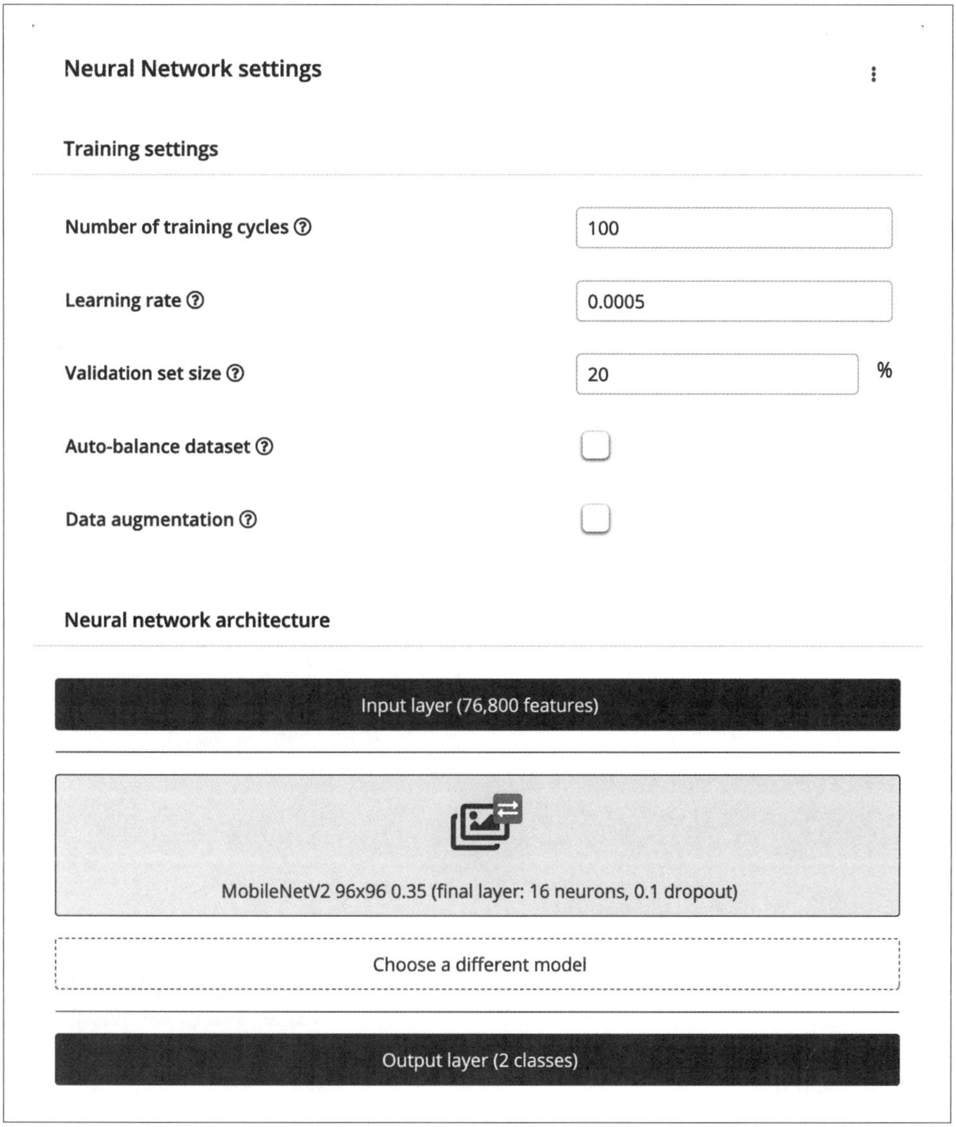

그림 11-9 디폴트 전이 학습 신경망 설정

설정을 입력한 뒤에는 신경망 아키텍처 구성 아래의 Start training을 클릭하기만 하면, 엣지 임펄스 서버에서 학습 작업을 생성할 수 있다. 생성되는 작업은 사용자 컴퓨터에서 로컬로 텐서플로/케라스 스크립트를 실행하는 경우 일반적으로 모델을 학습시키는 방식과 동일하게 모델을 학습시킨다. 엣지 임펄스를 사용하면 자체 컴퓨터의 로컬 리소스를 사용할 필요가 없으며, 대신 모든 개발자에게 무료로 제공되는 클라우드 컴퓨팅 시간을 활용할 수 있다. 데이터 세트의 크기에 따라 이 학습 단계는 시간이 걸릴 수 있으며, 이 경우 Training output 뷰에서 종 아이콘을 선택하면, 작업이 완료됐을 때 이메일 알림을 받고 학습 결과의 출력을 확인할 수 있다(그림 11-10과 그림 11-11 참고).

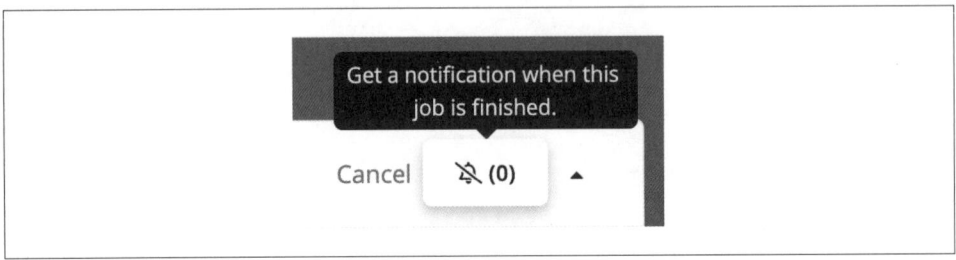

그림 11-10 학습 작업 알림 종 아이콘

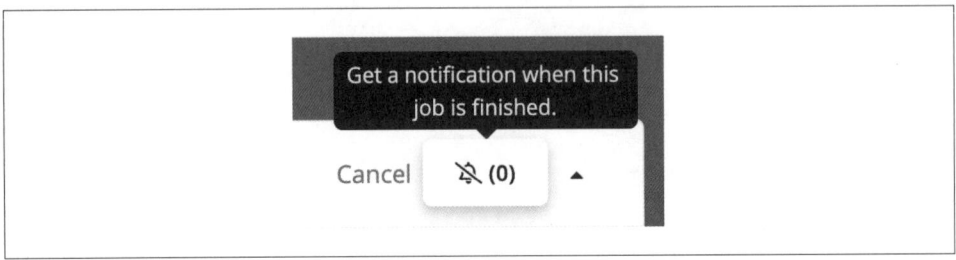

그림 11-11 작업 알림 설정

모델 학습이 완료되면 Model > Last training performance 뷰에서 전이 학습 결과를 볼 수 있다(그림 11-12 참고).

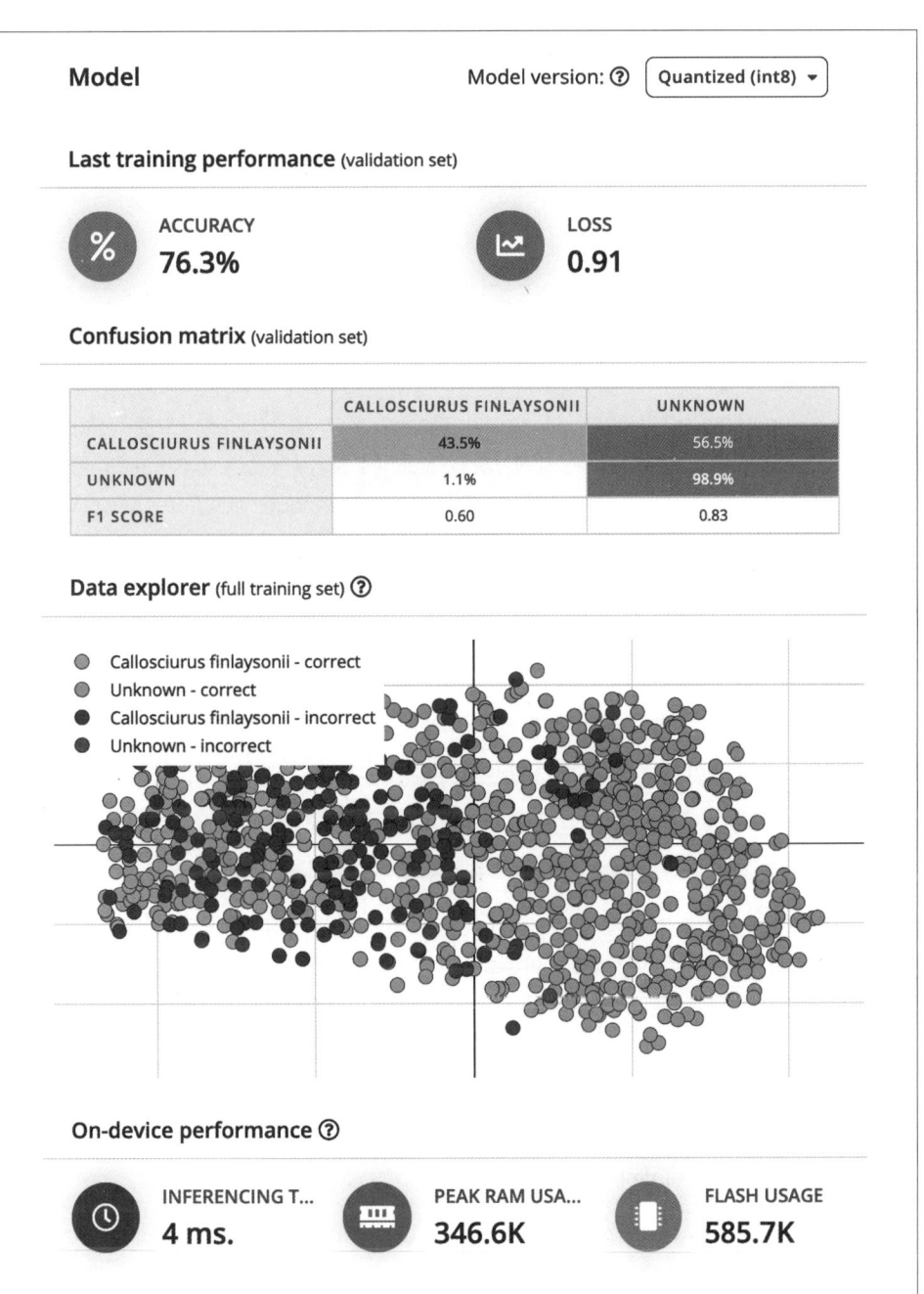

그림 11-12 디폴트 블록 구성에서의 전이 학습 결과(정확도 76.3%)

지금까지 학습 및 테스트 데이터 세트를 업로드하고, 이미지 DSP 블록으로 가장 중요한 피처를 추출하고, 코드를 작성하지 않고 디폴트 블록 구성 설정으로 모델을 학습시킨 것뿐이라는 점을 고려하면 이 결과는 꽤 괜찮은 수준이다! 76.3%라는 결과는 특정 사용 사례에 맞게 신경망 아키텍처, DSP 블록 등을 커스텀 구성하지 않았다는 점을 고려할 때 상당히 좋은 초기 정확도다. 하지만 다음 절에서 설명할 EON 튜너^{Tuner} 등, 엣지 임펄스에서 사용할 수 있는 그 밖의 도구를 사용해 모델의 정확도를 더욱 높일 수 있다.

전문가 모드

머신러닝 엔지니어인가, 아니면 이미 파이썬으로 텐서플로/케라스 코드를 작성하는 방법을 알고 있는가? Neural Network settings 오른쪽에 있는 점 3개 드롭다운 버튼을 클릭하고 메뉴에서 Switch to Expert (Keras) mode(https://oreil.ly/wpEzB)나 Edit block locally(https://oreil.ly/sYSIP)를 선택해 직접 코드를 업로드하거나 기존 블록 코드를 로컬에서 편집하려면 엣지 임펄스의 전문가 모드 옵션을 사용하기 바란다.

EON 튜너

자동 머신러닝 도구는 데이터에 가장 적합한 머신러닝 알고리듬을 자동으로 선택/적용하고 머신러닝 모델의 파라미터를 자동으로 조정하여 엣지 장치에서 성능을 더욱 향상할 수 있는 유용한 도구다. 엣지 임펄스 스튜디오는 프로젝트에 EON 튜너라는 자동 머신러닝 도구를 제공한다. EON 튜너는 여러 후보 모델 아키텍처와 DSP 블록(대상 장치와 지연 시간 요구사항에 따라 선택)을 동시에 평가하여 머신러닝 애플리케이션에 가장 적합한 아키텍처를 찾을 수 있도록 도와준다.

엣지 임펄스 프로젝트의 **EON Tuner** 탭에서 그림 11-13에 표시된 설정을 구성한다.

EON 튜너의 구성 드롭다운 설정에서 다음 옵션을 선택한다.

- 데이터 세트 카테고리: 비전
- 대상 장치: Cortex-M7(또는 지원되는 그 밖의 플랫폼, 공식적으로 지원되는 플랫폼을 사용하지 않는 경우, 사용 중인 장치와 가장 유사한 하드웨어 내부를 가진 플랫폼을 선택한다.)
- 추론당 시간(ms): 100

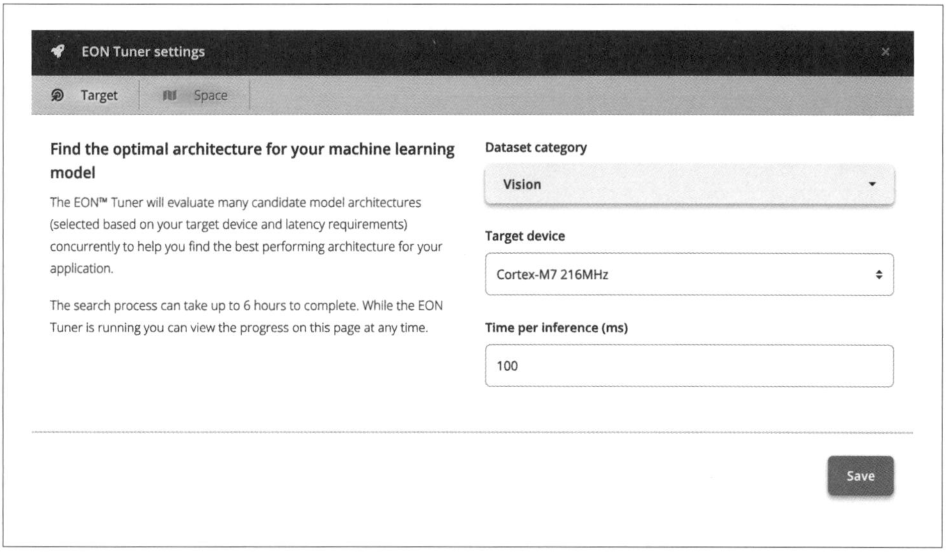

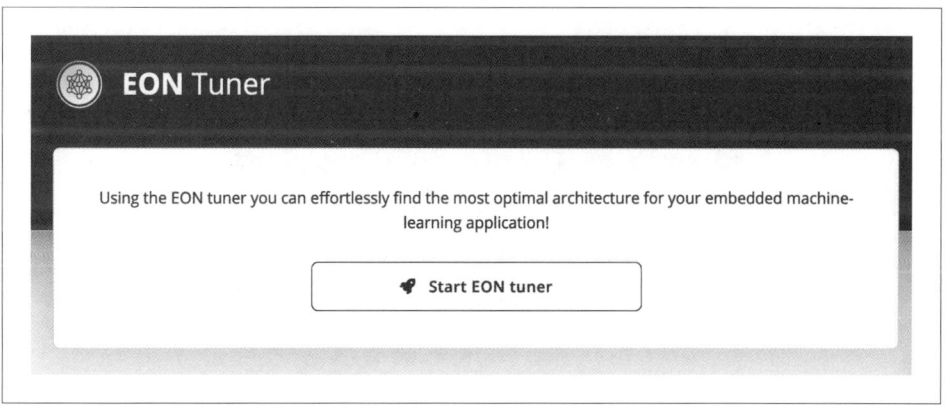

그림 11-13 EON 튜너 설정

그런 다음, 그림 11-14에서 볼 수 있듯이 Start EON tuner를 클릭한다.

그림 11-14 EON 튜너를 시작한다.

EON 튜너의 결과와 기본 엣지 임펄스 프로젝트에 포함된 디폴트 이미지 분류 블록을 비교하면 엄청난 차이가 있음을 알 수 있다. 자동 머신러닝 툴을 사용하면, 사용 사례에 더 적합한 신경망 아키텍처, DSP 블록, 파라미터 등을 더 빠르고 효율적으로 결정할 수 있다.

그림 11-15는 MobileNetV2 96x96 0.35(최종 계층: 뉴런 16개, 드롭아웃 0.1), 100회 학습 주기, 0.0005 학습률의 기본 블록 결과와 원래 '전송 학습' 신경망 블록의 결과를 보여준다.

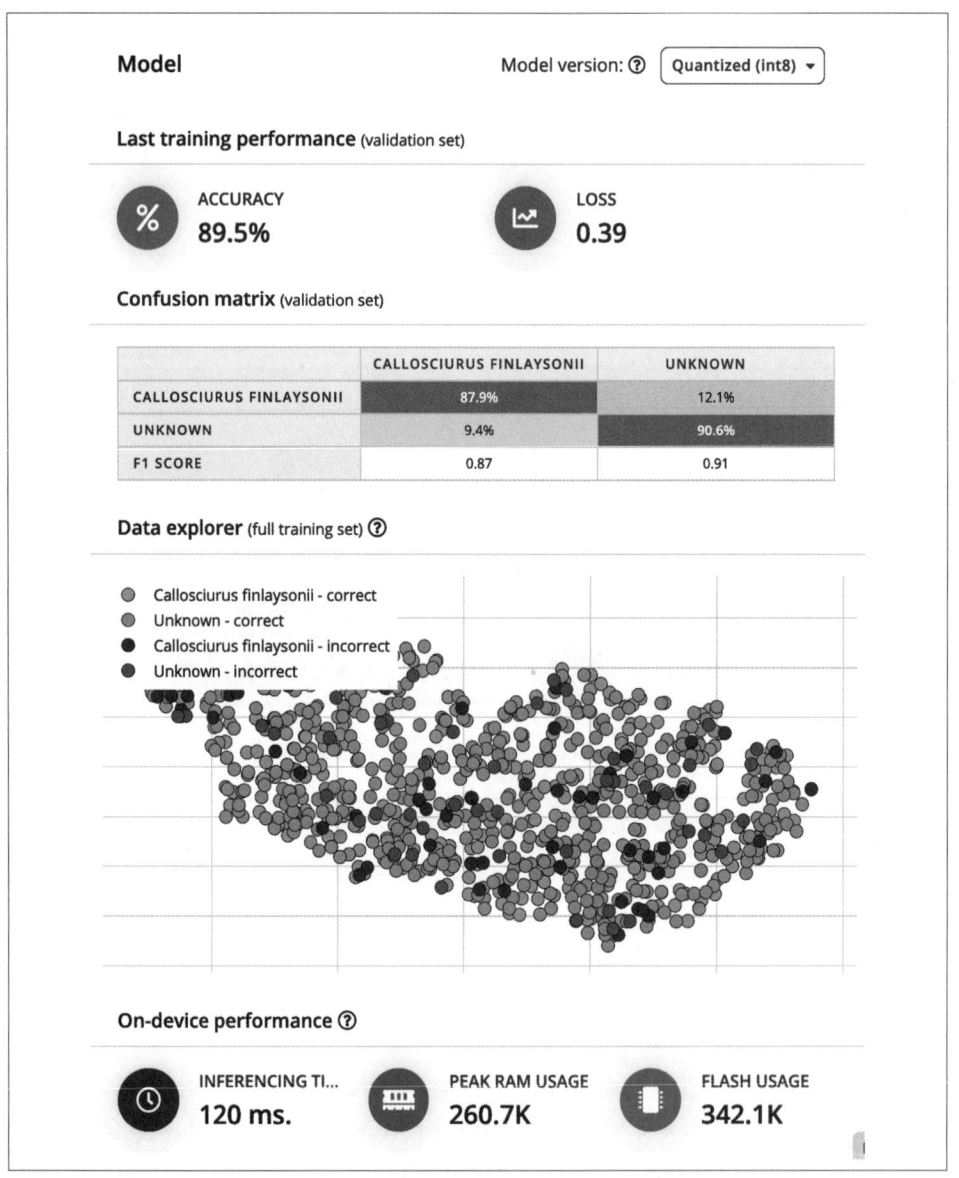

그림 11-15 EON 튜너 블록 구성을 통한 전이 학습 결과(정확도 89.5%)

EON 튜너 자동 머신러닝 작업이 완료되면 결과를 확인할 수 있다. 그림 11-16에 표시된 EON 튜너 결과의 경우 첫 번째 결과는 90%의 정확도를 달성하지만, RAM과 ROM이 모두 타깃의 하드웨어 사양을 초과하므로 이 모델을 선택하지 않는다. 따라서 정확도가 89%인 두 번째로 좋은 옵션을 선택한다.

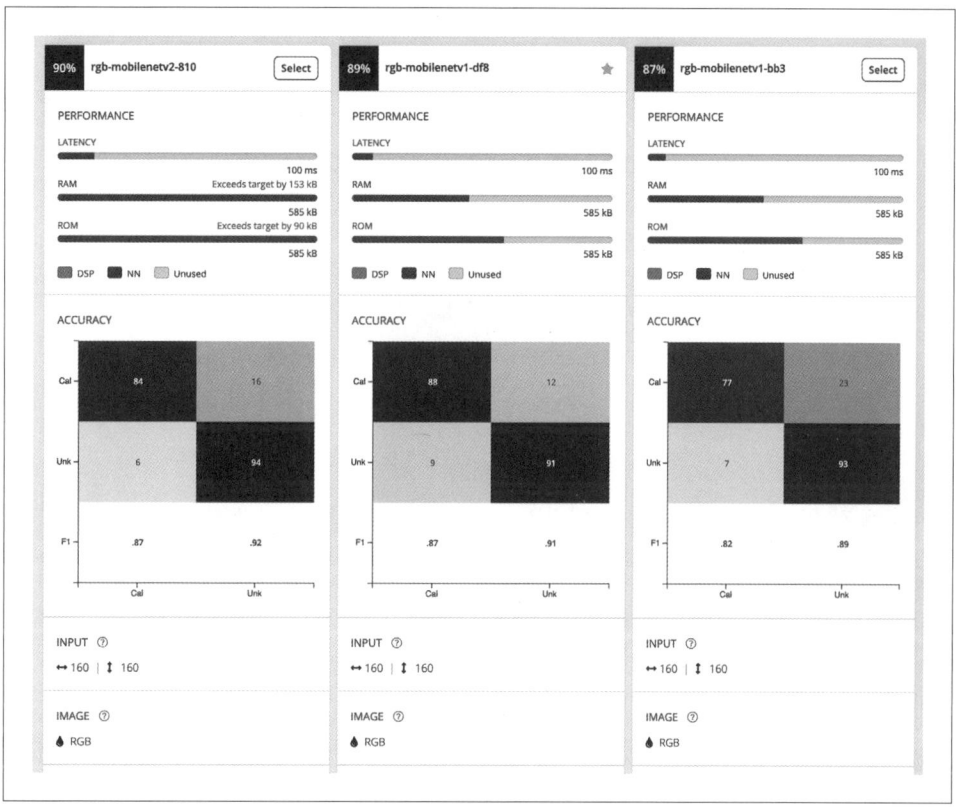

그림 11-16 EON 튜너 결과 매트릭스(타깃의 RAM을 초과하지 않는 최상의 결과의 정확도는 89%)

이러한 결과를 바탕으로, EON 튜너를 사용해 사용 사례에 맞게 자동으로 생성된 블록을 사용해 기본 블록 정보primary block info를 업데이트해야 한다. 그림 11-17과 같이 가장 정확도가 높은 구성 옆의 Select 버튼을 클릭하고 기본 모델primary model을 업데이트한다.

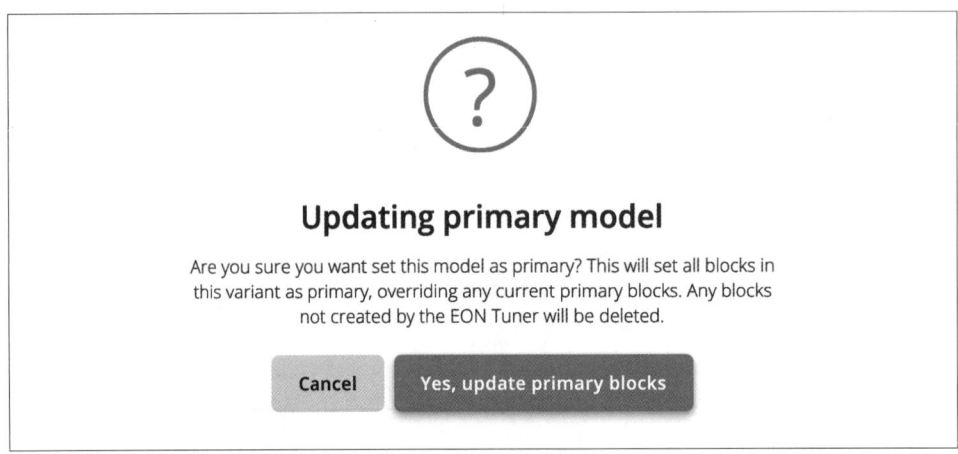

그림 11-17 EON 튜너로 기본 모델 업데이트하기

스튜디오가 프로젝트의 '임펄스 디자인' 블록을 업데이트할 때까지 기다린 다음(그림 11-18 참고), **Transfer learning**을 클릭하면, 그림 11-19에서 볼 수 있듯이 업데이트된 학습 모델 결과, 정확도, 지연 시간 계산을 확인할 수 있다.

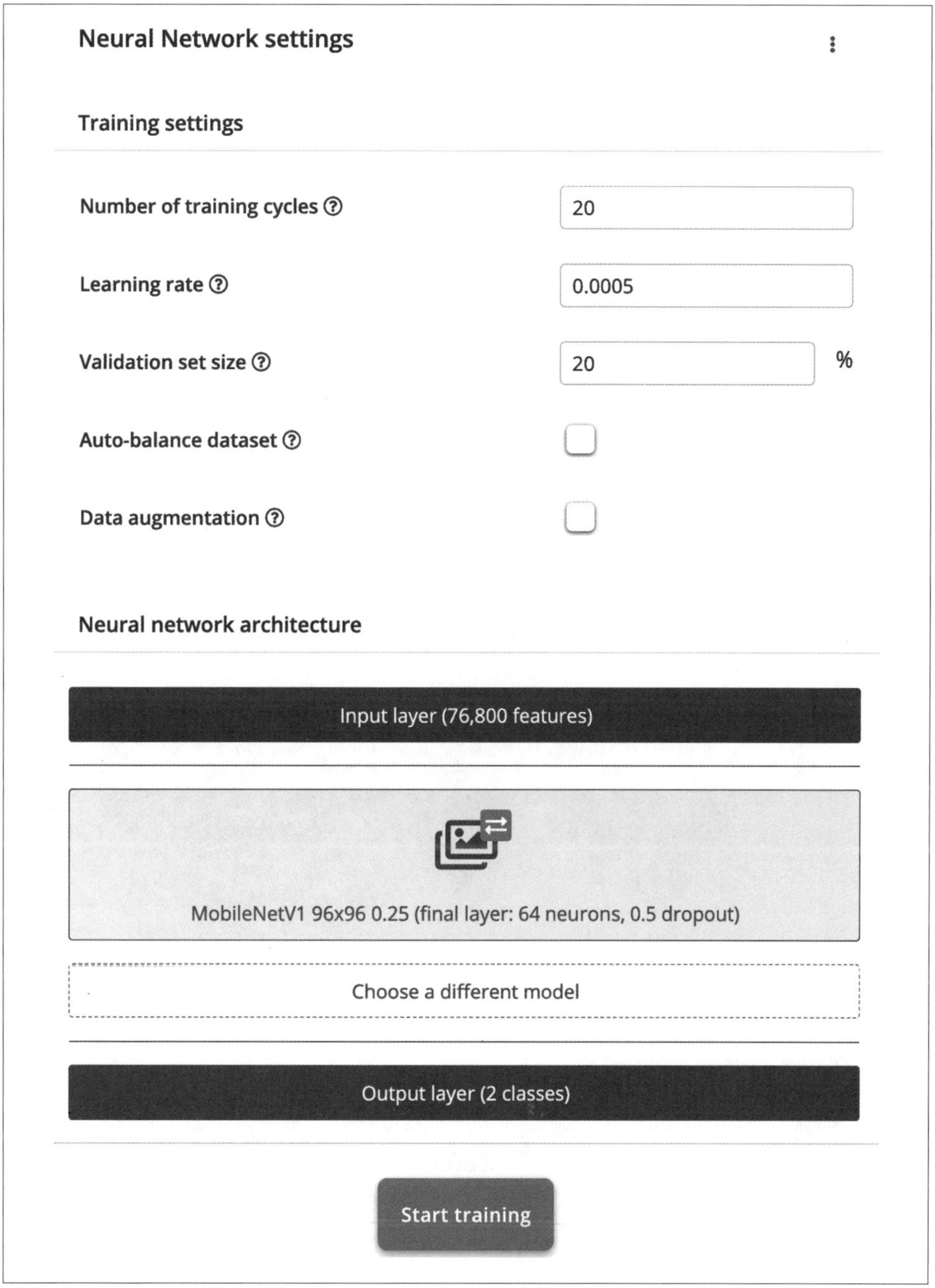

그림 11-18 EON 튜너 신경망 설정

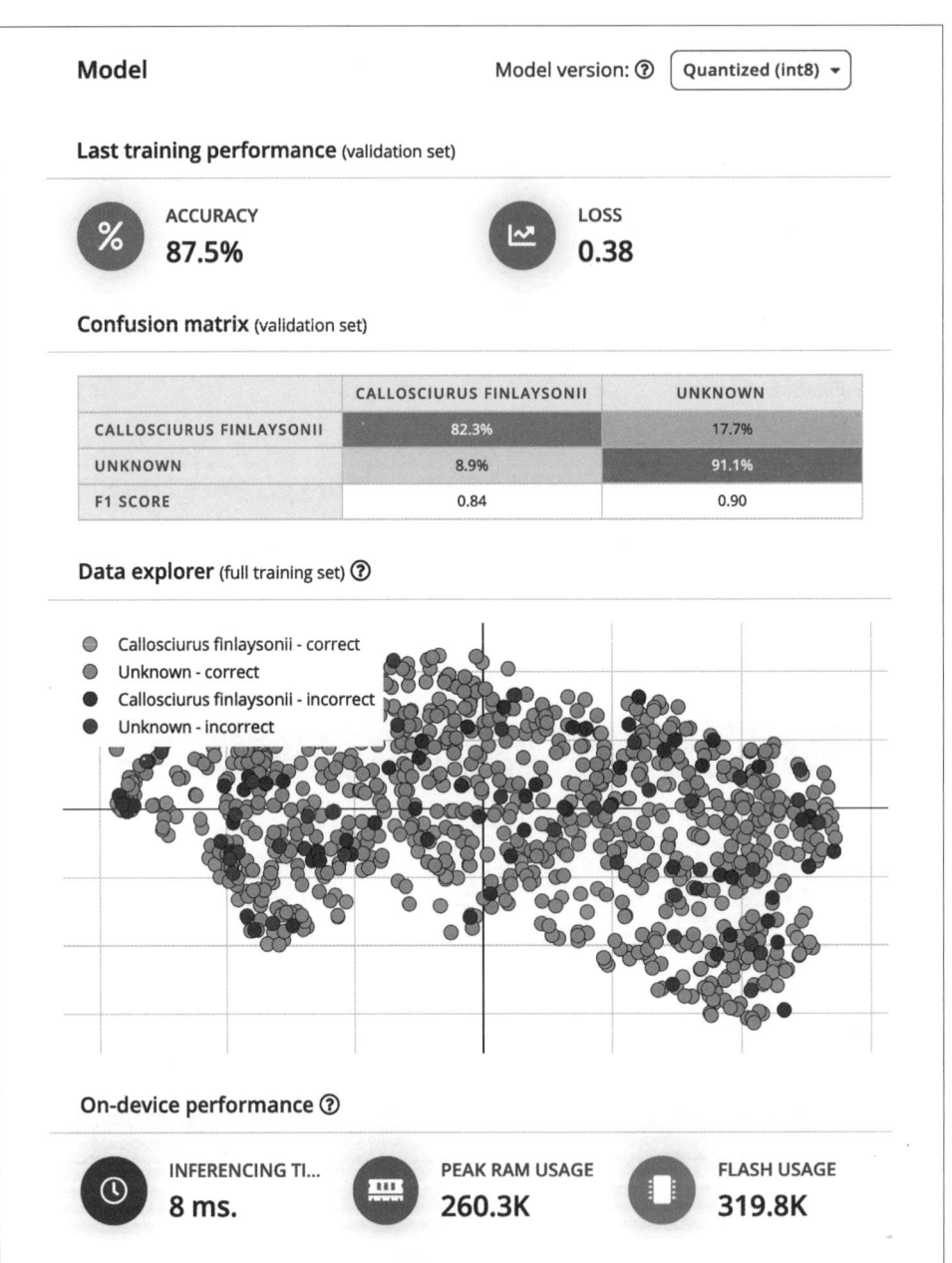

그림 11-19 EON 튜너로 업데이트된 기본 전이 학습 모델

모델 테스트

엣지 임펄스는 학습된 머신러닝 모델, 즉 임펄스의 실제 정확도에 대한 신뢰도를 높이기 위해 다양한 유형의 테스트와 검증 도구를 제공한다. 임펄스 학습을 마친 뒤, 프로젝트의 내비게이션 바에서 Live classification(https://oreil.ly/lBG87)과 Model testing (https://oreil.ly/gO2EL) 탭에 접근할 수 있다.

성능 보정을 통한 오디오 모델 테스트

515페이지의 '심층 분석: 라쿠나 스페이스를 이용한 새소리 분류 데모' 박스에서 설명한 대로, 성능 보정(https://oreil.ly/B3eQh) 모델 테스트와 실제 성능 튜너를 엣지 임펄스 프로젝트에서 사용할 수도 있다.

실시간 분류

Live classification 탭에서 테스트 데이터 세트의 개별 테스트 샘플을 학습된 모델에 대해 테스트하거나 장치를 연결하여 새로운 이미지와 테스트 샘플을 실시간으로 기록한 다음 이미지의 추출된 피처와 그에 따른 분류 결과 및 추론 예측을 볼 수 있다(그림 11-20 참고).

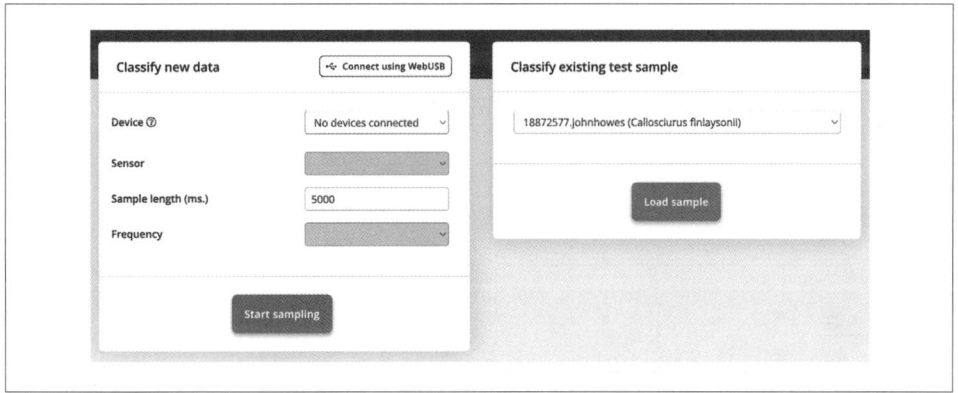

그림 11-20 실시간 분류

공식적으로 지원되는 장치를, 설치된 엣지 임펄스 장치 펌웨어나 엣지 임펄스 CLI 데이터 전달자를 통해 Live classification 탭에 연결한다. 예를 들어, 아두이노 나노 33 BLE 센스를 프로젝트에 연결하여 `edge-impulse-daemon` CLI 명령을 통해 장치의 환경에 새 테스트 이미지를 전송한다. 그리고 CLI 프롬프트에 따라 장치를 프로젝트에 연결하고 새 샘플을 기록한다.

또는 Classify existing test sample에서 기존 테스트 데이터 세트 이미지를 로드하여 이 샘플의 추출된 피처와 학습된 모델의 예측 결과를 볼 수 있다(그림 11-21 참고).

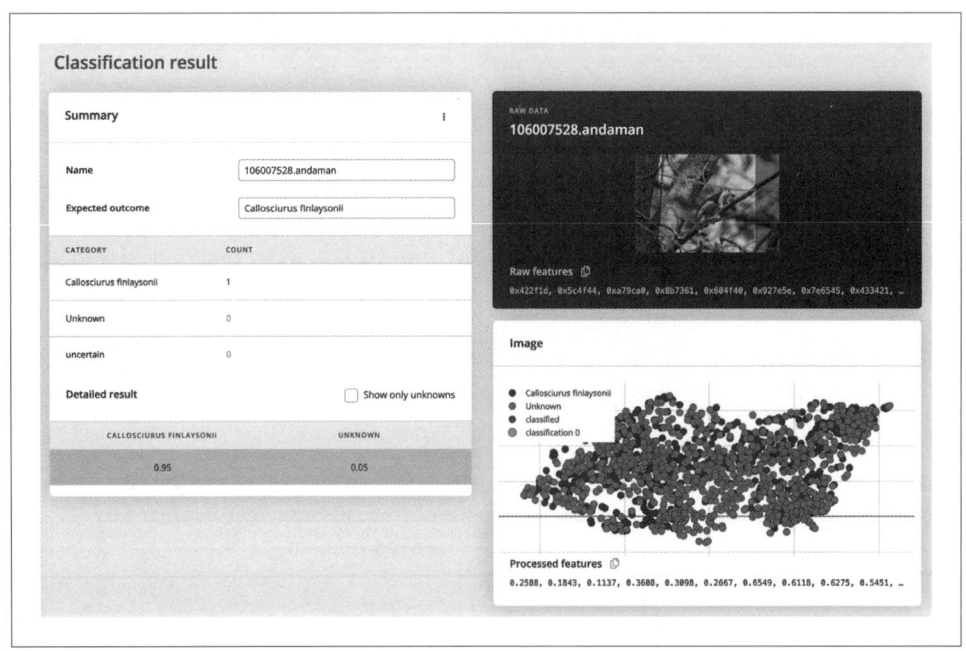

그림 11-21 실시간 분류 결과

모델 테스트

프로젝트의 Model testing(https://oreil.ly/gPhj3) 탭으로 이동하여 학습된 모델에 대해 테스트 데이터 세트를 일괄 분류할 수도 있다(그림 11-23 참고). 여기서 Classify all 버튼을 선택하여 테스트 데이터의 추론 결과와 모델 예측을 하나의 긴 테이블에 자동으로 수집할 수 있다. 또한 여기에서 Set confidence thresholds 점 3개 드롭다운 버튼을 클릭하여 모델의 추론 결과에 대한 신뢰도 임곗값(그림 11-22에 표시)을 설정할 수도 있다. 이때 임곗값 점수에 따라 학습된 신경망을 신뢰할 수 있는 방법이 결정된다. 신뢰도 등급이 설정한 값보다 낮으면 샘플에 '불확실'이라는 태그가 지정된다. '활성 학습' 모델 개발 전략으로 '불확실' 추론 결과를 사용해 모델의 정확도를 더욱 높일 수 있다. 이 불확실한 이미지를 업로드하고, 레이블을 붙이고, 모델을 재학습시킨 다음, 엣지 장치에 다시 배포한다! 모델 테스트 결과는 그림 11-23을 참고하기 바란다.

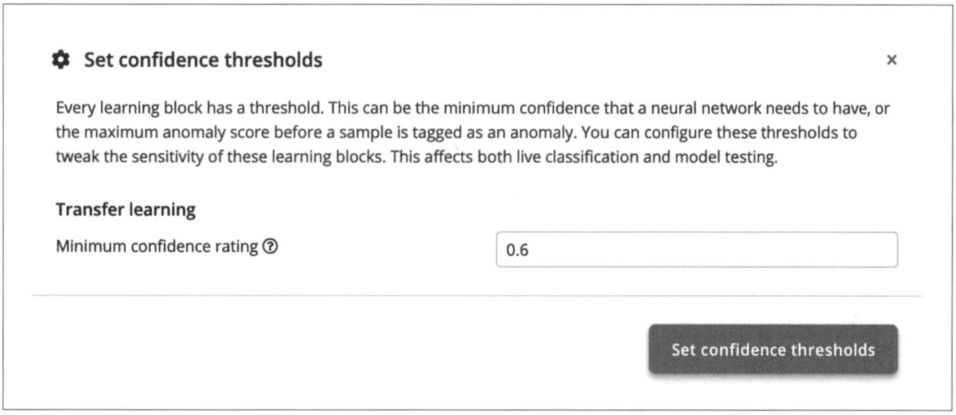

그림 11-22 신뢰도 임곗값 설정

그림 11-23 Model testing 탭 결과

로컬에서 모델 테스트하기

모든 중간 블록 결과와 학습된 모델 정보를 다운로드하여 원하는 방법, 즉 일반적으로 텐서플로/케라스 워크플로에서와 마찬가지로 파이썬 스크립트를 사용해 모델을 로컬에서 테스트할 수도 있다. 그림 11-24에서 볼 수 있듯이, 엣지 임펄스 프로젝트의 대시보드로 이동하여 사용 가능한 모든 블록 출력 파일을 확인한다.

Download block output		
TITLE	TYPE	SIZE
Transfer learning model	TensorFlow Lite (float32)	855 KB
Transfer learning model	TensorFlow Lite (int8 quantized)	302 KB
Transfer learning model	TensorFlow SavedModel	862 KB
Transfer learning model	Keras h5 model	827 KB

그림 11-24 다운로드 블록 결과

배포

축하한다! 이제 학습/테스트 데이터 세트 수집과 레이블링, DSP 블록으로 데이터의 피처 추출, 머신러닝 모델 설계와 학습, 테스트 데이터 세트로 모델 테스트를 모두 마쳤다. 이제 엣지 장치에서 추론에 필요한 모든 코드와 모델 정보를 확보했으므로, 미리 빌드된 바이너리를 장치에 플래시하거나 C++ 라이브러리를 임베디드 애플리케이션 코드에 통합해야 한다.

엣지 임펄스 프로젝트의 Deployment 탭을 선택하고 다음 절의 여러 배포 옵션 중 하나에 대한 단계를 따라 학습된 머신러닝 모델을 엣지 장치에서 실행한다.

라이브러리 생성

개발을 간단히 할 수 있도록, 엣지 임펄스는 배포된 모델을 임베디드 애플리케이션 펌웨어에 통합할 수 있도록 미리 작성된 많은 코드 예제를 제공한다. 공식적으로 지원되는 개발 보드를 사용하면 사전 빌드된 펌웨어 애플리케이션을 개발 보드에 드래그 앤 드롭하거나 임베디드 애플리케이션 개발과 디버깅 프로세스를 빠르게 시작하는 데 필요한 모든 장치 펌웨어와 드라이버가 포함된 보드의 오픈소스 펌웨어 리포지터리(https://oreil.ly/rH9iO)를 복제할 수 있으므로, 가장 빠르게 배포하고 개발 시간을 최소화할 수 있다.

모델을 '비공식적으로 지원되는' 플랫폼에 배포하는 경우, 라이브러리 배포 옵션에 관계없이 엣지 임펄스 SDK를 애플리케이션 코드에 통합하는 데 도움이 되는 많은 리소스를 사용할 수 있다.

- 사전 빌드된 엣지 임펄스 펌웨어(https://oreil.ly/V3eRI)
- 엣지 임펄스 SDK를 애플리케이션에 통합하기(https://oreil.ly/yAlgD)
- C++ 라이브러리 코드 이해와 모델 추론 결과 얻기(https://oreil.ly/-gPy_)

'비공식적으로 지원되는' 장치를 사용하는 대부분의 프로젝트는 프로젝트의 **Deployment** 탭의 **Create library** 뷰에서 사용할 수 있는 C++ 라이브러리 옵션을 사용해 배포한다(그림 11-25 참고). C++ 라이브러리는 외부 의존성 없이 이식 가능하며 모든 최신 C++ 컴파일러로 컴파일할 수 있다.

커스텀 처리 블록

엣지 임펄스 스튜디오 프로젝트에서 자체 커스텀 DSP 블록을 사용하기로 결정한 경우, DSP 블록에 해당하는 C++ 구현을 작성하고 이를 엣지 임펄스 SDK 코드에 통합해야 한다. 자세한 내용은 엣지 임펄스 설명서(https://oreil.ly/t1K1_)를 참고하라.

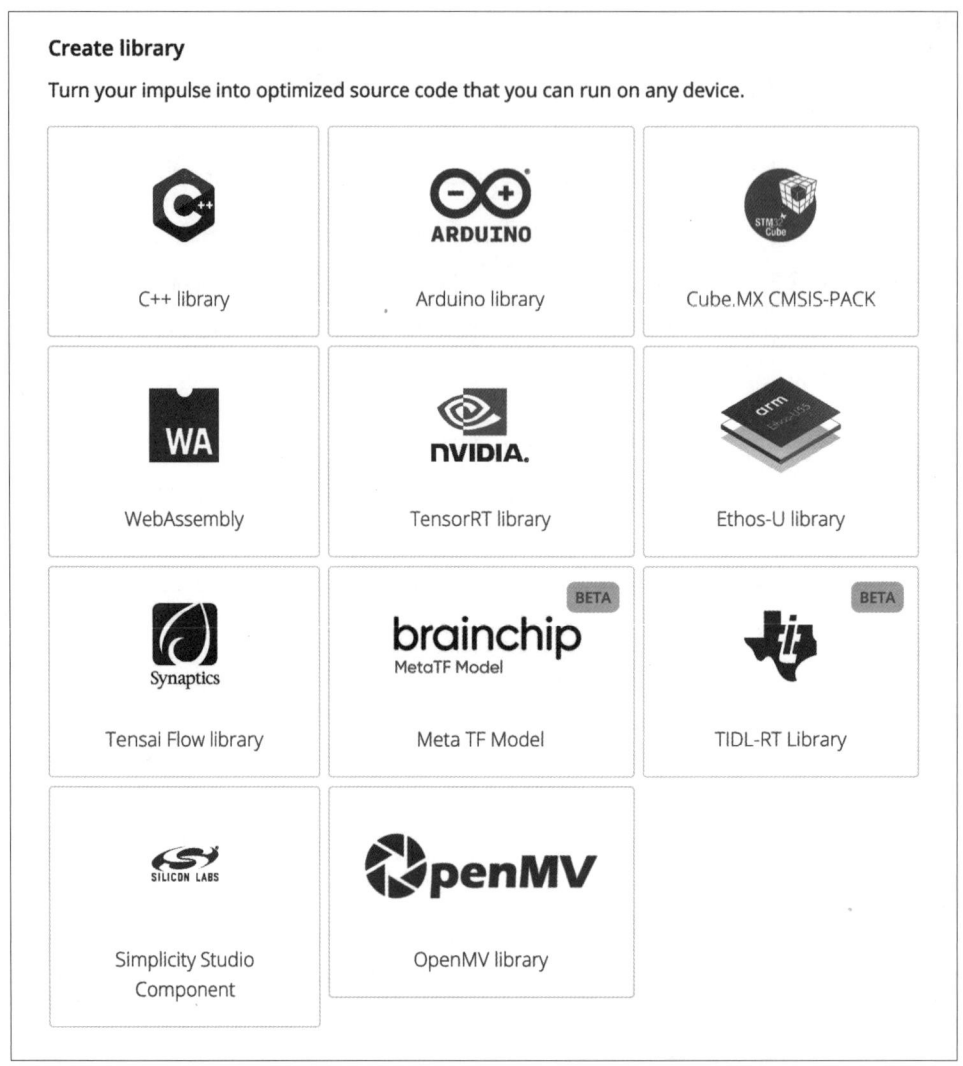

그림 11-25 오픈소스 라이브러리 만들기

휴대폰과 컴퓨터

엣지 임펄스 Computer와 Mobile phone 배포 옵션을 클릭하여 모델을 컴퓨터나 휴대폰의 엣지에 빠르게 배포할 수 있다. 이러한 배포 옵션은 휴대폰이나 컴퓨터의 카메라에서 직접 새로운 데이터를 분류할 수 있도록 학습된 임펄스를 위한 WebAssembly 라이브러리를 구축하는 오픈소스 모바일 클라이언트 펌웨어(https://oreil.ly/4-S9S)를 활용한다. 이 옵션은 학습/테스트 데이터 세트에 기본/통합 센서 유형을 사용하는 경우 이 배포 옵션에 대한 코드를 작성할 필요가 없으므로, 빠른 모델 프로토타이핑과 테스트에 유용하다.

이 프로젝트에서는 학습 및 테스트 데이터가 이미지이기 때문에, 휴대폰의 카메라를 사용해 휴대폰 웹 브라우저의 캐시와 통합 카메라 데이터를 통해 엣지에서 직접 모델을 테스트할 수 있다(그림 11-26 참고).

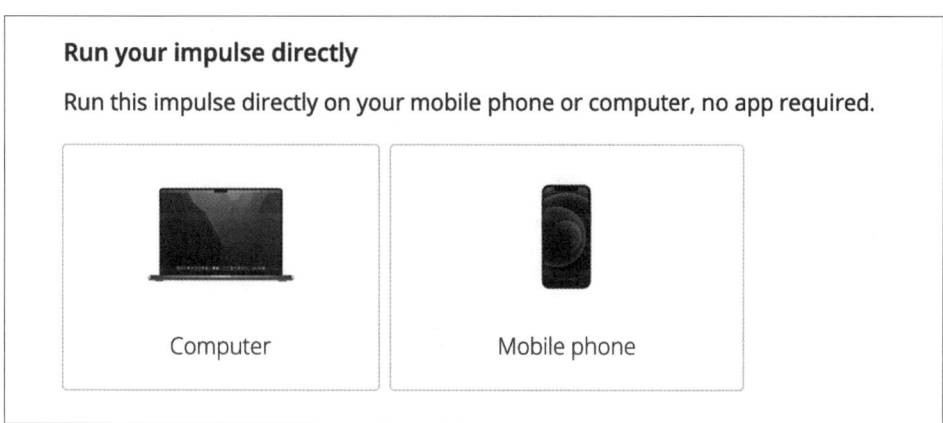

그림 11-26 임펄스를 직접 실행하기(휴대폰과 컴퓨터)

프로젝트의 Deployment 탭에서 Computer나 Mobile phone 아이콘을 선택하고, Build를 클릭한다. 휴대폰을 사용하는 경우, 휴대폰의 카메라로 생성된 QR 코드를 스캔하고 휴대폰의 웹 브라우저에서 URL을 연다. 그리고 모바일 클라이언트에 휴대폰 카메라에 대한 접근 권한을 부여하고 프로젝트가 빌드될 때까지 기다린다. 이제 학습된 카메라 트랩 모델이 엣지에서 실행되는 것을 확인하고 추론 결과를 휴대폰에서 바로 인쇄할 수 있다! 그림 11-27의 결과를 참고하라.

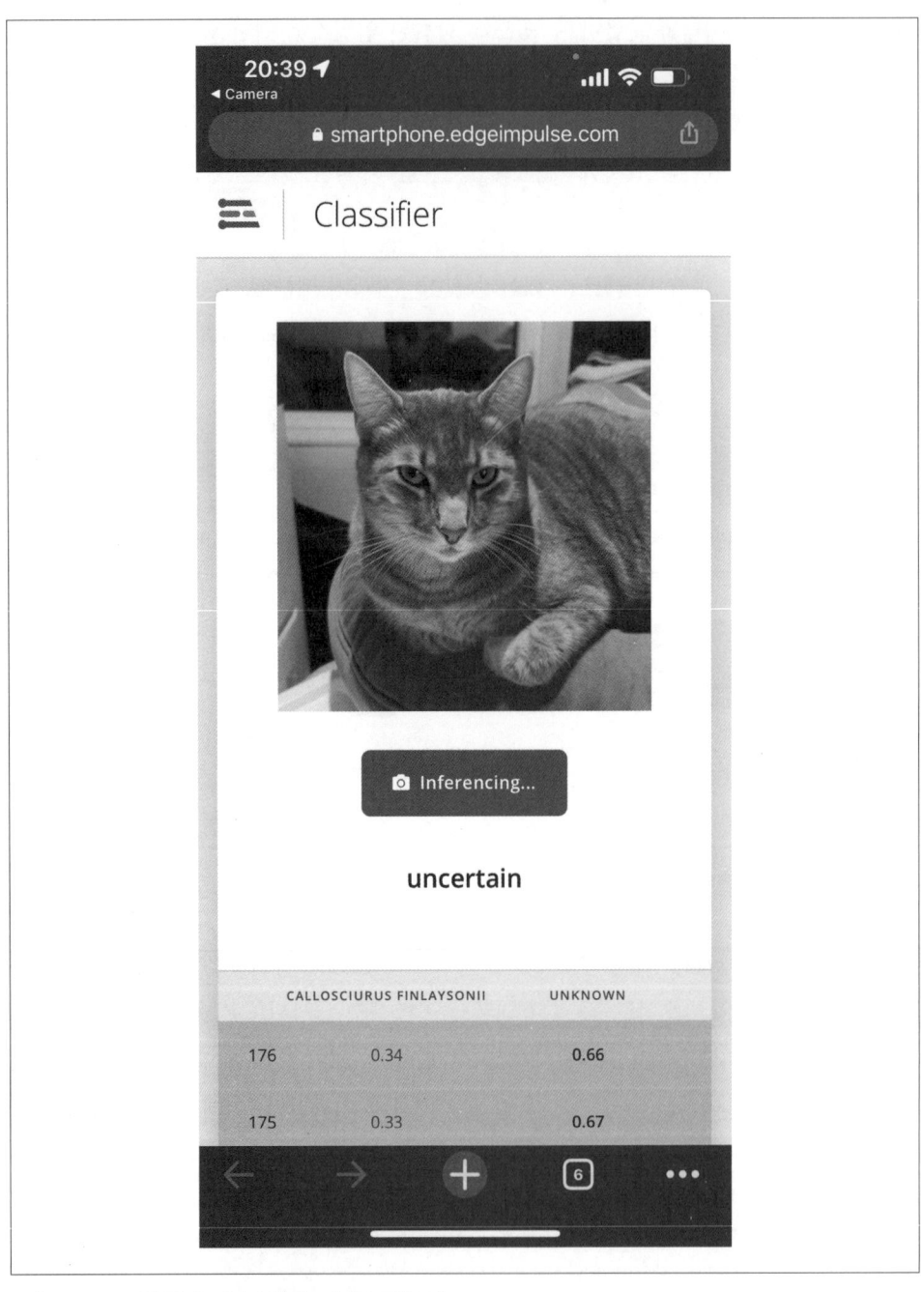

그림 11-27 모바일 폰 배포에서 실행되는 카메라 트랩 모델

사전 빌드된 바이너리 플래싱

Deployment 탭의 Build firmware 아래에서, 공식적으로 지원되는 엣지 임펄스 개발 플랫폼을 선택한 다음 Build를 선택한다. 마이크로컨트롤러용 텐서플로 라이트에 비해 동일한 정확도를 유지하면서 25~55% 적은 RAM과 최대 35% 적은 플래시를 사용해 신경망을 실행할 수 있는 EON 컴파일러Compiler를 활용할 수 있는 옵션도 있다.[12]

그런 다음 Deployment 탭에서 Build를 클릭한 뒤, 표시되는 지침에 따라 결과 펌웨어 애플리케이션을 공식 지원 플랫폼으로 끌어다 놓거나 플래시한다. 사전 빌드된 바이너리 플래싱에 대한 자세한 지침은 선택한 개발 플랫폼에 대한 엣지 임펄스 설명서(https://oreil.ly/llg9B)에서 확인할 수 있다.

이 프로젝트에서는 그림 11-25의 앞부분에 표시된 OpenMV Cam H7 Plus(https://oreil.ly/EfJwe)에서 학습된 모델을 실행하기 위해 OpenMV Library 배포 옵션을 선택한다.

엣지 임펄스 웹사이트(https://oreil.ly/82tKN)의 OpenMV 배포 설명서에 있는 지침에 따라 소프트웨어 필수 요구사항을 다운로드하고 설치한다. 그런 다음 다운로드한 모델 펌웨어의 ZIP 파일 압축을 풀고 labels.txt와 trained.tflite 파일을 연결된 OpenMV Cam H7 Plus의 파일 시스템으로 드래그 앤 드롭하거나 복사한다. OpenMV IDE에서 ei_image_classification.py 스크립트를 연다. USB 아이콘을 통해 OpenMV Cam 보드에 연결하고 파이썬 스크립트를 실행하면, 그림 11-28과 같이 직렬 터미널 보기에서 모델의 추론 결과가 엣지에서 실행되는 것을 확인할 수 있다.

---

12 얀 종붐(Jan Jongboom)의 블로그 게시물 'Introducing EON: Neural Networks in Up to 55% Less RAM and 35% Less ROM'(엣지 임펄스, 2020, https://oreil.ly/3-kTN)을 참고하라.

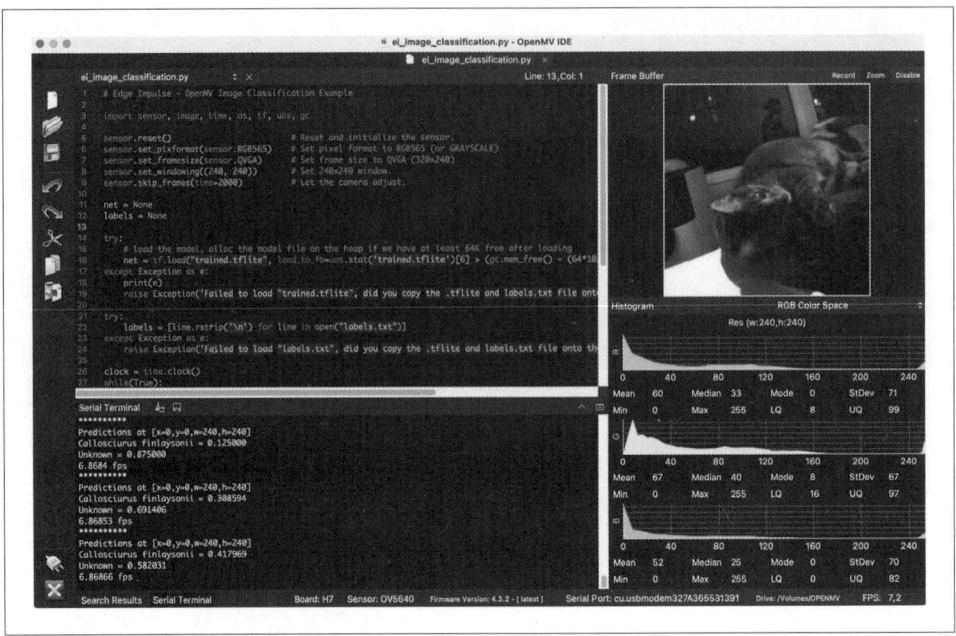

그림 11-28 OpenMV Cam H7 Plus에 OpenMV IDE 모델 배포

임펄스 러너

또한 공식적으로 지원되는 플랫폼에 USB 직렬 연결을 통해 모델을 다운로드, 배포, 실행하기 위해 엣지 임펄스 CLI(https://oreil.ly/KVUJf)를 사용할 수도 있다. 또는 엣지 임펄스 리눅스 러너(https://oreil.ly/SJZex)를 사용해 라즈베리 파이 4나 기타 리눅스 장치에서 엣지 임펄스 모델을 다운로드, 배포, 실행할 수 있다.

깃허브 소스 코드

11장에서 사용된 애플리케이션 소스 코드(공개 엣지 임펄스 프로젝트(https://oreil.ly/l_EIA)에서 배포된 라이브러리와 완성된 애플리케이션 코드 포함)는 깃허브 리포지터리(https://oreil.ly/rmE7-)에서 보고 다운로드할 수 있다.

반복과 피드백 루프

이제 야생동물 모니터링 모델의 첫 번째 반복을 엣지에 배포했으므로 결과에 만족하고 여기서 개발을 중단할 수 있지만, 시간이 지나거나 새로 구입한 장비 업그레이드 등을 통해 모델을 추가로 반복하고 정확도를 더욱 개선하려는 경우, 이 프로젝트에서 고려하고 개선해야 할 많은 조정과 변형사항이 있다.

- 다양한 동물에 대해 모델에 더 많은 머신러닝 클래스를 추가한다.
- 동물 대신 침입 식물 종을 위한 카메라 트랩을 만들어 지역 정원 가꾸기/채집 목적 등으로 활용한다.
- 가스 센서를 사용하는 야생동물 보호 트랩이나 종 개체 감지를 위해 카메라 학습 데이터 입력을 레이블이 지정된 이미지에서 경계 상자로 전환하는 등 동일한 목표를 달성하기 위해 다른 센서를 사용한다(151페이지의 '객체 감지와 세그먼테이션' 절 참고).
- 동일한 모델을 사용해 '다른' 목표를 달성하거나 다른 환경에 배포하여 '알 수 없음' 클래스를 구체화한다.
- 센서 조합(카메라 + 오디오 입력, 오디오 + 가스 입력 등)을 활용하여 모델의 정확도를 더욱 향상할 수 있다.

또한 엣지 임펄스에서 여러 프로젝트를 생성하여 여러 장치 위치, 여러 데이터 세트, 다른 트랩 동물 분류를 위한 다양한 머신러닝 모델을 만들 수 있다. 예를 들어 여러 동물 종에 대해 동일한 사하라 사막 모델을 사용하고, 초기 데이터 세트에서 주요 종을 원하는 다른 종으로 교체한 다음 다시 학습하고 다시 배포할 수 있다. 이렇게 하면 한 환경에서 사용한 것과 동일한 모델 구성을 다른 환경에서도 활용할 수 있는 이점이 생긴다.

> **심층 분석: 라쿠나 스페이스를 이용한 새소리 분류 데모**
>
> 다음은 엣지 임펄스와 라쿠나 스페이스(Lacuna Space, https://lacuna.space)가 만든 우주 위성과 LoRaWAN을 사용해, 새소리를 가지고 전 세계의 특정 조류 종을 분류하고 추적하는 흥미로운 데모다

(그림 11-29 참고).[13]

웹 추적기를 사용해 장치 위치에서 라쿠나 스페이스 위성이 비행할 적절한 다음 시간을 결정한 뒤, 'The Things Network'(https://www.thethingsnetwork.org) 애플리케이션을 통해 신호를 수신하고 장치 환경에서 새소리 분류를 위한 모델의 추론 결과를 볼 수 있다.

```
{
    "housesparrow": "0.91406",
    "redringedparakeet": "0.05078",
    "noise": "0.03125",
    "satellite": true,
}
```

그림 11-29 라쿠나 스페이스 데모

이 프로젝트에 사용된 학습/테스트 데이터, 디지털 신호 처리 코드, 머신러닝 코드는 엣지 임펄스 '새소리 분류기(Bird sound classifier)' 프로젝트 페이지(https://oreil.ly/Vf4Q0)에서 확인할 수 있다.

이 솔루션의 단점은 장치 환경에서 분류된 새소리를 식별하고 모니터링할 수는 있지만 이 방법을 사용하면 일반적인 분류 데이터만 받을 수 있고 특정 새의 정확한 위치나 추적/계수 데이터는 받을 수 없다는 것이다. 따라서 이 방법은 남획을 방지하고 해당 종의 침입 위협의 영향을 분석하기 위한 방법보다는 전체 종, 이동 패턴, 계절별 식별 데이터를 추적하는 데 더 효과적일 수 있다.

---

13 오렐리안 르쿼티에(Aurelien Lequertier) 등의 블로그 게시물 'Bird Classification in Remote Areas with Lacuna Space and The Things Network'(Edge Impulse, 2021, https://oreil.ly/4Rneh)를 참고하라.

공익을 위한 AI

이 책 전체에서 우리는 여기에 설명된 머신러닝 도구와 지식을 윤리적인 방식으로 사용하는 것의 중요성에 대해 논의했다. 이미 많은 기업이 '선한 기술technology for good'이라는 아이디어를 실천에 옮기고 있으며, 엣지 임펄스에서 구글에 이르기까지 많은 환경/야생 동물 보호 노력과 서약이 이뤄지고 있다.

- 지구를 위한 1%(https://oreil.ly/_xwYK)
- 지구를 위한 1%를 위한 엣지 임펄스의 약속(https://oreil.ly/CRH0m)
- 구글, '고래 노래 이야기'(https://oreil.ly/wtIpX)
- 마이크로소프트, 공익을 위한 AI(https://oreil.ly/o0TGV)

관련 연구

11장 전체에서 언급했듯이, 카메라 트랩과 보호용 트랩은 연구 활동과 윤리적 사냥 관행에서 널리 알려져 있고 널리 채택되고 있는 장치다. 다음 절들은 다양한 멸종 위기 동물의 개체 수 감소 문제와 그에 따른 기존 개체 수 보호를 위한 윤리적 카메라 트랩을 주제로 한 다양한 장치, 데이터 세트, 연구 논문, 서적에 대해 설명한다.

또한 이 책에는 다양한 애플리케이션, 방법, 장치에 대한 출처와 다양한 연구, 상업적으로 채택된 카메라 트랩의 인용문이 각 페이지의 각주에 나와 있다.

데이터 세트

인터넷에는 이런 유형의 사용 사례에 사용할 수 있는 기존 데이터 세트와 데이터 세트 수집 플랫폼이 많이 있다. 간단한 구글 검색만으로도 많은 결과를 얻을 수 있지만, 이 사용 사례에 대한 데이터 수집 플랫폼과 연구 데이터 세트를 나열하면 다음과 같다.

- 캐글 침입 외래종 모니터링 대회(https://oreil.ly/H4Y3N)

- 침입 외래 식물 데이터 세트(https://oreil.ly/xfBKr)

- iWildcam 2021(https://oreil.ly/76OW4)

- 알렉산드리아의 레이블 정보 라이브러리: 생물학과 보존, 기타 보존 데이터 세트 목록(https://oreil.ly/-IUvi)

- 칼텍-UCSD 조류-200-2011, 카메라에 의한 조류 분류(https://oreil.ly/lLU00)

- 칼텍 카메라 트랩(https://oreil.ly/boZ8q)

다시 한번 강조하지만, 각 데이터 세트를 윤리적 목적으로 사용하고 있으며, 장치가 설치된 위치/지역에서 모델의 대상 종이 멸종 위기에 처하거나 위협받는 종으로 간주되지 않는지 확인해야 한다는 점을 명심하기 바란다.

연구

- Ahumada, Jorge A. et al. *Wildlife Insights: A Platform to Maximize the Potential of Camera Trap and Other Passive Sensor Wildlife Data for the Planet* (https://doi.org/10.1017/S0376892919000298). Cambridge University Press, 2019.

- Apps, Peter, and John Weldon McNutt. "Are Camera Traps Fit for Purpose? A Rigorous, Reproducible and Realistic Test of Camera Trap Performance" (https://doi.org/10.1111/aje.12573). Wiley Online Library, 2018.

- Fischer, Johannes H. et al. "The Potential Value of Camera-Trap Studies for Identifying, Ageing, Sexing and Studying the Phenology of Bornean Lophura Pheasants" (https://oreil.ly/udikH). ResearchGate, 2017.

- Jang, Woohyuk, and Eui Chul Lee. "Multi-Class Parrot Image Classification Including Subspecies with Similar Appearance" (https://doi.org/10.3390/biology10111140). MDPI, November 5, 2021.

- O'Brien, Timothy G., and Margaret F. Kinnaird. *A Picture Is Worth a Thousand Words: The Application of Camera Trapping to the Study of Birds* (https://doi.org/10.1017/S0959270908000348). Cambridge University Press, 2008.

- O'Connell, Allan F. et al., eds. *Camera Traps in Animal Ecology: Methods and Analyses* (https://doi.org/10.1007/978-4-431-99495-4). Springer Tokyo, 2011.

- Rovero, Francesco et al. "Which Camera Trap Type and How Many Do I Need?" (https://doi.org/10.4404/hystrix-24.2-8789) *Hystrix* 24 (2013).

- Shepley, Andrew et al. "Automated Location Invariant Animal Detection in Camera Trap Images Using Publicly Available Data Sources" (https://oreil.ly/FUEJN). ResearchGate, 2021.

제12장
사용 사례: 식품 품질 보증

산업용 엣지 AI는 식품 품질 보증에 사용되어 식품 결함을 자동으로 감지, 수정하고 식품 부패를 방지한다. 이는 식품 이미지나 다양한 산업용 센서에서 결함을 나타내는 패턴을 인식하도록 머신러닝 모델을 학습시켜 수행된다. 그런 다음 이 모델을 카메라와 같은 엣지 장치에 배포하여 결함을 실시간으로 자동으로 감지하고 수정한다. 이를 통해 식품의 품질을 최고 수준으로 유지하고 낭비를 최소화할 수 있다.

엣지 AI를 활용하면 식품 생산과 유통을 좀 더 효과적으로 모니터링하고 관리하여 식품 낭비를 방지할 수 있다. 예를 들어, 식품 부패에 문제가 있는 경우 엣지 AI를 사용해 문제를 추적하고 시정 조치를 취할 수 있다. 12장에서는 식품 품질 보증 목적으로 엣지 AI를 사용하는 다양한 접근 방식과 관련 센서와 장치 구성, 그리고 선택한 접근 방식과 사용 사례 솔루션에 대한 심층적인 튜토리얼을 살펴본다.

문제 탐색

'식품 품질 보증'이라는 용어는 이번 장에서 모두 다루기에는 너무 광범위한 개념이고, 하나의 머신러닝 모델로만 해결하기에는 너무 큰 문제이므로, 이 책에서는 가정 주방 환경, 식품 제조 라인이나 식료품점의 냉장실/식료품 진열대에서 식품 낭비를 방지하고 최소화하는 측면에서 식품 품질 보증에 초점을 맞추고자 한다.

음식물 쓰레기를 방지하는 방법은 여러 가지가 있다. 목표에 따라 식품이 상하기 직전이나 이미 상한 시점을 식별할 수 있는 머신러닝 모델을 생성하거나, 식품 제조 환경이나 제품 취급 부주의로 인해 식품 매개 질병이 발생할 수 있는 요인을 식별하는 모델을 만들 수 있다. 이 두 가지 접근 방식 모두 음식물 쓰레기를 방지하고 최소화한다는 동일한 목표를 달성하지만, 이를 해결하기 위해서는 머신러닝 클래스와 센서 입력을 다르게 조합해야 할 수 있다.

스마트 팩토리에 엣지 AI 장치를 배포하면 생산성을 높이고 품질을 개선할 수 있다. 제조 공정에 AI를 도입하면 오류를 줄이고 시간과 비용을 절약하는 데 도움이 될 수 있다. 품질 관리 담당자는 클라우드에 연결된 스마트폰을 사용해 어디서나 제조 공정을 모니터링할 수 있다. 머신러닝 알고리듬을 적용하면 제조업체는 오류를 즉시 감지할 수 있다.[1]

솔루션 탐색

인더스트리 4.0은 '제4차 산업혁명'의 구어적 용어로, 상호 연결성 증가와 스마트 자동화로 인해 21세기 기술, 산업, 사회 패턴, 프로세스가 급격히 변화하는 것을 개념화한다.[2]

인더스트리 4.0의 주요 트렌드
- 스마트 팩토리
- 예측 유지보수
- 3D 프린팅
- 스마트 센서(농업과 식품 산업)

AI가 식품의 오염 물질을 검사하고, 식품의 품질을 테스트하고, 식품 안전 문제가 발생하기 전에 예측하는 데 도움을 줄 수 있기 때문에, 식품 품질 보증에 점점 더 많은 엣지 AI가 사용되고 있다. 식품 품질 보증은 우리가 소비하는 식품이 안전하고 고품질인지 확

---

1 IBM 문서 'What Is Industry 4.0?: How Industry 4.0 Technologies Are Changing Manufacturing'(https://oreil.ly/ZMhe7)을 참고하라.
2 위키백과 항목 '4차 산업혁명(Fourth Industrial Revolution)'(https://oreil.ly/39viN)을 참고하라.

인하는 프로세스다. 이 프로세스에는 식품의 오염 물질 검사, 식품 품질 테스트, 청결하고 안전한 식품 취급 관행 유지 등 다양한 단계가 포함된다. 이 단계를 따르면 우리가 먹는 식품이 안전하고 품질이 좋은지 확인하는 데 도움이 될 수 있다.

이 장에서는 식품 부패, 알레르기 유발 물질, 교차 오염 제조 공정 등에 기여하는 기존의 문제와 요인에 대해 고민하고 연구함으로써 식품 품질 보증 문제에 엣지 AI와 머신러닝을 적용하는 방법을 직관적으로 생각할 수 있다. 이러한 기존 연구와 산업 분야에 뛰어들면, 센서나 기계와 관련된 많은 문제가 발생하는데, 이때 기존 센서를 활용하거나 기존 기계 구조에 최소 침습적인 소형 마이크로컨트롤러를 추가함으로써 기존 데이터 세트와 센서 구성에서 새로운 패턴을 식별하거나 '센서 융합'이라는 개념을 통해 새로운 센서('가상 센서')를 만들 수도 있다(146페이지의 '피처와 센서 결합하기' 절 참고).

목표 설정

식품 안전은 우리가 섭취하는 식품에 유해한 오염 물질이 없는지 확인하는 데 도움이 되기 때문에 중요하다. 오염 물질은 박테리아, 바이러스, 화학물질 등 다양한 출처에서 발생할 수 있다. 식품 안전 지침을 준수하면 오염된 식품 섭취로 인한 식중독에 걸릴 위험을 줄일 수 있다.

식품 부패의 요인

박테리아, 바이러스, 곰팡이, 화학물질, 기타 다양한 환경적 요인을 포함하여 식품 부패의 원인이 될 수 있는 요인에는 여러 가지가 있다.

- 외부 열/추위
- 내부 온도
- 산소
- 염분
- 습도
- 폐기물 노출
- 습기

- 빛
- 원생동물

식품 품질 보증을 위한 AI 도구는 식품 생산 라인의 근로자와 식품을 구매하는 소비자의 건강을 보장하고, 전반적인 식품 폐기물을 줄이며, 기후 변화와 환경에 대한 부정적인 영향을 최소화하기 위해 중요하다. 또한 식품 품질 보증 엣지 AI는 식품 알레르기가 있는 사람들이 자신의 개인화된 알레르기 매트릭스에 따라 어떤 식품이 안전한지 여부를 판단할 수 있도록 지원하는 등 다른 의미 있는 사회적 영향력 영역을 탐색할 수 있는 기회도 제공한다.

솔루션 설계

이 책에서는 가스 센서가 부착된 마이크로컨트롤러로 음식물 쓰레기를 줄이기 위해 저렴하고 효율적이며 학습하기 쉬운 식품 품질 보증 엣지 AI 모델을 설계하고 구현하는 방법을 선택했다. 하지만 식품 부패를 감지하기 위한 엣지 AI 모델은 가스 센서로만 만들 수 있는 것은 아니다. 12장과 책 전체에서 소개하는 원리와 설계 워크플로를 사용하면 카메라 이미지 입력을 사용해 식품 안전 규정과 장비를 모니터링하고, 다양한 환경 센서로 각종 식품 매개 질병이나 알레르기 유발 물질을 식별하는 등 식품 품질 보증 목적으로 다양한 유형의 머신러닝 모델과 애플리케이션을 구현할 수 있다.

어떤 솔루션이 이미 존재하는가?

식품 품질 보증은 많은 기업의 최우선 과제였으며 앞으로도 그럴 것이다. 유통기한이 지나거나 상하거나 부패하기 전에 식품을 판매해야 하는 식료품점의 경우, 수익을 개선하고 식품 낭비를 줄일 수 있는 기술이나 솔루션은 높은 투자 가치가 있다. 우버는 우버의 머신러닝 플랫폼인 미켈란젤로^{Michelangelo}(https://oreil.ly/dtgfZ)를 통해 음식 배달 손실을 방지하는 데 있어서도 AI의 진보를 거듭하고 있다. 이 모델은 음식 배달 예상 시간을 예측하고 배달 기사와 레스토랑에 실시간 피드백과 예상 계산을 제공하여 우버 이츠^{Uber Eats} 사용자의 주문이 레스토랑 주방에서 집까지 배달되는 과정의 각 부분에 대한 지원을 제공한다.

지방 정부도 매일 낭비되는 음식물의 양을 방지하고 줄이는 데 큰 관심을 갖고 있다. 유엔 식량농업기구(https://oreil.ly/RFgSO)에 따르면 매년 낭비되는 음식물이 13억 톤에 달하며, 이는 생산되는 전체 음식물의 3분의 1에 가까운 양이다.[3] 이는 8억 1,500만 명이 4배 이상 먹을 수 있는 양이다.[4]

식품 품질 보증 개념과 AI 솔루션은 다양한 식품 관련 알레르기로 고통받는 사람들을 돕는 제품에도 적용되고 있다. 세계에서 가장 작고 빠른 소비자 식품 알레르겐 센서인 알레르기 어뮬릿Allergy Amulet(https://oreil.ly/ECfGo)은 최종 사용자가 식품 샘플을 채취하면 몇 초 내에 식품 알레르기 유발 물질이 존재하는지 여부를 알려준다.

솔루션 설계 접근 방식

다양한 접근 방식을 통해 문제를 파악하고 솔루션을 설계할 수 있으며, 그 방법 중 몇 가지를 소개한다.

소비자용이나 산업용 식품 부패 감지

가스 센서는 공기 중 다양한 가스의 존재를 감지할 수 있는 장치다. 주로 산업 환경에서 유해 가스를 모니터링하는 데 사용된다. 그러나 육류나 생선, 기타 특히 냄새가 나거나 가스가 많은 식품이 상하기 직전의 시기를 감지하는 데도 사용할 수 있다. 엣지 AI와 결합된 식품 부패 장치는 음식물 쓰레기를 최소화하고 식중독을 예방하기 위해 산업 현장과 가정 모두에 훌륭한 도구가 될 수 있다.

냉장고 내부나 식품 생산 라인에 가스 센서를 설치하면, AI 장치 사용자가 식품의 부패 상태를 최대한 빨리 파악할 수 있다. 이 센서는 육류나 생선이 부패하기 시작할 때 생성되는 공기 중 이산화탄소나 암모니아, 기타 가스의 수준을 감지하는 방식으로 작동할 수 있다. 이러한 가스를 조기에 감지함으로써 센서는 다른 제품을 오염시키기 전에 사용자나 공장 작업자에게 해당 식품을 폐기하도록 경고할 수 있다.

---

3 「Putting the AI in Grocery Aisles」(Pini Mandel, Food Logistics, 2021, https://oreil.ly/WrkjE)
4 음식물 손실과 폐기물 데이터베이스(https://oreil.ly/xe0z6)

식품 안전 규정 준수 모니터링

식품 산업에서 안전과 규정 준수는 최우선 과제이며, 일반적으로 현지 정부의 규제를 받는다. 최종 소비자를 보호하는 한 가지 방법은 식품 포장 라인의 모든 직원이 흰 가운, 머리망, 고글, 장갑 등 적절한 식품 안전 의류를 착용하고 있는지 확인하는 것이다. 컴퓨터 비전 모델을 사용해 이 정보를 추적하고 이상 징후를 식별할 수 있다. 또한 오디오 데이터를 사용해 음식 준비 과정의 문제를 나타낼 수 있는 비정상적인 소리를 들을 수 있다.

생산 라인의 복장이 적절한지 모니터링하는 것 외에도 손씻기를 추적하는 모델을 개발하여 모든 작업자가 적절한 안전과 건강 프로토콜을 따르고 있는지 확인할 수 있다. 이는 오디오나 기타 센서 데이터를 사용해 수행할 수 있다. 이러한 데이터 포인트를 추적함으로써 안전하고 효율적인 식품 제조 공정을 보장할 수 있다.

식품 생산 품질 관리 모니터링

식품 변조와 소비자 기만 행위는 현대 사회에서 불행한 현실이다. 예를 들어, 값싸거나 품질이 낮은 오일의 혼입은 제품의 오일 품질에 큰 영향을 미치며, 올리브 오일의 경우 해바라기 오일, 옥수수 오일, 코코넛 오일, 헤이즐넛 오일이 가장 빈번하게 혼입되고 있다. 이를 방지하기 위해 이 가공 단계에서 전자 코를 사용하면 품질 검사 측면에서 획기적인 변화를 가져올 수 있다.[5]

또한 생산 시간부터 포장, 최종 매장 진열, 배송 차량에서 고객에 이르기까지 생산 파이프라인 전반에 걸쳐 식품의 온도를 모니터링할 수 있다. 또한 시간 경과에 따른 냉동실과 냉장실 온도와 이것이 제품 품질(얼음 결정 수, 냉동실 화상 등)에 미치는 영향, 식품의 유통기한 경과나 부패 여부 등 식품의 부패 상태를 모니터링하는 것도 중요하다. 이런 다양한 품질 관리 조치를 시행함으로써 우리가 섭취하는 식품의 품질을 최고 수준으로 유지할 수 있다.

교차 오염과 식품 알레르기 유발 물질 감지하기

견과류나 글루텐 같은 알레르기 유발 물질은 일부 사람들에게 심각한 반응을 일으키

---

5 「Using AI to Increase Food Quality」(Ilker Koksal, *Forbes*, 2021, https://oreil.ly/kvHri)

고 심하면 사망에 이를 수도 있다. 공장 기계는 때때로 고장이 날 수 있으며, 금속 조각이 식품에 들어갈 수도 있다. 또한 사람이 식품을 취급할 때도 박테리아와 같은 오염 물질이 유입될 수 있다. 이때 알레르기 유발 물질이 식품에 접촉했는지 확인할 수 있는 몇 가지 방법이 있다. 첫 번째는 오염 징후가 있는지 확인하는 것이다. 이는 색상이나 질감, 냄새의 변화를 살펴보는 것으로 확인할 수 있다. 식품의 모양이나 냄새가 처음 포장됐을 때와 다르다면 오염된 것일 수 있다.[6]

그렇다면 이런 잠재적인 문제를 어떻게 감지할 수 있을까? 몇 가지 방법이 있다. 첫째, 식품에서 알레르기 유발 물질의 흔적을 찾을 수 있다. 예를 들어 견과류나 글루텐이 성분으로 표시되어 있다면 해당 식품에 이런 성분이 들어 있음을 알 수 있다. 또한 음식에서 작은 금속 조각과 같은 금속 오염의 징후를 찾을 수도 있다. 마지막으로 장갑이나 기타 보호 장비의 부족과 같은 인체 오염의 징후를 찾을 수 있다.

앞서 설명한 사용 사례 솔루션 접근 방식 중 어느 것이든 우리가 먹는 식품이 안전하고 오염 물질이 없는지 확인하는 데 도움이 될 수 있으며, 12장의 사용 사례 목표인 음식물 쓰레기 감소, 전반적인 식품 품질 보장, 소비자와 생산 라인 근로자의 복지 증진을 촉진할 수 있다.

설계 고려사항

식품 낭비를 방지 및 최소화하고 식품 생산/보관 품질 관리와 안전 문제를 개선한다는 중요한 목표를 달성하기 위해 기술적 관점에서 여러 유형의 센서와 카메라(표 12-1 참고)를 포함한 다양한 데이터 소스를 사용해 유사한 목표(식품 낭비 감소와 식품 안전 개선)를 달성할 수 있다.

---

[6] 「Intelligent Sensors for Sustainable Food and Drink Manufacturing」(Nicholas J. Watson et al., *Frontiers in Sustainable Food Systems*, https://oreil.ly/weN5Q)

표 12-1 다양한 식품 품질 보증 목표를 달성하기 위한 센서

목표	센서
식품 포장 누출 식별	가스, 습기, 수분 수준, 카메라
식품에 오염 물질이나 이물질이 있는지 검사하기	카메라
음식의 완성도와 품질 관리	카메라, 온도, 가스
식품 부패 감지	환경, 화학, 카메라
식품 알레르기 유발 물질 식별	환경, 화학, 가스
인체 식품 안전 장비/의류 식별	카메라, 오디오
포장 유통기한 감지	카메라
포장 라인 교차 오염	카메라, 화학, 열화상 카메라, X선, 적외선, 가스

식품 품질 보증 목표와 사용 사례를 선택할 때는 머신러닝 모델 학습을 위한 대규모의 견고한 고품질 데이터 세트를 얼마나 쉽게 수집할 수 있는지도 고려해야 한다. 이전 장들(특히 7장)에서 살펴본 바와 같이 모델은 입력 데이터의 품질만큼만 우수하다. 특정 공장의 식품 안전 의류와 장비를 식별하는 모델을 만들고자 한다면, 첫 번째 시도에서 매우 정확한 분류 모델을 성공적으로 학습시킬 수 있을 만큼 충분히 큰 데이터 세트를 확보하지 못할 수도 있다. 물론 '능동 학습'과 같은 기술을 사용하면 정확도가 낮은 모델을 공장에 배포할 수 있으며, 시간이 지나면서 새로 수집된 데이터와 장치 위치에 대한 기타 환경 배경 정보를 통해 모델을 개선할 수 있다.

또한 장치가 배치될 위치와 다양한 센서와 장치 요구사항도 고려해야 한다.

- 초기 데이터 수집 단계에서의 장치 위치
- 배포 후 장치 위치
- 배터리 전원 대 USB 전원 대 영구 전원선
- 센서의 정상적인 사용을 저해하거나 장치를 손상시킬 수 있는 환경 요건(예: 물, 안개, 먼지, 기타 환경 요인)
- 센서를 얼마나 자주 교체해야 하는가: 성능 저하 수명 주기가 있는가?

- 공칭 작동 매개변수nominal operation parameter(예: 가스 센서 번인 사양)를 달성하기 위해 센서를 항상 켜놓아야 하는가?
- 센서가 공칭 기록 상태nominal recording state, 온도 예열 시간 등을 달성하는 데 필요한 시간은 얼마나 되는가?

환경과 사회적 영향

전 세계 인구가 계속 증가함에 따라 음식물 쓰레기의 양도 증가하고 있다. 전 세계적으로 생산되는 음식의 3분의 1 이상이 버려지는 것으로 추정된다. 매년 13억 톤의 음식이 버려지는 셈이다! 이는 엄청난 자원 낭비일 뿐만 아니라 환경에도 심각한 영향을 미친다.[7]

음식물 쓰레기는 온실가스 배출의 주요 원인이다. 음식물이 매립지에서 썩으면 이산화탄소보다 더 강력한 온실가스인 메탄가스를 방출한다. 음식물 쓰레기를 줄이는 것은 지구에 미치는 영향을 줄이고 지구 기후 변화의 진행을 줄일 수 있는 가장 간단하고 효과적인 방법 중 하나다.[8]

음식물 쓰레기를 줄이면 환경적 이점 외에도 건강에도 긍정적인 영향을 미칠 수 있다. 식품 부패나 질병을 조기에 발견하면 식중독, 살모넬라균, 기타 식품 매개 질병의 발생을 예방할 수 있다. 또한 식품 알레르기 유발 물질과 교차 오염을 줄이면, 치명적인 식품 알레르기가 있는 사람들의 삶이 개선될 것이다.

식품 생산 라인에서 식품 안전과 품질을 높이면, 작업자의 신체적 안전과 최종 소비자의 전반적인 건강에 도움이 된다. 품질 관리 검사원은 우리가 먹는 식품이 안전하고 최고 품질을 유지하도록 하는 데 중요한 역할을 한다. 일반적으로 모든 자원의 낭비를 줄임으로써 식품 품질 문제를 최대한 빨리 파악하여 식품 알레르기 유발 물질을 식별하고 제거함으로써 생명을 구할 수 있다.

---

[7] 유엔 식량농업기구 웹사이트(https://www.fao.org/home/en/) 참고
[8] 미국 농무부 문서 'Food Waste and Its Links to Greenhouse Gases and Climate Change'(https://oreil.ly/AMnGh) 참고

부트스트랩

251페이지의 박스에서 살펴본 벤자민 카베의 '인공 코 만들기'와 유사하게, 12장에서는 식품 품질 보증을 위한 엔드투엔드 솔루션, 특히 연어 살코기가 언제 구매됐는지(그리고 신선한지), 언제 상했는지 식별하고 분류하여 식품 폐기물을 줄이는 방법을 살펴볼 것이다. '상했음'과 '구매 날짜/신선함' 가스 센서 데이터 샘플로 데이터 세트를 수집한 뒤에, 학습된 머신러닝 모델이 장치 근처에서 생선의 신선도가 변할 때 생성되는 가스 데이터를 구별할 수 있도록 환경의 '주변' 환경에 대한 세 번째 클래스 데이터도 수집할 것이다.

이 세 가지 클래스를 통해 분류 머신러닝 모델은 타깃 엣지 플랫폼의 가스 센서 범위 내에 어떤 종류의 물고기가 있는지 식별할 수 있다. 엣지 장치는 가스 센서에서 원시 샘플을 지속적으로 수집하고, 학습된 머신러닝 모델은 장치 근처의 연어 살코기가 원래 구매 날짜에 가까운지나 상했는지 여부를 추론하고 판단한다. 예측 결과와 가스 신호 데이터는 연어 살코기가 상한 것으로 결론이 나면 네트워크 연결을 통해 전송되거나, 사람이나 클라우드에서 추가 처리를 위해 장치에 로컬로 저장된다.

머신러닝 클래스 정의

표 12-2는 사용 사례, 센서, 데이터 입력 유형, 학습 및 테스트 데이터 세트를 수집하고 레이블을 지정하는 데 사용할 수 있는 머신러닝 클래스의 잠재적인 조합을 보여준다. 사용 사례와 관련 클래스 레이블은 이 장에서 사용하는 머신러닝 알고리듬의 유형, 특히 '분류'에 중요하다. 이에 대한 자세한 내용은 149페이지의 '분류' 절에서 확인할 수 있다.

표 12-2 식품 품질 사용 사례를 위한 머신러닝 클래스

사용 사례	학습 데이터	클래스 레이블
식품 부패 감지	가스	상했음, 신선함, 주변 환경
식품 안전 의류 감지	이미지(경계 상자 사용)	안전 의류나 PPE(Personal Protective Equipment)
포장 유통기한 감지	이미지(경계 상자 사용)	유통기한
식품 포장 누출 감지	수분 수준, 습도, 수분	아주 얼마 안 되는(nominal), 누출
음식의 완성도/품질 관리	온도, 가스	완성, 덜 익음, 너무 익음, 주변 환경

12장에서는 머신러닝 센서 데이터 분류를 사용해 식품 부패 감지 사용 사례를 선택하고 구축할 것이며, 프로젝트의 머신러닝 클래스는 '상했음', '구매 날짜', '주변'이 될 것이다.

데이터 세트 수집

깨끗하고 견고하며 유용한 데이터셋을 수집하는 방법에 대한 기술적이고 구체적인 정보는 292페이지의 '데이터 활용하기' 절을 참고하기 바란다. 또한 여러 소스에서 데이터를 수집하는 방법에 대한 다양한 전략을 활용하여 사용 사례에 맞는 고유한 데이터 세트를 만들 수 있다.

- 공개 연구 데이터 세트 결합하기
- 캐글과 같은 커뮤니티 중심 데이터 수집 사이트의 기존 센서 데이터 세트 사용하기
- 동료의 도움을 받아 공동 엣지 임펄스 프로젝트에 필요한 샘플 수집하기

엣지 임펄스

478페이지의 '엣지 임펄스' 절에서 설명했듯이, 12장에서 설명하는 지침을 따르려면 무료 엣지 임펄스 계정(https://edgeimpulse.com)을 만들어야 한다.

엣지 머신러닝 모델 개발을 위해 엣지 임펄스를 사용해야 하는 추가 근거는 229페이지의 '엣지 AI를 위한 엔드투엔드 플랫폼' 절을 참고하기 바란다.

엣지 임펄스 공개 프로젝트

12장의 공개 엣지 임펄스 프로젝트(https://oreil.ly/W3_vb)는 누구나 사용할 수 있다.

하드웨어와 센서 선택

이 책에서는 가능한 한 장치에 구애받지 않으려고 노력했지만, 이 사용 사례의 솔루션

을 만들기 위해 사용하기 쉬운 기성품 개발 키트를 사용하는 방법도 논의해야 한다. 따라서 이 책은 가능한 한 쉽고, 저렴하고, 접근하기 쉬운 하드웨어를 선택하는 것을 목표로 한다.

엣지 임펄스는 이미 다양한 통합 센서 드라이버와 공식적으로 지원되는 오픈소스 펌웨어를 포함한 다양한 개발 플랫폼을 제공하고 있으므로, 이 프로젝트의 간소화와 식품 품질 보증 가스 센서 데이터 수집을 위해 온보드 보쉬^{Bosch} BME688(https://oreil.ly/z1BzE) 가스 센서가 포함된 아두이노 니클라 센스 ME$^{Arduino\ Nicla\ Sense\ ME}$(https://oreil.ly/tepYH)를 사용하겠다.

하드웨어 구성

아두이노 니클라 센스 ME(https://oreil.ly/QrdR1)의 온보드 BME688 가스 센서는 휘발성 유기화합물$^{VOC,\ Volatile\ Organic\ Compound}$, 휘발성 황 화합물$^{VSC,\ Volatile\ Sulfur\ Compound}$, 기타 가스(일산화탄소, 수소 등)를 ppb$^{part\ per\ billion}$ 범위에서 감지할 수 있다.[9]

다음은 특정 환경, 사용 사례, 프로젝트 예산 등에 따라 식품 품질 보증 모델의 정확도를 개선하기 위해 고려할 수 있는 그 밖의 센서 유형 목록이다.

- 기타 가스: 암모니아, 메탄, 산소, CO_2 등
- 온도
- 압력
- 습도
- 레이더
- 공기 품질

---

9 BME688 센서에 대한 보쉬 문서(https://oreil.ly/z1BzE)를 참고하라.

 **센서 융합**

센서 융합은 임베디드 시스템에서 널리 사용되는 기술로, 다양한 센서의 데이터를 결합하여 장치 주변 세계를 좀 더 포괄적이고 정확하게 파악할 수 있다. 여러 센서를 결합하는 방법에 관한 자세한 내용은 146페이지의 '피처와 센서 결합하기' 절을 참고하기 바란다.

데이터 수집

가장 일반적인 데이터 수집 도구는 앞서 481페이지의 '데이터 수집' 절에서 설명한 대로, 여러 가지 옵션을 사용해 프로젝트에 데이터를 업로드하고 레이블을 지정할 수 있다. 다음 절에서는 식품 품질 보증과 관련하여 12장에서 사용할 구체적인 데이터 수집 도구에 대해 설명한다.

데이터 수집 펌웨어

아두이노 니클라 센스 ME에서 데이터를 수집하려면, 아두이노 CLI(https://oreil.ly/YyOZ6)에서 데이터 수집 스케치를 장치에 플래시해야 한다.

그런 다음 엣지 임펄스 CLI(https://oreil.ly/rPI3S)를 사용해 장치를 프로젝트에 연결하고, 니클라 센스의 가스 센서에서 새 데이터 샘플을 기록하기 시작할 것이다.

먼저, 예제 12-1에 표시된 코드를 사용해 컴퓨터에 새 디렉터리인 food와 새 파일인 food.ino를 만든다.

예제 12-1 시리얼 터미널에 니클라 센스 가스 데이터를 쓰기 위한 아두이노 스케치

```
/**
 * 샘플 주파수를 구성한다. 센서에서 데이터를 샘플링하는 데 사용되는 주파수와 관계없이
 * 스튜디오로 데이터를 전송하는 데 사용되는 주파수다.
 * 이는 센서마다 다르며, 센서의 API에서 수정할 수 있다.
 */
#define FREQUENCY_HZ        10

/* 인클루드 -------------------------------------------------------------- */
```

```c
#include "Arduino_BHY2.h"

/* 상수 ------------------------------------------------------------ */
#define INTERVAL_MS          (1000 / FREQUENCY_HZ)
#define CONVERT_G_TO_MS2     9.80665f

/* 전방 선언 -------------------------------------------------------- */
void ei_printf(const char *format, ...);

/* 프라이빗 변수 ---------------------------------------------------- */
static unsigned long last_interval_ms = 0;

Sensor gas(SENSOR_ID_GAS);

void setup() {
    /* 시리얼 초기화 */
    Serial.begin(115200);
    Serial.println("Edge Impulse sensor data ingestion\r\n");

    /* 가스 센서 초기화 & 시작 */
    BHY2.begin(NICLA_I2C);

    gas.begin();
}

void loop() {

    BHY2.update();
    delay(INTERVAL_MS);

    ei_printf("%.2f", gas.value());
    ei_printf("\r\n");
}

/**
 * @brief      Printf 함수는 vsnprintf와 Arduino Serial을 이용한 출력을 사용한다.
 *
 * @param[in]  format  가변 인자 목록
 */
void ei_printf(const char *format, ...)
```

```
{
    static char print_buf[1024] = { 0 };

    va_list args;
    va_start(args, format);
    int r = vsnprintf(print_buf, sizeof(print_buf), format, args);
    va_end(args);

    if (r > 0) {
        Serial.write(print_buf);
    }
}
```

예제 12-2에 표시된 것처럼 아두이노 CLI(https://oreil.ly/YyOZ6)를 사용해 스케치를 컴파일하고, 아두이노 니클라 센스 ME 보드에 업로드한다.

예제 12-2 아두이노 CLI 명령

```
$ cd food
$ arduino-cli core install arduino:mbed_nicla
$ arduino-cli lib install Arduino_BHY2
$ arduino-cli lib install ArduinoBLE
$ arduino-cli compile --fqbn arduino:mbed_nicla:nicla_sense --output-dir . --verbose
$ arduino-cli upload --fqbn arduino:mbed_nicla:nicla_sense --input-dir . --verbose
```

엣지 임펄스에 데이터 업로드

이제 데이터 수집 스케치를 니클라 센스 보드에 플래싱했으므로, 엣지 임펄스 CLI(edge-impulse-data-forwarder)를 사용해 프로젝트에 로그인하고 장치를 연결하여, 컴퓨터의 시리얼 포트에서 엣지 임펄스 프로젝트로 데이터를 수집한다(예제 12-3 참고).

예제 12-3 니클라 센스를 엣지 임펄스 프로젝트에 연결하기

```
$ edge-impulse-data-forwarder

Edge Impulse data forwarder v1.16.0
Endpoints:
```

```
    Websocket: wss://remote-mgmt.edgeimpulse.com
    API:       https://studio.edgeimpulse.com
    Ingestion: https://ingestion.edgeimpulse.com

? Which device do you want to connect to? /dev/tty.usbmodemE53378312 (Arduino)
[SER] Connecting to /dev/tty.usbmodemE53378312
[SER] Serial is connected (E5:33:78:31)
[WS ] Connecting to wss://remote-mgmt.edgeimpulse.com
[WS ] Connected to wss://remote-mgmt.edgeimpulse.com

? To which project do you want to connect this device?
  AI at the Edge / Use Case: Food Quality Assuran [SER] Detecting data frequency...
[SER] Detected data frequency: 10Hz
? 1 sensor axes detected (example values: [9513]). What do you want to call them?
  Separate the names with ',': gas
? What name do you want to give this device? Nicla Sense
[WS ] Device "Nicla Sense" is now connected to project "Use Case: Food Quality
Assurance"
[WS ] Go to https://studio.edgeimpulse.com/studio/115652/acquisition/training
  to build your machine learning model!
```

이제 상했거나 신선한(구매일 기준) 음식(이 경우 연어) 근처나, 방의 주변 환경 어딘가에 니클라 센스 ME를 놓는다.

프로젝트의 Data acquisition 탭의 Record new data 아래에서 다음 설정을 한 다음 Start sampling을 클릭한다. 이는 시리얼 연결을 통해 니클라 센스 보드가 온보드 BME688 가스 센서에서 20분(1,200,000ms) 분량의 데이터 기록을 시작하도록 지시한다(그림 12-1 참고). 장치의 현재 기록 구성에 해당하는 샘플 레이블을 입력해야 한다.

레이블

spoiled, purchase_date, ambient

샘플 길이(ms)

1200000

센서

1축 센서(가스)

주파수

10Hz

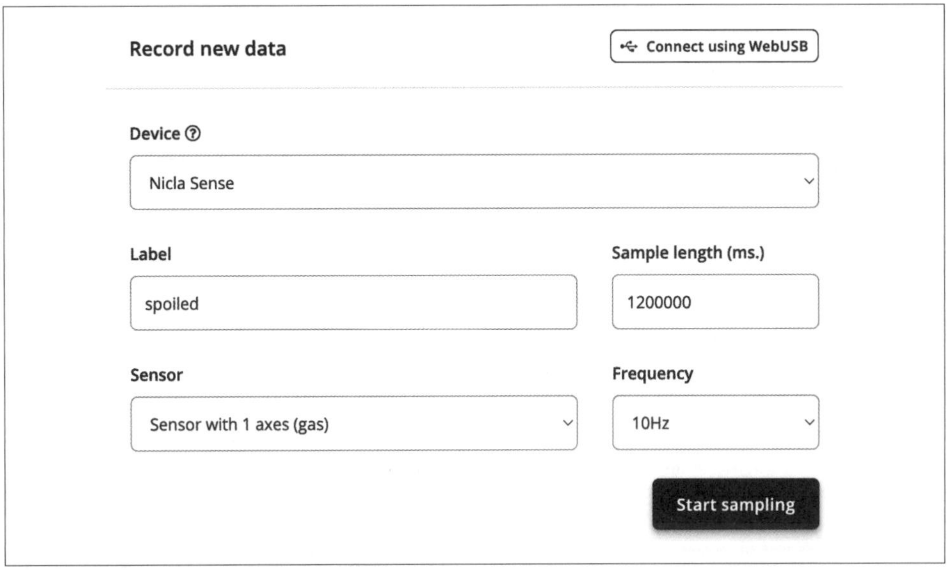

그림 12-1 데이터 수집: 새 데이터 기록

학습 데이터 세트와 테스트 데이터 세트 사이에 머신러닝 클래스당 최소 20~60분 분량의 데이터(총합)가 확보될 때까지 이 과정을 반복한다.

브라우저 자동화를 통한 자동 샘플링

웹 브라우저의 개발자 콘솔에서 자바스크립트 호출을 통해, 22분(또는 1,320,000ms)마다 엣지 임펄스 프로젝트의 Start sampling 버튼을 자동으로 다시 클릭하는 자동화를 쉽게 만들 수 있다.

```
const delay = ms => new Promise(res => setTimeout(res, ms));
while(1) {
    document.getElementById("input-start-sampling").click();
    await delay(1320000);
};
```

데이터 세트 클리닝

488페이지의 '데이터 세트 클리닝' 절에 제공된 팁을 검토한 다음 12장으로 돌아오기 바란다.

가스 센서 샘플을 20분 길이로 기록했기 때문에 각 샘플의 내용을 더 명확하게 보기 위해 샘플을 30,000ms(이 경우 29,880ms)의 여러 하위 샘플로 분할하겠다. Data acquisition 탭에서 샘플의 점 3개 드롭다운 버튼을 선택한 다음 Split sample을 클릭한다(그림 12-2 참고).

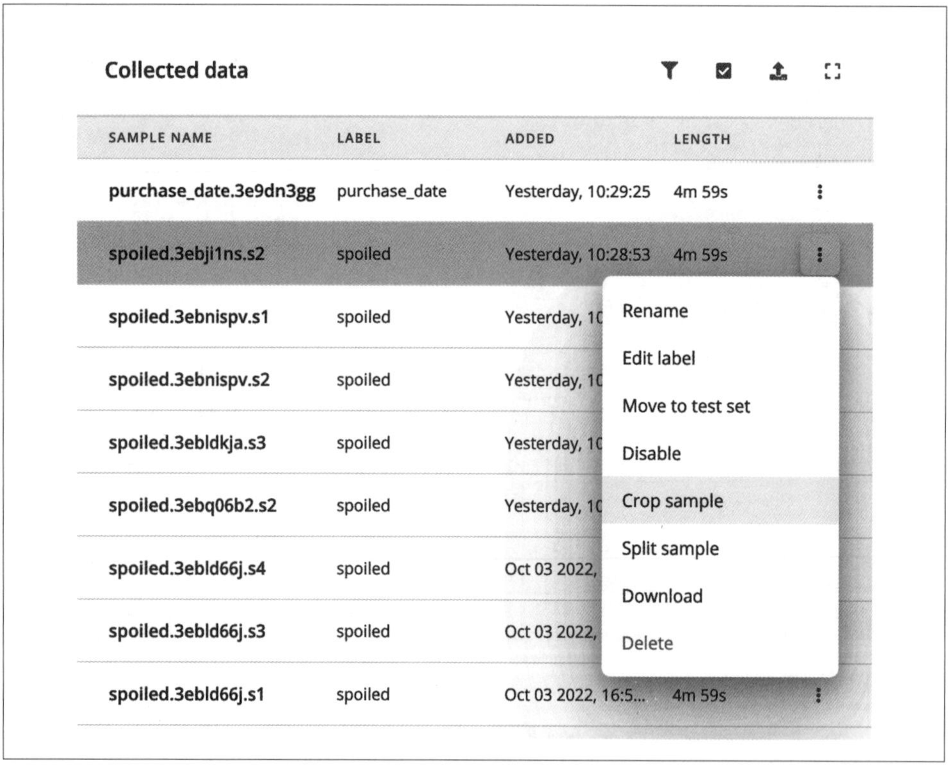

그림 12-2 데이터 수집: 샘플 드롭다운 메뉴

Split sample 뷰에서 약 30,000ms 길이의 하위 샘플 4개를 맞출 수 있으며, + Add sample을 클릭하여 분할 세그먼테이션을 더 추가한 다음 Split을 클릭한다(그림 12-3 참고).

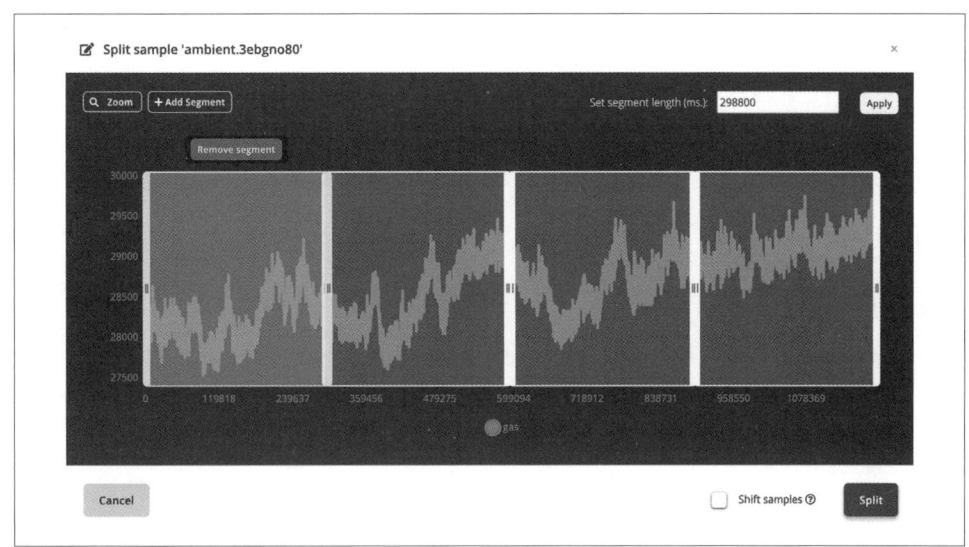

그림 12-3 데이터 수집: 샘플 나누기

그림 12-4에 표시된 것처럼 샘플 이름 옆의 드롭다운 메뉴에서 Crop sample 옵션을 선택하여 샘플을 자를 수도 있다.

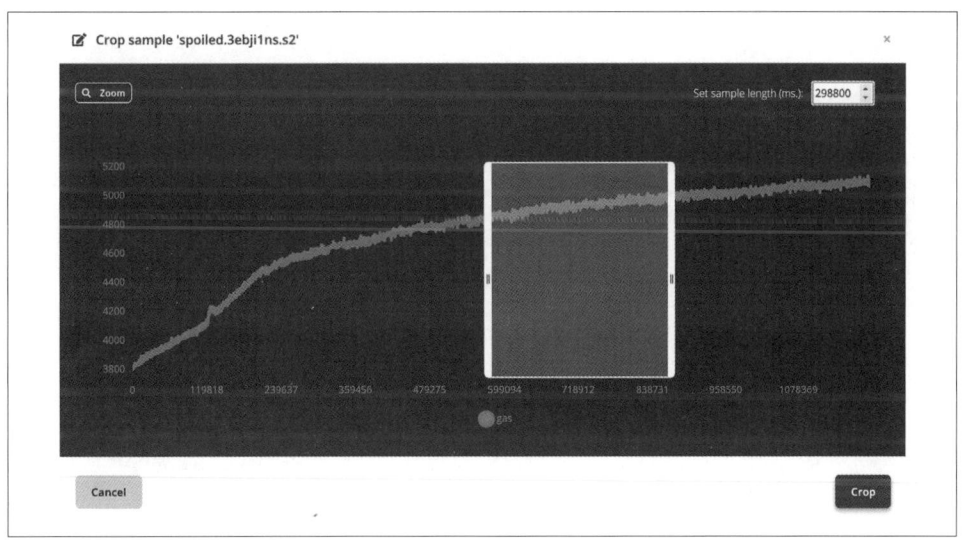

그림 12-4 데이터 수집: 샘플 자르기

제12장 | 사용 사례: 식품 품질 보증 **539**

데이터 세트 라이선스와 법적 의무

데이터 세트의 라이선스와 법적 의무를 확인하려면, 487페이지의 '데이터 세트 라이선스와 법적 의무' 절을 검토하기 바란다. 우리는 컴퓨터의 시리얼 포트를 통해 집과 개인용 니클라 센스 장치에서 수집한 데이터를 직접 업로드하고 사용하기 때문에, 검토해야 할 데이터 세트 라이선스나 법적 문제가 없다.

그러나 아두이노 니클라 센스 ME와 같은 장치에서 자체 가스 데이터 외에 퍼블릭 소스의 가스 데이터나 기타 센서 데이터를 사용하는 경우, 데이터를 학습/테스트 데이터 세트에 업로드하고 해당 데이터에서 학습된 모델을 사용하기 전에, 데이터 사용 규칙과 속성 요구사항을 결정하기 위해 상당한 주의를 기울여야 한다.

DSP와 머신러닝 워크플로

이제 모든 이미지를 학습 및 테스트 데이터 세트에 업로드했으므로, DSP$^{Digital Signal Processing}$ 방식을 사용해 원시 데이터의 가장 중요한 피처를 추출한 다음, 머신러닝 모델을 학습시켜 센서 데이터의 추출된 피처에서 패턴을 식별해야 한다. 엣지 임펄스에서는 DSP와 머신러닝 학습 워크플로를 '임펄스 디자인$^{Impulse design}$'이라고 부른다.

엣지 임펄스 프로젝트의 Impulse design 탭에서는 전체 엔드투엔드 머신러닝 파이프라인에 대한 간단한 그래픽 개요를 보고 생성할 수 있다. 맨 왼쪽에는 엣지 임펄스 스튜디오에서 데이터를 수집 및 전처리하고, 윈도 증가 및 크기를 설정하는 원시 데이터 블록이 있다. 다양한 주파수로 기록된 장치에서 샘플 데이터를 업로드한 경우, 이 보기에서 시계열 데이터를 다운샘플링하거나 업샘플링할 수도 있다.

다음은 오픈소스 디지털 신호 처리 스크립트인 Flatten을 통해 가스 데이터의 가장 중요한 피처를 추출하는 DSP 블록이다. 데이터의 피처를 생성한 뒤에는 학습 블록에서 원하는 아키텍처와 구성 설정을 기반으로 신경망을 학습시킨다. 마지막으로, 학습된 머신러닝 모델이 분류하기를 원하는 클래스인 'purchase_date', 'spoiled', 'ambient'를 포함한 배포 출력 정보를 확인할 수 있다.

엣지 임펄스 프로젝트에서 그림 12-5와 동일하게 또는 다양한 블록 팝업 창에서 선택하여 나열된 대로 Impulse design 탭을 설정한 다음 Save Impulse를 클릭한다.

시계열 데이터

- 윈도 크기: 10000ms
- 윈도 증가: 500ms
- 주파수(Hz): 10
- 제로 패드 데이터: 선택함

처리 블록

- 평탄화

학습 블록

- 분류(케라스)

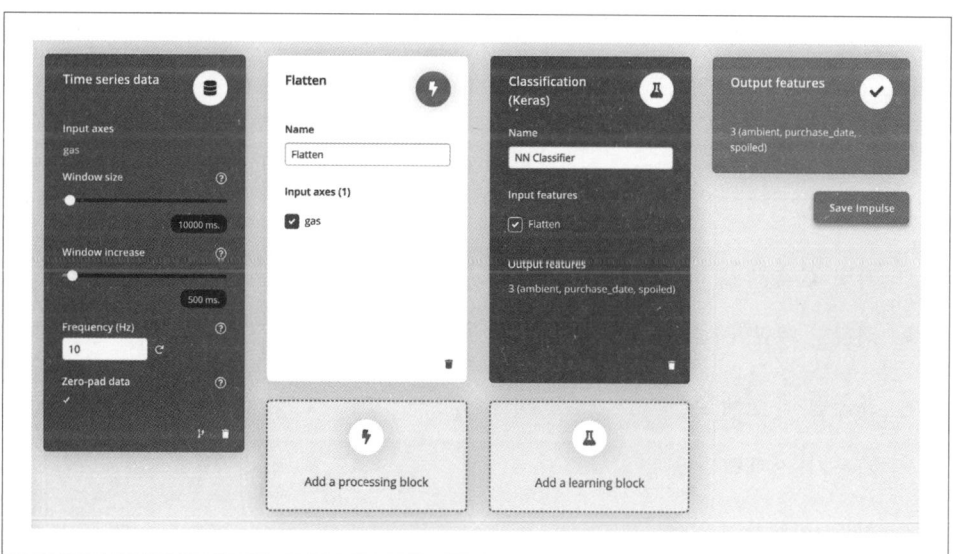

그림 12-5 임펄스 디자인 설정

디지털 신호 처리 블록

12장에서 소개하는 프로젝트에서는 엣지 임펄스 스튜디오에 기본적으로 포함된 디지털 신호 처리 알고리듬을 사용하는데, 이 Flatten 처리 블록은 미리 작성되어 플랫폼에서 무료로 사용하고 배포할 수 있다. Flatten 블록에 사용된 코드는 엣지 임펄스 깃허브 리포지터리 'processing-blocks'(https://oreil.ly/_dSjf)에서 확인할 수 있다. 또한 140페이지의 '디지털 신호 처리 알고리듬' 절에서 다양한 디지털 신호 처리 알고리듬의 세부 사항을 자세히 알아볼 수 있다.

직접 디지털 신호 처리 코드를 작성하는 데 익숙하거나 커스텀 DSP 블록을 사용하려는 경우, 492페이지의 '디지털 신호 처리 블록' 절에 제공된 세부 정보를 검토하기 바란다.

내비게이션 바에서 Flatten 탭을 선택하여 Flatten 블록을 설정하고 그림 12-6에 표시된 것과 동일한 파라미터를 선택하거나, 다양한 체크박스와 텍스트 입력을 편집하여 나열된 대로 파라미터를 선택한다. 그런 다음 Save parameters를 클릭한다.

스케일링

- 스케일 축: 0.001

방법

- 평균: 선택함
- 최솟값: 선택함
- 최댓값: 선택함
- 제곱근 평균: 선택함
- 표준편차: 선택함
- 기울기: 선택하지 않음
- 첨도: 선택하지 않음

이제 Generate features를 클릭하여 데이터의 피처 탐색기를 살펴본다(그림 12-7 참고).

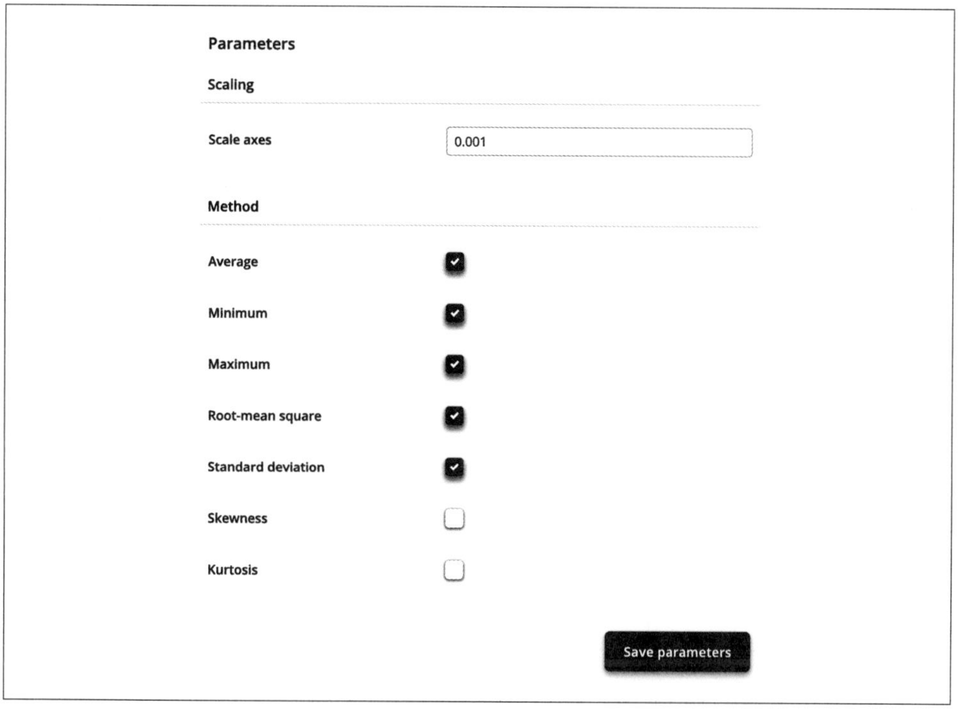

그림 12-6 Flatten 블록 파라미터 설정

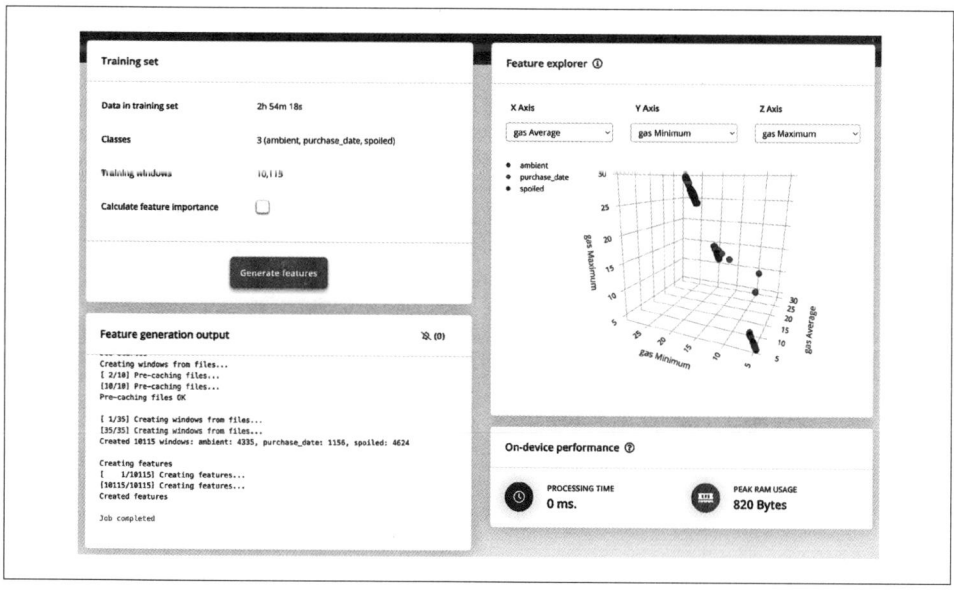

그림 12-7 Flatten 블록 피처 탐색기

제12장 | 사용 사례: 식품 품질 보증

머신러닝 블록

이제 엣지 머신러닝 모델을 학습시킬 준비가 되었다! 엣지 임펄스에서 모델을 학습시키는 방법에는 여러 가지가 있으며, 그중 가장 쉬운 방법은 시각적(또는 웹 GUI) 편집 모드다. 하지만 머신러닝 엔지니어 또는 전문가이거나 이미 텐서플로/케라스로 코딩한 경험이 있는 경우, 로컬이나 엣지 임펄스 스튜디오 내 전문가 모드에서 전이 학습 블록을 편집할 수도 있다.

NN Classifier 탭에서 프로젝트의 신경망 아키텍처와 기타 학습 구성 설정을 설정할 수 있다.

시각 모드

머신러닝 학습 설정과 신경망 아키텍처를 구성하고 설정하는 가장 쉬운 방법은 엣지 임펄스 시각 모드, 즉 내비게이션 바의 Impulse design 아래 NN Classifier 탭을 선택한 다음 디폴트 뷰를 사용하는 것이다(그림 12-8 참고). 아래 설정을 신경망 분류기의 블록 구성에 복사한 다음 Start training을 클릭한다.

- 학습 주기 개수: 50
- 학습 속도: 0.0005
- 유효성 검사 세트 크기: 20%
- 자동 밸런스 데이터 세트: 선택하지 않음
- 신경망 아키텍처
  - 밀집 계층dense layer(뉴런 8개)
  - 밀집 계층(뉴런 4개)
  - 평탄화 계층flatten layer

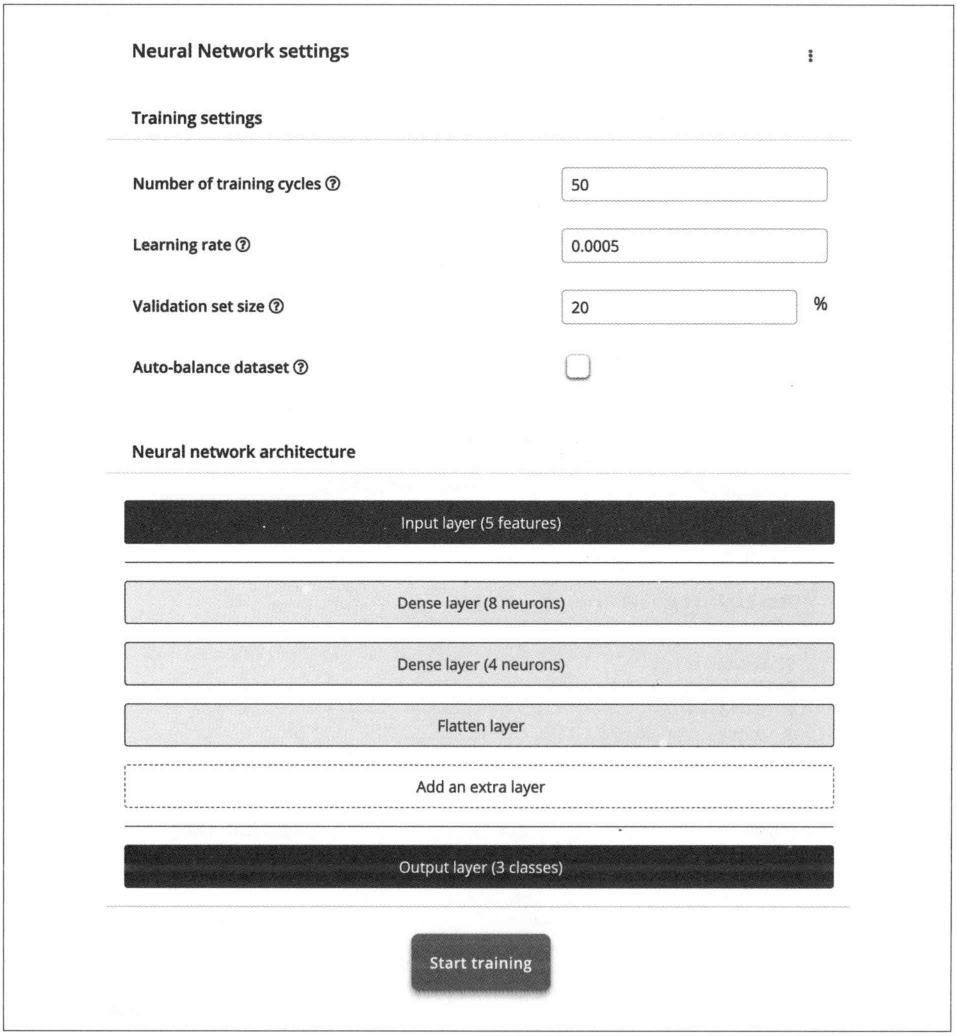

그림 12-8 신경망 설정

밀집 계층은 완전히 연결된 레이어로, 가장 단순한 형태의 신경망 계층이다. 평탄화 DSP 블록의 출력에서 처리된 데이터에 이 계층을 사용한다. 평탄화 계층은 다차원 데이터를 단일 차원으로 변환한다. 리턴하기 전에 컨볼루션 계층에서 데이터를 평탄화해야 한다. 신경망 아키텍처 구성에 대한 자세한 내용은 엣지 임펄스 문서(https://oreil.ly/J57H-)에서 확인할 수 있다. 모델 학습이 완료되면 Model: Last training performance 뷰에서 전이 학습 결과를 확인할 수 있다(그림 12-9 참고).

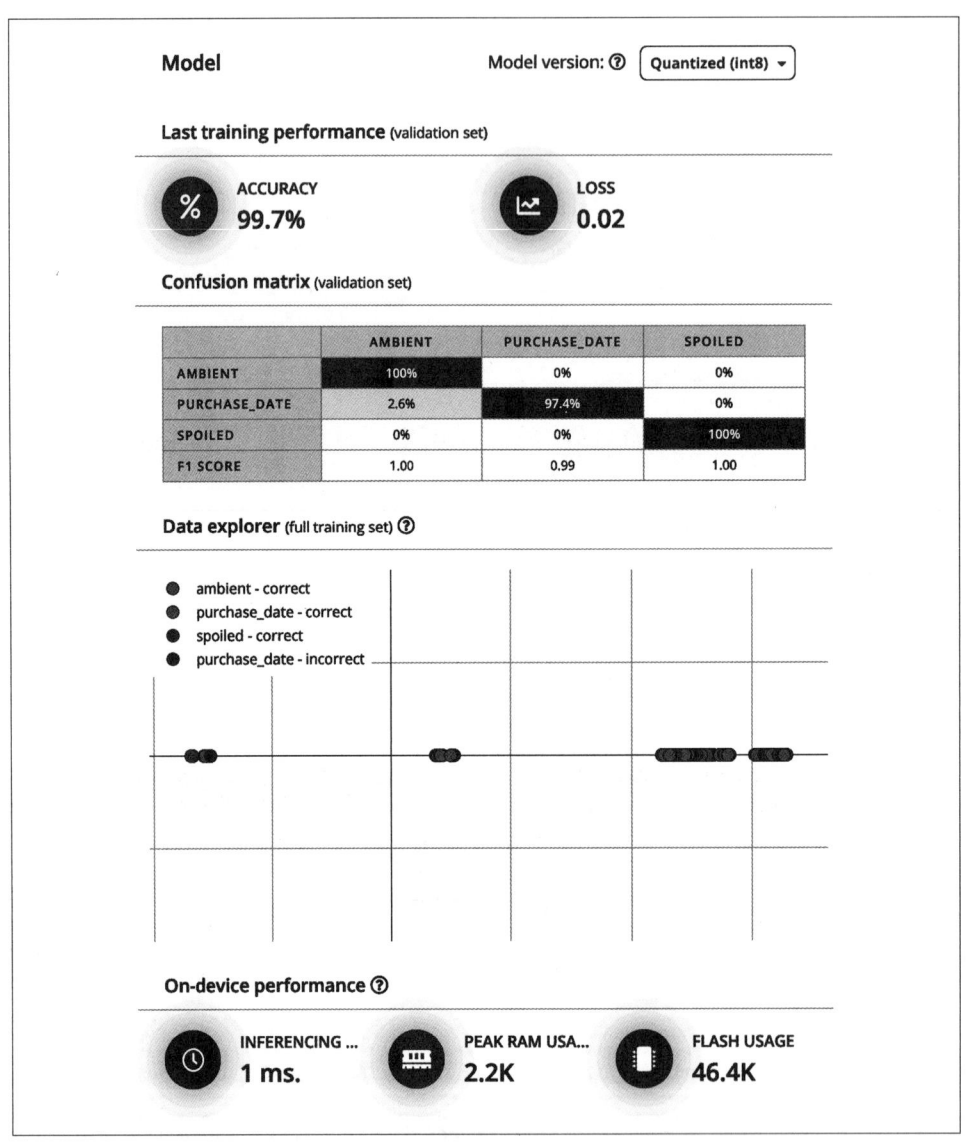

그림 12-9 Model: Last training performance

파이썬으로 텐서플로/케라스 코드를 작성하는 방법을 이미 알고 있는가? 엣지 임펄스의 전문가 모드 옵션을 사용해 직접 코드를 업로드하거나 Neural Network settings 블록 제목의 오른쪽에 있는 점 3개 드롭다운 버튼을 선택하여 기존 블록 코드를 로컬에서 편집할 수 있다(그림 12-10 참고).

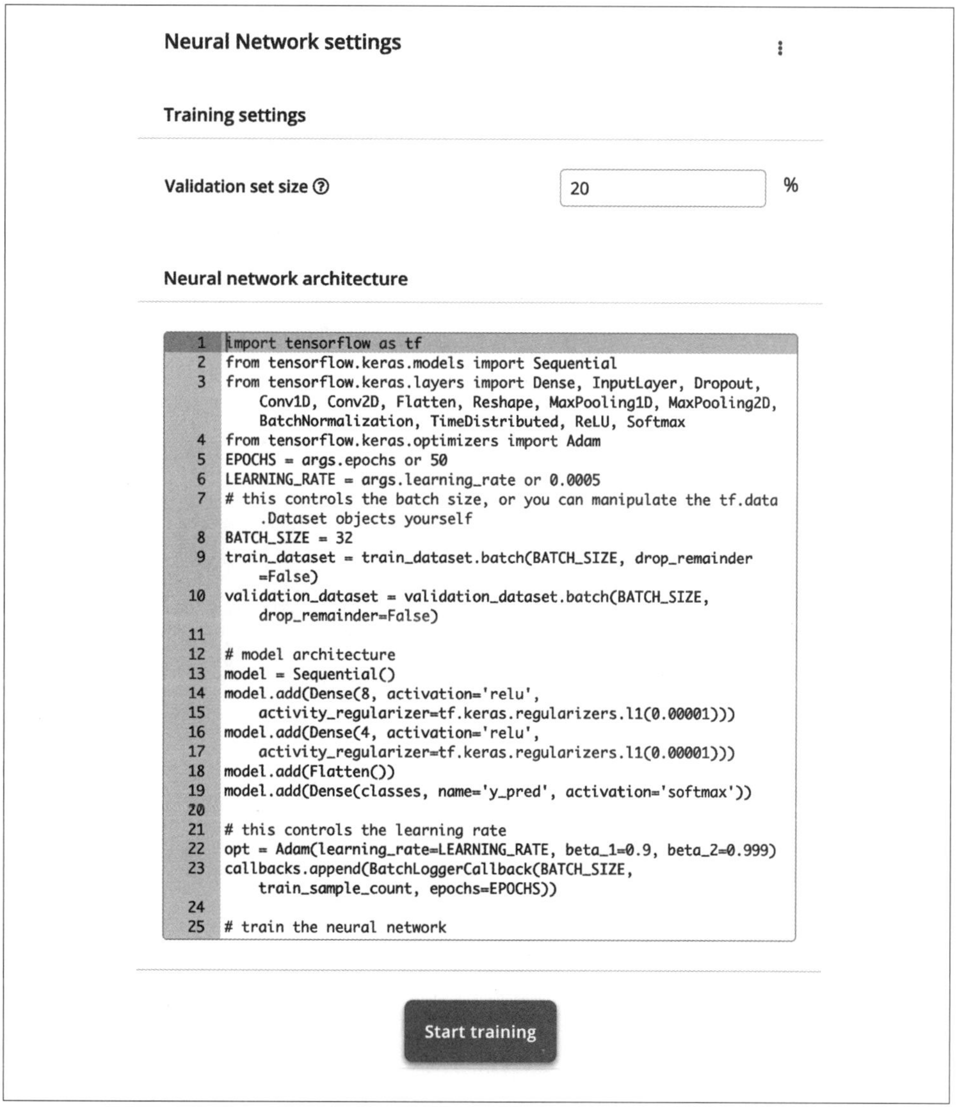

Neural Network settings

Training settings

Validation set size ⓘ 20 %

Neural network architecture

```
import tensorflow as tf
from tensorflow.keras.models import Sequential
from tensorflow.keras.layers import Dense, InputLayer, Dropout,
    Conv1D, Conv2D, Flatten, Reshape, MaxPooling1D, MaxPooling2D,
    BatchNormalization, TimeDistributed, ReLU, Softmax
from tensorflow.keras.optimizers import Adam
EPOCHS = args.epochs or 50
LEARNING_RATE = args.learning_rate or 0.0005
# this controls the batch size, or you can manipulate the tf.data
    .Dataset objects yourself
BATCH_SIZE = 32
train_dataset = train_dataset.batch(BATCH_SIZE, drop_remainder
    =False)
validation_dataset = validation_dataset.batch(BATCH_SIZE,
    drop_remainder=False)

# model architecture
model = Sequential()
model.add(Dense(8, activation='relu',
    activity_regularizer=tf.keras.regularizers.l1(0.00001)))
model.add(Dense(4, activation='relu',
    activity_regularizer=tf.keras.regularizers.l1(0.00001)))
model.add(Flatten())
model.add(Dense(classes, name='y_pred', activation='softmax'))

# this controls the learning rate
opt = Adam(learning_rate=LEARNING_RATE, beta_1=0.9, beta_2=0.999)
callbacks.append(BatchLoggerCallback(BATCH_SIZE,
    train_sample_count, epochs=EPOCHS))

# train the neural network
```

Start training

그림 12-10 전문가 모드 에디터

모델 테스트

엣지 임펄스에서 사용할 수 있는 모든 모델 테스트 기능에 관한 자세한 내용과 설명은 505페이지의 '모델 테스트' 절에 설명되어 있다.

실시간 분류

Live classification 탭에서 연결된 아두이노 니클라 센스 ME에서 직접 개별 테스트 샘플을 테스트할 수 있다(그림 12-11과 그림 12-12 참고). 연결 지침은 예제 12-3에 설명되어 있다.

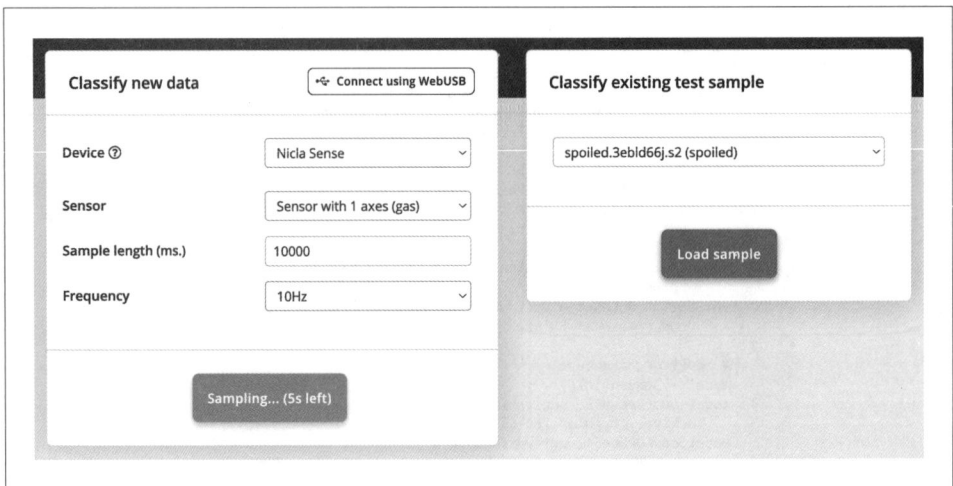

그림 12-11 아두이노 니클라 센스 ME를 이용한 실시간 분류

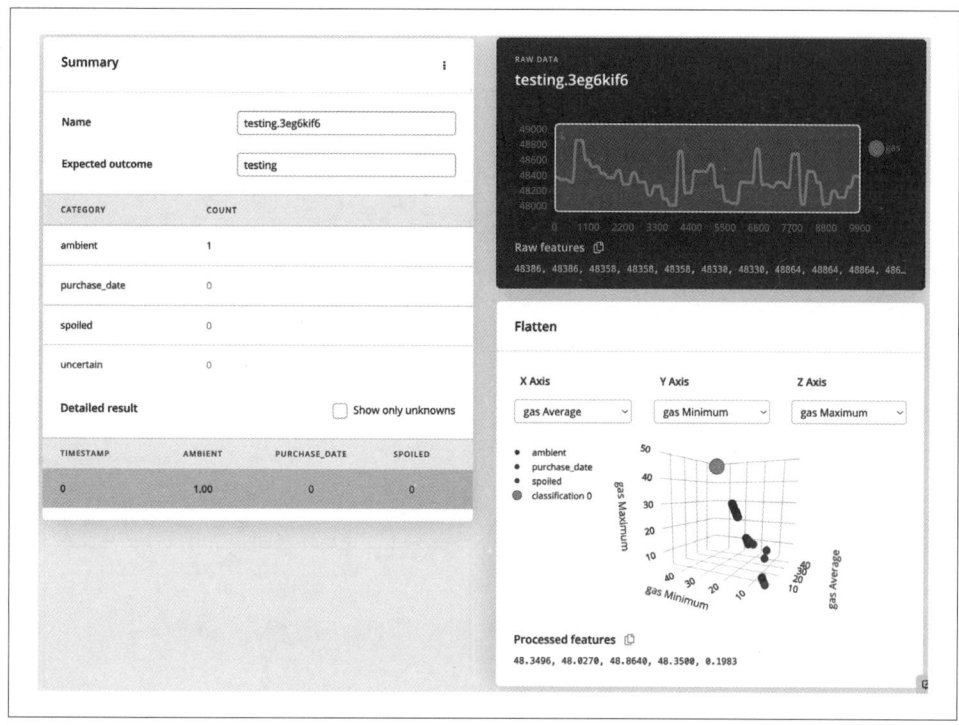

그림 12-12 레이블 없는 테스트 결과를 이용한 실시간 분류

또는 그림 12-13과 같이 Classify existing test sample에서 기존 테스트 데이터 세트 이미지를 로드하여 이 샘플의 추출된 피처와 학습된 모델의 예측 결과를 볼 수 있다.

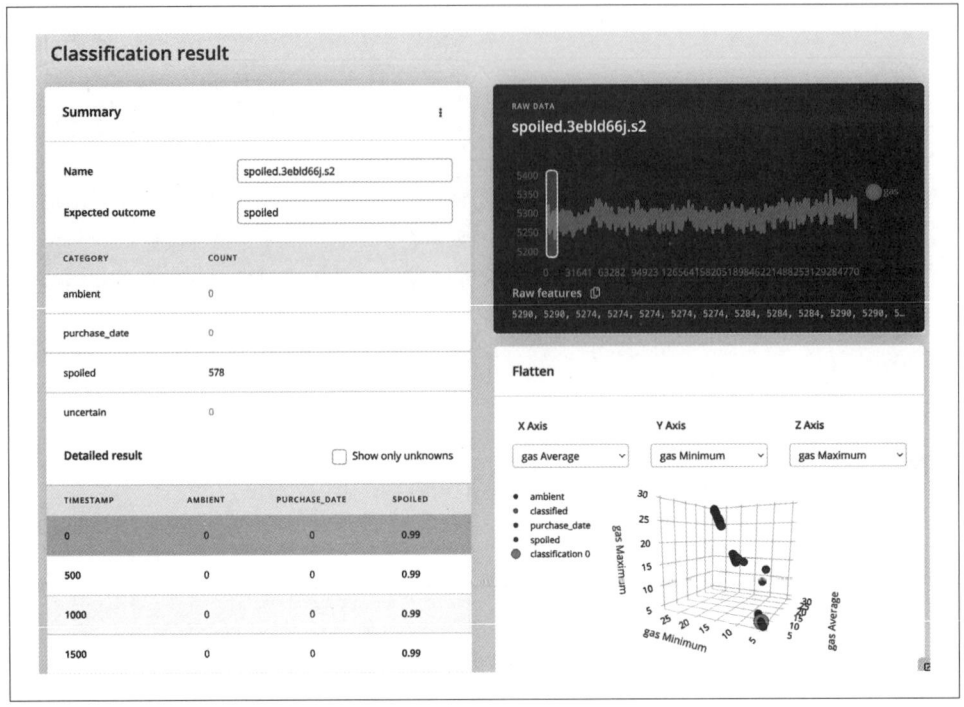

그림 12-13 레이블링된 기존 테스트 결과를 이용한 실시간 분류

모델 테스트

프로젝트의 Model testing 탭(https://oreil.ly/1Xc63)으로 이동하여 학습된 모델에 대해 테스트 데이터 세트를 일괄 분류할 수도 있다. 이 탭에 대한 자세한 내용은 506페이지의 '모델 테스트' 절에서 확인하기 바란다.

Classify all을 선택하여 테스트 데이터 세트 샘플에 대한 학습된 모델의 추론 결과 매트릭스를 가져온다(그림 12-14 참고).

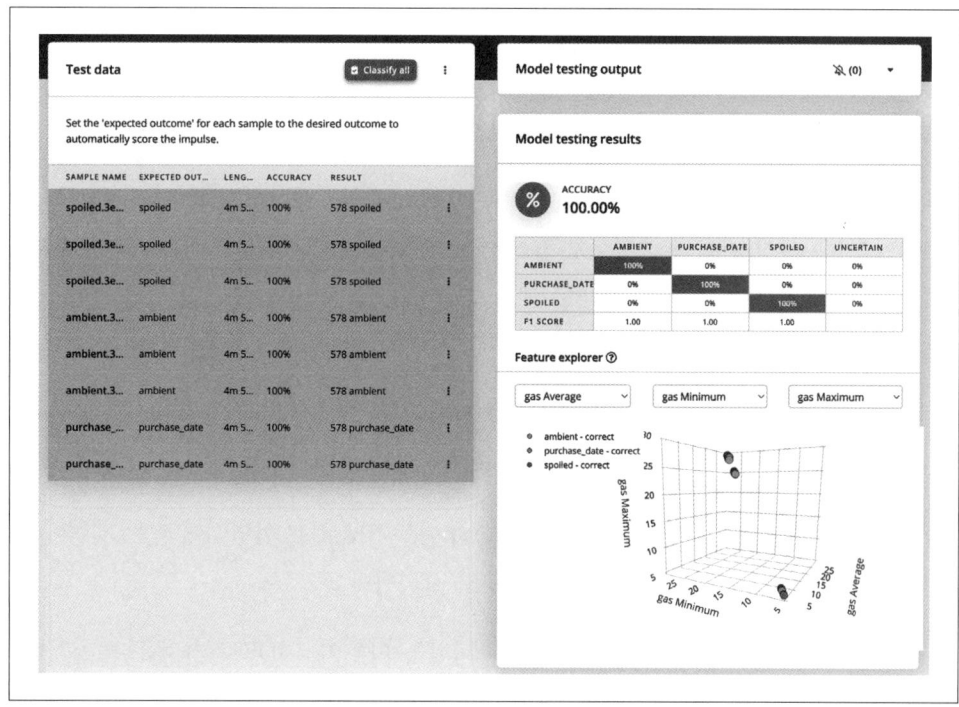

그림 12-14 모델 테스트 결과

배포

축하한다! 이제 학습 및 테스트 데이터 세트 수집과 레이블링, DSP 블록으로 데이터의 피처 추출, 머신러닝 모델 설계와 학습, 테스트 데이터 세트로 모델 테스트를 모두 마쳤다. 이제 엣지 장치에서 추론에 필요한 모든 코드와 모델 정보를 확보했으므로, 미리 빌드된 바이너리를 장치에 플래시하거나 C++ 라이브러리를 임베디드 애플리케이션 코드에 통합해야 한다.

엣지 임펄스 프로젝트의 **Deployment** 탭을 선택하고, 다음 절의 여러 배포 옵션 중 하나에 대한 단계를 따라 학습된 머신러닝 모델을 엣지 장치에서 실행한다. 다른 많은 배포 옵션도 사용할 수 있으며, 그중 일부는 이미 508페이지의 '배포' 절에서 설명한 바 있다.

사전 빌드된 바이너리 플래싱

Deployment 탭의 Build firmware에서 공식적으로 지원되는 엣지 임펄스 개발 플랫폼을 선택한 다음 Build를 선택한다. EON 컴파일러를 켜거나 끄는 옵션도 있다.[10]

그런 다음 Deployment 탭에서 Build를 클릭한 뒤 표시되는 지침에 따라 결과 펌웨어 애플리케이션을 공식 지원 플랫폼으로 끌어서 놓거나 플래시한다. 사전 빌드된 바이너리 플래싱에 대한 자세한 지침은 선택한 개발 플랫폼에 대한 엣지 임펄스 설명서(https://oreil.ly/O-ZFY)에서 확인할 수 있다.

이 프로젝트에서는 Arduino library 배포 옵션을 선택하여 아두이노 니클라 센스 ME (https://oreil.ly/9QfS6)에서 학습된 모델을 실행한다(그림 12-15 참고).

엣지 임펄스 웹사이트(https://oreil.ly/CmTyr)의 아두이노 배포 설명서에 있는 지침에 따라 소프트웨어 필수 구성 요소를 다운로드하고 설치한다.

먼저, 다운로드한 아두이노 라이브러리 ZIP 파일을 아두이노 IDE로 가져온다(그림 12-16 참고).

---

10 얀 종붐의 블로그 게시물 'Introducing EON: Neural Networks in Up to 55% Less RAM and 35% Less ROM'(엣지 임펄스, 2020, https://oreil.ly/B6Df7)을 참고하라.

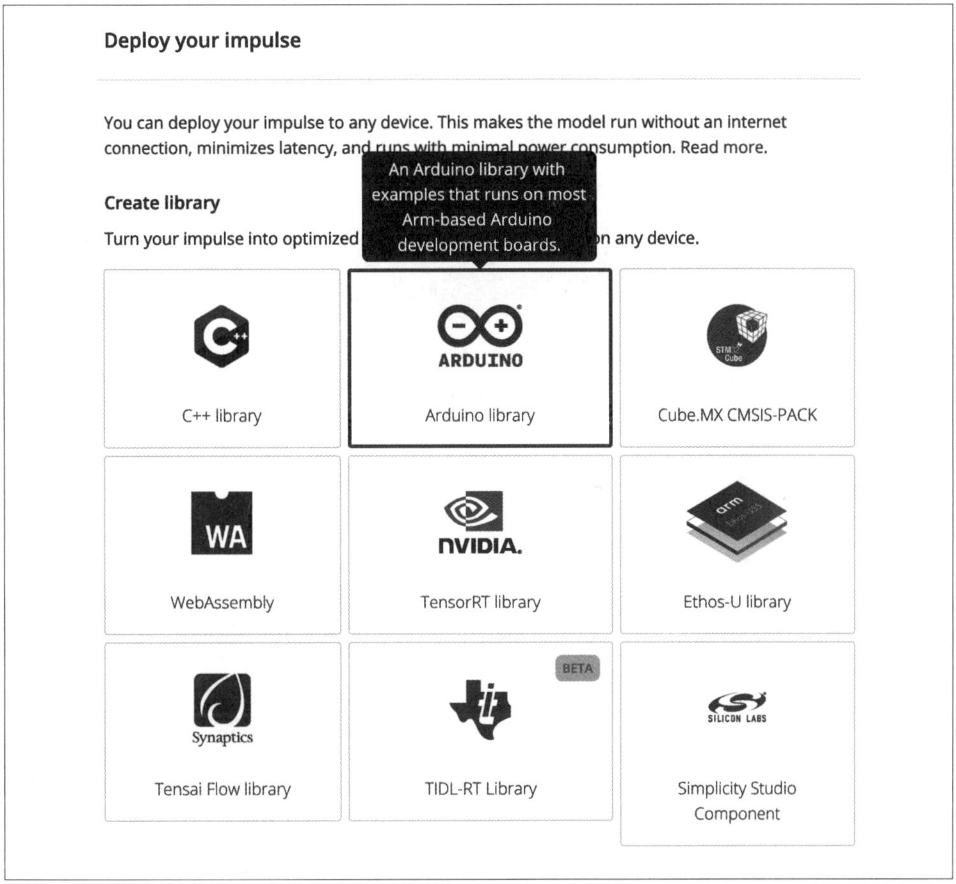

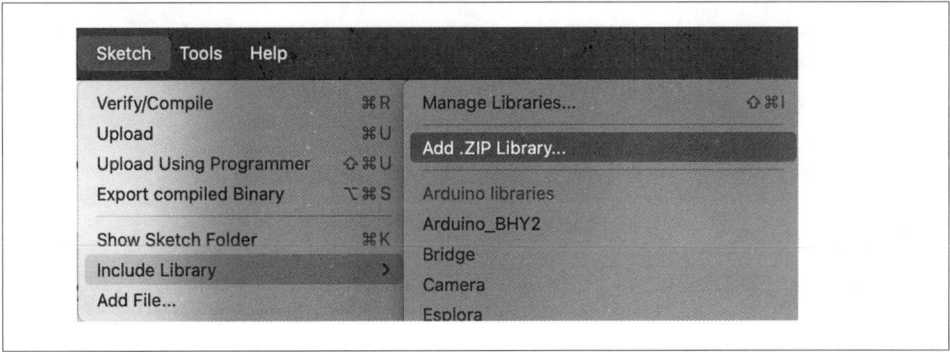

그림 12-15 아두이노 라이브러리 배포 옵션

그림 12-16 아두이노 IDE: ZIP 라이브러리 파일을 임포트한다.

그런 다음 아두이노 IDE 안에서, 배포된 니클라 센스용 엣지 임펄스 아두이노 라이브러리에 포함된 아두이노 라이브러리 예제를 연다(그림 12-17 참고).

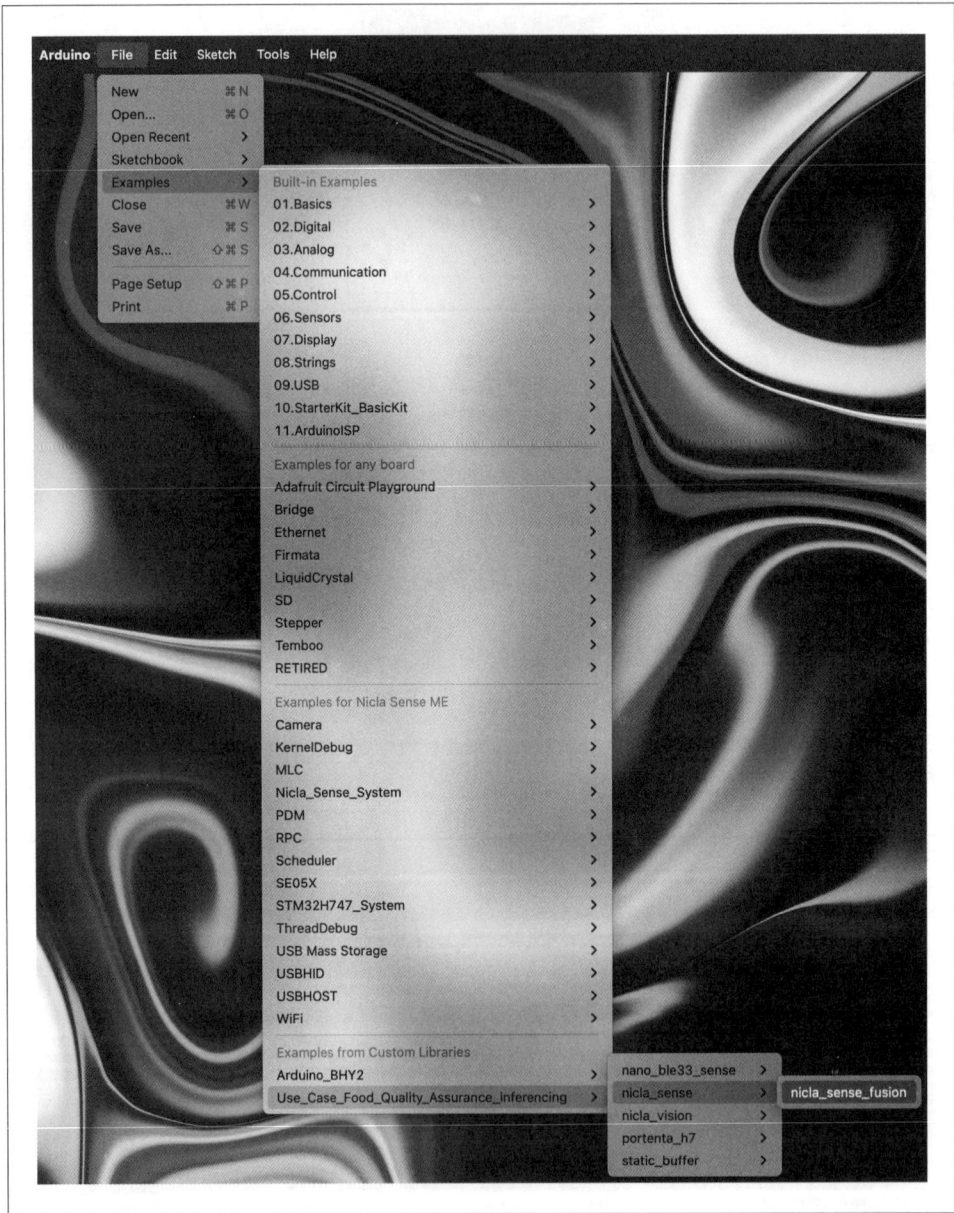

그림 12-17 아두이노 IDE: 니클라 센스를 선택한다.

이제 컴퓨터의 어딘가에 nicla_sense_fusion.ino 스케치 파일을 저장한다(그림 12-18 참고).

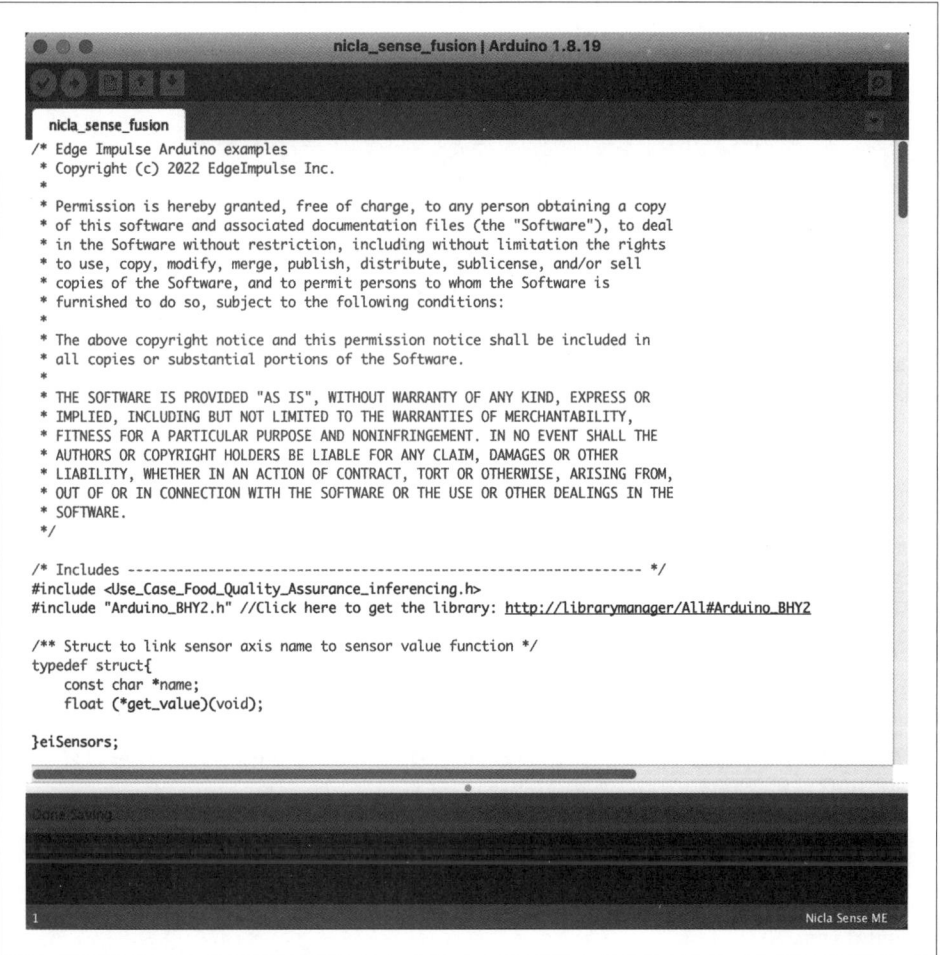

그림 12-18 아두이노 IDE: nicla_sense_fusion.ino 스케치를 저장한다.

아두이노 IDE에서 직접 컴파일하여 니클라 센스에 플래시하거나, 커맨드라인 터미널에서 컴퓨터의 스케치를 저장한 디렉터리로 이동하여, 예제 12-4에 표시된 아두이노 CLI 명령을 실행한다.

[예제 12-4] 인퍼런스 스케치를 플래시하는 아두이노 CLI 명령

```
$ cd nicla_sense_fusion
$ arduino-cli compile --fqbn arduino:mbed_nicla:nicla_sense --output-dir . --verbose
$ arduino-cli upload --fqbn arduino:mbed_nicla:nicla_sense --input-dir . --verbose
```

엣지에서 직접 실행되는 식품 품질 보증 모델의 추론 결과를, 시리얼 터미널에서 보레이트$^{\text{baud rate}}$ 115,200(그림 12-19 참고)으로 아두이노 니클라 센스 ME에서 확인할 수 있다.

```
Nicla Sense CMSIS_DAP — 80x24 — 115200.8.N.1
Predictions (DSP: 0 ms., Classification: 0 ms., Anomaly: 0 ms.):
    ambient: 0.93750
    purchase_date: 0.06250
    spoiled: 0.00000

Starting inferencing in 2 seconds...
Sampling...
Predictions (DSP: 0 ms., Classification: 0 ms., Anomaly: 0 ms.):
    ambient: 0.99609
    purchase_date: 0.00000
    spoiled: 0.00000

Starting inferencing in 2 seconds...
Sampling...
Predictions (DSP: 0 ms., Classification: 0 ms., Anomaly: 0 ms.):
    ambient: 0.99609
    purchase_date: 0.00000
    spoiled: 0.00000

Starting inferencing in 2 seconds...
Sampling...
```

그림 12-19 아두이노 니클라 센스 ME 학습 모델 인퍼런스 결과

깃허브 소스 코드

12장에서 사용된 전체 애플리케이션 소스 코드(공개 엣지 임펄스 프로젝트(https://oreil.ly/wPTwd)로부터 배포된 라이브러리와 완성된 애플리케이션 코드 포함)는 깃허브(https://oreil.ly/91usE)에서 보고 다운로드할 수 있다.

반복과 피드백 루프

이제 식품 품질 보증 모델의 첫 번째 반복을 배포했으므로, 결과에 만족하고 여기서 개발을 중단할 수 있다. 그러나 모델을 더 반복하고 시간이 지남에 따라, 또는 새로 구입한 장비 업그레이드를 통해 정확도를 더욱 개선하려는 경우, 예를 들어 이 프로젝트에서 고려하고 개선해야 할 많은 조정과 변형이 있다.

- 다양한 종류의 음식에 대해 모델에 더 많은 머신러닝 클래스를 추가한다.
- 음식물 오염 물질이 가스 센서의 판독값에 영향을 미치지 않도록 장치용 인클로저^{enclosure}를 만든다.
- 머신러닝 클래스를 추가하여 식품이 구매일로부터 며칠이 지났는지 구체적으로 식별한다.
- 센서 융합을 사용해 온도나 습도 등 다른 센서 축을 입력 학습/테스트 데이터 샘플에 추가한다(533페이지의 '센서 융합' 참고).
- 식품 부패와 알레르기 유발 물질 감지처럼, 서로 관련이 없지만 유사한 목표를 위해 여러 식품 품질 보증 모델을 병렬로 실행하거나 근처에 있는 장치에서 실행한다.

심층 분석: 완벽한 토스트 기계

그림 12-20에 표시된 AI 기반 토스터는 냄새를 이용해 완벽한 토스트를 만들어 낸다!

그림 12-20 숀 하이멜의 토스터

숀 하이멜(Shawn Hymel)은 엣지 임펄스와 머신러닝을 사용해 빵의 두께, 구성, 시작 온도에 관계없이 매번 완벽한 토스트를 만드는 기기를 만들었다. 이 모델은 다양한 가스 센서 데이터를 학습하고 회귀를 사용해 토스트가 타는 시점을 예측한다.

숀은 저렴한 토스터를 해킹하여 토스트 과정을 마이크로컨트롤러로 제어할 수 있도록 했다. 마이크로컨트롤러는 가스 센서에서 냄새 데이터를 지속적으로 샘플링하고 머신러닝 모델로 추론을 수행한 후 토스트가 타기 45초 전에 토스트 프로세스를 중단한다.

이처럼 불필요해 보이는 임베디드 머신러닝의 적용에는 몇 가지 중요한 함의가 있다.

첫째, 미래에는 음식을 조리할 때 타이머와 직관에 의존할 필요가 없을지도 모른다. 언젠가는 스마트 센서가 내장된 주방 가전제품이 완벽한 요리를 제공하고 너무 익혀서 버려지는 음식물로 인한 음식물 쓰레기를 방지할 수 있게 될지도 모른다. 둘째, 완벽한 토스트를 만드는 것은 예측 유지보수의 훌륭한 예시다. 이 예시에서 토스트를 기계로 대체해 보자. 자동차의 부품이 실제로 고장 나기 전에 언제 고장 날지 예측하도록 머신러닝 모델을 학습시킬 수 있을까? 대규모 산업 장비의 다운타임은 수천 또는 수백만 달러의 비용이 발생할 수 있으며, 예측 유지보수를 통해 문제가 악화되기 전에 문제를 파악하는 데 도움이 될 수 있다.

완벽한 토스트 머신의 깃허브 리포지터리(https://oreil.ly/DlRu4)를 확인하기 바란다.

관련 연구

12장 전체에서 언급했듯이, 엣지 AI는 제조 라인부터 소비자 알레르겐 검출기에 이르기까지 다양한 식품 품질 보증 장치에 활용되고 있는 떠오르는 기술이다. 다음 절에는 식품 품질 보증을 위한 엣지 AI를 주제로 한 다양한 장치, 데이터 세트, 연구 논문과 서적이 나와 있다.

또한 식품 품질 보증 머신러닝 모델과 방법의 다양한 응용 분야, 방법, 장치에 대한 출처와 다양한 연구, 상업적 채택 사례에서 인용한 내용은 해당 페이지의 각주에 나와 있다.

연구

- Banús, Núria et al. "Deep Learning for the Quality Control of Thermoforming Food Packages" (https://oreil.ly/8Oaec). *Scientific Reports*, 2021.

- Gerina, Federica et al. "Recognition of Cooking Activities Through Air Quality Sensor Data for Supporting Food Journaling" (https://oreil.ly/2Dj7L). Springer-Open, 2020.

- Hassoun, Abdo et al. "Food Quality 4.0: From Traditional Approaches to Digitalized Automated Analysis" (https://doi.org/10.1016/j.jfoodeng.2022.111216). *Journal of Food Engineering*, 2023.

- Hemamalini, V. et al. "Food Quality Inspection and Grading Using Efficient Image Segmentation and Machine Learning-Based System" (https://oreil.ly/1z5z0). *Journal of Food Quality*, 2022.

- Ishangulyyev, Rovshen et al. "Understanding Food Loss and Waste—Why Are We Losing and Wasting Food?" (https://oreil.ly/Vmwyg), National Library of Medicine, 2019.

- Iymen, Gokce et al. "Artificial Intelligence-Based Identification of Butter Variations as a Model Study for Detecting Food Adulteration" (https://doi.

org/10.1016/j.ifset.2020.102527). *Journal of Food Engineering*, 2020.

- Jathar, Jayant et al. "Food Quality Assurance Using Artificial Intelligence: A Review Paper" (https://oreil.ly/9WUim). ResearchGate, 2021.

- Kaya, Aydin, and Ali Seydi Keçeli. "Sensor Failure Tolerant Machine Learning-Based Food Quality Prediction Model" (https://oreil.ly/eGnDv). ResearchGate, 2020.

- Kumar, G. Arun, "An Arduino Sensor-Based Approach for Detecting the Food Spoilage" (https://oreil.ly/ECgqq). *International Journal of Engineering and Applied Sciences and Technology*, 2020.

- Nturambirwe, Jean et al. "Classification Learning of Latent Bruise Damage to Apples Using Shortwave Infrared Hyperspectral Imaging" (https://oreil.ly/2zmhw). MDPI, 2021.

- Rady, Ahmed et al. "The Effect of Light Intensity, Sensor Height, and Spectral Pre-Processing Methods When Using NIR Spectroscopy to Identify Different Allergen-Containing Powdered Foods" (https://oreil.ly/vGyiR). National Library of Medicine, 2019.

- Sonwani, Ekta et al. "An Artificial Intelligence Approach Toward Food Spoilage Detection and Analysis" (https://oreil.ly/SImft). National Library of Medicine, 2021.

- Watson, Nicholas J. et al. "Intelligent Sensors for Sustainable Food and Drink Manufacturing" (https://oreil.ly/IaoqI). *Frontiers in Sustainable Systems*, 2021.

뉴스와 기타 기사

- Machine Learning for Automated Food Quality Inspection (https://oreil.ly/kIdsz)

- NIRONE Sensors Show Promising Results on Detection on Food Allergen Identification (https://web.archive.org/web/20230921200406/https://www.spectralengines.com/articles/nir-spectroscopy-using-spectral-engines-nirone-sensors-shows-promising-results-on-detection-on-food-allergen-identification)

- Using AI to Increase Food Quality (https://oreil.ly/OOj3H)

- What Is Industry 4.0?: How Industry 4.0 Technologies Are Changing Manufacturing (https://oreil.ly/0YzAK)

- The Best Technologies Against Food Allergies (https://oreil.ly/mKQyc)

- Considering a Smart Toaster Oven? Get a Multi-Oven Instead (https://oreil.ly/TuZ3P)

제13장
사용 사례: 소비자 제품

엣지 머신러닝은 가전제품과 제품에서 데이터를 클라우드로 전송하지 않고도 장치가 데이터를 기반으로 의사결정을 내릴 수 있도록 하는 데 사용된다. 이를 통해 시간과 대역폭을 절약할 수 있으며, 데이터가 민감하고 비공개로 유지해야 하는 경우에도 사용할 수 있다. 엣지 머신러닝은 얼굴 인식, 물체 감지, 음성 인식, 센서 분류 같은 소비자 중심 작업에도 사용할 수 있다. 추가 처리를 위해 클라우드로 전송하기 전에 장치에서 수집되는 소비자 데이터의 패턴을 분석하고 인식함으로써, 제품은 원하는 제품 사용법을 표시하고 사용자에게 제품에 대한 맞춤형 알림을 제공하는 등 사용자의 요구에 빠르게 적응할 수 있다.

엣지 AI를 사용하면 소비자 제품은 온보드 센서의 데이터를 통합하고 활용하여 거의 무제한의 사용 사례를 만들 수 있다. 예를 들어, 자전거는 라이더의 주변 환경을 분석하여 라이딩 품질에 영향을 미칠 수 있는 교통 정보와 환경 데이터를 제공하고, 스마트 냉장고는 제품이 거의 소진된 시점을 자동으로 감지하여 해당 제품을 구매 목록에 추가할 수 있다. 이렇듯 13장에서는 소비자 제품에 엣지 AI를 사용하는 다양한 접근 방식, 관련 센서와 장치 구성, 선택한 접근 방식과 사용 사례 솔루션에 대한 심층적인 튜토리얼을 살펴볼 것이다.

문제 탐색

스마트 홈 장치, 보안 카메라, 웨어러블, 자율주행차, 드론 등 많은 소비자 기술 제품은 이미 인터넷에 지속적으로 연결되어 있다. 이러한 장치는 대량의 데이터를 처리하거나 클라우드 기반 플랫폼에서 원격으로 처리하기 위해 이러한 대량의 데이터를 전송해야 한다. 엣지 ML을 사용하면 해당 소비자 제품은 일반적으로 많은 시간, 배터리 사용량, 대역폭 소모 등이 필요한 추가 처리를 위해 클라우드로 전송할 필요 없이 장치에서 이미 수집 중인 방대한 양의 센서 데이터에서 환경 변화에 빠르게 대응할 수 있다.

이 책에서 배운 기술을 적용하여 최종 소비자 가전을 위한 엣지 머신러닝 모델을 개발하는 것은 매우 광범위한 작업이다. 그렇기에 초점을 좁히기 위해 여러 가지 중요하고 일반적인 목표에 대해 논의한 다음 그중 하나의 구현을 자세히 살펴볼 것이다. 이 중요한 소비자 목표의 예로 반려동물을 어떤 식으로든 진정시키는 제품을 들 수 있다. 목표에 따라 반려동물의 물그릇을 분석하여 물이 거의 고갈되면 사람에게 알려주는 머신러닝 모델을 생성하거나, 반려동물의 목줄에 장치를 통합하여 특정 종류의 괴로운 소음이나 소리를 감지한 다음 진정 피드백을 제공할 수 있다. 이 두 가지 접근 방식은 최종 제품 장치를 통해 반려동물을 진정시킨다는 동일한 목표를 달성하지만, 각각 다른 머신러닝 클래스와 센서 입력을 조합해야 해결할 수 있다.

목표 설정

세상이 진화함에 따라, 엣지 AI 기술로 유용하고 효율적인 소비자 제품을 만들면 유용하다. 소비자는 자신의 데이터 프라이버시 권리를 침해하지 않으면서도 점점 더 스마트해지는 기술을 기대하기 시작할 것이다. 소비자 제품이 온보드 센서 데이터를 엣지 머신러닝 모델과 통합할 수 있는 옵션은 거의 무궁무진하다. 이러한 온보드 센서에서 얻은 인텔리전스를 엣지 AI로 가져옴으로써, 소비자 제품은 전반적인 성능 향상, 배터리 수명 연장(사용 사례에 따라 다름), 최종 사용자 만족도, 사용자 친화성/접근성 전반의 향상을 이룰 수 있다.

솔루션 설계

13장에서는 온보드 가속도계 센서가 탑재된 자전거 운전자 모니터링 장치와 관련된 소비재 사용 사례를 위해, 저렴하고 효율적이며 학습시키기 쉬운 엣지 AI 모델을 설계하고 구현하고자 한다. 하지만 엣지 AI 모델을 위험을 감지하고 자전거 운전자의 안전을 모니터링하기 위한 가속도계로만 만들어야 하는 것은 아니다. 13장과 이 책 전체에서 제시된 원칙과 설계 워크플로를 사용하면, 카메라 이미지 입력을 사용해 주변 환경 정보와 잠재적인 충돌/교통 사고를 모니터링하고, 수신 오디오 신호 데이터를 통해 충돌을 식별하는 등 다양한 유형의 머신러닝 모델과 애플리케이션을 자전거 운전자 모니터링 장치에 구현할 수 있다.

어떤 솔루션이 이미 존재하는가?

이미 시장에 출시됐거나 최근 프로토타입 단계에 있는 스마트한 첨단 AI 소비자 제품이 많이 있다. June Oven(https://oreil.ly/W_aZa)이나 Haier Series 6(https://oreil.ly/yS58F) 같은 스마트 주방 가전제품에는 식사 계획부터 청소까지 모든 것을 도와주는 AI 기술이 탑재되어 있다. 전 세계 휴대폰 사용자들은 애플 워치, 삼성 스마트 워치, 핏빗Fitbit 같은 AI 웨어러블 기기를 통해 특정 하드웨어 공급업체의 생태계에 종속되어 있다.

수면, 활동, 전반적인 건강을 추적하는 센서가 장착되어 있어 일상 습관을 더 잘 이해할 수 있는 Oura Ring(https://ouraring.com)처럼 최종 사용자를 염두에 두고 개발되는 건강 기기들도 점점 더 많아지고 있다. 많은 소비자 기술 제품의 미래에는 온보드 센서와 실시간 엣지 AI 추론이 통합되어 제품의 성능과 최종 소비자의 유용성과 매력도를 높이는 동시에 전력 소비를 줄일 수 있게 될 것이다.

솔루션 설계 접근법

다양한 접근 방식을 통해 문제를 파악하고 솔루션을 설계할 수 있으며, 그중 몇 가지 방법을 나열하면 다음과 같다.

반려동물 진정제와 모니터

반려동물을 키우는 보호자는 반려동물의 생체 신호와 전반적인 건강 상태를 파악하는 것이 중요하다. 엣지 AI 장치로 반려동물의 바이탈 사인을 모니터링하면 건강이나 행동에 변화에 따른 알림을 받고 적절한 조치를 취할 수 있다. 또한 카메라 센서와 스마트 물그릇 등 다양한 센서 입력을 통해 반려동물의 바이탈 사인을 모니터링할 수 있다. AI 기반 목걸이를 사용해 반려동물의 위치와 활동량을 추적할 수도 있다. 이러한 스마트 반려동물 제품은 반려동물의 건강과 웰빙에 대한 걱정을 덜어주고 안심할 수 있도록 도와준다.

자전거 모니터

자전거를 포함한 다양한 형태의 교통수단에 엣지 AI가 통합되고 있으며, 제조업체들은 소비자의 출퇴근을 더욱 안전하고 즐겁게 만들어 주는 다양한 기능을 제공하고 있다. 센서가 장착된 자전거나 추가 소비자 제품을 통해 데이터를 수집할 수 있는 잠재력은 무궁무진하다. 다양한 센서 구성을 통해 자전거는 지형, 날씨, 교통 상황에 대한 데이터를 실시간으로 수집하여 지면과 자전거를 타는 사람의 주변 환경을 좀 더 종합적으로 파악할 수 있다.

또한 자전거에 센서를 장착하여 교통 체증에 끼어들거나 도로의 반대편으로 주행하는 등 안전하지 않거나 불법적인 방식으로 주행하는 경우를 감지할 수 있다. 또한 다른 센서 조합을 통합하여 도난을 자동으로 감지하고 도심 안팎에서 자전거를 더욱 안전하게 이용할 수 있도록 도울 수도 있다. 마지막으로, 후방 카메라나 레이더 센서가 장착된 자전거는 라이더 뒤의 교통량을 감지하여 입력되는 교통 움직임/정보나 시각적 장애물에 따라 사용자에게 길을 비키거나 속도를 높이거나 낮추도록 경고함으로써 잠재적으로 사고를 피할 수 있다.[1]

어린이 장난감

첨단 AI 기술이 적용된 대화형 어린이 장난감에는 크게 교육용, 감정 반응용, 어린이와 주변 환경의 건강과 안전 모니터링용 등 세 가지 범주가 있다. 교육용 장난감은 어린이가 새로운 기술이나 정보를 배울 수 있도록 설계됐으며, 아이들이 수 세기, 모

---

1 엣지 임펄스 문서 'Bike Rearview Radar'(https://oreil.ly/12O4l) 참고

양, 색깔 등을 연습하는 데 도움이 되는 교육용 게임이나 퍼즐의 형태로 제공되는 경우가 많다. 감정 반응 장난감은 아이와 상호 작용하고 감정에 반응하도록 설계됐다. 이러한 장난감은 비명이나 울음소리 같은 청각적 신호를 들을 수 있으며, 아이의 감정 상태와 관련된 얼굴 표정이나 기타 시각적 신호를 인식할 수도 있다. 안전과 건강 모니터링 장난감은 어린이의 안전과 건강을 지키는 데 도움이 되도록 설계됐다. 예를 들어, 손가락이 뜨거운 스토브에 닿으려는 시점을 감지하거나 어린이의 심박수와 호흡을 모니터링할 수 있다. 장난감 중 일부는 아이가 길을 잃을 경우를 대비해 GPS 추적 기능까지 갖추고 있어, 부모의 안심 수준을 더욱 높여준다.

그러나 첨단 AI 기술의 발전은 어린이와 상호 작용하는 모든 장난감이나 기기, 서비스에서 AI 사용에 대한 매우 합리적이고 윤리적인 가이드라인을 장려해야 한다. 안타깝게도 AI 기술이 고도화될수록 규제가 어려워지고, AI가 어린이와 어린이의 감정, 개인 데이터를 악용하는 데 사용될 가능성도 높아진다.[2] AI 기술의 규제는 복잡한 문제이며 13장에서 자세히 다루지는 않겠지만, 쉬운 해결책이 없기 때문에 많은 정부 기관과 기업이 이 분야에 대한 연구와 정책 개발을 하고 있다.[3] AI 기술을 사용하는 어린이가 잘못된 손에 넘어갈 경우 잠재적으로 해로운 결과를 초래할 수 있다는 점을 고려할 때, 어떤 형태로든 규제가 필요하다는 것은 분명하다.[4]

가전제품

냉장고와 같은 AI 지원 가전제품은 음식이 부족할 때를 감지하여 자동으로 추가 주문을 할 수 있으므로 우유가 떨어질 걱정을 할 필요가 없다. 또한 식습관을 추적하여 영양 섭취량에 대한 통찰을 얻을 수 있고, 음식을 완벽하게 조리할 수도 있다.

하지만 더 똑똑해지는 것은 냉장고뿐만이 아니다. 컴퓨터 비전과 기타 센서 입력을 사용해 시각적 크기 추정[5]과 자동 온도 제어를 통해 음식을 완벽하게 조리하는 다양한 종류의 스마트 조리 기기가 있다. 커피 머신은 엣지 머신러닝을 사용해 사용자의

---

2 UN 뉴스의 "Digital Child's Play: Protecting Children from the Impacts of AI"(https://oreil.ly/2rc83) 참고
3 유니세프의 "Good Governance of Children's Data" 문서(https://oreil.ly/EzNvZ) 참고
4 세계 경제 포럼의 'Artificial Intelligence for Children'(https://oreil.ly/aHH3E) 참고
5 엣지 임펄스 블로그, 'Estimate Weight From a Photo Using Visual Regression in Edge Impulse'(https://oreil.ly/qfZxT) 참고

취향에 따라 커피를 개인화한다. 세탁기에서도 머신러닝을 사용해 다양한 종류의 옷을 식별하고 추론 결과에 따라 세탁과 건조 사이클을 조정하고 있다.

앞서 설명한 사용 사례 솔루션 접근 방식은 모두 윤리적이고 가치 있는 소비자 제품을 널리 사용할 수 있도록 설계하고 최종 사용자에 대해 수집된 데이터가 윤리적이고 책임감 있게 사용되도록 보장한다는 13장의 사용 사례 목표에 부합하는 소비자 제품이다.

설계 고려사항

유용하고 윤리적이며 접근성이 뛰어난 소비자 엣지 AI 제품을 설계한다는 중요한 목표를 달성하기 위해, 기술적 관점에서 여러 유형의 센서와 카메라를 비롯한 다양한 데이터 소스를 사용해 유사한 목표를 달성할 수 있다(표 13-1 참고).

표 13-1 각 사용 사례에 어떤 센서를 사용할 수 있는가?

목표	센서
자전거 충돌/도난 감지기	가속도계, 오디오, 레이더, 카메라
반려동물 노리개	카메라, 오디오, 레이더
AI 기반 오븐	적외선 카메라, 온도, 가스
건강 모니터링 웨어러블	PPG, 심박수, 심전도, 체온, 수분/땀 수준
홈 보안과 자동화	카메라, 오디오
로봇 어린이 장난감	카메라, 오디오, 가속도계, 자이로스코프, 레이더
자동화된 세탁기	카메라, 화학, 가스, 색상, 빛의 강도

292페이지의 '데이터 활용하기' 절에서는 센서 데이터 수집과 데이터 세트 수집에 대한 추가 접근 방식을 설명한다.

또한 설계 프로세스와 브레인스토밍 세션에서 다음 사항을 고려하기 바란다.

- 제품의 최종 사용자는 누구인가?
- 제품의 주요 이해관계자는 누구인가?

- 이 제품이 악의적이거나 비윤리적으로 사용될 수 있는 방법은 무엇인가?
- 데이터가 어디에 저장되고 있는가? 추론 결과가 클라우드 플랫폼으로 다시 전송되고 있는가?
- 소비자/최종 사용자는 수신된 센서 데이터가 장치와 클라우드나 네트워킹 연결을 통해 어떻게 사용되고 있는지 어떻게 알 수 있는가?

환경과 사회적 영향

소비자 기술의 발전은 우리의 삶을 더 편리하게 만들 수 있지만, 많은 사람이 접근하기 어렵거나 사용이 제한되어 일부 최종 사용자가 많은 엣지 AI 기술의 발전을 활용하지 못하는 등 여러 가지 문제를 수반하기도 한다. 제조업체가 이러한 문제를 완화하기 위해 노력하고 있는 한 가지 방법은 모든 사람이 좀 더 사용자 친화적이고 접근하기 쉬운 장치를 만드는 것이다. 한 가지 예로, 일부 기업에서는 집안일 부담을 줄여주는 장치를 만들고 있다. 이러한 장치는 청소나 요리처럼 노약자나 장애인이 힘들어할 수 있는 작업을 도와줄 수 있다. 이는 삶을 편하게 할 뿐만 아니라 사고나 부상을 예방하는 데도 도움이 될 수 있다. 또한 기업들은 고객에게 장치에 잠재적인 문제나 수리가 필요할 수 있음을 미리 알려줌으로써 기술 폐기물technology waste이나 일반 폐기물을 줄이기 위해 노력하고 있다. 이는 장치를 양호한 작동 상태로 유지하는 데 도움이 될 뿐만 아니라 장치와 상호 작용할 수 있는 어린이의 피해를 예방하는 데도 도움이 될 수 있다.

어린이와 청소년을 최우선으로 고려하기 체크리스트[6]

다음 체크리스트(FIRST)는 (제품의 대상 고객/사용자가 어린이가 아니더라도) 소비자 소비를 위한 새로운 첨단 AI 제품 아이디어를 브레인스토밍할 때 고려해야 할 아이디어와 제한사항을 제시하는 좋은 출발점이다.

공정성(fair)
윤리, 편견, 책임

---

[6] 세계 경제 포럼의 'Artifical Intelligence for Children'(https://oreil.ly/aHH3E) 참고

포용성(inclusive)
  접근성, 신경학적 차이, 어린이/대상 연령대의 피드백 제공

책임감(responsible)
  연령에 적합하고 발달 단계에 적합하다. 최신 학습 과학을 반영하고 목표 연령을 염두에 두고 설계됐다.

안전(safe)
  해를 끼치지 않음; 사이버 보안과 중독 완화

투명성(transparent)
  초보자나 일반 사용자에게 AI의 작동 방식과 용도를 설명할 수 있다.

부트스트랩

13장에서는 교통과 충돌 경고를 통해 자전거 운전자를 모니터링하고 보호하는 장치와 관련된 소비자 제품 엣지 AI 모델을 만들기 위한 엔드투엔드 솔루션을 자세히 살펴보겠다. 초기 자전거 운전자 모니터링 모델을 만들기 위해 엣지 장치의 가속도계 센서에서 '유휴^{idle}', '급정지', '공칭^{nominal}' 머신러닝 클래스에 대한 샘플을 수집한다.

이 세 가지 클래스를 통해 분류 머신러닝 모델은 자전거 운전자가 어떤 유형의 모션 이벤트를 실시간으로 경험하고 있는지 파악할 수 있다. 엣지 장치는 가속도계에서 원시 샘플을 지속적으로 수집하고, 학습된 머신러닝 모델은 장치에서 감지된 동작이 유휴 중인지, 방향 전환 중인지, 급정지(충돌을 의미할 수 있음)를 경험했는지, 고르지 않은 지형에서 주행 중인지 유추하고 판단한다. 예측 결과, 이상 점수, 가속도계 신호 데이터의 경우 이상 점수가 높거나 급정지가 발생했다고 판단되면, 이 정보는 오디오 출력 알림이나 LED 경고를 통해 장치 최종 사용자에게 즉시 알려지며, 네트워크 연결을 통해 데이터를 전송하거나, 사람이나 클라우드에서 추가 처리를 위해 장치에 로컬로 저장된다.

머신러닝 클래스 정의

표 13-2는 사용 사례, 센서와 데이터 입력 유형, 학습 및 테스트 데이터 세트 수집과 레이블 지정에 사용할 머신러닝 클래스의 잠재적인 조합을 보여준다. 사용 사례와 관련

클래스 레이블은 13장에서 사용하는 머신러닝 알고리듬의 유형, 특히 '분류'와 '이상 탐지'에 중요하다. 이러한 알고리듬에 대한 자세한 내용은 149페이지의 '분류' 절과 153페이지의 '이상 탐지' 절에서 확인할 수 있다.

표 13-2 자전거 운전자 안전 사용 사례를 위한 머신러닝 클래스

사용 사례	학습 데이터	클래스 레이블
자전거 충돌 감지	가속도계	공칭(nominal), 이상(anomaly)(또는 데이터가 이미 존재하는 경우 지정된 '충돌' 레이블)
다가오는 트래픽 모니터링	카메라(경계 상자 사용)	자동차, 자전거, 오토바이, 기타 교통 물체
자전거 운전자의 사각지대 모니터링	레이더	공칭, 자전거 운전자와 근접한 물체
자동차 경보, 충돌, 기타 교통 소리 듣기	오디오	배경, 소음, 자동차 경보, 자동차 충돌, 자동차 경적, 사람 목소리/고함소리

13장에서는 머신러닝 센서 데이터 분류를 위해 소비자 자전거 운전자 모니터링 장치 사용 사례를 선택하고 이를 기반으로 구축할 것이며, 프로젝트의 초기 머신러닝 클래스는 '자전거 충돌 감지'라는 최종 사용 사례와 관련된 '유휴', '급정지', '공칭'이 될 것이다. 그러나 이러한 데이터 샘플을 기록하고 업로드하기 위해 자전거 충돌 사고를 특별히 일으키고 싶지는 않을 것이므로, 이 사용 사례 목표를 달성하기 위해 분류와 이상 탐지라는 머신러닝 기술을 사용할 것이다.

데이터 세트 수집

깨끗하고 견고하며 유용한 데이터 세트를 수집하는 방법에 대한 기술적이고 구체적인 정보는 292페이지의 '데이터 활용하기' 절을 참고하기 바란다. 또한 여러 소스에서 데이터를 수집하는 방법에 대한 다양한 전략을 활용하여 사용 사례에 맞는 고유한 데이터 세트를 만들 수도 있다.

- 공개 연구 데이터 세트를 결합한다.
- 캐글과 같은 커뮤니티 중심 데이터 수집 사이트에서 기존 센서 데이터 세트를 사

용한다.

- 공동 작업하는 엣지 임펄스 프로젝트를 위한 샘플을 수집하기 위해 동료의 도움을 받는다.

엣지 임펄스

478페이지의 '엣지 임펄스' 절에서 설명했듯이, 13장에서 설명하는 지침을 따르려면 무료 엣지 임펄스 계정(https://edgeimpulse.com)을 만들어야 한다.

엣지 머신러닝 모델 개발을 위해 엣지 임펄스를 사용해야 하는 추가적인 근거는 229페이지의 '엣지 AI를 위한 엔드투엔드 플랫폼' 절을 참고하기 바란다.

엣지 임펄스 공개 프로젝트

이 책의 각 사용 사례 장에는 설명된 사용 사례에 대한 완전한 엔드투엔드 머신러닝 모델을 시연하고 달성하기 위한 서면 튜토리얼이 포함되어 있다. 하지만 바로 본론으로 들어가서 필자가 해당 장에서 개발한 정확한 데이터와 모델을 최종 상태로 보고 싶다면, 13장의 공개 엣지 임펄스 프로젝트(https://oreil.ly/iuJp9)로 이동하여 확인할 수 있다.

또한 모든 원본 학습 및 테스트 데이터, 중간 모델 정보, 학습된 모델 결과, 모든 배포 옵션을 포함하여 이 프로젝트를 직접 복제할 수도 있다(엣지 임펄스 페이지의 오른쪽 상단에 있는 Clone this project 버튼 선택, 그림 13-1 참고).

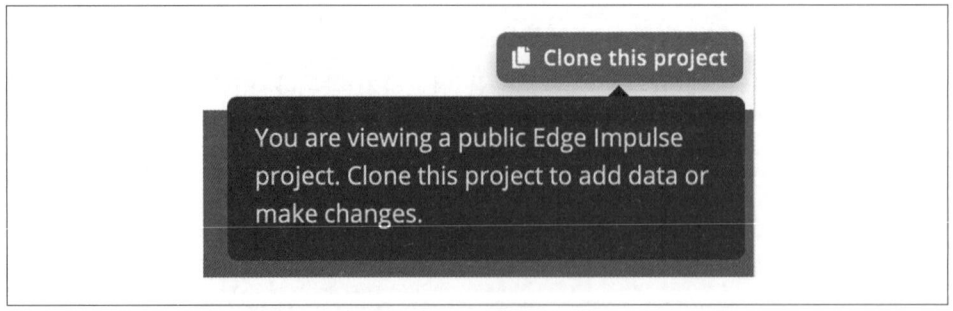

그림 13-1 엣지 임펄스 퍼블릭 프로젝트 복제하기

하드웨어와 센서 선택

이 책에서는 가능한 한 장치에 구애받지 않으려고 노력했지만, 이 사용 사례의 솔루션을 만들기 위해 기성품의 사용하기 쉬운 개발 키트를 사용하는 방법도 논의해야 한다. 따라서 이 책은 가능한 한 쉽고, 저렴하고, 접근하기 쉬운 하드웨어를 선택하는 것을 목표로 한다.

엣지 임펄스는 이미 다양한 통합 센서 드라이버와 오픈소스 펌웨어를 갖춘 공식적으로 지원되는 다양한 개발 플랫폼을 제공하고 있으므로, 이 프로젝트의 간소화와 자전거 소비자 제품 사용 사례를 위한 가속도계 데이터 수집을 위해, 엣지 임펄스 모바일 클라이언트(https://oreil.ly/RKAWb)가 탑재된 휴대폰과 nRF 엣지 임펄스 휴대폰 애플리케이션(https://oreil.ly/OnTtw)이 탑재된 Nordic Semi Thingy:53(https://oreil.ly/WfU0M)의 조합을 데이터 수집과 모델 배포용으로 사용할 것이다.

그러나 13장에서 설명하는 정확한 하드웨어가 없는 경우, 데이터 수집과 배포를 쉽게 수행할 수 있도록 공식적으로 지원되는 다양한 센서를 갖춘 다른 적합한 보드에 대한 엣지 임펄스 설명서(https://oreil.ly/zQryl)를 참고할 수 있다. 또는 자체 개발 플랫폼과 자체 센서 조합을 가져와서 초기 센서 데이터 수집을 위해 실행 중인 장치 펌웨어를 만든 뒤 13장을 계속 따라갈 수 있다(가장 쉬운 방법은 엣지 임펄스 데이터 포워더(https://oreil.ly/MXDZM)를 사용하는 것이다).

하드웨어 구성

Nordic Semi Thingy:53의 내장 가속도계 관성 측정 장치$^{IMU,\ Inertial\ Measurement\ Unit}$와 휴대폰의 내부 IMU는 자전거의 앞 핸들바에 부착되어 자전거의 동작 이벤트를 감지하는 데 사용된다.

특정 환경, 사용 사례, 프로젝트 예산 등에 따라 소비자 자전거 운전자 모니터링 모델의 정확도를 높이기 위해 고려할 수 있는 그 밖의 센서 유형 목록은 다음과 같다.

- 자이로스코프
- 적외선, 야간 투시경이나 열화상 카메라

- 레이더
- 오디오

데이터 수집

가장 일반적인 데이터 수집 도구는 앞서 481페이지의 '데이터 수집' 절에서 설명한 대로, 여러 가지 옵션을 사용해 프로젝트에 데이터를 업로드하고 레이블을 지정할 수 있다. 다음 절에서는 13장에서 자전거 운전자 모니터링 사용 사례를 위한 소비자 제품에 사용할 구체적인 데이터 수집 도구에 대해 설명한다.

데이터 수집 펌웨어

Thingy:53에서 데이디를 수집하려면 설명서(https://orcil.ly/bHbVN)의 지침에 따라 엣지 임펄스 펌웨어를 장치에 플래시해야 한다. 그런 다음 엣지 임펄스 CLI(https://oreil.ly/DSrv7)나 nRF 엣지 임펄스 휴대폰 애플리케이션(575페이지의 'nRF 엣지 임펄스 휴대폰 애플리케이션' 절 참고)을 사용해 장치를 프로젝트에 연결하고, Thingy:53의 온보드나 휴대폰에서 새 가속도계 데이터 샘플을 기록하기 시작한다.

휴대폰

새 가속도계 데이터를 업로드하는 가장 쉬운 방법 중 하나는 휴대폰을 엣지 임펄스 프로젝트에 직접 연결하고 휴대폰의 통합 IMU에서 가속도계 데이터를 기록하는 것이다. 휴대폰 연결에 대한 지침은 엣지 임펄스 설명서(https://oreil.ly/UoiqJ)에서 찾을 수 있다(그림 13-2 참고).

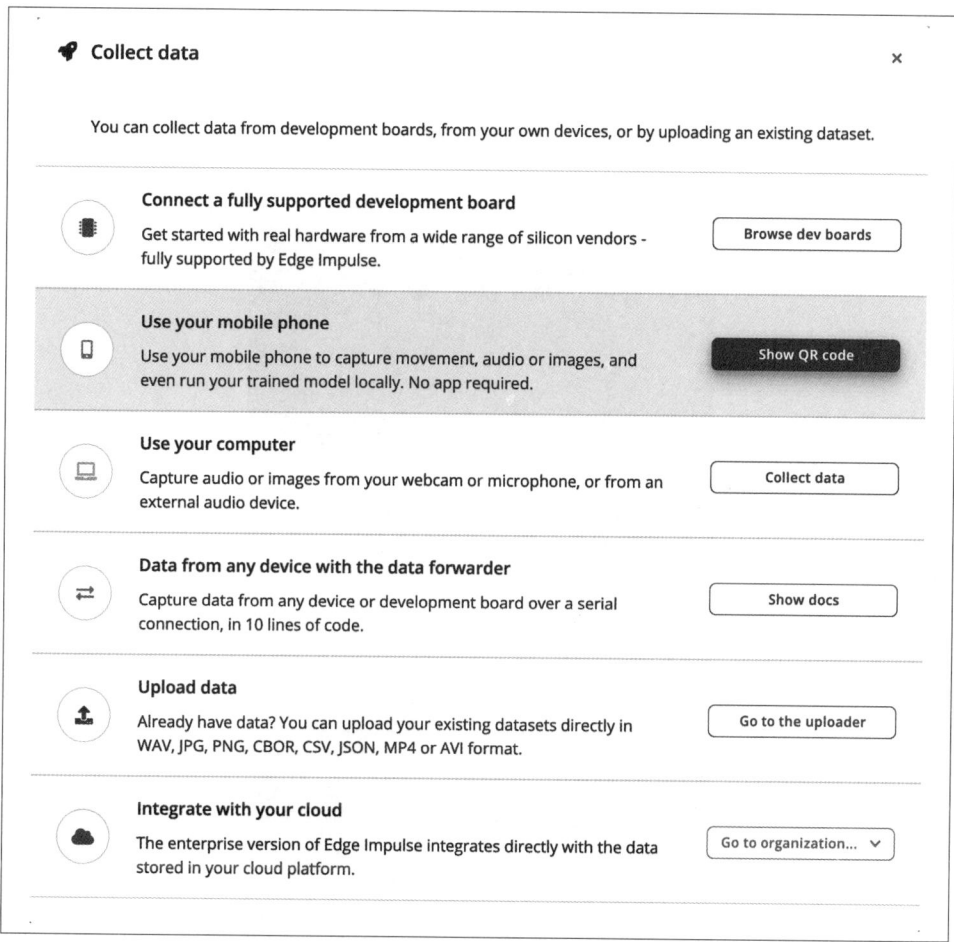

그림 13-2 휴대폰을 엣지 임펄스 프로젝트에 연결하기

nRF 엣지 임펄스 휴대폰 애플리케이션

먼저, 아이폰(https://oreil.ly/2w5nO)이나 안드로이드 휴대폰(https://oreil.ly/Q_bVH)용 Nordic nRF 엣지 임펄스 앱을 다운로드하여 설치한다. 그런 다음, 엣지 임펄스 설명서 (https://oreil.ly/orK3a)의 지침에 따라 엣지 임펄스 계정으로 nRF 엣지 임펄스 앱에 로그인하고 Thingy:53을 프로젝트에 연결한다.

새 데이터 샘플을 기록하고 프로젝트에 업로드하려면 앱의 오른쪽 상단에 있는 + 버튼을 클릭한다. 센서를 선택하고, 샘플 레이블을 입력하고, 샘플 길이와 빈도를 선택한 다음 Start Sampling을 선택한다(그림 13-3 참고).

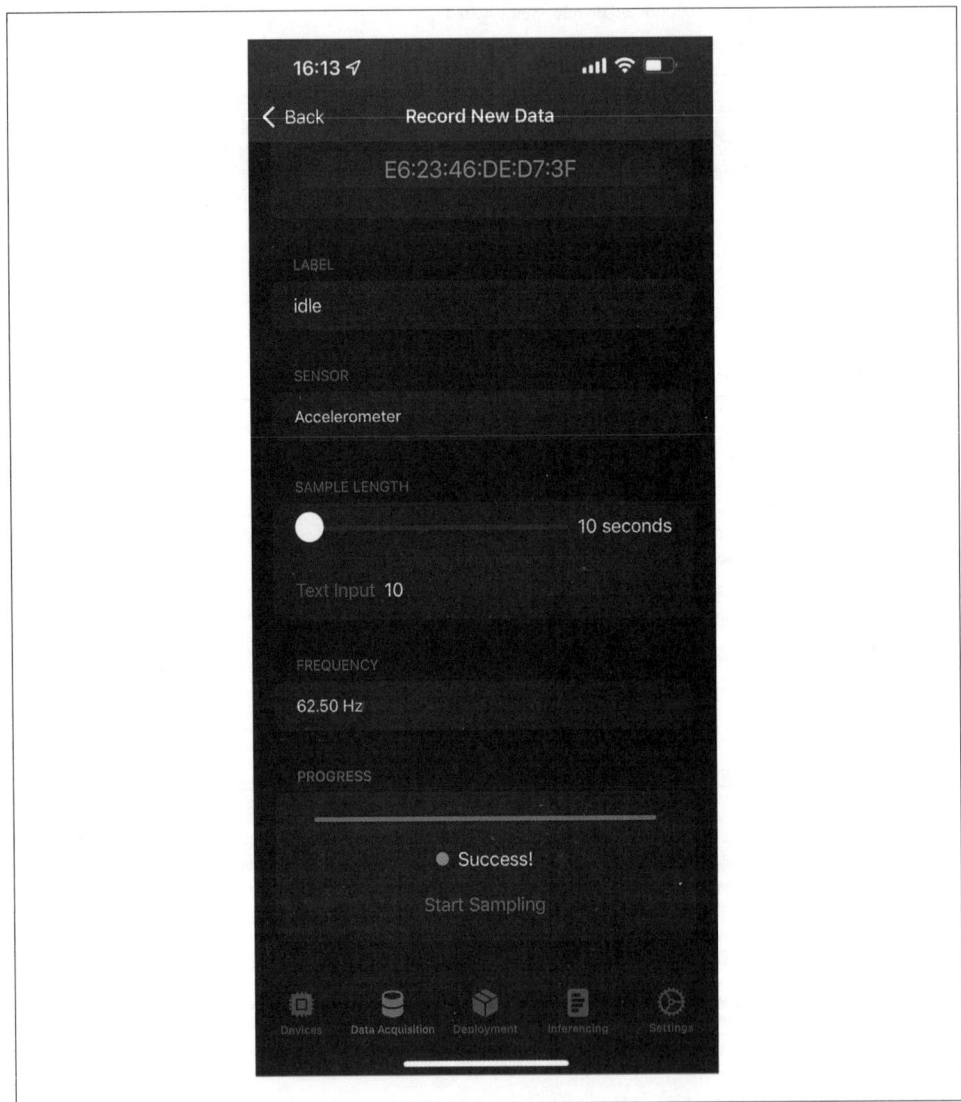

그림 13-3 nRF 엣지 임펄스 휴대폰 애플리케이션 데이터 수집

'유휴', '급정거', '공칭'이라는 세 가지 머신러닝 클래스에 대해 자전거에서 데이터 샘플을 계속 수집한다. 데이터를 수집하는 동안 주변 환경에 주의를 기울이고 조심해야 한다!

데이터 세트 클리닝

488페이지의 '데이터 세트 클리닝' 절에 제공된 팁을 검토한 다음 13장으로 돌아온다.

가스 센서 샘플을 30초(30,000ms) 길이로 기록했으므로, 샘플을 10초(10,000ms) 길이의 여러 하위 샘플로 분할하겠다. Data acquisition 탭에서 샘플의 점 3개 드롭다운 버튼을 선택한 다음 Split sample을 클릭한다. 그러면 Split sample 뷰에서 약 10,000ms 길이의 하위 샘플 3개를 맞출 수 있다. + Add Segment 버튼을 클릭하여 분할 세그먼트split segment를 더 추가한 다음 Split을 클릭한다(그림 13-4 참고).

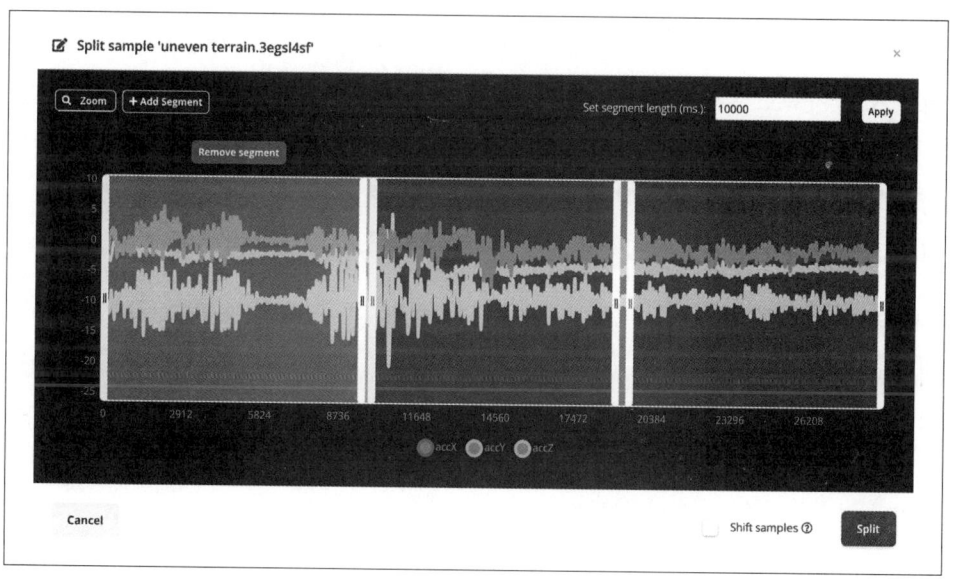

그림 13-4 데이터 수집: 샘플 분할하기

538페이지의 '데이터 세트 클리닝' 절에서 설명한 대로, 샘플 이름 옆의 드롭다운 메뉴에서 Crop sample 옵션을 선택하여 샘플을 자를 수도 있다.

데이터 세트 라이선스와 법적 의무

데이터 세트의 라이선스와 법적 의무를 확인하려면 487페이지의 '데이터 세트 라이선스와 법적 의무' 절을 검토하기 바란다. 우리는 컴퓨터의 직렬 포트를 통해 집과 개인 휴대폰(https://oreil.ly/RZxE0)이나 Nordic Thingy:53 장치(https://oreil.ly/E91_-)에서 수집한 데이터를 직접 업로드하고 사용하거나 Nordic nRF 엣지 임펄스 휴대폰 앱(https://oreil.ly/VxQKE)을 사용하기 때문에 검토할 데이터 세트 라이선스나 법적 문제가 없다.

그러나 휴대폰이나 Nordic Thingy:53 같은 장치에서 자체 데이터 외에 공개적으로 제공되는 데이터 세트의 가속도계 데이터나 기타 유형의 센서 데이터를 사용하는 경우, 데이터를 학습/테스트 데이터 세트에 업로드하고 해당 데이터에서 학습된 모델을 사용하기 전에 데이터 사용 규칙과 속성 요건을 결정하기 위해 신중을 기해야 한다.

DSP와 머신러닝 워크플로

이제 모든 가속도계 모션 샘플을 학습 및 테스트 데이터 세트에 업로드했으므로, DSP Digital Signal Processing 방식을 사용해 원시 데이터의 가장 중요한 피처를 추출한 다음, 머신러닝 모델을 학습하여 센서 데이터의 추출된 피처에서 패턴을 식별해야 한다. 엣지 임펄스는 이런 DSP와 머신러닝 학습 워크플로를 '임펄스 디자인'이라고 부른다.

Impulse design 탭에서는 전체 엔드투엔드 머신러닝 파이프라인에 대한 간단한 그래픽 개요를 보고 생성할 수 있다. 맨 왼쪽에는 엣지 임펄스 스튜디오에서 데이터를 수집 및 전처리하고 윈도 증가와 크기를 설정하는 원시 데이터 블록이 있다. 다양한 주파수로 가속도계 데이터를 기록한 장치에서 샘플 데이터를 업로드한 경우, 이 보기에서 시계열 데이터를 다운샘플링하거나 업샘플링할 수도 있다.

다음은 오픈소스 디지털 신호 처리 스크립트인 '스펙트럼 분석'을 통해 가속도계 데이터의 가장 중요한 피처를 추출하는 DSP 블록이다. 데이터의 피처를 생성한 뒤에는 학습 블록에서 원하는 아키텍처와 구성 설정을 기반으로 신경망을 학습시킨다. 마지막으로, 학습된 머신러닝 모델이 유휴, 급정지, 공칭 등 원하는 클래스로 분류할 수 있는 배포 출력 정보를 확인할 수 있다.

엣지 임펄스 프로젝트에서 그림 13-5와 동일하게 또는 다양한 블록 팝업 창에서 선택하여 나열된 대로 Impulse design 탭을 설정한 다음 Save Impulse를 클릭한다.

시계열 데이터

- 윈도 크기: 5000밀리초
- 윈도 증가: 250ms
- 주파수(Hz): 62.5
- 제로 패드 데이터: 선택함

처리 블록

- 스펙트럼 분석

학습 블록

- 분류(케라스)
- 이상 탐지(K평균)

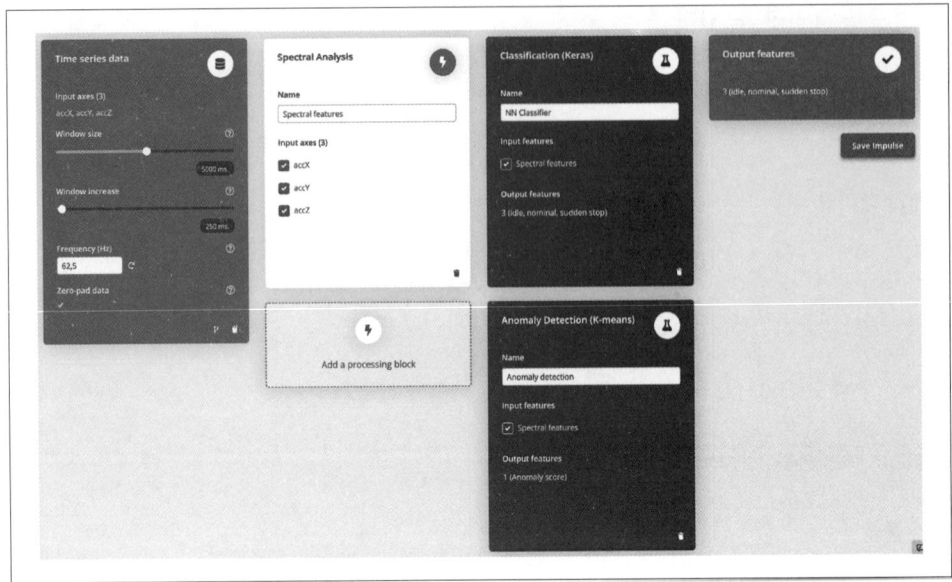

그림 13-5 임펄스 디자인 설정

디지털 신호 처리 블록

13장에서 소개하는 프로젝트에서는 엣지 임펄스 스튜디오에 기본적으로 포함된 디지털 신호 처리 알고리듬을 사용하는데, 이 스펙트럼 분석 처리 블록은 미리 작성되어 플랫폼에서 무료로 사용하고 배포할 수 있다. 스펙트럼 분석 블록에 사용된 코드는 엣지 임펄스 깃허브 리포지터리 '처리 블록'(https://oreil.ly/oAvIn)에서 확인할 수 있다. 144페이지의 '스펙트럼 분석' 절에서 스펙트럼 분석 알고리듬의 세부 사항을 알아볼 수도 있다.

자체 디지털 신호 처리 코드 작성에 익숙하거나 커스텀 DSP 블록을 사용하려는 경우, 492페이지의 '디지털 신호 처리 블록' 절에 제공된 세부 정보를 검토할 수 있다.

내비게이션 바에서 **Spectral features** 탭을 선택하고 그림 13-6에 표시된 것과 동일한 파라미터를 선택하거나 다양한 체크박스와 텍스트 입력을 편집하여 다음 목록에 나열된 대로 스펙트럼 분석 블록을 설정한다.

필터

- 스케일 축: 1
- 유형: 없음

스펙트럼 파워

- FFT 길이: 16
- 스펙트럼 로그 가져옴?: 선택함
- FFT 프레임 겹침?: 체크함

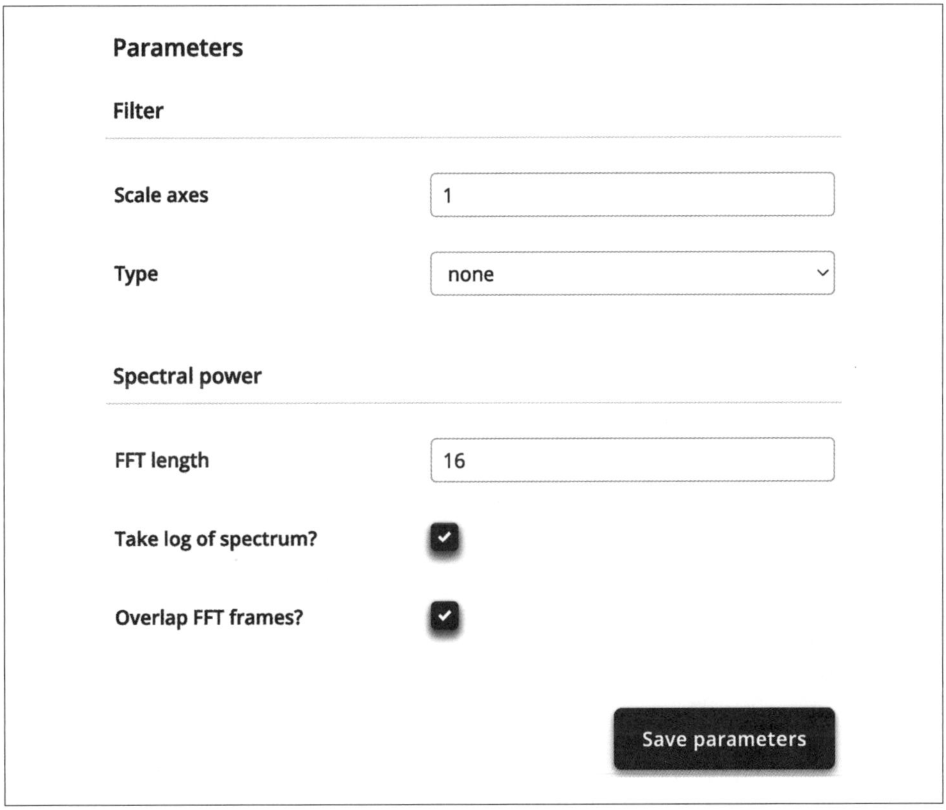

그림 13-6 스펙트럼 피처 블록 매개변수

이제 Save parameters를 클릭한다. 엣지 임펄스(https://oreil.ly/bQUyh)에서 제공되는 고급 이상 탐지 기능을 사용하려면, Generate features 뷰에서 Calculate feature importance 체크박스를 선택한다(그림 13-7 참고).

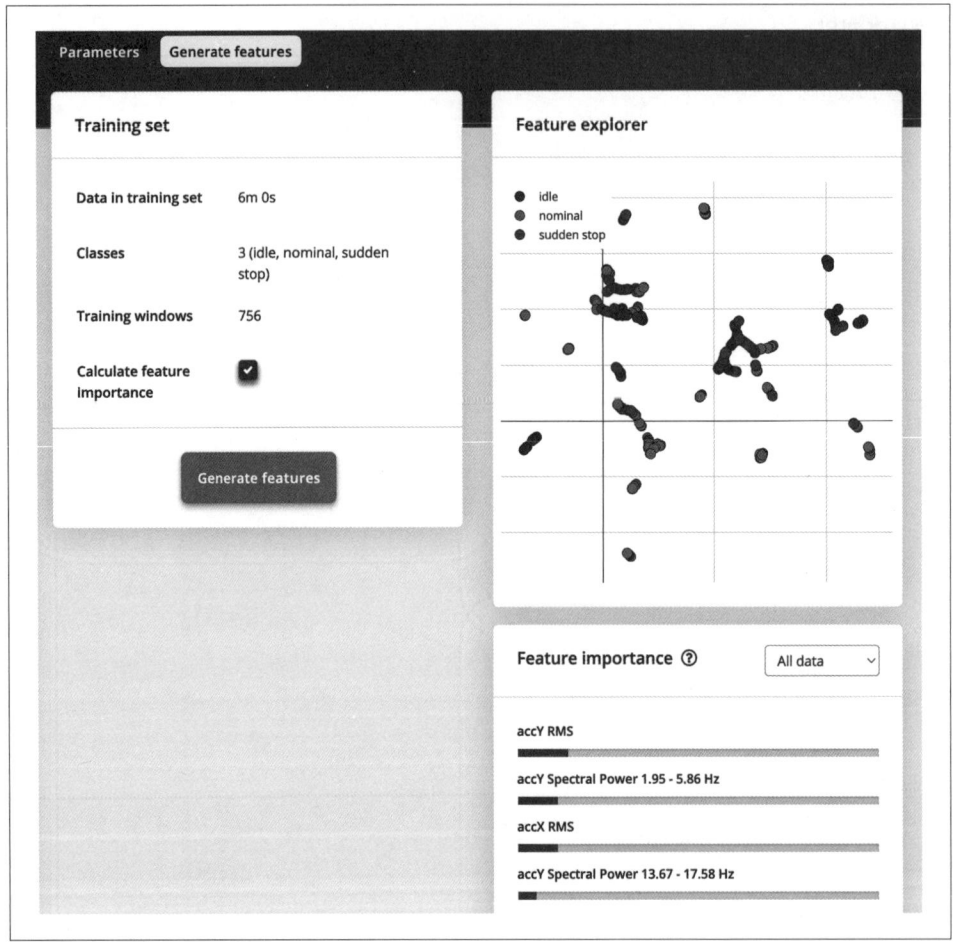

그림 13-7 피처 중요도를 포함한 피처 생성하기

이제 Generate features를 클릭하여, 데이터의 피처 탐색기와 피처 중요도 목록을 확인한다(그림 13-8 참고).

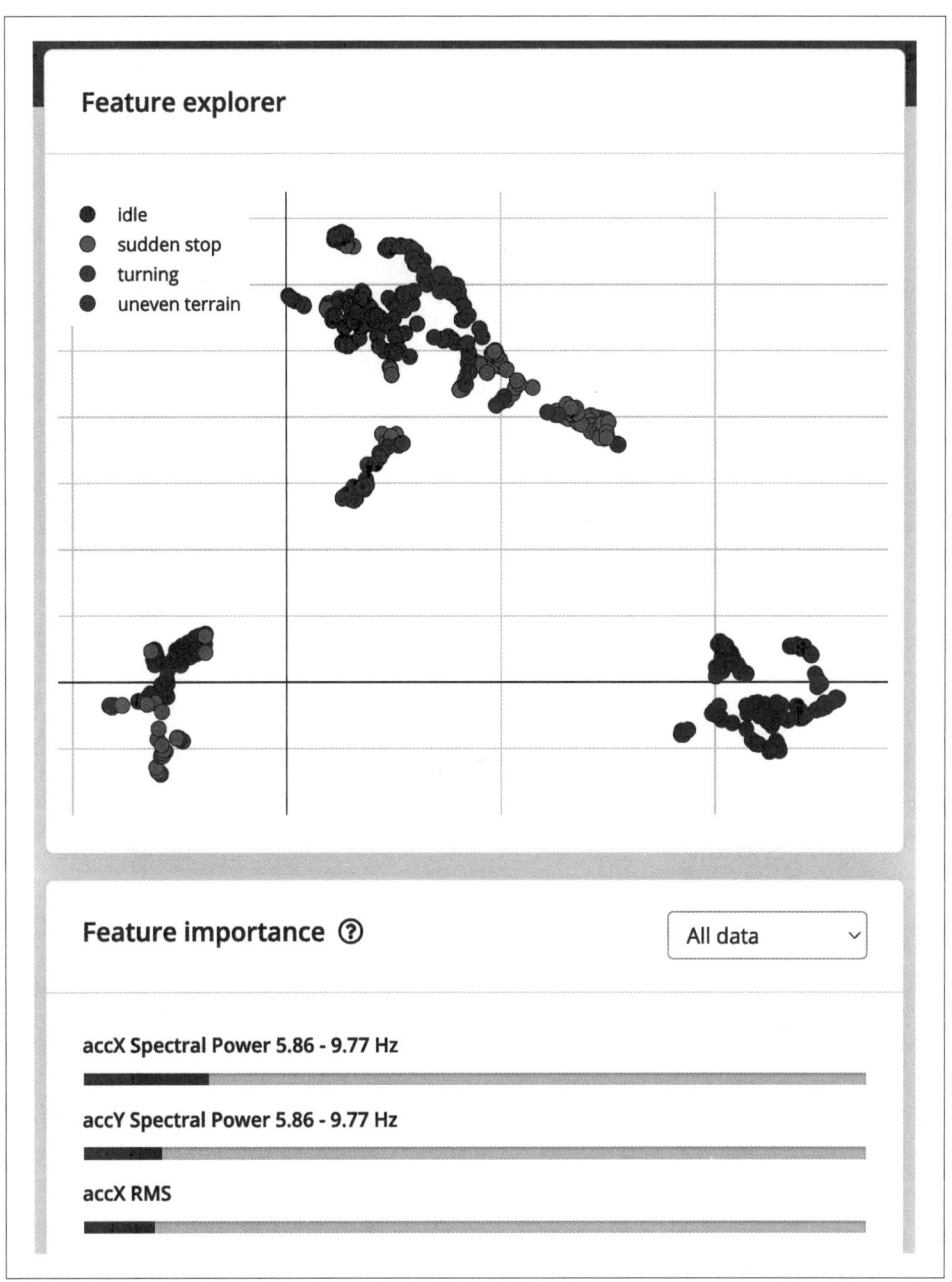

그림 13-8 스펙트럼 피처 블록: 피처 탐색기

머신러닝 블록

이제 엣지 머신러닝 모델을 학습시킬 준비가 되었다! 엣지 임펄스에서 모델을 학습시키는 방법에는 여러 가지가 있으며, 그중 가장 쉬운 방법은 시각적(또는 웹 GUI) 편집 모드다. 하지만 머신러닝 엔지니어 또는 전문가이거나 이미 텐서플로/케라스로 코딩한 경험이 있는 경우, 로컬이나 엣지 임펄스 스튜디오 내 전문가 모드에서 전이 학습 블록을 편집할 수도 있다.

NN Classifier 탭에서 프로젝트의 신경망 아키텍처와 기타 학습 구성 설정을 설정할 수 있다.

시각 모드

머신러닝 학습 설정과 신경망 아키텍처를 구성하고 설정하는 가장 쉬운 방법은 내비게이션 바의 Impulse design 아래에서 NN Classifier 탭을 선택할 때 엣지 임펄스 시각 모드, 즉 디폴트 뷰를 사용하는 것이다(그림 13-9 참고). 이러한 설정을 신경망 분류기의 블록 구성에 복사한 다음 Start training을 클릭한다.

- 학습 주기 개수: 30
- 학습 속도: 0.0005
- 유효성 검사 세트 크기: 20%
- 자동 밸런스 데이터 세트: 선택하지 않음
- 신경망 아키텍처
    - 밀집 계층(뉴런 20개)
    - 밀집 계층(뉴런 10개)

신경망 아키텍처 구성에 관한 자세한 내용은 엣지 임펄스 설명서(https://oreil.ly/oMVFd)에서 확인할 수 있다. 모델 학습이 완료되면 Model: Last training performance에서 전이 학습 결과를 확인할 수 있다(그림 13-10 참고).

로컬이나 전문가 모드에서 신경망 블록을 편집하는 방법에 관한 자세한 내용은 11장과 12장(특히 493페이지의 '머신러닝 블록' 절 참고)을 참고하기 바란다.

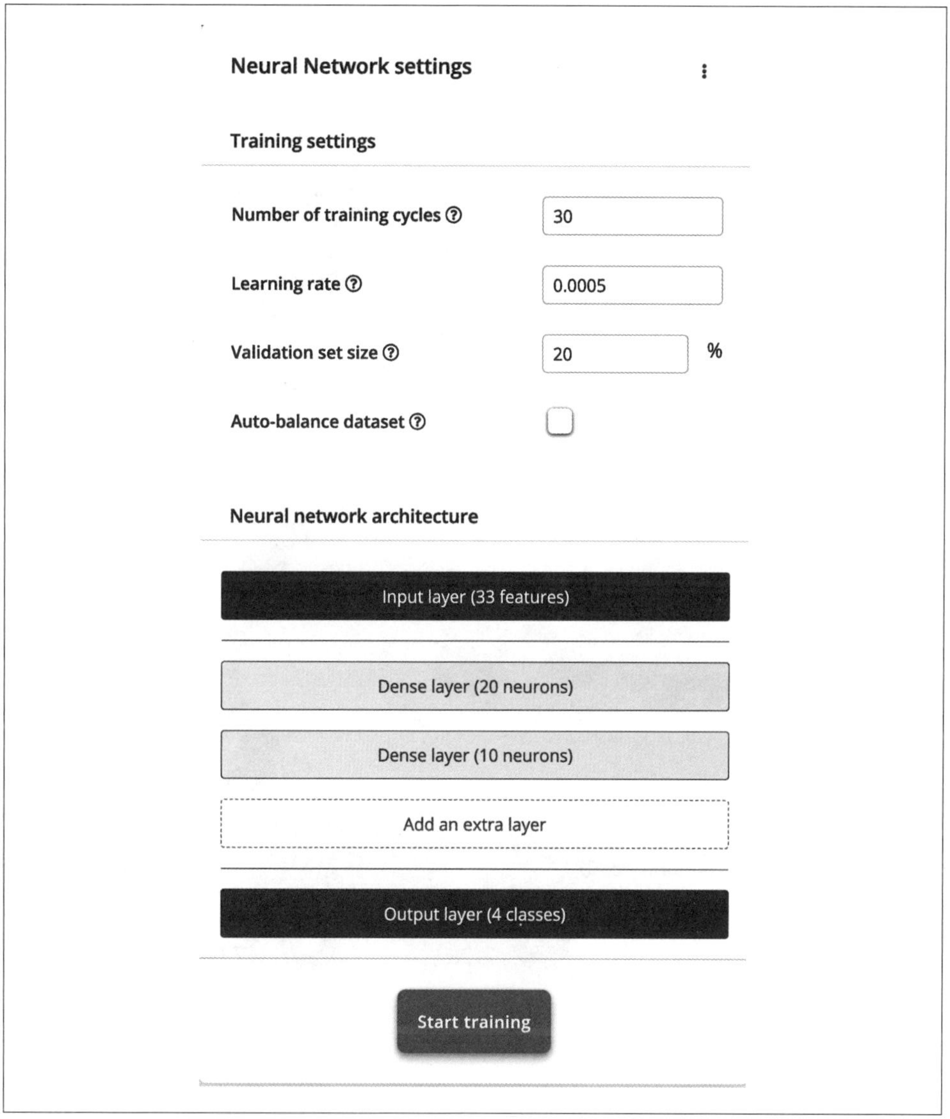

그림 13-9 신경망 설정

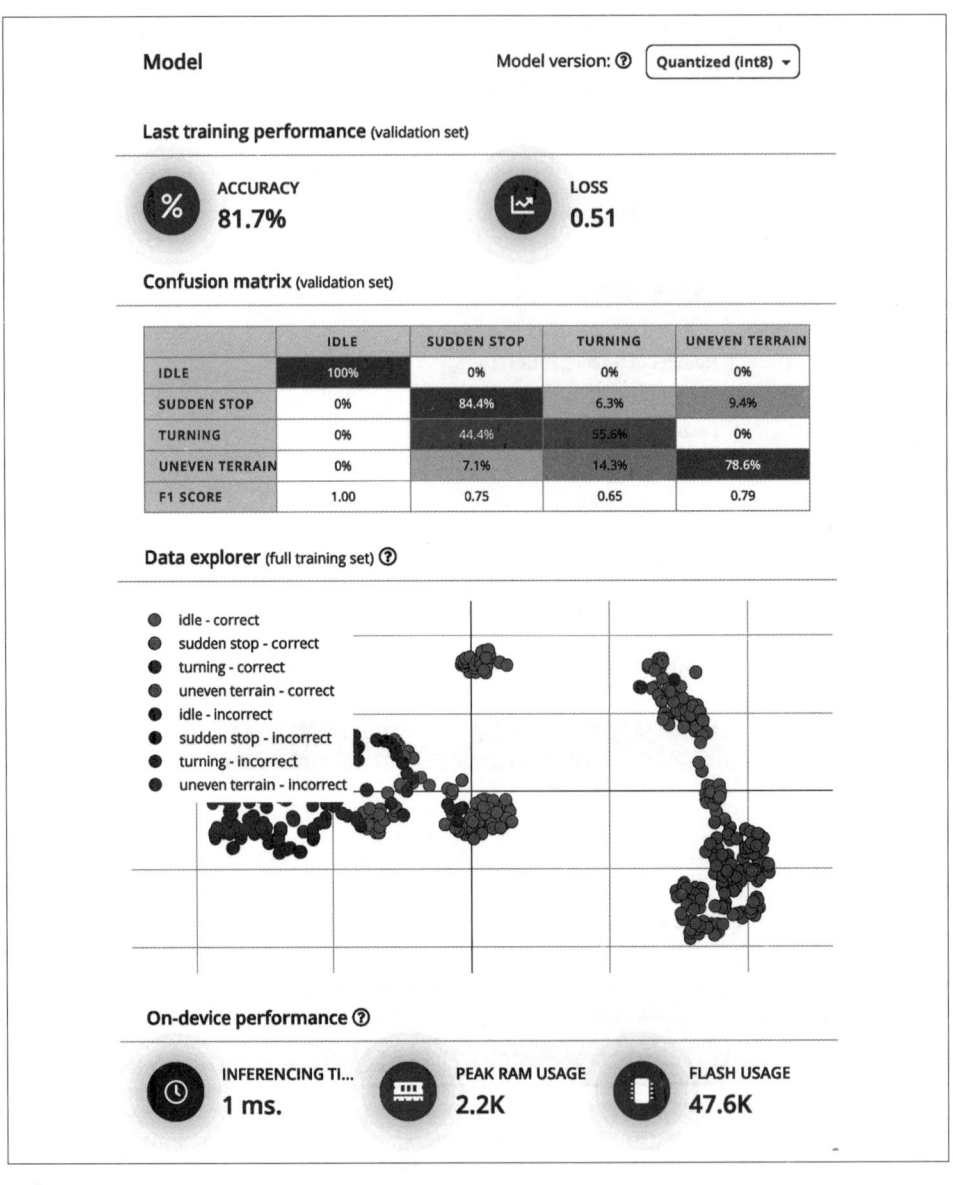

그림 13-10 Model: Last training performance

이상 탐지

신경망은 패턴 인식에는 능숙하지만, 보지 못한 새로운 데이터에는 어려움을 겪는다. 특정 데이터 세트에 대해서만 학습을 받았기 때문에 새로운 데이터를 제공하면 제대로 분류하지 못하기 때문이다.[7]

13장에서 사용하는 이상 탐지 기법에 관한 자세한 내용은 153페이지의 '이상 탐지' 절에서 확인하기 바란다.

내비게이션 바에서 Anomaly detection 탭을 선택한 다음 Select suggested axes 버튼을 클릭하면, 사용 사례에 대해 제안된 피처 중요도 축이 자동으로 선택된다(그림 13-11 참고).

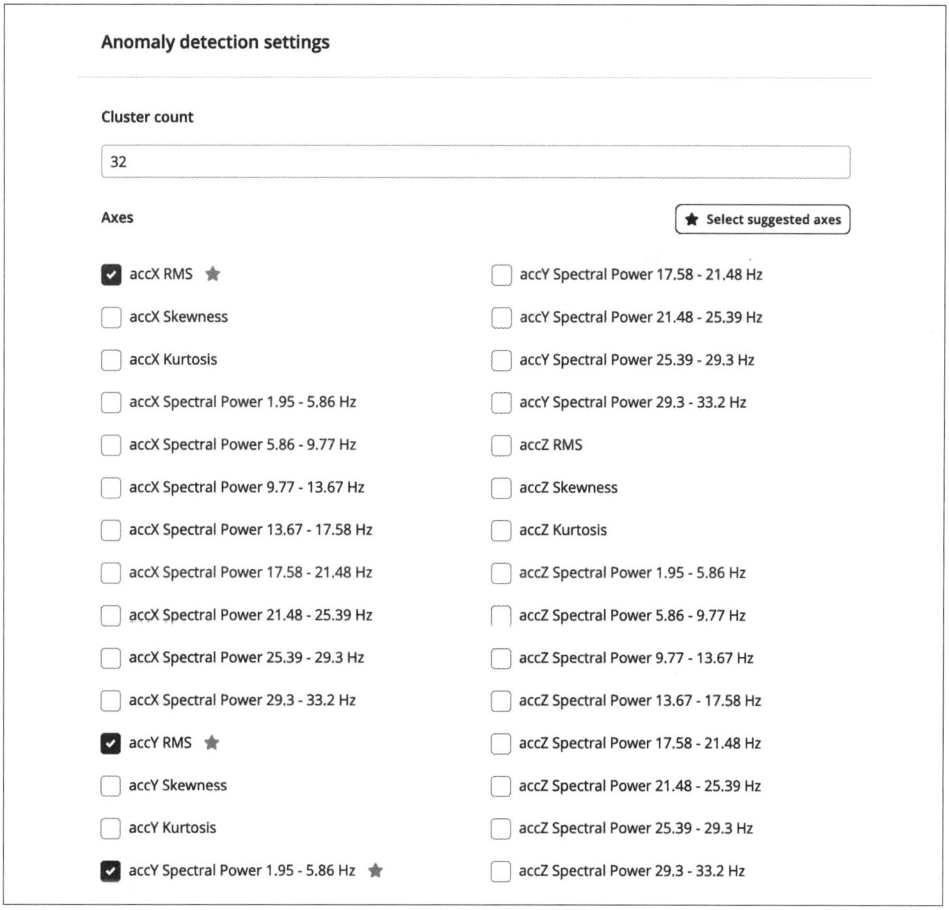

그림 13-11 이상 탐지: Select suggested axes

---

7 엣지 임펄스의 'Anomaly Detection (K-Means)'(https://oreil.ly/kGM6C) 문서 참고

그런 다음 Start training을 클릭하여 Anomaly explorer에서 결과를 확인한다(그림 13-12 참고).

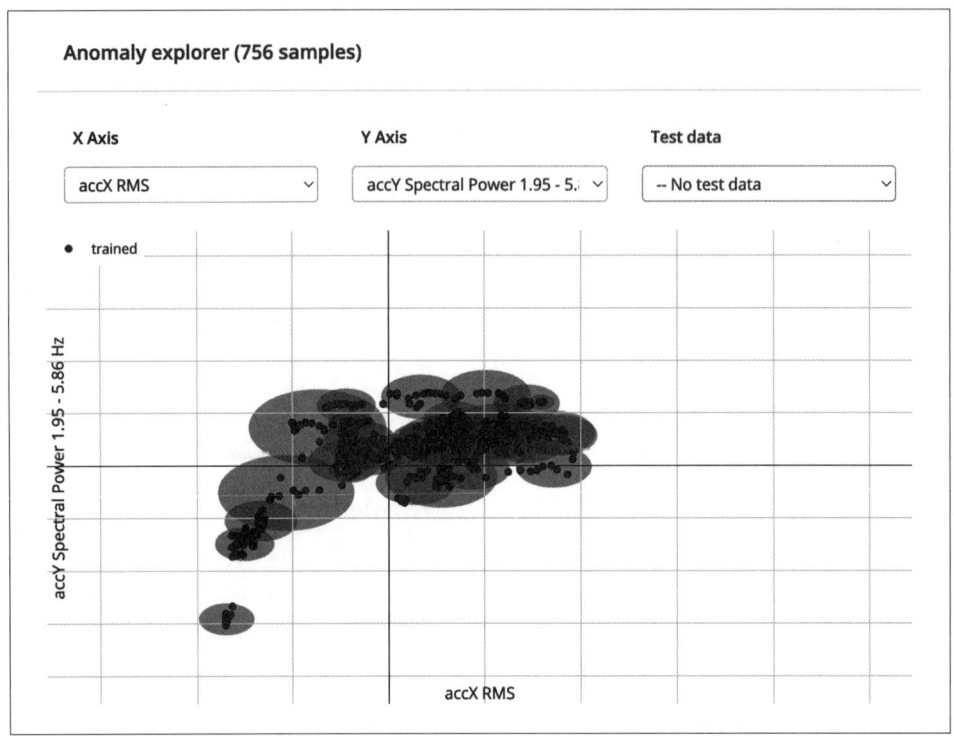

그림 13-12 이상 탐지: Anomaly explorer

모델 테스트

엣지 임펄스에서 사용할 수 있는 모든 모델 테스트 기능에 관한 자세한 내용과 설명은 505페이지의 '모델 테스트' 절에 설명되어 있다.

실시간 분류

Live classification 탭에서는 연결된 Nordic Thingy:53(그림 13-13과 그림 13-14 참고)에서 직접 개별 테스트 샘플을 테스트할 수 있다. 연결 지침은 533페이지의 '데이터 수집 펌웨어' 절에 설명되어 있다.

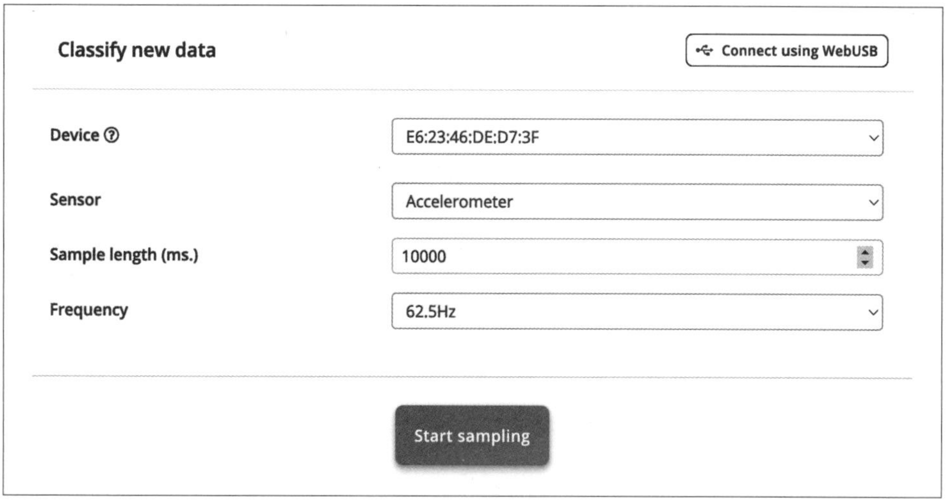

그림 13-13 Nordic Thingy:53을 이용한 실시간 분류

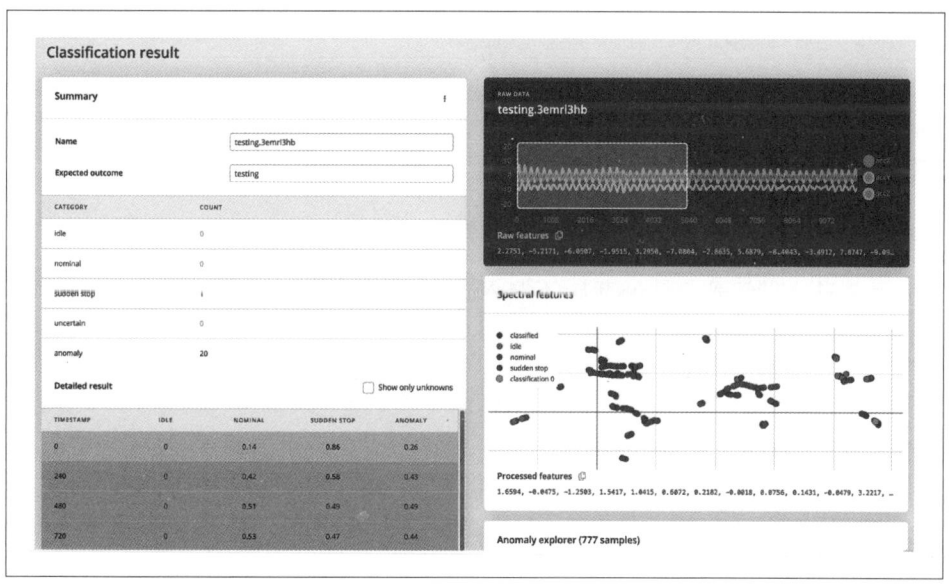

그림 13-14 레이블링되지 않은 테스트 결과를 실시간으로 분류

또는 그림 13-15처럼 Classify existing test sample에서 기존 테스트 데이터 세트 이미지를 로드하여 이 샘플의 추출된 피처와 학습된 모델의 예측 결과를 볼 수 있다.

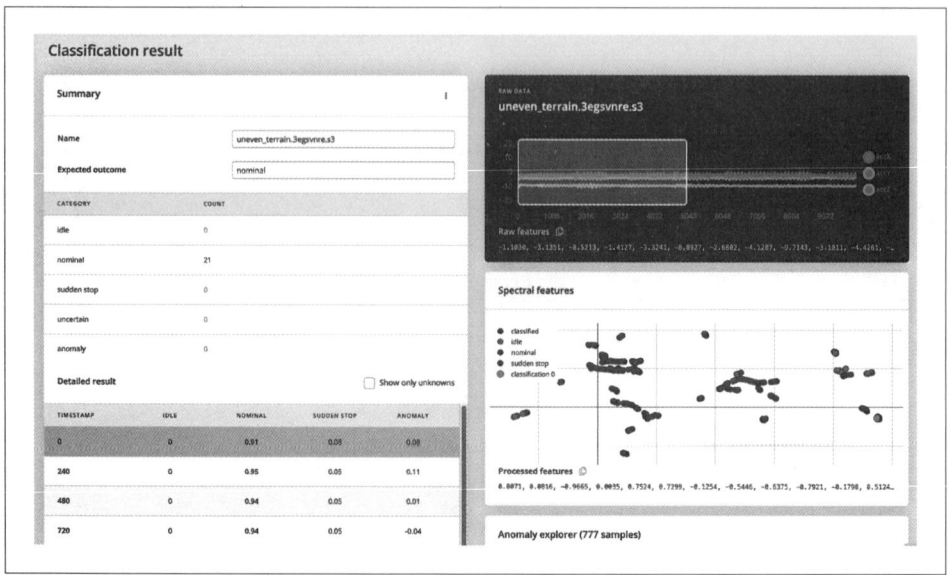

그림 13-15 기존에 레이블링된 테스트 결과를 이용한 실시간 분류

모델 테스트

프로젝트의 Model testing 탭(https://oreil.ly/Ngn8a)으로 이동하여, 학습된 모델에 대해 테스트 데이터 세트를 일괄 분류할 수도 있다. 이 탭에 대한 자세한 내용은 506페이지의 '모델 테스트' 절에서 확인할 수 있다.

Classify all을 선택하여, 테스트 데이터 세트 샘플에 대한 학습된 모델의 추론 결과 매트릭스를 가져온다(그림 13-16 참고).

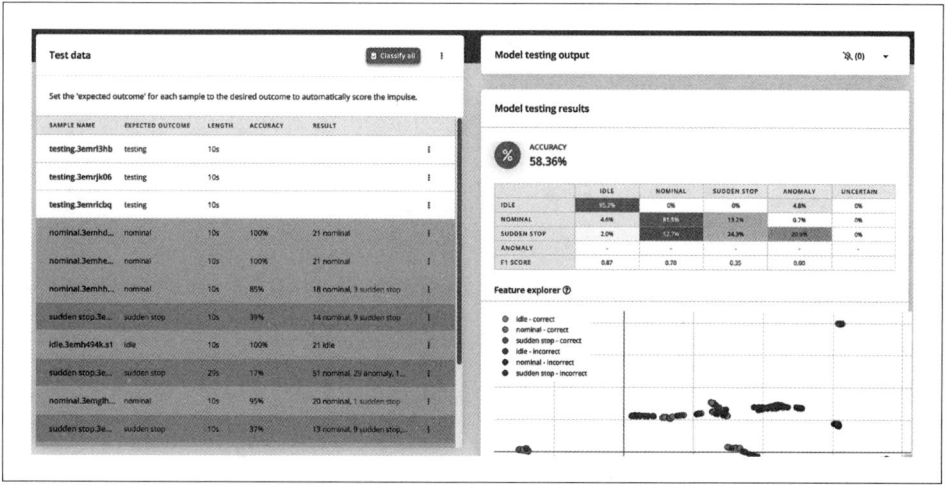

그림 13-16 Model testing 탭 결과

 여기서의 모델 테스트 결과 탭은 몇 분의 학습 데이터만 업로드했기 때문에 실제 사용에는 적합하지 않아 보이지만, 더 많은 데이터를 업로드할수록 실제 세계와 테스트 데이터 세트에서 모델이 더 잘 작동할 수 있다. 9장에서 모델을 개선하고 소비자 제품을 위한 프로덕션 지원 모델을 달성하는 방법에 대해 자세히 알아볼 수 있다.

배포

축하한다! 이제 학습 및 테스트 데이터 세트 수집과 레이블링, DSP 블록으로 데이터의 피처 추출, 머신러닝 모델 설계와 학습, 테스트 데이터 세트로 모델 테스트를 모두 마쳤다. 이제 엣지 장치에서 추론에 필요한 모든 코드와 모델 정보를 확보했으므로, 미리 빌드된 바이너리를 장치에 플래시하거나 C++ 라이브러리를 임베디드 애플리케이션 코드에 통합해야 한다.

엣지 임펄스 프로젝트의 **Deployment** 탭을 선택하고, 다음 절의 여러 배포 옵션 중 하나의 단계를 따라 학습된 머신러닝 모델을 엣지 장치에서 실행한다. 다른 많은 배포 옵션도 사용할 수 있으며, 그중 일부는 이미 508페이지의 '배포' 절에서 설명한 바 있다.

사전 빌드된 바이너리 플래싱

Deployment 탭의 Build firmware 아래에서 공식적으로 지원되는 엣지 임펄스 개발 플랫폼을 선택한 다음 Build를 선택한다. 이때 EON 컴파일러를 켜거나 끄는 옵션도 있다.[8]

그런 다음 Deployment 탭에서 Build를 클릭한 뒤 표시되는 지침에 따라 결과 펌웨어 애플리케이션을 공식 지원 플랫폼으로 끌어다 놓거나 플래시한다. 사전 빌드된 바이너리 플래싱에 대한 자세한 지침은 선택한 개발 플랫폼에 대한 엣지 임펄스 설명서(https://oreil.ly/socrt)에서 확인할 수 있다.

깃허브 소스 코드

13장에서 사용된 전체 애플리케이션 소스 코드(공개 엣지 임펄스 프로젝트(https://oreil.ly/rKSDT)에서 배포된 라이브러리와 완성된 애플리케이션 코드 포함)는 깃허브 리포지터리(https://oreil.ly/bjJw1)에서 보고 다운로드할 수 있다.

반복과 피드백 루프

이제 소비자 제품 모델의 첫 번째 반복을 배포했으므로, 결과에 만족하고 여기서 개발을 중단할 수 있다. 하지만 시간이 지남에 따라 또는 새로 구입한 장비 업그레이드를 통해 모델을 더 반복하고 정확도를 더욱 개선하려는 경우 이 프로젝트에서 고려하고 개선해야 할 많은 조정과 변형이 있다.

- 충돌에 더 민감하게 반응하도록 장치 설계를 반복한다(이 가이드에 사용된 하드웨어를 더 민감한 센서나 고급 CPU로 변경).
- 능동적 학습 전략을 활용하여 이 모델에 사용된 알고리듬, DSP와 머신러닝 신경망을 개선한다. 추가 전략은 9장과 10장에도 설명되어 있다.
- 기존 모델 클래스에 대한 더 많은 학습 및 테스트 데이터를 업로드하고 모델에서

---

[8] 엣지 임펄스 블로그, 'Introducing EON: Neural Networks in Up to 55% Less RAM and 35% Less ROM'(https://oreil.ly/kXvlt) 참고

학습시킬 새 클래스도 만든다.

- 장치의 성능을 정기적으로 평가하고 시간이 그에 따라 개선한다. 모델은 학습 데이터가 기록된 위치/환경만큼만 성능이 향상된다.
- 가속도계 대신 카메라를 자전거의 핸들바에 장착할 수 있다.
- 자전거에 장착된 장치의 위치를 핸들바에서 머리로 이동하고 장치의 성능을 확인한다.

관련 연구

13장 전체에서 언급했듯이, 엣지 AI는 자녀의 건강을 모니터링하는 장난감, 들어오는 교통량과 잠재적 사고를 모니터링하는 자전거부터 음식을 자동으로 조리해 완벽한 상태로 제공하는 가전제품에 이르기까지 다양한 소비자 제품에 활용되고 있는 떠오르는 기술이다. 다음 절은 소비재용 엣지 AI를 주제로 한 다양한 뉴스 기사, 제품, 연구 기사, 서적을 소개한다.

또한 엣지 머신러닝 모델을 활용한 다양한 애플리케이션, 방법, 장치, 다양한 연구, 소비자 제품에 대한 인용문의 출처를 해당 페이지의 각주로 표기했다.

연구

- Digital Child's Play: Protecting Children from the Impacts of AI (https://oreil.ly/0RRNY), UN News, 2021.
- WEF Artificial Intelligence for Children (https://oreil.ly/aHH3E), World Economic Forum, 2022.
- Good Governance of Children's Data (https://oreil.ly/9Dy2B), Unicef.
- FTC: Children's Privacy (https://oreil.ly/6v-hh)

- Children's Online Privacy Protection Rule ("COPPA") (https://oreil.ly/RP-BI)

- "Examining Artificial Intelligence Technologies Through the Lens of Children's Rights" (https://oreil.ly/etUlC). EU Science Hub, 2022.

- EU AI Act (https://oreil.ly/ERfTX)

- Fosch-Villaronga, E. et al. "Toy Story or Children Story? Putting Children and Their Rights at the Forefront of the Artificial Intelligence Revolution" (https://oreil.ly/FlrVc). SpringerLink, 2021.

- Morra, Lia et al. "Artificial Intelligence in Consumer Electronics" (https://oreil.ly/58KzE). IEEE, 2020.

- Sane, Tanmay U. et al. "Artificial Intelligence and Deep Learning Applications in Crop Harvesting Robots: A Survey" (https://oreil.ly/tNhwh). IEEE, 2021.

- Mohanty, Saraju P. "AI for Smart Consumer Electronics: At the Edge or in the Cloud?" (https://oreil.ly/pZToK) *IEEE Consumer Electronics Magazine*, 2019.

- Go, Hanyoung et al. "Machine Learning of Robots in Tourism and Hospitality: Interactive Technology Acceptance Model (iTAM)—Cutting Edge" (https://oreil.ly/dxShS). Emerald Insight, 2020.

- Xu, Tiantian et al. "A Hybrid Machine Learning Model for Demand Prediction of Edge-Computing-Based Bike-Sharing System Using Internet of Things" (https://oreil.ly/UKtYx). IEEE, 2020.

- Bike Rearview Radar (https://oreil.ly/AI9cL), Edge Impulse.

- Silva, Mateus C. et al. "Wearable Edge AI Applications for Ecological Environments" (https://oreil.ly/MdkaY). MDPI, 2021.

- Kakadiya, Rutvik et al. "AI Based Automatic Robbery/Theft Detection using Smart Surveillance in Banks" (https://oreil.ly/SDPYG). IEEE, 2019.

- Ogu, Reginald Ekene et al. "Leveraging Artificial Intelligence of Things for Anomaly Detection in Advanced Metering Infrastructures" (https://oreil.ly/Iesae). ResearchGate, 2021.

뉴스와 기타 기사

- "AI's Potential for Consumer Products Companies" (https://oreil.ly/IOYQR). Deloitte, 2022.

- "Consumer Goods: Increase Product Innovation and Revenue with Edge AI" (https://oreil.ly/ZEn7F). Gartner, 2021.

- "Innovate with Edge AI" (https://oreil.ly/I-lhF). Gartner, 2019.

- "Edge Machine Learning: From PoC to Real-World AI Applications" (https://oreil.ly/x_0ja). Strong, 2021.

- "Ducati and Lenovo Continue Partnership to Lead Innovation in MotoGP" (https://oreil.ly/YcOrE). BusinessWire, 2022.

찾아보기

ㄱ

개인 정보 보호 56
객체 감지 151
경제성 54
공익을 위한 AI 517
공정성 89
그린필드 296
그린필드 프로젝트 67

ㄷ

대역폭 52
데이터 클리닝 333
드리프트 314
디지털 개인 비서 80
디지털 신호 처리 50
딥러닝 162, 169
딥러닝 가속기 128
딥러닝 프레임워크 210

ㄹ

레이블 276, 296, 309
레이블링 317
리샘플링 140

ㅁ

머신러닝 45, 158, 248
메타데이터 276, 301
모달리티 105
모델 47

ㅂ

변환 154
분류 149
브라운필드 295
브라운필드 프로젝트 67
블랙박스 90
비지도 학습 159

ㅅ

사물 인터넷 40
설명 가능성 92, 160
세그먼테이션 152
센서 융합 147
스펙트럼 분석 144
시계열 데이터 102
시프트 314
신경 처리 장치 128
신뢰도 임곗값 425
신뢰성 55

ㅇ

엣지 AI 37, 47
이미지 피처 감지 145
이상 탐지 153
인공지능 42
인공 코 251
일반화 47

ㅈ

자율주행차 85, 282
재현율 424
정밀도 424
지도 학습 159
지연 시간 53

ㅊ

차별 89
차원 축소 154
책임감 있는 AI 98
초소형 머신러닝 TinyML 234
추론 47

ㅋ

클러스터링 153

ㅌ

텐서플로 211

ㅍ

파이토치 211
편향 89
프레이밍 149
피처 275, 318, 341
피처 엔지니어링 137

ㅎ

합성 데이터 297
해석 가능성 160
회귀 150
휴리스틱 156, 249

A

AI(Artificial Intelligence) 42
AI 윤리 86
anomaly detection 153

B

black box 90
BLERP 52

C

clustering 153
confidence threshold 425

D

dimensionality reduction 154

drift 314
DSP(Digital Signal Processing) 50

E

edge AI 37
explainability 160

F

feature 275
framing 149

G

generalization 47

H

heuristics 156

I

inference 47
interpretability 160
IoT(Internet of Things) 40

L

label 276

M

metadata 276
ML(Machine Learning) 45
modality 105
model 47

N

NPU(Neural Processing Unit) 128

O

object detection 151

P

precision 424

R

recall 424
regression 150

S

sensor fusion 147
shift 314
supervised learning 159

T

TinyML 49, 59

transformation 154

U

unsupervised learning 159

엣지 AI
임베디드 시스템으로 현실 문제를 해결하는

발 행 | 2025년 1월 2일

지은이 | 다니엘 시투나야케 · 제니 플런켓
옮긴이 | 김 기 주

펴낸이 | 옥 경 석
편집장 | 황 영 주
편 집 | 김 진 아
　　　　임 지 원
디자인 | 윤 서 빈

에이콘출판주식회사
서울특별시 양천구 국회대로 287 (목동)
전화 02-2653-7600, 팩스 02-2653-0433
www.acornpub.co.kr / editor@acornpub.co.kr

한국어판 ⓒ 에이콘출판주식회사, 2025, Printed in Korea.
ISBN 979-11-6175-961-6
http://www.acornpub.co.kr/book/ai-edge

책값은 뒤표지에 있습니다.